亳州年鉴

YEARBOOK OF BOZHOU

2018 总第17卷

亳州市地方志编纂办公室 编

方志出版社
Publishing House of Local Records

图书在版编目(CIP)数据

亳州年鉴 2018/亳州市地方志编纂办公室编. --
北京:方志出版社,2018.9
ISBN 978-7-5144-3331-9

Ⅰ. ①亳… Ⅱ. ①亳… Ⅲ. ①亳州市－2018－年鉴
Ⅳ. ①Z525.43

中国版本图书馆CIP数据核字(2018)第227070号

亳州年鉴(2018)

编　　者:亳州市地方志编纂办公室
责任编辑:张　颢

出 版 人:冀祥德
出 版 者:方志出版社
地址　北京市朝阳区潘家园东里9号(国家方志馆4层)
邮编　100021
网址　http://www.fzph.org
发　　行:方志出版社图书经销中心
(010)67110500
经　　销:各地新华书店
排　　版:南京德玺文化发展有限公司
印　　刷:南京凯德印刷有限公司

开　　本:889×1194　1/16
印　　张:27.5
字　　数:656千字
版　　次:2018年9月第1版　2018年9月第1次印刷
印　　数:001~800册

ISBN 978-7-5144-3331-9　定价:228.00元

亳州年鉴编纂委员会

主　　任　杜延安　市委副书记、市政府市长

常务副主任　曹振萍　市政府副市长

副 主 任　靳家海　市委副秘书长、办公室主任　　苏维峰　市人大常委会副秘书长、办公室主任

张秀忠　市政府副秘书长、市政府办公室(市机关事务管理局、市政府金融办、市政府外事办)主任(局长)

燕传立　市政协副秘书长、办公室主任　　郑　虹　市政府副秘书长

杨立民　市纪委副书记　　胡海鹏　市委组织部副部长、市委老干部局局长

修　薇　市委宣传部副部长　　时明金　市委党史研究室(市地方志编纂办公室)主任

委　　员　张　磊　市委政法委副书记　　管卫东　市委统战部副部长

韩　建　市发展和改革委员会副主任、市物价局副局长

孙德平　市农业委员会副主任　　何志魁　市经济和信息化委员会副主任

孟　锐　市住房和城乡建设委员会副主任　　孙亚伟　市人力资源和社会保障局副局长

袁　健　市商务局副局长　　宋保众　市财政局副局长

袁　芬　市审计局副局长　　鲁　娅　市民政局副局长

张　明　市文化旅游局副调研员　　修　琳　市卫生和计划生育委员会副主任

耿成华　市教育局副局长　　钱飞龙　市统计局副局长

李　军　市科学技术局副调研员　　曹芳文　市体育局副局长

张中智　市总工会调研员　　刘恒新　亳州晚报社副社长、副总编

吴　宏　人民银行亳州市中心支行副行长　　刘　年　中国银行业监督管理委员会亳州监管分局副局长

张天峰　国家税务总局亳州市税务局　　王景彩　市档案局副局长

陈　峰　市国土资源局副局长　　张　峡　市委党史研究室(市地方志编纂办公室)副主任

赵　凯　涡阳县政府副县长　　李红华　蒙城县政府副县长

王祥荣　利辛县委常委、副县长(挂职)　　黄　昕　谯城区政府副区长(挂职)

亳州年鉴编辑部

主　　编　时明金

副 主 编　张　峡　任亚东　孙　静(执行)

编　　辑　孙　静

校　　对　孙　静　胡晓瑞　李之平　张艳慧　葛靖雯

英文目录　蔡　莉

篆　　刻　孙　凯

编辑说明

BIANJISHUOMING

一、《亳州年鉴》坚持以马克思列宁主义、毛泽东思想、邓小平理论、“三个代表”重要思想、科学发展观和习近平新时代中国特色社会主义思想为指导，坚持辩证唯物主义和历史唯物主义的立场、观点和方法，存真求实，全面、客观、系统地记述年度发展情况。

二、《亳州年鉴》是中共亳州市委、亳州市人民政府主办的年度资料性文献。旨在记载亳州市自然、政治、经济、文化、社会概貌和发展情况，为党政机关和社会各界了解亳州、研究亳州提供权威系统准确的信息资料，并为亳州市积累史料。2002 年创刊，每年编辑一卷。《亳州年鉴 (2018)》为第 17 卷。

三、本卷年鉴除特载和附录部分内容采用综合性文章外，其余均采用规范性记述，按类目、分目、条目三个层次编排，部分分目设有次分目。全书共设 35 个类目、163 个分目、33 个次分目、910 个条目。对各类目、分目间的交叉重复资料，在分清主次和互相协调的基础上，采取详此略彼的记述方法予以记载。类目标题标于类目起始处和书眉，分目用小标宋字体配底纹随文标出，次分目用黑体字前后加“・・”表示，条目标题则用黑体字前后加“【 】”表示。本卷年鉴对类目和分目设置进行部分调整。

四、本卷年鉴收录范围，以亳州市现有行政区划为界，时间以 2017 年 1 月 1 日— 12 月 31 日为限。个别文字和图片时间有上溯或下延。

五、本卷年鉴所载信息资料由全市各机关、单位提供并审核，作者在文尾署名。由于来源、统计方法或口径不同，不同部门提供的同项数据或有不一致的，以统计部门公布的数据为准。计量单位采用国务院公布的公制和国际单位制，少数非统计意义的计量单位仍用市制。

要　目

亳州市行政区划图

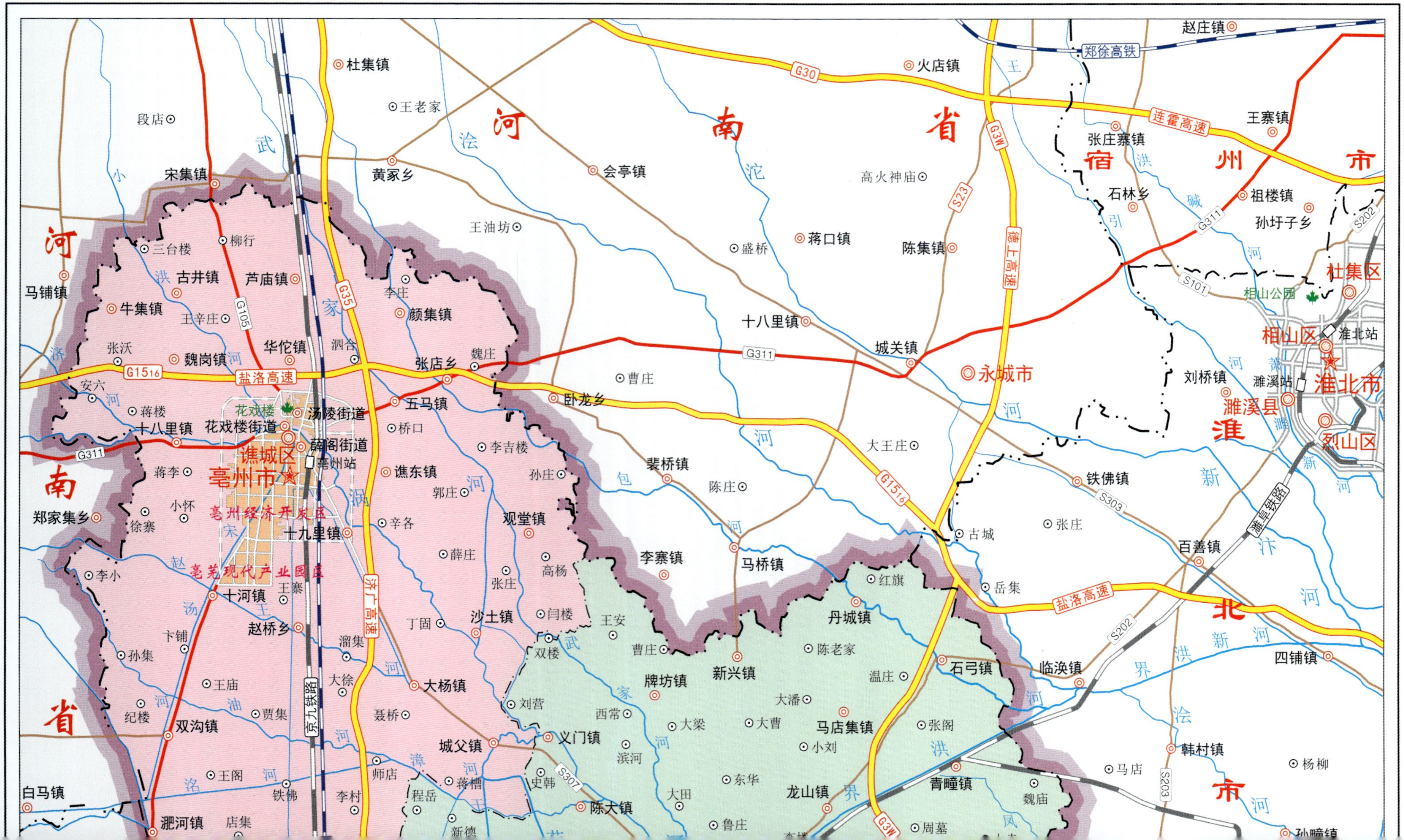

河南省
宿州市
淮北市
亳州市
谯城区
永城市
相山区
杜集区
烈山区
濉溪县
淮北站
濉溪站
亳州站
相山公园
花戏楼
亳州经济开发区
亳芜现代产业园区
汤陵街道
薛阁街道
花戏楼街道
连霍高速
德上高速
盐洛高速
济广高速
郑徐高铁
京九铁路
濉阜铁路
G30
G3W
G35
G311
G105
G15₁₆
S23
S101
S202
S203
S303
S307
涡河
武家河
洪河
赵王河
油河
漳河
宋汤河
包河
王引河
沱河
浍河
洪碱河
新汴河
洪洺河
大洺河
赵庄镇
火店镇
王寨镇
张庄寨镇
石林乡
祖楼镇
孙圩子乡
杜集镇
王老家
段店
宋集镇
黄冢乡
会亭镇
高火神庙
蒋口镇
盛桥
陈集镇
王油坊
十八里镇
城关镇
刘桥镇
马铺镇
三台楼
柳行
古井镇
芦庙镇
李庄
颜集镇
牛集镇
王辛庄
华佗镇
泗合
魏庄
张沃
魏岗镇
张店乡
曹庄
卧龙乡
安六
蒋楼
五马镇
桥口
十八里镇
李吉楼
大王庄
谯东镇
孙庄
裴桥镇
陈庄
铁佛镇
蒋李
郭庄
郑家集乡
小怀
徐寨
辛各
观堂镇
古城
张庄
十九里镇
薛庄
李寨镇
马桥镇
百善镇
李小
张庄
高杨
岳集
红旗
十河镇
王寨
闫楼
丹城镇
汤王
赵桥乡
丁固
沙土镇
王安
卞铺
溜集
双楼
曹庄
陈老家
孙集
新兴镇
临涣镇
四铺镇
石弓镇
牌坊镇
温庄
王庙
大徐
大杨镇
刘营
大潘
纪楼
贾集
西常
大梁
大曹
马店集镇
张阁
双沟镇
聂桥
义门镇
小刘
城父镇
滨河
韩村镇
王阁
师店
蒋榃
史韩
东华
马店
杨柳
白马镇
铁佛
李村
程岳
大田
龙山镇
青疃镇
魏庙
淝河镇
店集
新德
陈大镇
鲁庄
周墓
孙疃镇

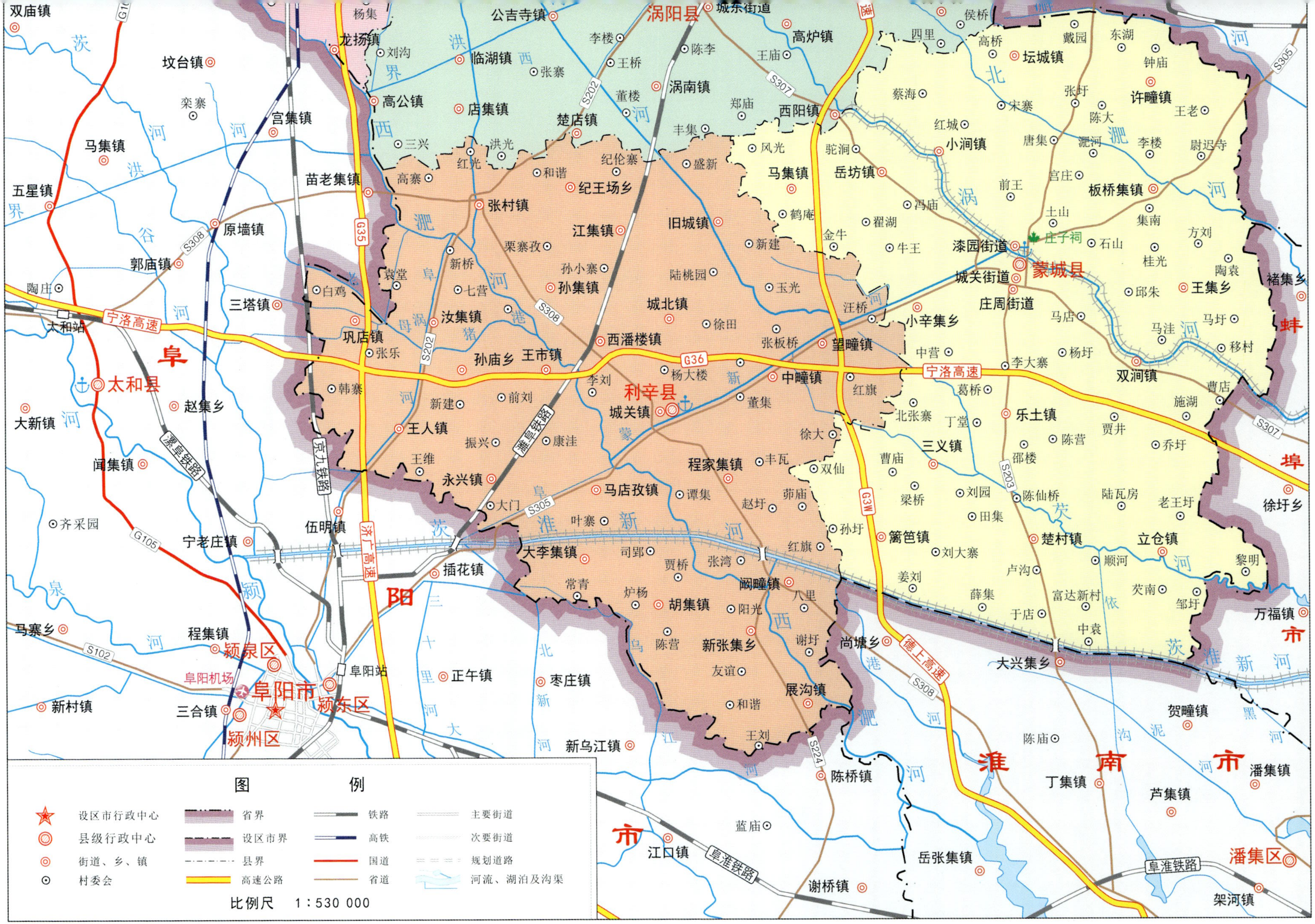

安徽省第四测绘院编制　审图号：皖亳S(2017)03号　　二〇一七年十月

亳芍花开（郭志涛　摄）

地区生产总值及增长
715.7
820.0
883.6
942.6
1046.1
1149.8
11.9
9.7
7.8
9.1
8.9
9.2
2012年
2013年
2014年
2015年
2016年
2017年
地区生产总值（亿元）
增速（%）

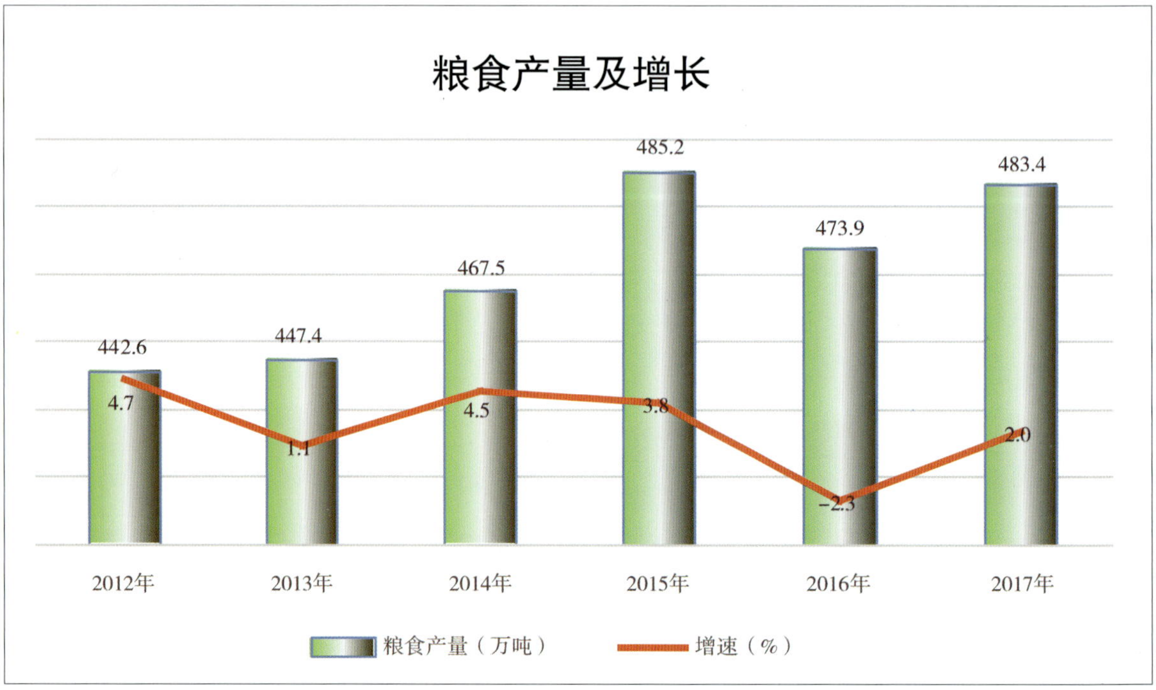
粮食产量及增长
442.6
447.4
467.5
485.2
473.9
483.4
4.7
1.1
4.5
3.8
-2.3
2.0
2012年
2013年
2014年
2015年
2016年
2017年
粮食产量（万吨）
增速（%）

固定资产投资及增长
1067.2
874.9
767.3
650.9
541.5
430.3
29.4
25.8
20.2
17.9
14.0
22.0
2012年
2013年
2014年
2015年
2016年
2017年
固定资产投资（亿元）
增速（%）

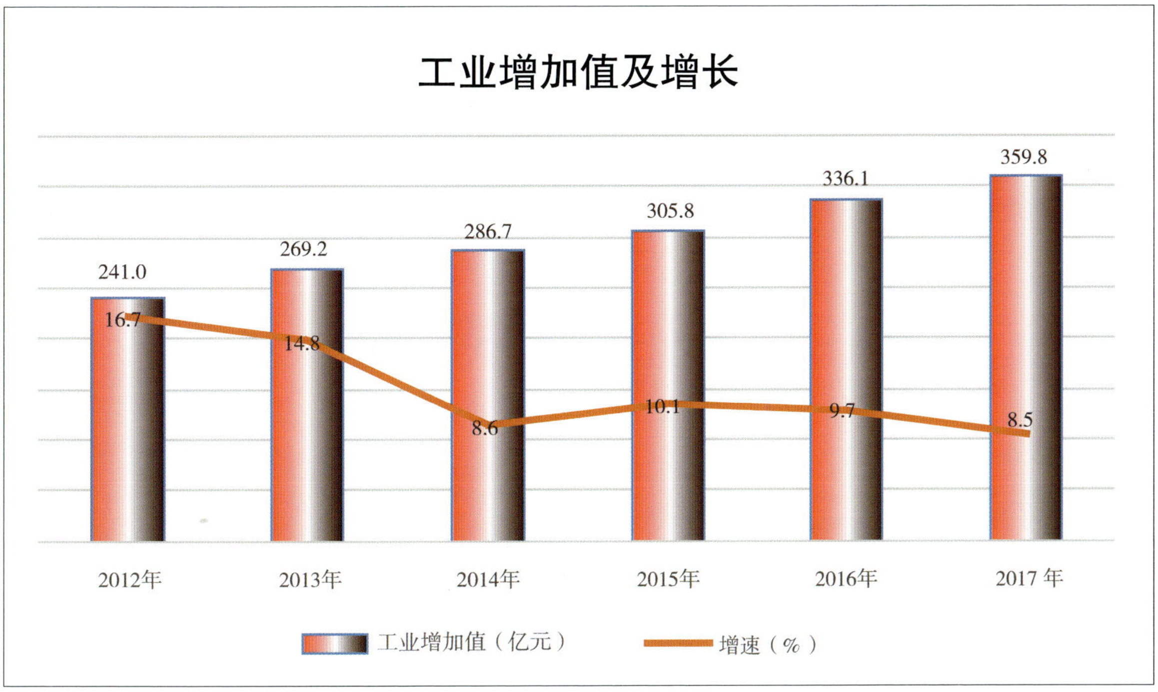
工业增加值及增长
359.8
336.1
305.8
286.7
269.2
241.0
16.7
14.8
8.6
10.1
9.7
8.5
2012年
2013年
2014年
2015年
2016年
2017 年
工业增加值（亿元）
增速（%）

财政收入及增长

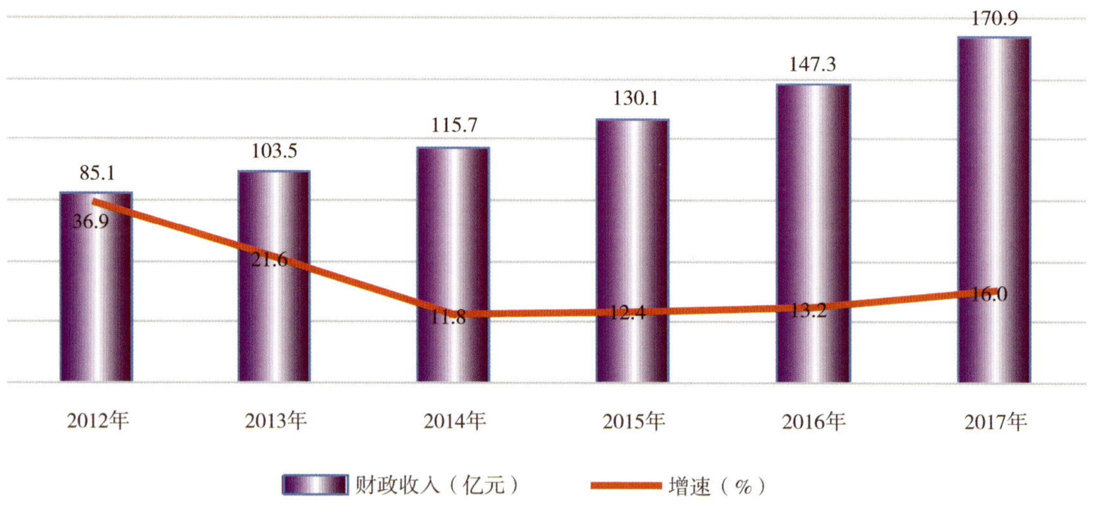

社会消费品零售总额及增长

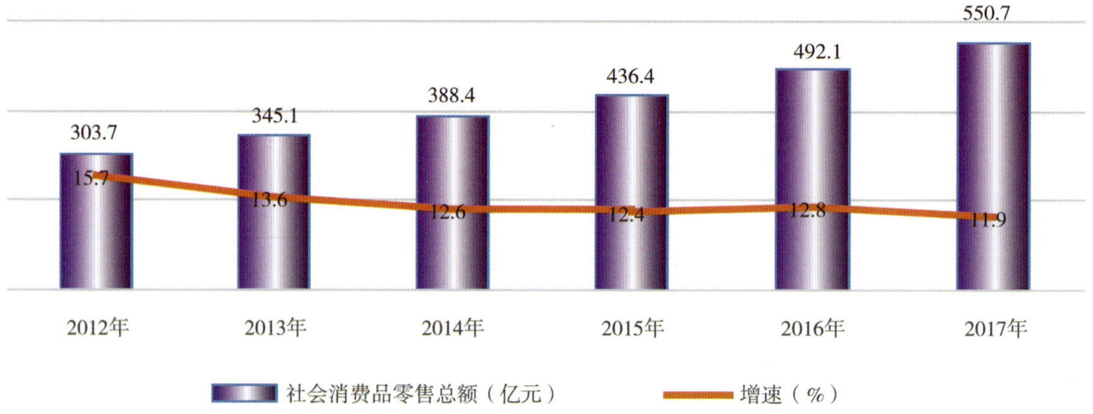

进出口总额及增长

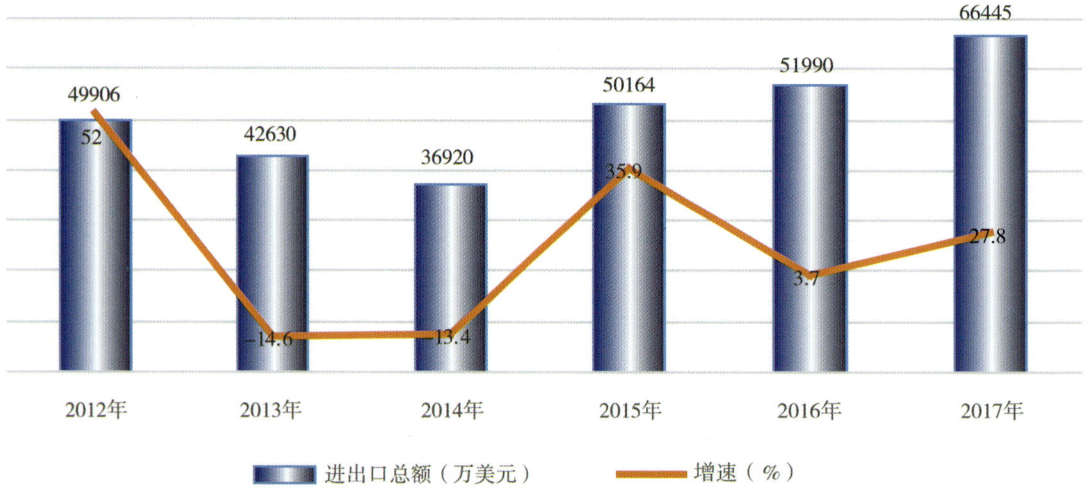

城镇常住居民人均可支配收入及增长
20488
22605
21192
23120
25053
27246
13.2
10.3
8.6
9.1
8.4
8.8
2012年
2013年
2014年
2015 年
2016 年
2017 年
城镇常住居民人均可支配收入（元）
增速（%）

农村常住居民人均可支配收入及增长
6552
7456
8967
9738
10576
11591
16.2
13.8
12.0
8.6
8.6
9.6
2012年
2013年
2014年
2015年
2016 年
2017 年
农村常住居民人均可支配收入（元）
增速（%）

中国·亳州中药材专业市场（张卫东　摄）

亳州药市（郭志涛　摄）

2017 年 9 月 9 日，纪念华佗诞辰 1890 周年祭祀典礼（市药业发展局　供图）

2017 年 9 月 8 日，中医药百强企业榜单发布会在亳州举办（市药业发展局　供图）

2017 年 9 月 8 日，中医药百强企业榜单发布会（市药业发展局　供图）

亳芍种植（市文化旅游局　供图）

亳菊采摘（张延林　摄）

万人展演五禽戏（刘勤利　摄）

中药传统技艺展示（张建华　供图）

2017年5月，日本横滨武术院到亳州考察，并与华佗五禽戏协会签署华佗五禽戏（日本）传习基地合作协议。（市政府办公室　供图）

2017 年 5 月 15 日，阿斯塔纳世博会古井贡酒企业主题日活动启动（张晓梅　摄）

2017 年 3 月 16 日，中国建材集团携手古井集团成立安徽中古旅游发展有限公司（王美晨　摄）

2017 年 3 月 30 日，古井贡酒联合中国酒业协会、北京工商大学创建中国白酒健康研究院揭牌（杨燕　摄）

榮譽證書

[HONOR CERTIFICATE]

经“华樽杯”第九届中国酒类品牌价值评议组委会评测，古井贡酒 2017 年度的品牌价值为 638.50 亿元，位列安徽省白酒第一名，中国白酒第五名。

特此证明！

中国酒类流通协会、中华品牌战略研究院

二○一七年十月二十三日

古井贡酒 2017 年度品牌价值（古井集团　供图）

2017 年 11 月 20 日，古井贡酒在安徽酒交会上的展厅（王美晨　摄）

2017 年 9 月 19 日，古井集团与华为集团启动战略合作（桑雅　摄）

2017 年 11 月 20 日，在中国白酒健康论坛上，古井贡酒健康产业项目启动（王美晨　摄）

2017 古井贡酒秋季开酿大典（古井集团　供图）

开酿大典现场（古井集团　供图）

低温窖藏（古井集团　供图）

拍卖秋季开酿头酒（古井集团　供图）

开酿头锅酒（张建华　摄）

2017 年 1 月 9 日至 12 日，亳州市第四届人民大表大会第一次会议召开（张延林　摄）

2017 年 1 月 8 日至 11 日，中国人民政治协商会议第四届亳州市委员会第一次会议召开（张延林　摄）

2017 年 12 月 23 日，中国共产党亳州市第四届委员会第五次全体会议召开（张延林　摄）

2017 年 8 月 11 日，亳州市召开精准帮扶单位包村、个人包户工作动员会议（张延林　摄）

2017 年 9 月 9 日，国际（亳州）中医药博览会暨第 33 届全国（亳州）中药材交易会召开（张延林　摄）

2017 年 10 月 30 日，商合杭高铁亳州段工程亳州涡河特大桥施工（尚少卿　摄）

2017 年，建安隧道建设（王

2017 年 9 月 9 日，药交会投资环境说明会召开（张延林　摄）

2017 年 10 月 28 日，引江济淮工程朱集泵站开工动员大会（市交通局　供图）

2017 年亳州文化旅游年开幕式（张延林　摄）

2017 年 8 月 19 日，老庄思想与协调发展学术论坛在亳州举办（张延林　摄）

2017 年 9 月 2 日，第三

曲艺术展（张延林　摄）

2017 年 5 月 5 日，亳州市组织好人方阵观看“文艺扶贫 携手小康”惠民演出走进谯城现场演出（市文明办　供图）

2017 年 9 月 5 日，“古井贡酒年份原浆”杯第三届中国（亳州）国际健身气功博览会暨国际健身气功五禽戏交流比赛

（刘勤利　摄）

2017 年 10 月 1 日，亳州城市展览馆建成并开放（市文化旅游局　供图）

2017 年 10 月 29 日，国际半程马拉松在亳州开赛（张延林　摄）

2017 年 9 月 9 日，南湖灯光水舞正式开放表演（刘天　摄）

目　录

亳州市人民代表大会

亳州市人民政府

中国人民政治协商会议亳州市委员会

纪检监察

民主党派

群众团体

法 治

军　事

发展　改革

中药产业

农　业

工业　重点企业

商　业

旅游业

财政　税收　金融

交通　邮政　通信

经济监督管理

城乡建设与管理

教　育

科　技

文　化

医疗卫生　计划生育

标准建制镇

人　物

附录

索　引

CONTENTS

特　载

在市委四届五次全会上的讲话(节选)

（2017 年 12 月 23 日）

汪一光

一、深入领会习近平新时代中国特色社会主义思想的丰富内涵，持续抓好党的十九大精神学习宣传贯彻

党的十九大是在全面建成小康社会决胜阶段、中国特色社会主义进入新时代的关键时期召开的一次十分重要的大会，具有划时代、里程碑的重大意义。特别是大会确立了习近平新时代中国特色社会主义思想的重大历史地位，选举产生了以习近平同志为核心的中央领导集体，习近平总书记成为全党拥护、人民爱戴、当之无愧的党的领袖，这是历史、人民、时代、事业的必然选择，是党心所向、民心所向、军心所向、众望所归。我们要坚持不懈以习近平新时代中国特色社会主义思想武装头脑、指导实践、推动工作，坚定不移忠诚维护看齐习近平总书记这个党的领袖，坚决维护习近平总书记在党中央和全党的核心地位，坚决做到“五个纯粹”，这是新时代中国最大的政治、最重要的政治纪律、最根本的政治规矩。

坚决贯彻习近平新时代中国特色社会主义思想，坚决忠诚维护看齐习近平总书记这个党的领袖，重中之重就是要深入学习宣传贯彻党的十九大精神。十九大胜利闭幕以来，全市各级各部门按照习近平总书记“学懂弄通做实”重要指示和省委“五大一新”部署要求，认真组织学习贯彻，扎实开展“五个一”活动，不断掀起学习贯彻热潮。我们要在前期工作的基础上持续用力，推动学习宣传贯彻工作往深处发展。

一要持续在“学懂”上下功夫。习近平总书记指出，“学习贯彻党的十九大精神，学懂是前提”。要持续抓好学习培训，教育引导广大党员干部特别是领导干部多思多想、勤学深悟，领会精神实质，吃透精髓要义，坚定不移用习近平新时代中国特色社会主义思想武装头脑。要紧扣原文，一字一句细品细推，逐篇逐章精读深读，把十九大的重大理论观点、重大战略部署记准记牢，熟稔于心。要从深层次上把握十九大精神中蕴含的坚定政治立场、强烈历史担当、真挚为民情怀，在反复学习中参透真理，不断增强“四个自信”。

二要持续在“弄通”上下功夫。要坚持融会贯通，把学习贯彻党的十九大精神同学习马克思主义基本原理贯通起来，把学习贯彻党的十九大精神同把握党的十八大以来我们党进行伟大斗争、建设伟大工程、推进伟大事业、实现伟大梦想的实践贯通起来，把学习贯彻党的十九大精神同把握党的十九大作出的各项战略部署贯通起来，深化认识党的十九大关于党和国家事业各项战略部署的整体性、关联性、协同性。同时要把学习贯彻党的十九大精神与学习十九届一中全会、习近平总书记瞻仰中共一大会址和视察安徽重要讲话精神等结合起来，联系亳州实际，从十九大精神中找方法、找路径，真正把十九大精神贯彻到亳州经济社会发展的全过程、党的建设的各方面。

三要持续在“做实”上下功

夫。要坚持学以致用，大力弘扬马克思主义学风、“三严三实”作风，全面对标党的十九大精神，对经济社会发展和党的建设思路举措进行再修改、再完善，把十九大精神转化为指导发展的思路、谋划发展的举措、领导发展的能力、推动发展的力量，坚定自觉地把党中央和省委各项决策部署落到实处，为亳州市实现弯道超车、跨越崛起奠定坚实基础。要按照中央和省委部署安排，明确属于自己职责范围内的任务，制定工作方案，排出任务表、时间表、路线图，一个时间节点一个时间节点往前推进，以“钉钉子”精神全面抓好贯彻落实。

二、深入贯彻新时代的战略部署，加快建设现代化五大发展美好亳州

新时代确立新方位，新时代开启新征程。党的十九大的一个重大成果，就是作出“中国特色社会主义进入新时代”的重大政治论断，明确提出了“我国社会主要矛盾已经转化为人民日益增长的美好生活需要和不平衡不充分的发展之间的矛盾”，这一关系全局的历史性变化，是对未来发展方向、发展目标的精准定位，具有划时代的里程碑意义。从亳州看，我们与全国全省一样，经济社会发展取得了重大成就，各方面都在发生着积极而深刻的变化，但是发展不足、发展不优、发展不平衡仍然是我们最大的市情。这次全会坚持以习近平新时代中国特色社会主义思想为指导，明确了新时代全市工作的总体思路，提出在决胜全面建成小康社会的基础上，加快建设现代化五大发展美好亳州的奋斗目标。全市上下必须深刻理解，自觉行动，主动顺应新时代，全面把握新变化，以新气象新作为开启亳州现代化建设新征程。

综合考虑亳州市目前的发展基础、外部大的经济环境及周边兄弟市发展状况，并结合省委省政府的部署要求，市委市政府研究决定，将2018年全市经济社会发展主要预期目标初步确定为：地区生产总值增长8.5%，财政收入增长8.5%，固定资产投资增长10%，规模工业增加值增长9%，战略性新兴产业产值增长18%，高新技术产业增加值增长12%，社会消费品零售总额增长10%，进出口总额增长5%，城镇常住居民人均可支配收入增长8%，农村常住居民人均可支配收入增长9%。下一步，经过深入论证、精心测算后，再向市人代会报告。人代会审议的各项预期目标，从来都坚持一个原则：既要积极作为，又要稳妥可靠。目前亳州市正处于负重爬坡、弯道超车的关键时期，松一松就可能落后于人。会后我们还要按照“跳起来摘桃子”要求，研究确定一个“内控指标”。全市各级各部门要继续自我加压，咬紧牙关，积极作为，比别人干得更多、干得更实、干得更拼，奋力走在皖北振兴前列。

一要围绕“富强”聚焦发力，加快建设现代化经济体系。习近平总书记强调，发展是解决我国一切问题的基础和关键，必须坚定不移把发展作为党执政兴国的第一要务。我们要围绕建设现代化经济体系，坚定不移贯彻新发展理念，深入实施五大发展行动计划，推动新型工业化、信息化、城镇化、农业现代化同步发展。一是要着力深化供给侧结构性改革，把发展的着力点放在实体经济上，优化存量资源配置，扩大优质增量供给，扎实推进“三去一降一补”，不断提高亳州市经济发展质量。二是要着力加快产业发展步伐，深入推进“世界中医药之都”建设，推动食品饮料制造等传统产业优化升级，加快文化旅游、服务贸易等产业发展。三是要着力推进创业创新，按照加快建设创新型国家的要求，狠抓创业创新举措落实，持续开展好“亳州老乡，请您回家”，继续抓好青年创客空间、筑梦社区建设，推动互联网、大数据和实体经济深度融合。四是要着力加强城市规划建设管理，围绕百万人口省际交汇区域中心城市目标，加快城市基础设施建设和公共服务配套，不断提升城市能级水平；坚持区域协调发展，繁荣振兴县域经济，支持有条件的县建设中等城市，高品质打造一批特色小镇，持续推进“四创一建”“两治三改”，不断提高发展的整体性。五是要着力实施乡村振兴战略，把解决好“三农”问题作为工作重中之重，持续深化农村综合改革，发展多种形式适度规模经营，促进农村一、二、三产业融合发展；加快美丽乡村建设，深入推进农村厕所、垃圾、污水专项整治“三大革命”，推动农村垃圾分类改革。垃圾分类工作虽然我们取得了明显成效，但个别地方又出现了反弹回潮情况，各地要克服疲劳厌战情绪，继续抓紧抓实抓好。扎实开展农村人居环境综合整治三年行动，打造农村幸福生活美好家园。六是要着力深化改革开放。以“互联网+政务服务”为抓手，在充分发挥网上办事大厅、“我要贷款”“政企直通车平台”作用的同时，继续打造一批亳州亮点、创造一批亳州经验，激发各类市场主体活力。要按照“发挥优势推动中部地区崛起”的要求，积极融入“一带一路”和中原经济区等国家战略，持续加大招商引资工作力度，紧盯目标，狠抓不放。加快推进商合杭高铁、亳州机场等重大基础设施建设，推动园区转型升级，着力打造内陆开放新高地，推动形成全面开放新格局。

二要围绕“民主”聚焦发力，扎实推进全面依法治市。习近平总书记强调，发展社会主义民主政治就是要体现人民意志、保障人民权益、激发人民创造活力，用制度保证人民当家做主。我们要始终坚持党的领导、人民当家做主、依法治国有机统一，不断推进社会主义民主政治制度化、规范化、法治化、程序化，巩固和发展生动活泼、安定团结的政治局面。一是要不断扩大人民民主。支持保证人大依法行使职权，更好地发挥人大代表的作用，使各级人大及其常委会成为全面担负起宪法法律赋予的各项职责的工作机关，成为同人民群众保持密切联系的代表机关。牢牢把握“有事好商量，众人的事情由众人商量”这个人民民主的真谛，推动协商民主广泛多层、制度化发展，尤其要充分发挥人民政协作为协商民主重要渠道和专门协商机构的作用，深入实施协商年度工作计划，更好地协调关系、建言献策、服务大局。二是要加快建设法治亳州。推进科学民主依法立法，加快建设法治政府，深化司法体制综合配套改革，加大全民普法力度，着力建设更加崇法善治公正的法治亳州。各级党组织和广大党员干部要带头尊法学法守法用法，绝不允许以言代法、以权压法、逐利违法、徇私枉法，努力做遵纪守法的模范。三是要巩固和发展统一战线。用好统一战线这个重要法宝，支持民主党派按照中国特色社会主义参政党要求更好履行职能，深化民族团结进步教育，全面贯彻党的宗教工作基本方针，构建亲清新型政商关系，切实做好外事、侨务、港澳、对台和党外知识分子工作，找到最大公约数，画出最大同心圆，为亳州发展建设凝聚广泛力量支持。四是要推进军民融合深度发展。加强新形势下的双拥工作，全力配合做好跨军地改革任务，加快形成全要素、多领域、高效益的军民融合深度发展格局。

三要围绕“文明”聚焦发力，着力打造文化旅游强市。习近平总书记强调，文化自信是一个国家、一个民族发展中更基本、更深沉、更持久的力量。亳州历史悠久、文化厚重，我们要坚持推动优秀文化的创造性转化、创新性发展，实现精神文明和物质文明协调发展。一是要牢牢掌握意识形态工作领导权。大力加强正面宣传教育，推动习近平新时代中国特色社会主义思想深入人心，引导人们确立高度的政治认同、思想认同、理论认同、情感认同。严格落实意识形态工作责任制，守住意识形态主阵地，尤其要高度重视传播手段创新，推动传统媒体与新兴媒体融合发展，依法依规加强网络空间治理，努力营造繁荣清朗的网络空间和文化环境。二是要大力加强社会主义精神文明建设。认真学习习近平总书记在会见全国精神文明建设表彰大会代表时的重要讲话精神，大力弘扬“红船”精神，不断挖掘传承红色文化。积极争创全国文明城市，经过这些年的努力，亳州市的文明创建工作已取得了积极成效，城市变干净了，市民的素质提高了。但随着经济社会发展，群众对城市文明建设提出了更高要求。市委市政府经过研究，决定于近期召开全市精神文明工作会议，部署创建工作，争取全国文明城市创建目标早日实现。亳州市开展的“九城同创”工作，有的已经创建成功，有的正在推进，各地各有关部门要瞄准目标，坚持不懈，继续抓好。着力培育和深入践行社会主义核心价值观，广泛开展理想信念教育，深入实施公民道德建设工程，进一步在全社会营造崇德向善、见贤思齐的浓厚氛围。三是要加快建设文化旅游强市。深化文化体制改革，抓好重大文化项目建设，培育新型文化业态，培养文艺人才队伍，扶持优秀文化产品创作，打造地方文化品牌，丰富公共文化产品供给，推进公共文化服务均等化，不断提高亳州文化软实力。深入落实《关于将旅游业培育成为重要支柱产业的意见》，持续开展文化旅游年活动。今年的文化旅游年活动卓有成效，开展了68项活动，初步找到了“引爆点”，文化旅游产业成为新的经济增长点。市委、市政府将于近期召开“2018年文化旅游年”工作会议，部署下年的文化旅游工作。要对68项活动进行优化，去伪存真，同时还要再谋划一批活动，运用好优势资源，不断丰富内容，把亳州市旅游品牌擦得更亮。发挥好国家中医药健康旅游示范区和“一带一路”国际健康旅游目的地等作用，加快文化旅游产业发展，着力建设文化旅游强市。

四要围绕“和谐”聚焦发力，切实保障和改善民生。习近平总书记指出，全党必须牢记，为什么人的问题，是检验一个政党、一个政权性质的试金石。带领人民创造美好生活，是我们党始终不渝的奋斗目标。必须坚持以人民为中心的发展理念，始终把人民利益摆在至高无上的地位，在发展中补齐民生短板，促进社会公平正义，在幼有所育、学有所教、劳有所得、病有所医、老有所养、住有所居、弱有所扶上不断取得新进展，不断满足人民日益增长的美好生活需要。一是要坚持以脱贫攻坚统揽经济社会发展全局，下足“绣花”功夫，坚决打赢脱贫攻坚战。今年的脱贫攻坚工作已经到了年度收官阶段，要按照“迎大考、严评估、守底线”的要求，精准对标、补齐短板，争分夺秒、全力以赴，做细做实各项工作，奋力实现谯城区、蒙城县脱贫摘帽的目标，确保脱贫攻坚年度“大考”取得优异成绩。二是要把保障和改善民生放在更加突出的位置，落实好各项民生政策，实施好各项民生工程，优先发展教育事业，不断提高就业质量和人民收入水平，加快社会保障体系建设。尤其要认真研究解决当前存在的突出问题，切实补齐民生短板。加快健康养生城市建设，突出抓好中医药事业发展，解决好群众最关心、最直接、最现实的利益问题。三是要加强社会管理和创新，加快以视频监控系统等现代科技为支撑的社会治安防控体系建设，深入推进互联网信息技术在社会治理中的应用，完善社会矛盾预防化解机制，深入开展安全生产“铸安行动”，打造共建共治共享的社会治理格局，使人民获得感、幸福感、安全感更加充实、更有保障、更可持续，不断推进治理体系治理能力现代化。

五要围绕“美丽”聚焦发力，大力推进生态文明建设。习近平总书记强调，人与自然是生命共同体，人类对大自然的伤害最终会伤及人类自身。党的十九大将“美丽”作为社会主义现代化强国的关键词，把生态文明建设放在了前所未有的重要位置。我们要树立和践行绿水青山就是金山银山的理念，加快建设美丽生态新家园。一是要深入推进“地净、路畅、水活、天蓝、林拥城”工程，大力实施净土行动，加强“五车”监管，扎实推进黑臭水体治理，持续开展大气污染防治行动，扩大“林拥城”林带规模，不断提升亳州“颜值”。二是要着力解决环境突出问题，建好用好环保督察信息平台，坚决抓好中央环保督察反馈问题整改。对群众的举报投诉，只要是合法有据的，都要毫不含糊地依法依规一抓到底。大力实施环境保护“五个一”专项行动，确保打赢蓝天保卫战、碧水攻坚战，更好满足人民群众对优美环境的需求。三是要完善生态文明制度，围绕多方共治，以推进河长制、林长制建设为抓手，把严格的制度拓展到各类自然空间和自然资源；严格执行生态环境保护工作职责和领导干部生态环境损害责任终身追究制，落实生态文明建设“党政同责、一岗双责”，树立绿色发展政绩观，切实用制度守护好青山绿水。

三、深入落实新时代党的建设总要求，扎实推进全面从严治党向纵深发展

习近平总书记强调，“全面从严治党永远在路上，不能有任何喘口气、歇歇脚的念头”。党的十九大站在新的历史起点上，科学分析了新时代党的建设面临的形势，明确提出新时代党的建设总要求和8个方面重点任务，进一步回答了“建设什么样的党、怎样建设党”这一历史性课题，对推进党的建设新的伟大工程作出顶层设计、战略部署。全市各级党组织要牢牢把握新时代党的建设总要求，以一招不让的决心、善作善成的韧劲，把全面从严治党的思路举措搞得更加科学、更加严密、更加有效，不断引领全面从严治党向纵深发展。

一要坚持以党的政治建设为

统领。十九大报告鲜明提出政治建设是党的根本性建设，决定了党的建设方向和效果。各级党组织要把党的政治建设摆在首位，坚定执行党的政治路线，严格遵守政治纪律和政治规矩，时时处处事事旗帜鲜明讲政治。要坚决维护党中央权威和集中统一领导。党政军民学，东西南北中，党是领导一切的，党中央集中统一领导是党的领导的最高原则。要牢固树立“四个意识”，认真贯彻中央《若干规定》和省委《意见》、市委《实施意见》，坚决维护党中央一锤定音、定于一尊的权威，坚决服从党中央集中统一领导，真正做到党中央提倡的坚决响应，党中央决定的坚决执行、党中央禁止的坚决不做。要严肃党内政治生活，严格尊崇党章，严格执行准则，坚持和完善民主集中制，认真落实党的组织生活制度，用好批评和自我批评这个锐利武器，不断增强党内政治生活的政治性、时代性、原则性、战斗性。尤其要强化组织观念、程序观念，严格执行重大问题请示报告制度，决不允许各行其是、自作主张，决不允许阳奉阴违、先斩后奏，决不允许报喜不报忧、报功不报过。要加强党内政治文化建设，围绕“六破六立”，大力弘扬忠诚老实、公道正派、实事求是、清正廉洁等价值观，坚决防止和反对个人主义、分散主义、自由主义、本位主义、好人主义，坚决防止和反对宗派文化、圈子文化、码头文化，坚决反对搞两面派、当“两面人”，努力建设先进的、健康的、富有生机活力的党内政治文化。

二要不断强化理论武装。十九大报告指出，“思想建设是党的基础性建设”。坚持以科学理论引领、用科学理论武装，是我们党永葆先进性和纯洁性的根本保证。要抓好理想信念教育，组织党员干部深入学习领会习近平新时代中国特色社会主义思想，认真学习《习近平谈治国理政》，进一步坚定理想信念，牢记党的宗旨，解决好世界观、人生观、价值观这个“总开关”问题，挺起共产党人的精神脊梁，始终做共产主义远大理想和中国特色社会主义共同理想的坚定信仰者、忠实实践者。要抓好主题教育，扎实推进“两学一做”学习教育常态化制度化，精心谋划和开展好“不忘初心、牢记使命”主题教育，引导广大党员干部坚定“主心骨”、筑牢“压舱石”，推动党员干部更加自觉地为实现新时代党的历史使命不懈奋斗。要抓好警示教育，巩固拓展“讲重作”专题警示教育成果，尤其要注重用身边事教育身边人，坚持每月拍摄1部专题警示教育片，对查处的典型案件要及时通报曝光，对违纪干部所在党组织要通报案情、予以警示，真正让广大党员干部知敬畏、存戒惧、守底线。

三要加快建设高素质专业化干部队伍。新时代赋予新使命，新使命需要好干部。十九大报告指出，党的干部是党和国家事业的中坚力量。要突出党管干部原则，树立正确选人用人导向，坚持好干部标准和“赛场选马”要求，扎实推进“三案”精准管理，严格落实“凡提四必”“三个不上会”“两个不得”“五个不准”和“六选六不选”等要求，突出政治标准，提拔重用牢固树立“四个意识”和“四个自信”、坚决维护党中央权威、全面贯彻执行党的理论和路线方针政策、忠诚干净担当的干部，真正把那些政治素质高、专业能力强，特别是在基层扎实历练、在扶贫信访等“吃劲”岗位和艰苦基层一线经受磨炼、业绩突出的干部精心培养起来、及时发现出来、合理使用起来。要强化党组织的领导和把关作用，严把政治关、品行关、作风关、廉洁关，对政治上不合格的“一票否决”，对廉洁上有问题的绝不使用，对说情打招呼、跑官买官、拉票贿选等行为保持“零容忍”，坚决防止“带病提名”“带病提拔”，坚决匡正选人用人风气。要优化干部成长路径，拓宽选人视野，统筹干部资源，加大干部教育培训力度，完善干部考核评价机制，加强对党员干部特别是领导干部日常管理监督，健全干部随管理成长、管理伴干部一生的制度机制。要建立激励机制和容错纠错机制，旗帜鲜明为那些敢于担当、踏实做事、不谋私利的干部撑腰鼓劲，把广大党员干部的精气神引导到改革发展上来。

四要全面提升基层党组织组织力。十九大报告指出，党的基层组织是确保党的路线方针政策和决策部署贯彻落实的基础，对基层组织建设作出了新部署、提出了新要求。我们要以提升组织力为重点，突出政治功能，提升基层党组织的政治领导力、组织覆盖力、群众凝聚力、社会号召力，解决基层党组织弱化、虚化、边缘化问题，增强党的组织优势、组织功能、组织力量，把基层党组织建设成为宣传党的主张、贯彻党的决定、领导基层治理、团结动员群众、推动改革发展的坚强战斗堡垒。要充分发挥基层党组织“一线指挥部”作用，把党的政治优势、组织优势转化为脱贫攻坚的发展优势，深入推进抓党建促脱贫攻坚工作，确保中央和省委脱贫攻坚各项政策掷地有声、落地见效。今年，我们结合脱贫攻坚，消灭了集体经济“空壳村”，实现了村级集体经济全覆盖。同时，选派了一批优秀干部到乡镇、村开展工作，对信访重点乡镇（村）选派干部专司信访工作，基层基础不断夯实。要深入开展基层党建“对标巡诊”，持续整顿软弱涣散基层党组织，扎实推动基层党组织标准化建设达标升级，统筹推进企业、社区、机关党建，不断提升基层党组织覆盖率。要精心谋划村（社区）“两委”换届工作，注重从农村致富带头人、外出务工经商人员、退役士官、大学生村官中选拔干部，选优配强村“两委”班子特别是村党组织带头人队伍。要按照有关规定配备干部，杜绝滥聘干部现象。要加强村级资金的监管，把钱用在刀刃上，用在解决群众疾苦上。建立健全村务监督委员会，加强村级民主监督和管理，推动农村治理现代化。要认真贯彻《中国共产党党务公开条例》，扩大党内基层民主，推进党务公开。要坚持把支部建设作为最重要的基本建设，认真落实“三会一课”等基本组织生活制度，教育督促党支部承担好直接教育党员、管理党员、监督党员和组织群众、宣传群众、凝聚群众、服务群众的职责。

五要深入推进党风廉政建设和反腐败斗争。十九大报告指出，我们党来自人民、植根人民、服务人民，一旦脱离群众，就会失去生命力，强调作风建设必须紧紧围绕保持党同人民群众的血肉联系，增强群众观念和群众感情，不断厚植党执政的群众基础。要驰而不息改进作风。这次全会审议通过的《实施细则》，全面落实中央和省委要求，是市“30条”的升级版。要从严从实从细推进作风建设，不折不扣抓好市《实施细则》的落实。要紧盯习近平总书记指出的“十种情况”等“四风”变异新动向，特别是要把“表态多调门高、行动少落实差”等形式主义、官僚主义的突出问题作为治理重点，组织开展一次以“查问题、出硬招、改彻底”为重点的作风建设大排查，通过摆表现、找差距、定举措、真整改、转机制，切实巩固拓展作风建设成果。要坚持以上率下、层层带动，真正形成“头雁效应”，确保作风建设不断取得新变化。要始终保持反腐高压态势，运用监督执纪“四种形态”，强化监督执纪问责，坚持反腐无禁区、全覆盖、零容忍，既严肃查处发生在重要岗位和关键环节的领导干部违纪违法案件，又切实整治发生在群众身边的“微腐败”，坚决铲除腐败这个致命的“污染源”。要认真贯彻落实《巡视工作条例》和《关于市县党委建立巡察制度的意见》，突出抓好巡视反馈问题整改，做到决心不变、力度不减、扎实务实；持续抓好四届市委巡察工作，对巡察中发现的问题，查处一起、通报一起，该处理的坚决处理到位，该追责的坚决追责到位，决不姑息迁就，真正使巡察成为落实全面从严治党要求的政治看齐之巡、警醒教育之巡、整肃立规之巡。要深入推进国家监察体制改革试点工作，确保按时完成市县（区）监察委员会组建工作，实现对所有行使公权力的公职人员监察全覆盖，强化不敢腐的震慑，扎牢不能腐的笼子，增强不想腐的自觉，确保干部清正、政府清廉、政治清明。要打开“正门”、堵上“后门”，按规定可以发放的福利奖金一定要发放到位，不允许发的坚决不能发，谁乱发追究谁的责任。各县区要认真研究，抓好落实。

习近平总书记在中央政治局集体学习时强调，“清谈误国、实干兴邦，一分部署、九分落实”。现在目标任务已经明确，关键是狠抓落实。全市广大党员领导干部要牢记总书记“不仅要有担当的宽肩膀，还要有成事的真本领”的谆谆教诲，全面增强学习本领、政治领导本领、改革创新本领、科学发展本领、依法执政本领、群众工作本领、狠抓落实本领、驾驭风险本领，切实把握工作主动权，做到既政治过硬，又本领高强。要大力弘扬“三严三实”作风，坚定讲看齐、提振精气神、强化执行力，做忠诚、干净、担当的模范。要树立弯道超车、跨越崛起的雄心壮志，强化创先争优、走在前列的进取精神，进一步拉高标杆、勇闯新路。要勇于担当尽责，对职责范围内的工作，全力以赴、尽心尽力、绝不怠慢；遇到困难和问题，迎难而上、设法解决、绝不退缩；在紧急危难关头，敢于挺身、果断处置、绝不逃避，切实做到守土有责、守土负责、守土尽责。要一级做给一级看，一级带着一级干，既运筹帷幄当好“指挥员”，又冲锋陷阵当好“战斗员”。要强化“四个导向”，落实“四化、三可”要求，坚持精准发力、久久为功，一天不耽误、丝毫不折腾，一锤接着一锤敲，一板一眼把各项工作做深做细做实，一步一个脚印把宏伟蓝图变成美好现实。

（市委办公室）

图 1　涡河（梁西海　摄）

政府工作报告（节选）

——2018年1月6日在亳州市第四届人民代表大会第二次会议上

杜延安

一、2017年工作回顾

2017年是本届政府任期的第一年。我们在省委、省政府和市委的坚强领导下，紧紧依靠全市人民，全面贯彻落实党的十八大和十九大精神，以习近平新时代中国特色社会主义思想为指导，坚持稳中求进、优中求快、奋发有为工作总基调，按照“深入践行五大发展理念，奋力走在皖北振兴前列”工作总要求，坚持“四个导向”，紧盯“四个点问题”，深入实施五大发展行动计划，着力提高发展质量和效益，全面做好改革发展稳定各项工作，较好地完成了市四届人大一次会议确定的各项目标任务。

——经济实力持续增强。全市地区生产总值1184亿元，同比增长9.2%，居全省第一位，连续三年超过全省平均水平；财政收入171亿元，同比增长16%，居全省第三位，总量赶超两个市、居全省第十位；固定资产投资1067亿元，同比增长22%，居全省第二位；社会消费品零售总额551亿元，同比增长11.9%，主要经济指标增速继续保持全省前列。

——产业结构持续优化。主导产业加快升级，新兴服务业快速发展，三次产业比由2016年的19.7∶38.7∶41.6优化为17.4∶40.0∶42.6。规模工业企业达1032家，规模工业增加值增长10.4%，创近两年新高，居全省第一位。医药制造业、战略性新兴产业、农产品加工业产值分别增长25%、23%、15%。

——发展后劲持续提升。实施省市重点项目542个、完成投资780亿元，26个10亿元以上重大项目开工建设，128个亿元项目竣工投产或主体完工，省重点项目投资完成率、开工率、竣工率均居全省前三位。商合杭高铁亳州段墩柱全面完工、高铁南站站房即将开工，亳州机场预可研文件已报国家待批，引江济淮亳州段工程全面开工，亳蒙高速立项获批，亳蚌城际铁路前期工作加快推进，137千米国省干线公路改建及路面改善工程顺利完工。

——幸福指数持续攀升。脱贫攻坚再战再捷，89个村成功出列，137341人稳定脱贫，谯城区、蒙城县被列入全省首批4个拟脱贫摘帽县区。居民人均可支配收入增长9.8%、农村常住居民人均可支配收入增长9.6%，均居全省第二位；城镇常住居民人均可支配收入增长8.8%，居全省第四位。32项民生工程全部完成年度任务，总投资144.2亿元。改造农村危房3万户，建设农村道路畅通工程2143千米，解决58.4万农村居民安全饮水问题。平安亳州建设扎实推进，人民群众的安全感和满意度进一步提升。

——各项工作亮点纷呈。亳州市企业债券发行、金融创新和风险防范等工作受到国务院通报表扬，连续两年享受国家申请企业债券“直通车”政策。获评为全国义务教育教师队伍“县（区）管校聘”管理体制改革示范区、中国特色农产品优势区、全省唯一的全国平安农机示范市、国家中医药健康旅游示范区创建单位、“一带一路”国际健康旅游目的地、国际健身气功五禽戏之都、全国药膳之都。“互联网+政务服务”“互联网+公积金”等工作在全国推广，开出全省第一张“互联网+自助办税终端”税票，市政府门户网站荣获2017年中国政府网站绩效评估政务公开领先奖、信息公开位居全国302个地市级网站第一名，市中小企业服务中心获批为国家中小企业公共服务示范平台，“金农易贷”荣获全国农村金融十佳品牌创新产品称号，“532”小额贷款保证保险入选中国保险扶贫产品先锋榜，“亳白芍”种植标准化示范区入选第九批国家农业标准化示范项目。市政府连续两年荣获省政府目标管理绩效考核先进单位称号。亳州市获评为省文明城市、省未成年人思想道德建设工作先进城市、全省创建体育强市示范市，中国好人、安徽好人上榜人数均位居全省第一位。济人药业“疏风解毒胶囊二次开发的系统研究及应用”获省科学技术奖一等奖，实现建市以来“零”的突破。涡阳县获评为全国主要农作物全程机械化示范县，农村承包土地经营权抵押贷款试点工作中期评估位居全省第一位；蒙城县获评为全国农村职业教育成人教育示范县、全国法治县创建活动先进单位、“中国好粮油”行动示范县；利辛县获评为国家级电子商务进农村综合示范县、全省城乡道路客运一体化示范县，顺利通过国家义务教育发展基本均衡县督导评估认定；谯城区入选全国农民工返乡创业试点，获评为全省“四好农村路”创建示范县（区）、全省农田水利基本建设“江淮杯”一等奖。农业产业化、旅游产业发展等一批省级现场会在亳州市相继召开。

一年来，我们紧紧围绕五大发展理念，重点抓好以下工作：

（一）大力推进创新发展，经济增长新动能充分激发。

加快现代中医药产业集聚发展。“世界中医药之都”建设迈出坚实步伐，现代中药产业集聚发展基地实现产值321.6亿元，增长23.6%。总投资80亿元的长白山制药（亳州）产业园、11亿元的民生药业产业园、10亿元的美誉医药产业园等39个亿元以上药业项目开工建设。药业工业企业总数达161家，通过GMP认证企业157家。新签约药业工业项目169个，总投资383.1亿元，全国中医药百强企业已有55家落户亳州。现有中成药品种205个，3个品种进入国家医保目录，394个药品技术转移批文上报国家食品药品监管总局待批。成功获批省级中药配方颗粒生产基地，5家企业获批试点生产，5家企业入选中华民族医药百强榜。

加快传统产业改造升级。工业“三百工程”和“123工程”扎实推进，完成工业投资389亿元，增长18.3%，居全省第三位；完成工业技改投资136.3亿元，增长19.2%。6家企业入选省2017年度民营企业百强榜。食品制造产业加快发展，新增省级龙头甲级队企业12家，市和县区食品产业园区分别入驻项目46个、56个。规上白酒产业产值突破110.7亿元，增长15.1%，亳州市获“世界十大烈酒名产区”称号。古井集团连续11年入选省百强企业，正宇集团连续5年蝉联全国小麦粉加工企业50强。煤炭开采和洗选业产值增长56.8%，汽车及现代农机装备制造业产值增长7.3%，纺织服装、家具制造、计算机及电子设备制造业产值增长24.9%。

加快现代农业提质增效。粮食总产超48亿千克，小麦单产位居全省第一。中药材种植面积发展到77533.33公顷，蔬菜种植面积稳定在13.33万公顷。“三品一标”认证农产品达448个，亳丹皮、涡阳大豆获批为国家地理标志农产品。全面推广“一户一块田”，家庭农场发展到5666家，农民专业合作社发展到16905家。新增农业物联网示范点10个。适度规模经营面积28万公顷。规模养殖比重达83%。主要农作物耕种收综合机械化率达99%，农机总动力位居全省第一。小型水利工程改造提升项目加快实施，更新改造泵站1235千瓦，加固小型水闸66座，新建、修复机电井7046眼，完成包河、艾河、阜蒙河年度治理任务和淮干一般堤防加固工程。

加快现代服务业发展。新增信贷投放300.8亿元，“我要贷款”平台累计发放贷款61.7亿元。新增限上商贸流通企业129家，限上消费品零售额增长16.9%。新业态新模式快速发展，电子商务进农村“两中心、一站点”建设实现全覆盖，筑梦社区、青年创客空间入选国家级众创空间、省级电子商务示范园区,新认定国家级星创天地3家,签约落户服务外包企业10家、7100座席。邮政业务总量12亿元。大力开展“文化旅游年活动”,完成北关历史街区5条精品线路立面改造,新增市城市展览馆、南湖灯光水舞秀等一批景点,成功引爆全市旅游市场,国内游客、入境游客、旅游外汇收入增速均居全省第一位,旅游总收入、国内旅游收入增速均居全省第二位,城市对外形象和美誉度进一步提升。

加快创新创业步伐。新认定高新技术企业20家,高新技术产业增加值增长15.3%,全社会研发经费增长20%,授权发明专利增长66.7%。新增离岸孵化中心、技术转移中心、校企合作联合实验室、省级企业技术中心19家,新建院士工作站3家。新增省级新产品12个、工业精品5个。深入开展“亳州老乡,请您回家”和助力青年学子创业活动,1.2万人返乡创业,投资超500万元创业项目330个、开工建设272个、建成运营173个,带动就业5.1万人,农民工进城就业4.8万人,城镇登记失业率控制在2.9%。

(二)大力推进协调发展,统筹联动新格局初步形成。

始终坚持规划引领。编制完成市域空间综合规划、全域旅游规划、市区单元规划、公共服务设施规划,城市规划与土地利用总体规划、各专项规划实现有序衔接、有机统一。市中心城区11条道路水系夜景亮化工程建成使用。蒙城县入选全省城市设计(双修)试点县,谯城区十河镇芍花养生小镇获评首批省级特色小镇,古井镇药王村田园综合体获批为全省两个试点项目之一。

强力推进城乡建设。积极应对国家融资政策重大调整,引导社会资本参与基础设施、公共服务领域项目建设,落地PPP项目10个,总投资105亿元。实施城建重点项目236个、完工110个,完成投资65亿元;其中,市中心城区实施112个、完工72个,完成投资26亿元。建成高铁片区地下综合管廊3千米,完成海绵城市试点项目3个、黑臭水体治理项目22处。建成棚户区改造住房30043套,改造老城区主次干道雨污分流管网13.2千米、老旧小区22.4万平方米,新建、改建市中心城区环保公厕76个。全面完成美丽乡村建设年度任务。

切实加强城乡管理。强化数字城管扁平化指挥系统应用,受理案件61.5万件,结案率97.4%。王合拉圾填埋场封场工程开工建设,十河卞铺生活垃圾焚烧发电厂并网发电,城市生活垃圾无害化处理率达99.98%。深入推进农村环境“三大革命”、农村清洁工程、农村垃圾分类处理、集镇集市管理,清理生活垃圾26万吨,收集处置有毒有害垃圾1257吨,完成改厕任务10.3万户,建成污水处理设施95个。

(三)大力推进绿色发展,生态宜居新家园加快建设。

持续推进“地净、路畅、水活、天蓝、林拥城”工程。突出抓好“五车”数字化监管,实现城区主次干道机械化清洗清扫。市中心城区打通汤王大道等断头路17条,建安路涡河隧道主体工程基本完工,汤王大道涡河隧道加快推进。宋汤河治理五期、龙凤新河、凤尾沟三期等城区水系治理工程全面完工、实现贯通。全面打响“蓝天保卫战”,布设500多个“蓝天卫士”监控探头,秸秆禁烧成效突出。新增人工造林5866.67公顷,建设森林生态廊道574千米、生态农田林网63600公顷,建成“林拥城”绿道60.6千米,创建省级森林城镇8个、森林村庄36个。

强化资源节约高效利用。节能减排完成省下达任务,万元GDP能耗下降3%以上。秸秆综合利用率提高到89.9%。建设高效节水灌溉工程4266.67公顷,封闭自备井56眼,万元GDP用水量下降8.5%。土地节约集约利用和农村土地综合整治成效突出,新建标准化厂房45.8万平方米,建设高标准农田75333.33公顷,补充耕地2066.67公顷,报批建设用地2866.67公顷,超额完成永久基本农田划定任务。

着力整治环保突出问题。34项中央环境保护督察反馈意见和省突出环境问题整改任务已按规定时限要求销号20项。建立四级河长体系,整治入河排污口152个,西淝河断面水质改善至III类,全市水环境质量同比改善43.6%,居全国276个地级及以上城市第八位。深入开展“全民参与·环保风暴”活动,建成环保督查信息平台及手机APP,关闭或搬迁禁养区内畜禽养殖场185家,新建规模养殖场污染防治设施853家,改造、拆除、关闭砖瓦窑厂137家,改造加油站点地下油罐988个，实施农村环境综合整治项目40个，新增安装使用油烟设施餐饮店2031家，解决了一大批长期遗留的环保突出问题。

（四）大力推进开放发展，经济发展新空间持续拓展。

狠抓供给侧结构性改革。提前完成煤炭去产能任务，核减煤炭产能150万吨。持续加大土地供应，房地产开发投资增长39%，居全省第三位。认真落实减税降费政策，累计减轻企业负担22亿元。谋划储备项目1651个，总投资3543亿元。新增新三板挂牌企业2家，新增区域股权交易中心挂牌企业81家，其中“现代中医药及健康产业亳州专板”63家，实现直接融资132.2亿元。

狠抓重点领域改革。深化“放管服”改革，开展“四送一服”双千工程活动，创优“四最”营商环境。紧盯“只要上一次”目标，改造升级网上办事大厅，8651项入驻服务事项中有8009项实现“一次上网，事就办成”，累计受理申办件914.2万件，办结798.6万件，满意率达99.99%。“我家亳州”APP注册用户突破100万个。“政企直通车”微信平台累计收集企业反映问题4002个，办结3938个。深化商事制度改革，在全省率先颁发“多证合一”营业执照，实现“64证合一”，新增市场主体6.8万户，增量居全省第三位。完成建安集团战略转型，新组建建安投资、城建发展、交通投资、文化旅游控股集团。深化医药卫生体制改革，建立医共体、医联体31个。农村集体产权制度改革和“三变”改革试点扎实推进。公共资源交易全流程电子招投标平台建成运行。户籍管理、城管执法、供销社、国有林场改革全面完成年度任务。

狠抓对外开放。新增进出口实绩企业37家，总数达149家；实现进出口总额6.6亿美元，增长27.8%、居全省第三位。实际利用外商直接投资7.8亿美元，增长8%。鼓励引导企业“走出去”，新培育外经主体4家、总数达11家。市政府口岸办正式成立。国家中药材产品质量监督检验中心（安徽）通过国家验收，全国地级市中唯一的中药材技术性贸易措施研究评议基地在亳州市挂牌运行。成功举办2017年药博会。

狠抓精准招商。坚持招大引强，突出工业招商，“立、改、废、释”招商政策，实际利用省外资金530.9亿元，增长34.7%。新落地亿元以上利用省外资金项目192个，其中工业项目147个。市中心城区挂牌出让工业用地176宗860.53公顷，分别是上年的2.3倍、3.7倍。坚持引资与引智并重，出台招才引智实施办法，吸引一批高层次人才到亳工作。

狠抓园区转型。6个省级开发区实现生产总值273亿元、财政收入49亿元，分别增长13.2%、31%。亳州经济开发区新开工项目突破100个，财政收入14.1亿元，征收土地1466.67公顷，拆迁房屋105.6万平方米，已申报省级高新技术开发区。亳芜现代产业园区获批为省服务外包示范区，谯城经济开发区纳入准国家级经济开发区管理。

（五）大力推进共享发展，人民生活新福祉显著增强。

精准发力脱贫攻坚。市（县、区）财政共安排专项扶贫资金12.9亿元，是上年的5倍，其中市本级安排8.6亿元，较上年增加7.6亿元。创新开发精准扶贫信息平台，动员1317家单位58282人参与扶贫帮扶，实现所有贫困村扶贫工作队和帮扶责任人全覆盖。狠抓脱贫攻坚八大工程，整合各类资金投入脱贫攻坚，新增金融扶贫贷款45亿元，推出林业扶贫、文化旅游扶贫等新模式，加强民主监督，实施产业扶贫项目1861个。累计投资32.3亿元，建成并网光伏扶贫电站2201个，总装机规模505.6兆瓦，占全省的25.2%。建成易地扶贫搬迁安置点18个，安置5755人。安置贫困人员就业2.8万人。发放贫困生资助资金4.2亿元，资助学生30.1万人次。发放贫困人口慢性病证9.2万个，享受“两免两降五提高一兜底”政策贫困人口186.2万人次。

切实保障和改善民生。城市低保标准提高10%，农村“五保”集中供养财政补助标准提高28%，农村“五保”分散供养财政补助标准、低保标准由3150元提升至4310元。实施“关爱工程”，将建档立卡范围外的城乡低保和农村“五保”对象纳入扶贫政策享受范围。困境儿童保障救助面高于全省平均水平。市养老服务中心、市精神病人福利中心投入使用，23所农村敬老院转型为区域性养老服务中心，建成农村居家养老中心101所。新建、改扩建中小学152所、公办幼儿园

41所，亳州学院新增本科专业6个，亳州职业技术学院二期工程开工建设，亳州幼师、亳州中药科技学校二期工程完工，全市职业教育联盟成功组建。华佗中医院新院、市人民医院二期工程建成使用，新建二级民营医院5家。人口自然增长率控制在9‰。送戏下乡演出2592场，送戏进敬老院302场，开展文化广场演出392场，放映公益电影20895场，原创泗州戏《伯俞泣杖》获“全省十大名剧”称号。建成市“五位一体”公共活动中心，建成开放市体育公园、文化公园等4个特色公园，建成投用乡镇（社区）综合文化服务中心5个、农民文化乐园7个、室外标准游泳池10个、城区全民健身路径550套，开工建设市体育馆、市广电中心。成功举办中国（亳州）国际半程马拉松赛、“健康安徽”2017环江淮万人骑行大赛总决赛。

着力提升社会治理能力。“七五”普法加快推进。深入实施“排问题、除隐患、喜迎党的十九大”专项行动，社会治理专业化水平大幅提升。扎实开展进京访“百日攻坚”和积案化解专项行动，化解信访积案389件。投资17.5亿元新建视频数据平台高清摄像机4.5万路，总数达5.4万路，全市“两抢一盗”案件发案率下降26.2%。开展安全生产“百日除患铸安”大检查，完成煤矿安全监管职责调整，持续提升消防安全能力，安全生产事故起数、死亡人数和受伤人数全面下降。加强食品药品全环节监管，启动省级食品药品安全城市创建工作。成立市见义勇为基金会。创建全国文明村镇8个、文明单位7个。国防教育、国防动员深入发展，双拥模范城创建工作通过省级验收，人防军事斗争准备工作通过省检验评估验收。妇女儿童、民族宗教、档案、地方志、残疾人、红十字等事业健康发展。统计、外事、侨务、对台、气象、新闻出版、防震减灾、应急管理、无线电管理、机关事务管理和老龄、关心下一代工作取得新成绩。

在聚力经济社会发展的同时，我们高度重视政府自身建设。深入推进“两学一做”学习教育常态化制度化，扎实开展“讲政治、重规矩、作表率”专题警示教育，政府系统党的建设全面加强。严格落实“三单六会”和“双调度”制度，完成政府系统年度岗位责任目标任务753项，整改政府工作问题清单事项508项，有效保障了党中央、国务院、省委、省政府和市委各项决策部署的高效落实。自觉接受人大法律监督、工作监督和政协民主监督，市人大代表议案、建议和市政协委员提案办理结果满意率均达99%，法律顾问制度和规范性文件、重大决策事项合法性审查实现全覆盖。创新开设《政风行风热线——市长有约》栏目，在全省率先建成以“12345”市长热线为基础的政府热线统一服务平台。着力强化行政监察和审计监督，纵深推进党风廉政建设和反腐败斗争，政府系统的执行力和公信力进一步提升。

所有这些成绩的取得，是省委、省政府和市委正确领导的结果，是市人大和市政协监督支持的结果，是全市646万人民团结一心、苦干实干的结果。在此，我代表市人民政府，向在各个岗位上辛勤工作的全市人民，向给予政府工作大力支持的全体人大代表、政协委员，向各民主党派、工商联、各人民团体和社会各界人士，向驻亳解放军指战员、武警官兵和政法干警致以崇高的敬意！向所有参与亳州建设的各位投资者和关心支持亳州发展的各界朋友，表示衷心的感谢！

各位代表！回首2017年，挑战无处不在，历程充满艰辛，成绩来之不易。我们深深体会到：唯有不忘初心、牢记使命，坚持党的领导，紧紧依靠全市人民，才能办好亳州的事情；唯有坚持以人民为中心的发展思想，维护群众利益，不断满足人民日益增长的美好生活需要，才能赢得信任和支持；唯有忠诚担当、埋头苦干，努力比别人干得更多、干得更实、干得更拼，才能实现跨越赶超、走在前列。

同时，我们也清醒地看到，发展中还存在不少问题、面临不少挑战：经济总量不大，产业结构不优，质量效益不高，创新能力不强，现代服务业发展不快，文化旅游开发深度不够；脱贫攻坚压力巨大，乡村振兴任务艰巨，重点领域改革需要持续深化，基础设施建设存在不少短板，污染防治任重道远，人民日益增长的美好生活需要和不平衡不充分的发展之间的矛盾较为突出；少数部门争先进位意识不强，少数干部懒政怠政行为依然存在。对此，我们要以对党、对人民高度负责的精神，直面问题，认真加以解决。

二、2018 年目标任务

2018 年是贯彻党的十九大精神的开局之年，是改革开放 40 周年，是决胜全面建成小康社会、实施“十三五”规划承上启下的关键一年，做好政府工作意义重大。纵观当前形势，挑战与机遇并存。党中央、国务院大力实施中部崛起战略、健康中国战略，强力推进中医药和大健康产业发展。省委、省政府大力实施皖北振兴战略，加快淮河生态经济带建设，支持亳州市打造“世界中医药之都”。这些都为亳州借势崛起、弯道超车提供了难得的历史机遇和广阔的发展空间，我们有信心、有条件、有能力把握机遇、乘势而上，推动新时代亳州实现高质量发展。

今年经济社会发展的指导思想是：全面贯彻落实党的十九大精神和中央经济工作会议精神，以习近平新时代中国特色社会主义思想为指导，深入贯彻落实习近平总书记视察安徽重要讲话精神，紧扣社会主要矛盾变化，按照高质量发展的要求，坚持党对经济工作的领导，坚持稳中求进工作总基调，按照“深入践行五大发展理念，奋力走在皖北振兴前列”工作要求，统筹推进“五位一体”总体布局和协调推进“四个全面”战略布局，以供给侧结构性改革为主线，以五大发展行动计划为抓手，着力做好稳增长、促改革、调结构、惠民生、防风险各项工作，大力推进改革开放，大力推进创新驱动，大力推动质量变革、效率变革、动力变革，全力打好防范化解重大风险、精准脱贫、污染防治攻坚战，努力实现更高质量、更有效率、更加公平、更可持续的发展，全面开创现代化五大发展美好亳州建设新局面。

今年经济社会发展的主要预期目标是：地区生产总值增长 8.3%，财政收入增长 8.3%，固定资产投资增长 10.5%，规模工业增加值增长 8.6%，战略性新兴产业产值增长 18%，社会消费品零售总额增长 10% 左右，进出口总额增速高于全省平均水平，城镇常住居民人均可支配收入增长 8% 左右，农村常住居民人均可支配收入增长 8.6% 左右，节能减排、大气和水污染防治完成省政府下达的目标任务。

围绕实现上述目标，重点做好以下五个方面的工作：

（一）强力深化供给侧结构性改革，加快建设特色鲜明、优势突出的新兴工业强市。坚持把提高供给体系质量作为主攻方向，聚焦优势产业，实施创新驱动战略，推动实体经济发展，加快培育新动能、升级传统动能、激发开发区活力，力争新增规模工业企业 100 家。

一是强主导完善产业链条。坚持现代中医药产业主导地位，紧盯建设“世界中医药之都”目标，编制完成《“世界中医药之都”发展规划》，谋划设立中医药产业发展母基金，加快推进现代中药产业集聚发展基地建设。延伸现代中医药产业链条，完成中医药产业固定资产投资 120 亿元，同比增长 20% 实现中医药工业产值 350 亿元，同比增长 20%；中药材种植产值 35 亿元，同比增长 10% 流通业贸易额 500 亿元，同比增长 25%，力争产业规模突破 1000 亿元。加大药品品种转移引进力度，完成药品技术转让或委托加工受理协议品种 200 个以上。推进省级中药配方颗粒基地建设，指导 5 家试点企业各申报备案品种 100 个以上，启动第二批试点企业申报工作。引导 5 家企业开展中药破壁饮片生产试点。加大政策扶持力度，促进医疗器械产业发展。

二是强基础补齐工业短板。围绕五大发展行动计划，谋划重点项目 1200 个以上，总投资 3600 亿元以上。继续坚持“四督四保”制度，强力推进 700 个以上省市重点项目建设，完成年度投资 900 亿元以上。充分发挥重大项目牵引作用，建成美誉医药产业园、群康药业、汉盛中成药、中建材泰山石膏板材、中嘉铝合金模板、婉悦纺织等一批亿元以上重大产业项目，开工建设华能风电、信湖煤矿、板集煤矿复建、中青健康中药大数据产业园、梧桐树纺织产业园等一批亿元以上重大产业项目，争取获得涡北低热值煤发电新建项目核准立项。加快建设太和至亳州天然气干线。建成投运 220 千伏华佗输变电工程，开工建设 220 千伏乐土输变电工程。

三是强技术加快创新发展。坚持把创新作为引领发展的第一动力，强化企业研发激励，设立现代中医药成果转化基金，培育省级企业技术中心 5 家、新产品 6 个，申报省级及以上重大科技项目 20 项，新认定高新技术企业15家，实现高新技术产业增加值增长12%。继续实施工业“三百工程”和“123工程”，推动白酒酿造、煤炭及煤化工、纺织服装、建筑材料等传统产业改造升级，力争工业投资增长13%，技改投资增长15%，着力培育一批具有创新能力的排头兵企业。加大招才引智力度，重点引进高层次科技人才团队，推动产学研深度对接，新创建重点实验室、新型研发机构、技术创新中心、技术转移中心、离岸孵化器等高水平创新平台5家以上。促进企业家素质“提升”、高技能人才队伍“提量”、本土型人才技术“提优”，培养高技能人才2000人，新建技能大师工作室4个。强化品牌建设，培育申报中国驰名商标1件，新增省著名商标15件、名牌产品6个。

四是强平台推动集聚发展。坚持把开发区作为经济发展的主战场，瞄准产业链中高端，大力发展新一代信息技术、新能源汽车、大数据、高端装备制造、新型建材等产业，加快建设浪潮（亳州）大数据产业园等特色园中园，确保6个省级开发区生产总值超300亿元、固定资产投资超600亿元、财政收入超60亿元。加快开发区改革和创新步伐，支持谯城经济开发区创建国家级经济开发区、亳州经济开发区创建省级高新技术开发区，推进三县开发区特色化、差异化发展。

五是强环境激发市场主体活力。持续创优“四最”营商环境，常态化推进“四送一服”双千工程活动，用好“政企直通车”微信平台，穷尽办法、倾尽所能、依法依规帮助企业解决实际问题，着力激发和保护企业家精神，加快构建亲清新型政商关系，充分释放创新创业活力。深化国企国资改革，支持古井集团和建安投资、城建发展、交通投资、文化旅游控股集团做强做优做大。实施民营企业扶持计划和中小企业培育计划，落实减税降费优惠政策，清理规范涉企保证金，提高金融支持力度，降低企业各类成本，激发企业内生动力，新增个体工商户2.5万户、私营企业1万户，确保民营经济增加值增长9%以上。持续推进“亳州老乡，请您回家”和助力青年学子创业活动，推动筑梦社区、青年创客空间争创国家级创业创新示范基地，让亳州老乡和青年学子愉快创业。

（二）强力实施乡村振兴战略，加快建设绿色高效、优质安全的现代农业强市。坚持把“三农”工作作为重中之重，大力实施乡村振兴战略，培养造就一支懂农业、爱农村、爱农民的“三农”工作队伍，让农业成为有奔头的产业、农民成为有吸引力的职业、农村成为安居乐业的美丽家园。

一是坚决打赢脱贫攻坚战。坚持精准扶贫、精准脱贫，把提高脱贫质量放在首位，尽锐出战，精准施策，巩固谯城区、蒙城县脱贫成果，扎实做好利辛县、涡阳县摘帽验收工作。统筹推进脱贫攻坚八大工程，每个贫困村发展1项以上特色种养业，40%的贫困村建成“一村一品”专业村，落实贫困人口“三保障一兜底一补充”政策，抓好建档立卡贫困户人均1亩生态林建设，改造农村危房10690户，光伏扶贫电站发电6亿千瓦时，强化易地搬迁扶贫户后续帮扶，推进贫困户零就业家庭动态清零，探索建档立卡贫困学生高中招生降分录取，稳步推进金融扶贫、社保兜底脱贫。坚持脱贫不脱责任、脱贫不脱政策、脱贫不脱帮扶、脱贫不脱监管，持续完善脱贫户后续扶持政策，着力构建防范返贫长效机制，确保脱贫成果经得起历史和人民群众的检验。

二是持续深化农村综合改革。保持土地承包关系稳定并长久不变，第二轮土地承包到期后再延长30年。稳妥推进农村集体产权制度改革试点，全面完成农村集体资产清产核资任务。每个乡镇选择1个村开展农村“三变”改革试点。深化农业供给侧结构性改革，建设粮食绿色增产创建示范点60个、优质专用粮食生产基地13.33万公顷，新增中药材标准化种植面积1333.33公顷、设施蔬菜水果3333.33公顷、市级以上蔬菜水果标准园10个，创建绿色循环标准化养殖示范场60个。认真落实粮食安全行政首长负责制，全社会粮食收购130万吨，新增“放心粮油”示范店、“主食厨房”直营店各20家。完成县区供销社改革。

三是大力发展现代农业。加快构建现代农业产业体系，推进质量兴农、绿色强农，促进粮经饲统筹，农林牧渔结合，“种养加”一体，一、二、三产业融合发展，新增“三品一标”农产品61个，新认定市级以上现代农业示范园区 60 个，新增规模以上农产品加工企业 20 家，每个县区食品产业园新入驻企业 5 家，力争全市产值超亿元龙头企业达 125 家，规模以上农产品加工产值增长 11%。加快构建现代农业生产体系，大力提升农业机械化水平，新增部、省级农机专业合作示范社 8 家以上，农机作业托管面积达 90% 以上。加快构建现代农业经营体系，大力培育新型职业农民和新型经营主体，新建、改造农家店 150 家、农村综合服务社（中心）25 家，新增省级示范农民专业合作社 6 家、示范家庭农场 12 家，土地适度规模经营面积达 29.33 万公顷。完善农业保险服务体系。

四是加快建设美丽乡村。全面完成美丽乡村建设年度任务，确保实现“皖北居前列、全省争先进”目标。持续推进基础设施和公共服务向农村延伸，启动天然气镇镇通工程，完成农村电网改造升级投资 2 亿元，新建、改建农村危桥 152 座，建成非建档立卡村通村硬化道路 500 千米，打造一批“四好农村路”。深入实施农村清洁工程，继续推进农村环境“三大革命”和垃圾分类处理，完成农村环境综合整治任务 40 个，改造农村厕所 10 万座，启动 80 个乡（镇）政府驻地生活污水处理设施建设，建成率 80%。深化乡风文明建设，推动移风易俗，全面建立红白理事会。

五是着力拓宽农民增收渠道。扎实推进农村电商全覆盖，培育电子商务特色小镇 12 个，建设电商示范村 40 个，发展“互联网 + 农村超市”600 家，农产品电子商务销售额突破 15 亿元。大力实施旅游富民工程，推动“百村景区化”，打造乡村旅游精品线路 4 条，创建省级优秀旅游乡镇 2 个、省级旅游示范村 3 个、3 星级以上农家乐 10 家。加快推进引江济淮亳州段工程，开工建设十河闸、高阁闸、贾集闸除险加固工程，完成阜蒙河、茨河利辛段、包河治理工程，启动北淝河涡阳段、茨河蒙城段、油河治理工程，完成高效节水灌溉工程 3400 公顷。

（三）强力扩大双向开放，加快建设底蕴厚重、功能完善的文化旅游强市。坚持招商引资第一要事不动摇，持续推动开放大提速，加快现代服务业大发展，继续开展文化旅游年活动，把文化旅游业培育成亳州市经济发展的重要支柱产业和新的增长极。

一是扎实推进精准招商。持续开展“千家知名企业招商攻坚”活动，实际利用省外资金增长 10% 以上。坚持工业项目为主、药业项目为先、亿元项目为重，突出现代中医药、食品制造、文化旅游、服务外包、战略性新兴产业等，充分发挥亳州之友联谊会、亳州商会作用，大力开展精准招商、驻点招商、借会招商、以商招商、委托招商、平台招商，力争签约亿元以上工业项目 150 个，每个招商载体至少引进 5 亿元以上项目 5 个、10 亿元以上项目 2 个。坚持把项目开工建设作为考核认定条件，新建亿元以上利用省外资金项目 150 个，确保项目引进来、落下地、见成效。

二是持续扩大对外开放。积极承接发达地区产业转移，完善奖励政策，提升外商直接投资吸引力。主动参与“一带一路”建设，引导有条件的企业在境外设立营销机构及服务网络，持续拓展海外市场。加强对外开放窗口平台建设和口岸管理，完善国检和海关机构，探索设立“无水港”。实施外贸主体培育工程，孵化新增进出口企业 25 家以上。采取社会化模式办好新一届药博会，打造世界知名中医药展会品牌。

三是大力发展文化旅游业。紧盯全域旅游目的地建设，以国家中医药健康旅游示范区创建为抓手，落实《全域旅游发展规划》，开展旅游新兴业态培育、精品线路整合、旅游商品开发、景区管理提升、公共服务提升、营销平台建设等专项行动，举办 2018 年亳州文化旅游年活动，全年接待国内游客 2300 万人次，实现旅游总收入 190 亿元。实施精品示范工程，开工建设中华中医药博览园、百花园、陈抟文化小镇、古井白酒文化特色小镇等重大旅游项目，加快推进亳药花海休闲观光大世界项目二期建设和北关历史街区改造升级，深入推进亳州古城旅游区、古井旅游区创建国家 AAAAA 级旅游景区和林拥城景区创建国家 AAAA 级旅游景区工作，创建国家 AAA 级以上旅游景区 3 家。实施服务提升工程，启动实施智慧旅游项目，完善旅游标识系统，建设南北游客集散服务中心，加快花戏楼名吃一条街等特色旅游商业街改造，规划建设旅游综合体 10 个，新建、改扩建旅游厕所 200 座。实施市县联动工程，以“道源问道”研学游为主线，培育特色旅游小镇，评选亳州旅游“十大名片”，推进道源国家湿地公园、庄子祠景区改造提升、西淝河国家湿地公园和古井乐酒家园等项目建设，串珠成线、连线成面，持续打造全域旅游品牌。

四是加快发展现代服务业。坚持金融服务实体经济导向，新增金融机构网点5家，投放信贷资金180亿元；着力完善多层次资本市场，力争新增IPO报备企业1家、“新三板”挂牌企业2家、区域股权托管交易中心挂牌企业20家，支持“现代中医药及健康产业亳州专板”企业转板，实现直接融资50亿元；稳妥处置地方政府债务，着力化解金融风险，坚决打好防范化解重大风险攻坚战。积极培育健康养生、共享经济、数字经济等新业态新模式，大力推进医养融合发展，完成公建民营养老机构改革试点8所，新增社会办养老床位500张、居家养老服务站点12所。新增限上商贸流通企业90家。加快发展交通运输、邮电通信和商贸餐饮业，确保邮政业务总量15亿元。

（四）强力提升城市能级，加快建设互通互联、方便快捷的新型智慧城市。围绕“省际交会区域中心城市”定位，以新型智慧城市建设为统领，以“四创一建”为抓手，着力完善城市功能、健全交通网络、美化城市环境、优化政务服务，加快构建市县一体、互融共通、多点支撑的发展格局。

一是提升城市承载能力。持续开展“九城同创”，大力开展“两治三改”，积极创建全国文明城市。坚持规划先行，建成空间规划信息平台，实现规划方案及施工图电子报批，统筹做好城市“双修”工作。计划投资181.7亿元，在市中心城区实施165个道路、桥梁、供排水、停车场、污水和餐厨废弃物处理项目。实施PPP项目24个，总投资440亿元。持续提升物业管理水平，实现物业管理新建小区全覆盖、老旧小区覆盖80%以上。

二是推动县域振兴发展。加快培育县区主导产业，支持涡阳县重点发展光机电、绿色装配式建筑、循环经济等产业，蒙城县重点发展新能源汽车及汽车电子、生物质发电、新型建材及智能家居等产业，利辛县重点发展煤电煤化工、丝网服饰、光伏等产业，谯城区重点发展现代中医药、白酒等产业，建设一批产学研和科技成果转化平台，创建一批特色产业集聚发展基地。坚持区域联动、功能互补，支持三县加快推进新城区路网、电网、水网、绿化、亮化等项目建设，加快实施老旧小区改造、供水管网改造、断头路打通等工程，持续完善停车场、健身广场、街头游园、文体场馆等公共服务，实现新城展新貌、老城换新颜。高品质建设一批特色小镇。

三是打造互联互通交通网络。大力实施对外交通畅通工程，加快建设商合杭高铁、亳州高铁南站和站前广场、涡河高等级航道整治等项目，完成亳州机场立项和可研、专题编制，新建、续建国省干线公路190千米。大力实施市域交通畅通工程，加快亳蚌城际铁路、淮阜城际铁路、亳蒙高速、涡阳船闸、涡河蒙城枢纽前期工作。大力实施市内交通畅通工程，建成亳州北公交客运枢纽站，加快建设高铁公路客运枢纽站和杜仲路等6条下穿铁路立交桥，加快推进高铁片区综合管廊、中心城区快速路网一期、三清大道及涡河大桥、幸福桥改造等99项路桥工程。

四是深入推进“地净、路畅、水活、天蓝、林拥城”工程。强化“五车”监管，推广使用全封闭环保建筑垃圾运输车。完善药王大道、三圣路、建安北路等中心城区12条道路建设，建成建安路涡河隧道，完成汤王大道涡河隧道主体工程。建成大中型涵闸远程监控系统二期工程，完成凤尾沟三期、龙凤新河和团结沟主体工程。坚决打好“蓝天保卫战”，重点做好扬尘污染防治、燃煤锅炉和砖瓦窑厂治理等工作，确保主要污染物排放总量持续下降、空气环境质量持续改善。全面落实河长制，建立林长制，扎实开展国土绿化行动，新增人工造林6666.67公顷，创建省级森林城镇4个、森林村庄27个，实现林拥城全面贯通。

五是建设新型智慧城市。深化“放管服”改革，清理规范涉企服务性收费，动态调整权责清单、公共服务清单、中介服务清单，公布2018年清单目录。紧盯“只要上一次”目标，建成网上办事大厅二期工程，实现96%以上的为民服务事项“一次上网，事就办成”，打造“互联网+政务服务”升级样板。深入推进数字城管建设，实现市县一体、互联互通。完成市视频数据平台机房扩容和区域补盲工作，持续拓展视频数据应用范围。深化国地税联合办税和社会综合治税，推进国地税“一窗业务统办”，推广“互联网+办税自助终端”应用。持续深化商事制度改革，认真做好涉企信息归集和“双随机、一公开”工作。实施“互联网+招标采购”，确保符合条件的项目全流程电子招投标和网上商城采购比率均达90%。整合升级以“12345”市长热线为基础的政府热线统一服务平台，全天候、多方位、高效率服务群众和企业。

（五）强力保障改善民生，加快建设生态宜居、文明和谐的健康养生城市。坚持以人民为中心的发展思想，着力保障人民群众基本生活，完善公共服务体系，优化生态人居环境，促进社会公平正义，让人民群众的获得感、幸福感、安全感更加充实、更有保障、更可持续。

一是切实提高保障和改善民生水平。全面完成省政府下达的民生工程任务。持续抓好就业工作，新增城镇就业3.2万人，转移农村劳动力7.2万人，进城就业农民工2.1万人，城镇登记失业率控制在4%以内。拓展社会保障卡应用功能，推进城乡居民基本医疗保险整合，确保新农合参合率在95%以上、住院补偿比在70%以上。坚持“房子是用来住的、不是用来炒的”定位，加强分类调控，保持房地产市场健康发展。投资89.6亿元，新开工棚户区改造住房16299套。大力加强基层民政能力建设，继续实施“关爱工程”，城市、农村低保标准分别提高5%和8%。深入实施农村饮水安全巩固提升工程。做好城乡困难群体法律援助工作。加大农村留守儿童和妇女、老人、残疾人关爱力度。

二是切实扩大优质公共服务供给。办好公平优质教育，加大财政投入，改善提升办学条件，推动城乡义务教育由基本均衡向优质均衡转变。深化中小学幼儿园教师无校籍管理改革，出台优秀教师引进和奖励办法，实施乡村教师支持计划、薄弱学校改造工程和教育教学质量提升工程，加快乡村学校内涵建设和校园信息化建设，新建、改扩建中小学46所、公办幼儿园35所。支持亳州学院新增3～5个本科专业、开工建设四期工程，加快亳州职业技术学院二期工程建设，力争引进省内外知名中医药大学在亳州市建设分校（校区）。推进“健康亳州”建设，深化公立医院编制周转池试点，完善现代医院管理制度，健全县域医共体机制，推行分级诊疗和家庭医生签约服务，进一步提升基层卫生服务能力。加快建设市第二人民医院、市妇幼保健计划生育服务中心，开工建设二级及以上民营医院3家。争创全国基层中医药工作先进市，推进华佗中医院创建“三甲中医院”。全年人口自然增长率控制在9.5‰以内。深入开展文化惠民活动，加快市广电中心建设，建成市文化馆和5个全民阅读基层示范点，建设贫困村综合文化服务中心50个，举办广场公益文艺演出300场，提升全民科学文化素质。认真落实《亳州国家历史文化名城保护条例》，加强非物质文化遗产传承与保护，成立涡河文明研究中心和市文物保护基地，推进五禽戏申报世界非物质文化遗产工作，组织申报第八批全国重点文物保护单位。推进体育强市创建，建成市体育馆，完成市体育场改造，建设社区文体中心15个以上、小型便民利民健身场地100块以上，举办国际全程马拉松等知名赛事。

三是切实打好污染防治攻坚战。全力整改中央环保督察反馈意见和省突出环境问题，深入开展“全民参与·环保风暴”活动，确保按期完成整改任务。坚决打好碧水攻坚战，深入实施“水十条”，开展农村黑臭水体排查治理，完成城市黑臭水体治理9处，整治入河排污口98个，西淝河马店孜断面保持Ⅲ类水质，涡河义门大桥、岳坊大桥断面保持Ⅴ类水质，涡河龙亢断面保持Ⅳ类水质。坚决打好净土持久战，全面实施“土十条”，开展农用地土壤污染状况详查，实现主要农作物化肥和农药使用量零增长、规模养殖场治污设施全覆盖。推进生态环境气象保障工程建设，新建亳蒙一级公路能见度监测点10个。拓展生态保障制度覆盖面，开征环境保护税，推进环保机构监测监察执法垂直管理制度改革，严格执行生态环境损害责任终身追究制度。

四是切实高效节约利用资源。坚决落实最严格的水资源管理制度，用水总量控制在11.2亿立方米，万元GDP用水量下降6.2%。坚持节约集约用地，严格工业用地标准，加快标准化厂房建设，推进低效建设用地再开发，提高土地利用效益。坚决落实最严格的耕地保护制度，严查违法违规用地案件，加强农村土地综合整治，完成建设用地增减挂钩1066.67公顷、工矿废弃地复垦利用200公顷、补充耕地1333.33公顷，实施高标准农田46666.67公顷以上。推进县区秸秆综合利用产业园建设，建成上海电气蒙城生物质发电项目、凯迪利辛生物质秸秆发电厂，完成凯迪谯城生物质秸秆发电厂主体工程，加快建设光大集团涡阳生物质发电项目，开工建设润盟环保秸秆板材项目，农作物秸秆综合利用率达90%以上。

五是切实加强和创新社会治理。深化安全生产专项治理和打非治违专项行动，推进基层安全生产网格化全覆盖，构建安全风险分级管控和隐患排查治理双重预防机制，排查一般隐患1万处以上、重大隐患180处以上，整改率在98%以上。坚持食品药品安全“党政同责”，按照“四个最严”要求，加大食品、药品、医疗器械等生产经营企业飞检力度，推进创建省级食品药品安全城市。深入开展信访基层基础业务规范化建设年和信访积案化解专项行动，打造阳光信访、责任信访、法治信访。健全社会信用体系，加快“信用亳州”建设。完善社会治安防控体系，深化“一村一警”工作，严密防范和依法打击各类违法犯罪行为，着力提高社会治理水平，全力构建“平安和谐亳州”。大力弘扬社会主义核心价值观，继续开展道德模范、身边好人和寻找“最美家庭”评选、推荐、宣传活动，全面提升公民文明素质和道德水平。加强全民国防教育、国防动员和后备力量，建设军民融合产业园，推进军民深度融合发展。健全完善消防体系，推动消防事业发展。深化统计管理体制改革，开展第四次全国经济普查。完成“七五”普法中期考核验收工作。做好第十届村委会和第六届社区居委会换届选举工作。建成市人防基本指挥所。大力推进妇女儿童、民族宗教、档案、地方志、红十字、外事、侨务、对台、新闻出版、防震减灾、应急管理、公积金管理、无线电管理、机关事务管理和老龄、关心下一代等事业发展。

三、加强政府自身建设

新时代要有新气象，更要有新作为。我们不能有任何喘口气、歇歇脚的念头，要始终强化“每天都是节点、全年都在冲刺”的意识，以“首战用我、用我必胜”的担当，以“见红旗就扛、见第一就争”的勇气，以“一日不为、三日难安”的紧迫感，夙夜在公，连续作战，全身心投入，苦干实干拼命干，用我们的辛苦指数，换取亳州经济社会发展的质量指数和速度指数，换取亳州人民的幸福指数和满意指数，不断满足人民日益增长的美好生活需要。

（一）坚定信仰，对党忠诚。旗帜鲜明讲政治，严守政治纪律和政治规矩，始终在政治立场、政治方向、政治原则、政治道路上同以习近平同志为核心的党中央保持高度一致。持之以恒强党性，深入开展“不忘初心、牢记使命”主题教育，持续强化政治能力，全面提高“八种本领”，切实增强对党忠诚、为党分忧、为党尽职、为民造福的政治担当，永葆共产党人的政治本色。矢志不渝跟党走，强化“四个意识”，增强“四个自信”，坚决维护党中央的权威，坚决服从党中央的集中统一领导，坚决用习近平新时代中国特色社会主义思想武装头脑、指导实践、推进工作。

（二）不忘初心，执政为民。始终坚持以人民为中心的发展思想，把人民放在心中最高的位置，切实解决环境治理、“看病难、看病贵”“择校热”“大班额”“入托难”、结构性就业矛盾等群众最关心最直接最现实的利益问题，让发展更有温度，让幸福更具质感。着力畅通为民服务渠道，办好“12345”市长热线、“政风行风热线——市长有约”“沟通——政务零距离”，健全完善问题交办销号机制，确保事事有着落、件件有回音。坚持无禁区、全覆盖、零容忍，严查发生在群众身边的不正之风和腐败行为，保持反腐败斗争压倒性态势。持续加强政务诚信，强化政务公开，着力保障人民群众的知情权、参与权、选择权和监督权，不断增强政府的公信力和执行力。

（三）勇立潮头，敢为人先。始终保持忧患意识，清醒认识到原地踏步就是退步，发展慢了也是退步，坚决抛弃小富即安、小进则满、松懈疲沓思想，瞄准目标、提升标杆，找准短板、开准药方，定向施策、久久为功。切实增强担当精神，严格执行“三单六会”和“双调度”制度，聚焦脱贫攻坚、环境保护、安全生产、招商引资、项目建设等重点工作，扭住目标不放，盯住问题不松，敢于啃硬骨头、敢于涉险滩，雷厉风行、紧抓快办。牢固树立实干作风，坚持“四化、三可”和“快、好、高”标准，对确定的目标、制定的措施、部署的任务，下深功夫、下苦功夫、下硬功夫抓好落实，继续打造一批亳州亮点、创造一批亳州经验。

（四）依法行政，廉洁从政。全力推进法治政府建设，坚持法无授权不可为、法定职责必须为，认真执行重大行政决策公众参与、专家论证、风险评估、合法性审查、集体讨论决定等程序，健全完善政府立法体制机制，加强财政预算管理，及时公开预决算和“三公”经费信息，持续强化审计监督。自觉接受人大法律监督、工作监督和政协民主监督，主动接受社会监督、舆论监督，认真办理人大代表议案建议和政协委员提案，组织实施年度协商计划，广泛听取各民主党派、工商联、无党派人士意见建议，充分发挥人民团体的重要作用。坚持廉洁从政，自觉遵守党章党规，严格执行中央八项规定精神及省、市相关规定，严防“四风”反弹，着力打造忠诚、干净、担当的干部队伍。

政府工作报告名词解释

1. 四个导向

即问题导向、目标导向、服务导向、务实导向。

2. 四个点问题

即人民群众关心关注的热点问题、社会各界反映强烈的焦点问题、当前工作中亟待解决的重点问题、制约亳州长远发展的难点问题。

3. “532”小额贷款保证保险

指为满足小型微型企业、农村种植养殖大户和城乡创业者等生产经营活动中的小额融资需求，由借款人投保小额贷款保证保险，银行以此作为主要担保方式，向借款人发放贷款的一种业务模式，一旦发生代偿，保险公司、政府与银行按5:3:2的比例承担贷款本息损失。

4. 四好农村路

即建好、管好、护好、运营好农村公路。

5. 工业“三百工程”

即实施100个在建项目、100个亿元项目、100个技改项目。

6. 工业“123工程”

即培育100家小巨人企业、200家成长性小企业、300家基础较好的小微企业。

7. 三品一标

即无公害农产品、绿色食品、有机食品、农产品地理标志。

8. 两中心、一站点

即县级电子商务公共服务中心、农村电子商务物流配送中心、乡村电子商务服务网点。

9. 农村环境“三大革命”

即农村垃圾、污水、厕所专项整治。

10. 五车

即洒水车、清扫车、垃圾运输车、渣土车、混凝土搅拌车。

11. 新三板

即全国中小企业股份转让系统，是经国务院批准，依据证券法设立的继上海证券交易所、深圳证券交易所之后第三家全国性证券交易场所，主要为全国创新型、创业型、成长型非上市中小微企业发展服务。

12. 城市双修

即生态修复、城市修补，是治理“城市病”、改善人居环境、转变城市发展方式的有效手段。

13.PPP 模式

即公共私营合作制，指政府与营利性、非营利性企业，为合作建设城市基础设施项目或提供某种公共物品和服务，以特许权协议为基础，彼此之间形成一种伙伴式的合作关系，并通过签署合同来明确双方的权利和义务，以确保合作的顺利完成，最终使合作各方达到比预期单独行动更为有利的结果。

14. 四送一服

即送发展理念、送支持政策、送创新项目、送生产要素，服务实体经济。

15. 四最

即审批事项最少、办事效率最高、投资环境最优、市场主体和人民群众获得感最强。

16. 三变

即资源变资产、资金变股金、农民变股东。

17. 两免、两降、五提高、一兜底

“两免”，即：免除贫困人口新农合个人缴费部分，免除住院预付金。“两降”，即：降低贫困人口住院治疗的补偿起付线，降低贫困人口大病保险起付线。“五提高”，即：提高贫困人口普通门诊医药费用限额内实际报销比例，提高常见慢性病门诊实际报销比例，提高按病种付费补偿比例，提高大病保险分段补偿比例，提高贫困人口医疗救助水平。“一兜底”，即：贫困人口通过综合补偿后，剩余部分合规医药费用实行政府兜底保障。

18. 三单六会

“三单”，即：政府系统年度岗位责任目标任务清单、政府工作问题清单、市长工作提示单。“六会”，即：市政府常务会、市长工作例会、市长专题调度会、市政府双调度会、市规委会、市土委会。

19. 双调度

即市政府对经济工作、项目建设、环境保护和安全生产，实行单月分管副市长调度，双月市长和分管副市长共同调度的工作机制。

20. 四督四保

即督查推进新建项目，保证开工率；督查推进续建项目，保证竣工率；督查推进竣工项目，保证达产率；督查推进储备项目，保证转化率。

21. 三保障、一兜底、一补充

“三保障”，即：提高基本医保、大病保险、医疗救助保障待遇水平。“一兜底”，即：设定政府兜底保障线。“一补充”，即：实行慢性病门诊补充医疗保障。

22. 无水港

即在内陆地区建立的具有报关、报验、签发提单等港口服务功能的物流中心。

23.IPO

即首次公开募股，指一家企业或公司（股份有限公司）第一次将它的股份向公众出售。

24. 四创一建

即创新城市发展方式、创建城市特色风貌、创造城市优良环境、创优城市管理服务，建设绿色江淮美好家园。

25. 两治三改

即治理违法建设，治理违法用地；推进城镇棚户区改造，实施城中村改造，推进城市老旧小区综合整治、危房和非成套住房改造。

26. 双随机、一公开

即检查对象、执法检查人员随机抽取产生，检查情况和查处结果及时向社会公开。

27. 四个最严

即最严谨的标准、最严格的监管、最严厉的处罚、最严肃的问责。

28. 八种本领

即学习本领、政治领导本领、改革创新本领、科学发展本领、依法执政本领、群众工作本领、狠抓落实本领、驾驭风险本领。

29. 四化、三可

即实化、细化、量化、具体化，可比较、可检验、可考核。

30. 快、好、高

即工作节奏和发展速度要快、工作成果和质量效益要好、在全省和皖北位次要高。

（市政府办公室）

图2 亳州夜景(陈海红 摄)

专　记

扶贫攻坚

【概况】2017年，亳州市贯彻落实习近平总书记扶贫开发重要战略思想、省委省政府决策部署，严格按照“六个精准”“五个一批”“六看六确保”“四个严”“两该两不该”“四个全覆盖”和“七句话”等工作要求，完善体制机制，集中资源力量，开展“重精准、补短板、促攻坚”专项整改行动，保障脱贫攻坚，在省2017年脱贫攻坚第三方监测评估中，完成省下达脱贫137341人，出列89个贫困村目标任务，脱贫退出准确率100%，谯城区、蒙城县有望成为全省首批脱贫摘帽的县区。截至2017年年底，有贫困人口95252人，贫困发生率1.67%，其中，涡阳县27016人、蒙城县18045人、利辛县35255人、谯城区14936人。

建立健全体制机制，拧紧责任链条。在坚持党政同责的基础上，进一步明确市以下由书记主抓，压紧压实县乡村三级党组织书记脱贫工作第一责任人责任，形成“书记抓、抓书记”的工作格局。县乡村三级党组织书记拿出主要精力抓脱贫攻坚，落实第一责任。各级政府分管扶贫工作负责人专职具体抓，其他各位党政负责人按照职责分工，抓好各自分管领域的扶贫工作。同时，督促市县乡各部门根据职能，在脱贫攻坚主战场中各负其责、协调一致抓好脱贫工作。村“两委”班子全员参加、逐户对应负责包保任务落实，对“一个不能落”负直接责任。市委常委会、市政府常务会专题研究扶贫工作57次，市委、市政府主要负责人开展调研或专题研究部署扶贫工作近200次，逐一破解难点焦点，拧紧责任链条，推动脱贫攻坚各项任务落地见效。

满足扶贫工作一切需要，强化要素保障。在脱贫攻坚实践中，结合实际，探索提出“满足扶贫工作一切需要，火力全开，适当宽裕，分级负责，各方协同，工作到户，责任到人”的工作要求。在力量配备上，把精干力量充实到扶贫工作第一线，将市扶贫办升格为市扶贫局，为市政府工作部门，正处级行政机构。各县区也都单独设立扶贫开发工作机构，设立乡镇（街道）扶贫工作站，为财政全额拨款事业单位。市县扶贫部门工作人员增至215人，全市新增乡镇扶贫专职副书记或副乡镇长60名。在措施落实上，所有贫困户一户不落，所有致贫原因都要有策可施，所有能享受的项目全部享受，所有政策措施全面兑现到位。在责任体系上，建立责任清单，把任务细化分解到村、到户、到人，并逐一明确责任单位和责任人，切实把压力和责任传导到每个层级，形成无缝对接、环环相扣的责任体系。

打造扶贫信息平台，提高信息化水平。针对全市脱贫攻坚点多面广任务重的情况，根据信任不能代替监督和随机点调的要求，我们运用互联网思维，创新监督检查方式，全面对接国务院扶贫办数据信息平台，开发了市、县、乡、村四级精准扶贫信息平台及手机APP。其中设置有随机抽样、扶贫地图等功能模块，通过机选、人选、周边选等抽查方法，自动生成走访路线导航，有效减少了调研走访中的人为干扰因素。该做法刊登在新华社《国内动态清样》（第3569期）上，省长李国英阅后批示：亳州市绘制并利用大数据“扶贫地图”进行精准扶贫的做法值得借鉴推广。利用该信息平台，扶贫工作队员每天线上进行在村签到、离村报告，各级干部通过到户定位和语音、图片、视频留痕记录帮扶活动，随时随地核查贫困家庭基本情况、政策措施落实进度，提高了扶贫工作监督管理能力。严格落实贫困村扶贫工作队驻村规定，发现无故不在村不在岗的，坚决予以处理。

开展末端检查，狠抓问题整改。进村入户抓末端督查，市直有关部门参照省际交叉考核等做法，制定《精准扶贫工作成效互查方案》，建立村内、乡（镇）内、县（区）内、市内“四内”互查工作机制，围绕“户错误率降至1%以下”和“户均错误减少至0.01条以下”的目标，通过持续开展大规模多领域高频次督查，努力搜寻发现问题、整改问题，不断提高数据准确率。加强部门督查，扶贫、组织、财政、审计、监察、检察、城市调查队等部门分别围绕各自扶贫工作职能，组织开展互查，一次突出一个重点，查准工作中存在问题，形成问题清单，及时反馈到县（区）。强化专业组核查，市扶贫、教育等14个单位抽出精干力量组成专业组，采取暗访的形式开展检查，结果以市扶贫开发领导小组的名义印发通报，并对县（区）进行排名且不得并列，推动各项重点工作的精准落实到位。开展市级互查，并将第二次市级互查与全省脱贫攻坚大排查结合起来，对照“七个不落，一个不少”要求，组织市、县、乡、村四级开展村内、乡（镇）内、县（区）内自查和市级督查，对贫困户和一般农户、贫困村和非贫困村、乡镇、县区进行全面排查。以村内排查的形式查户、以乡镇核查的形式查村、以县区自查的形式查乡镇、以市级督查的形式督促工作落实。大排查共发现问题87万余条，已全部整改到位。

打好政策措施“补丁”，持续提标扩面。在全面落实各项扶贫政策的基础上，根据实际情况，围绕工作中的“堵点”，为贫困群众“量身定制”了多项特惠政策。免除义务教育阶段建档立卡贫困家庭子女作业本费和教辅资料费。为贫困村招聘本科毕业医生，对在贫困乡镇医疗机构服务的全科医师进行奖励，研究制定乡村两级医疗机构为贫困患者常用药品增补政策。探索将具备行医资格的个体私营诊所纳入医保报销范围。充分利用互联网信息技术，在乡村医院开展远程会诊工作。试点推行危房改造资金提前打卡、村里代管模式，解决筹资难瓶颈问题，2017年危房改造项目完工30170户，完成省下达任务的225%。开展无户籍人员及分户情况调研，规范扶贫对象户口管理，共摸排登记无户口人员6341人，其中扶贫对象或拟列为扶贫对象无户口人员2404人；共办理扶贫对象应分户9973户；共清理扶贫对象应合户1247户；共办理扶贫对象死亡户口应销未销4103人。到乡镇为残疾人集中开展办证服务，服务群众1.97万余人，符合条件的共办证15979本。针对个别沾染上恶习贫困户，加强关心、教育、引导、帮助，通过提供保洁、保安、水塘看护等“六员一工”公共服务岗位，安置就业26105人。做好贫困残疾人家庭人员驾驶技能脱贫培训工作，鼓励贫困户参与驾驶技能培训，共培训1993人。

全面实施提升工程，增强群众满意度。开展“微心愿”征集活动。在精准扶贫信息平台中新增“我要捐赠”和“联系帮扶”两个模块，回应社会力量参与脱贫攻坚的意愿。在全市贫困家庭中开展“微心愿”征集活动，征集“微心愿”近24万条，已兑现23万余条，该活动被中组部推介。开展春风行动。学习借鉴兰考、井冈山等已脱贫地区成功经验，制定“春风行动”计划，按照有门窗、有床柜、有桌椅、有家电等标准，帮助贫困户做好家庭基本生活用具的配置。按照“五净一规范”标准，即院内净、卧室净、厨房净、厕所净、个人卫生净和院内物品摆放规范，开展“共建整洁庭院·助力脱贫攻坚”专项活动，做好贫困户家庭环境整治。实施“关爱工程”。印发《关于做好脱贫不脱政策、扶贫政策覆盖和政策“进城”等工作的通知》，梳理教育资助、医疗保障、社保兜底等政策41项，形成“亳州市扶贫政策覆盖范围一览表”，已脱贫户（除动态调整清退和标注不享受政策的外）、未纳入建档立卡的农村低保户和五保户、城市户籍低保户，可享受一览表所列政策，实现扶贫政策全覆盖。蒙城县在“351”“180”政策基础上，出台“1579”医疗再补偿政策和“1567”大病临时救助政策，有效解决2014年、2015年已脱贫户和非建档立卡大病户因病返贫、因病致贫问题。做细做实农村建档立卡之外低保户排查清理工作，对所有不符合建档立卡条件的农村低保、“五保”和城市低保家庭实行“关爱工程”，发放“关爱簿”，使其享受相关扶持政策。

（王　静）

【贫困人口精准识别】2017年，亳州市开展建档立卡“再回头”活动。贯彻落实全省“重精准、补短板、促攻坚”专项整改行动部署，按照“时间服从任务，数量服从质量”的原则，5月、6月将驻村工作队、村包户干部、帮扶责任人、镇包村干部和村扶贫档案员等5类人员分成若干核查组，对照全国扶贫开发信息系统数据，以《贫困户信息采集表》和《扶贫手册》为内容，对贫困户相关数据、信息进行逐户逐项甄别核实，对发现的“两该两不该”问题，查错纠偏，规范扶贫对象信息动态变更。新识别贫困人口47874人，清退43399人，标注36120人。

开展“两册一审”评议。由村干部、老党员、群众代表等组成评议团，以自然村为单位，对照户籍名册和建档立卡贫困户名册，围绕“一收入、两不愁、三保障”标准，对全村所有村民的家庭状况、住房情况、收入保障等逐一评议、逐户审核、全程录像。同时，广泛发动群众，查找是否有在外流浪、乞讨等人员。通过评审，新增1455户3226人，清退1672户3628人，进一步提高精准识别的群众参与度和满意度。

严格识别程序。对新识别的扶贫对象，按照“两评议两公示一比对一公告”的要求，在县区比对的基础上，增加市级比对环节，并将比对结果反馈基层，对疑似问题，逐户核实，防止出现“一刀切”，将问题线索重新提交村民代表大会评议，确保贫困人口识别精准度、知晓度、满意度，杜绝“两该两不该”现象，在省2017年脱贫攻坚监测评估中，全市建档立卡识别精准率99.92%，位居全省第二位。

（王　静）

【扶贫队伍建设】2017年，亳州市动员各方力量参与贫困户帮扶。先后召开全市各方力量参与贫困户帮扶工作动员会议、全市精准帮扶“单位包村、个人包户”动员会议，坚持自愿报名、宁少不滥、精干管用的原则，动员市县乡直单位干部，各级党代表、人大代表、政协委员，工青妇各级代表、各类劳动模范、先进个人等参加“单位包村、个人包户”，解决人手紧张、力量有限、“一帮多”等问题，助推脱贫攻坚工作。全市共有1317家单位58282人帮扶1277个村（社区）、176942户贫困户。组织开展“千企帮千村”活动，鼓励引导规模工业企业和个体工商户参与贫困村帮扶工作，全市1248个村全部都有企业（商会）帮扶。

实现扶贫工作队和帮扶责任人全覆盖。落实省委、省政府部署要求，注重宣传发动，组织实施，着力抓好驻村扶贫工作队人员选配工作。坚持正向激励，将驻村工作经历作为今后干部选拔任用的必要经历，并明确干部驻村期间不影响提拔使用，确保把优秀干部选出来、派下去。从各级机关精挑细选出529名干部到村任职，其中县处级干部和“三案管理”中计划近期使用的后备干部共114名到贫困村担任村党组织第一书记兼任扶贫工作队长。对非贫困村安排由科级干部担任队长，实现全市所有行政村派驻扶贫工作队全覆盖。

开展大规模培训。组织开展“重补促”系列专题培训，提升干部能力素质。市委主要负责人直接组织谋划，市直相关部门主要负责人带队，分别选择1个乡镇，围绕“八大工程二十项重点工作”逐项开展试点，在此基础上组织开展业务培训，向下直接培训到村包户干部，让所有参与扶贫工作的干部熟悉政策、规范操作。举办包括精准扶贫理论及动态调整信息采集、光伏、教育、健康、危房改造、涉残、就业、产业、扶贫小额信贷、脱贫攻坚信息服务平台手机APP、社保兜底、低保核查、扶贫政策进城、选派帮扶干部管理、公安户籍规范管理、档案管理、“单位包村、个人包户”定点扶贫、“两册一审”等18个方面内容的培训班，集中开展培训班170余场次8.3万余名干部参训，累计培训29万余人次。将培训视频上传市先锋网，组织大家学习，提升广大帮扶干部的业务能力和工作水平。在省2017年第三方监测评估中，全市对帮扶联系人满意度99.95%，位居全省第一位。

（王　静）

【扶贫资金投入】2017年，亳州市加大扶贫投入力度。将全市扶贫标准一次性提高到4310元。全市共安排扶贫资金12.9亿元，是上年的5倍，其中市本级安排8.6亿元，是上年的8.3倍。按照30%的贫困户基数、每户3000元标准，由财政划拨设立村扶贫专项资金1.3亿元，按照“专款专用、使用得当、集体研究、共同负责”的要求对资金进行使用，进一步提升基层组织对贫困户的临时救助能力。提高危房改造补助标准，建档立卡贫困户重建房屋补助标准在原来标准的基础上每户增加5000元。

强化资金整合。开展涉农资金整合，完善整合方案，出台整合资金管理办法，通过制定整合清单、项目清单、绩效清单，对整合资金使用全流程进行监督管理。计划整合使用财政涉农资金12.4亿元，截至11月底，已整合12.1亿元，支出进度99.46%，高于序时进度。

严格资金管理。每月选取一个重点，开展财政扶贫资金使用管理专项检查，确保扶贫资金安全高效使用；对县区扶贫资金支出情况每月一通报，并将通报结果纳入效能考核，进一步提高资金使用效益、加快扶贫资金支出进度。1—11月全市财政专项扶贫资金支出进度为99.7%，位居全省第六位。

（王 静）

【扶贫重点工程】2017年，亳州市全力推进重点工程。扩大产业扶贫覆盖面。结合新一轮土地利用总体规划修编完善，布置每个村至少安排2块养殖用地和2块光伏建设用地，为推进产业扶贫提供保障。建立县级扶贫项目库，完善到户扶贫项目清单，286个贫困村共实施产业扶贫项目1861个，村均6.5个。抢抓政策机遇，建立扶贫光伏电站联合选址工作机制，采取“相对集中、虚拟到户”模式加快建设非贫困村村级光伏电站，新建1949个光伏电站并如期并网，总投资26亿元，总规模372.04兆瓦，占全省的29.7%，全面消除集体经济“空壳村”。推进种养殖产业扶贫，依托温氏集团、襄大集团等企业，实施种养殖扶贫项目，286个贫困村明确发展1项以上特色种养业，125个村形成“一村一品”专业村，全市发展到户产业项目473189个，覆盖率96.3%。推进林业产业扶贫，出台《林业扶贫项目验收和补助办法》，截至年底，全市整地挖穴10200公顷，栽植苗木7066.67公顷。推进电商扶贫、乡村旅游扶贫、工商资本参与扶贫等工作。

拓宽就业扶贫渠道。帮扶就业29115人，完成省下达全市帮扶就业任务的272.89%；开展技能培训4138人，完成省下达任务的206.9%，技能脱贫培训资金支出567.83万元，收支比率135.19%；认定首批就业扶贫工厂（车间）29家，吸纳贫困劳动者411人，人均月增收1500元；认定就业扶贫基地86家。

加快易地搬迁进度。利辛县易地扶贫搬迁1404户3745人，涉及12个乡镇、18个安置点，截至2017年年底已全部建成，可按期全部完成搬迁入住。

完善教育扶贫政策。建档立卡贫困家庭子女接受学前教育、中小学教育、普通高中教育，每学年分别补助500元、800元、1000元。全面免除高中建档立卡贫困家庭学生学杂费。对在民办学校就读的建档立卡贫困家庭学生享受与在公办学校就读同等政策。组织开展全市贫困户在读高中生、大学生摸底工作，在全省率先开展了高中阶段学生贴息助学贷款，力争实现贫困生教育贷款愿贷尽贷。财政负担普通高中建档立卡贫困家庭在读学生每生每年2000元助学贷款的贴息。截至11月底，全市共发放建档立卡贫困家庭学生各类资助资金10791.74万元，资助学生67162人。

夯实兜底保障基础。2016年，全市在皖北地区率先实现农村“五保”分散供养标准、低保标准、扶贫标准“三线合一”，将建档立卡贫困户中符合低保、“五保”供养条件的及时纳入农村低保、“五保”供养范围，实行政策性兜底保障，实现两项制度有效衔接。2017年共救助农村低保对象924420人次，累计发放资金2.58亿元；农村“五保”供养29708人，累计发放资金1.43亿元；共发放医疗救助、孤儿保障、困难残疾人生活补贴等各类资金2.43亿元，涉及468802人次。

健康脱贫成效凸显。落实省“351”“180”保障政策，设立健康脱贫专项基金。163.72万人次贫困人口享受“两免两降五提高一兜底”政策，“一站式”即时结算9.52亿元，总报补8.69亿元，报补比例高达91.21%。建档立卡的贫困户中的一般慢性病患者参照“180”政策报补，开展门诊送药上门工作，简化慢性病鉴定和发证流程，组织对全市贫困人口免费健康体检，除长期外出人员需分散体检外，集中免费体检31.2万人。市精神病医院、市精神病人福利中心已建成并投入使用，截至2017年年底，市精神病医院门诊2.0078万人次，共计收治住院精神病人1092人次，出院997人次，切实解决贫困精神病人就医难问题，已发放贫困精神残疾人药费资金1050.3万元，补助10503名贫困残疾人。

提升基础设施水平。贯彻落实全省深度贫困地区脱贫攻坚暨基层基本公共服务均等化工作推进会精神，全面加强基层基本公共服务能力建设，农村道路畅通工程建成路面1818千米，完工率100%。小型水利工程提升改造超额完成年度任务。286个贫困村已经全部通水，共计解决480495人建档立卡贫困农村人口饮水问题，全市贫困人口通水率100%。完成82个贫困村台区电网改造，完工率100%。加快推进农村信息化基础设施建设，实现宽带网络全覆盖。建设高标准农田53266.67公顷，完成总工程量100%。

扩大金融扶贫受益面。截至11月末，全市当累计发放扶贫小额贷款2.7万户，金额15.88亿元，存量户数3.25万户，余额15.76亿元，较年初增加14.36亿元，完成省政府下达目标任务的157.46%。

（王　静）

【扶贫基础工作】2017年，亳州市继续做好扶贫基础工作。规范手册填写。统一使用国办扶贫手册，严格落实扶贫手册填写的“三必须”“三不得”，做到“三上门”“三一致”。在日常督查检查中，将扶贫手册规范填写作为重要督查内容，确保所有建档立卡贫困户家中都有扶贫手册，扶贫手册填写真实、准确、规范、完整。

完善基础资料。结合建档立卡“再回头”活动，彻底摸清核准建档立卡贫困户信息，对所有核查好的数据及时更新完善。加强档案规范管理，开展精准扶贫档案工作调研，举办全市村级精准扶贫档案管理业务专题培训班，邀请省档案局专家进行授课。选取基础较好的2个乡镇下辖的12个行政村为村级精准扶贫档案管理规范化创建试点，以点带面，在全市全面开展村级精准扶贫档案管理规范化创建，实现扶贫档案规范化管理。

提升数据质量。通过开展建档立卡“再回头”活动，逐户逐项甄别核实建档立卡贫困户各项信息，规范扶贫对象信息动态变更。开展国办系统数据质量专项检查，对大排查发现问题和省扶贫办反馈的信息系统问题数据清单，逐户走访，逐条核实，举一反三，立查立改，实现国办信息系统、扶贫手册和家庭基本情况的三个一致。

（王　静）

【扶贫宣传】2017年，亳州市开展宣传报道，营造舆论氛围，抓好政策宣传。制定出台《全市扶贫宣传工作方案》，在《亳州晚报》开设“脱贫攻坚在行动”“扶贫日记”“脱贫故事”“药都时评”专栏，刊发扶贫报道260余篇。总结提炼扶贫特色亮点，在中央、省级主流媒体刊发扶贫工作相关报道70余篇，《亳州新闻联播》《走进农家》等播发扶贫相关报道近500条。加大政策宣讲力度，市县相关部门业务人员组成扶贫政策宣讲团，到村到户巡回宣讲。广播“村村通”实现全覆盖，“小喇叭”通响率接近100%，通过自办群众喜闻乐见的节目，用群众通俗易懂的语言，有效传播扶贫政策，进一步提高贫困户对政策的知晓度和满意度。

突出典型引领。发掘、总结脱贫攻坚基层一线的先进典型和创新做法，评选脱贫示范户、优秀扶贫工作者、爱心企业及人士，在电视、报纸、网络、广播等新闻媒体集中报道宣传，培育典型，扩大活动影响，营造全社会关注、支持、参与脱贫攻坚战的浓厚氛围。

开展好“扶贫日”活动。在“脱贫攻坚在行动”专栏、“两微一端”高频次播放扶贫日宣传内容，并制作播放20秒扶贫日公益广告宣传片，在市广播电视台黄金时间段持续播放。组织三家运营商发送扶贫济困短信。全市共制作扶贫宣传展板78个，悬挂扶贫宣传标语7000余条、横幅1500余幅，发放倡议书、宣传资料8.8万余份，发送公益短信近15万条。扶贫日期间，全市认领项目268个，认领金额1759.64万元，募捐资金1686.78万元。

（王　静）

【扶贫监督】2017年，亳州市推进监督问责，改进工作作风。开展民主监督。出台《关于支持各民主党派市委会开展脱贫攻坚民主监督工作的实施办法》，每月召开1次脱贫攻坚民主监督工作会议，支持民主党派结合自身优势，有针对性地确定监督工作内容。市各民主党派按照分工，县区125次，对438个村、1443户贫困家庭实地调研，开展民主监督，发现收集问题722条，提出意见建议441条，已反馈整改问题722条。建立民主党派脱贫监督微信群，各民主党派上传监督信息163条，反映问题645条，各相关单位及时认领，及时解决并反馈，反馈率达100%。《安徽日报》以《民主监督“朋友圈”，脱贫攻坚“同心圆”》为题，介绍全市脱贫攻坚民主监督的经验。

整治懒政怠政。贯彻落实全国、全省扶贫领域监督执纪问责工作会议精神，强化扶贫政策落实落地，在全市范围内开展扶贫领域“懒政怠政、不作为慢作为”专项整治行动，派出3个督查组开展专项督查，印发督查通报9期、简报15期。同时，发动群众参与，通过拨打市长热线“12345”、发送电子邮件、人民来信、登陆脱贫攻坚信息平台手机APP反映问题，反映问题一经核实，将给予该问题首位反映人100元的话费奖励，确保扶贫工作务实、脱贫过程扎实、脱贫结果真实。

狠抓整改问责。对脱贫攻坚省际交叉考核、国家第三方评估、扶贫资金绩效评价和省“双查双考”反馈全市的42个问题，以及市内互查、部门督查、专业组核查、民主监督等发现的各类问题建立台账，每月通报一次整改结果。同时，将督查问题与效能考核直接挂钩，对市内互查发现的问题，进行效能扣分。突出抓好财政扶贫资金使用管理，对低于序时进度的，列入工作问题清单。针对扶贫领域责任不落实、工作落实不到位、截留挪用资金、工作失职渎职等问题，坚决按照干部管理权限和相关党纪法规予以责任追究。2017年，全市扶贫领域共排查线索792个，查处问题612个，立案290件，处理1108人，其中给予党政纪处分237人，移送司法机关17人。

（王　静）

环境保护

【概况】2017年，亳州市落实大气、水和土壤污染防治行动计划，推进“地净、路畅、天蓝、水活、林拥城”工程建设，解决一批长期想解决而未能解决的人民群众反响强烈的突出环境问题，涡河、西淝河等主要河流水质改善，城区黑臭水体得到整治，水、空气等环境质量总体稳中向好发展，全市未发生重特大环境污染事件。

2017年，亳州市共对229个项目进行环评审批，否决16个存在污染隐患的项目。按照省厅对省控空气自动站上收工作的统一部署，完成3个省控空气站的交接上收工作；完成涡阳涡北污水处理厂、十河卞铺垃圾发电厂、蒙城国能生物质发电等新增重点污染源在线监控设备联网；出具人工监测数据1.9万多个，获取水质自动监测数据4.6万多个、获取空气自动监测数据31万多个；开展2017年度国控重点污染源自行监测方案的审核与发布，配合企业做好自行监测信息发布等工作。全市国控重点污染源自行监测信息公开率100%，满足国家考核要求。争取国家、省级各类环保专项资金8695.8万元，为污染治理和生态保护提供资金保障。

组织开展“6·5”世界环境日大型纪念活动，印发环保宣传资料5000份，环保袋2000个；利用展板、公交车宣传牌、电视、亳州环保官方微信和亳州环保官方微博等载体宣传环保口号和环保知识，开展环保征文活动，组织学生、人大代表、群众等参观环境监测站、污水处理厂等环保基础设施，增强市民对环保工作的认知。开展2次重点企业环保法律法规培训，将环保法律法规的主要内容编印成册宣传，增强企业环境守法意识。联合亳州市广播电视台、亳州晚报社，开展环保工作系列宣传，定期发布环境质量情况，推介环境治理新进展。

本年度，全市可吸入颗粒物（PM_{10}）年平均浓度为103立方米每立方米，细颗粒物（$PM_{2.5}$）年平均浓度为63微克每立方米，优良天数比率54.8%。

涡河涡阳义门大桥水质为四类、岳坊大桥水质为四类、涡河龙亢断面水质为三类和西淝河马店孜水质为三类，均满足国家、省政府水质目标要求，其中涡河3个水质断面提前达到国家、省政府水质考核目标。3月，因全市水环境质量同比改善幅度提高43.6%，位居全国地级以上城市第八名，受到环保部通报表彰。饮用水源达标率为100%。化学需氧量、氨氮、二氧化硫和氮氧化物排放量较2015年下降6.38%、5.83%、6.19%和4.4%，完成省政府下达的目标任务。

（贾　靖）

【环保问题整改】2017年，中央第四环境保护督察组驻皖期间，交办涉及亳州市的群众信访投诉问题185件。经调查核实，其中不属于亳州市管辖的2件，反映问题属实或部分属实的161件，不属实的20件，公共件2件。截至6月13日，均已办结。对涉及的相关违法违规企业，责令整改58家，取缔拆除67家，立案处罚29家，共计罚款180.5万元。省委、省政府《中央环境保护督察反馈意见及突出环境问题整改任务书（亳州市）》中，共涉及亳州市问题34个，其中，中央环保督察反馈意见涉及问题28个、中央环保督察组转办信访件涉及问题3个、尚未解决的突出环境问题3个。按照整改时间节点要求，全市2017年需完成整改任务20个、2018年需完成8个、2020年底前需完成6个。

省环保督察交办亳州市57件突出环境问题，全部完成整改任务。省大气办于2017年3月大气污染暗访交办7个方面20个问题均完成整改，向省大气办申请销号。

建立市环保督查信息平台和手机APP，对重点问题、重点企业和易反复隐患处安装监控摄像头255台，实时调取现场视频，环保督查实效提升。综合利用“12345”市长热线、“12369”环保热线和环保督察APP平台、环保微信举报平台，设立200万元有奖举报资金；开展环境信访积案排查化解和“全民参与·环保风暴”，受理举报1192件（环保委“12369”热线891件、市长热线126件、数字城管175件）。对查证属实并首次投诉的信访人予以奖励（手机充值，每人每次100元），发放奖励567人次5.67万元。发挥财政资金引导作用，市、区、镇财政共投入补助资金1.5亿元，集中整治古井镇燃煤小锅炉、关闭搬迁禁养区规模畜禽养殖场、推动农村清洁工程和农村垃圾分类处理等3项工作。打击环保违法违纪行为，对中央环保督察反馈问题涉及的相关企业，责令整改1024家、取缔关闭98家、立案处罚85家，罚款552.5万元；对确实影响群众正当环境权益的突出问题，约谈52人次［其中市政府主要负责人约谈各县（区）委书记、县（区）长19人次］、问责90人，通报批评单位3家。

（贾 靖）

【大气污染防治】2017年，亳州市制定《亳州市2017年蓝天行动实施方案》，开展“蓝天行动”十大专项行动，市政府同县区政府签订2017年度大气污染防治目标责任书，纳入环保部门年度岗位责任目标。及时修订《亳州市重污染天气应急预案》，出台《亳州市采取超常规措施确保完成省政府确定的空气质量目标工作方案》，采取非常规措施，细化企业基本信息、停产及限产生产线或生产规模等，适时启动实施超常规方案。启动3次重污染天气蓝色预警和2次重污染天气黄色预警。

实施大气污染防治精细化管理，成立市建成区大气污染防治整改督查组，重点做好城区扬尘防治、散煤整治、禁止焚烧废弃物、挥发性有机物治理、机动车限行、城区周边扬尘防治工作等。市政府主要负责人多次带队暗访夜查。住建、城管和环保部门分三组对城区采取分片包干、网格化管理、明察暗访形式进行，每6天一轮，每组夜查不少于2次，每天均有一组夜查；各检查组实施分片分区域压茬检查，并对已交办问题的整改情况开展“回头看”。开展城乡结合部环境综合整治工作，逐步强化道路保洁、裸露土地硬化或绿化等工作，消除环境隐患。

市大气办组织谯城区政府、亳州经济开发区管委会、亳芜现代产业园区管委会、市住房城乡建设委、市交通运输局等相关单位开展12次大气污染防治督察，形成督察情况通报，督促整改，改善城区扬尘污染。

从县区环保部门抽调人员，对城区采取分片包干形式，重点检查城区大气污染源、大气污染防治措施落实情况，每月检查2次，对检查问题实行双向交办。

（贾 靖）

【水污染防治】2017年，亳州市下发《2017年水污染防治重点工作任务清单》，将水污染防治重点工作责任化、项目化，进一步明确目标任务和完成时限。市政府督查室、市水污染防治办公室半月一调度、半月一检查、半月一通报，分管市长及时调度各单项工作，切实加快全市水污染防治工作的进展。加大黑臭水体整治力度。全市黑臭水体整治共有35处，完工19处，开工30处。其中，市本级2017年黑臭水体共11处，已全部开工，完工7处（丁家坑、宋汤河、陵西湖、东风沟、龙凤新河、凤尾沟、羊建沟），12月22日通过省住建厅组织的专家复核。推进加油站地下油罐改造工作。全市加油站点数450个，完成改造413个，完成率为91.77%；全市1135个地下油罐，已完成改造1007个，完成率为88.72%；全市民营加油站全部完成改造工作，12月底，该项工作居全省第一位。

（贾 靖）

【土壤污染防治】2017年，亳州市组织编制《亳州市土壤污染防治工作方案》并发布实施。组织编制《亳州市土壤污染治理与修复规划》，县(区)土壤污染治理与修复规划和产粮油大县土壤环境保护方案。开展农用地土壤详查监测布点工作，全市农用地土壤污染状况详查共设点位296个，其中涡阳县83个、蒙城县54个、利辛县98个、谯城区61个。涉及土壤污染重点行业企业19个，土壤重点污染源影响区15个，土壤污染问题突出区域有2个。对下达中央土壤污染防治资金进行分配，筛选8个项目，共1184万元，7个项目完成招标，在组织实施，1个项目在组织招标。

（贾 靖）

【主要污染物总量减排】2017年，亳州市加快城镇生活污水处理厂及配套管网建设。根据水污染防治重点工作任务清单要求，全市已完成蒙城县三义镇污水处理厂等7个城镇污水处理厂和管网项目建设任务。全市工业集聚区为19个(其中省级以上工业集聚区6个)，均已经完成规划环评和污水处理设施建设(或依托)，并通过省级考核。13个乡镇工业集聚区(系市政府考核县区政府)，蒙城县双涧镇等5个乡镇完成规划环评工作，谯城区古井镇等4个乡镇完成污水处理设施建设。实施重点行业清洁化改造工作。全市有5家企业列入全省2017年重点行业清洁化改造范围，其中蒙城县金水纸业有限公司和杉杉(亳州)服饰有限公司已完成改造，其他3家企业目前均处于停产状态。推动畜禽养殖污染防治工作。截至2017年年底，全市前期划定的禁养区内185家畜禽养殖场已全部完成关闭或搬迁，全市规模养殖场2437家，已完成2396家，完成率为98.31%，其他全部完成养殖场治污设施建设，畜禽粪污综合利用率正在稳步提高。落实排污许可证发放制度。上半年完成对6家火电、造纸行业和5家水泥行业排污许可证核发，下半年完成对1家农药、1家印染和新增2家火电行业排污许可证核发。

（贾 靖）

【环保执法专项行动】2017年，亳州市环保系统共实施环境行政处罚184件，罚款912.31万元，罚款金额较上年同期增长3倍，超过过去5年处罚的总和；共实施环境行政行为424起，取缔十小企业19家。其中，使用新环保法“配套办法”查处环境违法行为共274件(其中移送公安涉嫌环境犯罪1件)，比2016年增长915%，环境执法力度增强，震慑环境违法行为。通过12369环境热线、市长热线、行风热线、微信、数字城管等多种平台，共受理查处信访投诉1885件，查处率100%，办结率98%以上。全市环保系统共征收排污费3616.27万元，征收599户，超出年度目标任务的53.88%，比2016年增长30.93%。

（贾 靖）

【农村环保】2017年，亳州市实施完成40个农村环境连片整治项目。实施农村清洁工程，继续推行农村垃圾分类处理，80个乡镇政府驻地、168个省级美丽乡村中心村生活污水处理设施实现全覆盖，农村环境改善。全市新增2个省级生态乡镇、6个省级生态村。

（贾 靖）

图 3　林拥城项目建设(刘勤利　摄)

大事记

1月

1日　2017亳州文化旅游年开幕式举行。

7日　首届全国华佗五禽戏观摩交流大会在亳州开幕。

8－11日　中国人民政治协商会议第四届亳州市委员会第一次会议在亳州召开。汤涌当选政协第四届亳州市委员会主席；张俊民、马露、龚艳玲、张国芳、陈显锋、沈振清、宋峰、李长春当选副主席；葛生为秘书长，丁涛等55人当选常务委员。

9－12日　亳州市第四届人民代表大会第一次会议在亳州市召开。会议通过关于政府工作报告的决议等。王玉玺当选市四届人大常委会主任，欧阳永红、马昭华、解杰昂、巩中、哈薇当选副主任，刘伟当选秘书长，丁辉等36人当选委员。杜延安当选市人民政府市长，刘辉、李军、赫璞峰、邹桂武、侯化、曹振萍当选副市长。王晓东当选市中级人民法院院长。耿标当选市人民检察院检察长。

12日　杨爱萍和刘亚分别获“心动安徽·最美人物”和提名奖。

13日　谯城区被评为“2016年中国十佳最美乡村旅游目的地”。

同日　蒙城县被中国烹饪协会授予全国首家“中国养生美食之乡”称号。

15－20日　政协安徽省委员会十一届五次会议在合肥召开，亳州市的11名省政协委员共提交21件提案。

16－21日　亳州市代表团在合肥参加省十二届人大七次会议。列为大会议案处理的83件议事原案中，亳州市代表团占58件，并案后38件，亳州市代表团占34件。议案总数位居17个代表团之首。

18日　谯城区获评安徽省农村基层党建工作先进县（区）。

22－23日　亳州市工商联第四次会员代表大会召开。曹振萍当选为市工商联四届执委会主席、市四届总商会会长。

22－23日　亳州市四届人大常委会第一次会议召开，任命31个政府部门“一把手”。新任命人员集体向宪法宣誓。

23日　亳州市“扫黄打非”办公室被评为2016年度全国“扫黄打非”先进集体，涡阳县城东街道办事处孙玲被评为全国“扫黄打非”先进个人。

26日　市委书记汪一光、市长杜延安联名在《亳州晚报》头版发表致亳州老乡的一封家书《亳州老乡，请您回家》，诚邀在外地的家乡人回家创业。

28日　即日起至2月11日春节期间，亳州市开展主题为“欢乐旅游年　民俗闹新春”的2017年春节民俗展演活动。

31日至2月1日　亳州骤降大雪。

（孙　静）

2月

3日　亳州市地方志办公室组织点校整理的清乾隆三年（1738年）《亳州志》，由黄山书社出版发行。

7日　蒙城北淝河湿地公园获批“国家湿地公园（试点）”单位。

9日　2016年度，亳州市13人入选“中国好人”，位居全省第一位。

10日　亳州市“平安亳州”建设完成约7000个摄像头，其中6000余个摄像头与市级视频监控联网共享平台联网对接，并通过省公安厅视频监控平台调用，实现视频监控资料全省共享。

12－28日　中国（亳州）首届古玩奇石文化展销会在亳州市举办。

13日　全市经济工作督查调度会议在利辛召开。

14日　2017年亳州药市开市仪式在康美（亳州）华佗国际中药城举行。仪式上为获亳州中药材专业市场“诚信经营之星”的药商代表进行颁奖。

14日　全市人感染H7N9疫情防控工作视频会议召开，部署H7N9防控工作。

15日　中国共产党亳州市第四届委员会第四次全体会议召开，确定56人为亳州市推荐省出席党的十九大代表候选人推荐人选。

15日　市残疾人联合会第三届主席团全体会议召开。会议选举市委常委、常务副市长刘辉为市残疾人联合会第三届主席团主席，姚亮为市残疾人联合会第三届执行理事会理事长。

16日　副省长谢广祥调研利辛县义务教育均衡发展工作

开展情况。

16－17日　安徽省贫困地区农村义务教育学生营养改善工作现场推进会在利辛县召开。

17日　省委第五考核组组长、省人大教科文卫委主任委员、省人大常委会教科文卫委主任杨果带队对亳州市2016年度省管领导班子和领导干部进行综合考核。

17日　亳州市齐庄生态农庄被评为安徽省五星级“农家乐”。

23日　亳州市工会第四次代表大会召开，会议选举方晓利任市总工会主席，张学峰、王敬业当选市总工会副主席。

24日　安徽省体育局与亳州市人民政府举行战略合作协议签约仪式。

同日　中国亳州现代服装产业基地项目二期工程开工。项目由安徽如金投资管理有限公司投资建设，项目总投资约6亿元。

25日　安徽省“谁是舞王”广场舞民间争霸赛在亳州举行。

同日　2016年“书香安徽”全民阅读系列推荐活动评选揭晓，亳州市邓杰等5个家庭获全省“书香之家”称号，涡阳县城关街道向阳社区获全省“书香社区”称号，谯城区花戏楼街道入选全省“十佳书香之乡”，亳州市“书香村居建设”入选全省“十佳阅读推广活动”。

28日　亳州“智慧物价”平台正式上线运行。

同日　亳州市博物馆联盟成立。市文化旅游局局长薛冰当选为联盟理事长，市文物管理处处长徐艳球、市博物馆馆长吴磊当选为副理事长。

本月　亳州市白芍品种“新芍丰一号”曾于2016年搭载神舟十一号飞船遨游太空。从太空返回之后的种子由中国医学科学院药用植物研究所接收，正式进入选育阶段。

（孙　静）

3月

1－2日　市委中心组理论学习会暨县处级主要领导干部贯彻党的十八届六中全会精神专题培训班在市委党校举行。

3日　市青少年关爱协会成立。

5日　市委书记汪一光到涡阳县调研扶贫攻坚、垃圾分类及减量处置工作。

6日　亳州市举行纪念“三八”国际妇女节107周年暨寻找“最美家庭”活动启动仪式。

6－7日　亳州生活垃圾焚烧发电厂点火试运行，7日12时47分实现并网发电。该项目日处理城市生活垃圾600吨，年发电量9600万千瓦时。

8日　全市脱贫攻坚民主监督工作视频会议召开，2017年亳州市各民主党派将参与脱贫攻坚民主监督工作。

9日　亳州市消费者权益保护委员会成立大会暨第一届全委会一次会议举行。市消费者协会正式更名为市消费者权益保护委员会。选举解杰昂任亳州市消保委第一届全委会主任，刘颖任常务副主任。

11日　亳州市市区“五车”联合整治工作启动，将规范渣土车、商砼车、垃圾运输车、清扫车及洒水车（简称“五车”）运营行为，减少扬尘危害，改善全市环境卫生质量。活动持续至9月30日。

16日　第七届亳州市青少年科技创新暨发明创造大赛举行。

17日　市四届人大常委会第二次会议召开。会议接受杨敬农的辞职请求，报省人民代表大会常务委员会备案公告。

20日　亳州市纪王场乡团委书记王艳入选全国“最美青春故事”人员名单。

22日　市文学艺术界联合会第四次代表大会召开，张弘当选为新一届市文联主席。

23日　全市光伏扶贫现场会在利辛召开。

同日　中国行政体制改革研究会到亳调研“互联网＋政务服务”工作开展情况。

25－27日　2017年道祖圣诞拜祖大典暨老子与道教文化学术研讨会在涡阳举行。

27日　亳州机场工程预可研报告评估会在亳州市召开，中部战区、民航华东地区管理局、空军工程设计研究局等单位专家，对亳州机场建设相关要素进行全面评估。

28日　全市打击无证经营码头专项整治行动视频会议召开，三县一区设分会场。

30日　全国政协常委、民建中央副主席王永庆到亳州调研民建市级组织建设。

本月　谯城区万花园中药材

种植专业合作社43660株，价值65320美元的牡丹和白芍花卉苗木，经检验检疫合格，首次出口荷兰。

（孙 静）

4月

1日　追授王洪飞全国公安系统“二级英雄模范”称号授奖仪式在利辛县公安局举行。利辛县纪王场派出所原副所长、教导员王洪飞，在工作岗位上连续奋战20余个昼夜后，突发疾病猝死在办公室内，年仅38岁。

2日　互联网+亳州特色实体经济暨牛buy平台上线启动。万协云商牛buy平台是全国性综合消费平台。

7日　“曹操宗族墓群文字砖拓片全国巡展”第二站在河南安阳中国文字博物馆举行。此次巡展是亳州市博物馆联盟成立之后的首次联盟巡展活动。

10日　国家标准化管理委员会发文，“亳白芍”种植标准化示范区被列为第九批国家农业标准化示范项目。

11日　以“开放的中国：锦绣安徽　迎客天下”为主题的安徽全球推介活动在外交部举行。市长杜延安赴北京参加活动并宣传推介亳州。

12日　安徽省旅游局公布第二批省优秀旅游乡镇、乡村旅游示范村，亳州市谯城区观堂镇、涡阳县高炉镇2家乡镇入选省优秀旅游乡镇；谯城区十八里镇齐庄、涡阳县西阳镇郭寨村、蒙城县乐土镇双龙村、蒙城县小辛集李大塘村、利辛县城北镇大管村、利辛县永兴镇诸王村入选乡村旅游示范村。

13－14日　省委书记李锦斌到金寨县、临泉县、谯城区，随机走访贫困户和脱贫户，督导脱贫攻坚工作情况，并在亳州市召开座谈会，听取脱贫攻坚和农村深化改革工作情况汇报。

13日　《亳州市全面推行河长制工作方案》印发，全市河道全面推行河长制。

18日　省股权托管交易中心现代中医药及健康产业亳州专板第二批次企业挂牌仪式举行，亳州市63家中医药企业集体登陆省区域性股权交易市场。

19日　全国老龄工作委员会发布信息，公布全国第二届“敬老文明号”获奖单位和“全国敬老爱老助老模范人物”名单，亳州市药都居家养老服务中心、亳州市谯城区古井敬老院、利辛县鸿福老年公寓获“优秀单位”称号。涡阳县标里敬老院护理员葛献兰，谯城区福利院老年公寓护理员李英，利辛县鸿福老年公寓二部的牛育育，涡阳县青疃镇村民张文英，谯城区老有所依老年公寓负责人梁永利，谯城区双沟镇祥平医院院长褚雅泉，亳州市药都居家养老服务中心负责人张飞，获“全国敬老爱老助老模范人物”称号。

21日　亳州传媒大厦启用。大厦总建筑面积3.3万平方米，地上26层，高度近百米，是亳州新城区的标志性建筑。

22－23日　全国中医药文化藏品交流会暨中华药都中药工匠传统技艺展演活动在亳州市举行。

24日　全市第一季度经济工作督查调度会议召开。

25日　亳州市召开脱贫攻坚新闻发布会。2016年亳州市超额完成脱贫目标任务，在省政府通报的全省2016年扶贫开发工作成效考核中，亳州市扶贫成效位居全省第一档次。

27日　中央第四环境保护督查组进驻安徽，开展为期1个月的环境保护督查。

同日　亳州市召开进一步加强市直单位选派帮扶干部工作动员部署会议。

28日　亳州市召开推进“两学一做”学习教育常态化制度化工作会议，安排部署下一阶段重点任务及“讲政治、重规矩、作表率”专题教育工作。

29日　全市选派干部赴贫困村帮扶工作动员会议召开。选派李磊等105人，赴全市94个贫困村开展驻村帮扶工作。

本月　亳州机场3条进离场航线确定。亳州机场进离场航线共分3条，分别是亳州至徐州航线、亳州至周口航线、亳州至阜阳航线。

本月　国务院办公厅发布《关于对2016年落实有关重大政策措施真抓实干成效明显地方予以表扬激励的通报》，亳州市被选为全国十大企业债“直通车”激励支持地区，安徽省仅亳州市获此殊荣。

本月　利辛西淝河国家湿地公园、涡阳道源国家湿地公园入选第一批安徽省重要湿地名录。

（孙 静）

5月

1日　亳州市《“全民参与 环保风暴”行动方案》印发，自5月1日起至2017年年底，在全市开展“全民参与 环保风暴”行动。

2日　“美好亳州舞起来”全国广场舞邀请赛在魏武广场启动。

3日　《亳州社会科学》创刊暨亳文化研究座谈会在亳州学院召开。

5日　亳州市印发《市级领导包保突出环境问题整改工作制度》的通知，明确，亳州市实行市级领导包保突出环境问题整改、市直有关单位参与包保工作制度。市级领导分别包保到县区，实现包保全覆盖。

同日　国家亳白芍种植标准化示范区启动会举行。

9日　济人药业院士工作站成果展暨经典名方和优秀验方研究战略合作协议签约仪式举行。中国工程院院士刘昌孝出席仪式。

11日　全市组织系统“迎接党的十九大，做优秀组工干部”主题实践活动动员会召开，会议对全市组织系统主题实践活动进行部署安排，对全市组织系统推进“两学一做”学习教育常态化制度化工作以及扎实开展“讲政治、重规矩、作表率”专题教育进行全面动员。

12日　亳州市公共图书馆联盟成立。

14日　副省长张曙光带队到亳州市督导突出环境问题整改工作情况。

16日　全国人大农业与农村委员会副主任委员王金山、江帆带领调研组到亳州专题调研农村金融服务与风险防控工作。

17日　市委、市政府印发《深入推进城市执法体制改革改进城市管理工作实施方案》，将部分城市环境管理、交通管理等职责交由城管执法部门。

同日　亳州市召开赴海外任教教师交流座谈会。

17—19日　第十届中国中部投资贸易博览会和2017年中国国际徽商大会在合肥举行。市委副书记、市长杜延安率队组团参加此次会议。

19日　全市宣传部部长座谈会在市委宣传部会议室召开。会议对亳州市移风易俗工作进行安排部署。

22日　亳州市组织收看全省“三夏”工作电视电话会议，安排部署夏收、夏种和夏粮收购工作。

23日　亳州市召开预防青少年儿童溺水电视电话会议，对全市切实做好预防溺水事故发生进行安排部署。

24日　市民办教育协会成立暨2017年民办教育工作会召开。侯洪运当选为市民办教育协会第一届理事会会长。

同日　2017年亳州市职工职业技能大赛启动。

27日　全市小餐饮食品安全整治规范工作现场会在蒙城召开。

27—28日　亳州市召开秸秆禁烧和综合利用督查督导工作会议，安排部署秸秆禁烧工作。28日起，市级40个督查组奔赴全市各乡镇，就秸秆禁烧和综合利用情况进行督查。

28日　即日起开放全市活禽经营市场。

30日　亳州市620万亩小麦开镰收割。

本月　亳州市5人入选省第三批“特支计划”遴选人员名单。

本月　亳州市因药用牡丹产业获“全国木本油料特色区域示范市”。

本月　亳州市文化旅游局正式更名为亳州市文化旅游发展委员会，实现由文化旅游行业管理部门向产业协调部门转变。

本月　市区北外环与西外环近日实现互通，至此，亳州市绕城快速通道基本框架形成。亳州市东、南、西、北4个方向绕城快速通道开始发挥效用。

（孙　静）

6月

1日　《中共亳州市委 亳州市人民政府关于深入推进农业供给侧结构性改革加快培育农业农村发展新动能的实施意见》作为市委一号文件发布。对亳州市农业农村工作进行部署。

同日　市药业行业协会第三届第一次会员代表大会暨换届选举大会召开。徐广友当选为市药业行业协会第三届理事会会长。

2日　2017年“6·5”世界

环境日纪念活动暨亳州环保世纪行启动仪式举行。

4－5日　亳州籍华侨、澳大利亚安徽联合会执行会长、澳大利亚格瑞雅酒业公司董事长杨阳率领阿根廷、阿曼等国家的侨商一行6人到亳州考察。

5日　亳州市23家秸秆综合利用企业的300余种产品在2017安徽秸秆综合利用产业博览会上展出。

7日　省人大常委会副主任梁卫国率省人大专利法律法规执法检查组到亳州，开展执法检查。

同日　2017年全国统一高考的第一天。市长杜延安带队到市区各高考考点巡视。全市高考报名人数为32752人，比上年增加786人，其中高职院校分类考试已录取5751人，实际参加本次普通高考考生27001人。全市共分谯城、涡阳、蒙城、利辛4个考区，15个考点，共计904个考场，监考老师2780人，工作人员1221人，巡视人员248人。

8－10日　省委副书记信长星到亳州市调研。

13日　《中共亳州四届市委巡察全覆盖工作方案》出台。根据方案，本届市委任期内，市本级要完成对68个市直单位、2个市属国有企业、8所市属学校，共78个单位党组织领导班子及其成员（不含厅级成员）的巡察全覆盖。

14日　在第四届安徽青少年科技发明大赛暨以色列创新之旅活动上，亳州工业学校吴汉的科技发明作品磁控风扇获全省一等奖。

14－16日　亳州市2017年中考开始。全市中考考生共55260人，共设谯城、涡阳、蒙城、利辛4个考区，28个考点，1844个考场。

16日　全市各方力量参与贫困户帮扶工作动员会议召开。市委书记汪一光动员全社会力量参与扶贫攻坚工作。

17日　涡阳县以安徽乐行城市建设集团有限公司为主体发行的7亿元企业债券，正式获得国家发展和改革委员会批准。这是2017年以来亳州市首支获批发行的企业债券。

21日　省文明委发布《关于表彰安徽省文明城市、文明县（市、县城、城区）、文明村镇（社区）、文明单位、未成年人思想道德建设工作先进城市（县、区）的通报》，亳州市被授予“第四届安徽省文明城市”和“第三届安徽省未成年人思想道德建设工作先进城市”称号。利辛县、涡阳县被授予“第四届安徽省文明县城”称号，蒙城县和谯城区分别被授予“第二届安徽省文明示范县（市）”和“第二届安徽省文明城区”称号。蒙城县、涡阳县被授予“第三届安徽省未成年人思想道德建设工作先进县（区）”称号。谯城区十九里镇、涡阳县高炉镇、利辛县江集镇等18家单位被授予“第四届安徽省文明村镇”称号；谯城区花戏楼街道花戏楼社区等15家单位被授予“第五届安徽省文明社区”称号；亳州学院、亳州职业技术学院、亳州市第一中学等52家单位被授予“第十一届安徽省文明单位”称号。

23日　亳州市家电商会第一次会员代表大会成立。周红伟当选为市家电商会第一次会员代表大会会长。

27日　亳州市在已开发的公共服务辅助性岗位中设置水塘看护员，全市将有2688名水塘看护员“上岗”。旨在防止中小学生、儿童溺水事件的发生。

29日　全省调结构补短板重点项目集中开工动员大会举行，亳州市41个重点项目集中开工。

同日　亳州市庆祝中国共产党成立96周年暨表彰大会召开。

本月　亳州市对黑臭水体加强治理。市区已开工整治8处，三县共开工整治8处。全市上报并纳入“十三五”期间整治的黑臭水体共有35处，总长约113.62千米。

本月　亳州市连续第六次获“全国无偿献血先进城市”，共有1156位无偿献血者获“2014—2015年度全国无偿献血奉献奖”。

（孙　静）

7月

2日　由市委宣传部、市文旅局、市文联主办的“亳州梆剧、二夹弦优秀剧目暨非遗保护成果（合肥）展演”在省黄梅戏剧院上演。

5日　全市扶贫宣传工作会议召开，部署扶贫宣传工作。

7日　亳州市青年志愿者协会换届大会举行，王磊当选为市青年志愿者协会会长。

同日　亳州市公安机关在亳州芜湖现代产业园区一厂房内集中销毁各类非法枪支399支，管制器具621把。

9日　亳州（江南大学）离岸孵化中心签约揭牌仪式在江南大学举行。亳州市人民政府与江南大学共同签署《共建亳州（江南大学）离岸孵化中心框架协议书》。

10日　全市“两学一做”学习教育常态化制度化推进会暨“讲政治、重规矩、作表率”专题警示教育动员会召开，对在全市党员干部特别是县处级以上党员领导干部中开展“讲政治、重规矩、作表率”专题警示教育进行动员部署。

11－13日　旅加华人、TAI-E世界自然医学会联合总会会长、加拿大TAI-E中医学院院长吴淑娥到亳州访问。

12日　2017年国际（亳州）中医药博览会暨第33届全国（亳州）中药材交易会第一次调度会召开，本届药博会准备工作全面拉开序幕。

13日　全市机关效能建设工作会议召开。

14日　全市单位包村、干部包户工作专题会议召开。全市1248个村实现帮扶单位全覆盖。

同日　亳州市召开扶贫领域“懒政怠政、不作为慢作为”专项整治行动动员会。这次专项整治行动一直持续到9月底。

13－14日　省五大发展行动计划落实进展情况第三督查组到亳州市，对亳州市贯彻落实五大发展行动计划情况进行督查。

18日　全市征兵宣传工作电视电话会议召开，安排部署征兵宣传工作。

19日　亳州市劳模代表暨劳模创新工作室领衔人代表交流会举行。

同日　省食药监局等部门联合下发通知，确定6家单位为安徽省中药配方颗粒试点研究单位，其中亳州企业占5家。

21－22日　全市第二季度经济工作督查调度会召开。

24日　中国香港警务处观摩交流团一行8人到亳州，与市公安局开展交流学习活动。这是中国香港警方首次到亳州交流。交流活动持续到8月1日。

24－28日　亳州市传统华佗五禽戏俱乐部代表安徽，在中国香港举办的“2017庆祝中国香港回归祖国20周年庆典演出大奖赛”上，获团体金奖。

27日　全市美丽乡村建设暨农村环境“三大革命”现场会在谯城召开。

28日　亳州市举行庆祝建军90周年“最美军嫂”表彰暨军民联欢会。

本月　国家中药材产品质量监督检验中心，近日通过国家认监委、认可委专家组实验室认可、检验机构认可、国家资质认定“三合一”评审。

（孙　静）

8月

1日　亳州市《“多证合一”工作实施方案》印发。

1－2日　省人大常委会副主任花建慧到亳州市调研脱贫攻坚工作。

5日　安徽省庄子研究会第二届学术交流会在蒙城举行。

7日　第九届淮河文化研讨会在亳州市举行。

9日　全市“讲政治 重规矩作表率”专题警示教育研讨会暨市委中心组理论学习（扩大）会议召开。市委书记汪一光主持会议并讲话，市委副书记、市长杜延安参加会议并发言。

同日　2017年亳州市首届全民健身游泳比赛开幕式在市区文化公园举行。

同日　“涡阳大豆”商标获国家工商总局商标局批准，成为亳州市首个地理标志证明商标。

10日　亳州市入选全国第二批义务教育教师队伍“县（区）管校聘”管理体制改革示范区。

11日　全市精准帮扶“单位包村、个人包户”工作动员会议召开，进一步动员全市各方智慧和力量，支援贫困村和贫困户出列、脱贫。市委书记汪一光、市长杜延安参加会议并讲话；市委常委、组织部部长、统战部部长秦凤玉作动员部署。

同日　亳州（天津药物研究院）离岸孵化中心签约揭牌仪式在天津药物研究院举行。

15日　亳州学院附属小学南校三义路校区获安徽省推荐，参加第一届全国文明校园评选。

17日　全市第二批党建工作指导员派驻工作总结暨第三批派驻动员培训会召开，集中派驻第三批共522名人员担任非公企业和社会组织党建工作指导员。

同日　全市河长制、清查整治入河排污口和水利扶贫工作视频会议召开。亳州在全市范围内推行河长制，基本建成四级河长制工作体系，设立各级河长1680人，实现全市1211个河湖沟塘全覆盖。

17－19日　省委常委、省纪委书记刘惠到亳州市调研党风廉政建设和反腐败工作等。

19－20日　2017年中国•亳州老庄思想与协调发展学术论坛在亳州市召开。

22日　国家中药材监督检验中心承担国家质量监督检验检疫总局科技计划项目“大数据中药规格等级鉴定仪器的研制”项目，通过国家质检总局科技项目验收。国家中药材质量监督检验中心是国家质检总局批筹在亳州市设立的全国唯一一家中药材产品质量专业检验机构。

同日　中央电视台财经频道《整点财经》栏目以《安徽蒙城：巧打特色牌　旅游农业双丰收》为题，报道蒙城县乡村旅游特色及成效。

25日　亳州市华佗五禽戏协会第二届理事会换届选举大会举行，华佗五禽戏第58代传承人、掌门人周金钟当选第二届理事会主席。

26日　亳州市获评“‘一带一路’国际健康旅游目的地”。

26日　蒙城县城关镇90后博导杨树入选第十二批“青年千人”计划，被聘为浙江大学“百人计划”研究员、博士生导师。

同日　亳州幼儿师范学校学生朱雨梦在全省第一届“校园读书创作”活动大赛上，获中职生组特等奖。

26－27日　全国台联、安徽省台联陪同，北京中医药大学中国台湾学生团一行33人到亳州交流考察。

25－28日　柬埔寨亚太总商会主席、太古集团有限公司董事长棉培隆一行到亳州考察访问。

同日　亳州市公安局谯城分局责任区刑警二队队长周雷入选全国公安百佳刑警。

29日　省委常委、统战部部长刘莉到亳州市调研。

同日　亳州交通投资控股集团有限公司挂牌成立。

30日　全市中央环保督查反馈意见整改推进工作电视电话会召开。

31日　蒙城县三义镇、涡阳县公吉寺镇、谯城区张店乡后李楼村、牛集镇大权村、涡阳县公吉寺镇王大楼村、城东街道杨王社区、蒙城县坛城镇韩寨村、庄周办事处后娄村入选省级生态乡镇、生态村。

本月　亳州市第二届“药都最美教师”评选结果揭晓，程诚、孙兴武等10人入选“药都最美教师”，陈友轩、宋伟伟等10人入选“药都最美教师”提名奖。柴军、魏广友等10人入围亳州“十大最美劳动者”。

（孙　静）

9月

1日　亳州市移风易俗工作现场推进会在涡阳县召开。

同日　中国（亳州）第三届二夹弦戏曲艺术精品剧目展演开幕，来自山东、河南、安徽等省、市的20个二夹弦艺术团体的300余人参加展演活动。

2日　全市美丽乡村建设暨农村环境“三大革命”推进现场会在蒙城县召开。

4日　全市第33个教师节庆祝大会暨2017年药都最美教师颁奖活动在市行政会务中心举行。

同日　蒙城县运动员田企业，在第十三届全运会男子古典式摔跤59公斤级比赛中，获一枚银牌。

同日　亳州市无线城市公共Wi-Fi全面建成，覆盖行政办公区域、车站候客区、医院候诊区、旅游景点休憩区、文体场馆休息区、公园广场休息区、公交站台等人流量较大的30余个公共场所。

5日　第三届中国（亳州）国际健身气功博览会暨2017年国际健身气功五禽戏交流比赛开幕。国家体育总局健身气功管理中心主任常建平、市长杜延安出席开幕式并致辞。国际健身气功联合会向亳州市授予“国际健身气功五禽戏之都”牌匾。

同日　第八届中部六省曲艺展演在蒙城县开幕。展演为期3天，来自山西、河南、湖北、湖南、江西、安徽6省的近200名曲艺家参与。

6日　“秋锶无限”尚汤温泉养生文化节暨尚汤中医药健康养生温泉启动仪式在郑店子温泉项目尚汤温泉举行。郑店子温泉项目系亳州市首个地热资源开发项目，有温泉泡池数41个。

8日 2016年度中华民族医药百强品牌企业榜单发布会暨2017年中国中医药产业发展论坛在亳州市举行。市委书记汪一光、市长杜延安参加活动。发布会为100家医药企业颁发“2016年度中华民族医药百强品牌企业”称号。亳州市的安徽协和成药业饮片有限公司、安徽源和堂药业股份有限公司、安徽广印堂中药股份有限公司、安徽九方制药有限公司、安徽井泉中药股份有限公司等企业榜上有名。活动由全国工商联医药业商会常务副会长关彦斌主持。

同日 亳州市打造“世界中医药之都”恳谈会举行，邀请国家部委、学术机构、药界知名企业的专家学者、企业家，为亳州市打造“世界中医药之都”建言献策。市委书记汪一光、市长杜延安、市政协主席汤涌出席座谈会，国家中医药管理局办公室主任查德忠主持座谈会。

同日 国家旅游局、国家中医药管理局公示15家国家中医药健康旅游示范区创建单位名单，亳州为安徽省唯一入选的创建单位。

同日 利辛县市民程诚、郁凯和蒙城县“信义母亲”杨爱平3人入选第五届安徽省道德模范。李玲利，获“第五届安徽省道德模范提名奖”。

9日 2017年国际（亳州）中医药博览会暨第33届全国（亳州）中药材交易会开幕。全国人大常委会原副委员长、中国关心下一代工作委员会主任顾秀莲宣布大会开幕；省政协副主席赵韩，国家中医药管理局副局长马建中，中国中药协会会长房书亭，市委书记汪一光，市人大常委会主任王玉玺，市政协主席汤涌，市委副书记方晓利等出席开幕式。市长杜延安主持开幕式。

同日 纪念华佗诞辰1890周年祭祀典礼亳州市华祖庵举行。省政协副主席赵韩，国家中医药管理局副局长马建中，中国中药协会会长房书亭，市委书记汪一光，市长杜延安，市政协主席汤涌，市委副书记、宣传部部长方晓利参加祭祀典礼。

同日 2017年中国（亳州）投资环境说明会暨项目签约仪式举行。

同日 国际中医药技术交易论坛开幕。

同日 2017年全国知名中医院院长论坛在市区太安堂举行。

同日 2017年国际（亳州）中医药展暨酒类产品展在亳州中药材专业市场会展中心开展。

同日 首届世界中医药亳州论坛举行。

同日 2017年全国现代中医药发展暨全国知名中医院院长高端论坛在亳州市举行。

同日 2017年国际（亳州）药材药品交易洽谈会暨亳州中药材技术性贸易措施研究评议基地合作框架协议签约仪式举行。仪式上，国家质检总局标法中心主任石宝祥、中国医药保健品进出口商会会长周惠、安徽出入境检验检疫局局长吕小斌讲话，市委常委、市纪委书记杨长俊致辞。副市长曹振萍代表市政府签署合作框架协议书。

同日 首届世界中医药亳州论坛举行。副市长曹振萍代表亳州市人民政府与世界中医药学会联合会签署战略合作协议。

同日 2017年国际（亳州）中医药展暨酒类产品展在亳州中药材专业市场会展中心开展。

9－10日 国际中医药技术交易论坛举行。

9－11日 2017年国际（亳州）中医药品展暨酒类产品展在康美（亳州）华佗国际中药城会展中心举行。

10日 “华佗杯”全国中医药知识电视大赛举行。本次大赛由中国中药协会、亳州市人民政府主办。

同日 全市首个双院士工作站——芍花堂国药张玉奎、邓玉林院士工作站举行揭牌仪式。

11日 国家质检总局标法中心、安徽出入境检验检疫局、亳州市人民政府三方就共建“中国WTO/TBT-SPS国家通报咨询中心亳州中药材技术性贸易措施研究评议基地”签署合作框架协议书。

12日 亳州市2017年新兵入伍欢送仪式在火车站广场举行。

同日 市区曹操八角台遗址公园和观音山遗址公园免费开放。

同日 2017年首届“华佗杯”全国药膳大赛暨膳用药材食材展销与论坛举行。

13日 亳州市组织开展文化市场、网吧市场、寄递市场、校园周边环境等联合执法检查行动。

15日　亳州市在合肥举行农业招商项目推介暨签约仪式。市长杜延安参加签约仪式。总签约项目20个，签约总金额39.5亿元。

15－17日　亳州市56家企业、17家合作社携带约700个产品系列到合肥参加中国安徽名优农产品暨农业产业化交易会。

16日　杭州市亳州商会成立大会暨一届一次会员大会在杭州举行。选举郑州任会长。

18日　亳州市开展防空警报试鸣活动。

18－24日　市公交公司举行“公交出行宣传周”活动，活动期间，市民可享受免费乘公交等优惠活动。

19日　古井贡酒秋季开酿大典在古井酒神广场举行。现场举行《安徽省志·古井贡酒志》发布仪式。

20日　安徽省道德模范与身边好人现场交流活动暨第五届亳州市道德模范颁奖典礼在蒙城县举行。现场对助人为乐模范王德志、见义勇为模范朱洪图等12位道德模范进行颁奖表彰。

21日　亳州市委书记汪一光接受人民网安徽频道专访。

21－28日　副市长曹振萍率亳州市代表团访问波兰、捷克，出席“中国安徽日”活动。

同日　亳州市选手杨雨童在第二届中华学子青春国学荟“国学达人”全国挑战赛中，获一等奖。

23日　亳州市召开2017年秋季秸秆禁烧和综合利用电视电话会议，对秋收秋种等农业重点工作进行安排部署。

27－28日　全省行政执法人员资格认证通用法律知识首次考试在亳州市举行，25个执法种类1104人参加考试。

30日　即日是烈士纪念日。市几套班子领导及谯城区几套班子领导同社会各界代表500余人一起，到皖北烈士陵园举行祭奠烈士。市委书记汪一光参加仪式，市长杜延安主持仪式。

本月　住建部公布2017年改善农村人居环境示范村名单，亳州市利辛县永兴镇诸王村入选保障基本示范村。

本月　亳州市三县一区全部通过国家县域义务教育基本均衡发展验收，验收通过率100%。

本月　亳州市谯城区十河芍花养生小镇入选安徽省首批省级特色小镇名单。

（孙　静）

10月

1日　2017年国庆节华佗五禽戏观摩交流赛开幕式在亳州华佗五禽戏练习基地举行。

3日　亳州九方制药有限公司投资6000万元，耗时12年研究的一类新药牡荆素的临床批件，获国家食品药品监督管理总局批准，填补安徽省制药史上无中药一类新药的空白。

9日　市委书记汪一光主持召开全市秋收秋种暨脱贫攻坚工作视频会议，三县一区设分会场。

10日　亳州市“讲重作”专题警示教育总结会议暨市委中心组“作表率，我们怎么办”专题研讨会议召开。

同日　第五届全国文明村镇候选名单公布，亳州市共有3个村入围，分别为谯城区十河镇大周村、涡阳县高炉镇单集中心村和利辛县程家集镇赵桥村。

同日　2017年中国（亳州）“创新驱动　循环经济”高峰论坛，在市行政会务中心二楼多功能厅开幕。

13日　2017年浪潮（亳州）云计算产业发展大会召开，浪潮（亳州）云计算产业园开工以及浪潮亳州政务云中心启用。

16日　上午10时7分和下午3时7分，中央电视台新闻频道《新闻直播间》以《安徽亳州：中药变景观　林拥城　人拥绿》为标题，先后两次对亳州市林拥城建设成就进行现场直播，总时长约5分钟，全面展现亳州市中医药产业与城市绿化融合发展的成就。

16－17日　国家继续教育项目中药炮制特色技术传承培训班在亳州市举行。

18－24日　中国共产党第十九次全国代表大会在北京召开，亳州市社会各界收听、收看、学习十九大报告，贯彻落实十九大精神。

21日　量子大学亳州分院启动仪式在市委党校举行。

同日　亳州市大数据产业联盟成立，39家企业加入联盟。会议通过《亳州市大数据产业联盟公约》。

同日　涡河蒙城节制闸全面开启放水排涝。涡河蒙城节制闸闸上水位 25.04 米，闸下水位 19.74 米，20 孔闸门开启 0.4 米进行排涝，应对秋汛。

22 日　中国台湾青年精英参访团亳州交流座谈会举行。

23 日　《人民日报》和中央电视台《新闻联播》分别对亳州市教育和司法公正等方面进行报道。

24 日　安徽省农村危房改造暨农村环境“三大革命”现场会在亳州市召开。

25 日　安徽省副省长张曙光到亳州市调研，实地检查亳州市中央环保督查反馈意见整改进展情况。

26 日　亳州市首届菊花节在亳药花海万亩菊花旅游观赏区开幕。

同日　商杭高铁亳州段跨京九铁路门式墩钢横梁全部架设完成。

27 日　市委中心组理论学习（扩大）会议召开，学习传达贯彻党的十九大精神和省委常委扩大会议精神。市委书记汪一光出席会议并讲话，市委副书记、市长杜延安主持会议。

28 日　引江济淮工程江水北送段开工动员大会在利辛县朱集泵站举行，标志着引江济淮工程在亳州市境内正式启动。

29 日　2017 年中国（亳州）国际半程马拉松在林拥城鸣枪开跑。

30 日　即日起，《亳州晚报》推出“十九大精神与我们这一行”专栏，报道亳州市各行各业学习贯彻十九大精神的感悟体会和心愿心声。

同日　由上海铁路局生产的 CRTSIII 型板式无砟轨道板在亳州市谯城区站前二标段正式开始铺设，这是商合杭高铁全线首块无砟轨道板铺设。

31 日　全省教育扶贫工作现场会在亳州市召开。

（孙　静）

11月

1 日　党的十九大代表、省委常委、省委政法委书记姚玉舟到利辛县陆暗楼村开展党的十九大精神宣讲活动。市委书记汪一光参加活动。

同日　全市第二轮脱贫攻坚大排查视频会议召开，市委书记汪一光主持会议，部署第二轮大排查工作，各县（区）、乡（镇、街道）分别设分会场。

同日　全市宣传文化系统学习宣传贯彻党的十九大精神会议召开，会议要求，迅速掀起学习宣传贯彻党的十九大精神热潮。

同日　晚 22 时 7 分，中央电视台《聚集三农》栏目，以《蒙城“一块田”盘活耕地新方式》为标题，报道蒙城县“一块田”改革试点工作。

2 日　全国政协委员周新生到亳州市调研“互联网 + 政务服务”工作。

同日　“承庆堂膏方制作技艺”的第三代传承人李成华被授予“华夏工匠奖”，是安徽省唯一获此殊荣者。

同日　华佗文武学校学生朱子清在 2017 年全国跆拳道比赛中，获女子 67 公斤级第三名。

3 日　“体彩杯”2017 年安徽省 16 市门球赛在亳州市汤陵公园门球场开赛，为期 3 天。

8 日　市委书记汪一光主持召开打造“世界中医药之都”座谈会。

同日　省双拥模范城考评组组长、省军区政治工作局副主任周光斌一行，对亳州市创建新一届省双拥模范城工作进行考评。

9 日　省委十九大精神宣讲团在亳宣讲报告会在市行政会务中心二楼多功能厅召开。省委十九大精神宣讲团成员、省委宣传部部务会成员、省委讲师团团长洪永平作题为《深入学习贯彻党的十九大精神》的报告。市委书记汪一光主持报告会，市长杜延安参加报告会。会议要求，全市要迅速掀起学习宣传贯彻热潮，学以致用推动党的十九大精神落实落地。

同日　日前，亳州市现代化制造业职教集团在亳州工业学校揭牌成立。

同日　亳州市 3 家农业单位——安徽浩翔农牧有限公司、华盛绿能（亳州）农业科技有限公司、安徽泓森高科林业股份有限公司入选全国第二批“星创天地”名单。

11 日　按照市委的统一安排，连日来，市委常委带头进机关、进社区、进农村、进企业、进学校，开展党的十九大精神宣讲，引导和带领全市广大党员、干部群众，学习和深刻领会党的十九大精神，武装头脑、指导实践、推动工作。

同日　中国文物学会会馆专

业委员会2017年年会暨第九届（亳州）学术研讨会召开。中国文物学会副会长黄元出席会议。

同日　亳州市教育教学质量提升暨新高考改革动员会议召开。

15日　近日，安徽省第五批省级非物质文化遗产名录公布，亳州市18个非遗项目入选。其中，新入选项目16项，扩展项目2项。新入选的项目中，民间文学有陈抟传说和柳下惠传说，传统舞蹈为赶黑驴，传统美术是利辛面塑和石弓石雕，传统技艺有金不换酒酿造技艺、陈氏锡包壶制作技艺、彩曲原酒酿造技艺、涡阳苔干制作技艺、阚疃大块板鸡制作技艺、蒙城油酥烧饼制作技艺、王魁知麻花制作技艺和一闻香糕点制作技艺，传统医药有华佗夹脊穴灸法，民俗有庄子祭祀大典和马氏社火。扩展项目中，曲艺有利辛扁担戏，传统体育、游艺与杂技有蒙城六洲棋。

16日　亳州市政府与安徽省科技厅厅市会商会议在合肥召开。

同日　安徽省浙江商会2017年秘书长、通联工作会议暨亳州市投资环境说明会召开。

16－17日　省环境整改包保组到亳州市开展环保问题整改督查工作，省政府副秘书长李中带队督查。

16－17日　全市民族宗教工作现场会在谯城区召开。

17日　安徽省十二届人大常委会第四十一次会议审查批准《亳州国家历史文化名城保护条例》，标志着亳州市具备行使地方立法权以来制订的首部地方性实体法规正式出台。《亳州国家历史文化名城保护条例》共6章41条，将于2018年1月1日施行。

19日　亳州市召开中央、省环保督查反馈问题整改工作会议，对中央、省环保督查反馈问题整改工作进行再部署。

20日　全市领导干部学习贯彻党的十九大精神第一期集中轮训班开班式在市委党校举行。市委书记汪一光出席开班式并讲话。市委副书记方晓利主持开班式。在未来三周内，亳州市600名县处级领导干部将接受集中轮训。

21日　2017安徽旅游“大国徽匠”宣传推广暨安徽（三河古镇）青年旅游创客大赛颁奖仪式在三河古镇举行，亳州市华佗五禽戏第58代掌门人周金钟、蒙城卢家笙传承人卢俊军、手工锡包壶第四代传承人陈宝玉被评为2017安徽旅游“大国徽匠”“匠心人物”，亳州市承庆堂国药被评为2017安徽旅游“大国徽匠”“匠心服务”单位。

22日　全市妇女儿童工作会议在市行政会务中心召开。

同日　住建部公积金监管司调研组到亳州市调研“互联网＋公积金”工作。住建部公积金监管司副司长刘萍带队调研。

同日　2017年安徽省科学技术奖评审委员会公布评审结果，亳州市“中药大品种疏风解毒胶囊二次开发的系统研究及应用”项目入围一等奖。

23日　“2017互联网＋智慧中国年会”召开，亳州市人民政府门户网站获“政务公开领先奖”，是安徽省唯一获奖网站。

24日　市直机关学习贯彻党的十九大精神微型党课巡讲活动组到市委办，为党员干部讲微型党课。市委书记汪一光，市委副书记方晓利聆听党课。本次巡讲活动由市直工委主办，将走进机关单位，同时，深入到扶贫一线，把十九大精神宣讲到全市。

同日　市政府与安徽大学洽谈市校合作事宜，签订文化旅游战略合作协议。

同日　即日起至12月底，四届市委开展第二轮巡察工作。本轮巡察工作巡察市商务和粮食局、市房产局、市体育局、市文联、市药发局、市科协等单位。

24－26日　安徽省高校“三大活动”在亳州学院举行。包括第八届安徽省高等学校师范生教学技能竞赛，安徽省高校第十七届生命科学学院院长（系主任）协作会，安徽省高等院校教师教育合作委员会（高师联盟）2017年度年会。

25－27日　2017年全国职业院校信息化教学大赛上。亳州幼师周蓓蓓团队作为亳州市唯一国赛参赛队代表安徽省参加比赛，获二等奖。

27日　中国政府网以《安徽亳州:“互联网＋”提升政务服务“速度”和“温度”》为题，以近3000字的篇幅介绍亳州市在推进“互联网＋政务服务”过程中所采取的措施和取得的成效。

28日　中国共产党亳州军分区第三次代表大会召开。市委书记、亳州军分区党委第一书记汪一光出席会议并致开幕词。

军分区党委书记、政委陆艳先代表第二届党委报告工作，市委常委、军分区党委副书记、司令员主持会议并讲话，军分区党委常委、纪委书记、副司令员吴培清代表第二届纪委报告工作。

30日　亳州市医学会第二次会员代表大会召开。

本月　本月起至12月底，亳州市开展以交通运输、城镇燃气、消防、煤矿、建筑施工、烟花爆竹、危险化学品及工贸等行业领域为重点的安全生产联合执法检查活动。

本月　亳州市谯城区十河镇大周村、涡阳县高炉镇单集中心村、利辛县程家集镇赵桥村3个乡村被评为“第五届全国文明村镇”。亳州市国家税务局、国网安徽省电力公司亳州供电公司被评为“第五届全国文明单位”，亳州学院附属小学南校三义路校区被评为“第一届全国文明校园”。

（孙　静）

12月

1日《亳州年鉴（2017）》由方志出版社正式出版发行。

4日　“青春献礼十九大　不忘初心志愿行”——2017全市优秀志愿服务颁奖礼暨全市青少年文艺会演决赛在市行政会务中心举行。

5日　即日起全市开展城区散煤治理，严格控制散煤燃烧造成的污染。

6日　亳州市召开社会科学界联合会第二次代表大会，市委宣传部副部长邓书扬当选主席。

同日　《安徽日报》在第二版以《我省开出首张“互联网+终端”税票》为题，对亳州市开出全省首张“互联网+自助办税终端”税票进行报道。

同日　亳州市见义勇为基金会（慈善组织）第一届理事会召开，市见义勇为基金会（慈善组织）成立。会议通过《亳州市见义勇为基金会（慈善组织）章程（草案）》等；陈强当选为第一届理事会理事长。

同日　“曹操宗族墓群文字砖拓片全国巡展”走进南京六朝博物馆。亳州市博物馆与南京六朝博物馆缔结友好博物馆。

9日　市委书记汪一光会见华体集团董事长张立增一行。由亳州市、省体育局、华体集团合作的亳州社区文体中心项目，将建设运营20个以社区为依托的室内文体中心，为市民提供文化、体育、健身、医疗、养老等服务场所。

10日　“健康安徽”2017年环江淮万人骑行大赛总决赛在亳州市林拥城开幕。

同日　安徽省扑克牌（“掼蛋”）邀请赛在谯城区十河镇润耕天下农场举行。

同日　国家标准审定会在合肥召开。专家组对《白芍（送审稿）》国家标准审定，并通过评审。

同日　2017年第四届中国（蒙城）庄子养生美食文化节开幕，为期3天。

11日　市委理论学习中心组召开学习会议，学习习近平总书记在瞻仰中共一大会址时重要讲话精神，《习近平谈治国理政》第二卷、党章等内容，并组织开展“五个一”活动。会前，与会人员前往谯城区古井镇张集小学，向中共亳县工委旧址纪念碑敬献花篮，重温中共亳县工委革命历史。

同日　亳州市纪检监察干部培训班开班，标志着市级国家监察体制改革试点工作转隶人员全部到位。

12日　亳州市亳州青年众创空间、筑梦空间入选国家众创空间备案公示名单。

同日　亳州市新健康科技有限公司医疗器械产业化项目，获2017年“创响中国”安徽首届创新创业大赛二等奖。

14－15日　“好人看亳州”活动在亳州市举行。

14－18日　应柬埔寨甘拉省邀请，亳州市代表团赴柬埔寨执行友好访问任务。代表团在柬埔寨期间与甘拉省签署友好交流协议。

15日　亳州市2017年寻找“最美家庭”活动总结表彰大会暨宣传党的十九大精神·最美家庭文艺演出举行。活动授予曹洁等17户家庭为亳州市“热心公益型最美家庭”，授予刘振丰等18户家庭为“家庭和睦型最美家庭”，授予李伶俐等21户家庭为“孝老爱亲型最美家庭”，授予王超等26户家庭为“爱岗敬业型最美家庭”，授予王盼盼等11户家庭为“邻里和睦型最美家庭”，授予刘良太等7户家庭为“助人为乐型最美家庭”，授予张娟等7户家庭为“清廉家风型最美家庭”。授予纪翠等33人亳州市“好媳妇”称号，授予武贯荣等22人亳州市“好婆婆”称号。活动共评选出好家书及好文章8篇，廉政书画作品27幅，随手拍摄影作品14幅，家规家训37条。

同日　2017年亳州市中等职业学校技能大赛在亳州中药科技学校开幕。全市13所中职学校的1600余名学生现场展示技能。

16日　中国医疗保健国际交流促进会中医康复理疗分会2017学术年会在亳州市召开。

同日《亳州市主城区限制燃放烟花爆竹管理规定》正式实施。

17日　省人大常委会副主任詹夏来到亳，走访部分住亳省人大代表，征求有关方面对《省人大常委会工作报告（征求意见稿）》的意见建议，考察亳州市经济社会发展情况。

18日　亳州市科学技术协会第四次代表大会召开。

19日　数字亳州地理空间框架建设项目通过安徽省国土资源厅组织的专家组验收。

19－20日　全省推进农业产业化发展现场会在亳州市召开。

19－20日　皖北片区旅游业发展调度会在亳州市召开。

20日　安徽省旅游发展委员会和亳州市旅游发展对接会召开。省旅游发展委员会与亳州市人民政府签署《关于促进亳州旅游业发展战略合作协议》。

23日　中国共产党亳州市第四届委员会第五次全体会议在市行政会务中心召开。

同日　国家质检总局组织由专家学者组成的验收组，对亳州市筹建的“国家中药材产品质量监督检验中心”进行现场验收。经过综合评估，专家组一致同意推荐通过验收。

25日　全市农田水利基本建设暨造林绿化工作现场会在谯城召开。

26日　亳州市职业教育联盟揭牌成立。

同日　2017年亳州市校园五禽戏交流比赛在亳州市九中举行，全市32所中小学1000余名运动员参加比赛。

27日　全省（北方片区）交通扶贫暨“四好农村路”示范县创建工作现场会在亳州市召开。

28日　亳州市召开无偿献血表彰会。1155名无偿献血者受到表彰。

同日　引江济淮亳州市供水工程全面开工。

同日　亳州市学生联合会第一次代表大会召开，标志着亳州市学生联合会成立。通过《亳州市学生联合会章程》，选举产生亳州市学联第一届委员会。

29日　市文明委全会暨全市精神文明建设工作电视电话会议召开。

31日　“2018亳州文化旅游年”开幕式在亳州职业技术学院操场举行。

本月　利辛县永兴镇诸王村被评为2017年改善农村人居环境示范村“保障基本示范村”。

本月　亳州市安徽古井贡酒股份有限公司被认定为2017年度国家知识产权示范企业，华佗国药股份有限公司被认定为2017年度国家知识产权优势企业。

本月　亳州市博物馆展位在第三届广州国际文物博物馆版权博览会中获“最佳传承奖”。

本月　亳州市掀起学习贯彻党的十九大精神的热潮。市委相继召开2次市委中心组理论学习（扩大）会议，传达学习贯彻党的十九大精神，制定下发《关于全面落实中央〈决定〉和省委〈意见〉精神扎实推进党的十九大精神学习宣传贯彻工作的意见》等文件，对学习宣传贯彻工作进行安排部署。组织收听收看中央宣讲团赴安徽宣讲报告会和全省学习宣传贯彻党的十九大精神视频会，举办省委宣讲团到亳州宣讲报告会。全市各级党委（党组）坚持集体学习与个人自学、专题学习与理论研讨相结合，推动党的十九大精神学习贯彻。举办集中轮训班9期，轮训干部2015人。各县区委组织部计划举办学习贯彻党的十九大精神集中轮训班14期，培训科级干部3500余人；科以下干部由所在单位党组（党委）负责开展学习培训，确保全体干部集中轮训实现全覆盖。对于因病未能参加集中轮训的干部，采取送学上门等方式，及时发放有关学习资料，确保学习培训一个干部不少、一个干部不漏。

（孙　静）

市情概览

亳州概述

【概况】亳州市位于安徽省西北部，地处华北平原南端，西北与河南省接壤，西南与阜阳市毗连，东与淮北市、蚌埠市相倚，东南与淮南市为邻。辖涡阳县、蒙城县、利辛县和谯城区。辖区面积8521平方千米。截至2017年年底，全市户籍人口650.8万人。亳州市是“国家历史文化名城”“全国首批优秀旅游城市”“中国长寿之乡”“中国五禽戏之乡”，是长三角经济圈的直接辐射区、中原经济区成员城市、皖北旅游中心城市、安徽省域交汇中心城市之一，享有“中华药都”的美誉。举全市之力打造“世界中医药之都”，建有世界级的中药材集散中心和中药材价格形成中心，国家级的中国（亳州）中药材交易中心、国家中药材质量监督第三方检验中心。

亳州市区位优势明显，交通便利，距省城合肥330千米。京九铁路、青阜铁路纵贯全境，311、105国道和202、203、224、305、307、308省道在市内交叉穿过，济广高速、宁洛高速、泗许高速和济祁高速构成亳州市“井”字形高速公路网，涡河、茨淮新河航运畅通，南距阜阳机场120千米，邮电通信网遍及城镇乡村。商合杭高铁亳州段墩柱全面完工，亳州机场预可研文件已报国家待批，引江济淮亳州段工程全面开工，亳蒙高速立项获批，亳蚌城际铁路前期工作加快推进，137千米国省干线公路改建及路面改善工程完工。

2017年，亳州市地区生产总值1149.8亿元，增长9.2%，居全省第一位，连续三年超过全省平均水平；财政收入171亿元，增长16%，居全省第三位，总量赶超两个市，居全省第十位；固定资产投资1067亿元，增长22%，居全省第二位；居民人均可支配收入、农村常住居民人均可支配收入分别增长9.8%、9.6%，均居全省第二位；城镇常住居民人均可支配收入增长8.8%，居全省第四位。

（孙　静）

【历史沿革】亳州历史悠久，大量新石器时期遗存表明，远在七八千年以前就有人类在此生息繁衍，是中华民族古老文化的发祥地之一。炎黄时代，帝喾代颛顼为帝，都于亳。夏朝，境西北为有虞氏，东南为涂山氏。商成汤灭夏，建立商朝，都亳，在亳境内建嵇方国。周初，亳地置焦国，后属陈国，又属楚国，至楚改名曰谯。秦为谯县，隶泗水郡。西汉，隶沛郡；今蒙城县称山桑县。东汉，隶豫州沛国；建安年间置谯郡。魏黄初二年（221），改谯为都。南北朝时期，改谯县为小黄县，于谯郡置南兖州。北周大象元年（579），改南兖州为亳州。隋大业三年（607），复改小黄县为谯县。唐开元年间（713—741），亳州为“望”州府之一。唐天宝元年（742），山桑县改称蒙城县。五代时期，亳州先后置宣武军、防御州、团练州。北宋大中祥符年间（1008—1016），升为集庆军，置节度使。元代，改属河南江北行中书省归德府。明初，亳州改隶凤阳府。清雍正二年（1724），亳州升为直隶州。雍正十三年（1735），降为散州，隶颍州府。同治三年（1864），清政府在亳、阜、蒙、宿接壤处，以雉河集为县治，循北魏古郡名，设立涡阳县。民国元年（1912），亳州改为亳县，隶安徽省凤颍六泗道（后改名淮泗道）。民国37年（1948）8月成立亳州市，辖城关及郊区。民国38年（1949）2月，市、县合并，恢复亳县建制，隶阜阳专员公署。1964年10月，国务院决定从阜阳、涡阳、蒙城、凤台各划出部分行政区域，为利辛县行政区域；治所设于利辛集。1986年3月撤亳县建亳州市（县级），其辖区不变；同年，被批准为国家历史文化名城和对外开放城市。1998年2月，收归省直辖（副地级）。2000年5月，国务院批准亳州市为省辖市（地级），辖涡阳县、蒙城县、利辛县和谯城区。

（孙　静）

【人文简况】亳州英才辈出，人文荟萃。千百年来，孕育出许多文治武功、彪炳史册的先哲名流。名扬四海的道家学派创始人老子，其经典著作《道德经》，文约辞要，博大精深，被誉为“万经之王”。一代圣哲庄子，曾为漆园吏，其彪炳千秋的《南华经》，教育和启发人们探索宇宙的真理、养生的道理。著名政治家、军事家、文学家曹操，曾任东汉丞相，讨伐称霸诸侯，统一中国北方；他与子曹丕、曹植诚诏天下文人墨客，倡导推动文学艺术兴盛繁荣，形成独具风骨的建安文学；神医华佗发明的“麻沸散”，在世界医学史上最早应用于全身麻醉手术，比西方国家早1600余年；他首创的“五禽戏”已成为人们的养生之术。代父从军的巾帼英雄花木兰，精于诗、文、书、画和易学的宋代名士陈抟，杂剧创作家孟汉卿，悯农诗人李绅，捻军首领张乐行等都是亳州人。欧阳修、曾巩、晏殊等文坛巨子相继在亳州为官。历代名人为辉煌的中华古代文明做出不可磨灭的贡献。

悠久的历史和灿烂的文化，给亳州大地留下众多名胜古迹和文化遗产。有全国重点文物保护单位7处，省级重点文物保护单位38处，市级重点文物保护单位45处。著名的人文景观有：被誉为“中国原始第一村”的新石器时代尉迟寺遗址，以砖木镂雕双绝闻名于世的国家级重点文物保护单位花戏楼，全国道教第一大殿太清宫（天静宫），俗称“老子庙”，被誉为“地下长城”的曹操运兵道，当代文史大家郭沫若亲题馆名的华祖庵，建筑考究、工程浩大的曹氏宗族墓群，浓缩亳州悠久文明史、馆藏丰富文物的亳州博物馆，讲述酒文化源起、传承和发扬的古井酒文化博览园，明清风格犹存、古色古貌依旧的明清老街等。在安徽三大旅游板块中，以亳州为重点的文化旅游区是其中之一。

（孙　静）

【自然地理】亳州市位于北纬32°51′～35°05′，东经115°53′～116°49′，地貌呈东南、西北向斜长形，南北长约150千米，东西宽约90千米。辖境与黄河决口扇形地相连，属平原地带，地势平坦，仅东部有龙山、石弓山、齐山、狼山、双锁山等10余处石灰岩残丘分布。整个亳州地势西北高而东南低，以1/9000 地面自然坡降向东南微倾。西北部谯城区詹楼地势最高，海拔42.5米；东南部利辛县展沟地势最低，海拔22米，相对落差20.5米。由于受河流蜿蜒切割变迁和黄河历次南泛的影响，形成平原中岗、坡、碟形洼地相间分布，具有“大平小不平”的地貌特征。

辖区内河流属淮河水系。主要干流河道有涡河、西淝河、茨淮新河、北淝河、芡河等。涡河自谯城区安溜镇入境，东南流经涡阳县至蒙城县移村集出境入怀远县，境内长173千米，流域面积4039平方千米；西淝河自谯城区淝河镇入境，东南流经涡阳县，至利辛县展沟镇出境入凤台、颍上县界，境内长123.4千米，流域面积1871平方千米；茨淮新河自利辛县大李集镇入境，向东流经利辛县境南部，至蒙城县邹楼出境入怀远县，境内长66千米，流域面积1401平方千米。

（孙　静）

【气候特征】亳州市气候处在暖温带南缘，属暖温带半湿润气候区，有明显的过渡性特征，主要表现为季风明显，气候温和，光照充足，雨量适中，无霜期长，四季分明，春温多变，夏雨集中，秋高气爽，冬长且干。因气候的过渡性，造成冷暖气团交锋频繁，天气多变，年际降水变化大。亳州市常见的灾害性天气有旱、涝、大风、冰雹、干热风、低温、霜冻等，旱、涝是最主要的自然灾害。

2017年，亳州市年平均温度16.2℃，较常年偏高1.3℃，为有完整气象资料（1966年）以来最高。年降水量1016毫米，较常年偏多两成。冬、秋季降水异常偏多，春季偏少，夏季接近常年。

（孙　静）

【资源特产】亳州地下蕴藏着丰富的煤炭、石油等矿产资源。2017年，全市已发现各类矿产9种，已探明储量的矿产6种，煤炭储量达50.6亿吨。煤炭开采和洗选业成为亳州经济发展的主导产业之一。

亳州明清时期就有“药都”之称，是中医药文化的摇篮，盛产中药材。自东汉末年神医华佗开辟第一块“药圃”开始，亳州人种植、经营中药材已有1800余年的历史。在中国《药典》上冠以“亳”字的就有“亳芍”“亳菊”“亳桑皮”“亳花粉”4种；其中亳白菊、亳白芍通过国家地理标志产品认证。1995年，江泽民亲笔题写“华佗故里，药材之乡”。

2017年，亳州市中药材种植面积7.75万公顷，近50个品种，形成白芍、牡丹、白术、桔梗、白芷、菊花、板蓝根、芦巴子（葫芦巴）、薄荷、药豌豆等十大药材生产基地，白芍、牡丹、白术、桔梗、白芷、菊花种植面积都在6666.67公顷以上，其中白芍面积1.67万公顷，牡丹1万公顷。中药材规范化种植面积2.13万公顷。中华药博园和亳药花海休闲观光大世界项目流转土地8800公顷。安徽亳州现代农业综合开发中药材示范区成为国家级中药材标准化种植示范基地。亳丹皮获批农业部农产品地理标志等级保护。

亳州酿酒历史悠久，春秋时期起，当地就用古井甘泉酿酒，此后酿酒业代代相传。东汉建安元年（196年），曹操将家乡酿制的“九酝春酒”贡奉汉献帝，被列为宫廷用酒，年年进贡朝廷。“九酝春酒”即为今“古井贡酒”之前身。古井贡酒被誉为“酒中牡丹”，跻身中国八大名酒之列。2017年，古井集团实现营业收入87.32亿元，同比增长14.79%；实现利润总额16.3亿元，同比增长47.68%；上缴税收28.74亿元，同比增长25.44%；集团公司总资产178.43亿元。古井贡品牌价值达638.5亿元，居安徽省酒企第一名，中国白酒企业第五名。亳州市规模以上白酒产业产值突破110.7亿元，获“世界十大烈酒名产区”称号。

亳州市是全国优质农副特产品生产基地，盛产小麦、大豆、玉米、棉花、烟叶等粮油经济作物。国家级蔬菜批发市场辐射周边省市，成为苏、鲁、豫、皖交界处多县（市）果菜区域集散中心、信息传播中心、价格形成中心、科技推广中心，被农业部命名为“全国定点鲜活农产品批发市场”。涡阳苔干被列为“全国名特优新农产品”。涡阳县被农业部命名为“中国苔干之乡”。2017年，亳州市小麦亩产连续6年过千斤；涡阳大豆获批农业部农产品地理标志等级保护；水果、油菜、粉皮、粉丝；优质山羊、生猪、禽类、水产养殖；禽蛋、奶类、水产品产量和畜牧业均具有规模。亳州市获评中国特色农产品优势区；蒙城县获评“中国好粮油”行动示范县。

亳州市是皖北地区老工业基地。2017年，亳州市规模以上工业企业达1032户。全市33个工业行业中，23个保持增长，其中煤炭开采和洗选业增长56.8%，汽车及现代农机装备制造业产值增长7.3%，纺织服装、家具制造、计算机及电子设备制造业产值增长24.9%，农副食品加工业增长1.4%，酒、饮料和精制茶制造业增长8.2%，医药制造业增长25%，五大主导行业对全市规模以上工业增长贡献率89.3%。农副食品加工业，食品制造业，酒、饮料和精制茶制造业，化学原料及化学制品制造业，医药制造业，金属制品业，非金属矿物制品业，木材加工和木、竹、藤、棕、草制品业，计算机、通信和其他电子设备制造，电力、热力生产和供应业，煤炭开采和洗选业，汽车制造业，纺织服装、服饰业等13个行业利润均超亿元。中成药品种205个，3个品种进入国家医保目录。获批省级中药配方颗粒生产基地，5家企业获批试点生产，5家企业入选中华民族医药百强榜。

亳州市拥有丰富的旅游资源。2017年，全市有1个国家级生态示范区、4个国家级生态乡镇、13个省级生态镇、30个省级生态村、12个市级生态镇、94个市级生态村；国家AAAA级旅游景点（区）7处，星级酒店16家，旅行社22家。全年实现旅游总收入171.64亿元，优化提升7条精品旅游线路，获评国家中医药健康旅游示范区创建单位、“一带一路”国际健康旅游目的地、国际健身气功五禽戏之都、全国药膳之都。

（孙　静）

组织机构及负责人名录（负责人任职时间截至2017年12月31日）

中国共产党亳州市委员会

书　　记　汪一光

副 书 记　杜延安

　　　　　方晓利

市委常委　刘　辉

　　　　　吕　剑

　　　　　刘海石

　　　　　李　军

　　　　　张年进

　　　　　金春龙

　　　　　赫璞峰

　　　　　秦凤玉

秘 书 长　赫璞峰

副秘书长　靳家海

　　　　　李景彪

　　　　　孙同林

亳州市人民代表大会常务委员会

主　　任　王玉玺

副 主 任　欧阳永红

　　　　　马昭华

　　　　　解杰昂

　　　　　巩　中

　　　　　哈　薇

秘 书 长　刘　伟

副秘书长　苏维峰

闫　莉
戴明启

亳州市人民政府

市　　长　杜延安
常务副市长　刘　辉
副 市 长　李　军
　　　　　邹桂武
　　　　　侯　化
　　　　　曹振萍
　　　　　应国君
秘 书 长　吴火权
副秘书长　张秀忠
　　　　　刘　岩
　　　　　张　磊
　　　　　王树东
　　　　　张吉明

中国人民政治协商会议安徽省亳州市委员会

主　　席　汤　涌
副 主 席　张俊民
　　　　　马　露
　　　　　龚艳玲
　　　　　张国芳
　　　　　陈显锋
　　　　　沈振清
　　　　　宋　峰
　　　　　李长春
秘 书 长　葛　生
副秘书长　燕传立
　　　　　江　浩
　　　　　刘　玲

中国共产党亳州市纪律检查委员会

书　　记　吕　剑
副 书 记　廉保军
　　　　　杨立民
　　　　　时志远
常　　委　李　涛
　　　　　吴东风
　　　　　朱西国
　　　　　李　森

市监察局

局　　长　廉保军
副 局 长　吴东风
　　　　　朱西国

亳州市中级人民法院

院　　长　王晓东
副 院 长　胡献春
　　　　　王时银
　　　　　石宝华
政治部主任　陈家义
党组成员　庄灵春
　　　　　皮桂山
副调研员　李运松
　　　　　李清源

亳州市人民检察院

检 察 长　耿　标
副检察长　赵昊平
　　　　　李从波
派驻纪检组组长　林　刚
政治部主任　芮　坚
反贪局局长　段红斌
副调研员　穆　林
　　　　　李成坤

市委机构

市委办公室

主　　任　靳家海
副 主 任　张永来
　　　　　丁雪峰
　　　　　吴宝华
副调研员　李坤晥
市委市政府对外联系服务办公室主任　李　强
市委保密办（市国家保密局）主任（局长）　徐　静

市委组织部

部　　长　秦凤玉
副 部 长　刘　泉
　　　　　刘兴德
　　　　　蒋均平
副调研员　宋学新
　　　　　刘春笋

市委宣传部

部　　长　方晓利
副 部 长　修　薇
　　　　　袁　丽
　　　　　邓书扬
副调研员　张会岷

市委统战部

部　　长　秦凤玉
副 部 长　管卫东
　　　　　金少坤
　　　　　张守雨
市台办主任　程亚妹
副调研员　锁孝坤

市委政法委

书　　记　刘海石
副 书 记　张　磊
政治部主任　李德远
综治办副主任　李向军
维稳办副主任　李明杰
副调研员　孙　超

市委政策研究室

主　　任　江　涛
副 主 任　张凤林
　　　　　李国文

市直属机关工作委员会

书　　记　李景彪
副 书 记　崔　巍
　　　　　马大干
市直纪工委书记　汝　峰

市效能办公室

主　　任　李景彪
专职副主任　倪鹤武

市机构编制委员会办公室

主　　任　杜金陵
副 主 任　黄　昕

副调研员　戴劲松
事业单位登记管理局局长
张　健

中共亳州市委老干部局
调 研 员　卢　刚
副 局 长　高玉友
副调研员　刘文娟
关工委办公室主任　赵正中

市精神文明建设指导委员会办公室
主　　任　戴　飚
副 主 任　张洪海

市信访局
局　　长　孙同林
副 局 长　闫　红
朱成林
慕朝春
调 研 员　刘允强
副调研员　刘光友

市委党校
校　　长　方晓利
常务副校长　巩　中
副 校 长　孙绍光
周奇志

市委党史研究室（市地方志编纂办公室）
主　　任　时明金
副 主 任　张　峡
副调研员　任亚东

市档案局
局　　长　胡　平
副 局 长　王景彩

亳州晚报社
社　　长　孙德付
副 总 编　王少军
副社长、副总编　张祥斌
刘恒新

市广播电视台
台　　长　穆　静
副 台 长　樊建军

市人大常委会机构

办公室
主　　任　苏维峰
副 主 任　徐天生

法制工委
主　　任　李　坤
副 主 任　龚朝昊

人选工委
主　　任　马庆武
副 主 任　李兴华

财经工委
主　　任　张东亚
副 主 任　李连春

教科文卫（民宗侨外）工委
主　　任　佘树民
副 主 任　史光荣

城建环资工委
主　　任　马永久

农工委
主　　任　朱献营
副 主 任　王维朋

预算工委
主　　任　梁海波

信访办
主　　任　锁小虎

研究室
副 主 任　崔新海

内司工委
副 主 任　高　纲

市政府机构

市政府办公室
主　　任　张秀忠
副 主 任　周明华
葛　伟
李　丰
李　刚
调 研 员　穆　杰
穆建中
副调研员　张金龙
苏　芳
洪　博
督查室主任　雅　林
应急办主任　张学杰
市住房公积金管理中心主任
杨文玲
驻京联络处主任　李　勇
市红十字会办公室主任
杨铭章

市发展和改革委员会（市物价局）
主任（局长）　戴　力
副主任（副局长）　李　兵
韩　建
闫文昭
刘　虎
调 研 员　任　杰
副调研员　张　春
邵　镇

市教育局
局　　长　陈　亮
副 局 长　张殿纪
方显启
耿成华
总 督 学　乔红侠
招生考试中心主任　郭朝阳

市科学技术局
局　　长　李　锋
副 局 长　赵华民
马　莉
副调研员　李　军

市经济和信息化委员会
主　　任　冯　浩
副 主 任　何志魁
李永远

市民委（宗教局）
主　任（局长）　金少坤
副主任（副局长）　牟　林
副调研员　王显夫

市公安局
局　　长　刘海石
副 局 长　王亚洲
张　坤
甘绍文

派驻纪检组组长　吴春龙
政治部主任　李　智
调 研 员　修　民
副调研员　程立淮
李保林

消防支队

支 队 长　郭　峰
政　　委　魏中原

市民政局

局　　长　孙文亭
副 局 长　张琼伟
鲁　娅
高士宏

市司法局

党组书记　王　成
局　　长　李　琳
副 局 长　郭　静
王玉岭
副调研员　宿朝峰

市财政局

局　　长　张传宾
副 局 长　周金钟
宋保众
王振喜
派驻纪检组长　任亚慧
副调研员　邓　昊

市人力资源和社会保障局

局　　长　张廷林
副 局 长　程　明
黄雪梅
孙亚伟
副调研员　付焕青
冯立新

市国土资源局

局　　长　叶祖贵
副 局 长　纪志才
陈　峰
李春艳
调 研 员　海公民
纪检组长　谢毅臻

市环境保护局

局　　长　王洪杰
副 局 长　苏明胜
韩　冰
调 研 员　董万秀
副调研员　刘朝中

市住房和城乡建设委员会

主　　任　石汉东
负 责 人　孟　锐
张大勇
副调研员　徐晓晖

市城管行政执法局

局　　长　黄卫国
副 局 长　梁德友
常永斋
郑利军

市交通运输局

局　　长　刘　建
调 研 员　刘兴群
副 局 长　孙善豹
王玉富
市公路管理局局长　闫景侠
市地方海事局局长　杨　勇
市公路运输管理处处长
李运民

市农业委员会

副 主 任　孙德平
李　波
卢伯瑛
调 研 员　颜廷桂
副调研员　李士林

市水务局

局　　长　刘传华
副 局 长　赵德建
孙同军
刘万标
副调研员　刘仲海

市林业局

局　　长　万瑞年
副 局 长　高　帆
副调研员　孙　杰

市商务和粮食局

局　　长　李　松
副 局 长　鲁文光
栾燕飞
袁　剑
副调研员　冀正国
张传玉

市文化旅游局

局　　长　雅浩海
副 局 长　李梅村
徐　杨
副调研员　张　明

市卫生和计划生育委员会

主　　任　胡秋雯
副 主 任　徐传之
丁中秋
修　琳
纪检组长　杜守龙
调 研 员　杜运志
副调研员　唐成齐

市审计局

局　　长　李迎春
副 局 长　王玉红
赵　峰
袁　芬
副调研员　郑保建

市体育局

局　　长　张培阳
副 局 长　曹芳文
张　焱
副调研员　李　军

市统计局

局　　长　路文强
副 局 长　王仲成
钱飞龙
副调研员　修　志

市安全生产监督管理局

局　　长　程效银
副 局 长　程　权
赵　峰

市法制办

主　　任　孙光华

副 主 任　侯　刚

市食品药品监督管理局

局　　长　彭殿伟

副 局 长　张　新

王志强

王　健

王　军

副调研员　翟晓宇

市工商局

局　　长　刘　颖

副 局 长　铁　安

张光辉

李建国

调 研 员　李　刚

政治处主任　修春玲

市质量技术监督局

局　　长　李龙杰

副 局 长　姜林松

肖玉洁

政治处主任　卢　燕

调 研 员　赵心安

副调研员　强玉芳

连凤山

张　建

市人民防空办公室（市地震局）

主任（局长）　张利华

调 研 员　胡长征

市政府发展研究中心

主　　任　王　宇

市城乡规划局

局　　长　赵华中

副 局 长　郑　勤

汪东林

市公共资源交易监督管理局

局　　长　李成杰

副 局 长　张华玉

王立军

交易中心主任　闫芳春

市招商局

局　　长　马　健

副 局 长　赵　震

龙洪明

市药业发展局

局　　长　王险峰

副 局 长　崔　博

祝文山

刘伟亚

市房地产管理局

局　　长　吴旭春

副 局 长　刘中齐

彭化典

副调研员　王庆杰

市供销合作社联合社

主　　任　解子德

副 主 任　张　坤

刘　峰

张　华

市扶贫局

党组书记　王海运

局　　长　陈昭敏

副调研员　李先俊

市信息局

局　　长　张解放

亳州经济开发区管理委员会

主　　任　谭　峰

副 主 任　魏　师

董扬德

项　阳

调 研 员　胡　军

亳州芜湖现代产业园区管理委员会

主　　任　韩万青

副 主 任　张　洁

王　卓

张韶光

柳友贵

田少东

规划建设局局长　徐　翔

企业发展促进局局长　许柏林

市政协机构

办公室

主　　任　燕传立

副 主 任　张　羽

马士林

夏治斌

研究室

主　　任　纪恒庆

提案委

主　　任　岳德亮

经济委

主　　任　贺凤坤

副 主 任　张国庆

教科文卫体委

主　　任　刘　琦

民族宗教和港澳台侨外事委

主　　任　金卫国

文史资料委

主　　任　葛兴全

副 主 任　李先锋

人口资源环境委

主　　任　周　明

副 主 任　侯　杰

社会和法制委

主　　任　卞广新

副 主 任　张贺阳

民主党派、工商联

中国国民党革命委员会亳州市委员会

主任委员　马昭华

副主任委员　李含君

王紫娟

中国民主建国会亳州市委员会

主任委员　李长春

副主任委员　董艳慧

中国民主促进会亳州市委员会

主任委员　马　露

副主任委员　蒋召亮

农工党亳州市委员会

主任委员　龚艳玲

副主任委员　田　兵

九三学社亳州市委员会

主任委员　张国芳

副主任委员　刘云飞

市工商业联合会（总商会）

主席（会长）　曹振萍

副主席（副会长）　郑　勇

社会团体

市总工会

主　　席　方晓利

副 主 席　张学峰

　　　　　王敬业

调 研 员　张中智

副调研员　刘晓华

共青团亳州市委员会

书　　记　丁　辉

副 书 记　康红锋

市妇女联合会

主　　席　戴爱霞

副 主 席　邢　军

副调研员　马红艳

市妇女儿童工作委员会办公室主任　夏　萍

市科学技术协会

主　　席　芮绍勇

副 主 席　赵传玺

市文学艺术界联合会

主　　席　张　弘

副 主 席　张凤海

副调研员　孙志保

市残疾人联合会

理 事 长　姚　亮

中央、省驻亳机构

市国家税务局

局　　长　秦冠华

副 局 长　张天峰

　　　　　葛蔚然

　　　　　孙立志

　　　　　杨惠民

纪检组组长　范冬昀

总经济师　费志喜

副调研员　任晓霞

　　　　　宋和平

　　　　　毛雅萍

市地方税务局

局　　长　倪　民

副 局 长　蔡子彬

　　　　　杨绍林

　　　　　王金刚

政治处主任　王　敏

纪检组组长　王晓辉

副调研员　王成才

　　　　　张建军

国家统计局亳州调查队

队　　长　陈培安

纪检组长　王　苹

副 队 长　张洪魁

副调研员　李俊友

中央储备粮亳州直属库有限公司

总 经 理　何　金

副总经理　童亚洲

　　　　　王　辉

谯城分公司经理　程传亮

市气象局

局　　长　张　健

副 局 长　姚鹏义

纪检组组长　陈新治

调 研 员　李亚玲

副调研员　林　云

市无线电管理处

处　　长　王海泉

上海铁路局阜阳北站亳州站

站　　长　周　军

书　　记　张　飙

副 站 长　曹金明

　　　　　许之泉

市邮政管理局

局　　长　张明立

副调研员　王成德

中国电信股份有限公司亳州分公司

总 经 理　章树军

副总经理　薛永田

　　　　　王　严

中国移动通信集团安徽有限公司亳州分公司

总 经 理　余　涛

副总经理　程凡民

　　　　　毛吉伟

中国联合网络通信有限公司亳州市分公司

总 经 理　芮明新

国网安徽省电力公司亳州供电公司

总 经 理　陈晓亮

副总经理　张弋茂

　　　　　张建权

　　　　　王　坤

　　　　　高　峻

市烟草专卖局

主要负责人　金大林

副 局 长　锁　杰

纪检组长　陶海波

总会计师　朱继伟

调 研 员　郭　卢

副调研员　高　新

市盐务管理局（市盐业有限公司）

局长（经理）　荣立华

党委书记　李文俊

副局长（副经理）　李　辉

　　　　　张　勇

中国人民银行亳州市中心支行（国家外汇管理局亳州市中心支局）

行长（局长）　张　超

副 行 长　刘　辉

　　　　　吴　宏

　　　　　徐绍文

纪委书记　倪效禹

中国银行业监督管理委员会亳州监管分局

局　　长　宋　涛

副 局 长　刘　年

　　　　　吴　迪

纪委书记　张德富

中国农业发展银行亳州市分行

行　　长　樊子彬
副 行 长　王　谦
　　　　　贾　坤
　　　　　刘永椿

中国工商银行股份有限公司亳州分行
行　　长　王　全
副 行 长　谢　广
　　　　　孙玉龙
　　　　　王振乾
　　　　　陈　诚
纪委书记　马金辉
工会主席　张　高

中国农业银行股份有限公司亳州分行
副 行 长　许庆礼
　　　　　於孝华
　　　　　樊　丰

中国银行亳州分行
行　　长　陈　尧
副 行 长　王嘉平
　　　　　何学俊
纪委书记　程　功

中国建设银行股份有限公司亳州市分行
行　　长　张　军
纪委书记　江　波
副 行 长　赵经付
　　　　　吕　梁
　　　　　王　浩
党委委员　郑玉莹

交通银行股份有限公司亳州分行
行　　长　徐卫东
副 行 长　鲍传应
　　　　　张海娟

徽商银行股份有限公司亳州分行
行　　长　王素云
副 行 长　卢　勇

中国邮政储蓄银行股份有限公司亳州市分行
行　　长　江国生

亳州药都农村商业银行股份有限公司
董 事 长　许绍普
行　　长　张　亮
副 行 长　郭　伟
　　　　　丁克强
　　　　　李　友
纪委书记　任　斌

国元农业保险股份有限公司亳州中心支公司
总 经 理　李　新
副总经理　刘鹏飞
　　　　　刘　磊
　　　　　任　威

中国人民财产保险股份有限公司亳州市分公司
总 经 理　张　标
副总经理　孙　涛
　　　　　蒋　堃
调 研 员　张　超
组织部部长、高级主管　古元洪

中国人寿财产保险股份有限公司亳州市中心支公司
总 经 理　郑开翼

中国人寿保险股份有限公司亳州分公司
党委书记　陆　嘉
副总经理　高　岭
　　　　　陈占中

中国平安财产保险股份有限公司亳州中心支公司
总 经 理　胡大群
副总经理　刘松淼
　　　　　卢晓光

市属学校

亳州学院
副 院 长　张立驰
　　　　　时　伟
　　　　　李迎春
党政办公室主任　徐玉松

亳州职业技术学院
书　　记　张俊民
院　　长　周美启
副书记、纪委书记　张　磊
副 院 长　张文敬
　　　　　陈　群

亳州幼儿师范学校
校　　长　张伟亚

亳州市第一中学
校　　长　谢启平
副 校 长　佟广付

亳州工业学校
校　　长　孙结红

亳州中药科技学校
校　　长　李　刚

安徽广播电视大学亳州分校
校　　长　张向东

亳州市特殊教育学校
校　　长　王晓东

市属企业

安徽古井集团有限责任公司
董 事 长　梁金辉
总　　裁　李培辉
纪委书记　王　锋
股份公司总经理　周庆伍
副 总 裁　孙万华
　　　　　程　莉
　　　　　杨小凡
总裁助理、古井房地产公司董事长　王敬新
股份公司常务副总经理、亳州古井销售有限公司董事长　闫立军
股份公司副总经理、武汉黄鹤楼酒业公司董事长　许　鹏
总裁办公室主任、股份公司副总经理　张立宏
副总裁、瑞能热电、瑞福祥公司董事长　翟良东

建安投资控股集团有限公司

董 事 长 韦 翔
纪委书记 伍 旭
副总经理 于 敏

亳州城建发展控股集团有限公司

总 经 理 李 涛
副总经理 魏 思

亳州交通投资控股集团有限公司

董 事 长 王 锴
纪委书记 魏 李

亳州文化旅游控股集团有限公司

董 事 长 薛 冰
纪委书记 张从良
副总经理 刘 超

市辖县区党政机关

谯城区

中国共产党亳州市谯城区委员会

书 记 金春龙
副 书 记 高 川
周 霄
常 委 曹 建
秦 博
吴海洋
徐 丽
张志国
何 勇
汪安定（挂职）
范星宏（挂职）

亳州市谯城区人民代表大会常务委员会

主 任 卞介山
副 主 任 陈彦波
孟庆华
陈 静
邹建军

亳州市谯城区人民政府

区 长 高 川
副 区 长 秦 博
汪安定（挂职）
范星宏（挂职）
梁绍彬
王俊东
杨 荔
王可坤（挂职）
乔 毅（挂职）
阮中海
黄 昕（挂职）
李士林（挂职）
鲁 磊
黄 健（挂职）

中国人民政治协商会议亳州市谯城区委员会

主 席 李 伟
副 主 席 唐仿连
邢 飞
巩敬耕
吴 浩
金凤翔

中国共产党亳州市谯城区纪律检查委员会（谯城区监察委员会）

书 记（主 任） 何 勇
副书记（副主任） 王中华

涡阳县

中国共产党涡阳县委员会

书 记 胡明文
副 书 记 熊国洪
陈长安
常 委 韩 龙
黄 恺
刘梦汝
郑 虹
丰霄寒
丁 博
杜世峰
乔 健
马 勇

涡阳县人民代表大会常务委员会

主 任 刘 峰
副 主 任 刘红岩
李 雷
燕 坤
周俊杰

涡阳县人民政府

县 长 熊国洪
副 县 长 刘梦汝
黄 恺
杜世峰
乔 健
马 勇
万洪超
牛 光
苏志杰
赵 凯
刘 峰

中国人民政治协商会议涡阳县委员会

党组书记 刘 峰
副 主 席 方 侠
赵太民
王登峰
赵晓蕾
盛亚民

中国共产党涡阳县纪律检查委员会（涡阳县监察委员会）

书 记（主 任） 韩 龙
副书记（副主任） 张 凯
崔华锋

蒙城县

中国共产党蒙城县委员会

书 记 车照启
副 书 记 孔祥永
怀 颖
常 委 怀 颖
曹松军
王占峰
刘 卿
史 永
于 斌
罗立高

马德兵
李　磊
朱　鸿

蒙城县人民代表大会常务委员会

主　　任　郭　飚
副 主 任　李　星
黄　欣
郑士彪
彭　静

蒙城县人民政府

县　　长　孔祥永
副 县 长　刘　卿
阚少林
罗立高
马德兵
陈　峰
李红华
于　杰
杨景欢
李世军
程红波
胡文臻
过文彬
张德银

中国人民政治协商会议蒙城县委员会

主　　席　石东升
副 主 席　楚子良
胡春雨

中国共产党蒙城县纪律检查委员会（蒙城县监察委员会）

书　记（主　任）　李　磊
副书记（副主任）　何　峰
王　雷

利辛县

中国共产党利辛县委员会

书　　记　程修略
副 书 记　吴　斌
常　　委　荀凤飞
吴海波
李　阳
颜　滨（挂职）
宋　凯
王　飞
潘秀峰
何章俊
徐天生（挂职）
何　燕
刘兴华（挂职）

利辛县人民代表大会常务委员会

主　　任　马　瑛
副 主 任　江　淮
何　芳
黄振军
孙业茂
闫庆三

利辛县人民政府

县　　长　吴　斌
副 县 长　荀凤飞
吴海波
颜　滨（挂职）
邵利峰
周　静
任永胜
徐天生（挂职）
刘兴华（挂职）
徐永祥（挂职）

中国人民政治协商会议利辛县委员会

主　　席　龚保杰
副 主 席　汝　刚
高传海
金国珍
李红星
李　靖

中国共产党利辛县纪律检查委员会（利辛县监察委员会）

书　记（主　任）　何　燕
副书记（副主任）　刘长城
孙明锋

中国共产党亳州市委员会

概 述

【概况】2017年，在省委、省政府的坚强领导下，中共亳州市委员会深入学习贯彻习近平新时代中国特色社会主义思想和党的十九大精神，统筹推进“五位一体”总体布局，协调推进“四个全面”战略布局，以“深入践行五大发展理念，奋力走在皖北振兴前列”为工作要求，以实施年度岗位责任目标为抓手，坚持“四个导向”，紧盯“四个点问题”，聚焦高质量发展，做好经济社会发展和党的建设各项工作。在省统计局公布的24项经济指标中，增速居全省前八位的有19项，前三位的有15项，第一位的有3项，地区生产总值增速首次位居全省第一位，固定资产投资首次突破千亿元，主要经济指标增速继续保持在全省前列。

把学习宣传贯彻党的十九大精神作为全市首要政治任务，制定《关于全面落实中央〈决定〉和省委〈意见〉精神扎实推进党的十九大精神学习宣传贯彻工作的意见》等文件，6次召开市委常委会会议、理论学习中心组学习会议等，学习贯彻习近平新时代中国特色社会主义思想。组织收听收看全省学习宣传贯彻党的十九大精神视频会和中央宣讲团赴安徽宣讲报告会，举办省委宣讲团到亳州宣讲报告会。召开市委四届五次全会，制定“1＋3”系列文件，部署学习贯彻十九大精神。市委常委带头到党建和脱贫攻坚联系点开展宣讲、走访调研，组织宣讲团赴各地进行宣讲，举办全市领导干部集中轮训班6期，培训1366人。推进“两学一做”学习教育常态化制度化，部署开展“讲重作”专题教育、专题警示教育，召开市委中心组学习会17次，组织市委常委会集中封闭式学习讨论8次，坚定道路自信、理论自信、制度自信、文化自信。

出台《关于深入贯彻落实党的十九大精神全面开创现代化五大发展美好亳州建设新局面的决定》《亳州市五大发展行动计划（修订版）》等系列文件，围绕构建现代经济体系目标，坚持稳中求进工作总基调，推进五大发展督查调度会制度，聚焦“五大城市”建设，推动高质量发展。

建设现代中药产业集聚发展基地。实现产值321.6亿元，同比增长23.6%。药业工业企业161家，通过GMP认证企业157家。新签约药业工业项目169个，总投资383.1亿元，全国中医药百强企业有55家落户亳州。中成药品种205个，3个品种进入国家医保目录，394个药品技术转移批文上报国家食品药品监管总局待批。成功获批省级中药配方颗粒生产基地，5家企业获批试点生产，5家企业入选中华民族医药百强榜。建成全国唯一的国家级中药材检测中心和全国首个中药材技术性贸易措施研究评议基地，“中药大品种疏风解毒胶囊二次开发的系统研究及应用”项目获省科学技术奖一等奖，东方帝维重大动物新型疫苗创制建设工程入选省第二批重大新兴产业工程。

实施精准招商。实际利用省外资金530.9亿元，同比增长34.7%。新落地亿元以上利用省外资金项目192个，其中工业项目147个。市中心城区挂牌出让工业用地176宗860.53公顷，分别是上年的2.3倍、3.7倍。出台招才引智实施办法，吸引一批高层次人才到亳州工作。举办2017年国际（亳州）中医药博览会暨第33届全国（亳州）中药材交易会，现场签订贸易协议29个，签约金额达33.1亿元，同比增长15.7%。

推进项目建设。实施省市重点项目542个，完成投资780亿元，26个10亿元以上重大项目开工建设，128个亿元项目竣工投产或主体完工，省重点项目投资完成率、开工率、竣工率均居全省前三位。商合杭高铁亳州段墩柱全面完工、高铁南站站房即将开工，亳州机场预可研文件已报国家待批，引江济淮亳州段工程全面开工，亳蒙高速立项获批，亳蚌城际铁路前期工作加快推进，137千米国省干线公路改建及路面改善工程完工。

改造提升传统产业。推进工业“三百工程”和“123工程”，完成工业投资389亿元，增长18.3%，居全省第三位；工业技改投资136.3亿元，增长19.2%。6家企业入选省2017年度民营企业百强榜。食品制造产业加快发展，新增省级“龙头”甲级队企业12家，市和县区食品产业园区分别入驻项目46个、56个。规上白酒企业产业产值突破110.7亿元，增长15.1%，亳州市获“世界十大烈酒名产区”称号。古井集团连续11年入选省百强企业，正宇集团连续5年蝉联全国小麦粉加工企业50强。煤炭开采和洗选业产值增长56.8%，汽车及现代农机装备制造业产值增长7.3%，纺织服装、家具制造、计算机及电子设备制造业产值增长24.9%。

推进农业供给侧结构性改革，新增家庭农场1826家、农民专业合作社3560家，适度规模经营面积28万公顷。农机总动力达989.13万千瓦，成功申报农机专业合作社“省级示范社”11家、“国家级示范社”2家，获评全省唯一国家级“平安农机示范市”，农机总动力居全省第一位。主要农作物耕种收综合机械化率98.4%。农业提质增效，开展畜禽养殖标准化示范创建，新创建1家部级、2家省级标准化示范场，有部级畜禽养殖标准化示范场10家、省级17家、市级185家，规模养殖比重83%。中药材面积发展到7.75万公顷，蔬菜面积稳定在13.33万公顷，全市粮食总产量48.35亿千克，总量居全省第二位，小麦单产居全省第一位。“三品一标”认证农产品达448个，4000公顷的“亳白芍”种植标准化示范区被列为第九批国家农业标准化示范项目，亳丹皮、涡阳大豆被评为国家地理标志农产品。

开展“文化旅游年活动”，完成北关历史街区5条精品线路立面改造，新增市城市展览馆、南湖灯光水舞秀等一批景点，成功引爆全市旅游市场，国内游客、入境游客、旅游外汇收入增速均居全省第一位，旅游总收入、国内旅游收入增速均居全省第二位。新增信贷投放300.8亿元，“我要贷款”平台累计发放贷款61.7亿元。新增限上商贸流通企业129家，限上消费品零售额增长16.9%。电子商务进农村“两中心、一站点”建设实现全覆盖。服务贸易产业从无到有、不断壮大，签约天源迪科等10家企业、7100个座席，亳芜现代产业园区被认定为“安徽省服务外包示范区”；浪潮亳州产业园项目开工建设。

推进创新创业。落实促进农民工进城就业的若干意见，推动“亳州老乡，请您回家”和助力青年学子创业活动，1.2万人返乡创业，投资超500万元创业项目330个、开工建设272个、建成运营173个，直接带动就业5.1万人，农民工进城就业4.8万人，城镇登记失业率控制在2.9%。新增离岸孵化中心、技术转移中心、校企合作联合实验室、省级企业技术中心19家，新建院士工作站3家。筑梦社区和青年创客空间入驻企业406家、被认定为国家级众创空间，新增国家级星创天地3家。

全面贯彻落实中央和省委全面深化改革决策部署，推进116项改革，改革呈现全面发力、多点突破、纵深推进良好态势，人民群众获得感、幸福感、安全感进一步提升。

（李运华）

【民主政治建设】2017年，中共亳州市委员会坚持党的领导、人民当家做主、依法治国有机统一，推动社会主义民主政治不断发展。

全面依法治市。研究出台《2017年市委全面推进依法治市工作要点》《亳州市落实〈党政主要负责人履行推进法治建设第一责任人职责规定〉实施细则》《法治亳州建设实施纲要（2017—2020年）》及《方案》，推动依法治市工作。制定《2017年重点普法目录》，推动“谁执法谁普法”责任制清单落实。推进“七五”普法。开展亳州市首届“十大法治人物”“十大法治事件”评选活动，营造法治文化氛围。推进司法体制改革，司法公信力提高，制定落实《保护司法人员履行法定职责规定》的具体办法，稳妥推进检察官员额制等各项改革任务，在全市遴选员额法官、员额检察官，全部配置到办案部门。

扩大人民民主。支持人大及其常委会依法行使国家权力，推进地方立法，制定实施全市首部实体性地方法规《亳州国家历史文化名城保护条例》。发挥人民政协作为社会主义协商民主的重要渠道和专门协商机构作用，制定《关于加强和改进人民政协民主监督的实施意见》，市政协全年围绕45个议题集中开展调研议政活动100项，立案交办提案459件，反映社情民意106条。做好统战工作，重视加强和改进党的群团工作，发挥桥梁纽带作用。维护民族宗教领域和谐稳定，完成共青团、妇联等群团组织改革。

推进党管武装。开展党内集中教育，思想政治根基牢固。推动军民融合深度发展，支持军分区完成调整改革。出台《关于调整义务兵家庭优待金发放标准的通知》，完成征兵工作。开展国防教育“进高校、进社区、进乡村”活动，组织“最美军嫂”评选活动，开展“八一圆梦捐资助学”活动，双拥共建持续深化，省级双拥模范城创建实现“满堂红”。完成基干民兵编建，民兵情报信息报送量连续两年位列全省第一位。

（李运华）

【民生和社会建设】2017年，中共亳州市委员会把增进人民福祉、促进人的全面发展作为一切工作的出发点和落脚点，统筹做好各项保障和改善民生工作。

脱贫攻坚。以脱贫攻坚统揽经济社会发展全局，以“重补促”专项整改为抓手，全面落实“七句话”的工作要求。开发市、县、乡、村四级脱贫攻坚信息服务平台及手机APP，《人民日报》《国内动态清样》对本市经验予以介绍。举办精准扶贫大规模多轮次的干部培训，累计培训29万多人次。开展建档立卡“再回头”“两册一审”评议等活动，建立市内“四内”互查工作机制，有效防止“两该两不该”的发生。全市预算内安排扶贫资金12.9亿元，是上年的5倍，其中市本级8.6亿元，是上年的8.3倍。市、县两级安排1.3亿元在每村都建立扶贫专项资金，提升基层组织临时救助能力。每个村至少安排2块养殖用地和2块光伏建设用地，2017年政府一次性投入22亿元建成并网光伏扶贫电站1949个，占全省25.2%，全面消除集体经济“空壳村”。探索林业产业扶贫模式，已完成栽植苗木9400公顷。简化慢性病证办理程序，为贫困村招聘本科毕业医生，建成市精神病人福利中心、市精神病医院，收治贫困精神病人1171人次。推行危房改造资金提前打卡、村里代管模式，完成危房改造30170户，为省下达任务的225%。创新实施“关爱工程”，实现扶贫政策进城和全覆盖。部署开展失能“五保”老人集中入住乡镇卫生院进行供养医护工作。按照“五净一规范”标准，开展“共建整洁庭院·助力脱贫攻坚”专项活动。动员1317家企事业单位、58282人参与扶贫帮扶，征集“微心愿”近24万条。狠抓扶贫领域“懒政怠政、不作为慢作为”专项整治，共查处扶贫领域违纪问题726起，立案331件，处理1224人。2017年实现89个村成功出列，137341人稳定脱贫，谯城区、蒙城县被列入全省首批4个拟脱贫摘帽县区。

民生工程。32项民生工程全部完成年度任务，总投资141.5亿元。建设农村道路畅通工程2143千米，解决58.4万农村居民安全饮水问题。农村常住居民人均可支配收入增长9.6%，居全省第二位。突出抓好高校毕业生等青年群体、农民工多渠道就业创业，加大城镇困难人员、残疾人就业扶持力度，城镇新增就业49850人。按照兜底线、织密网、建机制的要求，深入推进全民参保计划，启动机关事业单位养老保险制度改革，加快城乡居民医保制度整合，社会保障全覆盖工程深入实施。加大住房保障工作力度，棚户区改造完成年度目标任务，新增公租房分配15136套。

社会事业。推进教育综合改革，新建改扩建中小学152所、幼儿园41所，义务教育学校网上报名招生13.9万人，利辛县创建义务教育发展基本均衡县通过国家督导评估认定，谯城区创建义务教育发展基本均衡区通过国家复评。组建全市职业教育联盟，亳州学院新增本科专业6个，亳州幼师、亳州中药科技学校二期工程完工，亳州职业技术学院二期工程开工建设。华佗中医院新院、市人民医院二期工程建成使用，新建二级民营医院5家，市妇幼保健计划生育服务中心开工建设，市第二人民医院PPP项目进展顺利。人口自然增长率控制在9‰。市体育公园、文化公园等4个特色公园建成开放，10个室外标准游泳池、550套城区“15分钟健身圈”全民健身路径建成投用，市“五位一体”公共活动中心初步建成，市体育馆、市广电中心建设加快推进。成功举办中国（亳州）国际半程马拉松赛、“健康安徽”2017年环江淮万人骑行大赛总决赛。

社会治理。坚持“三位一体”信访工作机制，建立信访积案挂牌督办制度，选派228名优秀干部到信访重点乡、村挂职专司信访积案化解工作，化解信访积案389件，做好十九大维稳安保工作。推进视频数据平台建设，建成视频数据采集点5.4万路，实现中心城区、县城和农村重要节点全覆盖，全市“两抢一盗”发案率降低26.2%。开展扫黑除恶专项斗争，保持对各类黑恶势力违法犯罪的严打高压态势。实施“排问题、除隐患、喜迎党的十九大”专项行动，落实“五位一体”安全生产责任制，开展安全生产“百日除患铸安”人检查活动，完成煤矿安全监管职责调整，全市未发生较大及以上生产安全事故，事故起数、死亡人数和受伤人数“三项指标”全面下降。成立市见义勇为基金会，加强基层食品药品监管所标准化建设，推进以创建全国文明城市为核心的“九城同创”活动，创建全国文明村镇8个、文明单位7个。

（李运华）

【党的建设】2017年，中共亳州市委员会全面贯彻落实新时代党的建设总要求，坚持把抓好党建作为最大政绩，履行全面从严治党政治责任，树牢“四个意识”，增强“四个自信”，为建设亳州提供坚强保障。

政治建设。把党的政治建设摆在首位，把坚决忠诚维护看齐习近平总书记这个全党拥护、人民爱戴、当之无愧的党的领袖作为新时代最大的政治、最重要的政治纪律、最根本的政治规矩。组织开展“讲看齐、见行动”学习讨论和“讲政治、重规矩、作表率”专题教育，以中纪委查处的“陈杨周”案件和省纪委查处的杨敬农、程效先、杨德龙案件为镜鉴，开展“讲重作”专题警示教育，出台《市委关于深刻汲取“陈、杨、周”和“杨、程、杨”等案件教训加强党内政治生活政治文化政治生态建设的实施意见》，维护党中央权威，服从党中央集中统一领导，树牢“四个意识”，做到“五个纯粹”。严明政治纪律和政治规矩，加强对党章党规执行情况的监督检查，落实“五个必须”要求，防止“七个有之”现象，查处违反政治纪律和组织纪律的案件51件，处理55人。

思想建设。将意识形态工作责任制纳入巡察监督内容。出台《意识形态安全问题应对处置办法》，组建市委意识形态领域巡察人才库。做好网络安全风险防范工作，印发《关于认真学习贯彻〈党委（党组）网络意识形态工作责任制实施细则〉的通知》，建立舆情处置情况通报制度，加强舆情动态分析研判，掌握意识形态工作的领导权和主导权。壮大主流舆论阵地，加快媒体融合发展，提升舆论宣传工作。整合内宣外宣网宣资源，联合中央媒体、省直媒体力量，组织重点专题宣传，中央媒体累计发稿200余篇（条）、省直媒体累计发稿1800余篇（条），扩大亳州工作在全省乃至全国的影响。培育践行社会主义核心价值观，新入选“中国好人”11人，获“安徽好人”及提名奖18人，“中国好人”“安徽好人”上榜人数均居全省第一位。

作风建设。制定《关于贯彻落实中央八项规定精神深入推进作风建设的实施细则》，贯彻落实习近平总书记关于进一步纠正“四风”、加强作风建设的重要指示精神，组织开展“查问题、出硬招、改彻底”为重点的大排查。共查处违反中央八项规定精神问题70起，处理111人，其中给予党政纪处分99人。坚持把群众利益放在首位，查处侵害群众切身利益的不正之风和腐败问题2378起，处理3115人，给予党政纪处分1223人。

队伍建设。坚决贯彻党管干部原则，坚持“20字”好干部标准和“赛场选马”，落实“六选六不选”等要求，建设高素质专业化干部队伍。执行《党政领导干部选拔任用工作条例》，抓好“三案”精准管理办法实施。加大干部专项巡查力度，加强干部日常监管，制定市管领导班子和领导干部综合考核“一个意见、四个办法”，对77个市直单位和550余名市管干部进行综合考核，树立注重实绩的鲜明导向。召开个人有关事项报告专题培训会，针对个人事项报告不实问题，全市批评教育16人、点名通报4人。出台《防止“带病提拔”监督管理办法》《防止干部“带病提拔”实施意见》等文件，严肃换届纪律，完成市县乡三级人大、政府和市、县两级政协换届工作，指导协助各民主党派、市工商联做好换届工作。统筹各级领导班子建设，调整优化班子35个，调配干部14批272人次。坚持党管人才原则，制定《亳州市招才引智实施办法》，实施药都“双创”英才计划和青年创客圆梦计划，“1+5”人才扶贫行动计划、干部日常巡查制度等典型做法被中组部推介。

基层党建。提升基层党组织组织力，开展季度“对标巡诊”，做法在全省工作会议上作典型发言。召开县区委书记抓基层党建述职评议会议，制定党员活动日等14项制度，完善党员考绩办法。开展“支部建在互联网上”活动，微信党支部实现全覆盖。做好抓党建促脱贫攻坚工作，选派529名干部到贫困村任职，实现扶贫工作队全覆盖。全市行政村平均收入26.2万元，村“两委”正职年均基本报酬2.25万元，增长9.2%；副职1.64万元，增长12.5%。基层党建工作与效能工作、综合考核结合，按照“抓日常、重监管、高频次、找硬伤、能扣分”要求，完善考核评价体系，推动基层党建责任真正落实到位。

党风廉政建设和反腐败工作。把巡视整改和巡察工作作为党建重要抓手，多次召开书记专题会议、五人小组会议研究部署巡视巡察工作，开展2016年10项专项整治“回头看”，开展违规使用财政扶贫资金等3项专项整治工作，督促利辛县委抓好省委巡视组反馈问题整改。在全省率先建立市、县巡察机构，市县纪委实现派驻全覆盖，制定出台《中共亳州市委巡察工作规划（2017—2021年）》，组织开展两轮巡察工作，推动全面从严治党向纵深发展、向基层延伸。市县监察委完成组建挂牌。执行《落实党风廉政建设主体责任和监督责任追究实施办法》，制定《落实“两个责任”工作手册》，督促班子成员严格落实“一岗双责”，践行监督执纪“四种形态”，出台《关于对领导干部进行提醒、函询和诫勉的实施细则》，组织市级领导干部、市委委员和候补委员到市廉政教育基地现场接受党性党风党纪教育。每月拍摄1部警示教育片，用身边事教育身边人。坚持无禁区、全覆盖、零容忍，坚持重遏制、强高压、长震慑，全市纪检监察机关立案1568件，给予党政纪处分1515人，查处侵害群众切身利益的不正之风和腐败问题2378起，给予党政纪处分3115人。

（李运华）

【全面深化改革】2017年，中共亳州市委员会全面贯彻落实中央和省委全面深化改革决策部署，推进116项改革，全面发力、多点突破、纵深推进。

深化经济体制改革。推进供给侧结构性改革，核减煤炭产能150万吨，依法取缔地条钢生产企业1家。印发《支持“三重一创”建设若干政策的通知》；省股权交易中心“现代中药及健康产业亳州专板”挂牌企业145家。深化“放管服”改革，动态调整“五个清单”，入库清单事项目录5万余项。出台《加快推进“互联网+政务服务”工作实施方案》，完善网上办事大厅功能，入驻事项8651项，累计受理群众申报事项801.8万件，办结702.5万件，日均办理1.7万件事项，群众满意率99.99%；5个“政企直通车平台”累计收集企业反映问题4529件，办结4329件，企业满意率95%以上。深化国资国企改革，完成建安集团战略转型，新组建建安控股、城建发展、文化旅游、交通投资四大国有集团。出台农业供给侧结构性改革实施意见，推进农村产权制度改革和“三变”改革，新增家庭农场1826家、农民专业合作社3560家，适度规模经营面积27.98万公顷。

深化行政管理体制改革。推进城市管理执法体制改革，完成机构设置、职责框定和相关处罚权的集中行使。推进文化市场综合执法改革，出台《亳州市进一步深化文化市场综合执法改革实施方案》。成立市促进旅游业改革发展领导小组，在全省率先实施文旅融合、旅游资源一体化管理和旅游行政体制改革等举措，出台《关于加快发展旅游业的实施意见》《将旅游业培育成为重要支柱产业的意见》等一系列政策措施。深化商事制度改革，出台“多证合一”实施方案，将64个涉企证照事项整合到一张营业执照上，整合事项全省最多，实现“一表登记、一网通办”。全省首张“互联网+自助办税终端”税票在亳州市开出，实现线上线下融合、前后台贯通，使纳税人办税更加便利。

深化社会事业体制改革。推进教育综合改革，三县一区均成功创建义务教育发展基本均衡县区，探索开展中小学教师无校籍管理，亳州市被教育部评为“全国第二批义务教育教师队伍‘县管校聘’管理体制改革示范区”。深化公立医院改革，推进蒙城县综合医改试点，智慧医疗建设取得成效，全面开展县域医共体建设，蒙城、谯城实现县域内住院90%的目标。全面启动机关事业单位养老保险制度改革，基本医疗保险实现跨省异地就医联网直接结算。农民工工资精细化管理做法成为全省先进典型案例。

（李运华）

【城乡与生态文明建设】2017年，中共亳州市委员会围绕“省际交会区域中心城市”定位，以新型智慧城市建设为统领，加快建设互通互联、方便快捷的新型智慧城市。实施乡村振兴战略，推进城乡协调发展，统筹联动。

坚持规划引领。按照百万人口大城市目标定位，编制完成市域空间综合规划、全域旅游规划、市区单元规划、公共服务设施规划和城际铁路、高速路网规划，城市规划与土地利用总体规划、各专项规划实现有序衔接、有机统一。

城乡统筹发展。实施城建重点项目236个，完工110个，完成基础设施投资65亿元。汤王大道涡河隧道开工建设，建安隧道河中段主体完工，4座涡河大桥前期工作推进，绕城快速通道西、南、北三线实现贯通。建成高铁片区地下综合管廊3千米，完成海绵城市试点项目3个、黑臭水体治理项目22处，11条道路水系夜景亮化工程投入使用。建成棚户区改造住房30043套，改造老城区主次干道雨污分流管网13.2千米、老旧小区22.4万平方米，新建、改建市中心城区环保公厕76个。实施乡村振兴战略，加快美丽乡村建设和集镇建成区整治，整合涉农资金、申请农发行政策性贷款28.5亿元，美丽乡村建设考核继续保持全省前列。谯城区古井镇药王村田园综合体项目获批为全省两个试点项目之一，十河镇芍花小镇入围首批省级特色小镇。

创新城乡治理。建设新型智慧城市，以视频数据监控平台为抓手，建立"互联网+城管"模式，推进城市管理工作，数字城管共受理案件60余万件，结案率97.4%。持续实施城区道路交通拥堵综合整治，打通多条断头路，绕城快速通道西、南、北三线实现贯通，主城区道路拥堵状况缓解。实施"地净、路畅、水活、天蓝、林拥城"工程，中心城区"五车"实现智能化监管，城市干道机扫率90%以上。推进河长制改革，推进"五水共治"，全市水环境质量同比改善43.6%，居全国276个地级及以上城市第八位。林拥城绿道60.6千米，实现初步贯通并开放运营，完成人工造林5866.67公顷，建设森林生态廊道574千米、生态农田林网6.36万公顷，成功创建省级森林城镇8个、森林村庄36个。推进农村环境"三大革命"，按照"农户分类、有害回收、无害填埋"的原则对垃圾进行分类处理，清理农村生活垃圾26万吨，设置有害垃圾回收点1057个，收集处置有毒有害垃圾1257吨，完成改厕任务10万户，建设污水处理设施113个。

（李运华）

重大决策

【"两学一做"学习教育常态化制度化】2017年，亳州市贯彻落实习近平总书记关于推进"两学一做"学习教育常态化制度化的重要指示精神，按照省委统一部署，坚定讲看齐、提振精气神、强化执行力，推进"两学一做"学习教育常态化制度化，取得新成效。

（李运华）

【各方力量参与扶贫】2017年，亳州市动员各方力量参与扶贫。坚持自愿报名、宁少不滥、精干管用原则，动员市、县、乡直单位干部，各级党代表、人大代表、政协委员，工青妇各级代表、各类劳动模范、先进个人等参加"单位包村、个人包户"。旨在解决人手紧张、力量有限、"一帮多"等问题，助推脱贫攻坚。

开展扶贫工作大规模培训。举办精准扶贫理论及动态调整信息采集、光伏、教育、健康、危房改造、涉残、就业、产业、扶贫小额信贷、脱贫攻坚信息服务平台手机APP、社保兜底、低保核查、扶贫政策进城、选派帮扶干部管理、公安户籍规范管理、档案管理、"单位包村、个人包户"定点扶贫、"两册一审"等18个方面内容的培训班，共集中开展培训班170余场次，8.3万余名干部参训，累计培训29万余人次。旨在提升帮扶干部的业务能力和工作水平。

开发脱贫攻坚信息平台。依托大数据，探索"互联网+"扶贫新模式，在全省率先搭建脱贫攻坚信息平台，推出脱贫攻坚信息平台手机客户端—"亳州扶贫"。该客户端设置综合查询、问题征集、随机抽样、跟踪督办等9个功能模块，实时了解贫困户信息、实时查看帮扶举措、实时跟踪措施落实、实时评估脱贫成效、实时监督扶贫过程，推动扶贫工作各环节的精准落实。

实施扶贫"关爱工程"。印发《关于做好脱贫不脱政策、扶贫政策覆盖和政策"进城"等工作的通知》，梳理教育资助、医疗保障、社保兜底等政策41项，形成“亳州市扶贫政策覆盖范围一览表”，已脱贫户（除动态调整清退和标注不享受政策的外）、未纳入建档立卡的农村低保户和“五保”户、城市户籍低保户，可享受一览表所列政策，实现扶贫政策全覆盖。对所有不符合建档立卡条件的农村低保、五保和城市低保家庭实施“关爱工程”，发放“关爱簿”，使其享受相关扶持政策。

开展“春风行动”。按照有门窗、有床柜、有桌椅、有家电等标准，帮助贫困户做好家庭基本生活用具的配置。按照“五净一规范”标准，开展“共建整洁庭院·助力脱贫攻坚”专项活动，整治贫困户家庭环境。

开展“千企帮千村”活动。按照“规上企业包村、个体工商户包户”的原则，引导企业在自愿参与的前提下，参与扶贫帮扶活动，以先富带动后富，通过划分帮扶片区，实现扶贫帮扶全覆盖。

为无户口贫困群众户登记户口。依法依规、简便手续为所有无户口贫困群众登记户口，提高政策到位率，提升社会管理水平，为全面提升无户口人员户口管理工作奠定基础。

农村低保五保供养兜底保障。对农村低保和“五保”供养标准分别进行提标，实现农村低保、“五保”和扶贫标准的“三线合一”。旨在发挥民政工作在脱贫攻坚中的兜底保障作用。

（李运华）

【扶贫领域监督检查】2017年，亳州市检察院、市纪委监察局、市审计局、市财政局、市扶贫局、国家统计局亳州调查队等单位，围绕各自工作职责，对扶贫领域开展监督检查，实现几条线同时监督，便于及时发现问题、研究问题、解决问题，科学决策。

制定《精准扶贫工作成效互查方案》，建立村内、乡（镇）内、县（区）内、市内“四内”互查工作机制，围绕“户错误率降至1%以下”和“户均错误减少至0.01条以下”的目标，开展大规模多领域高频次督察，查找问题、整改问题，不断提高数据准确率。

开展扶贫领域专项巡察工作。推动全面从严治党向基层扶贫领域延伸，坚决遏制扶贫领域不正之风和腐败现象，切实维护人民群众的切身利益。

开展扶贫领域“懒政怠政、不作为慢作为”专项整治行动。派出3个督察组开展专项督察，发动群众参与，通过拨打市长热线“12345”、发送电子邮件、人民来信、登陆脱贫攻坚信息平台手机APP反映问题，确保扶贫工作务实、脱贫过程扎实、脱贫结果真实。

开展脱贫攻坚民主监督。出台《关于支持各民主党派市委会开展脱贫攻坚民主监督工作的实施办法》，每月召开一次脱贫攻坚民主监督工作会议，支持民主党派结合自身优势，确定监督工作内容。5个民主党派按照分工，到县区125次，对438个村1443户贫困家庭实地调研，开展民主监督，发现收集问题722条，提出意见建议441条，反馈整改问题722条。

（李运华）

【文明创建六大专项整治】2017年，亳州市开展文明创建六大专项整治活动，即广告标牌专项整治行动、背街小巷专项整治行动、空中管线专项整治行动、老旧小区专项整治行动、非机动车交通违法行为专项整治行动和农贸市场专项整治行动。进一步提升城市形象，提升群众生活质量和城市品位。

（李运华）

【蓝天保卫战】2017年，亳州市打响“蓝天保卫战”。印发《亳州市建成区环境空气质量综合整治及超常规措施工作方案》，全面开展大气污染联防联控，实施大气污染防治精细化管理，突出减排重点，明确职责任务，集中时间，强力攻坚，实现建成区环境空气质量持续明显改善。

构建环保突出问题整改“3+6+4”工作机制。成立市环境保护委员会、市环境整治督导工作组和中央环境保护督察亳州协调联络组3个高规格保障组织，加强协调调度，强化措施，督促整改落实；协调联络组下设综合组、材料组、信访组、宣传组、后勤组、信访核查组6个专项工作组负责具体工作；成立4个督察组进驻各县区明察暗访环境问题，打好组合拳督察督办。

开展“十大整治”专项行动。印发《亳州市贯彻落实安徽省环境保护“五个一”专项行动工作方案》，明确“一个目标”、严守“一条红线”、开展“十大整治”、解决一批突出环境问题、建立一套保障系统5个方面，贯彻落实中央环境保护督察整改要求，推动解决突出环境问题，持续改善环境质量。

开展农村垃圾分类处理改革。出台《关于全市农村垃圾分类处理的改革方案》，按照“有害回收、无害填埋”的原则，在乡镇设立有害垃圾集中收集点，村设立回收点，明确专人负责回收工作，构建“农户—保洁员—村级回收点—乡镇收集点—专业处置公司”集中转运处置的运行模式。

（李运华）

【教师无校籍管理改革】2017年，亳州市按照“促进发展、统筹兼顾、科学有序、竞争上岗”的工作原则，兼顾学校岗位和人员结构、学校个性发展与优质均衡、全局需要与个人意愿，通过岗位聘用和轮岗交流，加强学校岗位管理，优化教师结构。逐步完善以合同管理为基础的用人制度，促进全市教师合理流动，推进教师资源合理配置。

（李运华）

【“百日除患铸安”大检查】2017年7月15日至10月底，亳州市开展安全生产“百日除患铸安”大检查，分为自查自纠阶段、专项检查阶段、督察阶段和整改提高阶段。严格实行事故提级调查和挂牌督办制度，加大问责力度。旨在筑牢安全生产责任网、监督网、保障网，推动全市安全生产状况持续稳定好转。

（李运华）

【原市建安集团战略转型】2017年，亳州市对原市建安集团进行战略转型。成立市建安投资控股集团、城建发展控股集团、交通投资控股集团、文化旅游控股集团4家国有集团公司。

（李运华）

【“亳州新貌游”】2017年，亳州市启动旅游扶贫“亳州新貌游”活动。旨在使贫困群众了解亳州城市发展新变化，帮助他们提振精神，自强不息、自力更生、艰苦奋斗，用自己的辛勤劳动实现脱贫致富，让脱贫攻坚的过程成为凝聚人心、增强认同感的过程。

（李运华）

重要会议

【市委全委会议】2017年12月23日，中国共产党亳州市第四届委员会第五次全体会议在亳州市召开。全会由市委常委会主持。市委书记汪一光发表讲话。全会学习贯彻党的十九大精神，听取和讨论汪一光受市委常委会委托作的工作报告，审议通过《中共亳州市委关于深入贯彻落实党的十九大精神全面开创现代化五大发展美好亳州建设新局面的决定》《中共亳州市委关于贯彻落实〈中共中央政治局关于加强和维护党中央集中统一领导的若干规定〉的实施意见》《中共亳州市委关于贯彻落实中央八项规定精神深入推进作风建设的实施细则》《亳州市五大发展行动计划(修订版)》《中国共产党亳州市第四届委员会第五次全体会议决议》。会议指出，要深入领会习近平新时代中国特色社会主义思想的丰富内涵，持续抓好党的十九大精神学习宣传贯彻；要深入贯彻新时代的战略部署，加快建设现代化五大发展美好亳州；要深入落实新时代党的建设总要求，扎实推进全面从严治党向纵深发展。

（李运华）

【市委中心组理论学习（扩大）会议】2017年8月18日，市委中心组专题研讨会召开，传达学习习近平总书记“7.26”重要讲话精神，围绕“重规矩，我们怎么做”进行专题研讨。

9月27日，市委中心组理论学习（扩大）会议召开。会议邀请著名军事专家、国防大学政治学院孙文广副教授作国防形势报告。

10月10日，市委中心组理论学习（扩大）会议召开，邀请省委宣传部副部长范荣晖作《切实加强党对意识形态工作的领导》辅导报告。

10月27日，市委中心组理论学习（扩大）会议召开，学习传达贯彻党的十九大精神和省委常委扩大会议精神。会议指出，要充分认识党的十九大的重大意义，要深刻领会、准确把握党的十九大精神，要以党的十九大精神统领全市经济社会发展和党的建设，要迅速掀起学习宣传贯彻党的十九大精神热潮。

11月10日，市委中心组理论学习（扩大）会议在市行政会务中心召开。会议邀请省委党校哲学教研部主任、教授姜华有作《努力把马克思主义哲学作为看家本领——学习习近平总书记关于科学的思想方法和工作方法的重要论述》专题讲座。与会人员共同重温入党誓词；围绕深入学习领会和贯彻落实党的十九大精神交流心得体会。

12月11日，市委理论学习中心组召开学习会议，学习习近平总书记在瞻仰中共一大会址时重要讲话精神，《习近平谈治国理政》第二卷、党章、《宪法》、党的统战工作等内容，并组织开展“五个一”活动。

（李运华）

【全市经济工作督查调度会议】2017年2月13日，全市经济工作督查调度会议在利辛召开。会议要求，要进一步抓好五大发展行动计划落实，加快县域经济发展，提升对外开放水平，大力发展民营经济，做好脱贫攻坚工作，维护社会和谐稳定，保持良好的精神状态，努力推动实现更高质量、更有效率、更可持续的发展，以优异成绩向党的十九大献礼。

4月24日，全市第一季度经济工作督查调度会议在谯城区召开。会议指出，全市一季度的工作实现了良好开局，但问题依然很多，任务依然艰巨。要坚定讲看齐、强化执行力、提振精气神，咬牙坚持，认真分析，一步一步往前推进，确保全年目标顺利实现。

7月21日—22日，全市第二季度经济工作督查调度会在亳州市召开。会议要求，进一步增强“四个意识”，坚定信心决心，奔着问题去、盯住问题改，围绕年度岗位责任目标，全力以赴往前推，确保全年目标顺利实现。

12月26日—27日，全市经济工作暨第三次经济工作督查调度会在蒙城召开。与会人员实地参观了安徽灵感科技生产项目、香江普瑞新能源汽车项目等项目，实地感受蒙城县一年来在工业经济、城乡建设、民生保障等方面发生的变化以及实施五大发展战略以来，取得的成果。会议总结2017年以来全市经济工作情况，并对今后一个时期的经济工作进行安排部署。

（李运华）

市委办公室工作

【概况】2017年，市委办公室坚持高水平参谋服务、高效率统筹协调、高质量督促检查、高标准保障运行，突出“一项基本任务，三项重要工作”，结合岗位责任目标，完成决策服务、综合协调、督察落实、文稿服务、信息报送、会务服务、结对帮扶等工作。

本年度，市委办公室连续第七年被人民日报社人民网评为“人民网网民留言办理工作先进单位”。

（李运华）

【决策服务】2017年，市委办公室参与基层调研、重点项目调研400余人次，起草调研报告5篇。起草各类文稿350余篇，一稿通过率90%以上。印发《亳州市党委信息报送工作质量评价办法》《关于加强全市党委系统信息员队伍建设的通知》等，建立信息约稿制度、定期通报制度，着力提高信息质量和采用率。下发约稿通知10期、约稿350余篇，上报省信息1200余条，被采用124条；报送紧急重要信息60余条。信息采用得分847分，同比增加463分，位居全省第九位，较上年提高7个位次。其中，3月上报的《关于当前网上政务体系建设的意见建议》被中央办公厅《每日汇报》单篇采用，实现全市近年来中办单篇采用“零”突破。

（李运华）

【综合协调】2017年，市委办公室及时运转中央、省下发的文件310件18600份，办理县（区）和市直单位上报的文件、简报7150件28600份，运转以市委、市政府及市两办名义印发的文件494件；办理密件收文262件10907份，发文15件1600份；收发办理电报19247份。按照备案报告、正式文本、制定说明的规范格式，向省委办公厅法规处报备市委及办公室规范性文件75件，报备率100%。做好电子公文网上传输办理工作，通过市办公自动化平台发电子文件320件。做好33次市委常委会，22次全市性会议，60余次上级领导到亳州调研、市委领导市内考察调研慰问以及兄弟市有关单位到亳考察活动的组织服务。贯彻中央八项规定精神和《实施细则》，执行《党政机关国内公务接待管理规定》，“三公”经费同比大幅下降。做好市委主要领导外出向省委报备，县区、市直部门主要负责人外出请假报备工作。办理领导干部离亳请假报备1200余人次。

落实密码安全责任，层层签订密码安全保密责任书，开展应急通信技术演练，确保密码通讯安全畅通。推进全市党政机关电子公文系统安全可靠应用试点，分级保护测评工作得到省测评组好评。制定市保密委员会2017年工作要点，举办2期全市保密干部培训班、培训300余人次，开展保密专题讲座8次，开展互联网门户网站专项检查、全市电子政务内网接入终端核查，发现问题，及时整改，确保信息安全。

出台《亳州市2017年全面深化改革工作要点》，谋划实施改革任务119项，除制定事业单位公务用车制度改革实施方案、出台创新政府配置资源方式实施意见、制定建立健全纠错机制实施办法等3项任务待上级相关政策性文件出台后实施，其他全部完成年度目标任务，形成91份重要改革制度性文件。

美丽乡村和美丽集镇建设。出台《亳州市美丽乡村建设考核验收奖惩办法》《亳州市2017年美丽乡村建设工作要点》和《关于开展美丽乡村建设工作“回头看”专项活动的通知》，明确2017年度美丽乡村建设“皖北居前列，全省争先进”的工作目标。2017年度的31个省级中心村、43个乡镇政府驻地建成区项目建设完成90%以上，2015年度和2016年度美丽乡村建设全部通过省考核验收。

农村清洁工程。修改完善《亳州市2017年度农村清洁工程考核奖惩办法（试行）》，进一步提升工作标杆、强化督察考评，聘请第三方测评机构，实行一月一督察，一月一通报。开展人居环境综合整治活动，做到清理全覆盖、治理无盲区，全市共清理农村生活垃圾26万吨。出台《全市农村垃圾分类处理的改革方案》，市、县两级财政拨付专项资金3000万元，设置镇级有害垃圾回收点81个、村级有害垃圾回收点1057个，回收有害垃圾1257吨，县（区）互查开展5次。

（李运华）

【督察落实】2017年，市委办公室抓好市委常委会2017年工作要点、部门（县、区）工作问题清单的落实。按照“年初建账、年中查账、年底结账”要求，对市委常委会2017年工作要点进行任务分解，一季度一督察一通报。列入“党委工作问题清单”167个，完成114个。抓好市委领导批示件办理。坚持“每半月汇总报告，每季度进行通报”，健全完善市委领导批示安排事项落实反馈机制，提升办理时效和质量。办理市委书记汪一光批示件391件，办结反馈391件；市委副书记方晓利批示件30件，办结反馈30件；印发领导批示件办理情况《亳州督察·落实与反馈》47期。抓好市委专题会议和市委书记汪一光专项安排事项办理。市委书记汪一光召开专题会议103次，完成全年专题会议安排事项的反馈工作，印发专题会议纪要安排事项落实情况《亳州督察·落实与反馈》64期；抓好市直党委部门岗位责任目标落实。5次汇总上报岗位责任目标完成情况，对未按序时进度完成事项进行通报，加强跟踪督办，确保落实到位。

专项督查。制定《巡改工作考核办法》，协调“三组”建立“12+4+4+22”整改任务和制度建设清单。对九届、十届省委巡视反馈问题逐项核对落实情况，对利辛巡视反馈问题建立市级层面举一反三工作清单，协调做好省委巡改联合督察组到亳州开展“小金库”治理督察调研工作。针对中央巡视组对安徽省巡视“回头看”和省委巡视组对亳州市巡视反馈给市委办公室牵头办理的3个问题，推进全部整改完毕。

网友留言办理。按照汪一光书记“进一步高度重视，完善机制，规范办理，推动四个点问题解决”的要求，对办理不到位、政策落实不严谨、答复解释不清的予以退回重新办理，严把工作标准，加大工作力度。人民网网民给省委书记、市委书记和市长留言1180件，办结回复1180件；印发网民留言办理情况通报4期，季度分析报告4期。市委办公室再次被评为网民留言办理工作全国先进单位。

（李运华）

组织工作

【概况】2017年，亳州市有党的基层组织8929个，包括城市街道基层党组织576个，乡镇基层党组织5026个。全市共有党组225个、中央和各级地方党委派出工委23个。城市街道10个，全部建立党工委；城市社区（居委会）81个，其中单独建立党委的16个、单独建立总支部的57个、单独建立支部的8个；乡镇79个，全部建立党委；乡镇社区（居委会）245 个，其中单独建立党委的 29 个、单独建立总支部的 200 个、单独建立支部的 16 个；建制村 1003 个，其中单独建立党委的 30 个、单独建立总支部的 869 个、单独建立支部的 104 个。公有经济控制的企业法人单位共有 378 个，其中单独建立党委的 18 个、单独建立总支部的 14 个、单独建立支部的 346 个。在岗职工 41513 名，其中党员 6846 名。非公有经济控股的企业法人单位共有 3292 个，其中单独建立党委的 9 个、单独建立总支部的 5 个、单独建立党支部的 617 个；建立联合党支部的单位 230 个，建立联合党支部 47 个。在岗职工 68362 名，其中党员 2894 名。事业法人单位共有 997 个，其中单独建立党委的 20 个、单独建立总支部的 126 个、单独建立支部的 851 个。在岗职工 64719 名，其中党员 19442 名。机关法人单位共有 408 个，其中单独建立党委的 46 个、单独建立总支部的 88 个、单独建立支部的 274 个。在岗职工 27398 名，其中党员 14596 名。社会团体单位 193 个，其中单独建立总支部的 1 个、单独建立支部的 6 个；建立联合党支部的单位 46 个，建立联合党支部 9 个。从业人员 226 名，其中党员 102 名。民办非企业单位 518 个，其中单独建立总支部的 1 个、单独建立支部的 57 个；建立联合党支部的单位 7 个、建立联合党支部 2 个。从业人员 3995 名，其中党员 550 名。律师事务所单位 15 个，其中单独建立支部的 12 个。从业人员 180 名，其中党员 62 名。税务师事务所单位 2 个，其中建立联合党支部的单位 2 个。从业人员 13 名，其中党员 3 名。

2017 年，共调整优化 38 个班子，调配干部 17 批 277 人次。其中，提拔重用 136 人次，平级交流及其他 141 人次。

（何　静）

【党员干部政治建设和思想建设】2017 年，亳州市围绕“三个突出”加大党员干部政治建设和思想建设。突出问题导向抓实专题教育。推进“两学一做”学习教育常态化制度化和“讲重作”专题教育、专题警示教育。全市各级党组织开展谈心谈话 17028 人次，征求意见建议 15352 条，查摆问题 12017 个，落实整改措施 8622 个。有关经验做法被《安徽日报》《安徽新闻联播》报道 12 次。突出坚定理想信念抓实政治理论武装。坚持以习近平新时代中国特色社会主义思想武装党员干部头脑，举办学习贯彻习近平总书记系列重要讲话精神等专题培训班 12 期，培训 2621 人次；举办学习贯彻党的十九大精神专题培训班 16 期，培训 3788 人次，党员干部在政治立场、政治方向、政治原则、政治道路上与党中央保持高度一致的政治自觉更加坚定。突出严肃党内政治生活抓实专项整治。开展基层党组织“三会一课”制度执行不规范专项整治和长期不换届、不按规定交纳党费专项整治“回头看”，发现问题 316 个，整改率 100%。经验做法被《中国组织人事报》刊发。

（何　静）

【领导班子和干部队伍建设】2017 年，亳州市强化“四个精准”，推进领导班子和干部队伍建设。

精准选用干部。在精准识别干部上下功夫，开展面对面近距离、蹲点式干部经常性考核，共到 18 个单位与 400 余名干部谈心谈话，掌握班子运作状况，干部工作状态和适岗情况，识别发现优秀后备干部，形成 40 余万字专题报告。实行干部“三案”制精准管理，对市管领导班子和领导干部实行基础信息档案、运行情况备案、调整配备预案管理。在优化干部任职状况评价上下功夫。对全市 77 个市直单位和 550 余名市管干部开展综合考核，综合评价干部实绩。以提高班子整体功能为目标，定期研判班子功能情况，及时对班子进行优化调整。提交市委常委会研究市管干部 17 批 277 人次，优化调整 38 个县（区）和市直班子。

精准培训干部。针对岗位需要和干部业务能力短板开展大规模干部培训，围绕各级各部门相关业务，举办各类专题培训班 380 多期，培训 32 万余人次。开展“重精准、补短板、促攻坚”扶贫专题培训，培训 170 余场次，参训 29 万余人次。搭建网上学习平台，建成“亳州讲堂”，上传学习讲座、视频，供各级领导干部在线学习。

精准储备干部。发现储备后备干部，抓发现确定，在各单位推荐基础上，通过经常性考核方式确定后备人选，建成党员领导干部、年轻干部、女干部、党外干部 4 个后备干部库。抓培养锻炼，分类举办4期重点干部培训班，选派292名年轻干部到脱贫攻坚、信访维稳、招商引资、项目推进等“四个一线”加强实践历练。

精准监管干部。“五个从严”织密监督网络。从严执行“凡提四必”等制度。从严抽查干部个人事项，召开专题培训会，566名填报对象参加现场培训，对请假的59人及时补课，确保培训一个不落。编印《填报中常见问题解答》《不如实报告典型案例》，填报人员人手一册，对16名漏报干部进行集体约谈，对4名瞒报干部进行诫勉并全市点名通报，实现教育培训“零遗漏”、抽查核实“零差错”、结果处理“零容忍”，不如实报告“零使用”。如实报告率从上年的65%提高到95%以上。从严核查干部信访举报，按照“凡举必查、凡查必结、凡结必复”要求，对所有来信来访来电举报，不论是匿名还是实名，全部追查到底，并加大核查结果运用力度，开展谈话提醒、函询、诫勉46人次。从严筛查干部负面信息，按照个人档案信息清、负面情形信息清、举报情形信息清的“三清”原则，分级建立干部负面信息清单，共建立清单信息1548条。从严督查选人用人工作，坚持教育、督查并重，抓干部选拔任用工作业务专题培训，制定《选人用人工作监督检查办法》《选人用人专项督查工作手册》；抓选人用人工作专项督查，按照30%的比例对市直单位开展干部选拔任用工作专项督查，发放问题整改通知单125份，问题已全部整改。

（何　静）

【基层党组织建设】2017年，亳州市加强带头人队伍建设。注重选优配强，根据履职状况，优化调整121名村（社区）书记，155名机关、企事业单位党务干部。实施大学生村干部“领头雁”工程，选拔42名优秀大学生村官担任村党组织书记、第一书记。实施村级后备干部“春苗计划”，储备6227名村级后备干部。选派546名干部到非公企业和社会组织担任党建工作指导员。注重培训教育，对1248个村“两委”正职、286个贫困村选派第一书记（扶贫工作队长）、115名大学生村干部开展集中轮训。对143名社区党组织书记开展集中培训，对260名非公企业和社会组织党组织书记、优秀企业出资人、社会组织负责人、新生代经营管理人员开展5期示范培训。

夯实组织阵地建设。强化党组织有效设置，成立、撤并116个党组织，推进党的组织和党的工作全覆盖。村（社区）、机关、企事业单位等党组织活动场所全部达标，并实现场所标识、党建制度、党务公开栏、指引标牌等“四统一”。其中，重点打造121个“标杆型”活动村室，古井集团企业党建文化馆，成为全国第一个企业党建文化专题馆。

创新开展基层党组织季度“对标巡诊”。抓实精准树标、精准对标、精准施策，提升党组织标准化建设质量。每季度组成5个巡诊组，随机对党组织问诊，现场对标、现场施策。还按照不低于20%的比例对已“巡诊”党组织开展“回头看”，下发问题整改通知书156个，落实整改措施419条，基层党组织标准化达标率66.4%。经验做法在全省推进基层党组织标准化建设工作座谈会上作经验交流。

推进抓党建促脱贫攻坚。主要从4个方面发力，配强扶贫队伍，向全市1248个村派驻扶贫干部2679人，实现所有村扶贫工作队全覆盖。加大“单位包村、个人包户”力度，全市1181个单位对口帮扶1277个村（社区），58282人对口帮扶贫困户176942户，实现所有村和贫困户“两个帮扶”全覆盖。在省组织的第三方检测评估中，全市帮扶联系人满意度99.95%，居全省第一位。开展贫困户“微心愿”征集活动，征集“微心愿”24万多个，帮助实现23万多个。实施“1+5”人才扶贫行动计划。选派29名优秀人才到扶贫重点镇开展扶贫活动，组织500名优秀人才赴基层开展实用技术服务，建立农村实用人才实训基地60个，举办贫困劳动力技术技能培训124场次。以上两项工作经验做法同被中组部《组工信息》刊发。

提升党员队伍建设质量。严把发展党员质量关，改善发展党员结构。实行发展党员全程纪实，实现责任可追溯查实。创新党员教育管理方式，推进“微信党支部”全覆盖，参与党员136268人。开展党员远教工作规范化建设年活动，提升1466个远程教育站点。制作党员教育专题片，7部作品分获全省大赛一、二、三等奖，6部作品入选中组部党员教育资源库。注重激励帮扶，表彰50个先进基层党组织、165名优秀党务工作者和先进党员。慰问帮扶党员10708人，发放慰问金457.09万元。注重引领作用发挥，实施党员服务群众“四化”工程。经验做法被中组部《组工信息》推介。

（何　静）

【人才新政】2017年，亳州市加大招才引智力度。出台《招才引智实施办法》，对引进人才最高奖励达420万元，建市以来力度最大。引进高层次和紧缺人才201人，同比增长50%；新建3家院士工作站、1家博士后科研工作站。在合肥成功召开“智汇亳州·携手共赢”招才引智推介会，聘请10名招才引智顾问。构建本土人才成长平台。实施“515人才示范工程”，创建68个人才集聚示范区和示范点，集聚企业136家，吸引高层次人才68名。开展第四批享受市政府特殊津贴人员评选和首届“优秀返乡创业人才”遴选，实施药都“双创”英才计划和青年创客圆梦计划，评选出60余名优秀人才。认真做好省级以上人才项目申报，亳州市共有4个团队入选省“115产业创新团队”，15名优秀人才和1个研发中心获省引才载体奖补，10个团队入选皖北产业创新团队，争取省扶持资金315万元。优化人才制度机制。出台《关于深化人才发展体制机制改革的实施意见》，制定人才工作重大资金、重大事项部务会研究机制，将招才引智纳入招商引资考核办法等，为提升人才工作效能提供制度保障。

（何　静）

【干部队伍建设】2017年，亳州市强化理念引领。组织开展“迎接党的十九大，做合格组工干部”主题实践活动，锻造“忠诚、大局、团队、责任、敬业、境界、本事、自律”16字部风，教育引导组工干部坚守“严细实精”工作作风，树牢“精益求精、追求卓越”工作标准，强化“零差错”工作意识，落实“凡事必结、凡事必复”工作要求，打牢过硬组工队伍思想基础。强化机制建设。制定部内绩效考核办法，一月一公布，年底算总账。坚持每周工作清单，每月工作调度，半年务虚研讨，年终盘点谋划，实现工作任务闭合管理。强化信息化建设。运用信息化手段，推进市管干部、公务员、党组织和党员信息库“三库”建设，提升组织工作效能。办好亳州先锋网、组织工作网、微信党支部、微信公众号，其中亳州组工微信公众号连续8个月进入全国百强榜。

（何　静）

宣传工作

【概况】2017年，市委宣传部把学习宣传贯彻习近平新时代中国特色社会主义思想和党的十九大精神贯穿党委中心组学习始终。市委理论学习中心组学习17次，其中专题研讨8次。2家单位被评为省学习型党组织建设工作示范点。开展理论宣讲“六进”活动，开展宣讲2000余场，受众50余万人次。举办“药都讲坛”4期。举办中国·亳州老庄思想与协调发展学术论坛，创办《亳州社会科学》期刊，出版4期。推出地方历史文化研究丛书，开展社科课题研究和成果转化工作。

推动“讲看齐、见行动”学习讨论。开展集中宣讲600余场次、专题研讨13220次；新建制度38项，修改完善相关制度65项，建立健全制度条数1450条，废止制度18项。《安徽日报》、安徽广播电视台等多次刊播市经验做法。

出台市意识形态工作安全问题应对处置规程、问题清单责任清单，组建意识形态领域巡视工作人才库。全市各级党委（党组）将意识形态工作纳入中心组理论学习，市委常委会专题研究意识形态工作2次。每半年向省委报告意识形态工作情况，开展2次专项督察。加强讲座、论坛、研讨会审核把关。出台《关于加强和改进新形势下高校思想政治工作的实施意见》。压实网络意识形态工作责任，建立联席会议、舆情处置反馈、督察通报等制度。上报舆情信息300余条，稳妥处置10余起网上涉亳突发敏感舆情。开展网络安全执法检查、网络安全突发事件应急演练、网上有害信息专项整治行动，建立网络安全通报机制。2家单位被授予“2017年安徽省网络安全宣传周活动先进单位”，2人被授予“先进个人”。开展“扫黄打非”工作，推进“清源”“净网”“秋风”“护苗”“固边”和农村文化演艺市场等专项整治活动。

策划开辟“十九大精神在江淮”“讲重作”专题教育等专栏，开展“五大发展见行动 脱贫攻

图4 2017年9月20日，安徽省道德模范与身边好人现场交流活动暨第五届亳州市道德模范颁奖典礼在蒙城县举行(葛云飞 供图)

坚乡村行”等集中采访活动，组织脱贫攻坚、民生工程、互联网+政务服务、文化旅游年等20余项重大专题宣传。在中央和省直主要新闻单位发稿2200余篇(条)，其中，《人民日报》刊发17篇，头版6篇；新华社及其新闻客户端30余条；中央电视台30余条。推进媒体融合发展，网上正面宣传同步推进。

推进社会主义核心价值观建设。14人入选“中国好人榜”，20人获“安徽好人”及提名奖，评出“亳州好人”62人，3人获评第五届安徽省道德模范、1人获评第五届安徽省道德模范提名奖，连续两年保持全省上榜“中国好人”第一的位次。出台《关于进一步把社会主义核心价值观融入法治建设的指导意见》。推动志愿者和志愿团体注册登记工作，完成实名认证志愿者总数61.6万人，志愿团体873个。推进书香亳州建设，开展“国学经典、身边好人、法律知识”三堂课宣讲1万余场，建立5个书香村居示范点。推动移风易俗工作，建立城区、贫困村和美丽乡村三类示范点，文明理事的社会风气逐步形成。开展文明创建六大专项整治行动。

出台《亳州市“十三五”文化改革发展规划》。推进四级公共文化服务体系建设，建成市文化馆主体工程。建成5个省级乡镇(社区)综合文化服务中心、7个农民文化乐园，首批启动45个贫困村综合文化服务中心。开展“我们的中国梦”——文化进万家等系列群众文化活动70余项。送戏进村2582场，送戏到敬老院300场，公益电影放映19737场。农村广播实现全覆盖，推进广播扶贫宣传常态化制度化。推进创作文艺精品。

本年度，“药都时空”微信公众号在全国民生服务类公号排行榜中位列第八名，获国家新闻出版广电总局表彰；掌上亳州新闻客户端获“2016—2017年度全国城市广播电视媒体融合创新最具品牌影响力APP”。梆剧《印记》获安徽省第十四届精神文明建设“五个一工程”奖；公益微电影《芍药花开》在“2017美丽乡村国际微电影艺术节”上获“最佳故事片”奖。亳州市获评“第四届安徽省文明城市”和“第三届安徽省未成年人思想道德建设工作先进城市”称号。市社科联被评为全省社科普及先进单位。

(安淑萍)

【新闻宣传】2017年，亳州市坚持团结稳定鼓劲、正面宣传为主的方针，策划开辟“喜迎十九大”“砥砺奋进的五年”“十九大精神在江淮”“十九大精神与我们这一行”“新时代新气象新作为”“牢记总书记嘱托”“讲重作”专题教育等专栏，推出系列报道。加强新闻策划，开展省、市两会精神、文化旅游、互联网+政务服务、环保督察整改、民生工程、秸秆禁烧、项目建设等专题宣传。组织记者到基层开展“五大发展见行动 皖北振兴走前列”“五大发展见行动 脱贫攻坚乡村行”等集中采访活动。邀请新华社、中央人民广播电台、中新社、《安徽日报》等27家中央及省直新闻媒体共54名记者到亳州现场采访报道药博会盛况。举办2017年“图说亳州”新闻摄影大赛活动。编辑《市外媒体涉亳报道》44期。在全市新闻战线组织开展“好记者讲好故事”演讲比赛，1人获省优秀奖。坚持新闻通气会、新闻宣传提示、新闻阅评、市外记者到亳州采访台账等制度，推进新闻宣传制度化、规范化。开展全市媒体融合调研，撰写《2017亳州市媒体融合发展情况调研报告》。

（安淑萍）

【对外宣传】2017年，亳州市围绕脱贫攻坚、“互联网+政务服务”、文化旅游等重点主题，邀请《人民日报》、新华社、中央电视台、《安徽日报》、安徽广播电视台等中央及省直主流媒体聚焦亳州，推出一批报道。《人民日报》共刊发17篇亳州报道，其中头版刊发6篇。新华社及其新闻客户端发布30余条亳州新闻通稿和报道。中央电视台多个频道栏目聚焦亳州，共播发30余条亳州报道。全市在中央主要新闻媒体发稿共200余篇(条)；在省主要新闻媒体发稿2000余篇(条)。在中央电视台《新闻30分》《天气预报》，中国气象频道和中央广播电台《乡村之声》各播出亳州天气预报及城市形象1080余次。国家外文局五刊相继推出“亳州宣传专题”，全面展示市经济社会发展成果。开展春行皖北活动，组织市直全媒体记者赴淮南、淮北、蚌埠、宿州、阜阳和芜湖6市采访，在市直媒体总计发稿60余篇(条)；邀请上述6市全媒体记者到亳州采访，刊播长篇报道15篇，新媒体发稿30余条。做好新闻发布工作，召开市直单位新闻发布会40场，网上新闻发布160次。

（安淑萍）

【网络宣传】2017年，亳州市开设“喜迎十九大”“十九大精神在江淮”等15个专栏，唱响网上主旋律。人民网总网首页发布《亳州市委书记汪一光：抓住扶贫不松不放 依靠群众打赢硬仗》，人民网安徽频道推出《亳州：脱贫聚焦“精准”“实干”全力攻坚》《亳州谯城区：实施精准扶贫 铺平群众脱贫路》《安徽亳州：互联网+精准扶贫的探索与实践》等多篇报道。新华社在海外社交网站推特(Twitter)、脸书(Face book)和“新华社”官方账号上直播亳州药博会盛况，观看人次50余万人次。围绕“文化旅游年”，制作《游千年药都 赏最美芍花》网易直播，吸引26.4万名网友参与，斗鱼直播、花椒直播等平台直播在线观看28万人次。策划“网友文化节”活动，开展“好网民 网络公益组织”评选、“绿色上网 从我做起”公益快闪、网络安全宣传周等10项线上线下活动。指导第三届亳州市互联网大会，表彰2017年度亳州好网民、网络公益组织；邀请中国互联网协会、360企业安全集团专家学者作主旨演讲，新浪安徽全程直播，参与人数38万人次。开展“优秀网络文化作品”评选活动，评选优秀作品21篇，其中有8篇作品在全省“建设五大发展美好安徽 争做中国好网民”网络原创优秀文化活动中获奖，市网宣办获“优秀组织奖”。在中央网信办举行的“2016文传榜中国文化网络传播系列作品评选活动”中，市网信办报送的《三个细节观大宋》《水墨谯城》分别荣登“网络十大国学文字作品”“网络十大国学音乐”榜单，是全省地级市仅有的上榜作品。每季度开展一次全市“江淮暖新闻”评比、一次网评实战演练，创作优秀网络文化作品80余篇。亳州发布微博粉丝数量突破9.6万人，位居安徽政务微博指数榜第一方阵；亳州发布微信公众号订阅用户数近5万人，稳居全省地级市前八名。“药都时空”微信公众号用户21万，持续保持全省媒体类公号前三名，亳州广播电视台官方微博用户15万人。掌上亳州新闻客户端用户8.1万人，获“2016—2017年度城市广播电视融合创新最具影响力微信公众号”。掌上亳州新闻客户端获“2016—2017年度全国城市广播电视媒体融合创新最具品牌影响力APP”。

（安淑萍）

【社会主义核心价值观建设】2017年，亳州市开展核心价值观的宣传教育，实施核心价值观“实践养成”“学雷锋志愿服务”等6个专项《行动方案》，开展“社会主义核心价值观主题季”“图说我们的价值观”“我为价值观代言”等活动，开展“讲文明树新风”“图说我们的价值观”等公益广告，开展“中国梦”主题第四批、第五批创作歌曲展播和社会主义核心价值观主题微电影优秀作品展示，开展“文明新风润亳州”宣传报道。出台《亳州市关于进一步把社会主义核心价值观融入法治建设的指导意见》，用法律推动社会主义核心价值观建设。加强规范爱国主义教育示范基地建设，出台《亳州市爱国主义教育示范基地管理实施细则》，建立亳州市革命历史类纪念设施、遗址和全市爱国主义教育示范基地工作联席会议制度。推进书香亳州建设，将书香村居建设纳入年度市对县(区)政府目标管理绩效考核指标，建立书香村居市、县、乡三级考核机制。加强乡风民风建设，出台《亳州市“推动移风易俗 树立文明乡风”实施方案》。开展全市文化科技卫生“三下乡”活动，推动社会主义核心价值观在农村落地生根。加强未成年人思想道德建设，举办“百年追梦 全面小康”青少年爱国主义读书教育活动演讲比赛，1名选手获全省中学组演讲比赛一等奖。开展优秀童谣征集评选活动，收集童谣200余篇。亳州学院附属小学南校三义路校区被评为“第一届全国文明校园”，中学生史丽获“第二届安徽省美德少年”称号。

推进“厚德亳州”建设，开展“我推荐、我评议身边好人”活动，14人入选“中国好人榜”，22人获“安徽好人”及提名奖（总计92人），评出“亳州好人”62人（总计299人），3人获评第五届安徽省道德模范，1人获评第五届安徽省道德模范提名奖，连续两年保持全省上榜“中国好人”第一的位次。月评“感动药都”志愿服务优秀典型共36个，其中8个（个人、集体、项目）入选安徽省“月评十佳”志愿服务优秀典型。推动志愿者和志愿团体注册登记工作，完成实名认证志愿者总数61.6万人，志愿团体873个。组织道德模范和身边好人事迹基层巡展巡演巡讲活动14场。注重帮扶礼遇道德模范、身边好人，坚持为上榜身边好人送喜报和奖励金活动。命名表彰一批学雷锋活动示范点和岗位学雷锋标兵，其中市交通音乐广播雷锋车队被评为第三批全国学雷锋活动示范点。

（安淑萍）

【文化实力建设】2017年，亳州市贯彻落实《国有文化企业进一步健全法人治理结构的若干规定（试行）》和《关于深化国有文化企业分类改革的意见》，印发《2017年亳州市文化体制改革和发展工作要点》，推进各项改革任务。完成《亳州市“十三五”文化改革发展规划》《亳州市文化旅游脱贫攻坚总体方案》《亳州市主城区周边重点旅游示范村乡村民宿改造经营奖补工作方案》《亳州市关于进一步深化文化市场综合执法改革的实施方案》的编制工作。分解省对市政府目标管理绩效考核文化产业发展考核工作任务，出台《2017年县区政府目标管理绩效考核文化产业发展考核办法》。

实施重大文化产业项目带动战略。32个项目进入省2017年亿元以上重点项目投资和储备计划文化产业项目库，5个在建项目，投资14.46亿元。2017年省重点投资计划亿元以上文化产业项目续建5个、新开工7个，总投资148.75亿元。市凯尊文化传播有限公司、左岸文化传媒公司被评为全省民营文化企业100强。争取文化强省建设专项资金支持，花戏楼景区扩容提升项目二期工程扶持50万元，古井酒文化博览园改造提升项目扶持30万元。开展第四届文化惠民消费季活动，参与活动百余万人次，拉动文化消费5000万元左右。开展2017年文化旅游年66项活动，1—10月旅游总收入138.17亿元，增幅24.09%，增幅居全省第三位。组织安徽神剪文化传媒公司参加第十三届深圳文博会，签订意向采购合同665.9万元。获批首批国家中医药健康旅游示范区创建单位和全国首批十大“‘一带一路’国际健康旅游目的地”，市文化旅游产业的影响力和知名度提升。

推进公共文化场馆免费开放、农村文化专项补助2项文化民生工程，利辛县7个综合文化服务中心示范工程全部按要求完工。开展送戏下乡、送戏敬老活动，推出“亳州新貌游”、荷香满亳州——暑期文化旅游、“我们的中国梦”——文化进万家等系列文化惠民活动，举办第二届全市非遗技艺大展活动、全市唢呐大赛等大型群众文化活动，增强市民群众文化获得感。举办第三届中国（亳州）国际健身气功博览会暨国际五禽戏交流比赛、中国（亳州）国际半程马拉松赛和骑行大赛。举办“文艺扶贫 携手小康”——惠民演出走进谯城活动，《人民日报》、中央电视台等中央、省及市主流媒体刊播报道40余篇。

推动文艺精品创作，开展“大淮河·涡水情”主题采风创作活动，在文学、美术、书法、戏剧、曲艺、剪纸等领域推出一批精品力作。梆剧《印记》、二夹弦精品折子戏先后在央视戏曲频道播出。亳州市选送的梆剧《印记》入选安徽省第十四届精神文明建设“五个一工程”奖。

（安淑萍）

【“扫黄打非”】2017年，亳州市围绕“清源”“净网”“秋风”“护苗”“固边”五个专项行动，抓好非法电台、网吧管理和农村文化市场等群众反映强烈的热点难点，出动执法人员24386人次，检查经营单位13567家次，收缴非法出版物1200余册，非法音像制品600余盘，立案调查189家次，行政处罚189家次。其中，停业整顿8家，吊销“网络文化经营许可证”2家。制定出台《亳州市推进“扫黄打非”进基层工作实施意见》和《全市2017年度“扫黄打非”工作考核办法》。开展“扫黄打非”进基层示范点创建工作，建成1个省级“扫黄打非”示范点。围绕“净网”行动，扫除淫秽色情网络出版物及低俗信息，查处项风制作传播淫秽色情信息的门户网站、视频网站、搜索引擎等，集中整治“微领域”。侦破“5·25”号禁茉莉花开禁会员VVVip”微信群传播淫秽物品牟利案、陈继国传播淫秽物品牟利案等重大案件，抓获犯罪嫌疑人8名。

开展“扫黄打非”进校园·绿书签签名活动，发放绿书签500余份，赠送图书4352册。

（安淑萍）

统战工作

【概况】2017年，市委统战部着力解决统战工作各领域存在的“四个点问题”，团结带领统一战线成员围绕中心、服务大局。强化统一战线“四个意识”，坚定不移听党话、跟党走。支持民主党派开展“不忘合作初心，继续携手前进”主题教育活动；支持非公有制经济人士围绕“守法诚信、坚定信心”，开展理想信念教育实践活动；在新的社会阶层人士中开展坚持和发展中国特色社会主义主题教育活动。组织各民主党派市委会、工商联学习党的十九大精神，共计20场500余人次参加学习。举办全市第三期统战委员培训班，43个乡（镇、街道、场）43名统战委员参加培训。推荐两级统战机关人员参加上级集训培训，19人次参加中央和省部举办的各类统战业务培训班。

图5 2017年，亳州市各民主党派脱贫攻坚民主监督工作会议召开（贾军涛 供图）

构建党委统一领导、统战部牵头协调、有关方面各负其责的大统战工作格局。市、县（区）两级分别成立由市、县（区）委书记任组长的统一战线工作领导小组。将统战工作细化成2类16条，逐条设定分值，纳入党委（党组）党建年度考核内容，推动“三个带头、四个纳入”落实。在各级统战部门建立推行月例会制度，“挂图作战、对账销号”。把年度工作按照时间节点逐项梳理，每项任务明确责任单位、责任领导、完成时限。坚持周小结、月调度，动态掌握进度、动态解决问题、动态监督督导，确保任务落实落地。

完成市工商换届工作；指导县区开展工商联（总商会）换届工作；做好省工商联（总商会）换届人选推荐工作，配合省委统战部、省工商联完成省工商联换届提名的1名领导班子人选考察工作。

本年度，谯城区成立侨联，蒙城县、利辛县筹备侨联。“亳州古城”获批中国华侨国际文化交流基地。市侨联和涡阳县侨联获省侨联先进工作奖。

（贾军涛）

【推进多党合作】2017年，市委统战部协助市委制订《2017年亳州市政党协商计划》，召开8次政党协商会议，通报全市经济社会发展、党风廉政建设和反腐败、换届人事安排等情况，听取意见建议，并就召开市委常委民主生活会，征求对市委常委会及常委会成员的意见建议。在市两会上，民主党派共提提案、议案200余件。民建市委会为利辛县妇幼保健院争取思源救护车1辆。九三学社市委会开展“百名专家乡村学堂讲科普”活动，为2000余名师生科普知识。农工党市委会为22所中小学争取价值220万元课外读物。民革市委会组织博爱会员企业向亳州一中60名贫困学生，资助爱心款12万元；参与“爱心传递·赠衣扶贫”活动，动员党员捐款6070元；为经开区69名贫困学生捐赠价值15000余元图书。九三学社市委会、农工党市委会、民进市委会组织送医下乡活动，700余名群众接受义诊，发放药品价值5000余元。民进亳州市市区直机关支部被民进中央评为“民进坚持和发展中国特色社会主义学习实践活动先进集体”，民进市委获评“民进全省机关建设先进单位”。民建市委会被民建省委评为“先进市委会”，谯城二支部为评为“先进基层组织”。各民主党派鼓励党(社)员岗位建功，有21人获省以上先进，18人受市级表彰，8项成果获省市认可。

（贾军涛）

【党外干部工作】2017年，市委统战部对全市258名党外副科级及以上干部进行调查摸底，充实数据库。会同市委组织部开展党外副处级后备干部和中长期培养对象推荐工作。完成市人大、市政府、市政协换届期间338名党外代表人士推荐提名工作。坚持“凡进必评”，对5类161名非公经济代表人士提名人选进行综合评价，形成评价情况，推荐使用156名。印发《关于完善市委领导同志与党外人士联谊交友制度的通知》，调整市委领导与党外干部联谊交友人员名单。

组织第六期党外代表人士培训班，对51名各领域党外代表人士进行培训。邀请中央和省社会主义学院、井冈山干部学院、重庆红岩史料研究会、合肥工业大学专家、教授授课；组织瞻仰皖北烈士陵园，参观古井贡集团；选择课程安排市和县区统战系统与非公企业主200余人跟班听课。

【相关领域人士统战工作】2017年，按照“政治坚定、业绩突出、群众认同”的标准，市委统战部建立新的社会阶层党外代表人士库，搭建微信平台。将新的社会阶层人士培训工作纳入全市党外代表人士培训整体规划，推荐2名代表人士参加省部举办的教育培训，推荐7名代表人士参加全市党外代表人士培训班。遴选推荐74名新的社会阶层人士担任各级人大代表、政协委员。贯彻全国、全省高校统战工作会议精神，开展高校统战工作摸底调研，建立高校党外代表人士库。推荐32名党外代表人士参加省委统战部各类党外代表人士培训班。

（贾军涛）

【促进民族团结发展】2017年，亳州市开展民族团结进步“六进”活动；开展“民族团结进步宣传月”活动，举行启动仪式，发送手机短信1万余条，在公交车设立展板6块，利用微信、微博等新媒体发布信息65条。谯城区牛集镇蒋楼民族村被国务院批准为第三批“民族团结进步先进集体”。争取省级少数民族发展资金655万元；发挥民族产业扶贫实体项目的带动作用，15个实体项目带动600余户少数民族贫困群众提升生活水平。全面启动民族村精准化扶贫工作，19个市直单位对口帮扶20个民族村；对省确定的9个民族贫困村，按照每村帮扶不低于20万元的标准实施帮扶；扶持少数民族企业发展，落实民族特需商品贷款贴息资金314.69万元。

【巩固宗教和谐局面】2017年，亳州市各宗教团体开展学习宣传贯彻新修订的《宗教事务条例》活动；开展“和谐寺观教堂”创建活动，在全市宗教界启动培育和践行社会主义核心价值观示范点创建活动，天静宫、城里清真寺被评为国家级“和谐寺观教堂”；谯城区清真寺被评为“全国民族团结进步教育示范基地”；白衣律院、薛阁基督教堂和谯城区张刘庄、魏岗集、丁瓦、蒋集基督教聚会点6处宗教活动场所，被评为省级践行社会主义核心价值观示范点。

（贾军涛）

【非公经济建设】2017年，市工商联加强服务民企政企直通车微信平台建设，为构建“亲”“清”政商关系奠定基础。动员入群企业3574个，数量居市五个“政企直通车”平台首位。反映问题527件，办结488件，办结率93%。参加省第五届优秀中国特色社会主义事业建设者评选表彰活动，4名民营企业家受到表彰。11个行业商会（协会）成立党支部，建立党建指导员联系制度。

（贾军涛）

【脱贫攻坚民主监督】2017年，亳州市在全省率先开展民主党派脱贫攻坚民主监督。民革、民建、民进、农工党、九三学社5个民主党派分别对应市经开区、利辛县、谯城区、涡阳县、蒙城县，到县（区）和市经开区452个自然村、1488户贫困家庭实地调研，开展民主监督128次，发现收集问题733条，提出意见建议452条，问题反馈率达100%。市委3次组织各民主党派脱贫攻坚培训，8次召开脱贫攻坚民主监督工作会议，印发简报36期，15次上传微信平台监督工作汇总信息，3次对会议要求办理事项进行督查反馈。运用精准扶贫信息平台随机入户和建立脱贫攻坚民主监督微信平台工作，得到省委领导肯定，并在全省宣传推广，省委统战部作为创新经验上报中央统战部。

（贾军涛）

【交流合作】2017年，市台办接待到亳经贸考察交流客商22批98人次，引进新注册涉台企业3个，完成涉台招商项目4个。其中，亿元以上工业项目1个，注册资金4400万元，投资额3亿余元。接待各界台胞12批97人次。华佗五禽戏赴中国台湾教学展演、涡阳天静宫老子文化研讨活动，分别被国台办和省台办列为年度重点交流项目。联系中国台湾武术交流团到亳州参加2017年国际健身气功博览会，市健身气功协会与中国台湾顺武堂武术协会建立友好协作单位。“两岸医师安徽行”（蒙城）活动，2000余名患者接受义诊。接待侨商、侨领3批次26人。为亳州一中“珍珠班”争取侨务捐赠43.75万元，接收澳大利亚华侨魏基成慈善捐赠冬衣600件，价值10万余元。

（贾军涛）

【华佗五禽戏赴中国台湾教学展演】2017年6月，亳州华佗五禽戏教学展演交流团一行8人赴中国台湾，到中国台湾真理大学、中国文化大学、中国台湾体育大学、修平科技大学、云林正心中学、云林县顺武堂武术协会、云林健身气功协会、嘉义县民雄乡等地开展9场教学展演交流，活动范围覆盖中国台湾大学、中学、民间协会、社区等多个领域。教授健身气功五禽戏功法，阐述五禽戏的历史渊源，结合中医经络、五行八卦讲解五禽戏的习练功效，并向中国台湾同胞宣传推介亳州。

（贾军涛）

市委政策研究

【概况】2017年，市委政策研究室围绕“四个点问题”即“人民群众关心关注的热点问题、社会各界反映强烈的焦点问题、当前工作中亟待解决的重点问题以及制约亳州长远发展的难点问题”的解决，明确重点调研课题，分析现状，寻找问题，提出建议，为市委掌握全局、把握大势、正确决策提供参考依据。就农村垃圾分类处理、综合改革、美丽乡村建设、农村清洁工程、党建工作等方面工作形成10余篇专题调研报告。

起草并以市委办名义印发《市委党的建设工作领导小组2017年工作要点》，明确工作任务、责任单位和完成时限，实行季度督查通报制度。推进基层党组织标准化和规范化建设，开展软弱涣散党组织集中治理整顿。依托“互联网+党建”模式，实施智慧党建“红色家园”工程，将支部建在微信上，创新新形势下基层党组织建设、流动党员教育管理的方式方法。完成省委党建办交办的《“微信+”搭建支部工作新平台》和《基于互联网思维的基层党建工作趋势探析》两个专题调研。

【信息服务】2017年，市委政研室秉承“服务中心决策，指导工作实践，促进相互交流，展示地域风采”的办刊宗旨，编印《新亳州》6期，交流到全国各地市。编印《亳州市情手册（2017）》，主要介绍亳州一年来经济社会发展及历史、文化、旅游等情况，发放至各县（区）、市直单位和全国各地市。

（朱德文）

市直机关党建

【概况】2017年，市直属机关工作委员会（以下简称“市直工委”）

推进市直机关基层党组织标准化建设，抓“党员日常管理、党组织日常工作”，把从严治党责任落细落实落小。

完成市直单位推荐党的十九大代表工作。推进“两学一做”学习教育常态化制度化，采取“找交销查考”方式，抓好“讲重作”专题教育、专题警示教育。依据“对标巡诊（对照基层党组织标准化建设要求查找问题，提出整改方案）”约谈机关党组织书记22人次，紧盯“四个点”（人民群众关心关注的热点问题、社会各界反映强烈的焦点问题、当前工作中亟待解决的重点问题以及制约亳州长远发展的难点问题的解决为抓手）问题，按照“四化三可”（实化、细化、量化、具体化，做到可考核、可比较、可检验）要求，以检查党员领导干部参加双重组织生活为重点，推动解决机关党建“灯下黑”问题。在广泛征求意见的基础上，梳理市直机关党建工作“三个清单”，列出4个方面12个突出问题，并逐一整改。召开两次市直机关党建工作督察调度会议，及时总结推广工作经验，指出存在的问题，明确工作思路。实行机关党建工作季督察、季通报，结合市委中心任务，将基层党组织标准化建设、两学一做学习教育、意识形态工作、中心组学习等列入督察内容，在通报中坚持问题导向，把问题点准、点透、点实，点到单位，点到事例，一级抓一级，层层传导压力，推进机关党建。

在市国税局等15家单位试点“网上党员考绩”平台，组建“微信党支部”，建立市直机关党委（总支部）书记微信群和市直机关党支部书记微信群，及时发布市直机关党建信息、市直各单位好的做法、党务干部应知应会的业务知识。解决市直机关党组织覆盖面广、上传下达速度慢、沟通交流不畅的问题，提高工作效率。机关党建网站开设通知公告、机关快讯等栏目，为机关党建提供宣传交流平台。

（杨　锐）

【基层党组织标准化建设】2017年，市直工委下辖592个党组织，其中42个党委、44个党总支、506个党支部。按照全省基层党组织标准化建设的要求，统一市直机关党组织的活动场所标识、制度等内容，5次召开基层党组织标准化建设现场推进会，指导和推进基层党组织标准化建设，将市直机关基层党组织标准化建设纳入党建“季督察、季通报”内容，逐单位下发《对标整改通知书》。市直379个党组织通过验收，达标率64%。批准成立党组织9个，临时党支部4个，撤销金皖酒业党支部，将金皖酒业党支部全体党员的组织关系接转至其所在辖区党组织。20个党组织按期换届，发展党员86名，对3名违法违纪党员开除党籍。下拨基层党组织党费22.34万元。慰问生活困难党员133名，慰问新中国成立前入党的老党员12名，慰问1名因公牺牲党员家属，减免党费1009元，发放慰问金11.3万元，向市直党组织发放党徽9000枚及新版《市直机关基层党组织工作台账》2600份，发放《党的十九大报告辅导百问》《党章》等6类图书2万余册。

（杨　锐）

【制度落实】2017年，市直工委严格落实党内组织生活各项制度。从严落实党员本人接转组织关系、党员按月缴纳党费、“三会一课”记实等制度，坚持党员领导干部和党员一个标准。在发展党员工作中坚持把政治标准放在首位，落实发展党员记时制、预审备案制，坚持全过程审核，在集中培训、组织谈话、党委审批上坚持把发展党员的各项要求落到实处。严格审核换届程序，在党组织换届工作中落实“两次请示、两次批复”（换届前的委员候选人要请示、批复，选举结果要请示、批复），对个别单位不符合条件的委员候选人及时予以调整，并对党组织负责人不能严格把关的行为严肃批评。对换届会议中应到、实到会人数，会议议程，会场布置等进行指导，提高换届质量。将党建工作细节列入党建考核内容，提高考核的操作性和科学性，并与效能考核紧密结合。

（杨　锐）

【党务培训】2017年，市直工委举办3期市直机关党组织书记培训班，培训600余人。首次实现亳州建立地级市起，市直机关党组织书记轮训的全覆盖。结合市直机关党建督查和调研中发现的问题，安排发展党员、基层党组织换届、三会一课、党费收缴等党建基础知识课程，帮助市直机关党组织书记理清工作思路，增强工作信心，强化“抓好党建是本职，不抓党建是失职，抓不

图 6　2017 年，“微型党课”走进扶贫点（杨锐　供图）

好党建不称职”的责任意识。解读十九大报告和新党章，增强抓党建的责任感和使命感。严格培训纪律，对培训中不守纪律的学员及时通报其所在单位，并列入党建考评依据。将听报告与研讨相结合、教授讲与学员谈相结合，并穿插精品“微型党课”。

对确定为发展对象的入党积极分子进行集中培训。培训时间 30 个学时。培训中，组织原原本本学习《关于新形势下党内政治生活的若干准则》，现场示范“微型党课”，学唱《国歌》《国际歌》，收看《第十二次列车》《第一大案》等影片。注重端正入党动机，将“升官发财请走它路，贪生怕死莫入此门”的警示语展示在培训班的显要位置。组织开展关于“为什么入党？”的讨论。实行全程淘汰制，3 名入党积极分子因违反培训纪律被强行退出培训。

（杨　锐）

【微型党课】2017 年，市直工委举办第四届微型党课精品课程比赛，并挑选优秀选手组成市直机关微型党课巡讲团，到市直机关、学校、企业和扶贫点一线开展巡讲。党的十九大结束后，及时成立市直机关学习贯彻党的十九大精神微型党课巡讲团，以微型党课宣讲十九大，以十九大宣讲推进微型党课教育。市委书记汪一光、市委副书记方晓利给予赞赏，要求进一步扩大选拔范围、丰富组织模式、拓展巡讲覆盖面。在《市委办公室机关党委开展的“全体党员讲微型党课”实施方案》中批示：“总的要求是全员参与，形式多样，逐级选拔，巡回宣讲，将其作为‘三会一课’经常化、规范化的抓手”。市直机关党组织全年开展微型党课 2000 余场，800 余名党员参与授课，受众 7000 余人次。

（杨　锐）

机构编制管理

【概况】2017 年，亳州市机构编制委员会办公室（以下简称“市编办”）严控机构编制总量，严格办理单位在编人员出入编手续，办理出入编 912 人次；把好部门编制使用审核关，办理用编审核 105 次；完成行政执法人员资格认证审核 390 人次。推进实名制数据库横向互联试点工作，实现 12 家人数多、机构多的部门实名制数据库横向互联。调剂 12 名行政编制加强扶贫工作，调剂 9 名行政编制加强巡察机构建设，调剂 16 名行政编制和 22 名政法专项编制落实纪检组全覆盖制度，强化安全执法工作，为市安全生产执法监察支队调剂增加 4 名事业编制。事业单位登记管理，完成市直 142 个事业单位法人年度报告工作；规范管理统一社会信用代码，新设立登记 10 家，变更登记 30 家，注销 1 家。完成市直单位 253 个中文域名运行续费工作，完成市直 17 家党政机关单位网站复核电子标识申请加挂工作，对集约化建网的 36 家政府部门网站电子标识进行更新和规范。截至年底，有市直行政机关 70 家、事业单位 151 家，行政编制数 1239 名、政法专项编制数 1704 名、事业编制数 7033 名。

本年度，市编办受市委、市政府表彰立集体二等功；党支部基层党组织标准化建设通过市直工委验收。副调研员戴劲松立个人二等功。

（王浩峰）

【政府职能转变和重点领域改革】2017 年，亳州市完成市、县、乡三级扶贫机构调整设置。撤销市政府直属事业单位市扶贫办，设立市扶贫局为市政府工作部门，所有乡镇设立扶贫工作站。推进纪检监察体制改革，完成市、县派驻纪检机构全覆盖和市、县巡察机构的设置;深化国家监察体制改革试点,成立亳州市监察委员会。推进司法体制改革,将法院、检察院机构编制上划省统一管理工作。理顺煤矿安全监管职责,将市安监局承担的煤矿安全生产监督管理职责划转到市经济和信息化委员会。深化城管体制改革,将公用设施运行管理、市容环境卫生管理、园林绿化管理等方面职责划给城管执法部门承担。完成供销社管理体制改革,设置理事会、监事会。

(王浩峰)

【"放管服"政策落实】2017年,市编办按照"四个一律、两个全程"要求,完成国务院、省政府取消调整行政审批事项的衔接落实工作,取消国务院取消的114项职业资格许可和认定事项,对应取消16项中央指定地方实施的行政许可事项,承接6项省级下放权力事项,依托网上办事大厅后台审批系统对取消事项开展全面排查,杜绝变相审批和取消不到位情况发生。巩固清单制度建设成果,创新清单动态调整机制,联合市信息局建立清单云平台,将"3+2"清单共五万余项清单事项全部纳入平台管理,将清单与网上办事大厅有机衔接,实现在5个工作日内对国务院、省政府简政放权事项的积极响应,保证清单及时有效。2017年8月,完成市级政府权责清单、公共服务清单和行政权力中介服务清单的动态调整,以市政府文件印发清单目录(2017年本),市级共保留权力事项10231项、公共服务事项1361项、中介服务事项183项。

▲"四个一律、两个全程":凡国务院、省政府取消的项目,本市对应项目一律取消;下放到市级的项目,一律做好承接落实工作;下放到市级以下的项目,一律做到应放尽放;取消和下放的项目,一律在第一时间衔接落实。全程监管、全程服务。

(王浩峰)

【编制"周转池"制度试点】2017年,市编办为贯彻省政府开展公立医院和乡镇卫生院编制"周转池"制度试点工作部署,5月12日,动员部署会启动该项工作,会同市卫计委、市人社局等部门多次组织召开培训会和推进会,组织公立医院在摸清家底的基础上,结合医院层级、资质、人才队伍建设情况及全市经济社会发展水平,按照"一院一策"原则,制定公立医院编制周转池制度试点工作方案上报省编办。市人民医院等5家公立医院编制周转池制度试点工作实施方案获批,共计确定周转池编制规模2308名,自建池规模832名,社会化用人控制员额2414名。

▲编制"周转池"制度:省编办根据公立医院人才队伍和服务能力建设需要,在全省存量事业编制总量内调剂一定规模事业编制,供公立医院周转使用的一种创新编制管理制度。

(王浩峰)

老干部工作

【概况】2017年,亳州市共有离休干部735人,平均年龄89.3岁。抗日战争时期参加革命工作24人,解放战争时期参加革命工作的711人,享受县处级待遇147人,科级待遇及以下588人。市直离休干部57人,退休市级干部19人。

2017年,亳州市对市委老干部工作领导小组进行充实调整,由市委副书记方晓利任组长,市委常委、市政府常务副市长刘辉,市委常委、组织部部长、统战部部长秦凤玉任副组长,市委、市政府有关单位主要负责人为成员。对老干部队伍现状、老干部工作进行调研,召开老干部座谈会、实地考察老干部活动场所、居住社区等。制定《关于进一步加强和改进离退休干部工作的实施意见》(亳办发〔2017〕9号)。

(锁楠楠)

【老干部队伍建设】2017年,亳州市印发《关于进一步加强离退休干部党员教育管理的通知》,确保每一位离退休干部党员都编入党的一个基层组织,落实组织生活制度。对全市离退休干部党组织建设情况进行摸底调查,要求符合单独成立离退休干部党组织的单位要成立党组织。

市委老干部局组织老干部谈变化、说发展。根据发言汇总整理形成一万余字的《全市离退休干部"畅谈十八大、建言十九大"座谈访谈活动情况汇报》呈报市委、市政府。汪一光批示:"转请各位常委、各位副市长阅,请结合分管工作,对老同志的意见建议进行认真交换、研究、吸纳。各位在职同志奋发努力,做好工作,跑好自己这一棒"。杜延安批示："将其中涉及市政府工作职责的事项分解给各位副市长研究，并及时反馈给老同志"。中组部老干部局10月20日第30期《老干部工作情况交流》刊登汪一光、杜延安的批示；省委老干部局7月12日第11期《安徽老干部工作交流》头条报道亳州市做法，对亳州市重视"建言"活动成果运用给予肯定。开展"畅谈十八大"征文比赛，推荐优秀作品5篇至省委老干部局，获得一等奖1篇、二等奖1篇，优秀奖3篇；举办离退休干部书画展，征集作品92幅。推广正能量典型，在全省"正能量之星"评选中，亳州市纪建立、刘文贵和杨秀荣夫妇、李善武被评为"正能量之星"。

在市、县（区）老年大学、活动室设置观看点，组织老干部集中观看党的十九大开幕式。组织老干部座谈、电视采访。中组部老干部局11月10日第33期《老干部工作情况交流》，对亳州市老干部热议党的十九大的情况进行宣传报道。安徽省老干部局微信公众号以视频形式对亳州市老干部接受采访进行报道。联合市委组织部印发《关于组织全市离退休干部学习宣传贯彻党的十九大精神的通知》。为老干部送去党的十九大学习资料。市委老干部局主要负责人分别在市老年大学、市关工委宣讲。举办"撸起袖子加油干，不忘初心奋力行"为主题的文艺演出。

（锁楠楠）

【老干部服务】2017年，亳州市召开老干部形势通报会，组织市直老干部参观考察经济社会发展，组织市直离退休干部集中体检。元旦、春节、"七一"等节日走访慰问离退休干部。

市老干部局共接待来访老干部70余人次，走访老干部40余人次。开展调研，完成调研报告。收到信访件2件，均已办结。做好离退休干部帮扶工作，建立《市直特殊困难离退休干部帮扶办法》。经过单位申报、公示，集体研究，已对市住建委陶春生、市统计局孙景祥、市公安局周士德3位特殊困难离休干部进行帮扶。加大老干部工作宣传力度，建立《全市离退休干部工作信息宣传制度》，在全省老干部工作信息采用量的通报中，亳州市排名第三位。

（锁楠楠）

【亳州市老年大学】2017年，亳州市老年大学春季班开设13个专业，20个班级，报名学员912人次。秋季班开设13个专业，20个班级，报名学员1000人次。开展"高举旗帜跟党走、唱响红色主旋律"庆祝建党96周年文艺会演，表演近百个节目；国庆期间，举办京剧演唱会和各类文体比赛为节日献礼。举行老年门球邀请赛，8支代表队近60名选手参加，老年大学代表队获得第三名。制定《深入学习宣传贯彻党的十九大精神活动方案》，开展讲座、"课前十分钟"、诗文征集、制发宣传册等活动。参加全省学习宣传贯彻十九大精神文艺会演，获优秀节目奖。利用学校艺术团宣传党的路线、方针、政策，参加大型活动义务演出6场。

（锁楠楠）

【关心下一代工作】2017年，市老干部局组织开展"脱贫攻坚关工助力"工作，部署"六三"行动计划，动员"五老"人员参与精准扶贫，累计开展科技扶贫活动36场次，参与"五老"10215人次；捐资助学受资助人数累计3123人，其中单笔资助3000元以上人数139人，资助总金额537.78万元；参与结对帮扶留守儿童活动"五老"人员18379人，累计帮扶留守儿童26927人。开展留守儿童义诊活动，全市92所中小学12000余名留守儿童接受义诊。赴池州完成"互学交流"活动。赴马鞍山学习考察关工宣传和助力脱贫等工作。开展"五老"队伍现状调查。全市关工"五老"总人数23970人。留守儿童总人数127360人，其中贫困留守儿童2547人。90余所中小学校、近30万人青少年参与"放飞中国梦、传承红基因"主题活动。开展"党是阳光我是苗"全市少幼儿书画大赛，在全省获特等奖1名，一等奖6名，二等奖19名，三等奖50名，优秀奖427名。24名辅导教师获园丁奖。市关工委等10个单位获优秀组织奖，分别受到省关工委、省教育厅、省文明办、省美术家协会表彰。在全省关工系统"双十佳"评选中，邵士龙获全省"十佳五老"。开展"关爱明天 普法先行"青少年普法教育工作，谯城区被授予"全国青少年普法教育示范区"；市关工委等4个集体被授予"先进单位"；10个学校被授予"零犯罪学校"；7个单位被授予"优秀组织奖"； 31人被授予"先进个人"；21人被授予"优秀辅导员"，受到中国关工委、司法部、中央综治办表彰。

（锁楠楠）

文明创建

【概况】2017年，亳州市以培育和践行社会主义核心价值观为根本，争创全省文明城市。实施公民道德建设工程，开展群众性精神文明创建活动。

印发《亳州市“推动移风易俗 树立文明乡风”实施方案》，推行尊礼俗、废恶俗的倡导性规定，遏制红白喜事大操大办。召开全市移风易俗工作现场推进会，选取涡阳县作为全市移风易俗工作试点示范县，确保边打造试点、边积累经验、边推广辐射，推进移风易俗工作由点向面铺开。选树移风易俗先进典型，组织新闻媒体对婚事新办、丧事简办、小事不办的先进典型进行宣传报道。

修订完善文明村镇测评体系，各县（区）开展文明村镇创建活动。谯城区十河镇大周村、涡阳县高炉镇单集中心村、利辛县程家集镇赵桥村获评“全国文明村镇”称号，全市全国文明村镇已有8个，获评“第四届安徽省文明村镇”称号村镇18个，市和县、区级文明村镇354个。

在城市出入口、主次干道、公园广场等重要区域部位设置公益广告，累计发布出新各类公益广告约3万平方米，传播社会正能量和文明新风尚。

召开亳州市文明委全会暨全市精神文明建设工作电视电话会议，全力推进文明创建。召开全市创建文明单位观摩推进会，出台《亳州市文明单位创建和管理办法》，开展第五届全国文明单位推报工作，市国家税务局、国网安徽省电力公司亳州供电公司获评“全国文明单位”。开展第八届亳州市文明单位评选。全市有全国文明单位7家，省级文明单位53家，市级文明单位115家。

召开全市2017年度乡村学校少年宫建设和管理工作推进会，加大对全市95所乡村学校少年宫的督查力度。每所乡村学校少年宫建设专题网站。开展2017年度优秀童谣征集评选活动，收集整理上报童谣200余篇。亳州学院附属小学南校三义路校区被评为“第一届全国文明校园”，中学生史丽获“第二届安徽省美德少年”称号。

开展“图说我们的价值观”公益广告征集评选活动，遴选并表彰优秀作品35幅，其中8幅获省文明办表彰，获奖作品数量位居全省第一位。

本年度，亳州市获评“第四届安徽省文明城市”和“第三届安徽省未成年人思想道德建设工作先进城市”称号，蒙城县获评“第二届安徽省文明示范县”，谯城区获评“第二届文明城区”，利辛县和涡阳县获评“第四届安徽省文明县城”。继2014年后文明城市创建再现“满堂红”。

（葛云飞）

【精神文明建设】2017年，亳州市推进“厚德亳州”建设，开展“我推荐、我评议身边好人”活动，14人入选“中国好人榜”人（总计130人），22人获“安徽好人”及提名奖称号（总计98人），62人获“亳州好人”称号（总计306人）。亳州市“中国好人”和“安徽好人”入选人数均居全省第一位。3人获评第五届安徽省道德模范，1人获评第五届安徽省道德模范提名奖。省级道德模范上榜人数并列全省第三位。编印《书香亳州·身边好人故事读

图7 2017年5月5日，亳州市组织好人方阵观看“文艺扶贫 携手小康”惠民演出（葛云飞 供图）

本》，选录市71名道德模范和身边好人的先进事迹，免费向社会发放。开展道德模范和身边好人基层巡展巡演巡讲活动15场（2015年2月份活动起，总共75场）；在市级新闻媒体开设“身边好人”专栏，自2014年3月起，连续在《亳州晚报》“厚德亳州好人好评”栏目刊载45期。在公园广场、街巷等处设置身边好人事迹宣传长廊（广场），扩大示范效应。注重帮扶礼遇道德模范和身边好人，常态化开展走访慰问活动，坚持为上榜身边好人送喜报和奖励金，累计发放奖励金676万元，引导全社会形成崇德向善、见贤思齐的浓厚氛围。

（葛云飞）

【文明城市（县城、城区）创建】 2017年，亳州市对照全国、全省文明城市测评标准体系，委托第三方暗访测评公司对三县一区开展文明城市（县城、城区）创建工作进行暗访测评6次。坚持“一线工作法”，完善市文明委领导带队调研督查、市文明办日常督察和第三方公司暗访测评相结合的问题发现机制，坚持文明创建工作例会制度，定期组织召开文明创建工作例会，研究解决重点难点问题。排查万福大市场、原中药材市场、建安南路、万达广场、城乡接合部等区域环境脏乱差问题，跟踪问题整改落实。围绕环境卫生、市场秩序、交通秩序等内容，对主城区及三县一区进行文明创建日常督察100余次，印发督察通报56期，促进4000余条实际问题的解决。召开亳州市2017年度文明创建暨城市管理工作推进会，举办亳州市城乡文明创建工作专题培训班。

出台《亳州市文明创建六大专项整治行动实施方案》，召开文明创建六大专项整治行动工作推进会，部署广告标牌、背街小巷、空中管线、老旧小区、非机动车交通违法行为和农贸市场等六大专项整治行动，协调谯城区、交通、交警、城管、商务等部门落实主体责任，每周组织开展专项督查，推进各项整治行动。

（葛云飞）

【志愿服务】 2017年，亳州市印发《关于开展亳州市2017年学雷锋志愿服务主题月系列活动的通知》，引导各市直单位及各县区开展学雷锋主题月志愿服务系列活动。开展“大美亳州——文明旅游我先行”志愿服务徒步行、文明交通宣传、志愿服务宣讲进社区等志愿服务活动。培育志愿服务优秀典型，每月定期评选“感动药都”志愿服务优秀典型，评出市级优秀典型36个，其中8人（集体、项目）入选安徽省“月评十佳”志愿服务优秀典型。推动志愿者和志愿团体注册登记工作，印发《关于在全市范围内进一步加快推广和规范使用全国志愿服务信息系统的通知》。截至12月31日，完成实名认证志愿者总数61.6万人，志愿团体873个，提前完成省下达的年度目标任务。

（葛云飞）

信　访

【概况】 2017年，亳州市深化信访工作制度改革，加强源头预防，突出怨要纾解、人稳当地和事要解决。404件信访积案，化解398件，化解率98.84%。为经济社会发展创造良好环境。

出台《亳州市市级领导信访工作联系点制度》《亳州市党政领导开门接访制度》《亳州市信访工作责任制暂行规定》等制度规定。举办全市信访积案化解培训班。

全市县级以上全部开通网上

图8　2017年5月，信访干部与群众交流（市信访局　供图）

信访，建成手机信访、微信信访，完善信访预警信息系统，视频接访系统市、县（区）两级建成，投入使用，并与省信访局视频接访系统成功对接。

信访部门及时受理率99.75%，责任单位及时受理率98.97%，按期办结率99.91%，群众对信访部门满意率99.08%，对责任单位满意率99.52%，参评率88.41%，网上信访占比76.5%，领导信箱占10.22%，手机信访占7.01%，印发工作动态24期，月报12期，专报23期，快报11期，周报40期，党的十九大专刊23期；在省级以上发表信访宣传文章40余篇。

跟踪督办，缓解矛盾纠纷。对各县区及重点乡镇进行巡回督察指导，实现督察工作的日常化、规范化、制度化、权威化，全方位、全天候帮扶指导。针对重点地区重点领域信访高发、频发态势，建立党政信访工作联系点制度，实行重点地区重点领域全覆盖，最大限度地实现事要解决、怨要纾解、人稳当地。

（汪鹏飞）

【积案化解培训】2017年6月17—18日，全市信访积案化解培训班在市会议中心多功能厅举行。市、县（区）信访局全体人员和各乡镇（街道）分管负责人、具办人、信访积案承办单位负责人和具办人共400余人参加培训。培训由市信访局各位班子成员授课，邀请省信访局业务专家和县区分管负责人进行专题讲座。重点学习习近平总书记关于信访工作的重要论述及有关法律法规，厘清破解“三访”难题的思路，交流基层组织化解信访积案的方式方法，提升创新机制化解矛盾的能力。旨在进一步强化信访积案化解力度，规范化解程序，明确化解责任，提升化解水平，推进化解进度。

（汪鹏飞）

党校工作

【概况】2017年，亳州市委党校坚持党校姓党原则，“创建一流党校、培养四铁干部”。制定完善《2017年度业务指导工作计划》和《市辖县区委党校办学质量评估办法》，建立县区党校办学质量评估长效机制，完成县（区）委党校的办学质量考评，及时通报评估结果，推进全市党校系统协调发展。推进创建中专体制建设，加强县（区）委党校软硬件设施建设，涡阳、利辛党校中专体制获省批。

市委党校二期工程（包括图书馆、学员楼和食堂）开工建设，主体工程竣工，总建筑面积为10496平方米。实施双回路电源建设，强化电力保障。建设信息基础和网络应用平台，把“智慧校园”建设纳入重要议事日程，推进校园餐饮、住宿、图书等方面服务“一卡通”建设，引入云平台电子图书阅读系统，推进校园智能化。创新发展后勤管理模式，优化后勤服务质量，引入第三方对校物业、安保、食堂和宾馆进行监督考核。

本年度，市委党校在全省省辖市委党校（行政学院）办学质量评估中被评为先进党校，获市级“文明单位”称号。

（戴晓玥）

【干部教育培训】2017年，市委党校开展“党的理论教育、党性教育、素质和能力教育、市情教育”四项教育，重点开展中国特色社会主义理论体系、十九大精神和习近平新时代中国特色社会主义思想学习培训。完成主体班培训13期，培训人数841人。

图9 市委党校2017年春季主体班开学典礼（戴晓玥 供图）

对外培训 46 期，培训人数 15000 人次。新招录在职研究生 60 人，在校研究生计 265 人，平均面授到课率 94%，研究生教育在全省考核评比中被评为“在职研究生教育优秀办学单位”。办好“亳州大讲堂”，邀请全国知名专家学者莅亳作专题讲座。

（戴晓玥）

【科研咨政】2017 年，市委党校公开发表论文共 42 篇。完成 2016 年度全省社科联“三项课题”4 项、全省党校系统重点课题 2 项、全省行政学院系统科研课题 1 项、市政府重点课题 2 项等课题结项工作和 2017 年度安徽省社会科学创新发展研究课题 1 项、全省党校系统重点课题 1 项、市政府调研课题 3 项和市哲学社会科学规划课题 8 项等课题立项工作，在《亳州晚报》刊发《党校园地》专版 10 期，出版校刊《新视角》4 期，编写《教学参考资料》4 期。紧扣“四个点”问题，组成科研咨政课题组，选定并设计咨政课题，9 篇咨政报告得到省领导和市委、市政府领导认可。

（戴晓玥）

【人才队伍建设】2017 年，市委党校实施“优秀人才引进工程”“专家名师培养工程”“人才安心工程”，建设人才队伍，鼓励资助年轻教职工攻读硕士、博士学位，注重发挥科研课题的引领作用，支持教学骨干参与各类课题，发挥传帮带作用，帮助青年教师成长。聘请人才，建立校外名师名家师资库，充实和扩大兼职教师队伍，邀请他们来授课。教师朱磊在全省党校系统优秀教学比赛中（副高以上职称组）获三等奖；李晓丽、刘玲在全省党校系统《习近平的七年知青岁月》读书征文比赛中分别获一等奖和三等奖；教师刘玲在全市微型党课比赛中获一等奖。

（戴晓玥）

党史研究

【概况】2017 年，亳州市党史工作者室围绕市委、市政府中心工作，开展党史资料征编、党史宣传教育等工作，发挥党史资政、育人作用。

《中国共产党亳州历史（第二卷）》完成送审；谯城区党史二卷正式出版；蒙城县党史办整理编印《山桑党史资料》，作为党史正本的有效补充；利辛县党史办整理出版《2016 年度县委、县政府及“两办”文件汇编》《县主要领导贯彻落实党的路线、方针、政策讲话材料汇编》两本党史资料，为党史三卷的编写准备资料。

市委党史研究室组织召开全市党史办主任会暨二卷编写工作推进会，学习省委书记李锦斌对全省党史工作汇报材料的批示和省委副书记信长星在听取省委党史研究室汇报时的讲话，传达贯彻全省党史研究室主任会议精神，总结 2016 年全市党史工作，对 2017 年全市党史工作，特别是二卷编写工作进行部署。

开展全市“领导干部党史教育日”活动。开展党史书籍“六进”活动。在建军 80 周年之际，开展征文活动，进行党史军史宣传教育。督促指导县区党史工作。创建宣传新平台，开通“亳州史志”微信公众号，弘扬亳州优秀传统文化。

本年度，市委党史研究室基层党组织标准化建设通过市直机关工作委员会验收。在 2017 年全省党史优秀成果奖评选中，市委党史研究室获资政成果类

图 10　2017 年 7 月 4 日，党史书籍赠送活动（胡晓瑞　摄）

二等奖1项，资料专题类三等奖1项；谯城区史志办获著作类二等奖1项，资政成果类、影视音像类三等奖各1项。在2017年度全市政务新媒体综合考评中，“亳州史志”微博获二等奖。

（胡晓瑞　葛靖雯）

【党史二卷编写】2017年，亳州市委党史研究室完成《中国共产党亳州历史（第二卷）》送审稿的编写任务。《中国共产党亳州历史（第二卷）》记载1949—1978年间，亳州市人民在党的领导下进行社会主义革命和建设的历史。在上年完成62个专题的编写任务后，市委党史研究室加大编写力度，形成20万字的党史二卷初稿；先后召开两次评议会，邀请市有关专家、学者及市直、县（区）部门人员对初稿提出修改意见，在吸收借鉴有关意见建议后，经过三次修改，形成送审稿，报省委党史研究室审核。省委党史研究室主任殷光临、副主任苗键对亳州市二卷编写工作给予肯定。

各县区党史二卷编写工作进展迅速，继利辛县完成党史二卷编写任务后，谯城区党史二卷出版面世；蒙城县党史二卷一稿编写工作完成；涡阳县进一步筛选、补充有关资料，党史二卷编写取得新进展。

（胡晓瑞　葛靖雯）

【党史宣传教育】2017年，市委党史研究室组织开展“领导干部党史教育日”活动。按照省委组织部、省委党史研究室关于开展第八个“领导干部党史教育日”活动文件的要求，全市党史部门联合当地组织部门，及时制定下发有关文件，组织各单位结合实际，开展党史教育日活动。

图11　2017年12月13日，党史二卷评议会召开（胡晓瑞　摄）

开展以“迎接党的十九大，普及亳州地方党史知识”为主题的党史书籍“六进”活动。将近年来编写的《红色印记——亳州革命斗争简史》《亳州党史人物风云录》《新四军在亳州》等党史成果，赠送给军分区、市委宣传部、市委党校、市教育局以及市属各学校。活动当天共赠送3700余册图书。《红色印记——亳州革命斗争简史》一书被选作市委党校培训教材。

组织开展建军90周年系列活动。开展征文活动，收集理论文章30余篇，选优秀文章，刊发在《涡河风云》上，赠送给市领导、市直各部门和离退休老干部。组织开展市新四军历史研究会三届六次会议暨建军90周年座谈会，组织市新四军历史研究会理事和部分优秀论文作者，参观蒙城县板桥集战斗纪念馆、涡阳县新兴镇新四军四师纪念馆，进行党史军史宣传教育活动。

涡阳县委党史办配合县委办，举办“光辉的历程”图片展。图片展持续展出30余天，县直各部门和县外单位共1000余人次前去参观学习。谯城区史志办参与皖北烈士陵园建设方案设计，承担陵园内皖北历史纪念馆布展工作；配合相关单位，做好“中共亳县工委旧址”纪念碑设计、建造、落成事宜；联合组织部拍摄微电影《老兵故事》，作为微党课供全区党员学习；编辑整理《亳州铁路发展纪实》一书被编入省改革开放专题第四辑中。蒙城县党史办联合县委宣传部，举办“辉煌的五年”图片展。市委党史研究室主任时明金为党校秋季班、主体班110余名学员作党史讲座；“七一”前夕，接受市电视台采访，向社会各界介绍亳州党组织的光辉历程。

（胡晓瑞　葛靖雯）

【党史工作指导性文件出台】为进一步做好新形势下亳州党史工作，2017年，市委党史研究室牵头，经市委领导同意，以市委办名义印发《中共亳州市委办公室关于进一步加强新形势下党史工作的通知》(亳办[2017]72号)。文件从党史工作重要意义、做好党史资料征编工作、发挥党史资政育人作用、健全完善党史工作体制机制、夯实党史工作基层基础5个方面对新形势下全市党史工作作出明确要求，为全市党史工作者指出努力方向，成为今后一段时间全市党史工作的指导性文件。

（胡晓瑞　葛靖雯）

图12　雪枫公园(胡晓瑞　摄)

亳州市人民代表大会

概 述

【概况】2017年，亳州市第四届人大常务委员会全面贯彻党的十八大和十九大精神，学习贯彻习近平新时代中国特色社会主义思想，在中共亳州市委坚强领导下，围绕全市工作大局，依靠全体代表，依法履行职责。召开常委会会议10次，审议法规案2件，审议“一府两院”报告14项，开展执法检查1次、专题询问1次，讨论决定重大事项7项，任免国家机关工作人员162人次，审查报备的规范性文件109件，配合全国人大、省人大常委会开展执法检查、调研等9次，完成四届人大一次会议确定的各项任务。

配合市委召开省人大代表换届工作座谈会，对换届选举工作进行动员部署，确保省人大代表换届选举有序进行。

加强代表小组建设，组建34个市人大代表小组，按照有场所、有制度、有计划、有档案、有保障、有实效的“六有”目标，推进代表小组活动规范化、经常化。探索建立专业代表小组，根据代表的行业分布情况，组建11个专业代表小组。各专业代表小组发挥专业优势，选择城市建设、工业经济、职业教育、食品安全等专题，到企业、学校、农村开展实地调研，形成调研报告，为常委会开展立法、监督等工作提供重要参考。

开展“双联”活动。加强常委会同代表的联系。健全常委会主任会议成员联系代表小组、委员联系代表制度，定期走访代表，实现常委会联系代表全覆盖。扩大代表对常委会工作的参与，邀请60名省、市代表列席市人大常委会会议，邀请代表参加常委会组织的视察、调研、执法检查79人次。促进市“一府两院”同代表的联系。推荐代表参与“一府两院”组织的有关活动，共组织代表参加活动57人次。建立市人大代表履职平台，公布代表基本信息，构建代表联系人民群众工作的长效机制。

为全体市人大代表订阅《中国人大》《江淮法制》，向代表发送学习资料，为代表学习交流提供支持；完善代表履职情况登记制度，实现代表履职情况网上登记、考核和统计。加强代表培训，举办两期代表培训班，为代表提高履职能力奠定基础。开展优秀议案建议评选，宣传代表履职事迹。

做好驻亳州省人大代表的履职服务。密切与驻亳州省人大代表的联系和交流，了解代表履职动态，帮助代表解决有关问题，协助制定年度活动计划，组织开展视察调研，丰富代表小组活动，完善代表履职档案，总结代表履职经验。亳州代表团提出的7件议案和13件建议被评为优秀议案建议，在省十二届人大代表议案建议表彰大会上受到表彰。

（马安国）

【执法检查】2017年，亳州市第四届人大常务委员会组织开展《安徽省物业管理条例》执法检查。7月5日，市四届人大常委会第十五次主任会议研究通过执法检查方案。7月25日，召开执法检查动员会，听取市政府关于全市《安徽省物业管理条例》贯彻实施情况的报告，举办《安徽省物业管理条例》法律法规知识讲座。7月22日起，执法检查组赴三县一区进行实地检查。8月17—18日，市四届人大常委会第六次会议听取和审议执法检查组关于检查《安徽省物业管理条例》实施情况的报告。9月6日，市四届人大常委会第十九次主任会议研究决定将审议意见连同执法检查报告印发市政府研究办理。

（马安国）

【专题询问】2017年，亳州市第四届人大常务委员会开展旅游产业发展专题询问。9月6日，市四届人大常委会第十九次主任会议研究通过专题询问方案。9月20日，召开专题询问动员会，安排部署询问有关工作。10月，组织常委会组成人员开展调研，10月30日，市四届人大常委会第七次会议听取和审议市政府关于旅游产业发展情况的报告。10月31日，市四届人大常委会第七次会议对市政府及相关部门开展专题询问。

（马安国）

【人事任免】2017年，亳州市第四届人大常务委员会严格任免程序，落实任前考法、公职报告制度，任免国家机关工作人员162人次。做好向宪法宣誓的有关工作。

（马安国）

【议案和代表建议办理】2017年，亳州市第四届人大常务委员会做好议案办理工作。四届人大一次会议交付办理的7件立法议案，办结2件，在开展前期调研2件，其余3件列入立法规划。对于交付办理的1件非立法性议案，在组织开展专题调研基础上，形成调研报告提请常委会审议，并作出相应决议交由市政府贯彻落实。

对于交付办理的252件代表建议，及时交办、听取办理情况报告、通报办理进度、进行满意度测评、纳入效能考核、开展办理工作“回头看”等，跟踪问效，提高办理质量。“一府两院”和有关方面高度重视办理工作，代表议案建议所提问题基本得到解决或列入解决计划。

（马安国）

【首部地方性实体法规出台】2017年11月17日，安徽省十二届人大常委会第四十一次会议审查批准《亳州国家历史文化名城保护条例》，这是亳州市具备行使地方立法权之后制订的首部地方性实体法规，标志着亳州市法治建设进入一个新时期。亳州是1986年国务院公布的第二批国家历史文化名城，具有丰厚的文化积淀和独特的人文景观。随着城镇化和旅游业的发展，亳州历史文化名城保护工作压力增大，保护、管理和利用矛盾日渐突出。《亳州国家历史文化名城保护条例》的出台，将有效加强历史文化名城的保护，传承和弘扬优秀历史文化，更好地规范城市建设管理，保障城市科学发展。《亳州国家历史文化名城保护条例》共6章41条，于2018年1月1日施行。

（许发夫）

重要会议

【亳州市第四届人民代表大会第一次会议】2017年1月9—12日，召开亳州市第四届人民代表大会第一次会议，审议通过市人大常委会工作报告、市人民政府工作报告、市中级人民法院工作报告、市人民检察院工作报告；审查和批准亳州市2016年国民经济和社会发展计划执行情况与2017年国民经济和社会发展计划草案的报告，批准2017年国民经济和社会发展计划；审查和批准亳州市2016年预算执行情况与2017年预算草案的报告，批准2017年市级财政预算。会议选举王玉玺任亳州市第四届人民代表大会常务委员会主任；欧阳永红、马昭华、解杰昂、巩中、哈薇任副主任；刘伟任秘书长；36人任委员。选举杜延安为市人民政府市长；刘辉、李军、赫璞峰、邹桂武、侯化、曹振萍为副市长。选举王晓东为市中级人民法院院长，耿标为市人民检察院检察长。通过亳州市第四届人民代表大会法制委员会组成人员名单。通过亳州市第四届人民代表大会财政经济委员会组成人员名单。

（马安国）

【亳州市人民代表大会常务委员会会议】2017年1月5日，召开亳州市第三届人民代表大会常务委员会第五十七次会议，审议通过《亳州市人民政府关于请求批准将亳州市建亳城市发展基金有关资金安排列入市级财政预算的议案》的决议；市四届人大一次会议主席团和秘书长名单（草案）、列席人员名单；市四届人大一次会议计划和预算审查委员会名单（草案），议案审查委员会名单（草案）；市人大常委会代表资格审查委员会关于亳州市第四届人民代表大会代表资格的审查报告。任命石宝华为市中级人民法院副院长；梅林为市中级人民法院刑事审判第二庭副庭长；宁少美为市中级人民法院审判员。

1月22日至23日，召开亳州市第四届人民代表大会常务委员会第一次会议，传达省十二届人大七次会议精神；审议通过《亳州市人大常委会2017年工作要点》。任命马庆武为人事代表选举工作委员会（代表联络办公室）主任；张东亚为财政经济工作委员会主任；马永久为城市建设环境与资源保护工作委员会主任；刘玲为内务司法工作委员会主任；朱献营为农业与农村经济工作委员会主任。免去胡永廷的内务司法工作委员会主任职务；陈敬的人事代表选举工作委员会（代表联络办公室）主任职务；支训海的财政经济工作委员会主任职务；马永亮的城乡建设环境与资源保护工作委员会主任职务。决定任命吴火权为市人民政府秘书长；廉保军为市监察局局长；李小彦为市发展和改革委员会（市物价局）主任（局长）；陈亮为市教育局局长；李锋为市科学技术局局长；冯浩为市经济和信息化委员会主任；金少坤为市民族事务委员会（市宗教事务局）主任（局长）；刘海石为市公安局局长；孙文亭为市民政局局长；李琳为市司法局局长；张传宾为市财政局（市政府国有资产监督管理委员会）局长（主任）；张廷林为市人力资源和社会保障局局长；王洪杰为市环境保护局局长；石汉东为市住房和城乡建设委员会主任；刘建为市交通运输局局长；应国君为市农业委员会主任；戴力为市水务局局长；翟玉增为市林业局局长；李松为市商务与粮食局局长；薛冰为市文化旅游局（市新闻出版广电局）局长；胡秋雯为市卫生和计划生育委员会主任；李迎春为市审计局局长；张培阳为市体育局局长；路文强为市统计局局长；程效银为市安全生产监督管理局局长；孙光华为市法制办公室主任；彭殿伟为市食品药品监督管理局局长；刘颖为市工商行政管理局局长；李龙杰为市质量技术监督局局长；黄卫国为市城市管理行政执法局局长；张利华为市人民防空办公室（市地震局）主任（局长）。

3 月 17 日，召开亳州市第四届人民代表大会常务委员会第二次会议，传达十二届全国人大五次会议精神；传达汪一光书记在市委常委会上对市人大常委会党组工作的意见；听取和审议关于市四届人大一次会议有关文化旅游议案调研情况的报告，审议通过关于文化旅游议案有关决议；《亳州市人民代表大会常务委员会议事规则》《亳州市人民代表大会常务委员会组成人员守则》《亳州市人民代表大会常务委员会关于接受杨敬农辞去安徽省第十二届人民代表大会代表职务请求的决定》；亳州市第四届人民代表大会常务委员会代表资格审查委员会组成人员名单。

4 月 26 至 28 日，召开亳州市第四届人民代表大会常务委员会第三次会议，听取和审议市政府关于全市水污染防治工作情况、关于全市新型农业经营主体发展情况的报告。审议通过《亳州市人民代表大会常务委员会关于接受刘玲辞去亳州市第四届人民代表大会常务委员会委员职务请求的决定》。免去刘玲的市第四届人民代表大会法制委员会副主任委员、市人民代表大会常务委员会内务司法工作委员会主任职务。决定任命戴力为市发展和改革委员会（市物价局）主任（局长）；刘传华为市水务局局长；万瑞年为市林业局局长。决定免去李小彦的市发展和改革委员会（市物价局）主任（局长）职务；戴力的市水务局局长职务；翟玉增的市林业局局长职务。

6 月 8 日，召开亳州市第四届人民代表大会常务委员会第四次会议，审议通过《亳州市人民代表大会常务委员会关于接受赫璞峰辞去亳州市人民政府副市长职务请求的决定》。决定任命：应国君为市人民政府副市长。

6 月 28 日 -6 月 30 日，召开亳州市第四届人民代表大会常务委员会第五次会议，听取和审议关于 2016 年市本级决算情况的报告，通过《亳州市人民代表大会常务委员会关于批准亳州市 2016 年市级决算的决议》；听取和审议关于 2016 年市本级预算执行和其他财政收支审计情况的报告；关于刑事审判工作情况的报告；审议《亳州市违法建设查处条例（草案修改稿）》；听取和审议关于《财政部 发展改革委 司法部 人民银行 银监会 证监会关于进一步规范地方政府举债融资行为的通知》贯彻落实情况的报告；审议关于 2017 年度市级预算调整的议案，通过《亳州市人民代表大会常务委员会关于批准 2017 年市级预算调整方案的决议》。决定免去应国君的市农业委员会主任职务。

8 月 17—18 日，召开亳州市第四届人民代表大会常务委员会第六次会议，听取和审议关于检查《安徽省物业管理条例》实施情况的报告；2017 年上半年亳州市国民经济和社会发展计划执行情况及下半年工作意见的报告；2017 年上半年市本级预算执行情况及下半年工作意见的报告；审议《亳州国家历史文化名城保护条例（草案修改稿）》。决定任命陈昭敏为市扶贫局局长；雅浩海为市文化旅游局（市新闻出版广电局）局长。决定免去薛冰的市文化旅游局（市新闻出版广电局）局长职务。免去王文伟的市中级人民法院民事审判第三庭庭长职务；温茂林的市中级人民法院行政审判庭庭长职务；颜四新的市中级人民法院审判监督庭庭长职务。

10 月 30—31 日，召开亳州市第四届人民代表大会常务委员会第七次会议，传达学习中国共产党第十九次全国代表大会精神；听取和审议关于旅游产业发展情况的报告，并开展专题询问；听取和审议关于土地征迁工作情况的报告、关于全市检察机关刑事执行检察工作情况的报告；审议通过《亳州国家历史文化名城保护条例》、市人大常委会代表资格审查委员会关于少数代表的代表资格变动的审查报告。任命张贝贝为市中级人民法院审判委员会委员、民事审判第一庭庭长；赵亮为市中级人民法院审判委员会委员、民事审判第二庭庭长；刘秋菊为市中级人民法院审判委员会委员、民事审判第三庭庭长；张秀远为市中级人民法院审判委员会委员、行政审判庭庭长；赵瑞强为市中级人民法院审判委员会委员、审判监督庭庭长。免去赵亮的市中级人民法院民事审判第三庭副庭长职务；刘秋菊的市中级人民法院立案一庭副庭长职务；马燕的市中级人民法院民事审判第二庭副庭长职务。

12月1日，召开亳州市第四届人民代表大会常务委员会第八次会议，审议通过《亳州市人民代表大会常务委员会关于召开亳州市第四届人民代表大会第二次会议的决定》。

12月25—26日，召开亳州市第四届人民代表大会常务委员会第九次会议，听取市政府关于环境状况和环境保护目标完成情况的报告、关于2016年市本级预算执行和其他财政收支审计报告查出问题整改情况的报告；听取和审议市政府关于市四届人大一次会议代表议案、建议办理工作情况的报告，对2017年议案办理工作进行满意度测评；听取市人大法制委员会关于市四届人大一次会议立法议案办理情况的报告；审议通过《亳州市人民代表大会常务委员会工作报告》，亳州市第四届人民代表大会第二次会议议程（草案）、日程（草案），亳州市第四届人民代表大会第二次会议议案审查委员会名单（草案），《亳州市人民代表大会常务委员会关于接受孙万华、孙同林、陈群辞去亳州市第四届人民代表大会常务委员会委员职务请求的决定》。

（马安国）

市人大常委会办公室工作

【概况】2017年，市人大常委会办公室发挥参谋、服务作用，坚持高标准、严要求，超前谋划、精心筹备、周到服务，人代会、常委会会议和主任会议进一步规范；督办代表议案建议，为代表履职提供保障。

完成新一届市人大代表和乡镇人大主席培训工作。分两期对市人大代表、市县区常委会组成人员及机关工作人员，部分乡镇人大主席进行培训，培训内容包括人民代表大会制度、宪法、代表法、地方组织法、代表履职等相关知识，462人参加培训。

围绕常委会审议议题和主任会议议题等，开展专题调研23次、执法检查1次、视察活动4次，撰写相关报告，提出意见建议，为常委会进行监督提供有益参考，发挥机关的参谋助手作用。机关办文、办会、办事，做好宣传、计生、党建、信访、接待、综治和老干部等工作。联系各个方面，加强综合协调，常委会各项工作有序高效运转。

落实常委会党组理论学习中心组和法律知识学习计划，举办全市人大干部宣传信息、公文写作培训班。修订常委会议事规则、常委会组成人员守则和机关10项管理制度。选调5人到机关工作，进一步充实机关干部队伍。

贯彻中央八项规定精神以及省、市实施细则。压缩发文和会议数量。常委会办公室文件数较上年下降。压缩公务接待开支，控制公务接待标准，不搞超标准接待，不搞公款相互宴请。严格车辆管理，周末和节假日期间所有车辆一律封存。改进调研方式，深入基层，摸清实情，调研质量和审议意见的针对性提升。

把党风廉政建设工作纳入机关日常工作，做到同部署、同落实。强化机关党员干部的教育、监督和管理。落实“一岗双责”制度。发挥党组核心领导作用，坚持民主集中制原则。加强党风廉政教育，强化纪律意识和规矩意识，筑牢拒腐防变底线。

全年党建工作任务分解到位，责任落实到人。发挥机关党委作用，推动党内生活有序开展，提高实效。落实“三会一课”等制度，党内生活的严肃性、战斗性进一步增强。组织召开党组民主生活会。查找自身存在的问题，剖析原因，开展批评和自我批评，提出整改措施。

（马安国）

【会议服务】2017年，市人大常委会办公室筹备召开市四届人大一次会议。在大会筹备秘书处的领导下，制定筹备工作方案，倒排行事历，明确分工，责任到人，完成大会各项任务。

筹备召开市人大常委会会议。计划召开6次常委会会议，根据工作需要，实际召开10次，听取“一府两院”水污染防治等专项工作报告13项。印发审议意见书14项，作出决议决定9个，组织开展1次执法检查、1次专题询问，任免国家工作人员162人次。

服务召开市人大常委会主任会议。计划召开15次主任会议，根据工作需要，实际召开23次，听取市政府关于政府性债务资金使用、重点交通工程建设、进出口检验检疫等等10个专项工作报告，提出意见建议，促进工作开展。

（马安国）

图13　亳州市展览馆（刘天　摄）

概　述

【概况】2017年，亳州市人民政府完成2016年确定的各项目标任务。全市地区生产总值1149.8亿元，增长9.2%，居全省第一位，连续三年超过全省平均水平；财政收入171亿元，增长16%，总量赶超两个市，居全省第十位；固定资产投资1067亿元，增长22%；社会消费品零售总额551亿元，增长11.9%；居民人均可支配收入增长9.8%，农村常住居民人均可支配收入增长9.6%，均居全省第二位；城镇常住居民人均可支配收入增长8.8%，居全省第四位。

粮食总产超48亿千克，小麦单产位居全省第一位。中药材种植面积7.75万公顷，蔬菜种植面积稳定在13.33万公顷。“三品一标”认证农产品达448个，亳丹皮、涡阳大豆获批为国家地理标志农产品。全面推广“一户一块田”，家庭农场发展到5666家，农民专业合作社发展到16905家。新增农业物联网示范点10个。适度规模经营面积28万公顷。规模养殖比重83%。主要农作物耕种收综合机械化率99%，农机总动力位居全省第一位。实施小型水利工程改造提升项目，更新改造泵站1235千瓦，加固小型水闸66座，新建、修复机电井7046眼，完成包河、茨河、阜蒙河年度治理任务和淮干一般堤防加固工程。

推进“世界中医药之都”建设，现代中药产业集聚发展基地实现产值340.1亿元，增长28%。开工建设总投资80亿元的长白山制药（亳州）产业园、11亿元的民生药业产业园、10亿元的美誉医药产业园等39个亿元以上药业项目。药业工业企业总数161家，通过GMP认证企业157家。新签约药业工业项目169个，总投资383.1亿元，全国中医药百强企业有55家落户亳州。有中成药品种205个，3个品种进入国家医保目录，394个药品技术转移批文上报国家食品药品监管总局待批。获批省级中药配方颗粒生产基地，5家企业获批试点生产，5家企业入选中华民族医药百强榜。

推进工业“三百工程”和“123工程”，完成工业投资389亿元，增长18.3%，居全省第三位；完成工业技改投资136.3亿元，增长19.2%。6家企业入选省2017年度民营企业百强榜。新增省级龙头甲级队企业12家，亳州市和三县一区（蒙城县、涡阳县、利辛县、谯城区）食品产业园区分别入驻项目46个、56个。规上白酒产业产值突破110.7亿元，增长15.1%，获“世界十大烈酒名产区”称号。古井集团连续11年入选省百强企业，正宇集团连续5年蝉联全国小麦粉加工企业50强。煤炭开采和洗选业产值增长56.8%，汽车及现代农机装备制造业产值增长7.3%，纺织服装、家具制造、计算机及电子设备制造业产值增长24.9%。

新增信贷投放300.8亿元，“我要贷款”平台累计发放贷款61.7亿元。新增限上商贸流通企业129家，限上消费品零售额增长16.9%。电子商务进农村“两中心、一站点”建设实现全覆盖，筑梦社区、青年创客空间入选国家级众创空间、省级电子商务示范园区，新认定国家级星创天地3家，签约落户服务外包企业10家7100个座席。邮政业务总量12亿元。开展“文化旅游年活动”，完成北关历史街区5条精品线路立面改造，新增市城市展览馆、南湖灯光水舞秀等一批景点，国内游客、入境游客、国内旅游收入增速均居全省第一位，旅游总收入增速居全省第二位。

新认定高新技术企业20家，高新技术产业增加值增长15.3%，全社会研发经费增长20%，授权发明专利增长66.7%。新增离岸孵化中心、技术转移中心、校企合作联合实验室、省级企业技术中心19家，新建院士工作站3家。新增省级新产品12个、工业精品5个。开展“亳州老乡，请您回家”和助力青年学子创业活动，1.2万人返乡创业，投资超500万元创业项目330个、开工建设272个、建成运营173个，带动就业5.1万人，农民工进城就业4.8万人，城镇登记失业率控制在2.9%。

实施城建重点项目236个，完工110个，完成投资65亿元。其中，市中心城区实施112个、完工72个，完成投资26亿元。建成高铁片区地下综合管廊3千米，完成海绵城市试点项目3个，黑臭水体治理项目22处。建成棚户区改造住房30043套，改造老城区主次干道雨污分流管网13.2千米、老旧小区22.4万平方米，新建、改建市中心城区环保公厕76个。应用数字城管扁平化指挥系统，受理案件61.5万件，结案率97.4%。王合拉垃圾填埋场封场工程开工建设，十河卞铺生活垃圾焚烧发电厂并网发电，城市生活垃圾无害化处理率99.98%。开展农村环境“三大革命”、农村清洁工程、农村垃圾分类处理、集镇集市管理，清理生活垃圾26万吨，收集处置有毒有害垃圾1257吨，完成改厕任务10.3万户，建成污水处理设施95个。

推进“地净、路畅、水活、天蓝、林拥城”工程，实施“五车”数字化监管，机械化清洗清扫城区主次干道；打通市中心城区汤王大道等断头路17条，建安路涡河隧道主体工程基本完工，汤王大道涡河隧道正在建设；宋汤河治理五期、龙凤新河、凤尾沟三期等城区水系治理工程全面完工，实现贯通；布设500余个“蓝天卫士”监控探头。新增人工造林5866.67公顷，建设森林生态廊道574千米、生态农田林网6.36万公顷，建成“林拥城”绿道60.6千米，创建省级森林城镇8个、森林村庄36个。开展节能减排工作，万元GDP能耗下降3%以上。秸秆综合利用率89.9%。建设高效节水灌溉工程4266.67公顷，封闭自备井56眼，万元GDP用水量下降8.5%。开展土地节约集约利用和农村土地综合整治工作，新建标准化厂房45.8万平方米，建设高标准农田7.53万公顷，补充耕地2066.67公顷，报批建设用地2866.67公顷，完成永久基本农田划定工作。34项中央环境保护督察反馈意见和省突出环境问题整改任务已按规定时限要求销号20项。建立四级河长体系，整治入河排污口152个，西淝河断面水质改善至III类，全市水环境质量同比改善43.6%，居全国276个地级及以上城市第八位。开展“全民参与·环保风暴”活动，建成环保督查信息平台及手机APP，关闭或搬迁禁养区内畜禽养殖场185家，新建规模养殖场污染防治设施853家，改造、拆除、关闭砖瓦窑厂137家，改造加油站点地下油罐988个，实施农村环境综合整治项目40个，新增安装使用油烟设施餐饮店2031家。

完成煤炭去产能任务，核减煤炭产能150万吨。加大土地供应，房地产开发投资增长39%，居全省第三位。落实减税降费政策，累计减轻企业负担22亿元。谋划储备项目1651个，总投资3543亿元。新增“新三板”挂牌企业2家，新增区域股权交易中心挂牌企业81家，其中“现代中医药及健康产业亳州专板”63家，实现直接融资132.2亿元。深化“放管服”改革，开展“四送一服”双千工程活动，创优“四最”营商环境。改造升级网上办事大厅，8651项入驻服务事项中有8009项实现“一次上网，事就办成”，累计受理申办件914.2万件，办结798.6万件，满意率99.99%。“我家亳州”APP注册用户突破100万个。“政企直通车”微信平台累计收集企业反映问题4002个，办结3938个。推进商事制度改革，在全省率先颁发“多证合一”营业执照，实现“64证合一”，新增市场主体6.8万户，增量居全省第三位。完成建安集团战略转型，新组建建安投资、城建发展、交通投资、文化旅游控股集团。深化医药卫生体制改革，建立医共体、医联体31个。推进农村产权制度改革和“三变”改革试点。公共资源交易全流程电子招投标平台建成运行。

新增进出口实绩企业37家，总数达149家。进出口总额6.6亿美元，增长27.8%，居全省第三位。实际利用外商直接投资7.8亿美元，增长8%。鼓励引导企业“走出去”，新培育外经主体4家，总数达11家。成立市政府口岸办。国家中药材产品质量监督检验中心（安徽）通过国家验收，全国地级市中唯一的中药材技术性贸易措施研究评议基地在亳州市挂牌运行。举办2017年药博会。

坚持招大引强，突出工业招商，“立、改、废、释”招商政策，实际利用省外资金530.9亿元，增长34.7%。新落地亿元以上利用省外资金项目192个，其中工业项目147个。市中心城区挂牌出让工业用地176宗860.53公顷，分别是2016年的2.3倍、3.7倍。坚持引资与引智并重，出台招才引智实施办法，吸引一批高层次人才到亳州工作。

推进“七五”普法工作。开展“排问题、除隐患、喜迎党的十九大”专项行动。开展进京访“百日攻坚”和积案化解专项行动，化解信访积案389件。投资17.5亿元新建视频数据平台高清摄像机4.5万路，总数达5.4万路，全市“两抢一盗”案件发案

图14　2017年10月26日，商合杭高铁亳州段建设（刘东昇　摄）

率下降26.2%。开展安全生产"百日除患铸安"大检查，完成煤矿安全监管职责调整，安全生产事故起数、死亡人数和受伤人数全面下降。启动省级食品药品安全城市创建工作。成立市见义勇为基金会。创建全国文明村镇8个、文明单位7个。国防教育、国防动员深入发展，双拥模范城创建工作通过省级验收，人防相关准备工作通过省检验评估验收。

全市6个省级开发区实现生产总值273亿元，财政收入49亿元，分别增长13.2%、31%。亳州经济开发区新开工项目突破100个，财政收入14.1亿元，征收土地1466.67公顷，拆迁房屋105.6万平方米，申报省级高新技术开发区。亳芜现代产业园区获批为省服务外包示范区，谯城经济开发区纳入准国家级经济开发区管理。

（杨　琉）

【民生工程建设】2017年，亳州市城市低保标准提高10%，农村"五保"集中供养财政补助标准提高28%，农村"五保"分散供养财政补助标准、低保标准由3150元提升至4310元。实施"关爱工程"，将建档立卡范围外的城乡低保和农村"五保"对象纳入扶贫政策享受范围。市养老服务中心、市精神病人福利中心投入使用，23所农村敬老院转型为区域性养老服务中心，建成农村居家养老中心101所。新建、改扩建中小学152所、公办幼儿园41所，亳州学院新增本科专业6个，亳州职业技术学院二期工程开工建设，亳州幼师、亳州中药科技学校二期工程完工，组建全市职业教育联盟。华佗中医院新院、市人民医院二期工程建成使用，新建二级民营医院5家。人口自然增长率控制在9‰。送戏下乡演出2592场，送戏进敬老院302场，开展文化广场演出392场，放映公益电影20895场，原创泗州戏《伯俞泣杖》获"全省十大名剧"称号。建成市"五位一体"公共活动中心，建成开放市体育公园、文化公园等4个特色公园，建成投用乡镇（社区）综合文化服务中心5个、农民文化乐园7个、室外标准游泳池10个、城区全民健身路径550套，开工建设市体育馆、市广电中心。举办中国（亳州）国际半程马拉松赛、"健康安徽"2017年环江淮万人骑行大赛总决赛。

（杨　琉）

【奋力走在皖北振兴前列迈出坚实步伐】2017年，亳州市各级各部门坚持用十九大精神凝聚思想共识、指导工作实践、推动党的建设，为"深入践行五大发展理念，奋力走在皖北振兴前列"提供了新动能，谱写出新时代中国特色社会主义亳州篇章。全市经济结构不断优化，发展质量不断提高。在省统计局公布的23项经济指标中，亳州市经济指标增速居全省前八位的有19项，前四位的有17项，前三位的有15项，第一位的有3项。省政府通报考核的10项指标中，增速居前八位的有9项，前三位的有6项，第一位的有2项。其中2017年全市GDP同比增长9.2%，增幅居全省第一位，为地级亳州市成立以来最好位次。现代农业产业体系加快构建，推进质量兴农、绿色强农，实现现代农业提质增效，年粮食总产超48亿千克，小麦单产位居全省第一。"三品一标"认证农产品达448个，亳丹皮、涡阳大豆获批为国家地理标志农产品。党的建设稳步推进，开展"对标巡诊"，推动基层党组织达标升级，古井集团国有企业党建文化馆，顺利通过ISO9001

图15 亳州新貌(张卫东 摄)

党建质量管理体系认证。义务教育均衡发展取得新突破。利辛县通过义务教育发展基本均衡县国家督导验收,谯城区通过义务教育发展基本均衡县国家复检,亳州市实现该项工作县区全覆盖。

(许发夫)

【科技项目获省科学技术奖一等奖】 2017年,亳州市济人药业"中药大品种疏风解毒胶囊二次开发的系统研究及应用"项目获省科学技术奖一等奖,实现建市后该奖项"零"的突破。近年来,亳州市高度重视科技创新工作,实施科技创新驱动发展战略。利用高校、科研院所的科技资源优势,走产学研合作的协同创新之路,引导企业开展关键技术的研究开发及其相关科技成果的转化运用,增强企业自主创新能力和产业核心竞争力。2017年,亳州市新认定高新技术企业20家,高新技术产业增加值增长13%,全社会研发经费增长20%,授权发明专利增长49%。新增离岸孵化中心、技术转移中心、校企合作联合实验室、省级企业技术中心19家,新建院士工作站3家。新增省级新产品8个、工业精品5个。

(许发夫)

【打造"世界中医药之都"】 2017年,亳州市依托现代中医药资源和产业优势,抢抓国家推进"健康中国"建设、《中医药法》实施等系列机遇,研究制定《打造"世界中医药之都"三年行动计划(2017—2020年)》,全力打造"三大中心",即中药材现货交易中心、期货交易中心、国际标准认证中心;着力塑造"三大品牌",即世界中医药产业集群、世界中医药论坛、世界中医药健康养生旅游目的地;奋力实现"三个千亿"目标,即到2020年,全市中药产业固定资产投资突破1000亿元,中药工业总产值突破1000亿元,中药商贸流通收入突破1000亿元,更好地服务于世界人民的健康。亳州市坚持"以药立市",推进现代中医药产业加速发展,形成涵盖中药材种植、中药饮片加工、中成药制造、中药颗粒剂生产、中药流通、中药科研和中药文化传播等全产业链的现代中医药产业体系。获评"一带一路国际健康旅游目的地",入选全国首批中医药健康旅游示范区创建单位,被授予"国际健身气功五禽戏之都""全国药膳之都"称号,国家中药材产品质量监督检验中心通过"三合一"评审。

(许发夫)

【文化旅游年活动引爆全市旅游市场】 2017年1月1日,2017年亳州文化旅游年大幕开启。近年来,市委、市政府把旅游业作为亳州市经济发展的重要增长极,围绕"中华药都·养生亳州"的城市定位,开展各项文化旅游活动,举全市之力,加快全域旅游目的地建设,打造"底蕴厚重、功能完善的文化旅游强市和生态宜居、文明和谐的健康养生城市"。2017年,亳州市以涡河为纽带,以景区为依托,针对主城区和三县旅游资源的产品特色,围绕历史文化、生态休闲、健康养生、教育研学、红色旅游等主题内容,打造精品旅游线路,并集中策划推出68项文化旅游主题活动。完成北关历史街区5条精品线路立面改造,新增城市展览馆、南湖灯光水舞秀等一批景点,引爆全市旅游市场,国内游客、入境游客、旅游外汇收入增速均居全省第一位,旅游总收入、国内旅游收入增速均居全省第二位,城市对外形象和美誉度进一步提升。

(许发夫)

【精准脱贫】 2017年,亳州市市(县、区)财政共安排专项扶贫资金12.9亿元,是上年的5倍,其中市本级安排8.6亿元,较上年增加7.6亿元。创新开发精准扶贫信息平台,动员1317家单位、58282人参与扶贫帮扶,实现所有贫困村扶贫工作队和帮扶责任人全覆盖。抓脱贫攻坚八大工程,整合各类资金投入脱贫攻坚,新增金融扶贫贷款45亿元,推出林业扶贫、文化旅游扶贫等新模式，加强民主监督，实施产业扶贫项目1861个。累计投资32.3亿元，建成并网光伏扶贫电站2201个，总装机规模505.6兆瓦，占全省的25.2%。建成易地扶贫搬迁安置点18个，安置5755人。安置贫困人员就业2.8万人。发放贫困生资助资金4.2亿元，资助学生29.3万人次。发放贫困人口慢性病证9.2万个，享受“两免两降五提高一兜底”政策贫困人口163.7万人次。89个贫困村成功出列，137341人稳定脱贫，谯城区、蒙城县被列入全省首批4个拟脱贫摘帽县区。

（许发夫）

【打造生态文明建设亳州样板】2017年，亳州市持续推进“地净、路畅、水活、天蓝、林拥城”工程。抓好“五车”数字化监管，实现城区主次干道机械化清洗清扫。宋汤河治理五期、龙凤新河、凤尾沟三期等城区水系治理工程全面完工，实现贯通。全面打响“蓝天保卫战”，布设500余个“蓝天卫士”监控探头。新增人工造林5866.67公顷，建设森林生态廊道574千米、生态农田林网63600公顷，建成“林拥城”绿道60.6千米，创建省级森林城镇8个、森林村庄36个。市“五位一体”公共活动中心全面建成，市体育公园、市文化公园、曹操八角台公园、观音山公园等一批特色公园建成开放，市区10个公共游泳池建成对市民开放。推进农村环境“三大革命”、农村清洁工程、农村垃圾分类处理、集镇集市管理，清理生活垃圾26万吨，收集处置有毒有害垃圾1257吨，完成改厕任务10万户，建成污水处理设施113个。建立四级河长体系，整治入河排污口153个。全市水环境质量同比改善43.6%，居全国276个地级及以上城市第八位。开展“全民参与·环保风暴”活动，解决一批环保突出问题。

（许发夫）

【“互联网+政务”服务深化】2017年，亳州市深化“放管服”改革，开展“四送一服”双千工程活动，创优“四最”营商环境。紧盯“只要上一次”目标，改造升级网上办事大厅，8651项入驻服务事项中有8009项实现“一次上网，事就办成”，累计受理申办件902.5万件，办结786.5万件，满意率99.99%。2017年11月17日，全省第一张“互联网+自助办税终端”社保费完税证明在蒙城县地税局办税服务厅正式开出。“互联网+公积金”等工作在全国推广。11月21日，省人民政府办公厅对亳州市“互联网+政务”服务经验予以通报表彰推广。截至2017年年底，“我家亳州”APP注册用户突破100万个。“政企直通车”微信平台累计收集企业反映问题3709个，办结3547个。

（许发夫）

【重大基础设施建设项目推进】2017年12月28日，引江济淮亳州市供水工程全面开工。引江济淮主体工程在亳州市境内主要是江水北送西淝河线路及向亳州城区供水工程。亳州市作为一个快速发展的年轻城市，水资源供需矛盾、水资源承载能力不足等问题日益凸显，引江济淮工程对亳州来说就是“解渴”工程，是解决区域发展不平衡不充分问题、满足亳州人民日益增长的美好生活需要的重要基础设施项目，意义重大。2017年，亳州市重大基础设施项目进展顺利，全年实施省市重点项目542个，完成投资780亿元，26个10亿元以上重大项目开工建设，128个亿元项目竣工投产或主体完工，省重点项目投资完成率、开工率、竣工率均居全省前三位。商合杭高铁亳州段墩柱全面完工，亳州机场预可研文件已报国

图16 2017年，道源湿地公园建设（市林业局 供图）

图 17 亳州北高速入口(梁韵 摄)

家待批,亳蒙高速立项获批,亳蚌城际铁路前期工作加快推进,137 千米国省干线公路改建及路面改善工程完工。

(许发夫)

重要会议

【市政府全体会议】1 月 12 日,召开市政府第一次全体会议,传达贯彻市“两会”精神,全面启动新一年和新一届政府工作。

2 月 3 日,召开市政府第二次全体会议,宣读《亳州市人民政府关于印发 2017 年政府工作报告主要目标任务分解表的通知》,根据市四届人大一次会议审议批准的 2017 年《政府工作报告》,梳理出 2017 年新一届政府要完成的 108 项具体目标任务,涉及全市产业发展、城乡建设、民生保障等多方面。

(市政府办公室)

【市政府常务会议】2017 年,亳州市人民政府总共召开 43 次市政府常务会议。

1 月 4 日,召开市政府第 168 次常务会议,听取关于安全生产大检查、大督察、大整治工作开展情况的汇报,《亳州市基础设施和公用事业特许经营项目推进办法(讨论稿)》起草情况的汇报,《亳州市“十三五”金融业发展规划(讨论稿)》起草情况的汇报,《亳州市中药配方颗粒项目建设工作推进方案(送审稿)》起草情况等汇报,确定相关事项。

1 月 15 日,召开市政府第一次常务会议,研究新一届政府领导班子分工。

1 月 24 日,召开市政府第二次常务会议,听取关于省两会精神及 2016 年度政府重点工作完成情况和 2017 年政府工作报告主要任务分解情况的汇报,全国、全省安全生产电视电话会议精神及 2017 年市政府拟第一批挂牌督办重大安全隐患情况的汇报,全国农村集体产权制度改革工作电视电话会议、全省农村工作会议精神及市贯彻落实意见的汇报,《亳州市关于促进文化消费的意见(讨论稿)》和《亳州市文化与旅游融合发展实施意见(讨论稿)》起草情况的汇报,《亳州市全民健身实施计划(2016—2020 年)(讨论稿)》起草情况的汇报,涡阳县单集林场和高炉镇行政区划调整的汇报,亳菊路南侧、嵇康路东侧地块控制性详细规划情况的汇报等,确定相关事项。

2 月 6 日,召开市政府第三次常务会议,听取关于《2017 年度市政府系统岗位责任目标(讨论稿)》编制情况的汇报,市编办近年来工作和全国编办主任会议暨全国机构编制工作先进集体和先进工作者表彰大会精神的汇报,全省商务工作会议精神及亳州市贯彻落实意见的汇报,2017 年 1 月安全生产形势和市政府第一批挂牌督办隐患整改情况的汇报,确定相关事项。

2 月 15 日,召开市政府第四次常务会议,听取关于全省质量品牌升级工程推进大会精神及亳州市贯彻落实意见的汇报,全省国有企业“三供一业”分离移交工作推进会议精神及贯彻意见的汇报,《安徽省生态环境保护工作职责(试行)》精神及亳州市贯彻落实意见暨省环境保护督察反馈情况的汇报,《亳州市五大发展行动计划任务分工方案(讨论稿)》推进机制起草情况的汇报,《关于进一步加强和改进卫生与健康工作的实施意见(讨论稿)》起草情况的汇报,《亳州市“十三五”防震减灾规划(讨论稿)》编制情况的汇报,《各县区政府目标管理绩效考核金融工作考核办法(讨论稿)》起草情况的汇报,道东和两河区域征迁有关问题的汇报,进一步规范市直机关食堂管理工作的汇报，确定相关事项。

3月8日，召开市政府第六次常务会议，听取关于全国、全省加强H7N9疫情联防联控工作视频会议精神及亳州市贯彻落实意见的汇报，全省外贸工作调度会精神及亳州市贯彻落实意见的汇报，《亳州市城市制水供水安全事故应急预案（讨论稿）》和《亳州市燃气安全事故应急预案（讨论稿）》起草情况的汇报，确定相关事项。

3月20日，召开市政府第七次常务会议，安排3月份政府系统“问题查摆周”工作，听取全省信访工作会议精神和全市信访目标考核情况的汇报，《亳州市城市防汛应急预案（送审稿）》起草情况的汇报，《亳州市市级财政涉企专项资金管理暂行办法（讨论稿）》起草情况的汇报，《亳州市“十三五”房地产业发展规划（送审稿）》编制情况的汇报，《亳州市主城区周边重点旅游示范村乡村民宿改造经营补助工作方案（讨论稿）》《亳州市花戏楼名吃街改造及经营补助工作方案（讨论稿）》和《亳州市北关历史街区旅游精品线路临街建筑外立面整治工作方案（讨论稿）》起草情况的汇报，2017年市级外贸促进政策项目资金分配方案的汇报，确定相关事项。

3月27日，召开市政府第八次常务会议，听取全省大气污染防治联席会议暨省政府大气污染防治工作调度会精神、县区环保重点工作2016年度绩效考核结果和《亳州市2017年环保重点工作绩效考核奖惩方案（讨论稿）》起草情况以及2016年、2017年中央财政土壤污染防治专项资金分配情况的汇报，全省金融工作座谈会议精神的汇报，全省消防工作会议精神及亳州市贯彻落实意见的汇报，《亳州市消防事业“十三五”发展规划（讨论稿）》编制情况的汇报，《亳州市“十三五”加快残疾人小康进程规划（讨论稿）》起草情况的汇报，《中共亳州市委、亳州市人民政府关于深入推进城市执法体制改革改进城市管理工作的实施方案（讨论稿）》及附件起草情况的汇报，全省“三重一创”建设推进会、全省铁路建设工作暨特色小镇建设会议精神及贯彻落实意见、《贯彻实施〈亳州市五大发展行动计划〉任务分工方案（讨论稿）》及推进机制起草情况、全省投资项目在线审批监管平台建设有关情况、《亳州市生态文明体制改革行动方案（讨论稿）》和《亳州市推行环境污染第三方治理方案（讨论稿）》起草情况的汇报，“政风行风热线——市长有约”特别节目的工作汇报，确定相关事项。

4月5日，召开市政府第九次常务会议，听取关于全国、全省危险化学品安全综合治理视频会议精神及亳州市贯彻落实意见的汇报，《亳州市区域卫生规划（2016—2020年）》（讨论稿）起草情况的汇报，《亳州市引进高层次人才随迁配偶安置工作实施办法（试行）》（讨论稿）起草情况的汇报，2017年度市级下拨黄标车提前淘汰奖补资金分配建议的汇报，确定相关事项。

4月10日，召开市政府第十次常务会议，听取关于全市安全生产工作情况的汇报，全省防震减灾工作领导小组会议精神及亳州市贯彻落实意见的汇报，全省城市建设重点工作现场调度会议精神及亳州市贯彻落实意见的汇报，全省退役士兵安置工作电视电话会议精神及亳州市近期退役士兵安置工作开展情况和《亳州市综合防灾减灾规划（2016—2020年）》（讨论稿）起草情况的汇报，2017年土地督察工作动员视频会议精神及亳州市贯彻落实意见的汇报，全省旅游业发展大会精神及亳州市贯彻落实意见的汇报，全省打造内陆开放新高地推进大会和全省县域开放型经济暨外贸工作调度会议精神及亳州市贯彻落实意见的汇报，《贯彻〈法治政府建设实施纲要（2015—2020年）〉实施方案（讨论稿）》起草情况的汇报，2016年金融机构支持地方经济发展目标管理考核工作的汇报，《亳州市全面推行河长制工作方案（送审稿）》起草情况的汇报，亳芍路以南、嵇康路以东、银杏路以北地块控制性详细规划的汇报，确定相关事项。

4月25日，召开市政府第12次常务会议，听取关于全省迎接中央环境保护督察电视电话会议精神的汇报，全省机构编制工作会议暨全省机构编制系统先进集体和先进工作者表彰大会精神及亳州市贯彻落实意见的汇报，2017年全国、全省医改工作电视电话会议精神的汇报，《亳州市生态文明体制改革实施方案（讨论稿）》起草情况的汇报，《亳州市城区地下空间建设用地管理和不动产登记暂行办法（讨论稿）》起草情况的汇报，《亳州市人民政府关于依法加强人民防空工作的实施意见（讨论稿）》起阜情况的汇报，《亳州市积极稳妥降低企业杠杆率的实施方案（讨论稿）》起草情况和参与设立安徽产业升级基金二期有关事宜的汇报，亳州市“创业之星”“农村青年致富带头人”推选工作情况的汇报，减免亳州宾馆有限责任公司2016年度房产税和城镇土地税的汇报，2017年全省防汛抗旱工作会议精神及亳州市贯彻落实意见和2017年水利支持美丽乡村建设资金分配方案的汇报，2017年度市妇女专项资金分配方案的汇报，确定相关事项。

5月3日，召开市政府第13次常务会议，学习《生态文明和环境保护学习读本》，听取关于全省扶贫开发工作“重精准、补短板、促攻坚”专题整改行动动员部署电视电话会议精神及贯彻落实意见的汇报，《深入推进农业供给侧改革加快培育农业农村发展新动能的实施意见（讨论稿）》《亳州市2017年农业农村重点工作绩效考核方案（讨论稿）》起草情况，2017年度省级农业财政项目和2017年度市级支持现代农业发展项目资金分配建议的汇报，《亳州市2017年重点项目推进奖补办法（修订稿）》修订情况和2017年省级服务业发展引导资金投资计划安排情况的汇报，亳州城区西南片区新型城镇化项目政府购买服务有关事宜的汇报，确定相关事项。

5月8日，召开市政府第14次常务会议，听取关于省政府文件要求亳州市制定出台配套文件落实情况的汇报，全省扶贫小额信贷工作推进会议精神及亳州市贯彻落实意见的汇报，全省汛期地质灾害防治电视电话会议精神及亳州市贯彻落实意见的汇报，《亳州市流动人口居住登记办法（修订稿）》修订情况的汇报，市招商局关于全省招商引资工作现场会议精神及亳州市贯彻落实意见和《亳州市工业项目招商引资扶持奖励办法（讨论稿）》起草情况的汇报，市农机局关于《亳州市人民政府关于推进农机作业托管服务的指导意见（讨论稿）》起草情况的汇报，市科技局关于兑现2017年高新技术企业认定“事后奖补”资金的汇报，市财政局关于2017年度光伏并网项目配套资金情况的汇报，确定相关事项。

5月12日，召开市政府第15次常务会议，听取关于亳州市招商引资优惠政策修改完善有关情况的汇报，亳药花海休闲观光大世界土地流转规模种植补助方案的汇报，确定相关事项。

5月23日，召开市政府第16次常务会议，听取全国、全省就业创业工作暨2017年高校毕业生就业创业工作电视电话会议精神及亳州市贯彻落实意见的汇报，《亳州市加快构建现代公共文化服务体系的实施方案（讨论稿）》起草情况的汇报，《亳州市推进电子商务进农村全覆盖工作实施方案（讨论稿）》起草情况的汇报，《亳州市关于支持返乡下乡人员创业创新促进农村一、二、三产业融合发展的意见（讨论稿）》起草情况的汇报，《亳州市贯彻落实中医药发展战略规划纲要（2016—2030年）实施方案（讨论稿）》和《亳州市鼓励有资质人员开办个体诊所的意见（试行）（讨论稿）》起草情况的汇报，《亳州市政府性债务风险应急处置预案（修订稿）》修订情况的汇报，《亳州市加快发展健身休闲产业的实施意见（讨论稿）》起草情况的汇报，提高市、区城乡建设用地增减挂钩项目投入和农民退宅进城奖补标准的汇报，《亳州市2016年秋冬季退出现役士兵安置工作方案（讨论稿）》起草情况及接收安置情况的汇报，汤王大道以西、茴香路以北、春华路以东地块，合欢路以南、仙翁路以东地块和杜仲路以南、建安路以东、紫苑路以北地块控制性详细规划（调整）的汇报，2017年市现代中药产业发展引导资金项目有关情况的汇报，2017年市工业发展专项资金分配方案的汇报，确定相关事项。

6月12日，召开市政府第17次常务会议，听取《亳州市贯彻落实中共安徽省委、安徽省人民政府关于深入贯彻习近平总书记视察安徽重要讲话精神进一步加强环境保护工作实施意见的工作方案（讨论稿）》起草情况的汇报，全省制造强省大会精神及亳州市贯彻落实意见的汇报，全省妇女儿童工作会议精神及亳州市贯彻落实意见的汇报，全省人民防空会议精神和亳州市贯彻落实意见的汇报，2016年省脱贫攻坚工作成效复核反馈问题整改落实情况的汇报，《亳州市加快发展现代保险服务业的实施意见（讨论稿）》和《亳州市深入推进扶贫小额信贷工作的实施意见（讨论稿）》起草情况的汇报，《亳州市构建“六项机制”强化安全生产风险管控工作实施方案（讨论稿）》起草情况的汇报，《亳州市推行重大执法决定法制审核制度试点工作实施方案（讨论稿）》起草情况的汇报，《亳州市加快健康产业发展的实施意见（讨论稿）》和《亳州市加强基层医疗卫生机构人才队伍建设的实施意见（讨论稿）》起草情况的汇报，《亳州市城市节约用水管理实施细则（讨论稿）》起草情况的汇报，《亳州市支持科技创新若干政策（讨论稿）》起草情况的汇报，《亳州市加快推进“互联网+政务服务”工作实施方案（讨论稿）》起草情况的汇报，亳州市全面推行河长制相关制度起草情况的汇报，《亳州市农机专业合作社库棚（农机大院）建设项目实施方案（讨论稿）》起草情况的汇报，《亳州市人民政府关于在市场体系中建立公平竞争审查制度的实施方案（讨论稿）》起草情况和2017年战略性新兴产业、服务业、新能源产业发展资金安排情况的汇报，《亳州市贯彻落实安徽省打造内陆开放新高地的实施意见（讨论稿）》起草情况和2017年市级商贸发展专项资金内贸项目支持资金分配方案的汇报，确定相关事项。

6月26日，召开市政府第18次常务会议，听取关于全省深化统计管理体制改革提高统计数据真实性电视电话会议精神的汇报，《财政部、发展改革委、司法部、人民银行、银监会、证监会关于进一步规范地方政府举债融资行为通知》的贯彻落实意见和市本级项目资金安排建议的汇报，《中共亳州市委办公室、亳州市人民政府办公室关于基本解决法院执行难问题推进对失信被执行人联合惩戒的实施意见（讨论稿）》起草情况的汇报，《亳州市健全落实社会治安综合治理领导责任制实施细则（送审稿）》起草情况的汇报，《中共亳州市委、亳州市人民政府关于贯彻落实中共安徽省委、安徽省人民政府关于深入贯彻习近平总书记视察安徽重要讲话精神进一步加强环境保护工作的实施意见的工作方案（讨论稿）》起草情况的汇报，《中共亳州市委办公室、亳州市人民政府办公室关于进一步加强和改进离退休干部工作的实施意见（讨论稿）》起草情况的汇报，《亳州市农业现代化推进规划（2016—2020年）（讨论稿）》编制情况、《亳州市加快农业产业化转型发展的实施意见（讨论稿）》和《亳州市脱贫攻坚期产业精准扶贫实施意见（讨论稿）》起草情况的汇报，《中共亳州市委、亳州市人民政府关于进一步加强城市规划建设管理工作的实施方案（讨论稿）》起草情况的汇报，《亳州市扶持高层次科技人才团队创新创业实施细则（讨论稿）》起草情况的汇报，《亳州市2017年深化医药卫生体制综合改革试点重点工作任务（讨论稿）》起草情况的汇报，安徽珍康医疗投资有限公司申请退还土地问题有关情况的汇报，支持浪潮云计算大数据业务加快落地事宜的汇报，2016年省级外贸促进政策项目和省级承接产业转移促进加工贸易创新发展项目资金分配方案的汇报，2017年度新增光伏并网项目等项目配套资金情况、2017年市级预算调整方案和2015、2016年度市直机关效能考核奖金安排情况的汇报，2017年全市中等职业学校特色专业建设专项资金分配方案的汇报，2017年市级林业发展专项资金使用方案的汇报，旅行社奖励资金分配方案和《亳州市人民政府与中联院线合作协议（讨论稿）》起草情况的汇报，确定相关事项。

7月3日，召开市政府第19次常务会议，听取关于全国深化简政放权放管服结合优化服务改革电视电话会议精神的汇报，贯彻落实《安徽省人民政府关于扎实推进民生工作的意见》有关情况的汇报，《市委政法委、市民政局、市人力资源社会保障局关于进一步做好军队退役人员有关工作的意见（讨论稿）》起草情况的汇报，《亳州市贯彻落实国家侨务工作发展纲要（2016—2020年）的实施方案（讨论稿）》起草情况的汇报，《亳州市2017年蓝天行动实施方案（讨论稿）》起草情况的汇报，引江济淮亳州段工程2017年开工计划及承诺函起草情况的汇报，建安集团转型方案的汇报，《中共亳州市委办公室、亳州市人民政府办公室关于进一步深化文化市场综合执法改革的实施意见（讨论稿）》和《亳州市文化旅游项目战略合作框架协议（讨论稿）》起草情况的汇报，确定相关事项。

7月10日，召开市政府第20次常务会议，听取关于国务院第三次大督察反馈问题整改情况的汇报、全省“两治三改”启动暨二季度城市建设重点工作现场调度会议精神的汇报；关于《进一步把社会主义核心价值观融入法治建设的实施意见（讨论稿）》《法治亳州建设实施纲要（2017—2020年）（讨论稿）》《亳州市人民政府重大行政决策公众参与程序规定（讨论稿）》《亳州市“协同监管平台”信息统一归集公示工作实施方案（讨论稿）》和《亳州市“多证合一”工作实施方案（讨论稿）》《亳州市政务信息资源共享管理暂行办法（讨论稿）》《全市主要经济指标和环保指标目标完成情况考核奖惩办法（试行）（讨论稿）》和《关于建立经济运行调度通报考核机制的通知（讨论稿）》《亳州市促进创业投资持续健康发展实施方案（讨论稿）》起草情况的汇报；听取关于2016年旅游产业事后奖补资金分配方案的汇报，《亳州市市级政府和社会资本合作项目操作流程（讨论稿）》《亳州市各县区政府目标管理绩效考核金融工作考核暂行办法（讨论稿）》起草情况的汇报，《亳州市市级储备成品粮承储合同》起草情况和2017年省级粮食产业化财政专项资金分配方案的汇报，亳州岩土勘测设计院测绘费用有关问题的汇报，确定相关事项。

7月24日，召开市政府第22次常务会议，传达全市第二季度经济工作督查调度会议精神，听取关于全省电线电缆专项整治工作会议精神及亳州市贯彻落实意见的汇报，听取关于《亳州市发挥品牌引领作用推动供需结构升级工程实施方案（讨论稿）》《亳州市推动实体零售创新转型的实施方案（讨论稿）》《亳州市2017年食品药品安全重点工作安排（讨论稿）》和《亳州市争创全省食品药品安全城市工作实施方案（讨论稿）》《亳州市支持“三重一创”建设若干政策（讨论稿）》《亳州市司法所建设规范提升工程实施方案（讨论稿）》《“十三五”亳州市结核病防治规划（讨论稿）》《亳州市公安机关警务辅助人员管理实施细则（讨论稿）》《亳州市实施城乡规划督导员制度办法（送审稿）》《加强公立医院债务化解及管理工作的实施意见（讨论稿）》《亳州市人民政府 安徽大学文化旅游战略合作协议（讨论稿）》起草情况的汇报，听取2015—2016年度亳州市科学技术奖和第七届青年科技奖评选有关情况的汇报，《及时更新权力清单等五个清单的通知（讨论稿）》《亳州市人民政府与安徽省中安金融资产管理股份有限公司战略合作协议（讨论稿）》起草情况的汇报，2017年市新闻宣传专项资金分配方案的汇报，拨付建档立卡贫困户农村危房改造资金有关情况的汇报，确定相关事项。

7月31日，召开市政府第23次常务会议，听取中央环境保护督察组督察安徽省情况反馈会主要精神的汇报，全省电子商务进农村全覆盖工作推进会议精神和全省上半年外贸运行分析调度会精神及亳州市贯彻落实意见的汇报；听取《推行法律顾问制度和公职律师公司律师制度的实施方案（讨论稿）》《推进价格机制改革的实施意见（讨论稿）》《亳州市大力发展以农作物秸秆资源利用为基础的现代环保产业实施意见（讨论稿）》《亳州市食品药品安全工作评议考核办法（讨论稿）》起草情况的汇报，对市直单位表扬和记功奖励申报材料初审意见的汇报，亳州市人民政府与江南大学、天津药物研究院共建离岸孵化器中心框架协议起草情况的汇报，确定相关事项。

8月7日，召开市政府第24次常务会议，传达省政府第十次全体会议、全省开发区改革和创新发展推进大会精神，听取关于中央第四环境保护督察组督察安徽反馈意见整改工作专题会议精神的汇报，全省公共文化服务体系建设推进会议精神及亳州市贯彻落实意见的汇报，《亳州市政府重点工作督查考评办法（讨论稿）》《亳州市“十三五”促进少数民族和民族聚居地区加快发展的实施方案（讨论稿）》《亳州市遏制与预防艾滋病“十三五”行动计划（讨论稿）》《亳州市残疾人精准康复服务行动实施方案（讨论稿）》《贯彻安徽省“十三五”行政机关公务员培训纲要的实施意见（讨论稿）》《2017年国际（亳州）中医药博览会暨第33届全国（亳州）中药材交易会总体活动方案（讨论稿）》《2017年国际（亳州）中医药博览会暨第33届全国（亳州）中药材交易会改革工作方案（讨论稿）》起草情况的汇报，确定相关事项。

8月14日，召开市政府第25次常务会议，听取关于《推动军民深度融合发展的实施意见（讨论稿）》《贯彻落实〈关于推动军民深度融合发展的实施意见〉任务分工方案（讨论稿）》和《认真做好深化国防和军队改革期间军队转业干部安置工作的通知（讨论稿）》起草情况的汇报，全省危险化学品道路交通运输专项整治电视电话会议精神及亳州市贯彻落实意见的汇报，《亳州市坚持平安为基推进安全发展实施方案（讨论稿）》《亳州市安全生产“十三五”规划（送审稿）》《亳州市城市工作“五统筹”实施方案（讨论稿）》和《亳州市“两治三改”三年专项行动实施方案（讨论稿）》起草情况的汇报，《亳州市人口发展“十三五”规划（讨论稿）》编制情况的汇报，《亳州市金融机构支持地方经济发展目标考核实施细则（讨论稿）》修订情况的汇报，《亳州市规模畜禽养殖污染专项整治行动工作方案（讨论稿）》起草情况的汇报，百合路以南、菁华路以西等4个地块控制性详细规划（调整）的汇报，《国家质量监督检验检疫总局国际检验检疫标准与技术法规研究中心（中国WTO/TBT-SPS国家通报咨询中心）、安徽出入境检验检疫局、亳州市人民政府合作框架协议书（讨论稿）》起草情况的汇报，建安集团出资参与安徽省股权服务集团设立有关事宜的汇报，亳州市2016年第二批（第二次）大气污染防治综合补助资金、2016年第二批环境保护专项补助资金、2017年度省级环保专项资金分配方案的汇报，安排亳州市援藏项目资金的汇报，确定相关事项。

8月21日，召开市政府第26次常务会议，传达省委常委、省纪委书记刘惠到亳州调研座谈会上的重要讲话精神、副省长李建中到亳州调研时的重要讲话精神，听取全省中央环境保护督察反馈问题整改推进会精神及《亳州市贯彻落实中央第四环境保护督察组督察反馈意见整改方案（讨论稿）》等文件起草情况和2017年大气污染防治综合奖补资金分配方案的汇报，《亳州市突发事件应急体系建设“十三五”规划（讨论稿）》《亳州市信息化“十三五”发展规划（讨论稿）》《亳州市信息网络基础设施发展专项规划（2017—2021年）（讨论稿）》《亳州市完善支持政策促进农民持续增收实施方案（讨论稿）》和《亳州市粮食烘干设备和蔬果冷藏库建设项目实施方案（讨论稿）》起草情况的汇报，全省矛盾纠纷多元化解机制建设现场会精神的汇报，《亳州市市级以下财政事权与支出责任划分改革实施方案（讨论稿）》《深化统计管理体制改革提高统计数据真实性的实施意见（讨论稿）》起草情况的汇报，板桥口还原小区工程消防变更问题的汇报，《亳州市落实支持技工大省建设若干政策实施意见（讨论稿）》《亳州市促进仿制药质量和疗效一致性评价奖扶办法（讨论稿）》《贯彻落实全面推进县域医疗共同体建设的实施意见（讨论稿）》《亳州市人民政府与中债信用增进投资股份有限公司战略合作框架协议（讨论稿）》起草情况的汇报，确定相关事项。

8月28日，召开市政府第27次常务会议，听取关于贯彻副省长李建中督导调研亳州公安工作时重要讲话精神的汇报，全省教育扶贫工作电视电话会议精神及亳州市贯彻落实意见的汇报，全省外贸工作、开放发展行动调度暨安徽省参加厦洽会、广交会活动动员会精神及亳州市贯彻落实意见和国家级外贸转型升级亳州市现代中药产业基地项目资金分配方案的汇报，全省“四送一服”双千工程有关精神及亳州市贯彻意见的汇报，《亳州市创新农村基础设施投融资体制机制的实施意见（讨论稿）》起草情况的汇报，《亳州市“菜篮子”工程建设考核办法（讨论稿）》和《关于调整亳州市“菜篮子”工程建设领导小组的通知（讨论稿）》起草情况的汇报，2017年城市老旧小区整治改造省级补助资金分配方案的汇报，落实惠民安居贷款业务担保费补贴的汇报，确定相关事项。

9月4日，召开市政府第28次常务会议，听取全省信访工作暨“两先”表彰会议和全省进京访“百日攻坚行动”推进会精神及亳州市贯彻落实意见的汇报，全省依法整治打击非法经营成品油行为专项行动电视电话会议精神及亳州市贯彻落实意见的汇报，全市安全生产工作开展情况的汇报，《亳州市“十三五”控制温室气体排放工作方案（讨论稿)》《亳州市“十三五”食品药品安全工作实施方案(讨论稿)》《亳州市生活垃圾分类工作三年行动计划(讨论稿)》,关于2017年市信息化项日资金分配方案的汇报,传达全省红色旅游工作会议暨大别山片区旅游发展调度会议精神、全省统计改革与法治建设专题培训班精神,确定相关事项。

9月11日,召开市政府第29次常务会议,听取关于省长李国英调研亳州市水污染防治及河长制工作落实情况的汇报,省公安厅城市道路交通管理工作现场会精神和《亳州市中心城区城市道路交通违法行为大整治行动工作方案(讨论稿)》起草情况的汇报,全省易地扶贫搬迁工作现场会议精神及亳州市贯彻落实意见和《扎实推进绿色发展着力加强生态亳州建设实施方案(讨论稿)》《创新管理优化服务培育壮大经济发展新动能加快新旧动能接续转换的实施方案(讨论稿)》《亳州市电子政务总体方案(讨论稿)》起草情况的汇报,《亳州市加强支撑体系建设促进创新驱动发展的实施意见(讨论稿)》《开展厅市会商的函(讨论稿)》和《亳州市人民政府与上海中医药大学、合肥工业大学智能制造技术研究院战略合作协议(讨论稿)》起草情况的汇报,市城乡规划局关于银杏路以南、嵇康路以东等7个地块控制性详细规划(调整)的汇报,确定相关事项。

9月18日,召开市政府第30次常务会议,通报1—8月亳州市经济运行情况,听取市金融办关于全省金融工作会议及互联网金融风险专项整治领导小组(扩大)会议精神的汇报,关于2016年县区政府目标管理考核结果及《亳州市人民政府关于2017年政府目标管理绩效考核工作的通知(讨论稿)》《亳州市“十三五”促进就业规划(讨论稿)》编制情况和《亳州市人民政府关于促进全市开发区改革和创新发展的实施意见(讨论稿)》《亳州市人民政府办公室关于贯彻落实安徽省现代商务平台体系建设专项规划(2017—2021年)的实施意见(讨论稿)》起草情况的汇报,杜仲路以南、魏武大道以东2个地块控制性详细规划(调整)的汇报,预拨利辛县义务教育均衡发展资金的汇报,全市光伏扶贫电站发电补贴情况的汇报,确定相关事项。

9月25日,召开市政府第31次常务会议,听取关于《长江经济带生态环境保护规划》《关于推进长江经济带生态优先绿色发展的实施意见》和全省中央环保督察反馈问题整改工作9月份调度会主要精神、省委省政府领导批示精神的汇报,关于全省加快推进“互联网+政务服务”工作电视电话会议精神及亳州市贯彻落实意见的汇报,全省农村“三变”改革工作经验交流会议精神及亳州市贯彻意见的汇报,关于国务院、省政府2017年《政府工作报告》量化指标1—7月亳州市承担任务落实情况的汇报,关于《亳州市市属企业负责人经营业绩考核办法(讨论稿)》起草情况的汇报,亳药花海休闲观光大世界百花园PPP项目实施方案的汇报,2016年度亳州市标准化工作奖励经费有关情况的汇报,《亳州市新型城镇化发展规划(2016—2025年)》《亳州市人民政府关十落实粮食安全市长责任制的实施意见(讨论稿)》《进一步加强“地沟油”治理工作的实施意见(讨论稿)》《亳州市扩大和引导文化消费行动计划(讨论稿)》《关于加强和改进新时期残疾人体育工作的实施意见(讨论稿)》《亳州市粮食烘干设备和蔬果冷藏库建设项目实施方案(讨论稿)》起草情况的汇报,确定相关事项。

10月9日,召开市政府第32次常务会议,市长杜延安领学解读《安徽省人民政府关于创优“四最”营商环境的意见》《安徽省人民政府办公厅关于印发安徽省支持政府和社会资本合作(PPP)若干政策的通知》精神,听取关于全省深度贫困地区脱贫攻坚暨基层基本公共服务均等化工作推进会精神及亳州市贯彻落实意见的汇报,全省县域义务教育均衡发展国家督导检查反馈会精神及亳州市贯彻落实意见的汇报,市政府文件和市政府“放管服”改革涉及的规范性文件清理结果的汇报,《深化简政放权放管结合优化服务改革重点任务分工方案(讨论稿)》《亳州市疑似严重精神障碍患者移送就医及出院安置办法(讨论稿)》《在亳州市主城区推行全封闭环保建筑垃圾运输车实施方案(讨论稿)》起草情况的汇报,亳州市第二人民医院等三个PPP项目实施方案有关情况的汇报,《调整城镇职工基本医疗保险个人账户管理模式等有关问题的通知（讨论稿）》起草情况和执行人民警察法定工作日之外加班补贴新标准的汇报，对市公交公司2016年度运营亏损进行财政补贴有关情况的汇报，确定相关事项。

10月16日，召开市政府第33次常务会议，听取《深化公安执法规范化建设的实施意见（讨论稿）》《亳州市加强政务诚信建设实施方案（讨论稿）》《亳州市支持新兴工业强市建设的若干政策（讨论稿）》起草情况的汇报，关于2016年完成污染减排任务的规模化养殖场实施“以奖代补”有关情况和2017年中央财政农村环境整治资金分配方案的汇报，确定相关事项。

10月23日，召开市政府第34次常务会议，听取关于全省加快推进学前教育发展电视电话会议精神及亳州市贯彻落实意见汇报，关于全省民间投资工作电视电话会议精神及亳州市贯彻意见、2017年省加快皖北地区经济发展财政贴息资金安排情况和《激发重点群体活力带动城乡居民增收实施方案（讨论稿）》《亳州市人民政府关于促进当前和今后一段时期就业创业工作的通知（讨论稿）》《亳州市失业保险市级统筹实施意见（讨论稿）》起草情况的汇报，《亳州市政府质量奖管理办法（讨论稿）》修订情况的汇报，《亳州市成品油零售网络“十三五”布点规划（讨论稿）》编制情况的汇报，亳州市2016年度、2017年度现代渔业发展资金分配方案的汇报，确定相关事项。

11月1日，召开市政府第35次常务会议，研究部署亳州市创优“四最”营商环境工作，听取关于全省中等职业教育工作会议精神及亳州市贯彻落实意见的汇报，关于《亳州市禁毒工作考评办法（暂行）》（讨论稿）《亳州市贯彻落实安徽省环境保护“五个一”专项行动工作方案（讨论稿）》《亳州市“十三五”节能减排实施方案（讨论稿）》和《亳州市生态文明建设目标评价考核实施办法（讨论稿）》《亳州市“十三五”卫生健康规划（讨论稿）》起草情况的汇报，亳州市中心城区铁路以东2号、3号地块道排工程PPP项目实施方案和补助市级税务部门经费的有关情况的汇报，2017年城市棚户区改造省级补助资金及中央财政城市棚户区改造专项资金分配方案的汇报，《亳州市成品油零售网络“十三五”布点规划（讨论稿）》编制情况和省级流通业发展专项资金分配方案的汇报，确定相关事项。

11月6日，召开市政府第36次常务会议，听取关于《推进安全生产领域改革发展的实施意见（讨论稿）》《落实深化律师制度改革实施意见（讨论稿）》《“十三五”亳州市知识产权保护和运用规划（讨论稿）》《亳州市防治慢性病中长期规划（2017—2025年）（讨论稿）》《亳州市进一步深化基本医疗保险支付方式改革的实施方案（讨论稿）》《亳州市中心城区项目自持方案确认办法（讨论稿）》《亳州市煤矿安全生产监督管理办法（试行）（讨论稿）》起草情况的汇报，确定相关事项。

11月20日，召开市政府第37次常务会议，听取关于全国小微企业金融服务经验交流电视电话会议精神及亳州市贯彻落实意见的汇报，2017年全国冬春农田水利基本建设电视电话会议精神和亳州市贯彻落实意见的汇报，《亳州市全面推行河长制考核问责和激励制度（试行）（讨论稿）》起草情况的汇报，《亳州市加快推进特色小镇建设的实施意见（讨论稿）《亳州市物流业降本增效实施方案（讨论稿）》《亳州市支持新能源汽车产业创新发展和推广应用若干政策（讨论稿）》《亳州市支持企业参与脱贫攻坚的实施意见（讨论稿）》起草情况的汇报，《亳州市国有资本运营有限公司组建方案（讨论稿）》有关情况的汇报，《亳州市安全生产举报奖励实施办法（讨论稿）》《亳州市“四好农村路”建设实施方案（讨论稿）》《亳州市主城区限制燃放烟花爆竹管理规定（讨论稿）》起草情况的汇报，关于对市直单位表扬和记功奖励申报材料初审意见及记功结果在效能考核中运用意见的汇报，《中心城区社区文体中心PPP项目合同（讨论稿）》起草情况的汇报，《亳州市人民政府和中科院合肥技术创新工程院青少年体质健康促进技术成果转化项目战略合作协议（讨论稿）》起草情况的汇报，2017年度亳州市皖北地区青年创业贷款财政贴息资金、基层团建以奖代补资金分配意见的汇报，2017年度扶持禽业生产扶持资金及动物防疫等补助经费分配方案的汇报，市直中职学校2017下半年现代职业教育质量提升计划中央专项资金分配方案的汇报，亳州市法治公园项目建设情况的汇报，确定相关事项。

11月27日，召开市政府第38次常务会议，传达《中共安徽省委安徽省人民政府关于推进安全生产领域改革发展的实施意见》和省政府第191号专题会议纪要精神，听取关于全省医改工作推进电视电话会议精神及亳州市贯彻落实意见的汇报，全省工业产品生产许可证制度改革工作动员电视电话会议精神及亳州市贯彻落实意见的汇报，《亳州市立体化、信息化社会治安防控体系建设（2017—2020年）工作方案（讨论稿）》《亳州市市以下财政事权与支出责任划分改革实施方案（讨论稿）》《亳州市加强个人诚信体系建设实施方案（讨论稿）》《亳州市建立完善守信联合激励和失信联合惩戒制度加快推进社会诚信建设的实施方案（讨论稿）》《亳州市失业保险市级统筹实施意见（讨论稿）》起草情况的汇报，确定相关事项。

12月4日，召开市政府第39次常务会议，传达全省经济运行工作调度会议精神，听取关于全省农业保险扩大试点现场推进会议精神和《亳州市加快发展商业养老保险的实施方案（讨论稿）》《关于进一步加强住房公积金管理工作的实施意见（讨论稿）》《亳州市市级财政专项资金管理办法（讨论稿）》起草情况的汇报，《亳州市土壤污染治理与修复规划（讨论稿）》编制情况、《实施城区散煤治理的通告（讨论稿）》起草情况和2017年大气污染防治综合补助资金（第二次）分配情况的汇报，《亳州市人民政府关于将旅游业培育成为重要支柱产业的意见（讨论稿）》《亳州市对组织、接待游客到亳旅游企业奖励暂行办法（讨论稿）》起草情况和公布市级第六批非物质文化遗产名录的有关情况的汇报，关于给予王学哲行政撤职处分有关情况的汇报，2017年前三季度主要经济指标及环保指标奖励及处罚情况的汇报，确定相关事项。

12月11日，召开市政府第40次常务会议，传达全省经济运行调度会精神，听取关于中共中央办公厅、国务院办公厅《统计违纪违法责任人处分处理建议办法》主要内容和亳州市贯彻落实意见的汇报，落实省政府贯彻党的十九大精神坚决打赢蓝天保卫战动员会议精神的汇报，全省农田水利基本建设暨造林绿化现场会精神及亳州市贯彻落实意见和《亳州市农村饮水安全工程建设管理办法（讨论稿）》《亳州市110社会联动工作办法（试行）》（讨论稿）《亳州市“十三五”军民融合深度发展规划（讨论稿）》《亳州市石油天然气长输管道安全事故应急预案（讨论稿）》《亳州市数字城市地理空间框架建设使用与管理办法（讨论稿）》《亳州市主城区旅游民宿经营奖补工作方案（讨论稿）》起草情况的汇报，关于实际利用外商直接投资奖励政策的汇报，养生大道以北、嵇康路以西等5个地块控规（调整）的汇报，提请设立市军民融合发展专项资金的汇报，2017年省、市“新网工程”专项资金分配方案的汇报，确定相关事项。

12月18日，召开市政府第41次常务会议，听取全市1—11月经济运行情况及全年目标预测的汇报，中央环保督察反馈问题整改及大气、水污染防治目标完成情况的汇报，全省社会治安综合治理表彰大会精神及亳州市贯彻落实意见的汇报，《政府工作报告（讨论稿）》《亳州市2017年预算执行情况和2018年预算草案的报告（讨论稿）》《亳州市2017年国民经济和社会发展计划执行情况及2018年计划草案的报告（讨论稿）》《亳州市五大发展行动计划（修订版）（讨论稿）》《亳州市服务业集聚区发展规划（2017—2021年）（讨论稿）》和《亳州市完善产权保护制度依法保护产权的实施意见（讨论稿）》《亳州市视频数据资源管理暂行办法（讨论稿）》《亳州市人民政府办公室关于进一步完善审计整改工作机制的实施意见（讨论稿）》《亳州市深化国有企业和国有资本审计监督实施方案（讨论稿）》起草情况的汇报，养生大道以南、神农大道以东等4个地块控规（调整）的汇报，减免安徽瑞福祥食品有限公司2016年度房产税的汇报，《安徽省旅游发展委员会亳州市人民政府关于促进亳州旅游业发展战略合作协议（讨论稿）》起草情况的汇报，确定相关事项。

12月27日，召开市政府第42次常务会议，传达省委经济工作会议精神，听取关于全省推进农业产业化发展现场会精神及亳州市贯彻落实意见的汇报，全省脱贫攻坚第三方监测评估情况通报会精神及亳州市贯彻落实意见的汇报，皖北片区旅游业发展调度会暨省市对接会议精神及亳州市贯彻落实意见和《2018年亳州文化旅游年活动总体方案（讨论稿）》起草情况的汇报，《亳州市扎实推进民生工作的实施意见（讨论稿）》《亳州市进一步做好当前银行业风险防控工作的意见（讨论稿）》《中共亳州市委 亳州市人民政府 亳州军分区关于加强新形势下优抚安置工作的实施办法（讨论稿）》《亳州市湿地保护修复制度实施方案（讨论稿）》和《亳州市全面推行林长制工作方案（讨论稿）》《亳州市城市节约用水管理实施细则（讨论稿）》《亳州市市直行政事业单位离退休干部医药费管理办法（讨论稿）》和《亳州市国医大师工作室管理办法（讨论稿）》《亳州市人民政府 中国建设银行股份有限公司安徽省分行政银战略合作协议（讨论稿）》起草情况的汇报，建安集团战略转型中资产和债务划分有关问题的汇报，关于设立安徽安诚资本有限公司有关事宜的汇报，确定相关事项。

（市政府办公室）

市政府办公室工作

【概况】2017年，市政府办公室立足服务职能，提升以文辅政能力，发挥参谋助手作用，拟写领导讲话、工作汇报、典型发言等综合材料370余篇，制发各类文件980余件。办理各类来文3100件，阅件18000多件，接收文电1450件，发出传真明电225件，转办领导批示件5300件16000余份。组织市政府常务会议、市长工作例会、市政府党组会议共57场次，市政府各类专题会议、调度会议、协调会议共1423场次，整理会议纪要225篇。

印发《每日信息快报》213期、《信息采用情况通报》12期、《信息报送要点》12期，全年向省政府报送信息1200余条，全省政务信息工作排名进入先进集体行列。

整合省长（市长）信箱、人民网留言、政务“双微”等政务咨询、投诉举报网络渠道和20部政府服务热线电话，在全省率先构建以“12345”政务服务热线为基础的统一政府热线服务平台。累计受理各类政民互动渠道群众诉求23.5万件，受理件办结率达97%、群众满意率达93%；办理省长热线76件，办结率100%。开展现场督察88件，下发督办单1060件，编制《每日信息快报》等各类信息700余期。

完成公务车辆标识化管理工作。全面加强周转房保障，市委党校厅级干部周转房投入使用。推进市行政服务中心地下汽车库项目建设。

全市政务公开网站累计发布信息19.5万余条，依申请公开145条，政策解读类信息315条。市政府门户网站获2017年中国政府网站绩效评估政务公开领先奖、信息公开位居全国302个地市级网站第一名。

审批因公出国（境）36批次60人次。接待涉外、涉侨团组15批次。

推进“两学一做”学习教育常态化制度化，开展“讲政治、重规矩、作表率”专题教育和专题警示教育，召开机关党组中心组理论学习（扩大）会议、理论业务学习29次，举办专题研讨会3次、主题党课报告会3场。召开党风廉政专题会议6次，观看警示教育片10余篇，实地接受廉政教育1次。

（杨 琉）

【金融创新】2017年，全市银行业金融机构各项存款余额1921.1亿元，增长20.7%；贷款余额1335.5亿元，增长28.7%，增速居全省第二位。“税融通”贷款发放11.4亿元，“我要贷款”平台发放贷款52亿元，“532”小额贷款保证保险发放贷款1.27亿元，“金农易贷——全民双创”项目发放贷款43.2亿元。新增新三板挂牌企业2家，新增省股权托管中心现代中医药亳州专板挂牌企业63家、专精特新板挂牌企业11家、科技板和成长板挂牌企业各1家。

（杨 琉）

【应急值守】2017年，市政府办公室落实24小时在岗值班和领导带班制度，处置重大应急事件（事故）26起，印发《亳州应急管理动态》12期、《亳州值班信息》72期。印发《亳州市突发事件应急体系建设“十三五”规划》，开展各类应急演练90场次，上报演练评估报告36篇。开展应急管理宣教培训工作，组织市本级培训38场次，5000人次，发布应急管理信息145条。

（杨　琉）

【督查督办】2017年，市政府办公室开展“市政府工作问题查摆周”和“市政府工作突出重点难点问题集中攻坚月”活动，推动800项年度岗位责任目标任务完成753项，547项政府工作问题清单整改完成506项，1362项市长工作提示单安排任务完成1350项。办理回复省人大代表建议2件、省政协委员提案3件；市人大议案1件、人大建议243件、市政协委员提案440件，满意率99%以上。办理回复人民网网友给省长留言231件，回复率100%，现场复核率30%以上。

（杨　琉）

【公积金管理】2017年，亳州市缴存职工12.2万人，归集住房公积金20.4亿元；提取住房公积金3.8万人次，提取金额15.8亿元；发放个人住房公积金贷款3932户，发放贷款金额11.3亿元。印发《亳州市人民政府办公室关于进一步加强住房公积金管理工作的实施意见》，开展住房公积金“缴、提、贷、查”等30多项业务网上办理工作，全年网上申请量11万件，网上办理率95%以上，群众满意率达99.99%。“互联网+公积金”做法在全国推广。

（杨　琉）

【红十字工作】2017年，亳州市推进应急救护“五进”活动，宣传

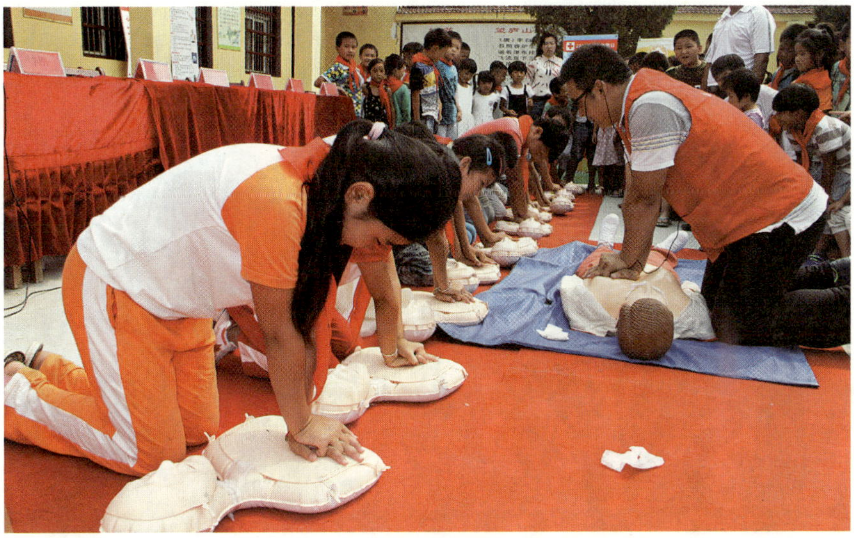

图18　红十字救护培训（市红十字会　供图）

受益群众达5000余人次。连续6次获得“无偿献血先进城市”称号。完成造血干细胞采样任务291例，获全省造血干细胞先进单位。在全省红十字系统综合考评中排名全省第四位。

（杨　琉）

【经济发展研究】2017年，市政府办公室开展特色小镇建设、返乡创业、世界中医药之都建设、省际交会区域中心城市建设等专项调研活动14项，撰写重点课题报告54篇、专题调研材料12篇，发表调研报告8篇，编辑《送阅材料》54期、《决策参考》61期。

（杨　琉）

【外事工作】2017年，亳州市接待以俄罗斯巴什科尔托斯坦共和国驻俄罗斯联邦总统府代表处经济发展和区域合作部考察团、泰国农业部与农业合作部农业司考察团、世界中医药学会联合会、马达加斯加工商会、越南长春医药公司等为代表的经贸团组；以泰国哩喃隆商业学院、日本横滨武术院等为代表的民间友好交流代表团等到亳州考察。

借助“一带一路”建设、“中俄两江流域合作”等合作平台，推动对外经贸文化交流合作。亳州学院代表团赴新加坡开展教育合作交流；市人民代表大会常委会主任王玉玺率领市代表团访问哈萨克斯坦；市政府副市长曹振萍率亳州市代表团访问波兰、捷克，出席“中国安徽日”活动；市政府代表团赴柬埔寨友好访问。

开展对外友好交流合作。谯城区人社局公务员张小欢赴韩国荣州市执行6个月的研修工作任务，泰国哩喃隆商业学院师生一行应邀到亳考察访问，韩国荣州市公务员权泰天到亳州开展为期6个月的行政研修，柬埔寨亚太总商会一行到亳州考察访问，亳州市代表团赴柬埔寨友好访问并与柬埔寨甘拉省签署友好交流协议。组织亳州剪纸、华佗五禽戏赴国外参加宣传推广活动；组织相关单位和企业参加国外展会，受理企业APEC商旅

图 19　2017 年，五禽戏亮相波兰中国安徽日（王惠君　供图）

卡 6 家 9 人次。

配合世界中医药学会联合会，做好药博会期间世界中医药（亳州）论坛药博会外宾一对一接待、外语志愿者组织工作；组织相关企业和机构参加全省领事保护宣传培训活动，免费为市民发放领事保护宣传单 2000 本；做好法国电视台到亳州采访拍摄的服务工作。

（王惠君）

【侨务工作】2017 年，亳州市接待以瑞典浙江商会考察团、海湾国家安徽总商会考察团、澳大利亚安徽人联合会、安徽省侨商投资企业协会等为代表的侨商侨领团等多个涉侨团组到亳州考察。

争取资金 2 万元，用于慰问三县一区困难归侨侨眷 30 户。做好归侨侨眷身份认定和中高考加分证明两项涉侨业务的网上办理。出台《亳州市贯彻落实国家侨务发展纲要（2016—2020 年）实施方案》。创新宣传工作，编发 4 期电子刊物《亳州之窗》季刊。

（王惠君）

市政府发展研究

【概况】2017 年，市政府发展研究中心围绕市委、市政府中心工作、“四个点”问题和市领导关心的问题，确定调研重点和方向，深入县区调查研究，考察学习外地经验，掌握第一手资料，确保调研成果的真实性、客观性、针对性和有效性。开展特色小镇建设、城市垃圾处理、产业招商、教师无校籍管理、返乡创业、世界中医药之都建设、省际交汇区域中心城市建设等专项调研课题 14 项，完成《关于特色小镇建设的考察与思考》《县区中小学、幼儿园教师无校籍管理工作调研报告》《亳州市返乡创业情况调研报告》《亳州市返乡创业载体建设调研思考》《关于全市安全生产工作的调研》《世界中医药之都建设研究》等 13 篇调研材料。其中，《亳州市城镇化发展分析判断及对策探讨》《关于特色小镇建设的思考》《关于城市幸福文化建设的思考探讨》《亳州市建设省际交会区域中心城市研究》4 篇研究报告在全国中小城市社科成果评选和省社科联“三项课题”评比中获优秀课题，其中《亳州市建设省际交会区域中心城市研究》获省社科联“三项课题”一等奖。

（杨　甜）

【市政府系统重点课题调研】2017 年，市政府发展研究中心谋划市级年度重点课题，会同有关单位实施，内容涉及县域经济、项目建设、工业、农业、文旅、教育、医疗等全市经济社会发展方面。完成重点课题报告 54 篇，编辑《送阅材料》54 期，编印《2017 亳州发展研究》一书。书记汪一光在《关于杨絮治理工作的调研思考》，市长杜延安在《亳州市返乡创业调研报告》《关于全市安全生产工作的调研》上批示，为市委、市政府领导科学决策提供较为翔实的基础材料。

（杨　甜）

【信息服务】2017 年，市政府发展研究中心学习中央、省及其他省、市出台的政策措施，收集信息资料，筛选整合，报告国家宏观政策、国内外经济形势和经济动态，提高信息的价值和含金量。在选题上，突出政策性、全局性和宏观性，收集各类政策、信息；对重要信息资源进行再加工，与市实际相结合，提出相关建议。选编涉及宏观经济形势分析、中央和省政策解读、十九大报告解读、中央经济工作会议精神解读、外地经验做法等内容的信息160余条，编辑《决策参考》61期。从部门调研报告中发掘问题类信息，关注市先进工作做法和经验的总结提炼，在市委办公室信息工作通报中，排名市直二类单位第一名。

（杨　甜）

信息化建设

【概况】2017年，亳州市信息局推进智慧城市建设。推进“互联网+政务服务”，丰富网上办事大厅办事项，拓宽服务渠道，创新服务模式，提升政府治理水平；建设“我家亳州”APP，优化栏目建设、组织各项活动和加强宣传推广，推进信息惠民；建设视频数据平台，开展主城区补盲工作、整合社会视频资源以及通过推动县区视频数据平台建设，打造平安亳州；建设“五车”（洒水车、清扫车、垃圾车、商砼车、渣土车）监管系统，提升“五车”监管水平；推进数据资源整合，编制《亳州市政务信息资源共享管理暂行办法》和《政务数据资源目录》，汇集各单位数据资源，实现互联互享；推动电子政务外网升级改造，完善电子政务外网建设；建设无线城市、工作问题清单平台以及市级综治信息化平台；统筹全市信息化项目建设；开展信息化项目奖补工作；开展各类讲座培训工作。

（王峰志　曹单单）

【网上办事大厅】亳州市网上办事大厅自上线运行起，入驻行政审批和公共服务类事项8651项，其中行政审批类5492项、公共服务类3159项。2017年，网上办事大厅共收到群众各类办事申请597.1万件，正常办结497.8万件，办结量较上年增加248%，群众满意率99.99%。非证明类事项申请586.3万件，占总申请数的98.2%，较上年增加6.9个百分点；群众自主申请数（即未通过代办点办理的数量）为341.7万件，自主申请率57.2%，较上年增加31.2个百分点。完成统一门户设计，将亳州市注册用户全量推送至安徽省政务服务平台，完成统一支付平台对接。

拓展社会免费义务代办点建设。通过协调，有2家银行、3个车辆检测站、7所驾校、13个小区物业、20个村淘点、22个卫生院开通免费代办业务。设置网上办事大厅热线电话（12345转2）和网上远程指导服务，安排专人负责接听、引导、指导群众通过网上办事大厅办理各类事项，共接听并解答群众各类咨询6.4万件，是上年咨询量的3.9倍，网络辅导群众解决问题6500余件，是上年的1.5倍。

中央机构编制委员会办公室4次对亳州市进行调研指导，《人民日报》、中央电视台、新华社、《安徽日报》等媒体报道50余篇。7月18日，在电子政务理事会举办的“2017·新常态下电子政务建设经验交流大会”上，亳州市获“2016年‘互联网+政务服务’领先城市”称号；9月26日，亳州市信息局应邀参加第二届全国政务服务论坛暨政务服务国际博览会，获“中国政务服务突出贡献奖”；11月，安徽省政府办公厅对亳州市推进“互联网+政务服务”典型经验做法给予通报表扬。

（王峰志　曹单单）

【“我家亳州”APP平台建设】截至2017年年底，“我家亳州”APP先后进行18次版本更新，基本建成以实名制方式与市民一卡通、智能交通、智慧医疗、政务数据中心等智慧城市项目无缝联接，汇聚全市公共服务资源，实现民众办事直通互动，线上、线下支付和服务融合交互，覆盖城市全方位的社会公共信息服务平台。2017年，上线24个便民栏目，总栏目有9大类99个，包括水、电费查缴、书香亳州、欢乐药都、实时路况等特色栏目，下载用户320万人次，注册用户达100万人，月活跃用户数50.6万人，通过“我家亳州”APP缴费141万笔，合计金额约3.82亿元。

（王峰志　曹单单）

【视频数据平台建设】2017年，亳州市视频数据平台上线新建摄像机6541路（视频数据平台6169路、智能交通372路），在线率98.5%。整合企事业单位、党政机关大院、居民小区、环保局等视频资源3709路，接入蒙城县视频数据平台11700路、涡阳县视频数据平台11662路、利辛县视频数据平台9299路、谯城区视频数据平台11176路，全市视频数据平台监控点位达54087路。基础视频数据资源推送给亳州市环境保护局、亳州市精神文明建设指导委员会办公室、亳州市城管行政执法局等47家单位，主要服务于城市文明创建、应急调度、维稳等工作。数字城管共受理案件60多万件，结案率97.4%，全市“两抢一盗”案件发案率降低26.2%。

（王峰志　曹单单）

【“五车”智能监管】2017年，亳州市在各种环卫车辆上安装555套监管设备，通过车载监控、传感器的数据采集，实现洒水车、清扫车、垃圾车、商砼车、渣土车的智能化监管。城管、公安、交通、住建、信息等部门联合行动，在市区组成6个综合执法组，全天候执行“五车”监管平台指令，严肃处理平台内车辆的违规行为，严厉打击平台外“黑头车”，依法处置施工工地道路污染事件。责令停工违规施工单位7家，整改市区道路抛洒污染路面情况53处，共查处违规作业车辆297台次，打击平台外黑头车辆67辆，处罚近18万元。

（王峰志　曹单单）

【城市公共基础数据库建设】2017年，亳州市整合55个部门861类27亿多条公共数据，实现28家单位数据动态对接；完成身份证、户口簿、工商营业执照等218种2871.4万个常用证件的制证工作；形成社会法人公共信用信息库、个人公共信用信息库，提供集中查询。更新277.4万条数据，其中39家市直单位124.3万条，谯城区21家单位26.9万条，利辛县18家单位22.5万条，蒙城县32家单位59.5万条，涡阳县24家单位44.2万条，实现信用信息记录重点领域全覆盖；汇集1671个医疗机构5.6亿条就诊数据；整合全市54087路摄像头视频数据；建成全市8521平方千米基础地理框架平台，形成人口数据库、法人数据库、电子证照库、信用信息数据库、医疗数据库、地理空间数据库和视频数据库等系列智慧城市数据库。

（王峰志　曹单单）

【智慧交通建设】2016年7月1日至2017年年底，亳州市智慧交通系统采集非现场违法记录278073条，其中违停球抓拍违法停车994起，成功指令路面警力拦截假套牌车26辆、肇事逃逸车辆3辆、闯卡车辆2辆、非法改装危化品车1辆，协助法院扣押查封车辆4辆、逾期未报废车辆1辆，研判抓获网上在逃人员10名，利用视频数据平台及智能交通系统直接或者间接侦破各类案件143起，占同期侦破逃逸案件总数（191起）的74.87%。

（王峰志　曹单单）

【云计算中心建设】2017年，亳州市云计算中心一期、二期项目建设工作完成，40台高性能云主机、6台高性能数据库主机、3台云存储设备以及相关安全审计设备和网络交换设备部署到位并运行。主要承载数据中心、网上办事大厅、“我家亳州”、我要贷款及民政、统计等160余个应用和服务工作。投资10亿元的浪潮（亳州）云计算产业园，将建设云计算中心、创新展示中心、大数据中心、智慧城市运营总部、大数据双创中心、研发中心等，打造亳州市大数据产业集聚区，促进云计算、大数据及智慧城市产业的发展。通过集聚人才、技术、资本等高端要素，培育和引进一批相关企业及重点项目，扶持本地传统企业转型发展，推动资源整合、项目组合、产业融合，促进产业集聚、产业创新和产业升级，引入浪潮上下游产业资源，形成全面的产业链集群。召开浪潮（亳州）云计算产业大会，浪潮（亳州）云计算产业园开工。

（王峰志　曹单单）

【无线城市建设】2017年，亳州市完成30个场景179个AP安装，覆盖行政办公区域、车站候客区、医院候诊区、旅游景点休憩区、文体场馆休息区、公园广场休息区等30余个公共场所，无线城市基本建成。无线城市热点统一标识为“i-BoZhou”，各场景有醒目提示牌或“i-BoZhou”标识。

（王峰志　曹单单）

【综治信息化平台建设】2017年，亳州市信息局会同亳州市综治办依托全市电子政务外网，整合各类信息资源，构建综治信息化平台，形成市内纵向贯通市、县（市、区）、乡镇（街道）、村（社区）4级，横向联接市、县（市、区）2级综治委成员单位和行政调解职能单位的综治信息化体系，实现全市综治信息化平台全联通、全覆盖，业务应用做到可视化、扁平化。截至年底，市级综治信息化平台建成，录入人口、房屋等数据20余万条。

（王峰志 曹单单）

【信息化项目管理】2017年，亳州市信息局统筹规划和统一管理全市政务信息化项目，对项目申报和审批、建设、监督和验收各阶段进行全流程管理，提高项目建设水平和资金使用效率。审查信息化项目80余个，总预算近3亿元，通过推进硬件资源共享，从严审核软件开发费用，共节约财政资金7577.78万元。开展信息化项目奖补工作，共奖补企业137家，资金合计773万元，其中市直招商信息化企业3家，资金80万元；市经开区1家，资金3万元；亳芜产业园区2家，资金8万元；涡阳县4家，资金18万元；利辛县6家，资金26万元。蒙城县10家，资金44万；谯城区4家，资金16万元；青年电商产业园2家，资金10万元；青年创客空间32家，资金208万元；筑梦社区73家，资金360万元。

开展白酒电商培训，各县、区白酒生产企业、销售企业，筑梦社区、青年创客空间、青年电商产业园及各县（区）电商产业园企业等50余家企业代表参加培训。开展智慧城市专题讲座，邀请亳州职业技术学院相关专家对智慧城市、大数据、信息化等知识进行专题授课，市直70余家单位参加。培训旨在促进亳州市白酒企业转型和行业升级，培育地区酒企电商区域品牌，推进电子商务生态圈的发展。

市青年创客空间和筑梦社区孵化创业项目156个，签约364家企业，开展各类创业培训活动171期，培训人员2700余人次，孵化项目获风投投资8770万元，年产值预计超过8亿元。

（王峰志 曹单单）

招商引资

【概况】2017年，亳州市完善招商政策体系，贯彻落实《关于扩大对外开放积极利用外资若干措施的通知》（国发〔2017〕5号）、《安徽省人民政府关于进一步做好招商引资工作的意见》（皖政〔2017〕70号）精神，出台《亳州市工业项目招商引资扶持奖励办法》《亳州市现代服务业项目招商引资扶持奖励办法》《亳州市旅游项目招商引资扶持奖励办法》以及《亳州市支持科技创新若干政策》《亳州市支持“三重一创”建设若干政策》等一系列招商引资优惠政策和产业扶持政策。

围绕现代中医药、食品饮料、文化旅游和服务外包等经济发展主导产业，挖掘产业资源优势，优化完善基础设施，综合利用上门招商、网络招商、借会招商和精准招商等方式开展工作，共引进药业项目169个，总投资383.1亿元；食品饮料产业项目37个，总投资49.4亿元；文化旅游产业项目24个，总投资108.7亿元；服务外包产业项目11个，7100个座席。

开展专职驻点招商，在全市范围内抽调40名精干人员组建4个专职驻点招商组，细化目标城市到个人，明确“联系目标城市商会协会和主管经济部门、研究目标城市产业、举办招商推介会、邀请接待目标客商、引进项目质量和数量”等8项具体工作，每项工作均列明数字化指标。

开展“千家知名企业招商攻坚”活动，梳理897家现代医药、食品加工、服务外包、园林绿化产业已上市和IPO待审企业作为活动目标企业（其中医药企业526家、食品加工企业255家、服务外包企业73家、园林绿化企业43家），分解至市直招商引资任务单位和驻点招商组，集中开展上门招商。

加大招才引智力度，制定并出台《亳州市招才引智实施办法》（皖政〔2017〕70号），明确并增加高端人才到亳州投资创业扶持力度，在合肥等地召开“招才引智”专题推介会，市政府领导带队赴北京等地开展招才引智工作。引进院士工作站3家。

本年度，亳州市实际利用市外内资1698.1亿元，同比增长18.8%；全市亿元以上省外资金项目实际到位资金531亿元，位居全省第十位，实际到位资金总额增幅34.7%，位居全省第一位，新建亿元以上省外资金项目192个，完成全年任务的182.9%，是上年实际完成数的2.3倍；外商直接投资7.8亿美元，同比增长8%；新签约招商引资项目468个，签约金额1568.9亿元，同比分别增长36.4%和22.2%；其中工业项目374个，签约金额1101.9亿元，同比分别增长40.1%和29.2%，亿元以上工业项目205个，签约金额890.1亿元，同比分别增长28.1%和10.4%，总投资5亿～10亿元的项目有19个，总投资超10亿元的项目有27个。

亳州经济开发区、亳芜现代产业园区、谯城区共计出让工业项目用地170宗，总面积1094.22公顷，分别是上年的2.3倍、3.7倍。3个区新开工工业项目150个，总投资492.3亿元，其中亳州经济开发区新开工项目101个，总投资340亿元；亳芜现代产业园区新开工项目24个，总投资89.1亿元；谯城区新开工项目25个，总投资63.2亿元。

（王　猛）

【徽商大会招商】2017年5月15日，亳州市举办第十届中博会暨2017年中国国际徽商大会亳州市投资环境说明会。来自全国各地的100余家企业参加会议，其中上市公司、知名企业50余家。集中签约72个重点项目，签约总金额720亿元，其中工业项目45个，签约金额284.5亿元。

（王　猛）

【药博会招商】2017年9月9日，2017年中国（亳州）投资环境说明会暨项目签约仪式举行。全国20余个省、市、自治区，以及中国香港地区的150家企业参加活动，共有50个合作项目现场签约，项目总投资524.1亿元，其中工业项目44个，签约金额445.9亿元。

（王　猛）

图20　亳州一角（孙自强　摄）

中国人民政治协商会议
亳州市委员会

概　述

【概况】2017年，中国人民政治协商会议亳州市委员会(以下简称“市政协”)及其常委会广泛团结参加人民政协的各党派团体和各族各界人士，高举爱国主义、社会主义旗帜，坚持团结和民主两大主题，履行职能，推进工作创新，加强自身建设，完成市政协四届一次会议确定的各项任务。

贯彻落实全面从严治党要求，完善政协亳州市委员会党的领导体制，发挥政协亳州市委员会党组的领导核心作用。完成政协亳州市委员会四届一次会议换届各项工作。开展“两学一做”学习教育常态化制度化和“讲重作”专题教育，坚持问题导向，深化学习研讨，推动学做结合。配合市委组织部、市委统战部严格把好政协亳州市委员会委员人选政治关、素质关，依章程对严重违纪违法的2人撤销政协亳州市委员会委员资格。加强委员学习培训，举办2期委员培训班，着力提高政治把握能力、调查研究能力、联系群众能力、合作共事能力。加强政协亳州市委员会机关干部队伍思想政治和纪律作风建设，结合“两学一做”学习教育，推进学习型、服务型、创新型、效能型机关创建，打造忠诚干净担当的干部队伍。发挥专委会的基础作用，及时配备专委会主任、专兼职副主任，实施专委会工作“六个一工程”，丰富专委会工作内容。对全年118项工作制定任务分解清单，明确牵头领导、责任单位、具办科室、工作时限，实行“挂图作战、对账销号”。坚持月总结、周调度制度，推行清单化、方案化管理，全面落实工作责任。按照“落实第一、效能第一、结果第一”工作理念，推行“一线工作法”，强化目标管理，提升机关效能。

坚持平等协商、互相尊重，提问回应、互动交流成为重要环节和常态化安排。注重提高提案质量，严格立案审查，精选重要提案报送市党政领导阅研，深化提案办理协商，加强重点提案督办，提案办复率100%。贯彻党的群众路线，推进委员进社区工作，制定实施《关于建立社区委员联络室改革试点方案》，按照“四有”标准建立社区委员联络室36个，组织委员走进社区，开展宣讲政策、收集社情民意信息、助推社区建设、提供便民服务等活动，密切政协委员与人民群众的联系，畅通和拓宽各界群众的利益诉求表达渠道，增强委员做好群众工作的意识和能力。加强委员服务管理工作，定期对出席政协会议或活动及履职情况进行登记、统计、通报。制定实施委员履职量化考核暂行办法、委员自主开展履职活动实施办法，修订完善委员履职激励机制，表彰奖励优秀提案、优秀社情民意信息、优秀调研（视察）报告，调动政协委员履职积极性和主动性。成立亳州市人民政协理论研究会并支持其开展政协有关理论与实践问题研究。坚守宣传舆论阵地，努力讲好“政协故事”，提升“政协形象”，传播“政协声音”。组织反映政协亳州市委员会重点工作、委员履职风采等方面的专题报道、深度报道，在《江淮时报》《亳州晚报》刊发专版12个。

（李先锋）

【民主协商建设】2017年市政协四届一次会议期间，市政协委员开展协商议政，提出400余条意见建议，经梳理归纳汇总成7个方面140条建议报市委、市政府，为党委政府科学决策提供参考。

紧扣供给侧结构性改革调研议政。召开“加快世界中医药之都建设”专题议政性常委会议，提出“打造世界中药产业发展中心、世界中药材贸易中心、世界中医医疗中心、世界中医药文化交流传播中心、区域中医药科教中心”的长远建设目标和28个方面路径举措的建议。围绕创建国家中医药健康旅游示范区、推进中医药“四名”工程建设分别开展专题协商，就贯彻实施中医药法、药膳开发推广与体验等进行界别调研视察，为补齐中医药发展短板建言献策。围绕创新驱动和培育发展新动能，召开“加快引进培育服务外包企业，提升现代服务业水平”专题协商会，就“银行业创新信贷方式，服务小微企业发展”开展对口协商，对青年创业、科技研发投入、减轻实体经济负担、农业供给侧结构性改革、培育农业新型经营主体、高铁站与涡河隧道建设等议题，开展界别调研视察和提案办理协商，积极助推市经济转型升级、实现跨越发展。

图 21 2017 年 3 月 20 日，市政协企业家委员座谈会召开（市政协办公室 供图）

致力生态环境保护、建设美丽亳州。召开“多措并举提高秸秆综合利用水平”专题议政性常委会，就构建秸秆还田利用、收储运销、产业增值、政策扶持四大支撑体系和推进秸秆肥料化、饲料化、燃料化、工业原料化和食用菌基料化利用等问题，提出18个方面的建议。围绕市“地净、路畅、水活、天蓝、林拥城”建设，就“加快城区黑臭水体整治，着力改善人居环境”开展专题协商。开展“城区道路扬尘治理”对口协商和城区水系治理界别视察。将关于“加强生态亳州建设”和“发展乡土树种”的提案列入重点提案进行协商督办，促进相关工作落实。

促进脱贫攻坚和社会事业发展。聚焦“实施产业扶贫工程，增强扶贫造血功能”开展专题协商，为选好优势产业、用好农户资源、加强政策支持、开展精准帮扶等方面支招助力。鼓励支持政协委员参与“千企联千村”行动、开展“结对帮扶”活动。组织开展精准扶贫、精准脱贫工作专题监督性视察，由主席、副主席带队分赴三县一区，采取随机抽查的形式，进村入户查找存在问题，召开座谈会提出建议。支持各民主党派亳州市委会对精准扶贫工作开展民主监督，推动形成脱贫攻坚合力。发挥政协优势，围绕市“非遗”保护传承与开发利用、建设文艺表演平台等议题，召开对口协商会，督办千年古镇城父镇保护与开发利用的重点提案，助推市历史文化与旅游融合发展。围绕市图书馆运营管理开展界别调研。举办“红色信仰，经典永恒”马克思名言书法展，组织政协亳州市委员会书画院参加“安徽省政协系统书画作品展”及开展写生采风、交流笔会等活动。继续推进《亳州历史文化丛书》编写和文史资料征集工作，完成《亳州老城故事》《亳州历史瞬间》编辑出版。围绕组建亳州职教联盟、加强农村公路管养、建立多层次养老服务体系、推行医养结合模式、促进新生代民营企业家健康成长、未成年人权益保护、建立稳定人才机制等开展系列调研，开展对口协商、界别协商和提案办理协商。围绕“加快视频数据平台建设与应用，推进智慧城市建设”开展专题协商，组织开展食品安全、清理危险品运输车辆界别调研视察。

（李先锋）

【参政议政】2017 年，市政协组织围绕宗教和谐与宗教场所安全开展对口协商，开展少数民族精准脱贫工作界别调研，深入了解、及时反映急需解决的实际问题。组织督办关于加强伊斯兰教事务管理的重点提案，派员参加民族和宗教重要节庆活动，主动听取民族和宗教界人士意见，促进民族团结、宗教和睦。发挥港澳台侨界委员作用，鼓励利用亲情友情宣传市改革发展重大成就，推进招商引资。加强参加政协的各党派团体合作共事，安排参加履职活动、优先发表意见。发挥界别优势和作用，及时了解反映不同阶层、不同群体的利益诉求，协助党委政府做好化解矛盾、理顺情绪、凝聚人心、促进和谐工作。以亳州之友联谊会、异地亳州商会等为平台，开展联谊交友、招商引资、招才引智活动。参与“省亳文化研究会”成立大会的筹备工作。密切与县（区）政协的联系沟通，加强工作指导，深化协作协同，形成工作合力。参加省政协组织的年度重点协商活动，提交会议发言 8 篇，会上口头发言 2 次。

（李先锋）

提案工作

【提案办理】2017年，市政协委员、政协各参加单位和各专门委员会围绕市委、市政府中心工作和人民群众普遍关注的热点难点问题，共提交提案470件，其中，会议提案466件、平时提案4件；在提案中，委员提案374件，市各民主党派、工商联、政协各专门委员会等共提出集体提案96件。经审查，立案463件。截至2016年9月，所有提案均已办复，其中，所提问题已解决或建议已采纳的110件，占23.9%；正在解决或列入计划解决的338件，占73.6%；留作参考的11件，占2.5%。

（李先锋）

【提案督办】2017年，亳州市委、市政府与市政协联合召开提案交办会议。市委专门转发《政协亳州市委员会党组关于做好主席副主席领衔协商督办重点提案工作意见》。市政府专题部署提案办理工作。政协亳州市委员会主席会议多次听取提案工作情况汇报，主席、副主席领衔督办重点提案。全市各提案承办单位将提案办理工作列入重要议事日程，主要负责阅批提案、听取提案办理情况汇报、签发答复意见，确保提案办理工作的顺利完成。

（李先锋）

重要会议

【政协亳州市委员会四届一次会议】政协亳州市委员会四届一次会议于2017年1月8—11日召开。会议审议批准汤涌代表政协第四届亳州市委员会常务委员会所作的工作报告、龚艳玲代表政协第四届亳州市委员会常务委员会所作的关于四届一次会议以来提案工作情况的报告。会议选举汤涌为政协第四届亳州市委员会主席。选举张俊民、马露、龚艳玲、张国芳、陈显锋、沈振清、宋峰、李长春为政协第四届亳州市委员会副主席。选举葛生为政协第四届亳州市委员会秘书长。选举丁涛等55人为政协第四届亳州市委员会常务委员。

（李先锋）

图22　2017年3月8日，市人大代表建议和政协委员提案交办会议召开（市政协办公室　供图）

【政协亳州市委员会常委会议】政协亳州市委员会四届一次常委会议于2017年1月22日召开。会议传达学习省政协十一届五次会议精神。协商通过有关人事事项。提名并协商通过燕传立、江浩任政协亳州市委员会副秘书长。提名并协商通过岳德亮为政协亳州市委员会提案委主任、贺凤坤为政协亳州市委员会经济委主任、张国庆为政协亳州市委员会经济委副主任、刘琦为政协亳州市委员会教科文卫体委主任、卞广新为政协亳州市委员会社会和法制委主任、张贺阳为政协亳州市委员会社会和法制委副主任、葛兴全为政协亳州市委员会文史资料委主任、李先锋为政协亳州市委员会文史资料委副主任、金卫国为政协亳州市委员会民族宗教和港澳台侨外事委主任、周明为政协亳州市委员会人口资源环境委主任、侯杰为政协亳州市委员会人口资源环境委副主任。

政协亳州市委员会四届二次常委会议于2017年1月22日召开。会议听取市委常委、常务副市长刘辉关于市《多措并举提高秸秆综合利用水平》工作情况的通报。协商通过刘玲为政协亳州市委员会副秘书长。

政协亳州市委员会四届三次常委会议于2017年5月12日召开。会议听取政协亳州市委员会秸秆综合利用调研组调研汇报；政协亳州市委员会常委、委员围绕主题进行大会发言。审议通过《政协亳州市委员会常委会关于〈多措并举提高秸秆综合利用水平〉的建议案》。协商通过各专委会兼职副主任人选名单。郑勇、董艳慧兼任政协亳州市委员会提案委副主任，冯浩、王锴兼任政协亳州市委员会经济委副主任，薛冰、马莉兼任政协亳州市委员会教科文卫体委副主任，蒋召亮、程亚妹兼任政协亳州市委员会民族宗教和港澳台侨外事委副主任，杨小凡、臧艳丽兼任政协亳州市委员会文史委副主任，黄卫国、王紫娟兼任政协亳州市委员会人口资源环境委副主任，张磊、李琳兼任政协亳州市委员会社会和法制委副主任。

政协亳州市委员会四届四次常委会议于2017年7月21日召开。会议听取副市长应国君关于《加快世界中医药之都建设》情况通报；针对有关问题，政协亳州市委员会常委向市直相关进行咨询。政协亳州市委员会主席汤涌作总结讲话。

政协亳州市委员会四届五次常委会议暨"加快世界中医药之都建设"专题协商会于2017年10月24日召开。会议听取政协亳州市委员会调研组的调研报告；政协亳州市委员会常委、委员围绕主题进行大会发言；中共亳州市委书记汪一光、副书记、市长杜延安分别作批示。

政协亳州市委员会四届六次常委会议于2017年12月5日召开。会议审议通过关于召开政协第四届亳州市委员会第二次会议的决定、会议议程和日程。

政协亳州市委员会四届七次常委会议于2017年12月21日召开，会议审议通过政协亳州市委员会四届二次会议委员分组办法、分组名单、各组召集人名单；审议通过常委会工作报告和提案工作报告；审议通过《关于授权主席会议审议政协亳州市委员会四届七次常委会议未尽事宜的决定》。通过表彰2017年度优秀提案、优秀社情民意信息和优秀调研视察报告的方案。

（李先锋）

市政协办公室工作

【概况】2017年，市政协办公室争取市委支持，将"政协亳州市委员会办公室党组"改为"政协亳州市委员会机关党组"，充实机关党委力量，完善党委工作制度，开展支部标准化建设，推进作风建设，实施"挂图作战、对账销号"，坚持月总结、周调度制度，推进清单化、方案化管理，全面落实工作职责。

（李先锋）

【会议服务】2017年，市政协办公室服务保障好政协亳州市委员会日常履职。服务政协亳州市委员会四届一次全会。完成常委会工作报告和提案工作报告的起草工作。开展提案和社情民意信息征集工作。印发征集通知、参考选题、优秀提案和优秀社情民意信息汇编，帮助新委员熟悉掌握撰写体例。谋划大会发言征集工作。征集发言材料43篇。组织委员听取"一府两院"工作报告及其他报告。做好大会选举工作。

组织7次常委会议、17次主席会议、20余次秘书长联席会议，组织提案交办会、委员培训会、情况通报会、议政协商会、调研座谈会等履职会议120余次。起草各类履职材料。代市委起草《关于加强和改进人民政协民主监督工作的实施意见》，与市委办、市政办联合印发《2017年度重点民主协商活动计划》，提请市委批转《政协亳州市委员会2017年工作要点》《政协亳州市委员会党组关于做好政协亳州市委员会主席、副主席领衔督办重点提案工作意见》，研究制定各类履职文件41篇。

（李先锋）

【调研服务】2017年，市政协办公室承办年度重点民主协商计划。制定8个协商议题的实施方案，组织政协亳州市委员会委员、各参加单位和县区政协，围绕协商议题开展调查研究、撰写调研报告。共收到委员调研报告246篇。

组织调研考察、提案督办、团结联谊、学习交流、宣传推介等政协履职活动，调研、视察、考察53项61人次，形成10篇综合调研报告和60余篇会议发言材料。提供协商发言材料246篇，提交提案463篇（含日常提案），社情民意信息106条。推进亳州历史文化丛书编辑出版工作，组织编印《亳州历史的瞬间》《亳州老街的故事》。在《江淮时报》《亳州晚报》开设宣传政协亳州市委员会专刊。

（李先锋）

【工作创新】2017年，市政协办公室探索建立“社区委员联络室”，制定出台《关于建立社会委员联络室改革试点方案》，召开社区委员联络室建设工作推进会，全市共建成36家“社区委员联络室”，政协亳州市委员会委员1975人次走进服务社区群众的“联络室”。制定《关于政协亳州市委员会委员自主开展履职活动的实施办法（暂行）》，率先在全国政协工作中对委员自主履职活动进行规范和补贴。开展提案办理网上评议，在政协亳州市委员会网站建立“政协提案满意度评价系统”，接受社会各界人士参与政协亳州市委员会提案办理满意度评价，改善提案办理“被满意”现象。建立“委员微信公众号”，拓宽委员知情明政渠道，促进委员履职尽责。鼓励政协委员参与“千企联千村”行动。组织开展以扶贫慰问和捐资助学为主题的“结对帮扶月”活动，全市各级政协组织和广大政协委员共捐款111万元，捐赠书籍20万元，捐赠物品价值8万元。

（李先锋）

图23 2017年4月1日，政协第四届亳州市委员会智库成立（市政协办公室 供图）

纪检监察

概　述

【概况】2017年，亳州市纪委监察局把推进全面从严治党作为重要政治任务，带头落实主体责任，旗帜鲜明惩治腐败，推动管党治党走向严紧硬。

召开中国共产党亳州市第四届纪律检查委员会第二次全体会议、市政府第一次廉政工作会议、市委反腐败协调小组会议、扶贫领域监督执纪问责推进会、市纪委常委扩大会议；举办亳州市纪检监察干部培训班；启动四届亳州市委第一轮巡察工作。“市长有约”广播节目首期上线。

全市选派629名纪检监察干部参加各类培训，选派15名优秀干部到贫困村任职。对换届后的县（区）纪委领导班子及其成员开展巡察。贯彻《中国共产党纪律检查机关监督执纪工作规则（试行）》及省实施办法。共受理纪检监察干部信访举报72件（次），立案5件，给予党政纪处分4人，诫勉2人。

本年度，市纪委保密办公室被评为全省保密系统先进集体；信纪军被评为全省纪检监察先进个人。

（宋　燕）

【党风廉政建设】2017年，亳州市纪委监察局制定《落实“两个责任”工作手册》，采取工作项目化、项目清单化、清单责任化方式，落实责任。在市住建委等13家单位实行“两个责任”全程信息化管理试点。结合“互联网+”和“我家亳州”手机APP，建立数据化“提醒+反馈+评价”纪实平台。签订“共性+个性”党风廉政建设责任书，细化责任，传递压力，强化考核，整改落实。

加强对主体责任落实情况的监督检查，督促各级党组织把责任扛起来。落实问责条例和“两个责任”追究实施办法。问责295例，责任追究干部396人，其中给予党政纪处分77人。

▲“两个责任”：党委负主体责任，纪委负监督责任。

（宋　燕）

【纠正“四风”】2017年，亳州市纪委监察局落实中央八项规定精神，协助市委制定贯彻落实《关于贯彻中央八项规定精神深入推进作风建设的实施细则》，督促全市各级党组织执行领导班子及其成员作风建设有关规定。把落实中央八项规定精神情况纳入述责述廉和巡察监督的重要内容，突出“关键少数”，发挥示范效应。开展违规使用公车和办公用房、违规发展党员、村霸、宗族恶势力等专项整治。

加大督察曝光力度。采取部门检查、专项督察、交叉互查、群众监督等形式，关注“四风”问题新动向。共查处违反中央八项规定精神问题70起，处理111人，其中给予党政纪处分99人。

▲“四风”指形式主义、官僚主义、享乐主义和奢靡之风。

（宋　燕）

【警示教育】2017年，亳州市纪委监察局每月拍摄1部警示教育片，推行“一月一堂”警示教育课，这一做法得到省委和省纪委主要负责同志的充分肯定。全市开展巡回警示教育335次。近4万人次党员干部到市、县（区）、村（居）警示教育基地接受教育。制播《廉政播报》53期，编发《亳州廉政》12期，征集“廉洁家规家风家训”作品242件。推动开展“讲重作”专题警示教育，督促领导干部撰写认识体会并严格把关。

（宋　燕）

【综合运用“四种形态”】2017年，亳州市纪委监察局制定《实践“四种形态”实施办法》。对反映的一般性问题及时谈话提醒、约谈函询。按照“四种形态”处理3189人次，其中第一种形态1622人次，占50.86%；第二种形态1292人次，占40.51%；第三、四种形态275人次，占8.63%。

落实《关于新形势下党内政治生活的若干准则》，推动各级党组织严格执行民主集中制、“三会一课”、谈心谈话等制度。督促推进“两学一做”学习教育常态化制度化。结合谈话函询情况，通报被谈话函询人所在党组织主要负责人，督促接受市纪委谈话函询的市管干部在党委（党组）民主生活会上作出说明，开展批评和自我批评。

严把选人用人政治关、廉洁关。协助党委选好人用好人，对政治上有问题的一票否决、廉洁上有硬伤的坚决排除。全市各级纪委共对1977名拟使用人选提出把关意见，对32名干部人选提出暂缓或不宜使用意见。

▲“四种形态”:第一种:党内关系要正常化,批评和自我批评要经常开展,让咬耳扯袖、红脸出汗成为常态。第二种:党纪轻处分和组织处理要成为大多数。第三种:对严重违纪的重处分、作出重大职务调整应当是少数。第四种:而严重违纪涉嫌违法立案审查的只能是极极少数。

(宋　燕)

【纪律审查】2017 年,亳州市纪委监察局全市纪检监察机关共受理信访举报 4631 件次,立案 1568 件,其中县处级 5 人、乡科级 144 人,给予党政纪处分 1515 人,移送司法机关处理 40 人。抽调 386 人次,配合省纪委对梁栋、程效先、杨敬农违纪违法问题调查处理,立案 13 件,给予党政纪处分 13 人,移送司法机关处理 9 人。

查处群众身边的“微腐败”2378 起,处理 3115 人,给予党政纪处分 1223 人。开展扶贫领域“懒政怠政、不作为慢作为”专项行动,建立市、县(区)驻村扶贫干部问题线索反馈评价机制、突出问题集中把脉问诊联席会商机制、重要问题线索挂牌全程跟踪督办制度,从严从快查处扶贫领域问题 726 起,立案 331 件,处理 1224 人,给予党政纪处分 283 人,司法机关立案查处 18 人,位居全省第一位。督办中央、省环保督察组交办件 238 件,问责 135 人。举办《沟通——政务零距离》10 期,完成政风行风热线上线 5 轮,新推《政风行风热线——市长有约》特别直播节目。

(宋　燕)

【巡察工作】2017 年,亳州市纪委监察局建立巡察机构和工作制度。市、县两级巡察机构均建立,机构编制全部到位。建成市、县(区)两级巡察组长、副组长和巡察人员库,选取优秀干部充实到巡察队伍中。出台《四届亳州市委巡察全覆盖工作方案》和《巡察工作规划(2017—2021 年)》,建立书记专题会、市委常委会定期听取巡察工作汇报制度。完善巡察纪律、作风建设、干部管理、业务流程、成果应用等制度。

开展专项整治,建立工作台账,推进省委巡视反馈问题整改。分类处置问题线索,督促突出问题即知即改,对共性问题早打招呼。巡察机构建立起,共对市、县(区)60 个单位开展巡察,发现问题线索 198 件,立案 44 件,给予党政纪处分 31 人。

(宋　燕)

【监察体制改革】2017 年,亳州市推进国家监察体制改革试点工作。按照中央、省委和市委确定的时间表、路线图,成立改革试点工作小组,市委负主责,纪委负专责,相关部门协同配合,全面完成人员转隶、机构设置、业务培训、挂牌组建等任务。

(宋　燕)

【“市长有约”广播节目首期上线】2017 年 4 月 6 日上午 7:30—8:30,市监察局、市纠风办、市广播电视台联合推出“政风行风热线 -- 市长有约”特别直播节目。市委常委、常务副市长刘辉带领市财政局、市发改委(物价局)、市环保局、市农委、市水务局、市民政局、市残联、市扶贫局主要负责人做客直播间,现场受理群众咨询和投诉,答复解决存在的困难和问题。该节目旨在加强市政风行风建设,展示全市服务型、高效型、廉洁型政府形象。

(宋　燕)

【纪检监察干部培训班】2017 年 12 月 11—14 日,亳州市举办纪检监察干部培训班,标志着市级深化国家监察体制改革试点工作转隶人员全部到位。

培训指出,要统一思想、提高认识,认真领会深化国家监察体制改革试点工作的重大意义;把思想统一到深化国家监察体制改革的部署上来,把行动统一到履行纪检监察两项职能的要求上来,切实增强责任感和紧迫感,进一步提高素质、严明纪律、改进作风,把全市党风廉政建设和反腐败工作提高到一个新的水平。

培训要求,要珍惜机会、主动融入,着力在提高素质、强化纪律、转变作风上下功夫。

重要会议

【中国共产党亳州市第四届纪律检查委员会第二次全体会议】2017 年 2 月 7 日,中国共产党亳州市第四届纪律检查委员会第二次全体会议召开。出席会议的市纪委委员 36 人,列席 92 人。

市委书记汪一光出席会议并讲话。市委常委,市人大常委会、市政府、市政协领导班子成员出席会议。市县区有关方面负责人参加会议。

会议传达学习十八届中央纪委七次全会、省纪委十届二次全会精神；对部分县、市直单位党委（党组）主要负责人述责述廉进行评议；审议通过杨长俊代表市纪委常委会所作的《坚持标本兼治，净化政治生态，不断推进全面从严治党向纵深发展》的工作报告，决定批准这个报告。

会议肯定2016年全市全面从严治党取得的显著成效，明确提出当前和今后一个时期工作的总体要求和主要任务：深入学习贯彻党的十八届六中全会精神，不断优化政治生态；让失责必问、问责必严成为常态，督促各级党组织履行全面从严治党政治责任；抓铁有痕、踏石留印，深入推进作风建设；加大纪律审查力度，巩固反腐败斗争压倒性态势；严肃查处群众身边的不正之风和腐败问题，推进全面从严治党向基层延伸；扎实开展巡察工作，巩固和深化实践成果；扎实推进纪检体制改革，继续深化“三转”（“转职能、转方式、转作风”）；着力打造一支忠诚干净担当的“铁军”。

会议号召，要紧密团结在以习近平同志为核心的党中央周围，在省纪委和市委的坚强领导下，谦虚谨慎、不骄不躁，勇于担当、砥砺奋进，不断取得全面从严治党、党风廉政建设和反腐败斗争新成效，为“深入践行五大发展理念，奋力走在皖北振兴前列”提供坚强政治保障，以优异成绩迎接党的十九大召开。

（宋　燕）

【市政府第一次廉政工作会议】 2017年3月23日，市政府第一次廉政工作会议召开，市长杜延安参加会议并讲话。会议以电视电话会议形式召开，各县区设分会场。会上，市监察局、市财政局、市审计局分别作大会发言。

会议指出，过去一年，全市政府系统强力推进党风廉政建设工作，坚定不移惩治腐败，坚决整治“四风”积弊，源头治腐长效机制进一步完善，公共资金使用绩效进一步提升，政府系统作风建设进一步改进，腐败蔓延势头得到进一步遏制，廉政建设和反腐败工作取得新的成效。会议要求，要保持战略定力和政治定力，深刻认识到反腐败斗争形势依然严峻复杂、任务依然艰巨繁重，按照党中央、国务院、省委、省政府和市委的要求，以零容忍的坚决态度，重拳出击、敢于亮剑、铁腕反腐，持之以恒抓好政府系统党风廉政建设和反腐败工作。

（宋　燕）

【四届亳州市委第一轮巡察工作动员部署会议】 2017年7月31日，四届亳州市委第一轮巡察工作动员部署暨培训会召开。

会议宣读《关于市委巡察组组长、副组长任职和巡察组分工的通知》。传达省委第二轮巡视工作动员会暨省辖市巡察办主任座谈会精神、省辖市巡视整改暨巡察工作开展情况北部片区汇报会精神，传达学习习近平总书记的讲话精神以及省委李锦斌书记在省委“五人小组”会议上的讲话精神。

会议指出，要旗帜鲜明看齐，坚持政治巡察定位。要注重方式方法，提高发现问题能力。要以认真负责的态度、扎实高效的方法和优良的工作作风，开展好首轮巡察工作，不辱使命、不负重托，确保巡察工作取得实效。

会后，有关人员参加巡察业务培训。

（宋　燕）

【扶贫领域监督执纪问责推进会】 2017年9月7日，亳州市深化专项治理扶贫领域腐败和作风问题工作推进会召开。1-8月份，全市纪检监察机关共查处扶贫领域问题206起，处理306人，其中党纪政务处分138人，组织处理168人。

会议指出，要提高政治站位，坚决扛起深化专项治理政治责任。进一步深化专项整治，加大监督执纪问责、监督调查处置力度，推动全面从严治党向基层、向一线、向群众身边延伸，把党的扶贫政策更好落实到群众心里。要坚持问题导向，切实提升深化专项治理工作质效。要持续开展扶贫领域“懒政怠政、不作为慢作为”专项整治行动，既查问题，又剖根源，真正下足“绣花”功夫，确保扶贫工作务实、脱贫过程扎实、脱贫结果真实。

会议强调，要优化方法措施，奋力推动专项治理工作深化发展。要坚持市县联动，实现一体推进；坚持创新举措，做到精准发力；坚持严管厚爱，激发干部活力；坚持统筹配合，形成工作合力，确保专项治理工作最终取得胜利。

（宋　燕）

市纪委监察局机关办公室工作

【概况】2017年，市纪委监察局机关办公室做好监察体制改革中转隶人员的后勤保障工作等5项深化改革任务后勤工作。迎接省市保密检查3次，开展保密自查4次，通过以查促管，以查促教等形式，保障服务大局。推进机关信息化建设。做好基础设施建设，新增信息点20个。做好机关202台内外网设备维护运行和机要专网的建设运行。会务保障市纪委常委会28次，书记碰头会30余次，全体人员学习会议40余次。形成一套规范化、标准化、流程化的保障方法，确保平稳有序。接待工作热情规范。注重展示工作亮点，力争给每位来访领导留下深刻印象。坚持“内强素质、外树形象”的原则，强化宗旨意识，做好办事机关和来访群众接待工作，让办事机关和来访群众满意而归。践行中央八项规定精神和省市“三十条”要求，严守接待标准，完成各项接待任务。

出台《亳州市纪委监察局机关档案管理实用手册》，将规范化、标准化管理贯穿于机关档案管理工作之中。完成机关近几年档案归档工作。做好车辆安全管理工作，车辆安全管理责任到人。建立车辆行驶和养护登记制度，为机关工作做好服务保障。严格执行财务制度。做好机关财务预决算工作。从粘贴票据、开支呈批等最基础的工作抓起，确保机关财务规范管理。每月报送“三公”经费使用情况，为领导决策提供参考。建章立制，完善设施，精细管理，做好党风廉政教育中心保障和服务工作。

本年度，市纪委监察机关办公室在五年一度的保密工作先进评比中获“全省保密工作先进集体”称号。

（宋　燕）

【政务服务】2017年，市纪委监察局机关办公室围绕市纪委监察局中心任务的贯彻落实，参与各类调研活动和文字材料的起草。从纪委全会材料、领导讲话稿件，到各项工作计划、调研报告等累计50余篇20余万字。加强公文审核把关，共运转审核制发文件320件，收文2141件，按规定要求高效运转，做到准确无误。

完成机关承担的27项督办任务，定期报送2017年岗位目标完成情况、全面深化改革工作完成情况、市委常委A会工作要点完成情况、2017年政府工作报告主要目标任务完成情况、省委综合考核反馈问题完成情况等。坚持每周整理汇总机关各部门上周工作完成情况及本周要点，印发《委局本周工作要点》《各室（部）、组重点工作》《上周工作完成情况》各40余期。

（宋　燕）

图 24　2017 年 12 月 4 日，亳州市举行宪法宣誓仪式(张延林　摄)

民主党派

中国国民党革命委员会亳州市委员会

【概况】2017年，民革亳州市委员会共发展党员8人，全部具有大学本科以上学历，其中研究生(海归人员)2人、高级职称2人、新媒体人士1人、行政人员1人、企业界代表1人、专业技术人员1人。全市共有民革党员112名。其中，2名省人大代表、4名市人大代表、17名市政协委员、2名区人大代表、7名区政协委员。

组织学习十九大精神，组织入党积极分子、新党员开展《民革章程》和民革党史学习活动。第一支部、第三支部、农业支部开展和阜阳市有关支部结成友好支部活动。开展“不忘合作初心，继续携手前进”主题教育活动。

在“12·4”国家宪法宣传日，设立宣传台，发放法治宣传单和宣传彩页4000份，《宪法》《民法总则》等法律单行本800余册，现场提供法律咨询服务；到市政办、市政协、军分区等机关、企事业单位开展普法活动，为弱势群体提供法律援助7件。

撰写材料，民主党派中央机关报《团结报》录用8篇，《亳州晚报》录用27篇，民革中央、民革安徽省委会、政协亳州市委员会、《安徽统战》等录用部分稿件。亳州民革网站正常运行，“亳州民革”公众微信平台推送信息105条。

本年度，副主委李含君获“全国组织工作先进个人”称号；锁敬宇被聘为“教育部2016—2017年度‘一师一优课，一课一名师’活动‘优课’评审专家”，参加“第二届安徽省群星奖”决赛获群星奖；蒋祥廷被评为民革安徽省“坚持和发展中国特色社会主义学习实践活动”优秀党员；赵翠琴的课例被省教育厅评为省级学科德育精品课程，获“语文报杯”全国中学生作文大赛写作指导特等奖；王紫娟、马梅、彭瑞放等获“纪念孙中山先生诞辰150周年征文活动”优秀征文奖。

（田　露）

【参政议政】2017年，民革亳州市委员会组织公共文化服务体系建设、脱贫攻坚市外调研，秸秆综合利用、黑臭水体整治、引进和培育服务外包企业、文化旅游、学生午餐供应、企业用工、中医药“四名”建设、文旅小镇建设等市内调研10余次，向省委会、市政协专题协商会、对口协商会等提交调研报告11篇。制定《民革亳州市委员会参政议政成果补助办法》。组织民革界别政协委员视察活动，围绕智慧城市建设主题建言献策。

在市两会期间，民革市委会提交集体提案30件、社情民意4件，6件被列为大会发言；4位市人大代表在市人大会上提出议事原案。王露丝的《关于加强千年古镇保护与开发的建议》被列为2017年度市政协主席督办提案和优秀提案，洪松岩的《关于简化“我家亳州”APP网上审批功能的建议》被评为优秀社情民意信息，《深化教师无校籍管理改革促进教育均衡发展》《黑臭水体治理应做到“三个统筹”》被评为优秀调研视察报告。蒋祥廷提交的《关于亳州市电商产业扶贫的建议》获评优秀调研视察报告。《强化农村环境整治构建和谐新农村》被评为2013—2017年度省政协优秀提案，《协调好六大关系　全面深入推进扶贫工作》被省民革提交到省政协作为专题协商书面发言材料，马瑞侠提交的《提高城镇化建设水平　提高城镇综合承载能力》被省民革作为集体提案提交。马昭华的《计生工作应加强管理、强化服务的建议》、李含君的《关于加强高层住宅消防安全管理的建议》、袁方的《医养融合　发展健康养老事业的建议》等材料被省委会采用并上报省政协、省委统战部等部门。赵翠琴提出的《关于制定〈安徽省城市公共交通管理条例〉的议案》被安徽省人大常委会办公厅、安徽省人民政府办公厅评为“优秀议案”。

（田　露）

【民主监督】2017年，民革亳州市委员会对口亳州经济开发区开展脱贫攻坚民主监督工作，全年走访28次，走访28个社区(村)，走访贫困户157户，发现问题220个，提出意见建议88条，帮助发现问题，解决问题，帮助党委政府打赢脱贫攻坚战。

及时制定《民革亳州市委员会开展脱贫攻坚民主监督工作方案》，成立以主委为组长的领导小组，明确民主监督工作重点、原则和工作方法等，全面启动脱贫攻坚民主监督工作，并深

图 25 2017 年,民革亳州市委开展脱贫攻坚民主监督(田露 摄)

入基层组织开展调研活动。

建立以党派机关人员为主、党派党员为辅的精干的民主监督工作队伍。机关人员承担民主监督的主要工作;对不定期参与的党员,每次调研前均组织相关业务培训,使其尽快熟悉脱贫攻坚工作,真正发挥在脱贫攻坚民主监督中的作用。

按照每周一次的频率,深入对口的亳州经开区开展脱贫攻坚民主监督工作。坚持每次均进村入户,每次均深入项目实地,每次均与村干部、社区干部、扶贫工作队等进行沟通交流。

(田 露)

【社会服务】2017 年,民革亳州市委员会帮助省民革"同心示范工程"结对的金寨县黄河村进行中药材销售,在市药博商城中药材销售额 2100 万元。组织医疗卫生、法律、文化等专业人士,赴谯城区沙土镇开展"三下乡"志愿服务活动。组织亳州市博爱促进会召开年会。组织博爱会员企业捐款 12 万元,资助亳州一中 60 名贫困生。组织受助贫困学生赴春雨汽车城、康仕嘉食品、药博商城、亳州养生馆等博爱促进会爱心企业参观。参与"爱心传递·赠衣扶贫"活动,捐款 6070 元。组织市医院专家赴亳州经开区第四管理区,为贫困户开展上门义诊活动。开展赠书增智扶贫活动,为亳州经开区 69 名贫困家庭的孩子送去价值 15000 余元的书籍。

(田 露)

【杨永华被授予"中国当代十佳杰出企业家"称号】民革亳州市委员会委员杨永华任中华海峡两岸联合文教经贸协会大陆分会会长,该协会已连续七年开展对台经贸合作。2017 年,协会组织赴中国台湾商务考察 2 次,接待中国台湾方面农业、环保、食品等考察 11 次 60 余人,落地项目 1 个,在审批 1 个。5 月,杨永华参加"CCTV 中国世纪大采风颁奖盛典",被授予"中国当代十佳杰出企业家"称号。

(田 露)

中国民主建国会亳州市委员会

【概况】2017 年,中国民主建国会(简称"民建")亳州市委员会有谯城总支和 6 个基层支部,设有参政议政委员会和妇女工作委员会,共有会员 105 人。

组织学习中国共产党第十九次全国人民代表大会精神,学习民建安徽省委九届全会精神和中共亳州市委四届五次全会精神。组织会员参加庆祝安徽省民建省级组织成立 60 周年纪念活动,《五禽赞歌》文艺节目获三等奖。开展"不忘合作初心,继续携手前进"专题教育。

本年度,民建市委会被民建安徽省委评为"先进市委会",新闻宣传工作先进单位三等奖,组织信息系统工作先进单位,参政议政工作先进集体三等奖,反映社情民意信息工作先进集体三等奖;谯城二支部被评为"全省先进基层组织";于萍、刘璐被评为"全省优秀会员";杨宗轶获安徽省"优秀会务工作者"称号;杨轶博获"全省新闻宣传工作先进个人"称号;何颖川被评为"全省反映社情民意信息工作先进个人"。

(杨轶博)

【参政议政】2017 年,在省、市、区人大和政协两会上,会内各级

图 26 民建亳州市委开展春节送温暖活动（杨轶博 摄）

人大代表、政协委员共提交人大议案 10 件，建议 18 件，政协提案 48 件（其中民建集体提案 17 件）。在市政协四届一次会议上，副主委周学华代表市委会作题为《构建多层次养老服务体系建设》的大会发言，被列为市政协重点提案。市委会集体提案及会员的个人提案、调研视察报告等，5 篇被市政协评为“优秀提案”“优秀调研视察报告”。

根据市政协 2017 度协商议题组织会员调研，在各类专题协商会、对口协商会、界别协商会上提交口头及书面发言材料 17 篇。上报民建安徽省委和市政协社情民意信息 22 篇，被民建中央采用 1 篇、民建安徽省委采用 2 篇、市政协采用 2 篇。民建市委委员何颖川撰写的《多管齐下打赢蓝天保卫战——学习十九大报告心得体会》，被民建安徽省委网站全文刊载。

（杨轶博）

【民主监督】2017 年，按照中共亳州市委统一部署，民建市委会对口利辛县开展脱贫攻坚民主监督工作。3 月初，民建市委会制定《民建亳州市委会脱贫攻坚民主监督工作方案》，成立民建脱贫攻坚民主监督工作小组，抽调有基层工作经验、熟悉扶贫业务、工作责任心强的会员，组织专题培训。自 3 月 13 日至 12 月 30 日，采取“不打招呼、直奔基层”的方式，直接进村入户，走访利辛县 24 个乡镇、55 个自然村、241 户贫困户，发现问题 65 个，提出建议 43 条。

（杨轶博）

【基层支部和企业家联谊会换届】2017 年，民建市委会成立换届工作领导小组，按照《中国民主建国会章程》的规定，制定《民建亳州市基层组织换届工作方案》。结合区域、行业对基层支部进行重新划分、调整，市委委员全部分配到各支部，联系指导支部开展工作。3 月，召开市直各支部、市经开区支部、谯城各支部会员大会，选举产生新一届支部委员会。换届调整后，设有 1 个总支和 6 个支部，即谯城总支和谯城一支部、谯城二支部、市经开区支部、市直一支部、市直二支部、市直三支部等。各支部配备 1 名主委、1 名副主委、3 名支部委员，各支部规模控制在 17 人左右。8 月 1 日，民建企业家联谊会第二次会员大会召开，翟海伟当选为民建企联会第二届理事会理事长。

（杨轶博）

中国民主促进会亳州市委员会

【概况】2017 年，中国民主促进会亳州市委员会新发展会员 10 人，总计有支部 4 个，会员 77 人。会员分别来自教育、文化、新闻出版、政府机关等，其中，中高级以上职称占总数的 85%。会员任全国政协委员 1 人，市人大常委 2 人、代表 2 人，市政协常委 3 人、委员 10 人。

组织学习中国共产党第十九次全国代表大会精神，学习民进中央十二大、民进省八大和中共亳州市四次党代会精神；开展机关建设主题年活动，“不忘合作初心，继续携手前进”专题教育活动，“保存城市文脉、培育特色文化”沙龙座谈。组织会内外医疗专家为基层群众送医上门。

本年度，在民进中央召开的“民进坚持和发展中国特色社会主义学习实践活动总结表彰会”上，亳州民进市区直机关支部获评“民进坚持和发展中国特色社会主义学习实践活动先进集体”；专职副主委蒋召亮获评“民进坚持和发展中国特色社会主义学习实践活动先进个人”；继2015年被评为“民进全国先进集体”、2016年被评为“民进全国参政议政先进集体”后，第三年受到民进中央表彰。在民进安徽省八届二次全委会议上，亳州市委会获评“民进全省机关建设工作先进单位”；办公室主任陈杰获评“民进全省机关建设工作先进个人”。

（陈　杰）

图27　2017年，民进亳州市委组织义诊（李磊　摄）

【参政议政】2017年，中国民主促进会亳州市委员会完善参政议政的体制机制，健全重点课题征集制度和提案审查制度；完善激励机制，鼓励和引导会员参政议政；整合会内资源，壮大参政议政队伍；组织人员参与调研，掌握现场第一手资料；与市教育局、市文化旅游局、市农委等部门交流，拓宽参政议政资料信息渠道。

《关于加大对民族乡村的帮扶力度实现民族乡村全面建成小康社会的建议》《加强扶持力度推进新型农业经营主体加快发展》提案，获评中共安徽省委办公厅、安徽省人民政府办公厅、政协安徽省委员会办公厅联合发文表彰2013—2017年度省政协优秀提案；在民进省委参政议政工作会议上，3件参政议政成果被评为二等奖，1件被评为三等奖；1件社情民意信息被评为一等奖，3件被评为二等奖，19件信息被评三等奖；省、市两会期间，提交提案36件，其中马露《创业创新的舞台不能让农民缺席》被选为省政协大会口头发言，2件被省委会选为省政协大会集体提案；4篇成果被选为省政协对口协商会书面发言。在市政协评选的64篇2017年度优秀提案和调研报告中，6篇获奖；在市政协8个重点协商课题中，提交材料14篇，其中6篇被选为协商会口头发言，8篇作为书面发言汇编成册；报送社情民意16条，其中民进中央采用1条，省委统战部采用4件，民进省委采用11条。

（陈　杰）

【民主监督】2017年，中国民主促进会亳州市委员会成立以主委马露为组长的脱贫攻坚民主监督工作领导小组，制定《民进亳州市委脱贫攻坚民主监督工作方案》，明确工作原则、监督重点、工作形式和保障措施。组织会员参加脱贫攻坚政策培训，培训会员100余人次，20余位会员参与脱贫攻坚民主监督工作。开展脱贫攻坚民主监督活动26次，入户走访202户，提出建议60条，反馈问题163条，反馈问题整改163条，整改率100%。

（陈　杰）

【社会服务】2017年，中国民主促进会亳州市委员会组织医卫专家赴谯城区大杨镇、涡阳县陈大镇进行扶贫义诊，服务基层群众200余人次；组织开展“寒冬送暖行动”，赴谯城区儿童福利院看望孤儿，捐赠价值2000余元的日常生活用品；参与民进中央“书香彩虹——安龙行动”，捐赠2000元用于为贵州省安龙县贫困地区学龄儿童购买图书。

开展会员个人包户帮扶工作。帮扶贫困户90余户，走访200余次，在市委发起的“微心愿”公益行动中，为贫困户解决“微心愿”100余条。

（陈　杰）

中国农工民主党亳州市委员会

【概况】2017年，中国农工民主党亳州市委员会(以下简称“市委会”)有3个支部，党员80人，其中新发展党员5人。

组织市委员会委员、支部委员及党员中的人大代表、政协委员学习中国共产党十八大六中全会、中共十九大、农工中央十六大会议精神和习近平总书记系列讲话精神和视察安徽重要讲话精神。组织党员参加市级、省级、中央培训学习7次，共计28人次。开展脱贫攻坚民主监督专题培训会3次；开展“不忘合作初心，重走先辈道路”主题教育活动。

与中华市慈善总会协调，争取捐助中小学课外读物价值220余万元，分送到全市22所中小学。组织医卫界党员赴谯城区、涡阳县开展义诊送药活动，开展义诊活动3次，累计为700余名群众进行义诊服务，发放药品价值1万元。组织党员参与亳州市慈善协会的献爱心捐款活动和亳州电视台、亳州广播电台的健康大讲堂讲座、成人健康讲座及儿童防病治病健康讲座，宣传“心理与健康”及“健康自我管理”相关知识。

（李道远）

【参政议政】2017年，市委会主委龚艳玲在省政协十一届五次会议上，提出《关于健康扶贫工作的几点建议》《关于加快皖北旅游发展的建议》和《关于强化省加快皖北地区发展政策落实工作的几点建议》3篇提案。在市政协四届一次会议上，以党派名义和党员中的市政协委员共提出48件提案，占政协全部提案的10.7%。其中《加大医疗纠纷调处力度，促进社会和谐发展的提案》和《加强标准化生产，提高中药材质量的提案》被评为2017年度优秀提案。张东洋代表市委会作《做实做细健康脱贫工作的建议》的大会发言。在市人大四届一次会议上，代表田兵、从民、王虹共提出7件建议案。围绕市政协大会主题、协商会主题和农工安徽省委课题，组织参政议政骨干党员员到市内外调研2次。在市政协8次专题协商会上，报送23篇发言材料，占全部材料的11%，7人次作大会口头发言。

（李道远）

【调研活动】2017年，市委会围绕市政协大会主题、协商会主题和农工安徽省委课题，组织参政议政骨干党员员到市内外调研2次。就亳州市“贫困精神障碍患者救治救助工作”开展专题调研，形成《关于亳州市贫困精精神病患者救治救助工作的调研报告》。向农工中央报送《围绕中心 服务大局——让民主监督全方位融入脱贫攻坚工作》专题材料，向农工中央汇报市委会脱贫攻坚民主监督的工作经验。

（李道远）

【脱贫攻坚民主监督】2017年，市委会组织党员，对涡阳县开展脱贫攻坚民主监督工作，帮助涡阳县查找、解决问题。截至12月31日，组织党员28次深入涡阳县136个自然村走访慰问406户贫困户，发放救济金63000元，开展“回头看”活动2次，宣传扶贫政策，总结扶贫工作先进经验，发现问题127个，提出建议103条。通过民主监督、建言献策等，助推涡阳县脱贫攻坚。9月8—10日，在农工党安徽省委脱贫攻坚民主监督培训会上，主委龚艳玲介绍亳州市开展脱贫攻坚民主监督工作情况，获农工省委领导表扬。

（李道远）

九三学社亳州市委员会

【概况】2017年，九三学社亳州市委发展社员4名，社员总计100名。其中高级职称28人，中级职称68人，研究生以上学历26人；社员中省人大代表3人，省政协委员1人；市人大代表4人(常委1人)，市政协委员19人(常委6人)。发展培养3名入社积极分子作为“九三挚友”。完成五个支社换届工作，选举产生五个支社的第二届委员会委员和主委。

召开10次市委会委员（扩大）会议和2次全体社员会议，加强政治理论学习。在市委、市政协召开的经济形势通报会、民主协商会等会议上，就如何贯彻落实中央政策、加快亳州经济社会发展、加强政协协商民主建设等方面，提出意见建议，发挥职能作用。

本年度，社员刘国英被省

图 28 2017 年 7 月 12 日，刘国英工作室揭牌(张州亚 摄)

委、省政府表彰为“安徽省劳动模范”，被省政府评为“安徽省第六批战略性新兴产业技术领军人才”，被市政府评为“亳州市第二届学术和技术带头人”。社员孙鹏被省政府评为“安徽省第六批战略性新兴产业技术领军人才”。社员李彩宜被市政府评为“亳州市第二届学术和技术带头人”。社员程玉峰、程晋涛被市政府评为“亳州市‘十三五’首批中医重点专科及学科带头人”。社员程玉峰被市卫计委、市人社局评为“亳州市第三届名中医”。社员雷洋被市政府评为市“三八红旗手”。社员魏敬荣被市住建委表彰为“优秀项目经理”，被市总工会推荐为“亳州市十大最美劳动者候选人”。在市四届二次人大会上，社员刘国英、沈晓燕、韩青 3 名社员当选为省十三届人大代表等。在坚持和发展中国特色社会主义学习实践活动中，亳州学院支社获省级先进基层组织，张国芳被九三学社安徽省委表彰为实践活动先进个人，刘云飞被九三学社中央委员会表彰为实践活动先进个人。

（戴 璐）

【参政议政】2017 年，在省人大十二届七次会议、省政协十一届五次会议上，韩青领衔提出一件建议案，张国芳提出《关于加强中药材标准化生产的建议》等 4 件提案。在市政协四届一次会议上，以党派名义和社员中的市政协委员共提出 56 件提案，占政协全部提案的 12.5%；《农业新型经营主体发展中存在的若干问题和对策建议》等 3 件提案被列为重点提案；张国芳作《关于建设涡河城区段生态文化旅游带的建议》；臧艳丽作《关于加强黑臭水体治理的建议》大会发言。在市人大四届一次会议上，代表刘云飞领衔提出《关于加强立法队伍建设，加快立法进程的议案》议案。组织社员到市内外调研 8 次，完成九三学社安徽省委《加快培育基层医疗人才》中标课题 1 件，向九三学社安徽省委报送《关于提升基层卫生机构中医药服务能力的建议》等 6 篇省政协协商会发言材料。在市政协 8 次专题协商会上，报送 30 篇发言材料，占全部材料的 13%，7 人次作大会口头发言。

方林飞撰写的《营造大众创新氛围 增添经济发展新动力》《关于进一步提升我省农村道路畅通水平的建议》被九三学社安徽省委评为“2016 年度参政议政三等奖”。刘云飞撰写的《发挥好民主党派民主监督职能作用》被省委统战部评为“2016 年度全省统战理论创新优秀成果三等奖”。闫鸿雁提出的《农业新型经营主体发展中存在的若干问题和对策建议》被政协亳州市委员会表彰为“2017 度优秀提案”。主委张国芳提出的《关于建设涡河城区段生态文化旅游带的建议》《挖掘利用名人资源助力培育亳州城市特色文化》，臧艳丽提出的《加强黑臭水体治理的建议》《关于发展生物质颗粒燃料的建议》，方林飞提出的《关于大力培育中医药健康旅游品牌的建议》等被政协亳州市委员会表彰为“2017 年度优秀调研视察报告”。向九三学社安徽省委、市政协、市委统战部报送社情民意信息稿件 36 篇，报送有关宣传报道材料 153 篇。

（戴 璐）

【民主监督】2017 年，九三学社亳州市委员会按照中共亳州市委要求，开展蒙城县脱贫攻坚民主监督工作。利用 65 个工作日到蒙城县 147 个自然村走访慰问 482 户贫困户，开展“回头看”活动3次，宣传扶贫政策，传递党的温暖，总结扶贫工作先进经验，发现问题158个，提出建议158条，全部得到落实。8月12日，社领导陪同省、市统战部到蒙城县板桥集镇大苑村开展脱贫攻坚民主监督“回头看”活动，8月24日，安徽日报第7版统战前沿以“民主监督‘朋友圈’，脱贫攻坚‘同心圆’”为题专题报道此次采访活动。

（戴 璐）

【社会服务】2017年，九三学社亳州市委员会组织开展帮扶济困活动。社员王显吉、李井国参加药都书画第三期义卖活动，现场创作并义卖书法作品16幅、国画作品7幅，义卖所得钱款全部捐助市慈善公益事业。全体社员全年捐款捐物累计价值32万元。开展2017年度“百名专家乡村学堂讲科普”活动，社市委安排亳州学院徐婧等4位教授，分别走进篱笆中学等10所中小学，为2000余名学生讲授科普知识。开展国际科学和平周活动，结合脱贫攻坚民主监督工作，组织9名医疗专家到蒙城县岳坊镇开展第29届国家科学和平周活动，为300余名群众提供义诊服务，发放2600余份资料，并对岳坊镇卫生院的诊疗业务、健康脱贫业务进行指导。开展蔬菜种植技术及经营销售指导社会服务活动。3月3日，组织8名农业专家在谯城区农委召开培育新型农业经营主体座谈会；12月10日，组织12名社员赴谯城区蔬菜种植基地开展蔬菜种植技术及经营销售指导。

（戴 璐）

图29 幸福亳州（张卫东 摄）

群众团体

亳州市总工会

【概况】2017年，亳州市总工会下辖涡阳县总工会、蒙城县总工会、利辛县总工会、谯城区总工会4个县级总工会，直属困难职工帮扶中心、职工学校2个事业单位。全市新组建基层工会618家，新发展工会会员49235人。

召开市工会第四次代表大会，完成工会换届任务；推进工会改革，制定并报经市委和省总工会批准《亳州市总工会综合改革方案》；建设基层工会组织，组织开展群众性经济技术创新活动；助力精准扶贫，发动社会各界捐赠110.29万元，用于购买棉衣、棉裤、保暖内衣和鞋子等，发放给7284名城市低保户。

开通网上办事大厅，把法律援助、生活救助、大病救助、助学救助、困难劳模救助、工会组建6项业务纳入网上办理，办理事项2425条。此项工作走在全省工会前列。建设工会数据库，采集会员信息351572条，工会组织2912家，并将数据导入市信息局数据库，实现全市数据共享。开发“亳州职工之家”微信公众号，及时发布中央、省、市重要新闻、重大活动、法律法规政策等，关注量4万余人次。

（张光宇）

【困难职工帮扶】2017年，市总工会开展“四季送”活动，在春送岗位中，联合市人社局举办58场就业招聘会，提供就业岗位12890个；在夏送清凉中，为35000余名高温一线职工送去防暑降温用品94.28万元；在金秋助学中，资助375名困难职工家庭子女上大学，发放救助金136.6万元；在冬送温暖中，走访慰问救助困难职工（困难农民工）及困难劳模6827户，发放慰问金396万元。开展日常救助、大病救助活动，发放救助金355.4万元；落实职工互助保障计划，参保职工21038人次，参保金额131.07万元，理赔金额43.55万元；开展“情暖返乡务工人员”活动，春运期间在火车站、汽车站接送农民工1000余人次。

（张光宇）

图30　2017年6月15日，校企对接企业用工招聘会（市总工会　供图）

【基层工会组织建设】2017年，市总工会联合市委组织部制发《关于进一步加强“党建带工建、工建服务党建”工作实施意见》，举办全市“党建带工建、工建服务党建”业务知识培训班，发挥全市560名党建、工建指导员作用，推动基层工会组织建立和完善。开展组建基层工会集中活动，重点加强经济开发区、非公企业建会工作，建立开发区（园区）总工会6家。

（张光宇）

【群众性经济技术创新活动】2017年，市总工会组织开展劳动竞赛和职工技术创新、节能减排、班组建设、技能素质提升、亳州工匠选树等活动，弘扬劳模精神和工匠精神。在卫生、金融、烟草、供电等10个系统和行业中开展11个工种的技能大赛，全市9168名职工参加；举办“安康杯”竞赛活动，4万余名职工、1600余班组参加；推荐表彰省劳模26人、省先进工作者5人、省先进集体3个；开展“十大最美劳动者”“十大亳州工匠”“十大职工优秀创新成果”和“农民工返乡创业之星”评选活动；创建1家省级劳模创新工作室、10家市级劳模创新工作室。在《亳州晚报》、“亳州职工之家”微信公众号开辟“每周一星”专栏，宣传报

图 31 2017 年 2 月 23 日，亳州市工会第四次代表大会召开（市总工会 供图）

道 33 名国家、省、市级劳动模范先进事迹。

（张光宇）

【亳州市工会第四次代表大会】2017 年 2 月 22—23 日，亳州市工会第四次代表大会召开，市委书记汪一光参加开幕式并讲话，市委副书记方晓利当选市总工会主席，张学峰、王敬业当选副主席，王敬业当选经费审查委员会主任。会议审议和批准工会工作报告、财务工作报告、经费审查委员会工作报告。会议号召全市各级工会和职工开拓创新，锐意进取，为亳州经济社会建设作出新贡献。

（张光宇）

【《亳州市总工会综合改革方案》制定】2017 年，市总工会按照《中共中央关于加强和改进党的群团工作的意见》以及省、市委相关意见精神，制定并报经市委和省总工会批准《亳州市总工会综合改革方案》，《方案》提出工会综合改革的总体要求、指导思想、基本原则，明确改进工会组织体系，创新职工建功立业的载体和方式，完善维护职工权益制度和机制，打造服务职工的阵地和品牌，加强基层夯实基础，创新工会工作方式方法，发挥市总工会党组领导核心作用的具体措施。改革后，市总工会机关设办公室、组织宣教部（经审办）、权益保障部、劳动和经济工作部 4 个职能部室。

（张光宇）

共青团亳州市委员会

【概况】2017 年，共青团亳州市委员会分层级开展希望工程圆梦大学和成长助力计划，设立爱心基金 7 个，资助贫困学生 731 名；开展“情暖童心·微爱圆梦”关爱困难青少年活动，帮助建档立卡贫困户家庭青少年完成微心愿 1500 余个，帮扶贫困家庭 3500 余户；全省青联委员“情暖童心”圆梦微心愿示范行动在亳州启动；举办“相约七夕·缘来是你”单身青年交友会，400 余名单身青年参与活动；搭建“缘来是你”青年交友网站，为单身青年提供规范的交友平台。

利用“12355”服务热线、专题网页、微博微信公共服务平台，提供法律援助、心理疏导、公益救助等服务 1.2 万人次，解决个案 1365 起；结合“五四”“六一”等重大节庆日，开展“以案析法校园行”“平安亳州·青春自护”“大学生禁毒辩论赛”“青少年实践教育集训”“开学第一课”“为了明天——2017 年青少年法治宣传教育周活动”等系列主题宣传教育活动；开展青少年维权岗创建工作，命名青少年维权岗 25 个；开展“未成年人保护”“农村青年移风易俗”“农村电子商务发展”等专题调研，开展“共青团与人大代表、政协委员面对面”活动。

创建动感中队，开展“红领巾示范校”和共青团规范化建设“十佳学校”创建评选；举办“金鸡纳福”生肖邮票设计大赛、优秀作品推报至省，获全省“金鸡纳福”生肖邮票设计大赛一等奖；选送优秀青少年参加国学达人挑战赛，小学组选手杨雨童获安徽省“国学达人”小学组状元称号和全国国学达人挑战赛一等奖；共青团亳州市委获安徽省第二届国学达人挑战赛优秀组织奖；开展“喜迎十九大——我向习爷爷说句心里话”主题活动，被团省委授予“明星团队”称号；开展“两红两优”“向上向善”好青年、青年岗位能手、团员先锋岗（队）、青年文明号、优秀青年

图32　2017年5月3日，亳州市举办建团95周年纪念大会（王冬洁　摄）

志愿者等评选活动；开展“向上向善好青年”分享团走基层活动和“创业之星”“农村青年致富带头人”故事分享会100余场。

本年度，全市获评全国“五四红旗团委”1个、全国“最美中学生”2人、全国“最美青春故事”1人、全国优秀共青团员1人。共青团亳州市委被评为安徽共青团网络新媒体工作优秀单位、市文明单位、市直机关基层党组织标准化建设单位、市效能考核优秀单位。

（刘　翔）

【青少年思想引领】 2017年，共青团亳州市委开展“学理论·强党性·铸信仰”活动、“不忘初心·牢记使命——共青团学习十九大”活动；举办团干部主题读书班；开展“感悟十九大·青春正能量”网络知识竞赛、“青春献礼十九大·不忘初心跟党走”主题图文征集、主题团日、报告会、文艺展演活动；开展“青春喜迎十九大，不忘初心跟党走”和“放飞新时代青春梦——十九大精神走进青年”主题宣讲活动210场；开展“我的中国梦”主题教育实践活动50余场；开展建团95周年纪念大会暨“不忘初心跟党走”主题团日活动，团员青年3万余人参与。举办“六一”卡通游园会，6万余人参与，《经济日报》《安徽青年报》等中央、省级媒体对此进行报道。动员各青年文明号开展“送服务、展新风”活动120场次，征集微视频30余个；开展“大手牵小手”种植亲子林活动，400余家庭1000余人参加；举办全市青少年科技创新大赛，推荐优秀少年参加全省青少年科技发明大赛并获一等奖；举办少年儿童才艺大赛、阳光体育校园足球赛、“飞花令古诗词”电视赏读大赛，“青春献礼十九大，不忘初心志愿行暨全市青少年文艺展演”等活动。

（刘　翔）

【青春扶贫行动】 2017年，共青团亳州市委实施青年创业就业扶贫计划。培育农村电商网点697个，农村青年致富“领头雁”500名，扶持45名大学生村官创业致富，引导81名农村青年返乡创业，累计带动1526户贫困家庭就业脱贫。实施“一对一”帮扶行动。动员青企协、青年电商协会等单位与全市114个贫困村“一对一”结对互助；动员社会有志青年与贫困户结对，“一对一”帮扶贫困家庭833户。搭建形式多样的扶贫平台。开发公益扶贫APP、微心愿系统，为贫困户尤其是困难青少年提供更便利的救助渠道；利用共青亳州微信平台，发布动员令，号召大批返乡创业青年助力脱贫攻坚。动员社会力量解决贫困人口“不愁穿”的问题。下发《关于动员全市团属各方力量参与贫困户帮扶工作的通知》，开展“爱心传递·赠衣扶贫”活动，募集衣物1.7万余件，资金21.2万元。

（刘　翔）

【青年创业就业】 2017年，亳州青年创客空间运营，孵化创业项目156个，开展各类创业培训活动141期，年产值8亿余元，亳州青年创客空间获“安徽省小微企业创新创业基地”、省级“众创空间”“安徽青年创业园创建单位”“安徽省电子商务示范园区”、国家级“众创空间”等称号。争取中央预算内投资国家服务业发展引导资金306万元、市政府专项资金1500万元，用于青年创业扶持。举办青年创新创业大赛，开展创客沙龙、项目路演、大咖分享会，选树“创业之星”和“农村致富带头人”，为创业青年提供交流平台，累计服务创业青年2.1万名。

（刘　翔）

图 33 2017 年 8 月 9 日,亳州市举办青年创业大赛(王冬洁 摄)

【青年志愿服务】2017 年,共青团亳州市委完成市青年志愿者协会换届,完善志愿服务管理制度;完成药博会、半程马拉松赛、健康安徽"环江淮万人骑行大赛"等大型会事服务任务;以文明劝导、市容整治、植绿护绿为主要内容,开展志愿服务活动;实施"情暖童心·微爱圆梦""希望工程""暖冬行动"等品牌项目;开展义务献血、爱心送考等志愿服务接力活动。39 个志愿组织和个人受到省级表彰;1 人获全国保护母亲河行动绿色卫士奖;"一个人的美发师"项目获全省公益创投大赛银奖。

(刘 翔)

【宣传平台建设】2017 年,共青团亳州市委整合微信、微博、网站、"青年之声"平台,建设立体化全覆盖的线上宣传阵地。坚持官方微信每天更新,开辟"共青亳州"微报栏目,开设"青春喜迎十九大""不忘初心跟党走""我的青春我的梦"等话题。"共青亳州"微信粉丝量 24 万人,每月地市共青团微信影响力排名前 10 位,被评为安徽共青团十佳微信公众号;全市"青年之声"平台共入驻专家 1 万余人,页面总浏览量 4956 万次,获全团"青年之声"建设工作典型团组织称号。

创办"青春亳州"手机报,编发 117 期;在《亳州晚报》、亳州电视台等市级媒体开设"青少年信箱""寻找青春榜样"等专题专栏 12 个;团市委工作活动新闻稿件被中央级媒体刊发 4 篇,省级媒体刊发 79 篇,市级媒体刊发 67 篇。

建设共青团新媒体中心,组建一支由 50 名网评员、400 名网络宣传员、2.9 万名网络文明志愿者构成的队伍。

(刘 翔)

【组织建设】2017 年,共青团亳州市委以"网络 + 行业 + 平台建设"促组织建设。成立团市委直属网络团工委,以团支部为基础推行团的组织生活与日常工作有机结合的微型化、网络化,以 QQ 群、微信群为依托,分市、县、乡、村 4 个层级建立网络团组织 3230 个,整合社会自媒体资源,推动互联网企业建立团组织 36 个;组建邮政快递行业团工委、网络新媒体俱乐部等新兴领域团组织。实现"青年之家"全覆盖,整合团内外资源,采取自建、共建和联建等模式,创建市级示范性平台 54 个。亳州市"青年之家"获评省级示范性平台,利辛县新张集乡"青年之家"获评国家级平台。全市"青年之家"云平台累计开展活动 493 场,参与人数共计 14827 人,实现单个云平台活动全覆盖、活动开展总频次处于全省领先位次。"智慧团建"系统第一阶段建设工作进度在全省居第一方阵。

推进学习教育、组织生活、实践活动 3 个方面 10 项规定动作。全市各级团组织通过微信、微博、QQ 等新媒体平台推送宣传学习内容 300 余次。推进"党建带团建",开展党史教育日、党员活动日、革命传统等教育活动,推进"讲政治、重规矩、做表率"专题教育,参加安徽省首届党员教育微视频大赛并获二等奖。

推进"1+100"工作。建立"4+1"下沉机制,团市委机关干部到基层团组织开展调研,听取意见建议。市县两级团干部参与活动 54 人次,走访基层单位 87 个,开展各类宣讲和座谈活动 54 次,覆盖青年 5400 人次。全市"1+100"团干部联系青年平台人均积分实现 106 分,112 名团干部与青年建立常态联系,人均联系 135 人,工作始终位于全省领先位次。利辛县马店孜镇团委书记马传斌入选 2017 全国团干部直接联系青年“最美青春故事”个人。

（刘　翔）

【共青团改革】2017年，《共青团亳州市委改革方案》印发，推进高校、中学中职、少先队和青联、学联改革。转发《团中央少先队改革方案》等配套改革方案，出台《关于进一步加强中学共青团工作的意见》，全市两所高校均出台改革方案，承办全省学校共青团改革工作片区座谈会，成立市学联。指导督促县（区）共青团改革工作，各县（区）均出台共青团改革方案。

建立月调度、季督导、年考核的工作机制。团市委先后对各县区落实基层团建、推进改革攻坚、发展团员等工作开展专项督导10余次，督导结果向各县区党委进行反馈，推动共青团改革工作的落实。

（刘　翔）

亳州市妇女联合会

【概况】2017年，亳州市妇女联合会（以下简称“市妇联”）下辖谯城区、涡阳县、蒙城县、利辛县妇联和市经开区、亳芜园区管委会妇联。共下辖街道妇联10个，乡镇妇联79个，林场妇联1个。市妇联出台《亳州市妇联改革方案》，推动全市1248个行政村（社区）完成妇代会改建妇联工作，改建率100%，选举村妇联主席1248名，专职副主席1102名，兼职副主席1070名，其他执委7931名。90个乡（镇、街道）妇联完成年度区域化建设任务，改革后乡（镇、街道）妇联主席90名（副科级14名），专职副主席85名，兼职副主席197名，执委数增加到2752名。改革市县区妇联领导机构，市妇联配备2名兼职副主席，蒙城县配备2名，谯城、涡阳各1名，利辛配备兼职副主席2名，挂职副主席2名。

各级妇联组织全体人员观看十九大报告直播；印发《市妇联党组中心组学习党的十九大精神实施方案》、行事历，向全市发出《关于迅速掀起学习宣传贯彻党的十九大精神热潮的通知》。在谯城区女干部培训班及市委党校全体主体班上解读十九大报告中的基本国策。举办专题培训班，邀请十九大女代表同学员分享收获和感动；入村居企业面对面宣传，各级妇联主席带头到党校、企业、基层妇联干部培训班、村居街道等。开展面对面专题宣传23场，直接受众3000余人。“宣传十九大·徒步普法行”、30场“宣传十九大·木兰讲堂走进社区（新时代、新家庭）”“11·25”反家暴暨宣传十九大文艺会演、亳州市2017年寻找“最美家庭”活动总结表彰暨宣传十九大精神、最美家庭文艺演出、年度调研走访宣传、企业座谈交流等。利辛县组织巾帼志愿者、“三八红旗手”成立巾帼宣讲十九大精神小分队，入镇村与妇女群众面对面宣讲十九大精神，中央电视台新闻频道进行宣传报道。新媒体宣传舆论先行。

市及县（区）官方微信公众号实现链式发展、联动发声，全年推送“巾帼心向党”系列、“巾帼博学读经典”“木兰之乡·巾帼创业风采”、相关法律法规等多个系列宣传；微信推送工作信息194条，微博66条，网站发布233条，被省网站采用图片信息106条。组织巾帼网民开展网友沙龙活动。加强和市互联网协会的联系，年底建立合作关系。改革后的90个乡镇、1248个村妇联，全部建立微信联系群、工作群。组织开展“示范妇女之家”创评工作，创评市级“示范妇女之家”100个。

（张兰兰）

【巾帼建功行动】2017年，市妇

图34　2017年7月28日，亳州市庆祝建军90周年暨最美军嫂表彰大会（轶群　摄）

联组织开展“春风行动”。组织专场招聘会33场次,为5000余人提供免费服务,介绍女性成功就业1084人,组织跨地区妇女劳务输出68人,为760名妇女提供职业技能和创业培训,为20名妇女提供劳动权益维护或法律援助服务,各级妇联共计发放资料2.1万份。继续推进妇女创业扶持小额担保贷款。为1931名城乡妇女提供小额担保贷款1.9亿元。持续推进巾帼文明岗创建。评选挂牌市级文明岗29家、县级20家,表彰巾帼建功标兵70名。推荐古井贡酒公司于翠荣获全国巾帼建功标兵,市“12345”市长热线获省巾帼建功先进集体,2人获省巾帼建功标兵,6单位获省巾帼文明岗表彰。引荐上海老乡沈贺才、康忠霞夫妇返乡创建宏欣吉种植专业合作社,新流转土地340余亩种植果树、药材等,带动农户46家。

(张兰兰)

【巾帼维权行动】2017年,市妇联开展普法宣传。协调市司法局运用“我家亳州”手机APP“E普法”板块,开展《中华人民共和国反家庭暴力法》网络测试,5万余名公务员参与。启动“建设法治亳州·巾帼在行动”活动,开展“三八”维权月、江淮普法行、安全生产月、“11·25”反家暴等主题普法宣传活动,各级妇联开展咨询28场次,现场咨询1300余人,发放各类资料8.7万余份。继续落实“送法到身边三个一活动”部署。为基层村居“送去一堂法律课”107场、“送去一场庭审”20场、“送去一次徒步普法”32次。加强协调做好个案维权。市县区妇联全年接待妇女群众来信来电来访109件,均给予妥善处理。上线政风行风热线2次,对现场电话求助,及时联系县(区)、乡镇妇联进行走访慰问并给予款物救助。高度关注家暴信访案件,协调“家暴庇护所”给予临时救助、联系法院帮助诉讼,使案件获得妥善处理。9月,协调推动谯城区十八里法庭针对上访至市妇联的一起性侵女童案件发出全市首个人身安全保护令。推动完善婚姻家庭矛盾纠纷多元化解机制。推动县区全部建立婚姻家庭矛盾纠纷调解委员会,组建婚姻家庭矛盾纠纷调解员队伍,所有乡(镇、街道)、三分之一村居建立妇女儿童维权站、点。招募县区级以上调解员140人、镇村调解员2160人、特邀调解员308人,联合法院调解50起矛盾纠纷,化解基层矛盾153起,为200个家庭提供婚姻咨询调解服务。开展“平安家庭”创建活动,评比表彰“平安家庭”市级112户,县(区)级270户。

(张兰兰)

【巾帼关爱行动】2017年,市妇联推动妇女儿童发展规划加快实施。发挥妇女工委办作用,举办妇儿工委成员单位联络员培训班,形成妇女儿童发展规划年度监测统计报告,对全市涉及重点目标任务成员单位及县区进行目标任务落实情况督查,配合召开全市妇女儿童工作电视电话会议,评选表彰两个规划实施先进集体30个、先进个人50名。2单位获全省实施两纲先进集体,4人获先进个人表彰。

春节期间,全市各级妇联慰问贫困户70户,贫困妇女儿童老人644人,总计捐赠价值15.9万元慰问款物。联合爱心协会等社会团体在“邦亲宝贝·助你成长”公益项目中,向市区福利院、乡镇婴幼儿困难家庭共计捐助价值31万元的奶粉物资;在“一盏小橘灯”公益项目中,走访17所中小学校,为在校贫困学生、留守儿童累计捐资捐物68万余元;募捐爱心款19.2万余元,资助6名患有白血病、骨癌等严重疾病患者。响应市委关于动员全市各方力量参与贫困户帮扶工作部署,动员市爱心协会、旗袍协会、女企业家协会、心理咨询师协会50人,结对帮扶72户贫困户。

争取上级项目落户亳州,继省妇女创业扶持转移支付资金215.4万元之后,争取儿童工作阵地项目5万元落户蒙城,两纲示范县、儿童快乐家园、艾滋孤儿救助等项目15万元落户利辛,儿童友好家园项目8万元落户涡阳,争取价值24万元的婴幼儿米粉798箱分别于春节前、“六一”前送到各县(区)儿童福利院和有婴幼儿的困难家庭。继续实施“春蕾计划10元捐”活动。汇聚各级各界爱心力量资助535名贫困女童和女大学生。今年该项目被推荐为第二届安徽慈善奖最具影响力慈善项目。拓展关爱受益面。在争取上级资金54万元用于资助两癌患病贫困母亲之后,继续开展农村妇女“两癌”筛查工作,将全市建档立卡贫困户中的两癌人员全部摸排到位。

划拨市级困难妇女儿童救助项目经费20万元用于各县区救助贫困患病家庭妇女儿童。以10乡镇“农村留守儿童关爱服务”项目为带动，不断深化留守儿童等困境儿童的关爱帮扶和思想道德实践工作。推广成立留守妇女互助组织。指导各地建立推广留守妇女互助组“婆婆妈妈”服务队，建立留守妇女和专业合作社、种养大户及其他农业生产企业两个名册，搭建信息互通平台，指导、帮助留守妇女成立“婆婆妈妈服务队”“婆婆妈妈互助组”“留守娘子军”“巾帼志愿服务队”，开展技能培训、提供心理疏导、帮助提供并推荐用工，在关爱妇女群体的同时也为她们送去就业岗位。

（张兰兰）

【巾帼文明和美丽家园行动】 2017年，市妇联围绕迎接党的十九大胜利召开，开展“巾帼心向党 扬帆新征程 喜迎十九大”系列宣传活动。利用市县(区)两级妇联网站、微信、微博搭建社会主义核心价值观和中国梦主题宣传教育平台，开展线上线下系列宣传活动。各级妇联举办巾帼心向党系列活动792场次，参与活动14960人；举办巾帼志愿服务培训班50场次，开展巾帼志愿服务系列活动1265次；继续第七年开展巾帼博学读经典活动，连载诗词赏析47期。评选表彰“三八红旗手”市级50名、县级115名，“三八红旗集体”市级20个、县级13个；组织开展“警民庆‘七一’共筑中国梦”联欢、庆祝建军90周年最美军嫂表彰暨军民联欢和“杰出女税官”评选表彰活动，表彰亳州市最美军嫂 23名，杰出女税官20名，提名10名。涡阳县在涡阳电视台《涡阳新闻》栏目开设“最美家庭”和“巾帼风采录”，宣传报道优秀女性和典型家庭事迹，弘扬美德，倡导文明。全市获评全国“三八红旗手”1人，省级6人；省级“三八红旗集体”1个。

联合市纪委、市委组织部、市委宣传部、市文明办开展“树清廉家风创最美家庭”主题活动，命名“最美家庭”市级107户、县级112户、乡镇级360户，“好媳妇好婆婆”市级55名、县级301名，最美妈妈60名；开展家书文章、家规家训、廉政书画及随手拍摄影作品征集评审，并汇编成书，印发各县（区）及市直各单位。持续宣讲好家风家训，开展最美家庭故事、道德模范、身边好人事迹巡讲102场。发挥民间能人作用，鼓励编创最美家庭故事，以群众喜闻乐见的快板、表演唱形式宣传最美家庭。蒙城县徐红家庭获“全国最美家庭”，19户家庭获省最美家庭，4人获省“最美军嫂”表彰。助力建设美丽家园。县、乡、村妇联干部全员参与秸秆禁烧的宣传、驻点和督查工作。各地开展“严禁秸秆焚烧 创最美低碳环保家庭”系列活动；发放“禁烧秸秆 美化家园”倡议书，引领妇女群众执行禁烧规定，践行低碳环保生活；为160户城乡家庭挂牌“低碳家庭”；推评“十星清洁示范户”市级100户、县级580户、县级“五好文明家庭”100户。蒙城县结合清洁工程和垃圾分类工作，系统化开展“美丽家庭”创建工作，形成以创建美丽家庭为统领，绿色家庭、健康家庭、低碳家庭、平安家庭创建为支撑，全面化、系统化、常态化的创建体系，全年创评美丽家庭180户。

（张兰兰）

【精准穿衣扶贫】 2017年市妇联联合市工会、团市委向社会各界发出“爱心传递·赠衣扶贫”倡

图35 2017年3月6日，纪念三八节107周年暨寻找最美家庭活动启动仪式(轶群 摄)

图 36 2017 年 6 月 1 日，亳州市木兰讲堂家庭教育知识巡讲（轶群 摄）

议，发动全社会共同解决贫困人口“不愁穿”问题。市妇联募集价值 1500 万余元的上衣 7 万余件、裤子 2 万余条、安踏运动鞋 2.5 万余双，现金捐款 61770 元。截至 12 月 29 日，完成涉及 32 乡镇的 77 个村居贫困人口的鞋服发放工作，为 11216 名困难群众赠送鞋子 10909 双、上衣 10513 件、裤子 5683 条。市直部门响应赠衣扶贫倡议，36 家单位为结对贫困户 2435 人捐赠衣服 3095 件、鞋子 1522 双、棉被 40 套，捐赠现金及其他慰问物品计 18.6 万元。

（张兰兰）

【打造木兰宣传品牌】2017 年，市妇联指导所属心理咨询师协会、家教协会，开展木兰讲堂·婚家关系心理调适及家教指导讲座 108 场、木兰讲堂·家教心得微课堂分享 180 余场次、《中华名门家训》宣讲 12 场、世界十大家族家训 10 场、亲子读书活动 120 余次；联合市演讲协会开展木兰讲堂·最美家庭故事、道德模范、身边好人事迹巡讲 102 场；联合女律师志愿团开展木兰讲堂·法律知识讲座 103 场；启动“木兰书香驿站”建设，11 月 26 日，在谯城区魏武社区建立首个木兰书香驿站；启动“公交木兰线”项目，指导“5 路”女子公交车队升级改造为“木兰女子车队”。

（张兰兰）

亳州市工商业联合会（总商会）

【概况】2017 年，市工商业联合会（以下简称“市工商联”）（总商会）有主席（会长）1 人，副主席 13 人，其中，驻会副主席（副会长）2 名，企业家副主席 11 名；市总商会副会长 19 人，其中企业家副会长 17 名；执委 133 名，其中常委 49 名。机关编制 6 个，科室 2 个，科室负责人 2 名。联系和指导的行业商会和协会有 18 个，团体会员商会 16 个，乡镇分会 67 个。

开展所属商会（协会）党组织标准化建设，将市糖酒食品业商会、汽车市场商会等 3 个党支部确定为党组织标准化建设先进示范点。在 11 个行业商会（协会）建立党支部，落实行业商会（协会）党建指导员联系制度。市工商联机关轮流与各个行业商会（协会）党支部联合开展“党员活动日”活动。

（冯 刚）

【招商引资】2017 年，市工商联（总商会）邀请合肥市阜亳商会、昆山亳州商会、海南亳州商会、广东省安徽商会、陕西阜亳商会、浙江安徽商会、上海市政府参事 7 批 100 多名客商来亳投资考察，举办 3 场招商推介会。在安徽省城市基础设施投资商会成立大会上，重点推介 16 个 PPP 项目和 2017 年 20 个重点项目；到江苏昆山参加“返乡创业”调研并开展招商活动；借助陕西阜亳商会、杭州市亳州商会成立大会和广东省亳州商会筹备会等，开展招商推介。落实“千家知名企业招商攻坚”活动，到江苏、上海、吉林、河南等省（直辖市）开展专题招商活动。共组织外出招商 30 余次，共完成招商引资项目 5 个，其中独立选址的工业项目 2 个。承办“2017 年度中华民族医药百强榜单发布会”，5 家企业入选中华民族医药百强榜；协办“打造世界中医药之都恳谈会”，组织市年营业额 3 亿元以上的 19 家企业参加省民营企业百名排序活动。

（冯 刚）

【异地亳州商会建设】2017 年，市工商联（总商会）加强对异地亳州商会筹建工作的协调、指导，陕西省阜亳商会、杭州市亳州商会、海南省亳州商会正式组建，广东省亳州商会、廊坊市亳州商会、哈尔滨市阜亳商会基本完成组建筹备工作。成立异地亳州商会旨在促进在外创业亳州老乡加强团结、维护权益、抱团发展、促进返乡创业。

（冯　刚）

【“政企直通车·规下工商业”微信服务平台建设】2017年，市工商联（总商会）加强“政企直通车·规下工商业”微信平台建设，提高入群数、问题反映数和问题办结率，帮助民营企业解决生产经营困难和问题。截至12月底，平台共有入群企业3617个，比年初增加2000余人，关注人数居5个“政企直通车”平台首位；反映问题641个，已办结586件，问题转办率100%、回复率95%、办结率91%。

（冯　刚）

【“百企帮百村”活动】2017年，市工商联（总商会）开展“百企帮百村”提质增效专题调研活动。动态调整民营企业“百企帮百村”精准扶贫系统台账，在网上填报全国工商联台账系统的企业172家，帮扶309个贫困村，帮扶贫困人数20334人，其中产业扶贫实施项目投资1.9亿元，就业扶贫帮扶人数442人，工资总额113.84万元，公益扶贫捐资捐物价值235.5万元，技能扶贫601人。制定《亳州市“千企联千村，合力促攻坚”精准扶贫专项行动实施方案》，会同市经信委、市商务和粮食局组织1178家企业，联系帮扶全市1248个村。组织市联直属执委26家企业家帮扶50户贫困户，开展3次集中走访活动，走访慰问150余户次，送去慰问金和慰问品价值4.5万元。引导广大非公经济人士主动承担社会责任，助力脱贫攻坚。

（冯　刚）

亳州市科学技术协会

【概况】2017年，亳州市科学技术协会（简称“市科协”）制定完成《亳州市科协系统深化改革实施方案》，召开市科协第四次代表大会，选举产生市科协第四届委员会。表彰10名第七届亳州市青年科技奖，推荐的古井贡酒股份公司科研中心主任刘国英获得安徽省青年科技奖。

本年度，市科协获中国科协表彰全国青少年科技创新大赛基层赛事优秀组织单位、全国科普日活动优秀组织单位；获全省基层赛事优秀组织单位、全省气象科普知识竞赛优秀组织单位。

（周同超）

【科技扶贫】2017年，市科协帮扶谯城区张店乡魏庄村、观堂镇崔庄村。11次进村入户，指导贫困户科学生产生活。在崔庄举办常见中药材种植技术培训会、健康知识科普义诊、科普大篷车进校园等活动。为崔庄购置一批电脑、打印机等办公设备，建设1个乡村e站，1个校园e站，为贫困户提供40千克桔梗种子。动员市中药材协会、药膳养生协会、民间中医协会、营养学会等市级学会参与扶贫。

（周同超）

【科普活动】2017年，市科协组织在谯城区牛集镇开展全市“三下乡”启动仪式，设立科普咨询台，接受群众咨询，发放科普明白纸，向牛集镇政府捐赠2000册图书和10套挂图；在亳州七中举办“百名专家乡村学堂讲科普”活动，1000余名青少年学生聆听专家授课；在三县一区举办8场专家乡村学堂讲科普活动，

图37　2017年9月12日，亳州市药膳大赛（徐新生　摄）

2600名学生聆听报告；组织科普大篷车到蒙城县板桥等中学开展巡展，3000名师生观展；在谯城区丹华小学举办大篷车亲子游，600余名家长和学生观展；大篷车进亳州二中，1000余名师生观展；科普大篷车进崔庄小学，136名师生观展；与市气象局联合举办亳州市青少年气象科普知识竞赛；在亳州二中举办亳州市暨谯城区全国科普日活动启动仪式。

（周同超）

【学术活动】2017年，市科协与市药膳养生协会举办全国药膳大赛，全国15个省32支代表队参赛，中国药膳研究会会长杨锐等出席开幕式，中国药膳研究会授予亳州市为“全国药膳之都”称号；指导安徽古井贡酒股份公司科协召开2017年中国白酒产业技术创新战略联盟会议；指导市菊花产业协会在曹操公园举办“花开盛世 璀璨金秋”菊花展，展出100多个品种10万余盆菊花，20万人次参观菊展。

（周同超）

【青少年科技创新大赛】2017年，市科协举办第七届亳州市青少年科技创新大赛。参赛作品1676项，评出科幻画作品一等奖45幅、二等奖81幅、三等奖84幅；青少年科技成果作品一等奖16项、二等奖95项、三等奖102项；科技创意作品一等奖16项、二等奖30项、三等奖45项；科技实践活动作品一等奖10项、二等奖17项、三等奖13项；科技辅导员作品一等奖10项、二等奖13项、三等奖10项。

组织参加安徽省青少年科技创新大赛，获科幻画二等奖2幅、三等奖9幅；青少年科技成果二等奖3项、三等奖11项；科技创意一等奖3项、二等奖4项、三等奖7项；科技实践活动二等奖2项、三等奖7项；科技辅导员项目二等奖2项、三等奖7项。

组织参加全省机器人大赛，小学组6个队参加“FLL工程挑战赛——资源再生”竞赛获3个三等奖，初中组2个队“机器人创意赛”均获三等奖。

（周同超）

【优秀科技工作者和先进单位推荐表彰】2017年，亳州市科协组织评选第七届亳州市青年科技奖。全市47名青年科技工作者申报该奖，召开学科组评审会，根据申报者的科技创新和推广应用成绩等8项指标，遴选14位候选人，推荐给评委会。评委会以无记名投票方式确定10位获奖者。市政府常务会议研究通过10位青年科技奖获得者，并进行表彰。

命名亳州市优秀科技辅导员和先进单位。市科协联合市教育局等5家单位命名王新齐等61名教师为亳州市优秀科技辅导员，命名亳州一中等47家单位为大赛优秀组织单位。

推荐安徽省青年科技奖。根据省科协、省委组织部、省人社厅《关于开展第十七届安徽青年科技奖表彰奖励活动的通知》要求，推荐的古井贡酒股份公司科研中心主任刘国英获得安徽省青年科技奖。

（周同超）

【市科协第四次代表大会】2017年12月18日，市科协第四次代表大会召开，市委副书记方晓利和省科协副主席蔡士祥出席大会开幕式并讲话，市级学会、企业科协、高校科协、市直有关单位、高校和三县一区科协的212名代表参加会议。会议审议通过亳州市科协第三届委员会工作报告、亳州市科学技术协会实施《中国科学技术协会章程》细则，选举产生亳州市科协第四届委员会。批准成立市航空航海模型

图38 2017年12月18日，市科协第四次代表大会召开（桑乐 摄）

协会、市菊花产业协会、市口腔医学会3个市级学会。

（周同超）

亳州市文学艺术界联合会

【概况】2017年，亳州市文学艺术界联合会（简称“市文联”）有蒙城文联、谯城文联、利辛文联、涡阳文联、古井文联、作家协会、书法家协会、摄影家协会、美术家协会、音乐舞蹈家协会、戏曲家协会、收藏家协会、影视家协会、民间文艺家协会14个团体会员；各文艺家协会、学会共有会员6320人，其中国家级会员86人，省级会员1402人。

组织召开全市文艺界学习贯彻习近平总书记关于文艺工作重要讲话精神报告会，邀请省文联主席吴雪到亳州作专题辅导报告，重点是习总书记在文艺工作座谈会和中国文联十大、中国作协九大开幕式上的重要讲话精神。举办全市文艺界学习党的十九大精神培训班，邀请市委党校王洪伟副教授作专题报告。

承办“亳州旅游年”系列活动9项，参与活动的大约2万人。其中：1月上旬举办迎春书画展。3月中旬举办古韵亳州鉴宝大会。5月29日举办五月端午建安诗会。7月中旬举办“美丽亳州”摄影展。9月28日至10月10日举办药都书画展。11月上旬举办“大道至剪”药都剪纸展。11月中旬举办唢呐演奏大赛。

（张凤海）

【文艺创作】市梆剧团创排的梆剧《印记》在中央电视台戏曲频道播出，并获安徽省第十四届精神文明建设“五个一工程”奖。围绕扶贫攻坚主题，创作了《扶贫路上》《老两口算账》等10余部优秀曲艺节目。微电影《芍药花开》获“2017美丽乡村国际微电影节”最佳故事片奖。微电影《青春在泥土中绽放》获首届大学生村干部微电影大赛“最佳人气作品奖”。丁冬的《水墨谯城》、李丹崖的《三个细节观大宋》分别获“文传榜·2016”网络十大国学音乐、网络十大文字作品奖。利辛县文联刊物《西淝河》刊发作品《泥青布》（作者明月）获全省地方文学刊物“金穗文学奖”二等奖。《亳州文艺》刊发作品《我是一条鱼》（作者刘勇）获全省地方文学刊物“金穗文学奖”优秀奖。孙志保中篇小说《三十年》获《新安文学》好作品月赛奖。杨小凡中篇小说《冬风急》在《当代》发表，《王的故事》在《钟山》发表，出版中篇小说集《总裁班》。据不完全统计，市美术作品入展国家级展览11件次、省级展览36件次。书法作品入选国家级展览6件次，省级展览32件次。

（张凤海）

【文艺惠民活动】2017年，市文联组织人员为全市民送春联10000余幅，图书2000余册，挂历、台历400本；市、县（区）联合组织4支文艺扶贫文艺小分队，分赴114个未出列贫困村每村演出1场，开展惠民活动；在涡阳县义门镇刘老村举行“宣传十九大、送戏下基层”首场文艺演出；在市魏武广场举行“全市唢呐演奏大赛”，200余名民间艺人参加比赛活动；组织11名会员，市美术家协会组织10名会员，分别走进谯城区古井镇古井中心中学、大杨中学，开展“送文艺下基层”活动。

（张凤海）

【文艺人才队伍建设】2017年，全市各文艺家协会新发展国家级会员7人（美术家协会2人、摄影家协会3人、收藏家协会2人），新发展省级会员62人（作家协会19人、书法家协会16人、美术家协会11人、摄影家协会11人、收藏家协会5人），市级会员420余人。市画家车敏、李培华晋级中国美术家协会会员，梁西海等3人晋级中国摄影家协会会员。剪纸艺术家王炳华工作室被评为“安徽省民间工艺美术大师示范工作室”。在省文联、省民间文艺家协会举办的第三届安徽省剪纸艺术节暨全省民间工艺精品展中，亳州市获“优秀组织奖”。中国曲艺家协会授予蒙城县“中国曲艺之乡”称号。谯城区双沟镇、牛集镇文联组织先后成立。

（张凤海）

【亳州市文学艺术界联合会第四次会员代表大会】2017年3月21—22日，亳州市文学艺术界联合会第四次代表大会召开，全市各地文艺工作者代表260余人参加大会。市委书记汪一光、省文联主席吴雪出席开幕式并讲话。市委副书记、宣传部部长方晓利在闭幕式上讲话。大会总结市文联三届委员会的工作，确立未来五年文艺工作的目标和措

图 39 2017 年 3 月 22 日，市文联第四次代表大会召开（梁西海 摄）

施。选举产生市文联第四届委员会，选举张弘为市文联第四届委员会主席，张凤海、孙志保、杨小凡、任斌、李兴田、任明、潘克军、刘传师、孟东晓、王军、张武之为市文联第四届委员会副主席，选举马震等 48 人为第四届委员会委员。

（张凤海）

【“大淮河·涡水情”主题采风创作活动】 2017 年，根据省文联“我们的沃土我们的梦”“深入生活、扎根人民”暨“大淮河”主题采风创作工作部署，结合亳州实际，市文联组织开展“深入生活、扎根人民”暨“大淮河·涡水情”主题采风创作活动。市文联制定工作方案，召开动员会，组织赴王家坝等地集体采风。创作期间，实行月调度制度，评估重点选题，指导选题和创作，让文艺触角深入到全市经济社会发展的各层面、各领域，体察涡河儿女的创新创造，感受涡河文化的魅力。各艺术门类都围绕主题创作一批文艺作品，经初选，市文联向省文联报送主题采风创作活动创作作品 98 件，其中，展示艺术类 88 件（书法 25 件，摄影 20 件，国画、油画、版画、烙画、农民画 24 件，剪纸 19 件），文学类（小说、散文、剧本）5 件，表演艺术类（音乐、戏剧、戏剧剧本）5件。

（张凤海）

【亳州市 2014—2016 年度文艺获奖作品等级评定】 2017 年，根据《亳州市文艺获奖作品等级评定办法》规定，市文联组织开展 2014—2016 年度优秀文艺作品等级评定工作。成立等级评定委员会，领导等级评定工作。评定委员会下设办公室，市文联主席团成员为成员，具体负责评定工作。评定中严把审核关，对照文件规定标准，逐项核对获奖证书、网站信息，确保真实可靠。经评定，共评出精品奖 1 个，10 个门类的单项奖 72 个，其中一等奖 5 个、二等奖 24 个、三等奖 43 个，颁发奖金 32.9 万元。市政办下发《关于亳州市 2014—2016 年度文艺获奖作品等级评定结果的通报》。

【第十六届全国文学院院长联席会议代表到亳州采风】 11 月 4—5 日，第十六届全国文学院院长联席会议代表到亳州采风。鲁迅文学院副院长王旋、省文联主席吴雪，以及中国作协、鲁迅文学院代表，全国各省市自治区文联、作协、文学艺术院的领导和作家 50 余人参加采风活动。市委书记汪一光会见部分来宾。市长杜延安、副市长侯化陪同考察。

（张凤海）

亳州市残疾人联合会

【概况】 2017 年，亳州市共有县区残疾人联合会 4 个，乡（镇、街道）残疾人联合 89 个。全市共有残疾人 36 万余名，占总人口的比例约为 5.57%，持证残疾人 162468 名，占总人口的比例约为 2.5%。

全市共有扶持残疾人创业就业基地 6 家，扶持残疾人个人创业就业 963 名，补贴资金 192.6 万元；全年实施阳光大棚补贴 103 个，补贴资金 41 万元；贫困残疾大学生资助 58 名，资助金额 9.85 万元；全年共对 501 名残疾人实施社保补贴，补贴资金 31.1 万元；为残疾人验配助听器、装配假肢、赠送轮椅、盲人收音机等辅助器具 2000 余件。

市残联联合市人民医院在魏武广场开展以“防聋治聋 精准服务”为主题的第 18 次全国“爱

耳日”宣传教育活动；通过走访调研、开展慰问、文艺会演、公益活动等开展第二十七次“全国助残日”系列活动。

本年度，亳州市选手朱鸿获安徽省第四届残疾人读书达人比赛二等奖；高丁鹏演奏的《娶新娘》获安徽省第九届残疾人艺术会演器乐类节目一等奖，并代表安徽省参加8月9日在济南举办的全国第九届残疾人文艺会演，获器乐类二等奖；市代表队在安徽省残疾人飞镖、象棋锦标赛中取得女子肢体、站姿听力组第六名（飞镖比赛）；4名运动员获“体育道德风尚奖”；市代表队获“体育道德风尚奖”；市代表队在安徽省残疾人田径锦标赛中获1枚金牌、1枚银牌、3枚铜牌。

（王国栋）

【涉残民生工程】2017年，市残联牵头实施贫困残疾人救助与康复工程，完成10487名贫困精神残疾人药费补助，超任务数3447名，发放资金1048.7万元；共对931名四类儿童实施康复救助。其中省康复指标任务数440名，已完成440名，完成任务的100%；儿童辅助器具类任务数132例，完成212例，完成任务的160.61%。中央彩票公益金康复儿童491名，拨付资金1440.8万元。其中省财政资金466.7万元，中央彩金资金791.7万元，市财政配套资金182.4万元。

（王国栋）

【信息管理】2017年，市残联开展全市残疾人基本服务状况和需求信息数据动态更新工作，全面完成146852名持证的残疾人、1347个社区的数据核实、注销、走访、需求调查、录入数据和上报，为中国残联制定惠及残疾人的有关政策提供了科学翔实的数据依据。

（王国栋）

【劳动就业服务】2017年，市残联协调相关部门开展残疾人手机维修、家用电器维修、盲人按摩等8期残疾人职业技能培训，共培训学员480人。扶持残疾人困难群体创业3个，安排残疾人就业175人。其中，安置盲人按摩就业99人，电商孵化基地安置残疾人就业11人，沪谯基地安置残人就业65人。

（王国栋）

【扶贫帮扶】2017年，市残联到结对帮扶村涡阳县义门镇东姬村，走访调研，了解残疾人补助发放情况和残疾人证办理情况，针对存在的问题，上门为符合条件的疑似残疾人办证，协调做好救助金的发放和扶贫项目的落实。残联开展上门办证服务活动，助力脱贫攻坚，共服务群众21000余人，符合条件的15000余人。

（王国栋）

【普法维权】2017年，市残联参加5次政风行风热线《说办就办》栏目在线直播，办理“12345”市长热线等有关残疾人救助、残疾人证办理等政策的咨询90余件。同时，开通市“12385”残疾人热线。

（王国栋）

【市残疾人联合会第三届主席团全体会议】2017年2月15日，市残疾人联合会第三届主席团全体会议召开，市残疾人联合会第三届主席团各位委员参会。会议通过表决，选举刘辉、沈祥成替补为市残联第三届主席团委员，选举刘辉任市残疾人联合会第三届主席团主席，姚亮任市残疾人联合会第三届执行理事会理事长。姚亮代表市残疾人联合会第三届执行理事会作报告。

（王国栋）

图40　2017年2月15日，市残联第三届主席团会议召开（王国栋　供图）

法 治

政法委及综治

【概况】2017年，亳州市政法机关开展“讲政治、重规矩、作表率”专题教育、“讲重作”专题警示教育、“面对五对矛盾、我们怎么办”学习讨论，推进“两学一做”学习教育常态化制度化，广大民警运用习近平新时代中国特色社会主义思想指导工作的自觉性提高。开展习近平新时代中国特色社会主义政法思想学习教育活动。开展执法司法大培训活动，组织各类培训170余期，参加培训5290余人次。开展反腐倡廉建设，坚持把党风廉政建设同政法工作同部署、同落实、同考核，推进教育、制度、监督并重的惩治和预防腐败体系。

本年度，在全市机关效能评比中，市委政法委被评为优秀等次。

（蒋　灿）

【政法委工作】2017年，亳州市完成十九大等维稳安保任务。综治、维稳、信访、公安、安监等部门开展“四无”镇村创建活动、社会矛盾集中排查化解行动、“守护平安百日攻坚”行动、“百日除患铸安”行动等。共排查矛盾纠纷9000余件，安全生产隐患2900余个，突出治安问题300余个，全部按照“问题清单化、清单责任化、责任具体化”落实“五个一”工作机制和“三位一体”、双“三位一体”维稳信访责任，实现市委提出的“保安全、护稳定，四不出、两确保”目标。全市社会大局持续稳定，治安秩序持续平稳，法治环境改善，法律服务水平提高。

（蒋　灿）

【社会治安综合治理】2017年，亳州市完成四级综治中心建设任务；92个乡（镇、街道）、1343个村（社区）建成综治维稳工作中心（站）；配备社区民警、警务辅助人员365人，选派驻村民警、包村民警1249名，实现社区及农村行政村全覆盖。加快建设“雪亮工程”，累计投资23亿元，建立视频数据平台监控点位5.4万路，实现城区和乡村重点部位全覆盖。建立单位内部保卫组织375个，基层调委会1590个，行业性、专业性调委会56个，城乡社区普遍设立“两代表一委员”工作室、“乡贤”工作室，登记在册“红袖标”工程群防群治力量26710人、平安志愿者28863人，持续推进“平安中心户长制”等典型做法，开展“技防设施进农家”活动，全市社会管理、社会面控制能力增强。严厉打击严重刑事犯罪，组织开展“守护平安”系列行动和“铁犁”、打盗抢、反电诈、食药打假等专项行动，打击各类违法犯罪行为。

（蒋　灿）

法治政府建设

【概况】2017年，亳州市完善依法行政制度体系，推进行政决策科学化、民主化、法治化，规范公正文明执法，依法化解社会矛盾纠纷，为全市经济社会发展营造良好法治氛围。

印发《国务院法制办督察〈法治政府建设实施纲要（2015—2020年）〉等重要改革举措贯彻落实情况迎察工作方案》，对国务院法制办督察工作进行部署。市法制办会同市委督察室、市政府督察室、市委全面推进依法治市领导小组办公室等单位对市直相关行政执法部门、县（区）政府及其部门对《法治政府建设实施纲要（2015—2020年）》等重要改革举措贯彻落实情况进行督察。

组织开展文件清理工作。对自2000年5月地级亳州市成立起，以市政府及市政府办公室名义印发，作为行政管理依据、反复适用，具有普遍约束力的各类文件进行全面清理，并与“放管服”改革涉及的市政府规范性文件清理相结合。印发《市政府文件和全市“放管服”改革涉及的规范性文件全面清理工作方案》，市政府文件宣布失效1063件、修改72件、保留622件，“放管服”改革涉及的市政府规范性文件废止41件、修改26件、保留201件。印发《亳州市人民政府关于公布市政府文件清理结果的决定》《亳州市人民政府关于公布“放管服”改革涉及的规范性文件清理结果的决定》，清理结果通过市政府网站向社会公布。

印发《亳州市人民政府办公室关于进一步加强规范性文件备案工作的通知》，要求明晰备案范围，规范备案程序，严格审查监督，强化责任追究，完善机制保障。向省政府和市人大常委会备案市政府规范性文件113件。

组织开展政府法治工作“三级大调研”活动。印发《关于开展政府法制工作调研的通知》，市、县区调研工作分别于8月中旬、7月底完成，形成调研报告。7月11—12日，省政府法制办党组成员、副主任张敏到亳州市开展政府法治工作“三级大调研”，在亳州市及利辛县分别召开市、县（区）政府法制机构、部分政府部门法制机构以及部分乡镇政府参加的座谈会，对市政府法治工作给予肯定。

印发《关于推行法律顾问制度和公职律师公司律师制度的实施方案》。县级以上行政机关设立法律顾问，公职律师40名。

本年度，市法制办受到市委、市政府通报表扬，获评“第八届亳州市文明单位”。

（蔡　威）

【依法治市】2017年，亳州市制定《2017年市委全面推进依法治市工作要点》《亳州市落实〈党政主要负责人履行推进法治建设第一责任人职责规定〉实施细则》《法治亳州建设实施纲要（2017—2020年）》等，将36项重点工作细化分解为67项具体任务，挂图作战，对账销号。加强普法宣传工作，制定《2017年重点普法目录》，推动“谁执法谁普法”责任制清单落地生根。组织开展亳州市首届“十大法治人物”“十大法治事件”评选活动，通过电台、电视、报纸、网络广泛宣传；以“2017亳州文化旅游年”为契机，将法治文化宣传内容纳入68项文化旅游品牌项目，营造法治文化氛围。推进司法体制改革。遴选员额法官273名、员额检察官167名，全部配置到办案部门。深化以审判为中心的诉讼制度改革，针对公安、检察、法院三家常见刑事案件证据规则不统一问题，制定《常见刑事案件证据规则（试行）》。开展司法责任制改革，全市组建法院审判团队83个，检察院办案团队61个，出台《亳州市中级人民法院审判委员会工作规则》《亳州市检察机关办案权力清单》等。

（蒋　灿）

【合法性审查】2017年，亳州市法制办落实《亳州市人民政府重大事项合法性审查程序规定》和《亳州市推进重大事项合法性审查机制全覆盖工作方案》，推进全市合法性审查机制全覆盖，重大事项未经合法性审查，或者经审查不合法的，不得提交会议讨论或者制发文件。审查市政府规范性文件204件，其他重大事项187件。

（蔡　威）

【案卷评查】2017年，亳州市法制办组织对2016年1月1日至12月31日期间，全市、县（区）国土资源、环境保护、农业、卫生计生、食品药品监管（市场监管）部门按照一般程序实施行政许可、行政处罚并已办结的案卷进行评查，评查案卷105件，评查结果通报全市。

（蔡　威）

【行政复议应诉】2017年，亳州市法制办办理市本级行政复议案件63件，办结53件，其中维持14件、驳回5件、撤销并责令重作4件、撤销2件、责令履行3件、确认违法4件、确认违法并责令重作1件、终止15件、不予受理5件，其余10件正在依法办理中。办理市政府行政应诉案件48件，其中一审案件17件、二审案件30件、再审案件1件。

行政公益诉讼。印发《亳州市人民政府办公室关于行政机关加强行政公益诉讼有关工作的意见》，要求行政机关参与行政公益诉讼诉前程序，建立健全与司法机关沟通协调机制，成立亳州市行政公益诉讼工作联席会议。

（蔡　威）

【执法人员资格管理】2017年9月27—28日，亳州市举行行政执法人员资格认证通用法律知识考试。是《安徽省行政执法人员管理办法》实施后，全省首场行政执法人员资格认证通用法律知识考试。共有国土资源、城市管理、环境保护、司法行政、安全生产等25个执法种类1104人参加考试。发放全市各类行政执法证件1948个。

（蔡　威）

【法制审核试点】2017年6月15日，《亳州市推行重大执法决定法制审核制度试点工作实施方案》）印发。成立由政府法制、机构编制、信息公开、发展改革、财政、人力资源社会保障等部门参加的亳州市推行重大执法决定法制审核制度试点工作协调小组。各级行政执法机关制定、细化重大执法决定法制审核规定，明确审核范围，建立重大执法决定法制审核目录清单，重大执法决定未经法制审核或审核未通过的，不得作出决定。行政执法机关重大执法决定法制审核的落实情况纳入年度依法行政考核。

（蔡　威）

【依法行政培训】2017年，亳州市法制办邀请中国政法大学教授王敬波就“地方法治政府建设及领导干部法治思维养成”作法治专题讲座。在亳州市委党校举办全市领导干部依法行政专题培训班，省法制办合法性审查处处长朱浩、依法行政指导处处长张金潮分别以“合法性审查工作实务”和“我省依法行政和法治政府建设的成效、问题和主要任务”为主题作专题培训，各县(区)分管依法行政工作负责人、市直单位分管依法行政工作负责人和法制机构负责人等100余人参加培训。

（蔡　威）

公　安

【概　况】2017年，亳州市刑事案件发案9001起，同比下降18.2%，建市以来实际发案数首次降到万起以下；新发36起命案全部及时侦破，破获年内刑事案件3170起，同比上升46.3%，其中八类案件破案率85.2%；抓嫌数、刑拘数、执行逮捕数、移送起诉数分别上升11.5%、4.5%、1.5%、5.3%，其中侵财类案件破案同比上升39.2%。全市没有发生较大以上道路交通、火灾事故，没有受到暴恐袭扰，市文化旅游年系列大型活动安全无事故。

党的十九大会议期间，全市刑事案件发案数同比下降17.5%，破案同比上升71.9%。其中八类案件发案数同比下降31.1%，破案同比上升165.8%；盗抢骗案件发案数同比下降25.5%，破案同比上升34.8%。

（杨志华）

【公安工作改革】2017年，亳州市依托安徽公安便民服务e网通、亳州市网上办事大厅、“我家亳州”手机APP等平台，将207项行政审批、服务事项“一网揽尽、全程在线”，网上办理各项业务97万件，群众满意度99%以上。在全市114个派出所设立免费代办绿色通道，构建集“免费代办、信息公开、网上办事、过程问效”于一体的服务新途径。全面落实居民身份证异地办理工作，全面放开城镇落户条件，办理农业转移人口7.4万人，新增城镇人口6.9万人，户籍人口城镇化率增长1个百分点。全面推进无户口人员户口登记工作，推动出台全市扶贫对象户口清理整顿工作方案，摸排、登记无户口人员5534人，其中贫困人口2404人，工作模式、经验做法在全省推广。开展“微笑服务”，扩展预约渠道，启用电子中国台湾卡式通行证和全国版出入境管理信息系统，开通办证绿色通道、推行七天无休办证制度。受理、审批各类因私出入境证件申请14余万人次，同比增长21%。推进“交通安全综合服务管理平台”及交管“12123”手机APP建设应用，推行互联网自主约考，率先完成驾驶人考试中心升级改造，设立12个车驾管服务站，方便群众就地办理车辆入户、过户业务。办理机动车业务42万余项，办理驾驶人业务32万余项。

（杨志华）

【社会治安防控】2017年，亳州市推进网格化动态巡防、定点武装值勤、视频巡查、卡口过滤相结合，将主城区划分为4个一级武装巡防网格、11个二级社会面巡防网格、27个三级社区巡防网格，9个一级武装巡防单元24小时动态巡防，反恐和应急处突能力、治安防范能力持续增强。主城区街面违法犯罪和多发性、侵财类“两抢一盗”犯罪大幅下降。侵财类犯罪发案数同比下降27.8%。推进社区警务和“一村一警”包村联系工作，配备社区民警、警务辅助人员365人，选派驻村民警、包村民警1249名，实现社区及农村行政村全覆盖。全市排查化解矛盾纠纷23358起。开展源头交通隐患“清零”行动，省级挂牌督办的14处、市级挂牌督办的11处道路交通安全隐患全部整治完毕；市重点督办的96处公路交通安全隐患全部销案。集中开展10类交通违法行为专项整治，查处各类交通违法行为118万余起，行政拘留1297人。完成市文化旅游年79项193场

(其中万人以上大型活动37场)系列大型活动安保。

(杨志华)

【科技强警】2017年,亳州市继续建设视频数据平台,前端布点5.4万个视频探头全部上线运行,全市城区及农村自然村实现"全覆盖、无死角"。将警务数据与视频数据对接、融合,开发人案关联、人事关联、人人关联等33项警务实战应用功能模块,建立市局、县分局、派出所三级视频巡查、实时研判、分级处置工作机制。全面整合公安内外信息资源,建成部门间数据共享平台,实现互联互通、共享共用。汇集48家政府部门760类14.6亿条数据资源,其中动态接入公安网13家单位207类数据,日均新增数据1000万条,智能采集终端(视频网、热点采集)日均新增数据上亿条。推动信息化普及应用,加强业务培训,最大限度下放信息化查询应用权限,解决建管用"三张皮"、基层查不了研不深的突出难题。依托视频数据平台处置各类案(事)件18848起。

(杨志华)

检 察

【概况】2017年,亳州市检察机关贯彻落实党的十八届历次全会、十九大精神和习近平新时代中国特色社会主义思想,按照市四届人大一次会议要求,忠实履行宪法法律赋予的法律监督职责。

批准或者决定逮捕1663人,提起公诉3830人。其中,起诉故意杀人、放火、强奸等严重暴力犯罪126人,非法吸收公众存款、集资诈骗、网络电信诈骗、侵犯知识产权等犯罪41人,制假售假、危害食品安全犯罪19人,抢劫、抢夺、盗窃等多发性侵财犯罪769人。对无社会危险性的不批捕391人,决定不起诉109件130人。办理涉检信访案件26件,国家赔偿案件4件。落实司法救助制度,发放刑事被害人救助金86万元。

严惩扶贫领域职务犯罪,查办涉及农村低保、"五保"、危房改造等领域案件7件8人。围绕精准脱贫工作,编印《惩防扶贫领域职务犯罪宣传册》,赠送扶贫干部。

在"全国科技强检示范院"建设基础上,探索"人工智能+检察"工作新模式。对全市远程提审室和看守所特审室进行技术改造和网络连接,在全省率先实现远程提审网络互联互通,远程提审犯罪嫌人673次。推进讯飞智能语音系统建设,实现讯问询问笔录、检委会会议记录自动生成,办案效率全面提高。科技强检工作经验在全省推广交流。

本年度,市检察院被评为"全国检察机关文明接待示范窗口""第十一届全省文明单位",获市机关效能建设优秀等次。谯城区检察院被评为"全国检察宣传先进单位""全省基层院建设示范典型院""全省社区矫正检察改革试点单位";涡阳县检察院被评为"第九届全国检察机关文明接待室""第十一届全省文明单位";蒙城县检察院被评为"全国检察宣传先进单位";利辛县检察院被评为"全省基层院建设品牌示范院""全省检察宣传先进单位"。陈乾宇获"全国检察机关刑事申诉业务能手"称号,张海虹当选为"全国检察机关职务犯罪预防专家人才",陈新永被评为"全省检察理论研究人才"。

(杜茂林)

【刑事诉讼、刑事执行、民事行政诉讼监督】2017年,亳州市检察机关加强刑事诉讼、刑事执行、民事行政诉讼监督工作。刑事诉讼立案监督立案66件,撤案15件;纠正漏捕28人,纠正漏罪25起,向省院提请抗诉1件,向同级法院提出抗诉15件。对刑事执行和监管活动中违法行为,纠正刑期计算错误13起,办理在押人员申诉、举报110件,办理羁押必要性审查案件151件,依法开展社区矫正检察监督21次,监督收监执行11人,纠正脱管漏管19人。办结民事行政生效裁判监督案133件,提请抗诉29件,提出抗诉7件,向法院提出再审检察建议10件,办理民事行政审判活动、判决执行活动监督案42件,提出检察建议22件。受理行政机关不当履职监督案件46件,提出检察建议42件。

(杜茂林)

【职务犯罪查办预防】2017年,亳州市检察机关保持反腐高压态势,1—10月,立案侦查贪污贿赂犯罪81件89人,其中,20万元以上大案55件,占立案总数的68%,为国家挽回损失2600余万

图41　公诉安庆市原副市长范先汉涉嫌受贿、巨额财产来源不明案（陈新永　摄）

元。运用一体化办案机制，独立查办医疗卫生领域窝案串案35件37人，含处级干部1案1人。市检察院立案侦查，出庭公诉的安庆市原副市长范某某受贿、巨额财产来源不明案，全程网络直播，政治、法律、社会效果较好。立案查处渎职侵权犯罪18件23人。推进职务犯罪预防工作，结合医疗卫生领域职务犯罪侦查，举办医疗卫生系统职务犯罪预防专题讲座74场。联合邮政公司开通职务犯罪预防“邮路”，使职务犯罪预防走进千家万户。预防讲座“你我携手预防，远离职务犯罪”，专项活动“预防扶贫领域职务犯罪警示宣传月”被评为“全省检察机关精品预防项目”。

（杜茂林）

【维护青少年合法权益】2017年，亳州市检察机关办理未成年人犯罪案件185件262人，依法不捕45人，不诉9人。严惩针对未成年人实施的犯罪，批捕71人，起诉26人。举办“防治校园欺凌，护航未成年人成长”为主题的检察开放日活动，全市举办“模拟法庭”进校园以案说法23次。谯城区院编排法治教育戏曲、小品、相声等节目，开展“法律护航　飞扬青春”预防青少年犯罪文艺演出35场。蒙城县检察院建立全市首家“未成年人观护教育基地”。

（杜茂林）

【司法责任制改革】2017年，亳州市检察机关165名员额内检察官全部分配到业务部门，入额院领导带头办案378件。公诉、侦监、民事行政、申诉案件办案周期缩短。制定办案权力、办案责任清单，明确检察委员会、检察长、分管检察长及员额内检察官的权力范围及相应责任，改变“三级审批”办案模式。

（杜茂林）

【外部监督】2017年，亳州市检察机关落实市人大常委会审议刑事执行检察监督工作意见，出台27条措施全面加强改进刑事执行检察工作。走访人大代表60余人，邀请驻亳州、滁州市省人大代表40余人交叉视察检察工作，提出工作建议30余条。邀请人大代表、政协委员、各界群众200余人参加旁听庭审活动。落实人民监督员监督案件制度，监督拟不起诉职务犯罪案件7件7人。两级院全部开通“两微一端”，全部建立新闻发言人制度，及时发布检察工作动态2300余条。加强办案信息和法律文书网上公开，公开重要案件信息147件，法律文书2608份。完善检务公开大厅建设，为群众提供“一站式”服务，公开案件程序性信息625件，提供行贿犯罪档案查询1893次。

（杜茂林）

【检察体制改革】2017年，亳州市检察机关立足全面从严治党和反腐败工作大局，在思想、理念、行动上与中央、省委、市委保持一致，自觉服从组织安排，将全市检察机关120个政法专项编制、112名检察干警转隶至新成立的监察委员会。自此全市检察机关不再承担职务犯罪侦防职能，但对职务犯罪依然负有审查逮捕、审查起诉职能，是全市反腐败工作必不可少的部门。

【公益诉讼改革】2017年，亳州市检察机关落实市政府关于加强行政公益诉讼的意见，摸排案件线索12件，向行政机关或有关社会组织提出检察建议10件，相关行政机关已履行职责或纠正违法9件。涡阳县检察院提起亳州市首例行政公益诉讼案，诉讼要求该县国土资源管理局认真履行监管职责，纠正某企业在基本农田建厂房的违法行为。

（杜茂林）

法　院

【概况】2017年，市中级人民法院（以下简称“市法院”）旗帜鲜明讲政治，唱响政治建院主旋律，开展“做政治明白人，当发展护航者，创党员示范岗”主题教育特色活动。制定出台关于服务和保障全市文化旅游年活动健康开展、防控金融风险的指导意见，组织开展解决拖欠农民工工资问题“清欠倒计时”百日攻坚行动。受理案件5386件，结案5028件，结案标的额34.01亿元，同比分别上升13.72%、12.89%和下降34.15%。

本年度，市法院获评全国法院刑事审判先进集体、全国维护妇女儿童权益先进集体、全省法院行政审判先进集体，13个集体、24名个人受到省部级以上表扬。省委督导组两次到市法院检查指导工作均给予高度评价。中央电视台《新闻联播》就学习贯彻落实党的十九大精神予以采访报道。

（张广军）

【刑事案件审判】2017年，市法院受理刑事案件679件，结案662件。抓好大要案审理，依法妥善审理安庆市原副市长、公安局原局长范先汉受贿、巨额财产来源不明案，颜某某故意杀人案，利辛秦某某故意杀人案，张某某等人利用媒体骗捐案等一批重大案件。强化对未成年人的教育、矫正和保护，重点加强对校园暴力的惩治，维护校园安全，审结未成年人犯罪案件21件。

（张广军）

图42　2017年6月8日，“江淮普法行”模拟庭审。（汪亮超　摄）

【民商事案件审判】2017年，市法院受理民商事案件3419件，结案3316件。加大产权保护力度，激发经济活力和创造力，审结权属、财产侵权纠纷458件，知识产权案件347件。服务供给侧结构性改革，促进经济转型发展，依法受理大唐国际置业有限公司破产案、安徽大自然房地产公司破产案等重大案件。防范区域性金融风险，审结金融债权、民间借贷等案件641件。

（张广军）

【行政案件审判】2017年，市法院受理行政案件285件，结案276件，审结的一审案件中，行政机关败诉或被变更行政行为的占7.01%。加强行政案件协调力度，推行“六送”工作法，推进行政争议实质性化解。加强和改进行政应诉工作，推进行政机关负责人出庭应诉，行政机关负责人出庭应诉29次，同比上升81.25%。依法惩治滥用诉权、虚假诉讼行为，维护司法公信，保障司法公正。

（张广军）

【执行案件审判】2017年，市法院受理执行案件812件，结案584件。围绕基本解决执行难工作部署，成立攻克执行难工作领导小组，把支持解决执行难纳入对市直单位的效能考核。市委办、市政办印发《关于基本解决法院执行难问题推进对失信被执行人联合惩戒的实施意见》，让老赖“一处失信，处处受限”。在全市法院组织开展执行风暴、执行百日攻坚等专项活动。公开曝光“老赖”1552人，限制高消费、限制出境207人，罚款、拘留及追究刑事责任717人。推行网络司法拍卖，实现与人民法院诉讼资产网、京东网、淘宝网等5家网络平台的对接，发布网络司法拍卖789起，成交金额7490万元。

（张广军）

【法院体制改革】2017年，市法院推进法官员额制改革，完成第二批入额法官遴选工作。全面落实司法责任制，推动建立新型办案工作机制，组建各类办案团队10个。自2017年3月起，除审判委员会讨论决定的案件外，院庭长不再审签未参审案件的裁判文书，合议庭、独任庭裁判文书自主签发率在98%以上。加强司法人员职业保障，成立法官权益保障委员会。推进人员分类管理，完成法官助理选任工作。推进人财物省级统管，全市法院机构编制全部移交省编办管理。

（张广军）

【司法公开】2017年，市法院深化审判流程、裁判文书、执行信息、庭审公开四大公开平台应用，市法院公布裁判文书58531份，网络直播庭审6887场次，市法院庭审直播场次位居全省法院第一位、全国法院第二位；5月，由市法院院长担任审判长，市检察院检察长担任公诉人，审理的范先汉受贿、巨额财产来源不明案，庭审实况点击量超过100万次，在全省法院“院庭长示范庭公开月”活动中位居第一位。

（张广军）

【重大案件审理】2017年，市法院审结范先汉受贿、巨额财产来源不明案。被告人范先汉在担任怀宁县县长、县委书记，安庆市副市长、公安局局长期间，利用职务上的便利，在项目拆迁、工程建设等事项上为他人谋取利益，收受俞锋等11人现金167.8万元，8.728万元购物卡，价值2.48万元的熊猫金币一套，合计179.008万元；范先汉家庭另有447.5428万元财产不能说明来源，市法院根据其犯罪事实，数罪并罚判处范先汉有期徒刑5年半，并处罚金人民币45万元。

审结颜某某故意杀人案。颜某某因怀疑有人欲加害自己，驾车从河南鹿邑回亳州途中杀死4人、致伤2人，抢劫车辆2辆，社会影响恶劣。该案涉及河南、安徽两省，公安部指定安徽公安机关管辖，颜某某系限制行为能力人，被害方人数众多、情绪激烈。经市法院多方协调，耐心释法，颜某某虽未判处死刑立即执行，但双方均表示服从法院判决。

审结秦某某故意杀人案。被告人秦某某意图对本村一小女孩不轨，被女孩随行的4名小男孩发现，因担心事情败露，秦某某掐晕女孩后，又将4名男孩扔进池塘溺死。一审判处秦某某死刑，被告人认罪服判，未提出上诉。

审结张某某等人利用媒体骗捐案。被告人张某某的女朋友李某被张饲养的烈犬咬伤，因无钱医治，便伙同苏某、闫某某等人向媒体谎称李某系看见野狗撕咬一小女孩，见义勇为被咬至重伤，通过《亳州晚报》、安徽卫视等媒体向外宣传，骗取16000名群众捐款近263万元，后经记者调查案发。市法院以诈骗罪判处张某某有期徒刑8年，并处罚金8万元；苏某、闫某某均被判处有期徒刑。

（张广军）

图43　2017年5月10日，范先汉受贿、巨额财产来源不明案庭审现场（丁伟　摄）

司法行政

【概况】2017年，亳州市将公交车站台、电子显示屏、车内广告与法治宣传深度融合，打造法治宣传移动平台。在亳州电视台开创《法润亳州》电视专题栏目。下发亳州市《关于加强媒体公益普法宣传的意见的通知》并制定《关于加强媒体公益普法宣传的意见任务分解方案》，对宣传任务任务进行分解。在亳州普法网、亳州微普法开辟《谁执法谁普法》专题栏目，宣传各成员单位落实普法责任制活动情况。

按照“强基础，抓规范，促稳定，上水平”的工作思路推进社区矫正工作，社区矫正监管能力提升。全市社区服刑人员累计接收1.6万余人，累计解除1.3万余人，新接收2000余人，在册3000余人，再犯罪率始终低于全国最低水平。

全面开展“排问题、除隐患”和“抓落实、促规范、保平安”专项活动。以考促学方式，开展岗位大练兵活动，举办“摄影家看社区矫正”和“倾情社矫　青春无悔”主题演讲活动，建立社区矫正宣传展厅，出版《社区矫正十周年》专刊2期，在新闻媒体展示社区矫正工作发展成就。

（李卫东）

【法律援助】2017年，亳州市各法援中心共办理法律援助案件8231件，完成全年任务的137.32%，比上年同期增长14.6%。其中办理刑事法律援助案件2449件，占全市一审、二审、再审刑事案件结案的61.16%，超过省司法厅考核目标26.16个百分点，在省司法厅城乡困难群体法律援助民生工程工作综合考核中，位居全省第一名。

（李卫东）

【人民调解】2017年，亳州市司法局联合市环保局出台《关于建立环境保护纠纷人民调解委员会的实施意见》，市、县（区）环境保护纠纷委员会全部成立。

组织开展人民调解典型事迹巡回宣讲和业务培训活动。活动覆盖至全市各县（区）每个乡镇，每个县（区）和乡镇各安排一场，共92场，对9000余名调解员进行全员培训，旨在提高人民调解员业务能力和调解技巧。

（李卫东）

【公证事务】2017年，亳州市有亳州公证处、涡阳公证处、蒙城公证处、利辛公证处4个公证处，其中执业公证员12人。办理公证事项29569件，同比增加48.9%。公证机构收费11434085元，同比增加43.0%。

公证服务更加便民，持续优化服务流程、缩短服务时限、降低服务收费、提供服务便利，全部建立网上预约申请、现场审查出证的办证模式，公证书出具时限由法定15个工作日缩短为10个工作日。

本年度，在全省厅公证质量评比中，亳州公证处、蒙城公证处、利辛公证处获优秀等次，涡阳获良好等次。

（李卫东）

【律师事务】2017年，亳州市有律师事务所33家，执业律师364名，其中专职律师300名，公职律师51名，法律援助律师9名，兼职律师4名。

深化律师改革，印发《亳州市落实深化律师制度改革任务实施意见》《落实深化律师制度改革任务清单》和《深化律师制度改革联席会议成员名单》“1+2”系列文件。围绕强化党建、保障权利、规范行为、发挥职能、建设队伍5个重点，建载体、做实事、创特色，创新推出法律服务“1+N”、质量监管“四个一”工作模式，一村（居）一顾问在全省率先实现全覆盖。律师法律服务职能彰显。

（李卫东）

仲　裁

【概况】2017年，亳州市仲裁委员会针对扶贫工作任务重时间紧的特点，对涉及扶贫领域的案件设立“绿色通道”，从案件受理、送达，均指定专人负责，力争每一起涉及扶贫领域的案件都能做到快立案、快审结，确保在法定最短时限内办结。参与市委、市政府招商引资、城市建设、重点项目等经济活动，提供法律咨询和法律服务。

本年度，共选聘156名仲裁员，共受理各类仲裁案件211件，涉案标的1.45亿，仲裁收费180.2万元，已办结案件196件。

（蔡　威）

【推行仲裁法律制度】2017年，

亳州市仲裁委员会以全国仲裁工作会议精神为指导，进一步明确仲裁业务拓展的重点和方向，以点带面，推行仲裁制度。根据亳州经济发展特点，明确将建筑施工、房地产交易、金融保险等领域作为业务拓展的重点，以重要部门、重要行业、重要企业、重要领域为突破口，推行仲裁制度。加强与市建委的协调，统一规范全市建设工程合同的争议仲裁条款。与市房管局协调，进一步规范商品房销售合同中的仲裁条款。推进仲裁制度在银行业系统的推行工作。与市银行业协会联系，通过举办培训班、召开座谈会等方式，推动仲裁制度在全市银行业系统的推进，全市各金融企业已开始重视利用仲裁手段来解决其金融纠纷，市药都银行、涡阳农商行等金融机构均在其格式合同中选定了仲裁作为纠纷解决条款。

围绕市内重要工程、重大投资项目，主动与重点建设项目业主和企业联系，通过主动服务，引导其在有关合同中订立仲裁条款。

组织人员通过参加“12·4”法制宣传日、“七五”普法宣传等活动中宣传仲裁知识，解答法律咨询，规范合同文本，合同规范率和机构落实率不断提高，仲裁的社会了解面和影响力不断提高，更多企业认识到仲裁的特点和优势，学会了自觉运用仲裁法律手段维护自身的合法权益。全市企业合同的仲裁条款约定率提高。

（蔡　威）

【提高办案质量】2017年，亳州市仲裁委员会发挥仲裁的优越性，倡导新的仲裁理念，变对抗为协商，变矛盾为合作，仲裁和解率、调解率、自动履行率均提高。

严格仲裁程序管理。加强秘书处工作人员在立案结案环节上的管理力度；加强仲裁时效性方面的管理，及时跟踪每个案件的审理，确保每个案件都能在法定时效内审结，并及时送达。

实行仲裁案件先行调解制度。针对案件，不论大小，先行调解，尔后裁决，充分发挥仲裁制度的优越性。

受理某房地产开发企业与购房业主发生的购房合同纠纷，在开庭过程中，仲裁庭充分听取双方当事人意见后，进行调解，以促使双方当事人达成共识和谅解，最终达成调解协议。历时半年之久的纠纷，短短几天得到解决，真正体现仲裁的公平与效率，提高仲裁的公信力和知名度。

（蔡　威）

图44　2017年12月4日，亳州市开展法制宣传活动（张延林　摄）

军　事

亳州军分区

【概况】2017年，亳州军分区党委组织官兵、职工学习习近平总书记重要讲话精神，学习宣传贯彻党的十九大精神。以“赞颂辉煌成就、支持改革强军”为主题，组织开展第17个全民国防教育日宣传教育活动；开展烈士纪念日活动。编发《亳州国防动员动态》，反映国防动员和国防教育工作动态。开展“国防教育宣讲进校园”活动。在大学校园成立征兵工作站，开设宣传点，召开座谈会，走访学生家庭，做好大学生入伍征集工作。联合市教育部门加强军训督导巡查，完成军训任务。全市共派出帮训民兵406人，承训学生31000余人。参与地方秸秆禁烧工作。

落实值班制度，全年零误差。民兵整组、专武干部和民兵教练员训练，省军区现场督查打分排名第二，民兵情报信息报送和《省军区要讯》刊文两项工作名列省军区第一位。完成兵役征集任务。

推进军分区、人武部两级机构调整，做好干部调整、交接工作，按时间节点完成岗位落编、办公区域调整，明确细化职能职责，规范办文办电程序，确保开局良好、运行正规。

开展“百日安全”活动，强化机关作风养成；开展迎接全军安全大检查等活动，强化官兵职工安全意识。突出“人车枪弹密，水火电钱航，酒油黄赌毒，涉外涉地方”等17个要素，落实安全形势分析、安全教育、安全检查、安全风险评估等制度分析研判，把握特点规律，全面综合施策，消除风险隐患，堵塞安全漏洞。做到全领域覆盖、全过程管控、全要素落实。

坚持常态开展党性党风党纪学习和警示教育结合，政治整训、对照检查和全面彻底肃清郭徐流毒影响结合，巩固审计问题整改成果和完善人财物规章制度结合起来，压实“两个责任”，保持风清气正。

制定《亳州军分区“拥有一席之地，进入第一方阵”目标体系》，围绕有效履行职能、着力提高核心军事能力、全面加强部队建设3个主要目标22个方面，细化目标任务、量化质量指标、硬化推进措施，推进落实各项工作。

邀请著名军事专家、国防大学政治学院教授孙某某，在市委中心组理论学习（扩大）会议作国防形势报告。使广大干部进一步认清安全形势、增强责任意识，准确理解军民融合深度发展战略思想。

（刘　洋）

【防汛抢险】2017年，亳州军分区组织防汛勘察，修订完善防汛应急预案，组织集中会审。组织全区民兵水上抢险分队训练演练，调整防汛救灾应急指挥机构，对全区防汛装备物资器材进行清点统计和维护保养，对各单位防汛准备情况进行现地检查。加强防汛值班，及时掌握辖区雨情、汛情、灾情。5月23-27日，军分区在利辛县阚疃枢纽集中组织水上抢险分队训练，65人参训。

（刘　洋）

【双拥共建】2017年，亳州军分区以全省双拥模范城创建为契机，协调地方党委政府，走访慰问驻军部队、军烈属，慰问立功受奖官兵。开设“亳州儿女建功军营荣誉榜”，对2016年在部队立功受奖的亳州籍官兵事迹在《亳州晚报》整版进行刊载，按标

图45　2017年，民兵水上抢险训练（刘洋　摄）

准落实奖励措施，进一步强化军人的荣誉感自豪感，营造良好的社会舆论导向。结合建军90周年系列活动，与市妇联联合组织“最美军嫂”评选活动。做好精准扶贫工作，军分区机关与利辛县阚疃镇建立结对帮扶机制。持续开展结对助学活动，集中资助扶贫点10名贫困大学新生和10名贫困小学生。与60名贫困学生结成帮扶对子，捐助13万余元，为学校师生捐助200套课桌椅，10台电脑和文体器材，进一步密切军政军民关系。

（刘　洋）

【《亳州市军民深度融合发展的实施意见》出台】2017年，亳州军分区成立起草小组，组织军地18个相关单位和部门进行专题座谈调研。市委召开议军会议学习相关文件精神，研究提出贯彻落实意见。起草小组集中研究，草拟《关于推动军民深度融合发展的实施意见》初稿，印发市直各单位和各县（区）委、县（区）人民政府、县（区）人武部等63个单位，征求意见建议，反复修改完善。6月28日，市法制办进行合法性审查；8月14日，市政府第25次常务会议研究通过《关于推动军民深度融合发展的实施意见》；11月3日，市委第22次常委会议研究通过《关于推动军民深度融合发展的实施意见》；12月7日，市委书记汪一光审签后印发。

（刘　洋）

【队伍集训】根据省军区统一部署要求，2017年1月4—10日，军分区在市训练基地集中组织全市100余名专武干部和20名民兵教练员集训。专武干部集训，突出共同基础和本职业务，采取专题学训、理论辅导、研讨交流、考核评比等方式，学理论、打基础，训队列、强作风，研业务、破难题，司令员带头辅导授课，参谋长骆明忠全程蹲点驻训，各单位带队干部全程跟训督训。民兵教练员集训，突出教学法和组训法训练，逐份教案审、逐个课目过、逐个教员考，评选出5名优秀“四会”教练员。集训期间，省军区机关派员进行现场督察，打分排名位居全省第二位。

（刘　洋）

武警亳州市支队

【概况】2017年，武警亳州市支队学习贯彻习近平新时代中国特色社会主义思想，开展党员承诺践诺、重温入党誓词和“缅怀先烈铸牢军魂、牢记使命维护核心”主题党日等活动，分“四个回合”对涉郭徐和武警部队涉圈涉案人员信息进行清查，强化党性观念，坚定理想信念。开展基层风气专项整治，政治生态更纯正。

开展强军故事会、军旅诗词咏诵比赛、读书演讲等活动，深化“维护核心、听从指挥”主题教育效果，主要做法被总队转发。组织理论学习、要点解读、知识竞赛，学习党的十九大精神。开展“以队为家、敬业奉献”活动，提炼队魂、队训、队风，举办“军嫂进军营、小家连大家”联谊会，组织“药都卫士杯”篮球赛等活动。开展“暖心工程”，为困难官兵发放救济慰问金。合理安排官兵休假，干部、士官休假率分别是97%和100%。参谋部参谋平小军被总队评为敬业奉献先进典型，亳州中队中队长黄鹏被总队评为“十佳爱兵模范”。

开展“新年度工作怎么干、精细化管理怎么办”大讨论，组织精细化试点和交叉观摩，强化各级精细化意识。发挥“月有亮点、季有精品”评比竞赛载体作用，对照“两表”和《基层正规化管理图册》抓规范化管理，提升经常性工作质量。在总队基层政治教员“四会”比武竞赛中获团体第五名。利辛中队指导员于朋飞被总队评为“优秀基层主官”。组织9期机关“夜校”，提升机关干部办文、办会、办事能力。

本年度，武警亳州市支队被武警部队表彰为2017年度安全工作先进单位，获总队基层建设“奋进杯”；保障处被总队评为“先进后勤机关”，支队军械仓库被评为“红旗军械仓库”；亳州中队被评为“基层建设标兵中队”，立集体三等功；涡阳中队被评为“基层建设先进中队”，亳州、涡阳中队均被评为“正规化执勤优秀单位”，8人立三等功，33人获嘉奖。政治工作处干事王文秀在总队参谋尖子比武中获政工类第三名。

（冯　伟）

【队伍集训】2017年，武警亳州市支队加强指导帮带，举办训管

图 46 野营拉练(武警亳州市支队 供图)

干部骨干、政治教员、思想和文体骨干等培训，组织党委成员下基层蹲点，基层自建能力增强。举办首届“搏击擂台赛”。组织教练员、搏击、战术、魔鬼周和勤训轮换等各类集训，提升部队训练质量。在总队特战干部骨干快速射击集训考核中，获团体第五名。训练新兵，在总队新训考核中获团体第六名。

（冯 伟）

【安全保卫】2017 年，武警亳州市支队落实安全工作“八个规范”，坚持每月一次安全教育，开展“警示日”和“当前安全形势怎么看、加强安全防范怎么办”大讨论，夯实部队安全基础。关注意识形态领域斗争，加强网上舆情监控，开展涉军网站和新媒体专项清理整治，妥善处理涉警舆情。完成火车站春运执勤、城市联勤武装巡逻、二级警卫等临时勤务。利辛中队成功处置一起在押犯家属企图混入监区事件。

开展“百日安全竞赛”活动，组织枪弹专项检查、保密检查等安全隐患排查 15 次，查改各类隐患 87 处，支队被武警部队表彰为“百日安全竞赛”活动优胜单位。

（冯 伟）

人民防空

【概况】2017 年，亳州市人民防空办公室（市地震局）通过电视、广播、报纸等媒体宣传《安徽省人民政府关于依法加强人民防空工作的意见》。出台《亳州市人民政府关于依法加强人民防空工作的实施意见》，对《实施意见》进行任务分解，配合市政府督查室定期对任务实施单位进行考核。按照“四个一律、两个全程”要求，国务院、衔接落实省政府取消调整行政审批等事项，精简行政审批事项，完善网上办事大厅“一站式”审批功能，提高审批效率。组织开展“放管服”工作，推进“互联网 + 政务服务”，创优“四最”营商环境工作。开展“双随机一公开”专项检查、安全生产风险管控“六项机制”落实情况自查和安全生产大检查活动；开展 3 次人防工程质量和服务市场检查。

坚持将人防和防震减灾宣传教育渗透到人防和防震减灾工作的全过程。结合“5 • 12”防灾减灾日、“9 • 18”防空警报试鸣日等重大活动日开展人防和防震减灾知识宣传教育。“5 • 12”期间，在市广播电视台新闻综合频道、农村频道和都市频道播出防震减灾公益视频广告 40 条次；在《亳州晚报》用 4 个分版刊登防震减灾科普知识；利用移动短信平台发送防震减灾宣传短信 16 万条次；9 月 18 日，联合亳州市职业技术学院组织开展“9 • 18”警报试鸣疏散演练暨防空防灾宣传活动。300 余名师生参加演练，发放宣传资料 2000 余份。开展“五进”活动；与党校建立教育培训机制；将人民防空知识纳入市委党校主体班教学计划；在市 18 路公交车内设立人防宣传栏，定期更新宣传内容；与市气象局联合建设市人防、地震科普馆；开通官方微博，利用亳州市政府信息公开网、市人防办（地震局）微博等形式开展人防和防震减灾法律法规宣传工作。

本年度，市人防办（地震局）被安徽省人力资源和社会保障厅、安徽省人防办、安徽省地震局通报表彰 4 次。其中市人防办获评 2017 年度全省人防重点工作目标任务考评先进单位，市地震局获评 2017 年度全省市级防震减灾综合考核优秀单位和全省防震减灾地震灾害防御工作先进单位，市地震监测站获评全省地震系统先进集体，胡长征获评全省地震系统先进工作者。利辛县人防办、谯城区人防办获评2017年度全省人防重点工作目标任务考评县级先进单位，利辛县地震局获评2017年度全省防震减灾综合考核县级先进单位。

（陆　军）

【人防工程和抗震设防管理】2017年，亳州市人民防空办公室（市地震局）与市直各部门配合，依法落实人防工程建设义务，做到应收尽收、应建尽建。编制完成《亳州市城市地下空间开发暨人防工程综合利用规划》，建立规委会前规划审批会议机制，实现依照规划审批和建设人防工程。完成建设工程抗震设防和人防工程竣工验收。办件全部经网上办事大厅审批办结，网上办事办结率为100%，群众满意率为100%。开展防震减灾示范工程建设。谯城区新创建市级以上防震减灾科普示范学校2所、市级以上地震安全示范社区2个；利辛县新创建市级防震减灾科普示范学校4所、市级地震安全示范社区1个；蒙城县新创建市级防震减灾科普示范学校1所、市级地震安全示范社区1个。

（陆　军）

【指挥通信】2017年度，市人民防空指挥部及时调整指挥部成员，落实实名制编组，明确各部门职责，任务分工落实到人，健全运行机制。蒙城县结合应急平台率先完成人防指挥系统建设，谯城区人防办投资110万元购置人防机动指挥通信平台，配装人防指挥通信车；市本级与蒙城县、谯城区人防办实现语音、数据、图像的互联互通，初步建成人防指挥自动化网络。全市安装固定式防空警报器111台，车载式防空警报器4台，完成城区警报系统规划图，连续12年组织城区警报试鸣，防空警报音响覆盖率95%。联合亳州市职业技术学院组织300余名师生开展“9·18”警报试鸣疏散演练暨防空防灾宣传活动，蒙城县、涡阳县和谯城区分别开展“9·18”警报试鸣活动。

（陆　军）

【应急救援】2017年，亳州市整组人防专业队。新增人防蓝天救援志愿者队，市人防专业志愿者队达到3支共180人。人防志愿者队伍统一配备训练服，市人防无线电志愿者大队配备短波电台、中继台等设备，采购短波电台，人防无人机、人防指挥小平台投入使用。机关、中心、各类人防队伍开展常态化制度化的训练演练，完成省人防指挥部军事演练。各县（区）及市防震减灾领导小组成员单位均制定本部门地震应急预案。投资5万余元资金新购置地震应急救援物资装备。将谯城区蓝天救援队纳入地震应急救援志愿者队伍，组织天狼救援队、阳光救援队等地震志愿者队伍参加应急救援设备实操培训。建成亳州市两个公园应急避难场所项目，其中一公园按照二类地震应急避难场所设计建设、另一公园按照三类地震应急避难场所建设。

（陆　军）

【监测预报】2017年，亳州市人民防空办公室（市地震局）落实年度震情跟踪工作部署。监视市及周边地区震情，强化党的十九大等重要时段和重大事件震情安保工作，开展各类会商68次，把握震情趋势，维护社会稳定。推进涡阳地震台建设。协调省局监测预报处，实地勘察，解决涡阳地震台建设中存在的问题。涡阳地震台观测深井及井房完成施工，水电、网络等配套设施建设完成。对“三网一员”宏观观测点人员进行优化调整和培训，淘汰更新10个群测群防观测点。定期对群测群防观测点检查。

（陆　军）

图 47　极限训练(武警亳州市支队　供图)

发展　改革

发　展

【概况】2017年，亳州市共获批中央预算内投资项目45个，争取中央预算内投资7.97亿元，较上年增加1.61亿元。其中，公租房配套基础设施建设项目3.25亿元，社会事业领域1.95亿元，新增千亿斤粮食生产能力规划田间工程建设项目1.39亿元，易地扶贫搬迁项目等1.38亿元。印发《亳州市政府重点工作督查考评办法》，将中央预算内投资项目列入市政府年度重点工作考评内容。45个项目开工率100%，完成中央投资5.3亿元，投资完成率66.5%；主体完工19个，完工率42%。

出台《亳州市人民政府关于促进全市开发区改革和创新发展的实施意见》。6个省级开发区实现生产总值273亿元，增长13.2%；财政收入49亿元，增长31%；税收收入48.8亿元，增长52.9%；完成基础设施投资75.6亿元，增长16%，建成标准化厂房50余万平方米。谯城经开区纳入准国家级经济开发区管理，市经开区申报省级高新技术开发区，亳芜现代产业园区获批省服务外包示范区。抓住《中原城市群发展规划》和《淮河生态经济带发展规划》编制机遇，形成《亳州市淮河生态经济带发展规划编制诉求材料》，亳州机场、商合杭高铁、引江济淮工程、采煤塌陷区治理等一批重大项目列进规划。开展《中原城市群发展规划》政策梳理，制定《中原城市群发展规划亳州实施方案》。制定《亳州市推进院地合作工作方案》，摸排上报院地合作项目7个，同中科院植物研究所成功签署科技合作框架协议。完成市政府重点调研课题“亳州市县域经济振兴发展研究”和省、市2016年度县域经济考核评价工作。

编制《亳州市分布式能源发展规划》，全市累计备案太阳能光伏发电项目近140万千瓦，并网近100万千瓦。获省能源局核准风电项目5个，总规模25万千瓦。国能蒙城生物质发电、亳州洁能生活垃圾焚烧发电及污泥处理项目正式并网发电，推进新能源示范城市创建。

印发实施《亳州市深入推进新型城镇化试点建设工作2017年工作计划》《亳州市新型城镇化发展规划（2016—2025年）》。启动特色小镇创建工作，成立市特色小镇建设工作领导小组，筛选上报特色小镇项目4个，谯城区十河芍花养生小镇获批省第一批特色小镇。

战略性新兴产业增长27.1%，比上年提高9.8个百分点，高于全省平均水平5.7个百分点，居全省第七位。战略性新兴产业产值占规上工业总产值的30.9%，比上年提高3.6个百分点，高于全省平均水平6.2个百分点，居全省第四位。全市纳入省统计的战略性新兴产业企业201家，较上年净增42家。

本年度，在省统计局公布的23项主要经济指标中，亳州市有19项指标增速居全省前八位，其中17项居前五位、15项居前三位、7项居第二位、3项居第一位。GDP增长9.2%，领跑全省；规模以上工业增加值增长10.4%，增速创24个月新高；第一产业增加值209.8亿元，增长4.5%，以上三项指标增速均居全省第一位。固定资产投资迈上“千亿”大关，完成1067.2亿元，增长22%，连续7个月居全省前二位；第二产业增加值474.3亿元，增长9.7%；第三产业增加值500亿元，增长11%，对GDP的贡献率49%；金融机构贷款余额1337亿元，增

图48　亳州田园风光（梁西海　摄）

长 29%；出口总额 6 亿美元，增长 30.5%；居民人均可支配收入 17038 元，增长 9.8%；农村常住居民人均可支配收入 11591 元，增长 9.6%，以上七项指标增速均居全省第二位。财政收入 171 亿元，增长 16%；工业投资 389 亿元，增长 18.3%；房地产投资 322 亿元，增长 19%；金融机构存款余额 1843 亿元，增长 15.9%；进出口总额 6.6 亿美元，增长 27.8%，以上五项指标增速均居全省第三位。外商直接投资 7.8 亿美元，增长 8%；城镇常住居民人均可支配收入 27246 元，增长 8.8%，以上两项指标增速均居全省第四位。战略性新兴产业产值增长 27.1%，居全省第七位。社会消费品零售总额 551 亿元，增长 11.9%，居全省第八位。

（张 凯）

【规划编制】2017 年，市发展和改革委员会印发《亳州市新型城镇化发展规划（2016—2025 年）》《亳州市"十三五"推进基本公共服务均等化规划》《亳州市分布式能源发展规划》等 8 个专项规划，起草《亳州市五大发展行动计划（修订版）》，经市委四届五次全会审定后印发实施。出台《亳州市人民政府关于促进经济平稳健康发展的意见》《中共亳州市委亳州市人民政府关于完善产权保护制度依法保护产权的实施意见》等 43 个规范性文件。印发《亳州市 2017 年项目建设考核办法》《亳州市中央预算内投资项目建设计划执行情况效能考评细则》等 8 个考核办法。撰写《关于亳州市 2017 年上半年国民经济和社会发展计划执行情况及下半年工作意见的报告》《关于亳州市 2017 年国民经济和社会发展计划执行情况与 2018 年计划草案的报告》，分别经市四届人大常委会第六次会议、市四届人大二次会议审议通过。

（张 凯）

【项目谋划】2017 年，亳州市落实"四督四保"制度，继续实行"双调度"机制和重点项目领导包保推进机制，市委、市政府主要负责人坚持一线工作法，针对项目推进过程中存在的问题，现场协调，事后督办，解决一大批制约项目推进的"老大难"问题，重点项目推进速度进一步提高。各载体单位和市直相关部门共谋划储备项目 1651 个，总投资 3543 亿元，分别占年度目标任务的 165.1% 和 118.1%。主要包括交通水利市政电网等基础设施、加工制造业、现代农业、商贸物流及服务业、社会事业 5 大类。其中亿元项目 912 个，工业项目 1011 个。市领导包保省、市重点项目 264 个，开展督察调度、调研 319 次，协调解决问题 508 个。9 个专业项目推进组共负责调度推进重点项目 264 个，累计完成投资 234.1 亿元，占年度计划投资的 104%。86 个续建项目，完成投资 142 亿元，占年度计划投资的 113.9%；137 个年度计划新开工项目，开工 117 个，开工率 85.4%，完成投资 92.1 亿元，占年度计划投资的 91.6%。2017 年 12 月，9 个专业项目组开展项目督查调度 81 次，共调度项目 253 个。542 个市重点项目累计完成投资 780 亿元，占年度计划投资的 129.1%，高于上年同期 16.7 个百分点。其中，226 个续建项目完成投资 368.9 亿元，占年度计划投资的 124.5%；316 个年度计划新开工项目开工 297 个，除 12 个市直暂缓实施项目外，开工率 97.7%，高于上年同期 2.7 个百分点。竣工项目 228 个，竣工率 42.1%。此外，计划外新增开工项目 32 个。115 个计划新开工工业项目全部开工，开工率高于上年同期 4.3 个百分点。实施亿元以上在建项目 382 个，同比增加 87 个，其中新开工亿元以上项目 204 个，同比增加 77 个；亿元以上在建工业项目 153 个，同比增加 24 个，其中新开工亿元以上工业项目 82 个，同比增加 27 个。

（张 凯）

【固定资产投资】2017 年，亳州市固定资产投资完成 1067.22 亿元，同比增长 22%，增速居全省第二位。其中，民间投资 724.2 亿元，同比增长 28.5%，高于上年同期 13.6 个百分点，高于全部固定资产投资 6.5 个百分点；工业投资 389.3 亿元，同比增长 18.3%，增速高于上年同期 13.7 个百分点，居全省第三位，比上年提升 8 个位次。

（张 凯）

【投资项目在线审批】2017 年 2 月 1 日，全国投资项目在线审批监管平台正式运行。亳州市转发《国家发展改革委关于全国投资项目在线审批监管平台正式运行的通知》《关于加快投资项目在线审批监管平台应用的通知》等文件，印发《关于做好企业投资项目核准和备案工作的通知》，要求各级审批单位重视平台应用工作，所有审批事项必须通过在线审批监管平台办理；成立亳州市投资项目在线审批监管平台领导协调小组，对市直及县（区）各审批单位具办人员进行专题培训。截至年底，除涉密项目外，投资项目审批、核准、备案已通过投资项目在线审批监管平台办理。通过在线平台预审受理项目1444个，受理办事事项2282件，办结事项2278项。

（张　凯）

【“三重一创”工作】2017年，亳州市成立推进“三重一创”建设工作领导小组，由市政府常务副市长任组长，建立推进机制。印发《支持“三重一创”建设若干政策的通知》，在政府门户网站进行宣传，开展4场次送政策进企进园宣讲政策活动，走访调研200余家企业，举办3期“三重一创”支持事项申报专题培训等。组织企业申报各类省“三重一创”政策支持事项，共获奖补资金5286.77万元。重大新兴产业基地方面，现代中药产业集聚发展基地获省奖励资金3000万元。重大新兴产业工程方面，东方帝维重大动物疫苗新型疫苗创制建设工程获批省重大新兴产业工程，获补助资金289.15万元。基地新建项目方面，安徽奥斯博医疗仪器设备有限公司获批新建项目，获支持资金304.62万元。高新技术企业成长方面，安徽伊法拉电力科技有限公司、蒙城县盛焰秸秆有限公司等4家企业获批高新技术企业成长一类事项，分别获奖励资金12万元；安徽广印堂中药股份有限公司、安徽天祥药业有限公司等12家企业获批高新技术企业成长二类事项，分别获奖励资金120万元。创新平台建设方面，济人药业省中药提取工程研究中心、沪谯饮片省中药饮片工程研究中心评估为优秀，东方帝维省兽用生物制品工程研究中心通过省级验收，分别获奖励资金60万元，华佗国药中药数字化制造与信息技术集成工程研究中心申报省级工程研究中心成功。创新创业方面，亳州市新健康科技有限公司参加2017年“创响中国”安徽创新创业大赛获二等奖，奖励资金25万元。

（张　凯）

【服务业发展】2017年，亳州市发展和改革委员会定期召开服务业发展联席会议，服务业增加值完成500亿元，增长11%，居全省第二位，较上年提升2个位次；服务业增加值占GDP比重42.2%，较上年提高0.6个百分点，成为带动全市经济发展的新引擎。充实市级服务业重点项目库，库容项目120个，总投资839.7亿元。制定《亳州市服务业集聚区发展规划（2017—2021年）》《亳州市市级服务业集聚区和示范园区认定管理办法》，亳州青年创客空间、康美（亳州）中药城成功获批省级服务业集聚区，累计为青年创客空间、呼叫中心等争取国家、省服务业发展引导资金856万元。通过“直通车”方式发行企业债券2支，总规模15亿元；上报待批2支，总规模26亿元。

（张　凯）

【扶贫工作】2017年，亳州市制定《关于建立光伏扶贫工程进展情况月度通报制度的通知》《关于进一步加快推进光伏扶贫工程建设进度的通知》，实行光伏扶贫旬调度机制和月度通报制度。编制全市光伏扶贫实施方案，加强指标争取和资金支持。加强全市光伏扶贫电站建设进展调度，每10天印发一期督察通报。印发全市光伏扶贫电站进展情况通报、一封信、全市光伏扶贫进展情况汇报等各类文件46件。截至6月30日，全市1949座372.04兆瓦光伏扶电站全部建成并网。推进运维管理。制定《亳州市光伏扶贫电站管理办法》，督促各县区加强光伏扶贫电站运维管理。推进光伏扶贫电站智能化管理，全市光伏扶贫电站均全面完成智能信息系统安装。2017年，省下达利辛县易地扶贫搬迁任务3745人，涉及12个乡镇、18个安置点，建设安置住房1404户。截至年底，18个安置点住房建设、配套基础设施工程全部完工，房屋交付使用。

【社会信用体系建设】2017年，《亳州市加强政务诚信建设实施方案》《亳州市加强个人诚信体系建设实施方案》《亳州市关于建立完善守信联合激励和失信联合惩戒制度加快推进社会诚信建设的实施方案》等配套文件出台，推进平台建设。完成对市级公共信用信息共享服务平台的升级和维护，重新增设联合奖惩、备忘录公示、统一信用代码公示等多种必备功能。市级公共信用信息共享服务平台，累计归集公共信用信息110.2万条、"双公示"数据45.3万条。信用信息覆盖率由上年的50家单位扩充到120余家，人行亳州市中支依托亳州"智慧城市"建设成果，采用"互联网+大数据"新模式，建成亳州市农村和中小微企业信用信息共享平台，采集全市645万城乡居民以及30.6万法人信用信息，并建立信用评级模型，为每一位自然人和法人赋予信用评级等级，为金融机构信贷审批提供重要参考。

（张　凯）

【现代中药产业聚集发展基地】2017年，亳州市完成2016年度基地考核评估，位居全省第二档次，获奖励资金3000万元。按月进行基地企业、项目运行监测及调度。基地纳入省统计监测的164家企业累计实现产值340.1亿元，增长28%；完成投资104.3亿元，增长19.5%。基地新签约药业工业项目169个，总投资383.1亿元。总投资80亿元的长白山制药(亳州)产业园等39个亿元以上药业项目开工建设。国家级中药材检测中心通过验收，5家企业入选中华民族医药百强榜，中成药品种205个，在研新药品种13个，华佗国药等5家企业获批中药配方颗粒生产企业、申报备案品种380个，3个品种进入国家医保目录，394个药品技术转移批文上报国家食品药品监管总局待批。新增院士工作站3家、博士后工作站1家、省工程研究中心1家、高新技术企业10家，全年获授权涉药发明专利106件，增长35.9%。

（张　凯）

【五大发展】2017年，亳州市设立创新、协调、绿色、开放、共享5个专项推进小组，负责各专项发展行动计划协调和推进；制定《贯彻实施〈亳州市五大发展行动计划〉任务分工方案》、5个专项发展行动计划实施方案和2017年工作要点；制定了领导小组、各专项推进小组工作规则、协调联动机制、调度推进机制等，形成"机构+方案+机制"的五大发展行动工作架构体系。结合党的十九大精神、中央、省委经济工作会议精神以及《安徽省五大发展行动计划(修订版)》，对亳州市五大发展行动计划进行全面、与时俱进的修订，经市委四届五次全会审议后印发实施。市五大发展重点项目库入库项目449个，总投资3665.9亿元。2017年计划投资406.7亿元，累计完成投资595.7亿元，占年度计划投资的146.5%，投资完成率、开工率、竣工率均居全省第三位。联合市委宣传部、亳州晚报社、市广播电视台等单位开展五大发展宣传，《亳州晚报》全年共刊发相关稿件200余篇，市广播电视台全年共播发相关报道120余条，总时长200余分钟。

（张　凯）

图49　康美中药城(梁西海　摄)

【高铁项目建设】截至2017年12月底，商合杭高铁亳州段三家施工单位完成施工95.42%，其中路基管桩115.84万米，占设计总量的100%；预制梁板2524孔，占设计总量98.47%；架设梁板2250孔，占设计总量的87.78%，施工进度居全省第一；亳州高铁南站，中国铁路总公司已进行施工图审查。

（张　凯）

【机场项目建设】2017年3月，中部战区空军在亳州召开军民航协调会，明确空域和航线设置；5月，中部战区空军与省政府签署关于亳州机场的军地协议；9月，中国民用航空局出具关于报送新建安徽亳州民用机场工程预可行性研究报告意见的函；10月10日，省政府将亳州民用机场预可行研究报告报请国务院、中央军委审批。

（张　凯）

改　革

【概况】根据中央和省委改革部署，2017年，市委全面深化改革领导小组共谋划实施改革任务119项，除制定事业单位公务用车制度改革实施方案、出台创新政府配置资源方式实施意见、制定建立健全纠错机制实施办法3项任务待上级相关政策性文件出台后实施，其他全部完成年度目标任务，形成91份重要改革制度性文件。

本年度，在省改革工作综合考核中，亳州市获满分10分的成绩。

（朱德文）

【经济和行政体制改革】2017年，亳州市推进经济和行政体制改革。供给侧结构性改革方面，核减煤炭产能150万吨，依法取缔地条钢生产企业1家；印发《支持"三重一创"建设若干政策的通知》；省股权交易中心"现代中药及健康产业亳州专板"挂牌企业达145家。深化"放管服"改革，动态调整"五个清单"，入库清单事项目录5万余项。出台《加快推进"互联网+政务服务"工作实施方案》，完善网上办事大厅功能，入驻事项8651项，累计受理群众申报事项801.8万件，办结702.5万件；5个"政企直通车平台"累计收集企业反映问题4529件，办结4329件。深化商事制度改革，出台"多证合一"实施方案，将64个涉企证照事项整合到一张营业执照上，整合事项全省最多，实现"一表登记、一网通办"。全省首张"互联网＋自助办税终端"税票在亳州市开出，实现线上线下融合、前后台贯通。推进城市管理执法体制改革，完成机构设置、职责框定和相关处罚权的集中行使。深化国资国企改革，完成建安集团战略转型，组建建安控股、城建发展、文化旅游、交通投资四大国有集团。出台农业供给侧结构性改革实施意见，推进农村产权制度改革和"三变"改革，新增家庭农场1826家、农民专业合作社3560家，适度规模经营面积达到27.98万公顷。

（朱德文）

【民主法治领域改革】2017年，市委和市政府、市政协制订年度协商工作计划，组织实施"多措并举提高秸秆综合利用水平""加快世界中医药之都建设""实施产业扶贫工程，增强扶贫造血功能"等8项重点民主协商活动。出台《关于建立社区委员联络室改革试点方案》，开展政协委员联络室试点，建成联络室36个，探索推进政协民主协商向基层延伸。全面推进依法治市，出台《法治亳州建设实施纲要（2017—2020年）》和《贯彻〈法治政府建设实施纲要（2015—2020年）〉实施方案》。积极推进地方立法，制定实施亳州市首部实体性地方法规《亳州国家历史文化名城保护条例》。出台市、县两级工、青、妇、科协、侨联等群团组织改革方案，坚持正确改革方向，推进强"三性"、去"四化"。

（朱德文）

【文化体制改革】2017年，亳州市推进文化体制改革。印发《意识形态安全问题应对处置工作规程（试行）》《亳州市政务微博微信管理暂行办法》和《关于进一步做好网上涉亳舆情应对处置工作的通知》，加强阵地建设和管理，牢牢掌握意识形态工作领导权。推进融媒体发展，推进亳州晚报社云媒体信息化和市广播电视台新闻采编"中央厨房"建设。加强公共文化服务体系和文化行业组织建设，出台《关于加快构建现代公共文化服务体系的实施方案》和《亳州市加强文化行业领域组织建设的实施方案》。推进文化市场综合执法改革，出台《亳州市进一步深化文化市场综合执法改革实施方案》。成立市促进旅游业改革发展领导小组，在全省率先实施文旅融合、旅游资源一体化管理和旅游行政体制改革等举措，出台《关于加快发展旅游业的实施意见》《将旅游业培育成为重要支柱产业的意见》等一系列政策措施。

（朱德文）

【社会治理体制改革】2017年，亳州推进社会治理体制改革。司法体制改革，统筹推进司法责任制、人员分类管理、职业保障等各项改革工作。推进矛盾纠纷多元化解机制建设，调解成功4113件，连续多月居全省第一位。深化公安改革，完善立体化、信息化社会治安防控体系建设，全面建成合成作战室，着力打击亳州市团伙性、跨区域性、系列性侵财犯罪案件，在十九大安保工作中发挥重要作用。持续推进视频数据平台建设，累计安装前端摄像机5.4万路。出台《关于深化公安执法规范化建设的实施意见》和《健全落实社会治安综合治理领导责任制实施细则》。律师制度改革，出台《关于推行法律顾问制度和公职律师公司律师制度的实施方案》和《落实深化律师制度改革实施方案》。深化安全生产体制改革，出台《关于推进安全生产领域改革发展的实施意见》和《构建"六项机制"强化安全生产风险管控工作实施方案》。

（朱德文）

【社会事业体制改革】2017年亳州市推进社会事业体制改革。教育综合改革，探索开展中小学教师无校籍管理，亳州市被教育部评为"全国第二批义务教育教师队伍'县管校聘'管理体制改革示范区"。公立医院改革，开展综合医改试点及智慧医疗建设，全面开展县域医共体建设。启动机关事业单位养老保险制度改革，基本医疗保险实现跨省异地就医联网直接结算。农民工工资精细化管理做法成为全省先进典型案例。开发市、县、乡、村四级脱贫攻坚信息服务平台及手机APP，具有随机抽样、扶贫地图等十大功能。农村五保分散供养财政补助标准、低保标准、扶贫标准实现"三线合一"。推进健康脱贫兜底"351"及建档立卡贫困患者慢性病费用补充医疗保障"180"民生工程。蒙城县探索制定新农合基本医保补偿、新农合大病保险、民政医疗救助、大病医疗"1579"再补偿和"1567"临时再救助政策。

（朱德文）

【生态文明体制改革】2017年，亳州市推进生态文明体制改革。制度建设方面，出台《亳州市生态文明体制改革实施方案》《亳州市生态文明建设目标评价考核办法》和《亳州市生态环境监测网络建设实施方案》。全面推行河长制，出台《亳州市全面推行河长制工作方案》，建立市、县、乡、村四级河长体系，设立河长3226名，编制河湖名录1179条。推进"林长制"，出台全面推行林长制工作方案。一体化推进农村环境"三大革命"，全面推进农村垃圾分类处理，持续改善农村人居环境。创新督查模式，开发全市环保督查信息平台及手机APP系统，对重点问题、重点企业和易反复隐患点安装监控摄像头255台，加强非现场监管，提高现场监管能力，实现对环保问题办理的全程管控。

（朱德文）

【党的建设制度改革】2017年，亳州市推进党的建设制度改革。出台《亳州市市管领导班子和领导干部"三案"精准管理办法（试行）》，对市管领导班子和领导干部实行基础信息档案、运行情况备案、调整配备预案管理。推进公务员分类管理改革，完成法官、检察官逐级遴选分类考试，深化人民警察招录制度改革。推进基层微信党支部建设，出台《关于推进"基层微信党支部"建设的通知》，实现农村、社区、机关事业单位等7个领域全覆盖，参与党员13.6万名。加快人才发展体制机制改革，出台《深化人才发展体制机制改革实施意见》和《亳州市招才引智实施办法》，"1+5"人才扶贫行动计划等做法被中组部推介。

（朱德文）

【党的纪律检查体制改革】2017年，亳州市强化政治巡察，出台《中共亳州第四届市委巡察全覆盖工作方案》。建立市县党委巡察制度，出台《中共亳州市委巡察工作规划（2017—2021年）》，按照"一办两组"设立市委巡察机构，按照"一办四组"设立县（区）委巡察机构。推进市、县纪委派驻机构改革，实现市、县纪委派驻全覆盖。推进市、县两级国家监察体制改革试点工作，组建市、县监察委员会。制定《落实"两个责任"工作手册》，建立"提醒＋反馈＋评价"纪实平台，对落实"两个责任"实行全程信息化管理。

（朱德文）

图 50　2017 年 4 月 13 日，建安隧道建设中（焦兵兵　摄）

中药产业

亳州市现代中药产业发展

【概况】亳州现代中药产业集聚发展基地是安徽省首批14个省战略性新兴产业集聚发展基地之一。2017年，亳州市发挥中药材资源比较优势，抓国家实施“健康中国”战略、安徽省加快中医药发展政策机遇，围绕“深入践行五大发展理念，全力打造世界中医药之都”目标定位，以建设现代中药产业集聚发展基地和中药配方颗粒生产基地为重点，逐步形成中药材种植、饮片加工、成药制造、物流贸易、保健医疗、科教研发等完整的现代中药产业体系，核心竞争力、品牌影响力提升。

贯彻执行《关于促进药品技术转让、研发和培育的扶持政策的通知》精神，鼓励、支持企业药品技术转让（即批准文号转让），促进药业产业结构转型升级。394个药品技术转移批文上报国家食品药品监管总局待批。

出台《亳州市中药配方颗粒生产基地建设推进工作方案》，获批省级中药配方颗粒生产基地，安徽济人药业有限公司、安徽九洲方圆制药有限公司、安徽华佗国药有限公司、安徽广印堂制药有限公司、安徽协和成制药有限公司等5家企业获批试点生产，申报备案品种数380个。

院企合作起草破壁饮片（试点）标准及试点启动。全市有8家企业完成中药破壁饮片的工艺标准和质量标准20个，并报省食品药品检验检测研究院待审。

《关于市外知名企业并购本市药业企业有关事项》政策落实，华润集团并购控股谯陵医药、鹭燕集团并购控股亳州市中药饮片厂、瑞康医药收购井泉中药、九州通集团收购盛林药业等4家药业企业完成重组。继2016年82家中医药企业挂牌后，又有63家中医药企业挂牌省区域性股权交易市场，总数145家。

拟订保健食品注册、研发和培育扶持政策，推进保健食品品种转移和落地。

开展“千家知名企业招商攻坚”活动，重点跟踪中国医药企业100强、列入《国家基本药物目录》《国家医保目录》药品生产企业5000家、全国工商联医药商会优质企业。新签约亿元以上药业工业项目169个，总投资383.1亿元，其中投资1亿～2亿元项目48个，2亿～5亿元项目29个，5亿～10亿元项目6个，10亿元以上项目9个。

本年度，安徽济人药业有限公司“中药大品种疏风解毒胶囊二次开发的系统研究及应用”项目获省科学技术奖一等奖，填补建市起的空白。新建安徽芍花堂国药有限公司、安徽协和成药业有限公司、安徽广印堂中药股份有限公司3家院士工作站。国家级中药材检测中心通过国家认监、认可委评审，投入使用。亳州市被评为国家级健康旅游示范区、“一带一路”国际健康旅游目的地和全国药膳之都。

（邢思勇）

【中药材种植】2017年，亳州市中药材种植面积7.75万公顷，近50个品种，形成白芍、牡丹、白术、桔梗、白芷、菊花、板蓝根、芦巴子（葫芦巴）、薄荷、药豌豆十大药材生产基地，白芍、牡丹、白术、桔梗、白芷、菊花种植面积都在6666.67公顷以上，其中白芍面积1.67万公顷，牡丹1万公顷。中药材规范化种植面积2.13万公顷。中华药博园和亳药花海休闲观光大世界项目流转土地8800公顷。安徽亳州现代农业综合开发中药材示范区成为国家级中药材标准化种植示范基地。亳丹皮获批国家地理标志农产品。

（邢思勇）

【中药生产加工】2017年年底，亳州市有药业工业企业161家，通过GMP认证企业157家。占安徽省的60%，占全国的1/10。其中制剂生产企业19家，饮片生产企业143家。新签约药业工业项目169个，总投资383.1亿元，全国中医药百强企业有55家落户亳州，总投资80亿元的长白山制药（亳州）产业园、11亿元的民生药业产业园、10亿元的美誉医药产业园等39个亿元以上药业项目开工建设。5家企业入选中华民族医药百强榜。全市医药制造业实现342.1亿元，增长29.6%；实现工业增加值77.8亿元，贡献率37.6%，居各行业首位。

（邢思勇）

【中药商贸流通】2017年，亳州市药业行业实现贸易收入513.4亿元；实现进出口额2.72亿美元，同比增长26.98%，占全市进出口总额的40.9%。线下贸易方面：亳州中药材专业市场交易额实现292亿元。康美（亳州）华佗中药城三期工程基本完工；珍宝岛电商物流中心工程建设进展顺利；太安堂广场、昌升鲜活中药城、九州通物流园区、时代医药城花茶市场投入使用。线上贸易方面：世界药都网、药通网、药博商城、珍药材网会员总数90.2万人，实现线上线下交易155亿元。以亳州中药材商品交易中心为平台，推动期货交易中心建设。

（邢思勇）

【中药科研】2017年，亳州市拥有涉药类院士工作站5个，博士后工作站5个，国家级工程研究中心2个，省级企业技术中心和省级工程技术研究中心30个，涉药高新技术企业27家，CNAS认证中药检测中心1家。拥有中成药品种205个，3个品种进入国家医保目录，394个药品技术转移批文上报国家食品药品监管总局待批。药业企业驰名商标3件，著名商标33件，地理标志产品2项。全市申请涉药专利690件，其中涉药发明专利273件，授权涉药发明专利106件。安徽九方制药有限公司和安徽济人药业有限公司申报国家重大新药创制科技重大专项。新健康公司生物医药科技创新创业团队、中药保健食品产业化开发团队等2个团队申报省2017年度扶持高层次科技人才团队。东方帝维动物疫病疫苗创制工程入围省重大新兴产业工程；济人药业中药配方颗粒产业化专项、九方制药注射用牡荆素专项、天祥药业中药配方颗粒产业化专项、药通中药材大数据应用平台等4个项目入围省重大新兴产业专项；广印堂药业、源和堂药业、天祥药业、亿人安生物科技、精诚本草5家企业被认定为成长性高新技术企业。

（邢思勇）

【中药产业基地建设】2017年，亳州市贯彻落实《中共安徽省委、安徽省人民政府关于印发〈加快调结构转方式促升级行动计划〉的通知》（皖发〔2015〕13号）、《亳州市人民政府关于〈亳州市现代中药产业集聚发展实施方案〉的通知》精神，以推进现代中药产业集聚发展基地建设为中心，推进中药产业转型升级。

亳州市现代中药产业集聚发展基地实现产值321.6亿元，增长23.6%。现代中药产业集聚发展基地纳入省监测的规上药业工业企业161家，较上年同期增加19家，同比增长13.4%。拥有药业国家级农业产业化“龙头”企业2家、省级龙头企业27家、市级龙头企业76家。形成以北京同仁堂、和记黄埔、修正药业、康美药业、九洲方圆制药、长白山制药、华佗国药、济人药业、协和成药业、九洲方圆、广印堂药业、九方制药、天祥药业、亳药堂药业、保和堂制药、誉隆亚东、太安堂药业等为“龙头”的现代中药制造产业集群。

（邢思勇）

打造“世界中医药之都”

【概况】2017年1月17日，安徽省省长李国英参加省十二届人大七次会议亳州代表团审议时，提出“把亳州打造成国内外知名的中医药之都”；9月5日，省长李国英到亳州调研，指出“把亳州打造‘世界中医药之都’上升到省级战略”。亳州市委、市政府贯彻落实省委、省政府要求，围绕打造“世界中医药之都”，推进各项工作。

（廖自荣）

图51 2017年9月8日，打造“世界中医药之都”恳谈会举办（颜亚伟 供图）

【规划编制】2017年，亳州市启动“世界中医药之都”发展规划编制工作。规划围绕中药材种植、中药制药、中药流通、中医药国际贸易、中药现代化、完善中药质量保证体系、中医医疗保健服务体系、中医药文化旅游体系等内容，公开招标编制亳州“世界中医药之都”发展规划，截至年底，基本完成规划编制项目方案初稿。

计划到2030年，在亳州形成中医中药并举、三次产业融合、龙头企业汇集、产业发展迅猛、创新能力强劲、专业人才荟萃、支撑体系完善、国际融合密切的现代中医药产业集群，培育一批具有自主知识产权的中医药产业化应用核心关键技术、创新产品和具有较强国际竞争力的优势品牌，基本确立亳州现代中医药产业和文化在国内的领先地位和在国际传统医药界的优势地位，基本成功塑造特色鲜明、省内第一、国内一流、国际影响突出的亳州“世界中医药之都”金字品牌。

（廖自荣）

【研究交流】2017年9月8日，在2017年国际(亳州)中医药博览会暨第33届全国(亳州)中药材交易会期间，召开打造“世界中医药之都”恳谈会，市委书记汪一光、市长杜延安、市政协主席汤涌出席座谈会，国家中医药管理局办公室主任查德忠主持座谈会。来自国务院医改办、科技部国家火炬中心、中国中医科学院中药研究所等单位的专家和来自修正药业、科创控股集团、通化金马药业等中国知名药企负责人围绕亳州如何打造“世界中医药之都”进行交流发言，提出意见和建议。

11月8日，市委书记汪一光主持召开打造“世界中医药之都”座谈会。市委副书记、市长杜延安，市委常委、秘书长赫璞峰，市政协副主席、亳州职业技术学院党委书记张俊民，市政府秘书长吴火权，市直相关部门和谯城区政府负责人参加会议。会议听取参会单位关于打造“世界中医药之都”工作情况的汇报，对存在的问题进行认真研究，议定有关事项，形成会议纪要。

（廖自荣）

【任务分解】2017年12月17日，《亳州市人民政府办公室关于印发“世界中医药之都”建设首批重点工作任务分解表》印发到各县、区政府和市直有关部门。

（廖自荣）

2017年国际（亳州）中医药博览会暨第33届全国（亳州）中药材交易会

【概况】2017年9月8—10日，2017年国际(亳州)中医药博览会暨第33届全国(亳州)中药材交易会(以下简称“2017年药博会”)在亳州市举办。该活动由安徽省人民政府、中国国际贸易促进委员会、中国中药协会主办，亳州市人民政府、中国国际贸易促进委员会安徽省委员会、中国北京同仁堂(集团)有限责任公司、康美药业股份有限公司、珍宝岛药业股份有限公司和太安堂集团有限公司共同承办。大会以“弘扬中医药文化，促进中医药造福人类”为宗旨，以“打造世界中医药之都，让人类更健康”为主题，围绕“传承、弘扬、文化、创新、发展”关键词，安排“经贸、文化、学术”三大板块12项活动。分别是第三届中国(亳州)国际健身气功博览会暨2017年国际健身气功五禽戏交流比赛、2016年度中华民族医药百强榜单发布会、打造“世界中医药之都”恳谈会、华佗诞辰1890周年祭祀活动、2017年国际(亳州)中医药产品展暨酒类产品展、2017年药博会开幕式暨华佗中医药文化展演、世界中医药(亳州)论坛、国际中医药技术交易论坛、2017年国际(亳州)药材药品交易洽谈会签约仪式、2017年中国(亳州)投资环境说明会暨项目签约仪式、全国知名中医院院长论坛、“华佗杯”全国中医药知识电视大赛。

2017年药博会开幕式由全国人大常委会原副委员长顾秀莲宣布开幕，各分项活动得到国家各有关部委的大力支持，国务院医改办、科技部国家火炬中心、商务部服务贸易司、国家质检总局标法中心、国家中医药管理局、国家体育总局健身气功管理中心、中国中医科学院中药研究所、中国医学科学院药用植物研究所、中国技术交易所、中国中药协会、世界中医药学会联合会、全国工商联等单位安排相关负责人参会，并作专题演讲或发言。

2017年药博会首次有世界级学会在亳州举办国际性论坛，

在首届世界中医药亳州论坛上，25个国家及地区的专家们针对自己所在国及地区的中医药行业发展的现状及存在的问题进行探讨，亳州国际贸易视野开拓。商务部服务贸易司姜义茂处长专题报告“推动全球中医药及服务贸易，惠及全球人民”和CFDA南方医药经济研究所副所长宗云岗的专题报告“中药产业现状与国际化”，为亳州市药业企业开启新思路。

药博会期间，在芍花堂药业公司举行张玉奎、邓玉林院士工作站揭牌仪式，是亳州市首个“双院士”工作站。

（丁影影）

【会展成果】2017年药博会，中医药产品展暨酒类产品展共吸引参展企业550余家(中药产品参展企业400余家、医药机械参展企业70余家、酒类食品参展企业80余家)，省外企业占80%以上，布设国际标准展位近1000个，展出面积约5万平方米，开幕式当天共有药商观展11万人次。药博会期间会展现场交易额18.2亿元，其中，中医药、中药材饮片和酒类产品展区成交额11亿元，中药材机械加工设备成交额7.2亿元。

（丁影影）

【经贸成果】2017年国际(亳州)药材药品交易洽谈会签约仪式现场签订贸易协议29个，签约金额33.1亿元，较上年增长15.7%，其中内贸23亿元、外贸1.55亿美元。

2017年中国(亳州)投资环境说明会暨项目签约仪式现场集中签约重点招商引资项目50个，总签约金额524.1亿元，较上年增长51.8%，其中投资超10亿元的重大签约项目有18个。从项目性质看，工业项目44个，占总数的88%，签约金额445.9亿元，占总金额的85.1%，工业项目签约金额较上年增长70%。

2016年度中华民族医药百强榜单发布会与全国工商联医药业商会合作举办，发布2016年度民族医药百强榜单，市广印堂药业、井泉中药股份、源和堂药业入榜。

（丁影影）

【文化成果】2017年，第三届中国(亳州)国际健身气功博览会暨2017年国际健身气功五禽戏交流比赛吸引来自21个国家和地区的46支代表队同台竞技、参赛交流，华佗五禽戏的社会影响力进一步提升；华佗诞辰1889周年祭祀活动遵照古法，庄严肃穆，祭文内容上更加突出华佗学术及其“悬壶济世、大爱无疆”精神的传承性；“华佗杯”全国中医药知识电视大赛共有来自12个省市的医药企业、医院、中医院校等60家企事业单位近300人参赛，探索企业、高校共同参与中医药文化宣传普及的新模式。

（丁影影）

【论坛成果】2017年，亳州市举办打造“世界中医药之都”恳谈会。会议邀请国家中医药管理局、商务部、国家卫计委、科技部等部门领导，中国中医科学院中药研究所、世界中医药学会联合会、中国医学科学院、北京中医药大学、安徽中医药大学等学术机构专家，科创控股集团、修正药业、金马药业、爱民制药、天圣药业等知名药企负责人参加论坛，专家分别从医药体制改革、学术研究、产业发展等不同层面提出51条建议和举措，为亳州市打造“世界中医药之都”提供新思路。

与世界中医药学会联合会合作举办首届世界中医药亳州论坛，参会代表来自美国、澳大利亚、俄罗斯、德国等25个国家及地区，为亳州市现代中医药产业“走出去”提供借鉴。其间，亳州市和世界中医药学会联合会签署战略合作协议，国际标准化组织中医药技术委员会发布《ISO 18662-1:2017 中医药—术语—第一部分中药材术语》。

举办国际中医药技术交易论坛，200余家高校院所、中药企业、化药企业、投资公司等机构400人次参加论坛，交流分享国际中医药创新前沿，现场达成技术合作项目2个。

举办全国知名中医院院长论坛，聘请7位国内知名中医药专家作学术报告，吸引全国各地省、市、县三级中医院院长、药业企业代表共计400余人参加论坛，论坛的影响力扩大，中药饮片的销售渠道拓宽。

（丁影影）

图 52　亳药花海休闲观光大世界(刘勤利　摄)

农　业

概 述

【概况】2017年全市生产总值1184亿元，按可比价计算，比上年增长9.2%，一、二、三次产业比例为17.7∶40.1∶42.2。在国民经济发展24项主要经济指标中，涉农的四项指标增速均进入全省第一方阵，其中第一产业增加值209.81亿元，增长4.5%，增幅居全省第一位；全年粮食总产量48.35亿千克，粮食总产量居全省第二位，小麦平均亩产512.3千克，小麦单产水平居全省第一，市及县区小麦亩产连续6年过千斤；农村常住居民人均可支配收入11591元，增长9.6%，增幅居全省第二位；规模以上农产品加工产值占全省总产值的7.6%，增长15.2%，增幅居全省第二位。

（怀珍法）

【农业供给侧结构调整】2017年，亳州市发展专用粮食生产。开展粮食绿色增产模式攻关示范创建活动，建立63个粮食（小麦—玉米）绿色增产模式攻关示范片（示范村、示范家庭农场）和11.22万公顷优质专用粮食生产基地，辐射推动粮食生产稳步可持续发展。粮食播种面积90.01万公顷，比上年增加0.98万公顷，增长1.1%。

建设蔬果产业基地。按照“突出重点、优化布局、转型升级、产销衔接”的主体思路，开展蔬菜绿色增长模式攻关，建设蔬菜水果标准园、特色蔬果基地和沿307省道高效设施蔬果产业带。蔬菜播种总面积13.34万公顷，其中设施蔬菜4.87万公顷（新增0.34万公顷），水果栽植面积0.69万公顷。新建省级蔬菜水果标准园5个、市级水果标准园2个。

提升中药材标准化种植水平。制定出台《亳州市亳药花海休闲观光大世界土地流转规模种植补助方案》。中药材种植面积7.75万公顷，比上年增加1.87万公顷；50亩以上的种植大户、合作社、家庭农场、企业共237家，规模种植面积0.83万公顷。标准化种植面积2.03万公顷，新增0.53万公顷。0.4万公顷的“亳白芍”种植标准化示范区被列为第九批国家农业标准化示范项目，亳州创建为安徽省唯一的中国特色农产品优势区（中药材），亳白芍、菊花、丹皮入选“十大皖药”。

推进养殖业发展。新创建1个部级、2个省级、63个市级畜禽养殖标准化示范场。全市共有国家级示范场11家、省级19家、市级235家，各类畜禽规模养殖比重83.1%。肉类总产量33.01万吨，同比增长1%；禽蛋产量7.22万吨，同比增长2%；牛奶产量1.99万吨，同比增长2.2%。

2017年，安徽省首次将秸秆综合利用提升工作纳入民生工程，亳州市超额完成省下达的目标任务。秸秆还田面积65.24万公顷；新建还田示范片建设8处，商品化试点建设2处，大中型秸秆沼气供气工程1处，秸秆固化成型燃料生产点20个，推广生物质户用气化炉2000台，新建秸秆发电厂2处发电规模6万千瓦。农作物秸秆禁烧火点数仅有2个。

（怀珍法）

【新型农业经营主体培育】2017年，亳州市农民合作社发展到16905家，新增3560家，新增省级示范社10家、市级示范社81家；家庭农场发展到5666家，新增1826家，新增省级示范农场18家、市级示范农场81家。创建现代农业产业化联合体80家，其中省级32家（位居全省第四位）。农业适度规模经营面积28万公顷。

（怀珍法）

【农资市场整治】2017年，亳州市以打击侵权和制售假冒伪劣种子、农药、肥料等农资为重点，开展春季农资打假专项行动、放心农资下乡进村活动、夏季百日行动、秋冬季农资打假专项行动。共出动执法人员14988人次，执法车辆4120余台次，检查农资经营门店7334个次，整顿市场1838个次，抽检农资样品215个（种子样品175个、农药样品20个、肥料样品20个），印发宣传资料12.52万份，立案查处49起，移送公安机关2起，查处假劣农资13.42万千克，挽回经济损失500余万元。

（怀珍法）

【特色种养业扶贫】2017年，亳州市推行园区带动、“龙头”企业带动、农民合作社带动、经营大户带动和贫困户自身调整优化种养产业结构的特色种养业扶贫“四带一自”模式，推动特色种养产业扶贫快速发展。投入到村到户支持特色种养业扶贫的财政资金和信贷资金104737万元，其中，到村资金42169万元，到户资金62569万元。实施特色种养业扶贫项目210928个，其中到村项目538个，贫困村覆盖率100%；到户项目210390个，覆盖贫困户150454个，贫困户覆盖率为88.6%。3283个带动主体带动286个贫困村90223户贫困户发展特色种养业，贫困村和贫困户的主体带动覆盖率分别为100%和53.1%。举办“重精准、补短板、促攻坚”扶贫业务培训40场次，培训89个乡镇13218人。截至12月底，286个贫困村明确发展1项特色种养业，占全市286个贫困村的100%；130个贫困村形成“一村一品”专业村，占286个贫困村的45.45%；从事1项特色种养业贫困户56125户，占有条件发展特色种养业56369户贫困户的99.6%。

（怀珍法）

【农村综合改革】2017年，亳州市加强农村产权交易市场建设。市农委指导各县(区)农委加快农村产权交易中心建设，乡镇成立农村产权交易服务站，落实人员负责本区域内农村土地、集体林权、集体资产、水利设施等流转信息的收集上报，指导流转双方签订合同。截至12月底，交易平台软、硬件设施齐备，均开展交易。每县区均选择5个村开展村级集体资产股份制改革试点，推进试点工作。

完善土地确权登记颁证数据库。开展土地确权登记颁证试点工作“回头看”和问题整改，完成纠错工作。推进土地确权登记县级数据库平台建设和档案数字化整理等后续工作，三县一区土地确权数据库全部通过省级验收。

开展农村金融改革试点。在涡阳县开展土地承包经营权抵押贷款试点，累计发放贷款7292笔，金额3.32亿元。围绕解决新型农业经营主体贷款难，联合国元农业保险公司开展无担保无抵押保证保险，截至12月，全市“532”保证保险贷款共出单241笔，保额12669.38万元。

（怀珍法）

【农业科技推广】2017年，亳州市实施新型职业农民培训工程，共培训新型职业农民5300人。组织687名农技人员，深入田间地头进行技术指导服务，共服务科技示范户6870个、贫困户1362个，举办培训班450期，培训农民105万人次，印发技术和惠农政策明白纸260万份，加速科技融入农业生产。

（怀珍法）

【生态农业建设】2017年，亳州市推进秸秆综合利用。制定实施《2017年全市秸秆禁烧和综合利用工作方案》，印发90万份《2017年小麦秸秆还(离)田夏种玉米大豆技术规程》《秸秆禁烧和综合利用宣传手册》。实施秸秆综合利用提升工程，落实秸秆打捆机械补贴政策，加强秸秆收储体系建设，加大督查力度，确保秸秆禁烧禁得住、离得田、用得上。组织企业参加安徽秸秆综合利用产业博览会，依托博览会加大招商引资力度，会上签约项目7个，签约金额48亿元。

强化畜禽养殖污染治理。在涡河、西淝河、茨淮新河及引江济淮亳州段等重点区域开展禁养区划定工作，指导县(区)制定禁养区划定方案和禁养区养殖场关闭搬迁实施方案，全市禁养区内养殖场185家(利辛87家、蒙城24家、涡阳39家、谯城35家)，关闭53家，拆除132家，全面完成禁养区内养殖场关闭搬迁工作。开展畜禽养殖污染专项整治行动，对全市规模养殖场开展“拉网式”排查，专项整治期间完成853家养殖场治污设施建设，全市治污设施覆盖率98.3%。

推进循环农业发展。集成推广“猪—沼—菜(果、粮)”“牛—菌—肥”等生态循环农业典型模式。开展绿色循环农业示范创建，建成以利辛县永兴生态循环农业示范区、浩翔牧业和蒙城县京徽蒙生态农业示范区、谯城区十八里现代农业开发示范区为龙头的现代生态循环农业先行区。

（怀珍法）

种植业

【概况】2017年，亳州市贯彻落实“中央一号”文件精神，开展农业技术推广工作，科学推进农业现代化快速发展，全力提升农业综合生产能力、促进农业持续增效和农民持续增收，实现全市农业农村经济平稳较快发展。粮食总产483.4万吨，同比增加2%。小麦单产512.3千克，小麦单产连续6年过千斤。

（张俊侠）

【秸秆综合利用】2017年，亳州市推动秸秆综合利用工作。农作物秸秆产生量599.61万吨，可收集量550.01万吨，秸秆综合利用量494.6万吨，秸秆综合利用率89.9%。其中，农业领域综合利用量407.9万吨，占可收集秸秆量的74.2%（其中秸秆机械化还田351.9万吨，占可收集秸秆量的64%；高温堆肥及其他方式还田1万吨，占可收集秸秆量的近0.2%；饲料45.3万吨，占可收集秸秆量的8.2%；基料9.8万吨，约占可收集秸秆量的近1.8%）。工业领域综合利用量60.0万吨，占可收集秸秆量的10.9%（其中秸秆发电56万吨，占可收集秸秆量的近10.2%；造纸、板材等4万吨，占可收集秸秆量的0.7%）。能源化综合利用量26.7万吨，占可收集秸秆量的4.9%（其中固化成型燃料21.7万吨，占可收集秸秆量的3.9%；秸秆气化及秸秆沼气2.5万吨，占可收集秸秆量的近0.5%；民用燃料2.5万吨，占可收集秸秆量的近0.5%）。

（张俊侠）

【优质专用品牌粮食生产】2017年，亳州市贯彻国家和省关于“调、转、促”和供给侧结构性改革战略部署，以“品种优先、品质保证、品牌引领”为抓手，发展绿色生产、专用品牌粮食生产，打造一批实行标准化生产、规模化经营、专业化服务的专用粮小麦种植基地和知名粮食产品品牌。建立优质强筋小麦、黑小麦、鲜食玉米等优质专用粮食生产基地11.22万公顷。建立专用品牌粮食农业专业化联合体60家，涉及农民专业合作社、家庭农场、种粮大户等农业新型经营主体1246个，种业企业、面粉加工企业等订单收购主体40个。稳定发展“老师傅”牌富硒黑小麦粉、石磨营养粉、养生挂面、麦片等系列深加工产品和“慎德”牌红芋粉丝、红芋丁、红芋粉皮；开发瑞福祥牌谷朊粉、高级面包粉、高档饺子粉等30余个产品。订单基地农民总增收4亿元以上，参与的新型农业服务主体和农业企业创收1倍以上，实现了企业、农场和农民三方共赢，推动专用品牌粮食建设与农业转型升级。

（张俊侠）

【中药材标准化提升工程】2017年，亳州市实施中药材绿色增效模式攻关行动，打造涡河中药材种植优势产业带，推进中药产业持续健康发展。中药材种植面积7.75万公顷，标准化种植面积2.03万公顷，中药材标准化种植水平逐年提升。

（张俊侠）

【粮食绿色增产攻关示范创建】2017年，亳州市实施省粮食绿色增产模式攻关示范活动，建设63个粮食绿色增产模式攻关示范片（村、家庭农场），其中，省级粮食绿色增产模式攻关示范片（村、家庭农场）21个。各绿色增产示范片（示范村、示范家庭农场）全部落实“五有”（有明显的示范标志、有完整的技术方案、有行政和技术负责人、有配套扶持措施、有示范观摩活动计划）和“五统一”（统一技术规程、统一供种、统一机播、统一配方施肥、统一防治病虫草害）措施，推广“三推”（推广高产高效多抗新品种、推广规模化标准化机械化的栽培技术、推进耕地质量建设）和“三节”（节肥、节药、节水）技术，全面普及了平衡施肥技术，广泛使用低毒、高效、低残留农药以及各类新型植保机械，率先采取黏虫板、杀虫灯、性诱剂等绿色防控技术。据测产统计，各绿色增产示范片（村、家庭农场）内小麦、玉米平均单产全部在520千克以上。利用财政或项目资金购置黏虫板、杀虫灯和性诱剂等绿色防控农资，实现小麦、玉米绿色增产创建示范片（村、家庭农场）统防统治和绿色防控全覆盖，辐射带动全市主要农作物专业化统防统治104.03万公顷次、农作物病虫绿色防控118.69万公顷次，有效减轻病虫危害，实现粮食绿色增产增效目标。

（张俊侠）

【耕地保护与质量提升】2017年，亳州市落实中央“藏粮于地、藏粮于技”确保国家粮食产能战略部署，以节本增效、提质增效、绿色增效为目标，以调整施肥结构、转变施肥方式、促进耕地质量升级为主线，以提高配方肥到田率、有机肥资源利用率、化肥利用率为重点，以建立健全土肥水监测网络为支撑，以强化土壤肥料体系建设为保障，减少不合理的化肥投入，夯实土肥基础，促进农业增效、农民增收和现代生态农业产业化发展。全市落实耕地质量保护与提升技术面积196.55万公顷，其中，测土配方施肥技术应用面积88.67万公顷，配方肥施用面积66.6万公顷；秸秆还田技术应用面积73.13万公顷；新建高标准农田5.02万公顷（含国土、农发办和发改与农业部门实施）；耕地深松深耕面积10.67万公顷；有机肥使用面积17.33万公顷；水肥一体化技术应用面积1.73万公顷。实施化肥使用量零增长行动。采集土壤样品604个，化验5276项；开展各类试验22项；发布小麦、玉米主要农作物配方41个；建立示范片132个，示范区面积6.87万公顷；推广机械化施肥70.33万公顷；推广缓释肥、水溶肥料、生物肥等高效新型肥料11.3万吨，应用面积15.07万公顷。统计部门数据显示，2017年全市化肥使用量29.44万吨（折纯，下同），比上年减少0.23万吨，减幅0.79%。肥料利用率试验结果显示小麦、玉米氮素化肥利用率约37%。建设耕地质量定位监测点19个，完成点位基础信息填报，并采集土壤样品，送宿州市土肥站检测，形成市2017年度耕地质量监测报告和2016年、2017年耕地质量等级变化报告，全市5.47万公顷耕地质量提高1个等级，耕地环境质量总体良好，没有发现因耕地质量引起的农产品质量安全问题。建设墒情固定监测点28个，年例行监测48次，发布墒情监测报告，为农作物田间管理提供技术支撑。

（张俊侠）

畜牧业

【概况】2017年，亳州市畜牧系统认真贯彻落实省、市农业和农村工作会议精神，组织实施“畜牧业升级工程”，发展绿色低碳循环畜牧业，加强重大动物疫病防控，开展畜禽禁养区内养殖场关闭搬迁和畜禽养殖污染专项整治，促进畜牧业持续快速健康发展。

（张　永）

【畜牧生产】2017年，亳州市生猪存栏162.1万头，同比增长2.7%，出栏309.6万头，同比增长1.4%；肉牛存栏12.3万头，同比下降0.8%，出栏12.7万头，同比下降2.2%；山羊存栏137.6万只，同比增长2.6%，出栏220.1万只，同比增长2.7%；家禽存栏1466万只，同比增长4.6%，出栏2674万只，同比增长1.7%；肉类产量33万吨、禽蛋产量7万吨，牛奶产量2万吨。

（张　永）

【规模养殖】2017年，亳州市开展畜禽标准化养殖示范场创建，创建部级畜禽标准化示范场1家、省级2家，新创市级畜牧绿色循环标准化养殖示范场56家，规模养殖比重83.1%。

（张　永）

【动物防疫】2017年，亳州市以高致病禽流感、猪蓝耳病、口蹄疫、猪瘟、小反刍兽疫、猪圆环病毒病、猪伪狂犬病和鸡新城疫等集中强制免疫为重点，狠抓动物疫病防控措施的落实。免疫猪352.8万头次、牛23.31万头次、羊259.9万只次，禽2932万羽次，应免畜禽免疫密度、家畜二维码耳标直挂率、免疫证明发放率、免疫建档率100%。对口蹄疫、高致病性禽流感、高致病性猪蓝耳病、猪瘟、鸡新城疫、布病、H7N9流感、小反刍兽疫、猪圆环病毒病、猪伪狂犬病10种主要动物疫病进行监测，共检测12289份血清，免疫合格率均在70%以上，布病未发现阳性。

（张　永）

【禁养区关闭搬迁】2017年，亳州市划定禁养区个数112个，禁养区面积1270平方千米，禁养区内养殖场185个，关闭养殖场53个，拆除132个，财政投入补偿资金8487万元。

（张　永）

【畜禽养殖污染治理】2017年，亳州市对853家无治污设施养殖场进行治污设施建设，健全完善雨污分流管网、“三防”堆粪场、集污池等治污设施。

（张　永）

水产业

【概况】2017年，亳州市兑现渔业燃油补助等国家惠民政策，鼓励发展池塘低碳循环流水养殖和稻渔综合种养模式，提升名特优养殖比重，发展健康生态养殖，水产养殖面积1.34万公顷，水产品总产量5.35万吨。

（秦文学）

【渔业生产】2017年，亳州市组织实施池塘低碳循环流水养殖和稻渔综合种养模式，以增加渔民收入，建设生态渔业为中心，推广渔业新品种、新技术，转变渔业生产方式，重点发展河蟹、青虾、鳜鱼、黄颡鱼、乌鳢等名特优水产养殖。加大招商引资力度，鼓励外地客商到亳州发展水产业，提高全市规模养殖水平。

（秦文学）

【渔政监督】2017年，亳州市全面实施禁渔制度，加大对渔业违规违法案件的处理力度，市、县渔业主管部门于2017年3月1日至8月31日对涡河、武家河、芡河、北淝河、小洪河、西淝河、茨淮新河等河道约0.61万公顷水面实施禁渔，禁渔期间取缔有害渔具5处，查处违法捕捞渔船1艘，查获电、炸、毒鱼案件2起，没收电捕器2台，取缔迷魂阵等违法渔具1处，震慑渔事违法行为，保护全市渔业资源和渔业生态环境。

（秦文学）

农业产业化

【概况】2017年，亳州市组织实施农业产业化转型发展和食品工业发展行动计划，培育龙头企业，加快食品产业园建设，农业产业化较快发展。全市规模以上农产品加工产值增速15.2%，位居全省第二位。市级以上农业化产业化“龙头”企业组织543家，其中国家级龙头企业4家，省级50家，市级489家。省级龙头企业甲级队12家，省级农委产业化示范联合体32家。全省推进农业产业化发展现场会于12月19—20日在亳州市召开。

（田　军）

【食品工业发展行动计划】2017年，亳州市落实市政府食品工业发展实施方案，实施2017年食品制造产业创新发展行动计划，牵头负责食品制造及农产品加工产业发展推进工作。加快市食品产业园建设，组织开展食品及农产品加工业重大项目谋划和招商引资工作，签约入驻项目46个，总投资金额为28.3亿元。

（田　军）

【“一村一品”】2017年，亳州市围绕优质粮食、中药材、蔬果、畜牧养殖等主导产业优势，促进“一村一品”向专业化、规模化、标准化和产业化发展。新增省级“一村一品”专业示范村2个。截至年底，有国家级“一村一品”专业示范村5个、省级34个。

（田　军）

【休闲农业】2017年，亳州市依托田园风光、乡土文化等资源，利用美丽乡村、现代农业示范区等载体，推进农业与林业、康养等产业深度融合。参加全省“我为家乡休闲农业代言”竞赛活动，获省三等奖。蒙城县获省级休闲农业示范县、利辛县淝河湾生态园荣获省级休闲农业示范点称号。印象江南生态园获批安徽省2017年“十佳休闲农庄(园)”称号，“芍药养生文化旅游节”获评为安徽省2017年“十佳特色农业节庆活动”称号。全市有“休闲农业与乡村旅游示范点”国家级1个，省级7个，省级“休闲农业与乡村旅游示范县”3个。谯城区芍花景观被评为“中国美丽田园”。

（田　军）

【农产品市场开拓】2017年，亳州市组织龙头企业参加“2017中国安徽名优农产品暨农业产业化交易会(合肥)”“第十五届中国(北京)国际农产品交易会”“中国安徽名优农产品暨农业产业化交易会(上海)”“江苏一带一路国际农业洽谈会”等交易会，举办亳州名优农产品暨吉祥年货展，开拓农产品市场，100余家企业、25家合作社、900余产品品种参展。

（田　军）

农业机械化

【概况】2017年，亳州市农业机械总动力993.29万千瓦。其中，拥有大中型拖拉机33949台(206.92万千瓦)，小型拖拉机139492台(163.45万千瓦)，稻麦联合收割机27805台(183.53万千瓦)，玉米联合收割机8877台(58.06万千瓦)，秸秆粉碎还田机14829台，秸秆捡拾打捆机2476台。农作物耕种收综合机

图 53　2017 年 9 月 16 日，农机手大赛（段端强　摄）

械化水平 90.07%。小麦生产实现全程机械化，玉米耕种收综合机收水平 98.5%。全市各类农机作业服务组织 1641 个，农机户总数 47.5 万个，农机从业人员 56.94 万人，农业机械化经营服务总收入 66.7 亿元。

全市无较大以上农机事故，发生一般农机安全事故 9 起，受伤人数 9 人，直接经济损失 7.33 万元。

本年度，市农机局被省人力资源和社会保障厅、省农业机械管理局联合授予"全省农机系统先进集体"称号，在全省农机系统 2017 年度市级综合考评中，位居全省第一位。市农机手张建付、王义在全省农机职业技能竞赛暨"五征杯"第四届中国农机手大赛安徽赛区选拔赛中分别获得个人一等奖、二等奖；被安徽省总工会授予"安徽省五一劳动奖章"称号。

（陈战志）

【农机管理】全市新注册登记农业机械 1274 台。其中拖拉机 534 台，联合收割机 740 台。年度检验农业机械 56710 台，其中拖拉机 33990 台，联合收割机 22720 台。新办农机驾驶证 3275 人，其中拖拉机驾驶证 2604 人，联合收割机驾驶证 671 人；拖拉机的上牌率、检验率、持证率平均分别达到 88%、86%、85%，联合收割机的上牌率、检验率、持证率平均分别达到 86%、85.5%、87%；全市有 4407 台农业机械参加保险。其中，拖拉机 2073 台、联合收割机 2334 台；保费共计 199.54 万元。其中财政补贴保费 54.6 万元，发生理赔 35 起，赔付金额 33.51 万元。

（陈战志）

【农机服务】2017 年"三夏"（夏种、夏收和夏管）期间，全市机收小麦 43.95 万公顷，6 月 9 日全部完成收割任务，较 2016 年提前两天；秸秆粉碎还田 35.14 万公顷，秸秆打捆 5.41 万公顷，机播玉米 23.1 万公顷，机播大豆 17.89 万公顷；投入各类农机具 12 万多台。其中投入联合收割机 3 万台（其中引进 0.3 万台），秸秆综合利用机具 1.24 万台，玉米精量播种机 2.48 万台；组织 0.50 万台联合收割机外出参加跨区作业。

"三秋"（秋收、秋耕、秋种）期间，全市机收玉米 23.45 万公顷，机收大豆 16.16 万公顷，机播小麦 43.47 万公顷，深松作业面积 9.08 万公顷；投入各类农机具 8 万余台，其中玉米联合收割机 1.34 万台，播种机 2.4 万台，拖拉机 3.19 万台。

（陈战志）

【农机购置补贴】2017 年，亳州市落实中央财政购置补贴资金 1.92 亿元，占全省购机补贴总资金 13.96 亿元的 13.75%。补贴各类机具 7554 台，其中，拖拉机 5700 台、小麦机 639 台、玉米机 175 台、其他机械 1040 台。

（陈战志）

【农机作业托管】2017 年，《亳州市人民政府关于推进农机作业托管服务的指导意见》出台。"三夏"期间，依托农机合作社、农机大户，全面推行农机作业托管服务，落实"干部包机械、机械包地块、人机地结合、收种禁一休"工作机制。午季，落实农机作业托管面积 13.39 万公顷。秋季，市政府制定"2017 年秋季农机作业托管服务工作序时进度表"，开展四次督查。秋季落实农机作业托管面积 45.41 万公顷。

▲农机作业托管服务是由政府引导，在保持农民土地承包权、经营权、受益主体不变基础上，以农机专业合作社为主体，坚持依法、自愿、有偿原则，全程为农户提供耕种收服务，实行市场化运作、规范化管理，促进

合作社与农户相互协作、共同发展。

（陈战志）

【“变型拖拉机”专项整治】2017年，亳州市农机管理局、公安局、安全生产监督管理局联合下发《关于印发亳州市变形拖拉机专项整治工作方案》，明确“变型拖拉机”淘汰报废期限。专项整治时间为8—11月，分存量核实、集中整治、完善措施3个阶段。专项行动期间，全市组织检查121次，参加执法人员476人次，检查“变拖”3350台次，查处套牌5台、无牌21台、逾期未年检验77台、拼装改装1台、超载38台、外籍车辆43台，无证驾驶6人，收缴罚款6000元，补办证件9个。

（陈战志）

【农机合作社机库棚补贴】2017年，亳州市政府工作报告提出要建设标准化农机库棚300个。6月16日，市政府办公室印发《亳州市农机专业合作社机库棚（农机大院）建设项目实施方案》。项目总资金规模6000万元，市级财政安排奖补资金2000万元，县区财政按照市级奖补资金1∶1的标准配套资金，其余资金由合作社自筹。奖补标准为市、县区每平方米90元，每个合作社累计奖补不超过40万元。确定蒙城县建93个、谯城区70个、涡阳县69个、利辛县68个。明确机库棚建设标准，单个机库棚总面积不少于600平方米，高度不低于4.5米，跨度不小于9米，三面封闭。截至12月，验收合格301个。

（陈战志）

【农机专业合作社建设】2017年，《亳州市农机专业合作社机库棚（农机大院）建设项目实施方案》《关于推进农机作业托管的指导意见》出台。支持农机专业合作社承担农业生产全程社会化服务、农机深松整地补助作业，将农机专业合作社作为技术推广项目的重要主体。落实免除拖拉机、联合收割机的登记、检验等费用政策，促进农机专业合作社发展。11个农机专业合作社被评为省级“农机专业合作社”示范社。谯城区微利农机服务专业合作社、蒙城县黄波农机服务专业合作社被农业部命名为全国“农机合作社”示范社。

截至年底，全市共有农机专业合作社918家，其中，国家级示范社9家、省级示范社57家。发展社员9737人，作业服务面积31.7万公顷。

（陈战志）

【“平安农机”示范市创建】2017年，亳州市贯彻落实农业部国家安全监管总局《“十三五”时期创建“平安农机”活动工作方案》，出台《亳州市人民政府关于加强农机安全生产工作的通知》（亳政〔2017〕75号）、《亳州市人民政府办公室关于印发亳州市“平安农机”创建活动工作实施方案的通知》文件，成立以市政府副市长为组长，市农委、安监局、财政局、公安局、交通运输局、农机局为成员的“平安农机”创建工作领导小组。落实“党政同责、一岗双责、齐抓共管、失职追责”和“三个必须”农机安全生产工作要求，签订农机安全生产责任书11937份，开展现场安全宣传活动218场次，印发宣传资料3.9万余份，悬挂标语、横幅、展板561个，发送安全短信4.7万余次，培训农机安全驾驶员1.5万余人次。检查农机生产经营单位183家，排查各类农业机械3058台，查出一般安全隐患418个，整改418个，纠正违章

图54　2017年4月5日，贵勤合作社开展植保服务（市农机局　供图）

205起。

新创建市级“平安农机”示范乡镇1个，示范合作社7家，示范岗位标兵7人。累计创建国家级“平安农机”示范县3个、示范乡镇50个、示范村447个、示范户4950户、示范合作社15家。

2017年7月，申报省级“平安农机示范市”。10月27日，省农机局、安全生产监督管理局公布，亳州市成为全省第一个成功创建省级“平安农机”示范市。

（陈战志）

【涡阳县获评全国农机示范县】2017年，涡阳县被评为全国“第二批率先基本实现主要农作物生产全程机械化示范县”。农机总动力228.7万千瓦，农业机械拥有量6.13万台(套)，其中，大中型拖拉机6949台，谷物收获机7549台，玉米联合收割机1600台，玉米播种机5800台，小麦、大豆多功能播种机8200台，秸秆处理机械4660台，烘干机69台(套)，各类高效植保机械2100台，配套比达1∶2.8。小麦、玉米、大豆综合机械水平分别达到98%、89%、93%，秸秆机械综合利用率88%。2003年起，涡阳县连续8年被评为全国粮食生产先进县；2008年、2009年连续两年获全国粮食生产先进县标兵；2010年，实现全省第一个小麦平均亩产千斤县；2017年，被确定为全国第二批122个基本实现主要农作物生产全程机械化示范县之一，安徽省第二批7个示范县之一。

（陈战志）

农副产品管理

【概况】2017年，亳州市瓜菜播种总面积13.34万公顷，比上年增加0.13万公顷。其中设施蔬菜4.87万公顷(同比新增0.34万公顷)。蔬菜总产量472万吨，总产值50.29亿元。水果栽植面积0.69万公顷，比上年增加0.07万公顷；水果总产量14.38万吨，产值11.8亿元。蔬果种植面积和总产位居全省前列。开展市级及以上蔬菜、水果标准园创建，新建省级蔬菜水果标准园5个，市级水果标准园2个，新增无公害果蔬产地32个，认证无公害和绿色食品果蔬63个，抽检蔬菜样品36482个，合格率99.87%。蔬果产业支柱地位提高，蔬菜产品市场竞争力增强。

蔬菜、畜产品、水产品省级例行监测合格率分别为99.4%、100%、100%。开展农产品质量安全专项整治，农产品质量安全水平提高，人民群众“舌尖上的安全”得到保障；新创建市级及以上蔬果标准园7个，新认定无公害农产品产地、绿色食品原料基地46个，新增“三品一标”农产品111个；市级农产品质量安全检测中心投入使用；推进农产品质量安全县创建，涡阳县成功入列国家级农产品质量安全县创建试点单位，利辛县成功创建省级第二批农产品质量安全县；智慧监管建设成效明显，“互联网+”现代农业水平提升，“智慧农业”综合服务平台建成，构建“六大体系”，实现“六化监管”，农产品质量安全得到进一步保障。

本年度，谯城区、涡阳县成功创建安徽省首批农产品质量安全县。利辛县被省农委确定为第二批安徽省农产品质量安全县创建试点县，通过省农委组织的验收组验收；涡阳县被农业部认定为第二批国家农产品质量安全县（市）创建试点单位，待验收。

（王　森）

【蔬果产业】2017年，蔬菜产业成为亳州市脱贫攻坚的特色主导产业之一，市农业经济的优势产业，蔬果播种面积占全市经济作物播种面积的一半以上，设施蔬菜种植面积播种由2016年的35%提高到36.5%。

建成国家级蔬菜标准园16个，省级蔬菜标准园23个，市级蔬菜标准园29个；省级以上水果标准园4个，市级水果标准园13个。制定1项农业部绿色食品黄瓜栽培技术规程行业标准，无公害、绿色食品、有机蔬菜认证总数294个，无公害蔬果产地106个，认定面积10.4万公顷。

省级例行监测蔬菜样品合格率99.4%；速测蔬菜样品36482个，合格率99.87%；定量检测蔬菜样品339个，合格率100%。

推进“菜篮子”生产能力、市场流通能力、质量安全监管能力、调控保障能力四大能力建设，保障市民“菜篮子”满意程度。

依托新型职业农民培训项目，开展蔬菜种植技术培训，培训蔬菜种植大户、种植能手1000

人次。举办果树栽培与营销培训班1期，邀请省农科院梨树专家高正辉、桃树首席专家张金云、葡萄专家陆丽娟等为全市果树种植大户传授栽培与营销经验，组织人员赴上海金山观光农业区学习新技术，培训人员230人次。

（王　森）

【农产品质量安全管理】2017年，亳州市农产品质量安全专项整治共出动农业行政执法人员20628人次，检查生产经营企业9212家次，查处问题37起，涉案金额12.065万元，查办案件12起，办结12起，涉案金额14万元，捣毁窝点76个，责令整改12起。媒体宣传210次，印发宣传资料16万份，指导培训95场次，指导培训8305人次。

依托农产品质量安全民生工程，建设蔬菜、畜禽、水产品检测体系125套；建立健全农产品质量安全“四员”队伍，全市87个乡镇配备乡镇监管员87名、检测员174名，配齐村级协管员和企业内检员；开展农产品质量安全培训3期，培训监管人员110人次、监管对象230人次。涡阳县成立农产品质量安全监管办公室，内设农产品质量安全监管执法中队。

培育农业生产经营主体，加大农业“三品一标”认证，全年共申报认证84家176个产品，已获证63家111个产品。利用部门网站、报纸等新闻媒体和印制宣传日历、公交法治宣传等方式宣传“三品一标”和农产品质量安全法律法规。举办农业“三品一标”认证培训班2期，共培训学员350人次。

市农产品质量安全检验检测中心建成并投入使用，目前工作人员8名，开展蔬菜、畜禽检测5批次459个样品，合格率99.9%；乡镇蔬菜、畜产品快检系统实现全覆盖、水产品快检系统建成52套、特色农产品快检系统建成24套。

制定追溯体系建设方案，明确追溯体系建设目标和任务。将追溯系统纳入亳州市“智慧农业”综合服务平台，推行合格证制度。奖补10家农业物联网暨农产品质量安全追溯试点，纳入“智慧农业”综合服务平台，实现2016年、2017年省农产品质量安全追溯试点项目单位和市级10家追溯试点单位同省级平台的无缝对接。

健全农产品质量安全诚信体系，107家通过“三品一标”认证的企业纳入“红榜”，动态管理，暂无企业纳入农产品质量安全“黑名单”。建立健全农资和农产品生产经营主体信用档案，计划到2018年底，基本实现全市农资和农产品生产经营主体全覆盖。

（王　森）

【“亳丹皮”被认定为地理标志登记保护产品】2017年，“亳丹皮”被农业部认定为地理标志登记保护产品。5月16日，全国48个农产品在北京参加农业部农产品地理标志专家评审，亳州市中药材种植协会申报的“亳丹皮”列入粮食中药材组，经现场答辩、专家组评审、复议，“亳丹皮”因其独特的品质、鲜明的地域特征、悠久的历史传承和极具潜力的产业前景受到评审专家普遍认可，一次性顺利过关。“亳丹皮”登记保护范围为亳州市谯城区22个乡镇，地理坐标为北纬33°25′～34°30′，东经115°33′～116°06′，面积3万公顷，产量18万吨/年。通过国家农产品地理标志登记保护，必将极大地促进亳丹皮产业规范发展，进一步提升亳药品牌知名度。

（王　森）

林　业

【概况】2017年，亳州市共完成人工造林5866.67公顷。其中，长防林962.67公顷、中央补贴造林2616.33公顷、林苗两用林1274.93公顷、用材林688.4公顷、果树面积795.27公顷。三线三边绿化提升574千米。建设森林长廊示范段105.4千米，新建完善农田林网63600公顷。成功创建省级森林城市1个、森林城镇8个、森林村庄36个。义务植树818万株。截至年末，全市林地面积16.56万公顷，活立木蓄积量1347.8万立方米，森林覆盖率18.57%，林木绿化率22.95%。

全市人造板产量83.67万立方米，同比增加3.19万立方米，增幅3.96%，商品材总产量80.25万立方米，减加0.13%。

各类经济林产品总量55725吨。其中水果产量48482吨，干果产量5100吨，核桃种植面积2066公顷，核桃产量550吨。林产饮料产品产量100吨，食用菌等森林食品产量910吨，森林药材产量183吨，木本油料产量5175吨。花卉种植面积1332公顷。其中切花切叶产量5.6万支，盆栽植物41.66万盆，观赏苗木84.24万株。有花卉市场52个，花卉企业423个，花卉从业人员3616人，花农1233万户，日光温室面积2.39万平方米。

按照现行价格统计，2017年，亳州市林业总产值为59.3969亿元，增幅14.66%。其中第一产业产值24.4979亿元，占全部林业产值的41.24%；第二产业产值27.962亿元，占全部林业产值的47.07%；第三产业产值6.937亿元，占全部林业产值的11.68%。

林业累计完成投资4438万元。按资金来源分，其中中央财政资金3024万元，占总资金的68.14%；地方财政资金1414万元，占总资金的31.86%。按资金投入项目分，其中用于生态建设与保护方面的投资为3232万元，占全部林业投资完成额的72.8%。用于林业产业发展方面的资金为203万元，占全部林业投资完成额的4.58%。林业支撑与保障1003万元，占全部林业投资完成额的22.6%。

启动林业产业扶贫工程，印发《亳州市扶贫开发领导小组关于大力实施林业产业扶贫工程的意见》，市委书记汪一光主持召开林业产业扶贫工作座谈会；在涡阳县、蒙城县召开林业产业扶贫工作现场会推进会。市林业局开展主城区外10千米范围调研工作，测算造林空间。邀请古树名木保护专家，救助谯城区双沟镇古皂荚树。国家濒危办在亳州康美中药城启动依法保护濒危野生动植物宣传周活动。皖豫鲁三省六市森林公安第五届警务合作联席会议、安徽省森林公安第四警务合作区第四届联席会议在亳州市召开。安徽省林业厅副厅长、安徽省国有林场改革领导小组办公室副主任齐新一行到涡阳县，对亳州市国有林场改革工作进行省级评估验收。

本年度，亳州市获评首批“全国木本油料特色区域示范市”称号，“林拥城”、九九慢城项目成功创建“省级现代林业示范区”。谯城区成功创建“省级森林城市”。涡阳道源国家湿地公园通过验收。利辛西淝河湿地公园入选安徽省重要湿地名录。利辛阚泽省级湿地公园（试点）获安徽省林业厅批准建设。市森林公安局、利辛县林业局获“全省林业系统先进集体”；6人获“全省林业系统先进工作者”称号；3人获“全省森林防火和抚育补贴管理工作先进工作者”称号。

（汪壮壮）

【全面推行林长制工作方案出台】2017年12月28日，亳州市委、市政府出台《亳州市全面推行林长制工作方案》。《方案》强调，亳州市以建设沿主干河流和主干道路森林生态廊道为重点，建立市、县、乡、村四级林长制体系，构建森林生态发展保护机制。确定市、县两级总林长、副总林长和林长共91人，重点抓好沿主干道路、主干河流、环城镇周边三种类型森林生态廊道建设和保护，总长约2500千米。

【涡阳道源国家湿地公园通过验收】2017年12月底，国家林业局下发《关于2017年试点国家湿地公园验收情况的通知》（林湿发〔2018〕148号），安徽省有3处试点国家湿地公园通过国家林业局验收，正式成为国家湿地公园，其中涡阳县安徽道源国家湿地公园，是全市第一个通过试点验收正式挂牌的国家湿地公园。位于涡阳县城西北部涡河与武家河交汇处，总面积849.12公顷，其中湿地面积360公顷，湿地率为42.4%。自2011年起，涡阳县在采煤塌陷区综合治理的基础上，开始国家湿地公园试点建设，依据国家湿地公园总体规划进行建设和管护，实施湿地植被修复工程，建设科普宣教馆，安装界碑、界桩、标识标牌、护栏等管护设施，实现湿地生态全面保护。

（汪壮壮）

【野生动物管理】2017年，市林业局组织开展打击破坏森林、野生动物资源的“利剑行动”“2017夏季行动”“雷霆行动”“天网行动”“护航行动”等一系列的专项行动，共查处林业行政案件103起，其中滥伐林木案100起，野生动物案件3起；刑事案件立案查处15起。

市森林公安局、谯城区森林公安分局、区检察院联合在林拥城内组织开展涉案收缴野生动物集中放生及焚烧活动。对查获的涉案野生动物死体进行集中焚烧掩埋，确保不流入市场。

（汪壮壮）

水　利

【概况】2017年，亳州市打造城区“水活”工程。凤尾沟三期、龙凤新河（亳芍路—亳芜大道段）河道清淤完成，团结沟工程开工建设。亳州城区水系实行分区调控、分级控制，促进水体自然流动，增强水体自净能力，亳州城区涡河以南初步实现“水活”目标。

开展抗旱前期准备工作，强化物资保障和队伍培训演练。完成大中型涵闸远程监控系统安装调试。有效应对9月下旬至10月初局部出现的农田内涝，减轻内涝造成的损失。针对汛前检查发现的防汛隐患点下发问题落实整改责任表，并逐一跟踪整改。

建成小泵站1235千瓦，小水闸66座，中小灌区1处0.07万公顷，塘坝964面，河沟653条，机电井7046眼，超额完成年度目标任务。

本年度，亳州市2016年度实施最严格水资源管理制度工作在省政府考核中被评良好等次。在全省农田水利基本建设“江淮杯”竞赛评比中，谯城区、蒙城县、涡阳县分别获得一、二、三等奖。

（王胜杰）

【重点水利工程】2017年，亳州市开展防洪薄弱环节治理行动，小洪河治理工程完工并验收，包河、阜蒙新河、茨河清淤疏浚工程完成，配套工程完成80%。全年省水利厅下达亳州市投资计划3160万元，完成投资约1.3亿元，全面完成年度目标任务。病险水闸除险加固工程，提前完成蒙城陈桥闸，并在资金未下达时，垫资建设谯城油河闸、洺河闸、十河闸、高阁闸、贾集闸、蒙城港河闸除险加固工程，油河闸、洺河闸完成总投资6000余万元，完成建设任务。港河泵站更新改造工程5月底开工，核定项目总投资6765万元，下达资金计划总额3100万元，完成投资3600万元，在加快实施。自筹5000万元完成谯城小洪河中型水闸建设任务，投入运行。

（王胜杰）

【引江济淮亳州段工程】2017年，引江济淮工程亳州市境内工程全面开工建设，包括利辛朱集站、朱集到龙德西淝河疏浚护砌、亳州城市供水工程（包括龙德加压泵站、龙德站至城南调蓄水库输水管道、城南调蓄水库）三项工程，总投资约20亿元。利辛县朱集泵站征地拆迁工作完成，工程实施顺利；亳州市城市供水工程临时征地全部完成，永久征地及房屋拆迁工作基本完成；河道疏浚工程红线划定，征迁工作在进行。省引江济淮公司拨付市征迁资金42117万元，市已完成投资22000万元，完成征地面积355.07公顷（其中永久征地150.07公顷、临时征地205公顷），拆迁房屋13733平方米，拆迁人数18人。

（王胜杰）

【河长制全面推行】2017年，亳州市确定河湖名录1179条；出台市、县、乡三级工作方案，建立市、县、乡、村四级河长体系，设立各级总河长、副总河长、河长3182名；出台市、县、乡三级信息报送制度、信息共享制度、河长会议制度、工作督察制度、考核问责和激励制度、2017年考核验收办法；完成涡河等6条河流市级“一河一策”实施方案和44条河流的县级“一河一策”实施方案；开展督察和考核验收工作，指导县（区）全面推进河长制各项工作；开展宣传。设置市、县、乡、村四级河长制公示牌4104块。建设涡阳道源、蒙城北淝河、利辛西淝河国家级湿地公园3个和利辛阚泽省级湿地公园1个。完成国家级和省级水生态文明城市试点县建设。建成蒙城县鲲鹏湖、梦蝶湖，谯城区陵西湖、郑店子等6个水体公园，疏通包河、茨河、阜蒙新河、白洋河4条河道的水系连通；实施利辛县城区水系沟通示范工程，打造“八纵六横”14条沟河交错的水网生态新格局。

（王胜杰）

工业　重点企业

工　业

【概况】2017年，亳州市规模工业增加值增速10.4%，居全省第一位。分别比全国、全省平均水平高3.8个百分点和1.4个百分点。

全市规模工业33个行业中，有24个行业产值保持增长。其中，医药制造业实现产值342.1亿元，同比增长29.6%；农副食品加工业和食品制造业实现产值148.9亿元，同比增长3.3%；酒、饮料和精制茶制造业实现产值118.1亿元，同比增长12.6%；煤炭开采业实现产值92亿元，同比增长56.8%。

新增规模以上工业企业101家，总数1032家，其中，产值亿元以上企业242家，产值超5亿元的企业33户，产值超10亿元的企业13户。骨干企业增势强劲，古井集团累计实现产值84.7亿元，同比增长18.9%；淮北矿业股份有限公司许疃煤矿累计实现产值37.7亿元，同比增长42.8%；安徽源和堂药业股份有限公司累计实现产值24.1亿元，同比增长31.2%；五得利面粉、康仕嘉食品、华佗国药、沪谯饮片、济人药业、天马国药等企业发展势头良好。

规模以上工业企业累计实现利润76.2亿元，同比增长28.7%，增幅居全省第七位；实现利税118亿元，同比增长27.5%，规上工业企业增幅居全省第六位；全市资本保值增值率为121.01%，增幅居全省第一位。

累计完成工业投资389.3亿元，同比增长18.3%，居全省三位；完成工业技改投资136.3亿元，同比增长19.2%，增幅居全省七位。重点调度的236个项目，当年累计完成投资191.4亿元。民生药业产业园、涡阳县绿色生态建筑生产中心、长白山制药中医药产业园等一批10亿元项目开工建设。战略性新兴产业产值和高新技术产业增加值分别增长27.1%和15.3%。三次产业结构优化为17.7∶40.1∶42.2。

（陈玉强　申晶晶）

【企业转型升级】2017年，亳州市东方帝维生物制品公司等企业12个产品被认定为安徽省新产品；华佗国药股份有限公司的救心丸等5个产品被认定为安徽工业精品。亳州市沪谯药业有限公司等10家企业被省认定为企业技术中心。北京同仁堂（亳州）饮片有限责任公司等25家企业被认定为专精特新中小企业；安徽丰源车业有限公司被认定为省级工业设计中心，秘酿福禄寿喜等3个作品分获安徽省第四届“江淮杯”工业设计奖项；古井贡酒股份有限公司等2家企业入围首批省级绿色工厂；恒盛实业公司等2家企业通过省节水型企业认定；济人药业等4家企业被认定为市级第二批节水型企业；东方新新生物技术有限公司酒糟生物发酵生产饲料技术等2项技术入选省节能环保先进技术目录；天利能源公司TL-275PEG光伏双玻组件等2项产品入选省节能环保装备产品目录；安徽亳州喜宝鞋服有限公司电机设备能效提升改造项目等7个项目入选省节能环保重点项目。

（陈玉强　申晶晶）

【民营经济】2017年，亳州市民营经济增加值628.6亿元，同比增长9.7%，占地区生产总值的60.4%，民营经济考核得分位居全省第三位，较上年前进4位，是上升位次最快的市。蒙城县在全省36个二类县（市、区）考核中，位居第15位，比2015年前进10位。在全省24个三类县（市、区）考核中，谯城区连续三年稳居第一位，涡阳县、利辛县2016年分别位居第六位、第14位，较上年分别前进4位、8位。新增私营企业1.8万户，同比增长26.6%，增速居全省第四位。民间投资占固定资产投资比重由64.4%提高到67.9%。

（陈玉强　申晶晶）

【企业服务管理】2017年，市经济和信息化委员会开展“四送一服”活动，打通政策落实“最后一千米”，修订完善《亳州市工业发展“借转补”和事后奖补资金管理实施细则》，出台《亳州市支持新兴工业强市建设若干政策的通知》，康美药业牵头申报的中药材（亳州）供应保障公共服务平台建设及推广应用项目获工信部2017年工业转型升级（中国制造2025）资金2400万元。组织申报安徽省“制造强省”项目114个，获批98个，获支持资金7676万元，创历史最好水平。组织市级工业发展专项资金申报工作，批准项目250个，支持金额

2293万元。“政企直通车——规上工业”微信平台搜集上报问题1119件，转办1096件，办结率99%，满意率超过95%。组织开展降成本减轻实体经济负担工作，直接减轻企业负担26.5亿元，累计直接降成本减轻企业负担近40亿元。

（陈玉强　申晶晶）

重点企业

·古井集团·

【概况】2017年，古井集团推进“双品牌双百亿”目标，落实“5+5方略”。实现营业收入87.32亿元，同比增长14.79%；实现利润总额16.3亿元，同比增长47.68%；上缴税收28.74亿元，同比增长25.44%；集团公司总资产178.43亿元。古井贡品牌价值达638.5亿元，居安徽省酒企第一名，中国白酒企业第五名。

古井集团子公司安徽瑞景商旅（集团）有限责任公司旗下品牌城市之家、君莱酒店161家，其子公司安徽古井酒店发展股份有限公司被列为省混合所有制改革试点；安徽古井房地产集团有限责任公司上善名郡项目东区基本实现清盘目标，西区去化超85%，城市广场去化近80%；亳州瑞能热电有限责任公司完成市区线改造工程。大中原酒谷文化旅游开发有限公司与中国建材集团中新房国石发展有限公司成立合资公司安徽中古旅游发展有限公司，推进乐酒家园、古井白酒文化小镇PPP项目和国家AAAAA级景区创建；安徽汇信金融投资集团有限责任公司转型见成效，内部供应链金融与白酒、酒店、商贸等紧密合作，形成战略互动；安徽瑞福祥食品有限公司处于转型调整期。

本年度，古井集团入围“2017安徽企业100强”，获“第十二届人民企业社会责任奖——年度企业奖”“全国企业文化优秀成果奖”，是安徽省唯一获“全国企业文化优秀成果奖”的白酒企业；安徽古井贡酒股份有限公司（以下简称“古井贡酒股份公司”）获“2017年度国家知识产权示范企业”称号，特约播出中央电视台春节联欢晚会；“黄鹤楼”商标被认定为“中国驰名商标”；武汉天龙黄鹤楼酒业有限公司（以下简称“黄鹤楼酒业”）咸宁厂区森林美酒小镇AAAA级旅游景区创建通过初审；古井贡酒成为哈萨克斯坦阿斯塔纳世博会中国馆官方合作品牌，是继2012年韩国丽水世博、2015年意大利米兰世博后第三次携手世博会中国馆。

（吴　伟　穆　琳）

【亳州入围世界十大烈酒产区】2017年11月19日，由中国酒业协会主办的“世界名酒价值论坛”颁布世界烈酒十大产区名录。此次评选，评委会围绕以“产量、产值、酿酒原料、酿酒生态、质量管理及标准水平、酿酒科技水平、非物质文化遗产、酿酒历史、酿酒文化、品牌影响力”为核心的10个著名烈酒产区评选标准，对申报参与“世界十大烈酒产区”评选的全球20余个酒类产区进行评选，依据相关评选标准，将得分前十名的产区评为“世界十大烈酒产区”。古井贡酒所在产地亳州被评为“世界十大烈酒产区”之一。

（吴　伟　穆　琳）

【国家工信部两化融合管理体系贯标认证通过】古井贡酒股份公司结合古井“5.0战略”，以“移动互联，腾飞战略5.0”为信息化建设与运营理念，以“两化融合”为突破口，打造互联互通、开放共享的信息化管理与支撑平台，推动前端引流、中端体验、末端结算的执行与落地，引领去中间化、一站式、体验式白酒消费新模式，推进公司向用户转型。推动信息化与公司自动化、工业化管理等业务的进一步融合，提升和改善两化融合管理模式，打造与战略相匹配的信息化环境下的新型能力。

2017年，古井贡酒股份公司通过国家两化融合管理体系评定，获“两化融合管理体系”证书，成为亳州市首家通过工信部两化融合管理体系贯标认证的企业。

（吴　伟　穆　琳）

【获评“2017年度国家知识产权示范企业”】2017年12月，国家知识产权局发布《关于确定2017年度国家知识产权示范企业和优势企业的通知》（国知发管函字〔2017〕279号），古井贡酒股份公司获“2017年度国家知识产权示范企业”称号。

自2008年起，古井贡酒股份公司响应和实施国家知识产权

图 56　古井党建企业文化馆（桑雅　摄）

优势企业的培育政策，开展知识产权的培育工作，推进企业知识产权战略。制定知识产权发展规划，完善知识产权管理制度，健全知识产权管理架构，组织知识产权培训，建立起较为完善的知识产权管理体系。2011 年 6 月，古井贡酒股份公司入选“安徽省知识产权优势企业”，获得“安徽省第一批知识产权优势企业考核优秀单位”称号；2014 年，通过国家标准“GB/T29490-2013”《企业知识产权管理规范》体系实施的验收；2015 年 10 月，获“国家知识产权优势企业”称号。2017 年，古井贡酒的有效专利拥有量 608 件，其中，发明专利 29 件、实用新型专利 331 件、外观设计专利 248 件；拥有注册商标 1255 件，其中，“中国驰名商标”3 件、“安徽省著名商标”7 件。

（吴　伟　穆　琳）

【古井党建企业文化馆开馆】2017 年 9 月 19 日，古井党建企业文化馆开馆，是全国第一个以党建企业文化为主题的场馆。总建筑面积 3700 平方米，布展面积 2100 平方米，分为鸿鹄伟业、企业党建、企业文化、产品展示、未来展望和尾厅六大展厅。全面展示古井集团党建企业文化工作的特色、成效和经验，增强党员党性意识，增强基层党组织创造力、凝聚力、战斗力，提振职工群众精气神。为亳州市国有企业党建工作搭建交流平台，打造展示窗口；为亳州市发展红色旅游、提高文化软实力创建新场所。

（吴　伟　穆　琳）

【中国共产党基层党组织质量管理体系认证通过】古井集团党委坚持“围绕运营抓党建，抓好党建促发展”的工作方针和“党管一体”的党建策略，确立“党建立企、党建兴企、党建稳企”宗旨，导入现代化管理理念，创建古井党建管理新模式，推进全面从严治党向基层延伸。

2017 年 4 月，古井集团启动党建质量管理体系认证工作。制定规范性文件 46 个，梳理党建关键流程 42 个、过程风险点 47 个，分别制定流程图、岗位职责风险防控表。党建工作任务量化，考核合理，实现程序化管理。12 月，古井集团通过中国共产党基层党组织质量管理体系认证，成为全国白酒行业首家通过党建质量管理体系认证的企业。

（吴　伟　穆　琳）

【弘扬“聂广荣精神”】2017 年 11 月 30 日，古井集团首发酒企工匠精神——“聂广荣精神”。聂广荣是 20 世纪古井酒厂的创业厂长。“聂广荣精神”，是古井的劳模精神和工匠精神。主要包括：艰苦奋斗、迎难而上、不知疲倦的拼搏精神；实事求是、坚守原则、脚踏实地的求实精神；任劳任怨、兢兢业业、勤勉耕耘的奉献精神；心静如水、追求卓越、专注技艺的精益精神；敢作敢当、追求极致、奋勇争先的创新精神；纯洁朴素、表里如一、诚实守信的厚

图 55　2017 年 11 月 30 日，“聂广荣精神”发布仪式（桑雅　摄）

道精神；胸怀宽广、常怀感恩、共享合作的团结精神；爱国爱党、一身正气、大公无私的公仆精神。

“聂广荣精神”是一面旗帜，凝聚古井人拼搏奋斗的激情，凸显古井人精益求精、追求卓越的精神。公司全员学习“聂广荣精神”，是对劳模精神和工匠精神的弘扬和践行。

（吴 伟 穆 琳）

【获“全国企业文化优秀成果奖”】2017年7月，中国企业联合会和中国企业家协会授予古井集团“2016—2017年度全国企业文化优秀成果”奖，是安徽省唯一获该项奖的白酒企业。古井集团秉承“贡献文化”，与亳州文化一脉相承，是对社会主义核心价值观的践行。“贡献文化”以“做真人，酿美酒，善其身，济天下”为核心。“做真人”是古井人的立身之本；“酿美酒”是从业之道；“善其身”是基本操守；“济天下”是崇高追求。企业文化成果报告《践行“贡献文化” 复兴“中华第一贡”》被《中国优秀企业文化（2016—2017）——企业文化突出贡献人物、优秀案例、优秀成果文集》收录。

（吴 伟 穆 琳）

【首倡建立中国白酒健康研究院】2017年3月30日，中国白酒健康研究院挂牌仪式暨新闻发布会在北京工商大学召开。中国白酒健康研究院由中国酒业协会、安徽古井贡酒股份有限公司和北京工商大学首倡建立，是全国首家专业的白酒健康科研机构。设有院办公室和学术委员会，工作团队由北京工商大学牵头的白酒研究团队、古井贡酒股份公司白酒研究团队、江南大学等专业研究力量及各企业分析检测中心人员等组成。开展白酒科研，研究提升白酒的健康价值；聚焦研发健康白酒，制定健康白酒的标准规范；坚持宣传白酒健康价值，打造白酒文化的传播平台。通过合作共建，实现以企业为主体、市场为导向、产学研相结合的技术创新和分享体系，开创健康白酒新格局。

（吴 伟 穆 琳）

·国网安徽省电力公司亳州供电公司·

【概 况】2017年，亳州地区全社会用电58.41亿千瓦时，同比增长2.32%。其中第一产业用电1.05亿千瓦时，同比增长50.45%；第二产业用电21.29亿千瓦时，同比下降11.92%（工业电量19.09亿千瓦时，同比下降14.83%）；第三产业用电13.14亿千瓦时，同比增长16.52%；城乡居民生活用电22.92亿千瓦时，同比增长9.54%。

本年度，国网安徽省电力公司亳州供电公司获“全国第五届文明单位”称号，获省公司“2017年度建设工作先进集体”称号。市、县公司同时被评为“第十一届安徽省文明单位”。一名员工被评为“安徽省劳动模范”。

（孙龙涛）

【电网发展】2017年，国网国网安徽省电力公司亳州供电公司坚持规划引领，主动衔接政府能源规划，配合省公司完成地区500千伏布局规划，完成“十三五”电网规划滚动修编，供电专项规划通过地方规委会审核。完成与全市6家省级工业园区战略合作协议签订工作。专题研究地区新能源消纳，促成市发展和改革委暂停全市商业光伏发电项目备案。深化项目前期管理，220千伏希夷等14项输变电工程通过可研评审，220千伏武集等8项输变电工程获得核准批复。

规范高效开展电网重点工程建设，配合省电力公司建成500千伏伯阳输变电工程。建成投运110千伏太清、江集牵引站线路工程等5项输变电工程，推进220千伏乐土、110千伏马园等15项续建及新建输变电工程。实施新一轮农配网改造升级，提前打赢农网改造升级“两年攻坚战”。4名员工驻点帮扶西藏山南农网改造升级工程，1名员工被评为“西藏新一轮农网改造升级工程帮扶工作先进个人”。

（孙龙涛）

【供电服务】2017年，国网安徽省电力公司亳州供电公司加强农配网可靠性，10千伏线路跳闸率同比下降31.1%。全面落实业扩报装提速增效，低压居民用户全部推行“一证办理”，深化移动作业终端现场应用，缩短办电时限。完成新装增容用户1.48万户，平均接电时间较国网公司承诺时限缩短43%。深化“互联网+”营销服务，推广智能缴费用户158.45万户，智能缴费率85%。开展“表后线”专项整治行动，强化“三级漏保”安装管理。加快实施智能电表与采集系统建设，智能电表覆盖率100%，累计接入“多表合一”用户1.27万户。

强化电网运行安全风险管控，开展电网大面积停电应急演练，成功应对持续高温和严重雪灾等挑战，完成十九大、迎峰度夏等74项保电任务。配合大客户直购电，释放改革红利2754.47万元。服务政府民生工程，完成运通家园等2个老旧小区供电设施改造，龙凤小区等4个还原小区实现送电到户。服务新能源发展，建成4个高速服务区电动汽车充电站并接入车联网平台。履行社会责任，提前完成光伏扶贫电站“6·30”工作任务，电站建设数量及并网规模居全省第一位，受到市委、市政府通报表扬。完善“党员服务队+黄马甲志愿者服务队”双队合一组织框架，构建党员服务队服务运作新模式。完成“牵手2017雷锋计划书”重点项目15项，利辛刘染小学“光明驿站”被命名为省公司“光明驿站”示范点。

（孙龙涛）

·亳州城建发展控股集团有限公司·

【概况】2017年8月，按照市委市政府要求，亳州城建发展控股集团有限公司(简称“城建集团”)正式组建成立。城建集团注册资本27.83亿元，下设11个部室，参股控股及全资子公司26家，正式员工401人。截至年底，城建集团总资产约382.89亿元。作为城市建设主体，城建集团主要承担市政府委托的城市基础设施和公共事业的建设、融资、运营和管理等职能。同时，城建集团坚持走市场化和投资多元化的道路，旗下子公司涉足房地产开发、工程建设和设计、物业管理、商业运营、城市管网经营等产业领域。

本年度，城建集团完成经营性收入10.6亿元，上缴经营性税费4500万元。首东片区张庄棚改项目22亿元融资获邮储银行审批通过。道东片区汤庄棚户区改造项目融资工作获中国农业银行19亿元融资审批。

（李　金）

【公司组建】2017年8月23日，亳州城建发展控股集团有限公司举行揭牌仪式，标志着城建集团正式挂牌成立。按照市委市政府要求，亳州城建发展控股集团以亳州宜居投资有限公司为载体，整合亳州建投房地产开发有限公司、亳州水务投资有限公司、亳州市自来水有限公司、亳州新奥燃气有限公司、亳州讯飞信息科技有限公司等城市建设、市政公用类股权及建安集团本部的城建类资产和负债，主要承担市政府委托的城市基础设施和公共事业的建设、融资、运营和管理等职能。按照精简、高效的原则，完成组织机构设置，设置办公室、人力资源部、财务部、审计部、战略发展部、融资部、资产运营部、项目管理部、党群工作部、纪检监察室、招投标中心，明确各部门职能和岗位职责。

（李　金）

【融资工作】2017年，城建集团谋划并推进土地综合治理项目，道东片区张庄、汤庄及杨桥棚改项目，累计融资额约80亿元，预计2018年3月底前可全部落实到位。与杭州银行、招商银行等银行对接，开展基金融资项目并在融资租赁、信托流贷融资方面取得较大进展，从国元信托、光大银行获得流动资金贷款2亿元、1亿元，为城建集团及各子公司快速发展提供保障。直接融资方面，推进中票、PPN、企业债及债权融资计划等项目的发行工作。

（李　金）

【项目建设】2017年，城建集团承接多项亳州市重点项目，编制

图57　2017年8月23日，城建集团揭牌仪式(李金　供图)

项目总体推进计划，有序推进项目建设。互联网佳、市区十处游泳池、亳州市体育公园、驾考中心、检测线等项目完成项目建设全部内容并完成移交。建安文化广场项目商业部分完成竣工验收，按时完成“五位一体”部分建设任务；体育馆项目完成东半部分主体结构封顶；食品中药产业园项目在进行主体结构施工。

（李 金）

【亳州市区十处公共游泳池开放】2017年6月，由亳州建投房地产开发有限公司承建的亳州中心城区十处公共游泳池，相继对外开放。十处公共泳池分别位于体育公园、文化公园、亳州学院、谯城经开区临漳公园、亳州五中、陵西湖公园、亳州职业技术学院、和平路南游泳池、都市之光木兰路北侧和省道307以西、养生大道以北。

（李 金）

【互联网佳三期项目交付使用】2017年7月，亳州市互联网佳（筑梦社区）三期项目竣工，交付使用。亳州市互联网佳（筑梦社区）是亳州市重点打造的互联网+产业园区。按照集群化、规模化发展的原则，整合互联网+产业资源，形成产业集群，构建完整的互联网+创业生态链条，集网商办公、互联网+服务、人才培训、金融服务、企业孵化于一体的综合性产业园区。

（李 金）

【“五位一体”活动中心项目竣工】2017年7月，亳州市“五位一体”活动中心项目竣工。项目位于亳州市南部新区希夷大道以西，规划仙翁路东侧，药都大道南侧，武警路北侧，规划总用地面积约10.9万平方米，包括市妇女儿童活动中心、文化馆、市青少年活动中心、市老干部教育活动中心、职工之家、美术馆、好人馆及配套商业，为亳州市民各年龄阶层提供一个休闲、运动、文化场所。

项目定位为“老亳州，新生活”，旨在展现亳州历史文化记忆，引领时尚消费潮流。采取新中式建筑风格，景观设计充分融入建安文化历史元素，体现亳州历史文化名城的人文风貌。

（李 金）

图58 2017年8月23日，“五位一体”文化场馆建设（李金 供图）

【携手浪潮集团打造亳州大数据产业园】2017年12月14日，城建集团子公司建投地产与浪潮集团签订《亳州大数据产业园项目管理服务合同》，标志着城建集团正式联合浪潮集团，共建亳州大数据产业园。

（李 金）

·建安投资控股集团有限公司·

【概况】建安投资控股集团有限公司（简称“建安集团”），为市政府直属国有独资公司，负责经营管理亳州市国有金融资产。截至2017年9月底，集团资产规模1197.14亿元，净资产457.57亿元；集团公司目前注册资本30亿元，主体信用评级AA+，业务范围涉及股权投资、风险投资、资产管理、基金管理、融资担保、典当、融资租赁、小额贷款、互联网金融、金融服务外包等多个金融领域，下属控股、参股公司37家。

2017年8月，根据市委、市政府统一安排部署，按照市场化、专业化、资本化思路，推进建安集团战略转型。转型后的建安集团按照“立足于金融和资本市场，力争打造在全省乃至全国有一定影响力的金融控股集团”的职能定位，构建股权投资、类金融和金融服务良好生态圈，围绕企业全生命周期，搭建全新投资服务体系。优化机构设置，合并设立公司综合部（党办）、审计部（纪检监察室）、财务部、投融资部和研究室（安诚研究院）。

（拜丽娜）

图 60　2017 年，保安公司在新三板上市（建安集团　供图）

【融资工作】截至 2017 年年底，建安集团各类融资累计到位资金 61.6 亿元，其中直接融资到位资金 48 亿元，间接融资到位资金 13.6 亿元。在直接融资方面，建安集团 2017 年度第一期短期融资券（17 建安投资 CP001）成功发行，发行金额 15 亿元；建安集团第一期中期票据（17 建安投资 MTN001）成功发行，发行金额 10 亿元；建安集团非公开定向债务融资工具成功发行，发行金额 10 亿元；建安集团第二期非公开定向债务融资工具成功发行，发行金额 13 亿元。在间接融资方面，完成国元证券股票质押融资 13.6 亿元。

（拜丽娜）

【获评“全国十大优秀企业债发行人”】2017 年 1 月 10 日，按照《中国债券市场优秀成员评选方案》，综合评定发行总额、发行支数、信息披露程度等债券业务表现，中央国债登记结算有限责任公司发布《关于发布 2016 年度中国债券市场优秀成员评选结果的通知》，建安集团获评“全国十大优秀企业债发行人”称号。安徽省仅建安集团一家上榜。

（拜丽娜）

【安诚金融设立圆梦基金】2017 年 8 月 24 日，为进一步贯彻落实市委市政府“精准扶贫”工作部署，改善贫困学生生活学习环境，体现企业社会责任，安诚金融出资 100 万元设立“安诚金融圆梦基金”，基金本金用于理财投资，每年的投资收益用于资助家庭经济困难、品学兼优的大学新生，帮助他们顺利完成学业。

（拜丽娜）

图 59　2017 年，安诚金融“圆梦基金”设立（建安集团　供图）

【亳州保安服务股份有限公司在新三板上市】2017 年 9 月 26 日，全国中小企业股份转让系统公告显示，亳州保安服务股份有限公司（证券简称：亳州保安证券代码：872191）的挂牌申请获得批准，成为全国首家挂牌新三板的武装守押公司。保安公司下属 2 个子公司（安徽安泰服务外包有限公司和亳州市安鑫劳务派遣有限公司），5 个业务中心（4 个守押中心和 1 个人防中心），现有员工 1800 余人、押运车 77 辆、护卫车 4 辆、防暴枪 152 支。主要为全市 11 家商业银行（646 个网点）及亳州市行政中心、亳州市中级人民法院、亳州市公安系统等客户提供武装守押、门卫、巡逻、劳务派遣及金融外包服务。

（拜丽娜）

·亳州交通投资控股集团有限公司·

【概况】 亳州交通投资控股集团有限公司(以下简称“交控集团”)于2017年8月成立,按照《亳州市人民政府办公室关于建安投资控股集团有限公司战略性转型有关事宜的通知》要求,以亳州市交通建设投资有限责任公司为载体,通过对亳州市公共交通有限责任公司、安徽省安车交通运输有限公司、亳州铁路投资有限责任公司等交通类资产及股权进行整合组建而成。承担市政府委托的交通基础设施、城市公共交通、地方高速公路、机场、城际铁路、停车场的融资、开发、运营和管理等业务。

公司注册资本金20亿元,截至2017年12月底,集团资产总额106.95亿元,负债总额60.85亿元,所有者权益46.1亿元,资产负债率56.9%,资本保值增值率102.36%;实现收入总额10.18亿元,利润总额6485.69万元,累计上缴税收1329万元。

交控集团共完成报名招生11009人,较上年增加1868人。培训11874人(经开区失地农民569人,贫困人员40人,退伍军人357人),较上年增加2311人。公车调度中心公务用车39辆,司机32名,为76家市直机关单位提供公务用车保障,出车3121次。

图61　2017年12月4日,亳州公交推出“木兰线”主题公交(交控集团　供图)

交控集团投入营运公交车辆400辆,开通公交线路25条,其中新开通公交线路1条、优化调整公交线路5条,累计运送乘客2100万人次,同比增长10.6%,公交上座率65.78%,同比增长10.2个百分点。

12月4日,亳州公交五路公交木兰线正式运营,五路驾驶员全部为女性。抽调50辆公交车参与2017年环江淮万人骑行赛事保障工作,做好赛时公共交通运营服务。

本年度,亳州公交5路女子车队获评“全省交通运输行业文明示范窗口”。在第二届市直机关单位职工篮球比赛决赛中,交控集团代表队战胜古井集团代表队夺得冠军。

（许珍珲）

【亳州交控集团揭牌】 2017年8月29日,亳州交通投资控股集团有限公司举行揭牌仪式。集团党委书记、董事长王锴,集团党委副书记、纪委书记魏孛以及各子公司领导班子出席揭牌仪式。亳州交控集团主要承担市政府委托的交通基础设施、城市公共交通、地方高速公路、机场、城际铁路、停车场的融资、开发、运营和管理等。

（许珍珲）

【亳州公交实现一小时内免费换乘】 2017年10月1日起,市民持公交IC卡乘坐市区公交车60分钟内免费换乘。旨在鼓励市民利用“公交接力”形式出行乘车,方便市民出行,减少市民出行成本。同时,进一步缩短城区公交的间隔时间。

（许珍珲）

【亳州公交推出十九大精神“主题公交”】 2017年11月17日,亳州交控集团创新十九大精神宣传形式,其所属的市公交公司借助公交车平台,推出十九大精神“主题公交”,将十九大精神传播到城市的每一个角落。本次“主题公交”以“不忘初心,牢记使命”为主题,在车体内外配以有

图 63　2017 年 8 月 29 日，亳州交控集团成立（交控集团　供图）

关十九大精神宣传标语，“不忘初心，牢记使命”“永远跟党走”“复兴之路，成就中国梦”等，在方便乘客出行的同时，让乘客领会十九大精神的要义。

（许珍珲）

·亳州文化旅游集团控股集团有限公司·

【概况】2017 年 8 月 30 日，亳州文化旅游控股集团有限公司（以下简称“文旅集团”）正式挂牌成立。公司注册资本 20 亿元，现有总资产 270.16 亿元，净资产 104.59 亿元，下属全资、控股、参股公司 22 家，员工总数 285 人。公司主要业务包含旅游项目开发、景区运营管理、广告设计制作、影视传媒投资等。2017 年文旅集团旗下景区共接待游客 391.56 万人次，同比增长 565.35%，其中团队游客 135.21 万人次，同比增长 560.52%。

本年度，集团下属亳州市文化旅游发展有限责任公司团委被共青团中央授予“全国五四红旗团委”称号，并被评为全市共青团工作标兵单位，同时文化旅游公司被市文明委评选为“第八届亳州市文明单位”，公司“畅游亳州”微信公众号获“安徽十佳旅游景区”微信公众号称号。

【经营管理改革】2017 年，文旅集团组建后，迅速设立职能部门，建立公司规章制度，推动各项工作走上正轨。制定公司发展战略。公司决定分产业引导培育、项目收益全面覆盖和公司发展全面提升 3 个阶段实行“三步走”战略，明确以投融资、项目建设和宣传营销“三驾马车”为抓手，加快实现经营目标破亿元、部分资产率先上市和 3～5 年撬动文化旅游产业千亿元投资“三大目标”。改革整合公司业务。整合设立亳州城镇发展股份有限公司、亳州市文化旅游发展有限责任公司、亳州药都旅游发展有限公司、亳州市新农村建设开发有限公司、亳州锐艺文化传媒有限公司等 5 家二级子公司，依托 5 家二级子公司打造五大业务平台。推行人事改革。二级子公司部门经理、副经理和主管层级管理人员全部实行竞聘上岗，共计 114 名员工报名参与竞聘 66 个职位，选拔出素质过硬、胜任职位的优秀人才，营造公平公开公正的用人环境。

【投融资工作】2017 年，文旅集团利用社会资本，开展 PPP 合作

图 62　2017 年 8 月 30 日，亳州文化旅游集团成立（刘天　摄）

模式。配合市文旅局、市财政局有序推进百花园PPP项目招标资格预审工作及中华药博园(三国文化旅游城)PPP项目前期工作。探索直接融资项目,打开债券市场。拟发行15亿元项目收益债、10亿元债权融资计划和20亿元中期票据,进一步拓展资本市场。推进文化旅游产业基金项目,引入股权投资,与省投资集团合作成立文化旅游产业投资基金,与市林业局、建设银行合作积极申报全国林业产业基金项目,申报基金规模3亿元。发挥金融机构资金优势,推进商业银行贷款项目。紧抓国家政策机遇,申报外国政府贷款项目,北关历史街区保护与利用项目列入2018年法国开发署贷款备选项目清单。

【项目建设】2017年,亳药花海休闲观光大世界项目一期“七路四河一中心”及8处公交驿站、景观绿化等基础设施建设顺利完成。尚汤温泉先导区完成提升改造,正式对外开放;尚汤温泉扩建项目完成招标,正式开工建设。亳州北游客集散服务中心方案通过规委会,2017年12月正式开工建设。百花园PPP项目完成概念性规划设计及可研批复等前期工作,进入第二轮资格预审阶段。熟皮坑改造项目完成项目建议书审查、环评等项目前期工作,完成设计院招标和雨污管网设计等工作。中华药博园及三国文化旅游城项目完成立项,PPP前期工作加快推进。林拥城项目建设和旅游提升工作进展迅速,可实施区域绿化工程全部完成,建成绿道约60.4千米,建设完成森林书屋、马术训练基地、森林迷堡、熊出没乐园、烧烤基地等项目并对外开放;完成国家AAAA级景区景观质量评定申报和省级现代林业示范区初评验收工作,完成蜗牛庄园游乐场项目的方案设计。

【宣传营销】2017年,文旅集团开展大型旅游推介会7次,前往50个城市开展营销工作,市场范围拓展到距离亳州600千米的大中城市。加大市区户外广告设施建设力度,完成建设三面公益高炮3座、双面商业高炮6座、公交站台灯箱226个并投入使用。影视传媒业务相继展开,推动投资成立亳州景艺文化传媒有限公司,南京巷钱庄微电影《唯愿是你》2017年12月31日全网公映,儿童魔幻电视剧《奇幻仙踪之魔仙归来》启动前期工作开始筹拍,《魅力亳州》杂志期刊编辑制作工作加快推进。国家级媒体数次报道公司景区和活动,2017年10月4日,国家旅游局网站和《中国旅游报》报道曹操地下运兵道汉服秀表演活动。10月16日,中央电视台《新闻直播间》,两次报道林拥城景区,向全国人民展示了亳州“中药变景观　林拥城　人拥绿”的绿色发展理念。

【景区管理】2017年,亳州市智慧旅游建设初见成效。在实现景区Wi-Fi全覆盖和微信在线购票的基础上,启动民宿建设和智慧旅游项目。截至2017年,完成景区基础信息和智慧化软硬件基础建设设施的摸排工作,完成项目建设方案编制。与市信息局对接促成公司视频监控系统纳入市统一视频数据平台补盲项目,推进了省局信息中心的视频数据接入工作。景区硬件提升稳步推进。景区提升项目完成花戏楼景区厕所改造、花戏楼照壁墙改造、花戏楼景区围墙及售票房亮化、华祖庵药博馆厕所改造、华祖庵西空地景观改造、华祖庵景区地面修缮、华祖庵景区屋面修缮、华祖庵景区围墙改造等工程建设,总投资金额300余万元。

【文化旅游年活动推进】2017年,文旅集团推进2017年亳州文化旅游年活动,完成承担的22项文化旅游年活动。配合相关单位和部门完成文化旅游年开幕式、“欢乐亳州”花车大巡游、新春马戏节等大型文化旅游年活动,完成南湖灯光水舞秀等常态化活动的宣传推广和组织工作,举办芍花节、桃花节等大型节庆活动以及国际马拉松比赛等体育赛事活动。

(张　玉　孙　丽)

2017 年亳州市规模以上工业企业户数

表 1　　　　单位：户

市、县（区）	户数（家）
全　市	1032
市　直	3
亳州经济开发区	78
亳州芜湖现代产业园区	16
谯城区	237
涡阳县	267
蒙城县	225
利辛县	206

2017 年亳州市产值亿元以上工业企业

表 2　　　　单位：亿元

序号	单位名称	工业总产值
1	安徽古井贡酒股份有限公司	＞20
2	淮北矿业股份有限公司许疃煤矿	＞20
3	国投新集电力利辛有限公司	＞20
4	涡阳县源和堂中药饮片有限责任公司	＞20
5	五得利集团亳州面粉有限公司	＞20
6	淮北矿业股份有限公司涡北煤矿	＞20
7	安徽江淮安驰汽车有限公司	＞20
8	淮北矿业（集团）有限责任公司淮北选煤厂	10–20
9	安徽广印堂中药股份有限公司	10–20
10	北京同仁堂亳州饮片有限公司	10–20
11	安徽省亳州煤业有限公司袁店二井煤矿	10–20
12	安徽恒盛实业有限责任公司	10–20
13	杉杉时尚产业园亳州有限公司	10–20
14	安徽盛海堂中药饮片有限公司	5–10
15	亳州市永刚饮片厂	5–10
16	华佗国药股份有限公司	5–10
17	安徽协和成药业饮片有限公司	5–10
18	安徽德昌药业饮片有限公司	5–10
19	亳州市华云中药饮片有限公司	5–10
20	安徽正宇面粉有限公司	5–10
21	太安堂（亳州）中药饮片有限公司	5–10
22	亳州市沪谯药业有限公司	5–10
23	芍花堂国药股份有限公司	5–10
24	蒙城强英食品有限公司	5–10
25	亳州联滔电子有限公司	5–10
26	亳州市报废车辆回收有限责任公司	5–10
27	安徽双轮酒业有限责任公司	5–10
28	涡阳县盛鸿科技有限公司	5–10
29	安徽佳源油脂有限公司	5–10
30	亳州市佰世信中药饮片有限公司	5–10
31	安徽省永香中药饮片有限公司	5–10
32	安徽省泽华国药饮片有限公司	5–10
33	安徽邦基饲料有限公司	5–10

2017年亳州市主营业务收入排名前50位工业企业

表3

名　单	位次	名　单	位次
安徽古井贡酒股份有限公司	1	安徽德昌药业饮片有限公司	26
国投新集电力利辛有限公司	2	涡阳县盛鸿科技有限公司	27
五得利集团亳州面粉有限公司	3	安徽普仁中药饮片有限公司	28
安徽江淮安驰汽车有限公司	4	安徽邦基饲料有限公司	29
淮北矿业（集团）有限责任公司淮北选煤厂	5	涡阳县源和堂中药饮片有限责任公司	30
安徽正宇面粉有限公司	6	安徽省永香中药饮片有限公司	31
安徽广印堂中药股份有限公司	7	安徽佳源油脂有限公司	32
淮北矿业股份有限公司许疃煤矿	8	亳州市佰世信中药饮片有限公司	33
北京同仁堂亳州饮片有限公司	9	亳州司尔特生态肥业有限公司	34
蒙城县金冠面粉有限责任公司	10	安徽创酷无线技术有限公司	35
安徽济人药业有限公司	11	安徽瑞福祥食品有限公司	36
安徽省亳州煤业有限公司袁店二井煤矿	12	蒙城县宏健食品有限公司	37
安徽恒盛实业有限责任公司	13	安徽亳州喜宝鞋服有限公司	38
安徽盛海堂中药饮片有限公司	14	安徽省泽华国药饮片有限公司	39
安徽省东升食品有限公司	15	淮北矿业股份有限公司涡北煤矿	40
杉杉时尚产业园亳州有限公司	16	安徽天祥药业有限公司	41
亳州市永刚饮片厂	17	涡阳县丰华面粉有限公司	42
亳州市报废车辆回收有限责任公司	18	涡阳县财富康达制动元件有限公司	43
安徽协和成药业饮片有限公司	19	安徽嘉佑中药饮片有限公司	44
华佗国药股份有限公司	20	亳州市豪门中药饮片有限公司	45
安徽省蒙城县恒瑞面粉有限公司	21	安徽同辉香料有限公司	46
亳州市华云中药饮片有限公司	22	安徽绿膳坊食品有限公司	47
蒙城强英食品有限公司	23	涡阳县雪莲面粉有限责任公司	48
太安堂（亳州）中药饮片有限公司	24	亳州市沪谯药业有限公司	49
亳州联滔电子有限公司	25	安徽到家营养食品有限公司	50

2017年亳州市利税总额排名前50位工业企业

表4

名　单	位次	名　单	位次
安徽古井贡酒股份有限公司	1	安徽省中联新型材料有限公司	26
淮北矿业股份有限公司许疃煤矿	2	沈阳红药安徽制药有限责任公司	27
安徽省亳州煤业有限公司袁店二井煤矿	3	安徽亳州喜宝鞋服有限公司	28
安徽江淮安驰汽车有限公司	4	安徽天祥药业有限公司	29
国投新集电力利辛有限公司	5	安徽广印堂制药有限公司	30
淮北矿业（集团）有限责任公司淮北选煤厂	6	安徽正宇面粉有限公司	31
安徽广印堂中药股份有限公司	7	安徽普仁中药饮片有限公司	32
信义新能源（亳州）有限公司	8	亳州市华谊新型材料有限公司	33
五得利集团亳州面粉有限公司	9	国能蒙城生物发电有限公司	34
安徽济人药业有限公司	10	天马（安徽）中药饮片科技有限公司	35
亳州联滔电子有限公司	11	亳州市宏大中药饮片科技有限公司	36
安徽协和成药业饮片有限公司	12	保和堂（亳州）制药有限公司	37
安徽德昌药业饮片有限公司	13	亳州司尔特生态肥业有限公司	38

表续 4

名　单	位次	名　单	位次
亳州市沪谯药业有限公司	14	安徽九方制药有限公司	39
亳州市国一堂中药饮片有限公司	15	亳州海螺水泥有限责任公司	40
太安堂（亳州）中药饮片有限公司	16	安徽亳药千草国药股份有限公司	41
华佗国药股份有限公司	17	安徽绿膳坊食品有限公司	42
亳州市报废车辆回收有限责任公司	18	安徽利辛丽人木业有限公司	43
安徽创酷无线技术有限公司	19	亳州市京皖中药饮片厂	44
涡阳县盛鸿科技有限公司	20	安徽方敏医药有限公司	45
芍花堂国药股份有限公司	21	安徽恒盛实业有限责任公司	46
安徽到家营养食品有限公司	22	北京同仁堂亳州饮片有限公司	47
亳州市永刚饮片厂	23	安徽亿源药业股份有限公司	48
安徽省永香中药饮片有限公司	24	安徽和济堂中药饮片有限公司	49
蒙城县宏健食品有限公司	25	安徽福士特服饰有限公司	50

2017 年亳州市从业人员数排名前 50 位工业企业

表 5

名　单	位次	名　单	位次
安徽古井贡酒股份有限公司	1	安徽井中集团	26
淮北矿业股份有限公司许疃煤矿	2	亳州市派瑞特包装制品公司	27
淮北矿业股份有限公司涡北煤矿	3	安徽协和成药业饮片有限公司	28
亳州联滔电子有限公司	4	安徽九洲方圆制药有限公司	29
安徽亳州喜宝鞋服有限公司	5	安徽瑞福祥食品有限公司	30
安徽省亳州煤业有限公司袁店二井煤矿	6	蒙城县通孚礼品有限公司	31
杉杉时尚产业园亳州有限公司	7	安徽盛海堂中药饮片有限公司	32
安徽江淮安驰汽车有限公司	8	涡阳县盛鸿科技有限公司	33
安徽济人药业有限公司	9	亳州讯安电子科技有限公司	34
利辛强英食品有限公司	10	涡阳县源和堂中药饮片有限责任公司	35
蒙城强英食品有限公司	11	蒙城县宏健食品有限公司	36
亳州市永刚饮片厂	12	安徽普仁中药饮片有限公司	37
北京同仁堂亳州饮片有限公司	13	富威电子科技（亳州）有限公司	38
安徽双轮酒业有限责任公司	14	亳州司尔特生态肥业有限公司	39
安徽华扬服饰有限公司	15	安徽中烟工业公司蚌埠卷烟厂雪茄烟生产部	40
安徽广印堂中药股份有限公司	16	蒙城县国超新型建材厂	41
亳州市亚珠金刚石厂	17	蒙城佳仕龙机械制造有限公司	42
安徽金不换白酒集团	18	新诚达时装（安徽）有限公司	43
安徽省亳州鼎基鞋材有限公司	19	豫皖纺织有限责任公司	44
蒙城县华飞缝纫设备制造有限公司	20	安徽正宇面粉有限公司	45
安徽恒盛实业有限责任公司	21	亳州市裕同印刷包装有限公司	46
安徽福士特服饰有限公司	22	亳州市京皖中药饮片厂	47
华佗国药股份有限公司	23	安徽雅韵皖酒业有限公司	48
淮北矿业（集团）有限责任公司淮北选煤厂	24	安徽昆蒙新型建材有限公司	49
亳州市沪谯药业有限公司	25	涡阳县发达船舶修造有限公司	50

（表 1– 表 5 市委政策研究室）

商　业

概　述

【概况】2017年，亳州市社会消费品零售总额实现550.7亿元，同比增长11.9%，增幅居全省第八位。进出口总额完成6.64亿美元，同比增长27.8%，增幅居全省第三位、皖北第一位。外商直接投资实现7.8亿美元，同比增长8%，增幅居全省第四位、皖北第一位。

（朱静轩）

【内贸流通】2017年，亳州市限上企业新增129家，总计828家。限上企业社会消费品零售额实现217.7亿元，同比增长16.9%，较全省平均水平高4.9个百分点，连续7个月领跑全省，占亳州市社会消费品零售总额的39.5%，较上年提高2.1个百分点。推进电子商务发展。建成4个县级电子商务服务中心和4个县级物流配送中心、115处乡镇电商快递综合服务中心、2306个乡村电子商务服务网点（含286个贫困村电子商务服务网点），覆盖率均100%。利辛县被商务部认定为国家级电子商务进农村综合示范县，市筑梦社区、青年创客空间被省商务厅认定为省电子商务示范园区，药博商城、药通网被省商务厅认定为省电子商务示范企业。（亳州电子商务其他内容）推进商贸流通体系建设。调度商贸流通项目，坚持周、月调度机制，市商务和粮食局直接调度的28个重点商贸流通项目年计划投资额60.5亿元，实际完成投资额73.6亿元，完成序时进度122%；年计划新开工项目10个，年底实现全部开工，开工率100%。推进城区菜市场、小区菜场（菜店）建设，新建或改建5个城区菜市场，新建8个社区菜店。提升“政企直通车——限上商业”平台建设。建成“政企直通车·限上商业”微信群5个和“政企直通车·限上商业”平台公众号，2001人关注微信平台，实现限上商贸企业全覆盖。通过微信群和公众号共收集问题758件，已办结750件，办结率99%。推进创建企业品牌。亳州市新贵都城市酒店有限责任公司、亳州市金不换大酒店有限责任公司被评为“国家四叶级中国绿色饭店”；利辛县淝河湾餐饮管理有限公司被评为“三叶级国家级绿色餐饮企业”称号；亳州市南洋酒店管理有限公司、亳州宾馆有限公司被评为“国家四钻级酒店”称号；亳州市中医药的首家安徽老字号——承庆堂第三代传承人李成华掌门人被授予“中华老字号杰出工匠奖”称号；法普瑞食品有限公司马铁柱董事长当选为全国优秀企业家。

（朱静轩）

【对外贸易】2017年，亳州市出口实现6.02亿美元，同比增长30.5%，较全省平均水平高23.3个百分点，居全省第二位、皖北第二位；进口实现6211万美元，同比增长6.3%，居全省第13位、皖北第四位。

外贸主体培育。对孵化企业进行政策宣传、对口帮扶，引导其实现本地进出口。亳州市新增进出口经营权企业210家，孵化进出口实绩企业37家，总数149家，新增进出口实绩企业完成进出口额1.2亿美元，拉动市外贸进出口增长23.2个百分点。

国内外市场。先后组织66家企业参加第27届华交会、第121届广交会、第122届广交会、第十九届高交会等，达成出口成交额近亿美元；举办2017年国际（亳州）药材药品交易洽谈会签约仪式，来自国内外近170家企业参加贸易洽谈和签约，现场签订贸易协议29个，签约金额33.1亿元，其中内贸23亿元、外贸1.55亿美元，同比增长15.7%。

推进开放发展行动计划。建立月调度工作机制、明确发展目标，召开推进会，加强调度推进，主动融入国家和省对外开放总布局，加快招商引资提质增效、构建对外开放大通道、建设对外开放平台，加快实现通关一体化、创新外贸发展方式等6大项19小项开放发展任务，推进工作。

（朱静轩）

【利用外资】2017年，亳州市建立外商投资企业联系服务制度，实现外商投资企业服务全覆盖。新备案外商投资企业13家，同比增长225%，合同外资7.46亿美元，同比增长768.8%。亳州市纳入统计的36个外商投资项目中，11个投资总额超亿美元。战略性新兴产业项目18个，到位资金金额占亳州市利用外资额69.1%。新引进世界500强及境外领军企业数8家，到位资金金额占亳州市利用外资额39.5%。

招商引资。坚持招商引资

"时间、车辆、经费、人员"四优先原则，开展"借会招商""以商招商"。牵头筹备和参加第十届中博会和2017年中国国际徽商大会，组织市相关活动，共72个重点项目现场签约，签约金额717.74亿元。全年外出招商共16次35人次，落实2个招商引资项目，总投资2.85亿元。

推进谯城经开区升格为国家级经济开发区。亳州市谯城经济开发区进入国家级经济开发区培育期。成立谯城经济开发区升级为国家级经开区培育工作领导小组，完善推进工作机制，并指导谯城区经济开发区对照标准做好升级国家级经济开发区年度考核工作。

推进外经工作。支持企业"走出去"，加强政策宣传，指导符合条件企业对外投资，与省国际经济合作商会和省内外经企业合作，为市企业搭建外经服务平台，举办外经企业对接交流会，利用市资源产业优势，推动企业开展外经业务。外经主体全年培育杉杉时尚产业园亳州有限公司、安徽丰源车业有限公司等4家，累计11家。

（朱静轩）

【口岸管理】2017年，亳州市结合国家和省对"单一窗口"建设的标准要求，制订亳州市国际贸易"单一窗口"试点推广工作方案，推进中国(安徽)国际贸易"单一窗口"国家标准版全面推广工作，协助亳州报关企业安装国际贸易"单一窗口"标准版，14家企业通过国际贸易"单一窗口"办理报关64单，首单检验检疫业务完成申报通关。

【行业监管】2017年，亳州市商务局牵头，开展打击侵犯知识产权和制售假冒伪劣商品工作。重点推进两法衔接、打击互联网领域侵权假冒行为、农村和城乡结合部假冒伪劣专项整治等工作，"双打"工作年度考核得分99.68分。与市工商局、市安监局等单位联合开展打击非法经营成品油行为专项行动。共摸排592个非法加油站点，其中自行整改444个，查封关闭148个，完成非法加油站点整改查封100%。28辆非法流动加油车全部整改查封。配合市环保部门做好双层罐改造工作。亳州市458座加油站，完成改造413座，新建2座同步完成双层罐改造或设置防渗池，工作居全省前列。加强市场运行监测。监测企业39家、监测品种16大类50个品种，实行周报制和重点节假日日报制，上报各类监测信息105篇。

（朱静轩）

【粮食购销】2017年根据国家六部委收购预案，提前做好小麦预产预测分析，腾仓并库110万吨，开展岗前培训400余人，维护收粮机械1800余台套，与中储粮、农发行召开联席工作会议，按照4个共同要求抓好托市收购。鼓励多种所有制企业和经济人开展市场化收购。粮食企业收购申报审批5批次102个库点，在亳州各种媒体上进行公布，各收购站点设有农民售粮服务台，满足广大农民的售粮需求。6月2日，市政府主持召开全市收购会议，市长杜延安、分管市长曹振萍多次督查指导收购工作。截至年底，全市全社会收购182万吨，其中最低价收购93.5万吨，超额完成省级政府下达的收购目标建议数。完成地方储备粮轮换10000吨。全年粮食销售220万吨。

（王永宏）

亳州市2017年销售额排名前20位批发零售企业

表6

名　单	位次	名　单	位次
亳州古井销售有限公司	1	安徽省亳州市医药药材有限公司	11
安徽省烟草公司亳州市公司	2	安徽天润多超市股份有限公司	12
中国石化销售有限公司安徽亳州石油分公司	3	涡阳县大步汽车销售服务有限公司	13
蒙城县东方汽车销售服务有限公司	4	蒙城县春菱汽车销售服务有限公司	14
亳州市盖盛祥超市有限公司	5	亳州春雨慧众汽车销售服务有限公司	15
安徽海鑫药业有限公司	6	安徽孟氏医药有限公司	16
安徽省利辛县粮油食品商厦	7	安徽春雨汽车销售服务有限公司	17

表续 6

名　单	位次	名　单	位次
涡阳县新华电商贸有限公司	8	安徽省亳州市药材总公司药品公司	18
解放商用汽车蒙城销售服务中心	9	安徽省亳州市药材总公司	19
安徽高炉酒类销售有限公司	10	蒙城县慧海汽车销售服务有限公司	20

2017 年亳州市营业额排名前 20 位住宿餐饮企业

表 7

名　单	位次	名　单	位次
蒙城庄子国际大酒店有限公司	1	亳州市新贵都城市酒店有限责任公司	11
蒙城玖隆国际大酒店有限公司	2	蒙城县鸿业国际酒店管理有限公司	12
亳州宾馆有限责任公司	3	利辛县天昱酒店管理有限公司	13
蒙城县漆园国际大酒店有限公司	4	亳州古井慧升楼餐饮有限责任公司	14
安徽金桂山庄度假村有限公司	5	利辛县鸿博酒店管理有限公司	15
涡阳丰盛饮食服务有限责任公司	6	安徽好吃點餐饮有限责任公司	16
亳州徽州百家宴餐饮有限公司	7	涡阳县侠玲饮食服务有限责任公司	17
蒙城县锦泰餐饮服务有限公司	8	利辛县盛世餐饮服务管理有限公司	18
亳州市富丽华假日酒店有限公司	9	安徽大品味餐饮管理有限公司	19
涡阳县新天静餐饮服务有限公司	10	亳州市金不换大酒店有限责任公司	20

（表 6- 表 7 市委政策研究室）

贸易投资

【概况】中国贸易促进会亳州市支会（以下简称“市贸促会”）2017 年，组织企业参加境内外会展、开展经贸活动，帮助企业开拓境内外市场，做好贸易投资促进工作。参与组织 2017 年药博会活动，邀请国家贸促会、省贸促会分别作为主办单位、承办单位参会。组织参加 2017 年哈萨克斯坦（阿斯塔纳）世博会，协助古井集团参加徽商走进“一带一路”国家投资说明会，举办 2017 年阿斯塔纳世博会古井贡酒企业主题日新闻发布会。

组织企业参加各类国内外展洽会，全年共组织 66 家企业参加广交会、华交会、俄罗斯国际配料展、美国拉斯维加斯服装服饰展、德国科隆五金展、亚太越南网版印刷展览会、中国（安徽）养老产业展览及国际养生大会、中博会暨徽商大会等外向型展会。

开展对外经贸交流，全年开展对外经贸交流合作 46 人次。重要活动有省贸促会，省国际商会，在上海举办的安徽新春经贸联谊会，接待阿联酋安徽商会，参加第十届中博会俄罗斯部分联邦主体经贸推介会，参加第 12 届中国—南亚商务论坛，参加安徽企业走进“一带一路”市场说明会暨境外参展工作交流会。邀请国际中医药科技协会会长、澳门创健集团董事局主席黄琼到亳州考察，并最终促成其在亳州投资合作中医药生产加工项目。

组织自办展会，在康美会展中心，组织亳州名优农产品暨吉祥年货展，在万达广场金街，组织亳州文化旅游年欢乐美食节。

（郑太华）

【商事法律服务】2017 年，市贸促会加强商事法律服务调研调度，多次赴企业开展调研，详细了解企业在办理原产地证书、参加境内外展会、产品进出口等方面遇到的问题和困难，协调解决。组织参加业务培训，联合安徽非亚会展公司举办全市外贸政策宣讲暨中东非会展推介会，宣讲原产地证相关业务；组织参加全省贸促系统法律工作会议、ATA 单证册宣传推广、商事认证培训等业务研讨会，派人专程到省贸促会进行商事法律服务学习。与国检部门合作，加强对原产地证签发工作的交流和沟通，就原产地签证相关工作、国际经贸活动服务、涉外商事法律服务等方面建立沟通协调机制，全年共办理原产地证 797 件，促进全市外向型经济持续健康发展。

（郑太华）

【经贸交流】2017 年，市贸促会开展对外经贸交流合作 46 人次。主要参加的活动有省贸促会、省国际商会、在上海举办的 2017 年安徽新春经贸联谊会；接待阿联酋安徽商会副会长丁跃进；带领安徽敬道生物科技、蒙城博琳家居等 7 家企业负责人参加第十届中博会重要活动之一的俄罗斯部分联邦主体经贸推介会；赴昆明参加第 12 届中国—南亚商务论坛；接待上海安庆商会会长聂建明带领的 50 多名在沪安庆客商，洽谈合作事宜；参加由省贸促会、米奥兰特国际会展共同举办的“皖约‘一带一路’、展现互利共赢”2017 年安徽企业走进“一带一路”市场说明会暨境外参展工作交流会；组织安徽贺林药业、协和成药业、华兴车辆等 9 家企业参加由安徽省贸促会、安徽国际商会、中国国际经济合作投资公司（中经公司）共同召开的“安徽省外贸企业融资与综合服务座谈会”；邀请国际中医药科技协会会长、澳门创健集团董事局主席黄琼到亳州考察，并最终促成其在亳投资合作中医药生产加工项目，并成功签约。

（郑太华）

【自办展会活动】2017 年，市贸促会在康美会展中心，组织 2017 亳州名优农产品暨吉祥年货展，设置酒类、花草茶、保健品、蔬菜水果及副食品展厅，总规模达 14000 平方米；在万达广场金街，组织 2017 年亳州文化旅游年欢乐美食节，为期一周，设计名吃展、厨艺大赛、厨艺表演、泰国美食表演等板块；在亳州农贸城，组织安徽徽煌旅游开发有限公司举办玉器展、名优产品展、美食展，参展企业 200 家；组织 2017 年国际（亳州）中医药博览会暨第 33 届全国（亳州）中药材交易会，筹备并举办相关活动，组织企业参加 2017 年亳州“药博会”国际亳州中医药展暨酒类产品展。

（郑太华）

【参加 2017 哈萨克斯坦（阿斯塔纳）世博会】2017 年 5 月，贸促会协助古井集团参加徽商走进“一带一路”国家投资说明会，举办 2017 年阿斯塔纳世博会古井贡酒企业主题日新闻发布会，与中国国际贸易促进委员会（中国国际商会）培训中心签署设立培训基地的合作协议；6 月 8 日，市人大常委会主任王玉玺带队参加 2017 阿斯塔纳世博会，古井集团董事长梁金辉作为中国白酒行业唯一代表、世博会中国国家馆官方合作代表，应邀出席第四届中哈商业企业家理事会；6 月 10 日，2017 年阿斯塔纳世博会中国馆开馆，古井贡酒·年份原浆以“酒文化”展示中国白酒历史。

（郑太华）

供销合作

【概况】2017 年，亳州市供销合作社联合社（以下简称“市供销社”）有涡阳县、蒙城县、利辛县和谯城区供销社，全系统职工总人数 14700 人，其中在岗职工总数 9006 人，离退休人数 5744 人。截至 12 月 31 日，全系统实现商品销售收入总额 83.3 亿元，同比增长 13.11%。实现利润 7983.66 万元，同比增长 13%。发展“互联网+”农村超市 612 家；新建和改造农家店 161 家；新建新型基层社 15 家；兴办农村社区综合服务社（中心）25 家；建设为农服务中心 8 家；新增庄稼医院科技服务站点 24 家。

（马守华）

【“三社一会”基层组织建设】2017 年，市供销社推进“三社一会”基层组织建设，构建体系健全、服务功能完备的基层社会化服务体系。新建、改造一批基层社。利辛县新建利辛县宇坤蔬菜种植供销社、利辛县幸福种植供销社等基层社；利辛县潘楼供销社资产盘活工作启动，中疃供销社全面改造完成。蒙城县新建皖鑫、得利基层社。

各级供销社依托优势资源和特色产业，联合各方力量，创办种植、养殖、加工、农机服务等各类合作社。市供销社与谯城区兴粮农机服务农民专业合作社合作。谯城区吸纳中药材种植大户等新型经营主体入社，蒙城县依托蔬菜种植特色，领办一批蔬菜种植合作社。

推动农村社区综合服务社（中心）工作，以超市为基础，利用社会资源创办农村社区服务中心，搭建社会公共服务向农村延伸的平台。利辛县中疃供销社农资配送中心，开展农资销售，服务百姓农业生产。

（马守华）

【农业社会化服务】2017 年，市供销社直属公司安徽田牛农资连锁公司实施播种、施肥、打药、浇水、收割等为主要内容的土地托管业务，提供大田作物统一供种、统一供肥、统一收割、订单销售“一条龙”服务。开展智能配肥、良种繁育推广、先进机械应用等服务。截至 2017 年年底，全市有安徽田牛农资连锁公司、涡阳农家福等 21 家农业社会化服务企业开展土地托管业务，土地托管、半托管面积 1.3 万公顷。

（马守华）

【供销合作社综合改革】按照《中共中央、国务院关于深化供销合作社综合改革的决定》（中发〔2015〕11 号文件）、《中共安徽省委、安徽省人民政府关于深化供销合作社综合改革的实施意见》（皖发〔2015〕25 号文件）和《中共亳州市委、亳州市人民政府关于深化供销合作社综合改革的实施意见》（亳发〔2016〕20 号文件）要求，根据省供销社二届九次理事会工作部署，亳州市供销社推进供销社综合改革工作，2017 年 10 月 25—26 日在市委党校召开第一次社员代表大会，在全省率先建立“三会”制度。利辛县供销社召开第一次社员代表大会，完成“三会”（社员代表大会、理事会、监事会）制度建设，其他两县一区供销社正在筹备“三会”工作。

（马守华）

【新经济增长点培育】2017 年，市供销社结合亳州中药特色，培育特色产业和供销社经济新的增长点。与药博商城合作，引进投资人，由亳州市供销社控股，药博商城和投资人参股，注册成立安徽新供销中药材贸易有限责任公司，依托亳州中药产业优势，发展中药材线上线下交易、中药材种植、加工等业务，采取“公司 + 药材种植户 + 电商”模式运营，业务遍布全国各地。

与贵州省仁怀市供销社签订 20 万亩中药材产销对接框架协议。仁怀市供销社负责供应当地生产的、农药残留等符合国家标准的中药材，市供销社利用社属企业安徽新供销中药材贸易有限公司线下线上平台，帮助仁怀市供销社优先销售地产中药材，并向对方提供中药材市场信息、价格走向，做好中药材的产业规划。

与市委组织部、市农发办三家合作，在谯城区古井镇药王村开展田园综合体项目建设，该项目已获得财政部支持（全省仅有 2 家），市供销社负责发展农民专业合作社联合社工作。通过组织部抓党建、农发办做高标准基本农田、供销社开展土地托管和药材购销三结合的做法，共同建设占地 20.6 平方千米的田园综合体项目，助力脱贫攻坚工作，为精准扶贫探索新模式。

湖北省赤壁市、仙桃市供销社到亳州洽谈中药材产销。山西临汾市供销社就本地产柴胡、黄芪等中药材到亳州协商产销事宜，达成意向协议。

（马守华）

【电商企业培育】2017 年，亳州市供销社控股的安徽好品快购电子商务有限公司，为安徽省城乡各级商场、超市提供各种日用消费品。谯城区、蒙城县、利辛县、涡阳县的运营配送服务中心建成运营，市级综合运营服务中心建成运营，辐射周边 6 个县（区）。截至 12 月底，安徽好品快购电子商务有限公司与 2007 家商超便利店（其中农村商超便利店 1323 家）签订加盟协议，销售额 4 亿元。

由蒙城县供销社社属企业——新网电子商务公司牵头运营的蒙城县电商孵化园入驻电商企业 63 家，其中物流企业 6 家，网商企业 47 家，销售额 7.4 亿元，代运营销售 9.5 亿元。蒙城县社农村淘宝销售额 6000 余万元。蒙城县供销社建成“淘宝 • 特色中国——蒙城馆”，培训电子商务专业人才 1300 余人。64 家电商企业和 580 名电商人才集聚园区，电商孵化园被市委组织部定为“人才集聚基地”。新网电子商务公司被省社定为电子商务示范企业，在全省供销社电子商务工作会议上，蒙城县社做典型发言。

（马守华）

【市供销社第一次社员代表大会】2017 年 10 月 25 日至 26 日，亳州市供销社第一次社员代表大会在市委党校召开。安徽省供销社监事会主任张海林、市委副书记方晓利、市人民政府副市长应国君等参加会议并讲话；市人大副主任巩中，市政协副主席张国芳，市供销社历任主任、副主任、市直相关部门领导等出席会议。应出席代表85人，实到代表84人。会议审议通过《亳州市供销合作社联合社章程》和《亳州市供销合作社联合社工作报告》，明确供销社今后5年发展的总体要求和主要目标，成立市供销社第一届理事会和第一届监事会。会议选举解子德为市供销合作社第一届理事会主任，张坤、刘峰为副主任，解子德、张坤、刘峰、马守华等25人为理事；刘超华任市供销合作社第一届监事会主任，张华任副主任，刘超华、张华、卢伯瑛等7人任监事。

（马守华）

【中国农产品流通经纪人协会到亳州调研】 2017年8月，中国农产品流通经纪人协会会长到亳州调研中药材产业发展情况。调研组一行走访康美中药城中药材交易市场、安徽新供销社中药材贸易有限公司、亳州市电子商务协会、蒙城电子商务孵化园等；召开座谈会，听取市供销社工作汇报，市药业发展局、市工商局、市农委、市商务局分别汇报市农产品品牌建设、协会建设、电子商务、农民专业合作社等情况。对市供销社依托中药材市场优势发展电子商务，开展土地托管及一、二、三产业融合发展等给予肯定，表示，将从国家层面上给予呼吁、帮助和政策扶持，并现场安排做好与亳州市供销社合作具体事项。

按照调研组提出的建议和要求，市供销社筹备相关工作，取得三项成果：中国农产品流通经纪人协会同意在亳州成立中国农产品流通经纪人协会亳州中药材专业委员会；同意将全国农产品百佳品牌发布会和年货订货会在亳州召开；协会牵线亳州市供销社与贵州省仁怀市合作，签订中药材购销合同，合作实现多赢。

（马守华）

【市供销社成为中国农产品流通经纪人协会副会长单位】 2017年12月18日至20日，中国农产品流通经纪人协会二届六次理事会在北京召开。会议通过成立中药材产业发展委员会的决议；经全国供销总社党组研究同意，民政部备案，增补亳州市供销社为中国农产品流通经纪人协会副会长单位（全国共有两家市级供销社为副会长单位）；增补市供销社理事会主任解子德为中国农产品流通经纪人协会第二届理事会副会长。亳州市供销社承担中药材产业发展委员会的组建和中药材基地机构的管理工作。委员会成立后，将配合国家总体战略，制定并实施中医药“一带一路”发展规划，发挥中医药在服务外交、促进民生、密切人文交流等方面的作用。在实施中医药国际专项，区域布局，支持各类优秀中医药机构与“一带一路”沿线国家合作成立中医药中心，推动中医药理论、文化、服务融入沿线各国卫生体系。以医带药，针对不同国家的药品规管制度，推动成熟且有中药材资源充分保障的中药产品以药品、保健品、功能食品等多种方式在沿线国家注册，形成知名品牌，推动中药产品在沿线市场所占份额。

▲中国农产品流通经纪人协会，是由全国供销总社、全国妇联、共青团中央、国家工商总局4家联合发起，经国务院领导同意，民政部备案的行业性、非营利性的全国性协会，是由现任司局级领导干部兼职的协会，办公地点独立，法人独立。会员近600万人，与“一带一路”沿线国家有广泛联系。

（马守华）

【兴粮农机服务农民合作社成立】 2017年，亳州市供销合作社与古井镇药王村村“两委”、当地农民合作，成立亳州市谯城区兴粮农机服务农民合作社，按照公司制开展运营，根据出资比例进行盈余分红。注册资金400万元，市供销社出资比例30%，出资120万元，为第一大股东；村集体出资60万元，出资比例15%；数十位农民合计出资220万元（含村支书出资60万元），出资比例55%，村支书任社法定代表人。主要开展药材种植服务、植保作业、代购销售农机农资服务等服务。

（马守华）

烟草专卖管理

【概况】 2017年，亳州市烟草专卖局（公司）［以下简称：市局（公司）］落实全国、全省烟草工作会议精神，突出抓好卷烟营销和市场监管两大主营业务，重点指标保持“四增一降”的总体态势，实现“两个超乎预期”和“一个明显提升”。即卷烟销量、销售收入、税利总额、利润总额同比增长，可控费用持续下降；破获案件数量和卷烟市场状态超乎预期；卷烟销售结构明显提升。重点开展“六个加速推进”，实现“六个持续向好”。即加速推进从严管党治党，党建工作水平持续向好；加速推进营销物流创新，经济运行水平持续向好；加速推进专卖打假打私，市场监管水平持续向好；加速推进人力资源优化，队伍建设水平持续向好；加速推进精益规范管理，基础管理水平持续向好；加速推进平安亳烟建设，安全稳定形势持续向好。市局（公司）上缴税费6.08亿元，同比增加0.54亿元，增幅9.8%。

本年度，市局（公司）机关党委党建标准化达标，获市直“先进基层党组织”称号；获评省级文明单位。

（程　强）

【卷烟营销】 2017年，市局（公司）优化品牌规格结构，初步实现品牌优质化、集中化、规模化和效益化。开展消费引导活动，突出“婚庆营销”带动作用，开展贷记卡、跨行结算等非烟增值服务。承担全省烟草商业系统客户经理职业化建设课题试点和市场化取向改革卷烟营销平台应用两个项目，取得初步成效。

（程　强）

【专项治理】 2017年，亳州市烟草专卖局（公司）开展关键时期和重要领域专项整治行动，聚焦互联网和寄递领域打假，多部门联合，多渠道监管，净化辖区卷烟市场。

发挥“大内管”工作机制，专销密切协作，治理卷烟非法流通，依托内管信息系统，加强信息监控和日常监管，组织开展违法违规经营大户专项治理，保障内部环境规范有序。全市查处各类涉烟案件4909起；查获各类违规卷烟958.2万支；查获案值5万元以上案件13起，移送司法机关刑事拘留39人，判刑25人。

“双随机、一公开”，即在监管过程中随机抽取检查对象，随机选派执法检查人员，抽查情况及查处结果及时向社会公开。“双随机、一公开”是国务院办公厅于2015年8月发布的《国务院办公厅关于推广随机抽查规范事中事后监管的通知》中要求在全国全面推行的一种监管模式。

（程　强）

盐务管理

【概况】 2017年，亳州市盐务管理局坚持以维护食盐安全为中心，强化盐政管理，加大盐政执法力度，规范盐政执法行为，履行盐政执法职能，亳州盐业市场安全稳定。

本年度，市盐务管理局获2016年度“安徽盐业系统盐政管理先进单位”称号。

（马长明）

【盐业体制改革】 根据《国务院关于印发盐业体制改革方案的通知》（国发〔2016〕25号）和《安徽省盐业体制改革实施方案》（皖政〔2016〕110号）等文件精神，2017年1月1日始，亳州市放开所有盐产品价格，取消食盐准运证；现有省级食盐批发企业、中国盐业总公司和取得食盐批发许可证的食盐定点生产企业可以开展跨省（自治区、直辖市）经营食盐业务；省级以下食盐批发企业可在本省（自治区、直辖市）内跨区经营食盐业务。

（马长明）

【规范跨区经营行为】 2017年，亳州市盐务管理局严格按照国务院盐改方案及省八部委（厅、局）有关文件精神，组织开展落实盐改跨区经营政策专项行动、食盐质量安全专项行动，强化市场监管，规范跨区经营行为。专项行动中，共查处涉盐违法案件30余起，涉盐产品40余吨。

（马长明）

【涉盐违法行为查处】 2017年，亳州市盐务管理局与公安、工商、食药监局及司法部门联系和沟通，建立信息共享平台和工作协作机制，形成执法合力，惩治涉盐违法行为。共查处涉盐违法案件105件，查获涉盐违法盐产品3.5吨，罚没款5.8万元。

（马长明）

旅游业

概　述

【概况】2017年，亳州市委、市政府将旅游业作为全市经济发展的重要支柱产业和新的增长极进行培育，以创建国家中医药健康旅游示范区为契机，以开展“2017亳州文化旅游年”活动为抓手，打造文化旅游强市和健康养生城市。实施“旅游+”战略，推动旅游与文化、中医药、体育、会展等相关产业融合发展，举办药博会、亳州国际半程马拉松、环江淮万人骑行大赛总决赛等知名活动赛事，举办旅游演艺“药都欢歌”。推进国家中医药健康旅游示范区创建，八大中医药健康旅游集聚区初具规模。初步形成集中药材种植观光、生产体验、特色诊疗、商务休闲养生为一体的一、二、三产业融合发展的中医药健康旅游产业体系。

参加省旅发委“1+N”宣传营销，充分利用传统媒体和新媒体宣传亳州品牌形象。亳州旅游宣传片亮相中央电视台，《亳州旅游》电视专栏开办。党的十九大期间林拥城景区两次连线中央电视台《新闻联播》，中央电视台《新闻直播间》对芍花养生旅游文化节进行报道，北关历史街区改造项目登上《人民日报》，乡村旅游扶贫做法被《中国旅游报》刊发。

出台《亳州市文化与旅游融合发展实施意见》《亳州市将旅游业培育成为重要支柱产业的意见》《亳州市旅游民宿经营奖补工作方案》等系列文件，编制完成《亳州市全域旅游发展规划》，旅游发展的政策保障不断增强。

与省旅发委签订全省唯一一个省地促进旅游业发展战略合作协议，协同解决亳州市旅游业发展遇到的重大问题。设立50亿元的文化旅游发展基金，搭建文化旅游项目开发建设投融资平台。与安徽大学、皖新文化产业投资（集团）有限公司等单位签订文化旅游战略合作协议，借助外脑外力助推亳州旅游产业跨越发展。

国内旅游人数2278.68万人次，增幅28.32%，增幅位居全省第一位。国内旅游收入170.45亿元，增幅30.76%，增幅位居全省第一位。入境旅游人数78549人次，增幅88.99%，增幅位居全省第一位。旅游总收入171.64亿元，增幅30.16%，增幅位居全省第二位。

本年度，省政府在亳州市召开皖北片区旅游业发展调度会，亳州市旅游发展成效受到与会人员好评。召开全市旅游业发展大会，为全市旅游发展指明方向。亳州市获评“国家中医药健康旅游示范区创建单位”“中国‘一带一路’国际健康旅游目的地”“国际健身气功五禽戏之都”和“中国药膳之都”四项国家级称号。

（潘承尧　孙甜甜）

【精品景区建设】2017年，亳州市推进以花戏楼为核心的古城旅游区、以古井酒文化博览园为核心的古井旅游区创建国家AAAAA级旅游景区，创建国家AAAA级景区1家、国家AAA级景区6家。

（潘承尧　孙甜甜）

【重点旅游项目建设】2017年，亳州市亳药花海休闲观光大世界完成一期工程，林拥城、郑店子温泉旅游度假区建成运营；中华中医药博览园、陈抟文化小镇、乐酒家园、百花园等项目前期工作加快推进。建成市城市展览馆、南湖灯光水舞秀和城市景

图64　2017年12月29日，亳州市召开旅游业发展电视电话会（刘勤利　摄）

观亮化工程，填补亳州夜游项目的空白；完成北关历史街区5条精品线路立面改造，古城风貌得到进一步展示；建成观音山公园、八角台公园并对市民开放。截至12月底，90个旅游在库项目实际完成投资98亿元。

【精品旅游线路打造】2017年，亳州市优化提升“道源问道”老庄文化研学之旅、“历史寻踪”亳州古城文化之旅、“养生亳州”华佗中医药健康之旅等7条精品旅游线路。努力把省旅发委力推的“道源问道”——老庄文化研学之旅打造成具有国内乃至国际影响力的精品旅游线路。举办芍花节、桃花节、菊花节等乡村旅游节庆活动25场，“亳州新貌游”和“亳州乡村生态游”影响力不断扩大。

（潘承尧　孙甜甜）

【特色旅游商品开发】2017年，亳州市开发药酒、药茶、药膳、中药汤料、中药花卉等特色旅游商品和五禽戏传习体验、华佗夹脊穴理疗、中药产品DIY等服务项目，花戏楼名吃街改造全面完成，康美华佗国际中药城被评为“安徽省旅游商品特色街区”，怀养堂药膳主题餐厅等10家酒店被评为首批亳州药膳酒店。制作亳州旅游地图、亳州四大名人便笺纸、亳字扑克牌、亳字手提袋等文化旅游宣传品。

（潘承尧　孙甜甜）

【乡村旅游发展】2017年，涡阳树莓基地、蒙城龙盘山庄、利辛淝水湾、谯城润耕天下等一批精

图65　2017年9月7日，乡村旅游扶贫就业招聘活动（刘勤利　摄）

品乡村旅游项目建成运营，吸引大批市民和游客前往。谯城区十河镇、涡阳县义门镇等4个乡镇被评为省级优秀旅游乡镇；蒙城县葛寒寨村、利辛县双沟社区等8个村被评为省级旅游示范村；谯城区梨园农家等21家农家乐被评为省级3星级以上农家乐。全面完成旅游扶贫重点村规划编制和“八个一”工程建设，建成90家旅游扶贫农家小院，组织全市25个乡镇1000余名贫困群众，开展22期亳州旅游扶贫新貌游活动，60家文化旅游企业带动1092名贫困群众增收脱贫。

（潘承尧　孙甜甜）

【旅游公共服务设施完善】2017年，亳州市A级旅游景区和重点乡村旅游区“最后一千米”道路全面打通，新建旅游停车场32个、新增停车位3800个，建设旅游标识标牌355块，中心城区建成游客集散中心2个、游船码头2个以及林拥城、涡河景观带、宋汤河绿道和凤尾沟绿道等城市休憩带4条。全面完成“厕所革命”三年行动计划任务，新建、改扩建旅游厕所52座。完善城市及旅游景区中英文旅游交通标识系统，印制自助游地图5000份，推进景区、旅行社、星级酒店服务业标准化试点建设，新贵都城市酒店荣获省级酒店服务业标准化试点单位。

（潘承尧　孙甜甜）

【旅游服务质量管理】2017年，亳州市坚持在精细化、人性化、特色化上下功夫，加大对旅游市场监督检查力度，开展旅游技能培训活动32次，旅游管理水平和服务质量不断提升，全民参与旅游发展的意识明显增强，道路干净整洁、商铺经营有序、市民文明礼貌的对外形象进一步树立。

【智慧旅游发展】2017年，亳州市初步建成旅游产业大数据监测与应急指挥中心，国家AAAA级景区全部接入省视频监控中心。开发亳州“乐游”和亳州“民宿”APP，实现全市主要景区和乡村旅游点免费Wi-Fi、720度

全景旅游、分场景语音导游全覆盖。推动市内旅游企业与腾讯、阿里、同程、携程等在线旅游商家合作，实现“一部手机、玩转亳州”。

（潘承尧　孙甜甜）

【企业培育】2017年，亳州市坚持外引内育、招大引强，新成立总资产规模302亿元的亳州文化旅游控股集团，负责全市文化旅游项目开发。与昆吾九鼎集团签订120亿元的中华中医药博览园PPP战略合作协议，与澳洋集团、东方园林、祥源控股集团等国内知名文化旅游企业达成合作意向。推动古井集团与中国建材集团强强联合，注册资本1亿元成立安徽中古旅游发展有限公司。

（潘承尧　孙甜甜）

2017年亳州文化旅游年

【概况】2017年，市委、市政府组织开展“2017年亳州文化旅游年”活动。成立高规格的2017亳州文化旅游年组委会，市长杜延安任主任，分管副市长侯化任副主任，43个市直单位一把手为成员，组委会下设办公室，市政府副秘书长王树东任办公室主任，统筹协调推进各项活动开展。全市共有121家旅游相关单位及社会力量参与到文化旅游年活动中，全年组织实施68项200余个主题活动，有大型表演类活动花车大巡游、灯光水舞秀、欢乐马戏节、药都欢歌、绚丽亳州旗袍秀、热气球嘉年华等，有游客参与互动的活动美酒品鉴、温泉养生体验、冬病夏治体验、养生五禽戏习练、马拉松赛事等，有民俗主题类活动陈抟庙会、非物质遗产文化周、汉文化主题周等。在开展主题活动的同时，各景点根据景区文化特色开展不同主题的景区活动项目，如华祖庵的养生体验活动，花戏楼的民俗表演、相声茶社活动，曹操运兵道的汉文化主题活动，南京巷钱庄的钱币主题活动等，丰富游览内容，提升游客体验。

投入资金1.48亿元，做到周周有活动、月月有亮点、季季有高潮，引爆亳州旅游市场。文化旅游年活动带动亳州市餐饮销售额增长80%以上，周末酒店住宿率超过95%，康美华佗国际中药城中药材零售额增长50%以上。接待国内旅游人数2278.68万人次、入境旅游人数78549人次，实现国内旅游收入170.45亿元、旅游外汇收入1762.77万美元、旅游总收入171.64亿元，其中国内旅游人数、入境旅游人数、国内旅游收入3项增幅位居全省第一位，旅游总收入增幅位居全省第二位。

（张立辉）

【政策激励优惠奖补】2017年，亳州市制定出台多项激励政策：市区所有景区景点门票全部下调至10元，部分景区景点最高降幅达500%以上；军人、残疾人、65岁以上老人门票全免，学生、60—65岁老年人、教师等给予半票优惠，旅行社组团给予5折优惠；加大旅行社组团奖励力度，市财政拿出2000万元奖励资金，对50人以上旅游团队到亳州一日游、二日游分别给予不同资金奖励，其中旅行社从同一客源地一次性组织400人到亳州二日游可获奖金4万元，调动旅行社组团的积极性。文旅集团旗下景区接待团队游客125.9万人次，各大景区每逢周末团队游客呈井喷式增长。

（张立辉）

【营销推介】2017年，亳州市紧盯200千米半径范围内城市、长三角城市群和京九铁路沿线城市，细分客源市场，主动开展上门营销、会议推介和捆绑销售。推出“10元游亳州”和旅行社组团优惠政策，在周边20个地市设立驻地营销机构，在南京、合肥等重点客源城市举办大型推介活动7次。

投入宣传营销资金1500万元，联合省旅发委在中央电视台开展亳州旅游形象宣传，在安徽电视台、安徽交通广播、安徽音乐广播、新安晚报和周边14地市电视台、公交站台、户外大屏、微信朋友圈、“今日头条”等投入亳州旅游主题宣传内容，提升亳州旅游知名度。分管副市长亲自带队，前往10个重点城市开展文化旅游年宣传推介活动，邀请当地旅行社、媒体、大型企业等现场推介亳州旅游产品，发布奖励政策和旅游年活动，提高文化旅游年活动影响力。文旅集团针对重点市场，分苏鲁豫皖四大区域，在重点地市设立驻地营销人员，到周边43个城市，对旅行社开展“扫雷式”宣传，上门逐一推介亳州旅游，发送亳州旅游线路折页、宣传展架等，同38个城市旅行社签订代理合作协议，签约成功率82%，团队游客增幅360.5%。

（张立辉）

【提升服务】为提升景区人员服务技能和服务意识，文旅集团加强一线职工培训，2017年，亳州市开展各类培训活动32次。同时为应对导游不足问题，文旅集团面向社会，开展兼职讲解员选拔及培训工作，全年培训兼职讲解员300余人，保障周末团队导游接待问题。为做好文化旅游年游客爆发式增长的安全接待工作，文化旅游年组委会牵头，联合交警、运政、城管、社区等单位，对景区周边的交通疏导、运政管理、商贩摊点、环境卫生等进行管理，保障了景区周边交通顺畅，环境整洁、安全有序。

（张立辉）

【林拥城项目建设】亳州市林拥城位于市区外环线外侧，全长约40.4千米，总规划面积1333.33公顷，主要包括环城林带、南外环生态观光区、西外环现代林业示范区等建设内容。林拥城呈环状拥抱整个亳州市区，为“林在城中、城在林中、林城辉映”之意。

林拥城主要规划建设内容为园林绿化、中药材种植、园区道路、景观游乐设施及配套服务设施。其中，南外环段主要为林拥城南外环生态观光区，项目建设前期以生态造林为主，并逐步营建观赏性景观设施与市民休闲娱乐设施，最终实现旅游观光效果；西外环段在景观绿道的基础上增加集种苗繁育基地、乡土树种基因库为一体的林业示范基地，以科普教育，自然环境保护为主，增加植物品种，提高观赏性及青少年室外活动学习；北外环段多以居住性用地为主，周边多居民，主要营建以休闲健身、儿童活动为主的室外健身活动空间，增加居民户外交流活动，提高居民生活环境，提升城市生活品质。

2017年，林拥城生态观光区内建成游客服务中心、森林书屋、欧风园、枫林广场、杨树林原生态休闲区等多个旅游景观项目；完成马术培训基地、烧烤基地（音乐广场）、森林迷堡等游乐项目建设；房车营地等项目即将建设完成。主题游乐园——蜗牛庄园、特色文化主题园——国锦园（中华诗词园）和雕塑公园等项目即将在园区落地。

（潘承尧　孙甜甜）

【城市展览馆建成运营】2017年，亳州城市展览馆建成运营。东临希夷大道，北临市政公园，建筑面积31000平方米，布展面积20700平方米，由城乡规划局进行室内布展，文化旅游公司运营管理。整个展览馆坐落在开放、抬起的绿色公共平台之上，象征亳州是建于肥沃高地上的城市。灰色基座体现亳州作为三朝古都的厚重历史，白色竖向金属百叶蕴含道家文化“上善若水”的柔美，和中华药都的草木茂盛，体现未来的轻盈与飞跃。展览馆分南北两楼，有城市规划、文化旅游、酒业、药业、农业5个主题展区。

展览馆是亳州独特的城市名片，运用先进的多媒体手段，通过总归模型沙盘秀、VR飞行体验、赛道英雄、飞行影院、芍药花海数字影院、全息投影、种子殿堂隔空互动等项目展示地方历史文化和城市发展脉络，领略亳州的风采神韵。

（潘承尧　孙甜甜）

【亳药花海休闲观光大世界建设】亳州亳药花海休闲观光大世界项目以亳州特色中医药种植为基础，整合十八里镇和十河镇的GAP产业种植基地。

通过政府补贴，引导种植亳州特色药材形成花海景观，重点打造四季药材花卉景区百花园；通过招商引资，布局生态休憩、中医药养生、休闲旅游等项目；通过村级土地利用规划，为旅游项目提供用地空间。2017年，项目一期工程道路、绿化、河道治理、游客服务中心等基础设施竣工，亳药花海休闲观光大世界项目内18个村的土地利用规划获省厅批复，为安徽省第一个村级土地利用规划试点项目。

（潘承尧　孙甜甜）

景区选介

【花戏楼】国家AAAA级旅游景区，全国重点文物保护单位。位于亳州北关历史文化街区花戏楼路北首路东。又称山陕会馆、大关帝庙。是明清时期山西、陕西商人聚会的地方，因关羽是山西人，因此他们在此建关公庙。清康熙十五年（1676）始建花戏楼，乾隆年间增添许多彩绘和雕刻。花戏楼因精湛的雕刻、绚丽的彩绘驰名中外。整个建筑面积3163平方米，分戏楼、钟楼、鼓楼、座楼和关帝庙大殿等几个部分。

花戏楼有“三绝”：正门前两根旗杆，每根重6吨，高16余米，直插云霄，是为花戏楼一绝。旗杆分5节，每节分铸八卦蟠龙，顶端铸丹凤1只，造型生动，旗杆上有三层方斗风铃24只，迎风叮当作响，清脆悦耳。花戏楼的木雕是第二绝，共雕有三国戏文18出，人物数百个，神态各异，龙争虎斗，呼之欲出。花戏楼的第三绝在山门。花戏楼的山门是一座仿木结构的三层牌坊式建筑，上面镶嵌着闻名天下的立体水磨砖雕，玲珑剔透，琳琅满目。花戏楼的砖雕，属徽派微雕艺术，在不足5厘米厚的水磨青砖面上，共雕人物115人，禽鸟33只，走兽67只，楼台殿阁多处，花草树木无数，内容涉及中国的宗教、历史、政治、军事、风俗民情等诸多方面。1988年1月，被国务院公布为全国重点文物保护单位。

（孙甜甜）

【曹操运兵道】国家AAAA级旅游景区，全国重点文物保护单位。位于亳州市老城区地下，以大禹首为中心，向四面延伸，分别通达城外。运兵道始建于东汉末年，相传为曹操所建。整个地道经纬交织，纵横交错、布局奥妙，规模宏大，目前已发现长近8000米，它远远超过地面上保留的一座古老城池的价值。被誉为“地下长城”。2001年6月25日被国务院公布为全国重点文物保护单位。

现存古地道，由于年代久远，并非一个时代修筑使用，结构不一，宽窄不同，高低不等。古地道距地表深度一般在2～3米之间，最深处超过6米。结构有土木结构、砖土结构、砖木结构、砖结构4种形式。有单形道、平行双道、上下两层道、立体交叉道等几种形式。道内高一般在1.6～2.1米之间，宽0.6～0.9米，道内转弯处均为“T”形道口连接，平行双道相距约2～3.5米，中间砌有方形传话孔。设有猫耳洞、掩体、障碍券、障碍墙、绊腿板、陷阱等军事设施，还有通气孔、灯龛等附属设施。

近年来在古地道的发掘维修过程中出土有汉、唐、宋各代文物，有铁刀、铁剑、弹丸、衔枚、铜镜、铁钉、瓷器、围棋子、钱币等，对研究我国古代军事建筑、军事战术以及曹操军事思想有重要价值。

（孙甜甜）

图66　花戏楼（郭志涛　摄）

【曹氏宗族墓群】全国重点文物保护单位。位于亳州魏武大道两侧，主要包括董园汉墓群、曹四孤堆、刘园孤堆、薛家孤堆、观音山孤堆、张园汉墓、马园汉墓、袁牌坊汉墓群、元宝坑汉墓群等。占地约10平方千米。2001年6月5日，被国务院公布为全国重点文物保护单位。

由文献记载可知，亳州城南有曹腾、曹褒、曹嵩、曹灿、曹胤等人的墓群。近年考古发掘证实，亳州城南除有《水经注》记载的曹腾等人墓以外，还有曹鼎、曹鸾、曹勋、曹水、曹宪以及许多不知名的墓。可见曹氏家族，自曹腾发迹后，形成一个庞大的官僚群，其宗族墓地广大。

从已发掘的墓葬可知，曹氏宗祖墓群的形制基本相同，规模都很大，为砖石结构的多室墓，一般均具有前室、中室、后室以及数量不等的耳室或偏室组成，其中最具代表性的是石结构的曹腾墓和砖结构的曹嵩墓。

曹氏宗族墓群，墓门多为石结构，饰有画像刻石，墓室墙壁，券顶绘有彩色壁画。出土有玉刚卯、玉猪、银缕玉衣、玉枕、象牙

图 67 南京巷钱庄(市文化旅游局 供图)

石等珍贵文物。墓中出土的800多块带文字墓砖,最引人注目。有隶、篆、草、真、行等书体。文字内容有记曹氏宗组成员或地方官吏姓名,也有一些反映人们对当时社会不满的词句,对研究我国古代书体演变和对外关系具有重要价值。

(孙甜甜)

【南京巷钱庄】国家AAAA级旅游景区,全国重点文物保护单位。位于亳州北关老街南京巷19号。是以货币为经营对象的民间金融机构旧址,1998年5月,被安徽省人民政府公布为全省重点文物保护单位。2013年3月,被国务院公布为全国重点文物保护单位。

亳州自古为一大商埠,明清之后,金融业更趋繁荣。随着经济和对外贸易的发展,商贾云集,商会林立。到清末民初,全城大小钱庄有33家,南京巷钱庄建于清道光年间(1821—1850),清末平遥"日升昌"票号的分号,经营范围主要包括:存款、放款、货币兑换、发行与兑换钱票、银票。随着城市建设的发展,亳州城内原有的钱庄旧址,绝大多数被拆除改建,仅有南京巷钱庄,保存较为完整,作为钱庄博物馆,对外开放。

南京巷钱庄,为面阔3间的三进四合院,存有门厅、正厅、后厅、柜房、账房、掌柜房、灶房等建筑30余间,建筑风格中西合璧,布局严谨,保存完整。现内有亳州钱庄兴起、发展、消亡专题陈列,对研究近代钱庄的历史和商铺建筑有重要价值。

(孙甜甜)

【尉迟寺遗址】全国重点文物保护单位。尉迟寺遗址位于亳州市蒙城县许町镇毕集村。遗址现存面积10万平方米左右。遗址东西长约370米,南北宽约250 米,现存崮堆面积约5万平方米为遗址中心部位,其中埋藏着壕沟环绕的主要居住区。1988年安徽省文物考古所对该遗址进行调查,确认为新石器时代遗址。从地层情况和碳14测定的年代看,尉迟寺遗址的年代大约距今4600～4800年。尉迟寺遗址是皖北地区目前规模最大的一处原始聚落遗址,它的发现对大汶口文化的全面研究是一项巨大的突破。1998年,被安徽省公布为省级重点文物保护单位。2001年6月25日,被国务院公布为全国重点文物保护单位。

(孙甜甜)

【万佛塔】全国重点文物保护单位。万佛塔又名插花塔,万佛塔现在占地面积约2500平方米,周长250米,呈长方形,是一处保存完整的宋代古塔。位于蒙城县宝塔中路49户北约50米的万佛塔公园内。因塔身内外嵌砌琉璃小佛近万尊而得名。万佛塔为八角十三层楼阁式砖塔,高42.6米。塔的四正面辟门,其余四面砌作假窗,外檐第二、第三层用砖砌作塔檐平座。自四层以下只出小平台,无平座。从塔的结构上可以看出,此塔自四层以上有变化,下面几层穿心式楼梯,上面则改成盘旋式楼梯,七层以上门窗位置也不规则。因此,此塔工程可能是分几次完成的。万佛塔体型不很大,但造型秀丽,结构富于变化,保存亦较完整。1961年被省政府公布为省级重点文物保护单位,被载入《中国名胜词典》。2006年5月,被国务院公布为第六批全国重点文物保护单位。

(孙甜甜)

【华佗纪念馆】国家AAA级旅游景区,全省重点文物保护单位。又名华祖庵、华佗庙,位于亳州市永安街中段路北,东邻三神庙和神农衣冠冢,南邻曹操的斗武营,是祭祀神医华佗的庙堂。因庙的历代主持皆为女僧,因此叫华佗庵。1961年郭沫若到亳州,亲题“华佗纪念馆”馆名,而后有现名。1981年,被安徽省人民政府公布为全省重点文物保护单位。

华佗辞世后,家人流散,故居被水冲坏。唐初尚文,谯人便在他的故居前建华佗庙,而后又多次修建。现存华佗纪念馆与华佗故居连为一体,占地1.3万平方米,有山门、耳房、大殿、东西殿、禅房、元化草堂、存珍斋、益寿轩、课徒馆、自怡亭、五禽戏台、药圃、洗芝池、碑廊等建筑。大殿上方悬有清嘉庆二年(1797)安徽巡抚朱圭题写的“燮理通微”的匾额。殿内金柱上有朱圭题写的楹联:“五戏转灵枢道本皇轩仙位业,四轮消劫运功参地释佛菩提”。店内供奉着雕塑大师钱绍武为华佗雕塑的铜像。碑廊上襄着古今名人为华佗题写的诗文。整个纪念馆,古朴典雅,环境优美,凝聚了中医药文化的精髓。

(孙甜甜)

【汤王陵】位于亳州市谯陵北路东侧,涡河北岸,是商汤王的衣冠冢,又称“汤王墓”。1981年9月,被安徽省人民政府公布为全省重点文物保护单位。

汤王墓的记载,最早见于三国时期曹丕著的《皇览》:“涡北凤头村,有成汤故垒”。郦道元在《水经注》中记载“商成汤葬于涡河之阳”。据《亳州志》记载:“汤陵西有桑林,是成汤王祈雨处”,东北有桐宫,是伊尹囚禁太甲之处,今具无存。民国25年(1936)辟为“汤陵公园”,园内广

图68 商成汤王墓(市文化旅游局 供图)

植花木,松柏常青,亭榭翼然,曲径通幽。

现存汤陵为一高大圆形土丘,高6米余,周长近60米。墓冢前竖“商成汤王陵”石碑,墓南一棵500余年树龄的黄楝树生长顽强,历代重修汤陵碑刻,由于战争破坏,仅存清康熙十二年(1673)和乾隆三十六年(1771)“重修汤陵碑记”立于左右,记录历次维修汤陵的情况。园内古树、寝陵、墓碑,构成帝王园林特色。

(孙甜甜)

【明王台】明王台在谯城区大有街路北通真观内,西、北两面靠哑巴坑,地面建筑早毁,现为一略高于周围地面的台地, 是元末红巾军农民起义领袖刘福通拥韩林儿称帝时的宫殿遗址。《亳州志》载:“刘福通自砀山清河迎韩林儿为帝,据亳继位,遗台尚存”。韩山童与刘福通于元至正十一年(1351)聚众起义,韩山童被推奉为明王,后被元军擒杀。韩林儿号“小明王”,立国号宋,都亳州,建元龙凤。以亳州通真观设为宫殿,并拆城西太清宫建筑材料扩建宫殿。1981年9月,被安徽省人民政府公布为全省重点文物保护单位。

(孙甜甜)

【傅庄遗址】位于谯城区西郊傅庄,涡河南岸,1981年发现,面积约2.4万平方米,遗址北部被涡水冲刷成断壁。1982年安徽省考古研究所小面积发掘,发掘面积110平方米。遗址文化堆积从上至下分别为商、二里头文化、龙山文化、大汶口时期文化,堆积厚度约5米。遗址埋藏丰富,仅在此次发掘中就出土各种遗物1000余件,有玉环、玉管、玉珠、玉牌、石斧、石锛、石镞、骨针、骨笄,陶器有大陶罐、背水壶、各式鼎、豆等。遗址发掘墓葬13座,有单人葬,3人、5人合葬,葬式为仰身直肢和侧肢,合葬墓有两男一女、四男一女、两男两女一童等,从一些尸骨上发现拔牙习俗,这种葬俗对研究

大汶口文化中晚期的社会结构和当时的习俗，提供了珍贵的实物资料。根据碳14年代测定，遗址中龙山文化层的年代，距今4045±95年，树轮校正年代，距今4460±145年。1989年，被安徽省人民政府公布为全省重点文物保护单位。

（孙甜甜）

【江宁会馆】位于亳州市古泉路中北侧，是南京药材商人为经销方便，清嘉庆十二年（1807）在圆觉寺的基础上集资改建的（因圆觉寺自康熙年间就由南京商人管理使用），具有祭祀神灵，祈福求财，交流信息、商务活动，方便起居，娱乐休闲等功能。

会馆坐北朝南，青砖灰瓦。现存山门、戏楼、配楼、钟楼、鼓楼、看楼、正殿、偏殿等古建筑，计52间。山门3间，明间正门匾额镶嵌砖刻“江宁会馆”4个大字，东西次间匾额，分别镶嵌“钟山”“分秀”碑刻大字，意为将中山之秀分到亳州来。进入山门即是戏楼，戏楼与大殿南北相对而建，舞台前突、木结构，屏风彩绘“二龙戏珠”图案，上悬“秀接钟山”匾额，整座戏楼建筑，集南北风格于一体，秀丽多姿，看楼与钟鼓楼分列东西两侧，檐廊弯绕，构成一个古老的四合院，具有鲜明的亳州地方特色。江宁会馆对研究清代早期建筑艺术，宗教、商务具有重要价值。1989年5月，被安徽省人民政府公布为全省重点文物保护单位。

（孙甜甜）

【道德中宫】又名老祖殿，位于亳州市老祖殿街东首，坐北朝南，山门正对问礼巷，是祭祀春秋时期伟大的思想家、哲学家、道家学派的创始人老子的庙祠。道德中宫始建于汉代，据《亳州志》记载：汉桓帝、唐高宗、唐玄宗、宋真宗等，都曾前来拜谒过老子庙祠。后因战乱，洪水等颓废。

现存道德中宫是明代万历年间（1573—1620）重修的，整个建筑坐北朝南，存有山门、拜殿、大殿、东殿、西殿等古建筑20余间，占地面积约2000平方米。布局对称，金碧辉煌。山门镶嵌“道德中宫”4个砖雕大字，步入山门，悬挂在拜殿门上的是“道法自然”巨型匾额。明间屏风，绘道教“太极图”。穿过拜殿为道德中宫的大殿，大殿3间，高大宏伟，正门上悬“上德若谷”巨型匾额，是祭祀老子的地方。殿内塑有3米多高的老子塑像。东殿三间题“紫气东来”匾额，敬奉鲁班，西殿门悬“返朴归真”匾额，敬奉财神。1991年重新镌刻的《道德经》石碑镶嵌在院内西墙上。1989年5月，被安徽省人民政府公布为全省重点文物保护单位。

（孙甜甜）

【薛阁塔】又名文峰塔，位于亳州市薛阁路中段路南。清乾隆三十七年（1772）亳州知州郑交泰，为兴文风始建，初为五层。嘉庆十七年（1812）州绅何天衢投资续建两层，成为七级玲珑宝塔。因塔建在明代吏部考功司郎中薛蕙的家庙薛家阁附近，故当地人称此塔为薛阁塔。

塔为砖结构，楼阁式建筑造型，直椎八角形，共七层，高34.15米，底层周长23.36米，塔座为8块大清石奠基。每层外转角为砖砌仿木方柱，柱上是砖枋，枋上为塔檐，枋下饰砖刻斗拱、禽鸟、花卉图案。塔内为“壁内折上式”，从第二层至第六层内壁上各有一面南小龛，为供神之处。塔顶八角飞檐、翘角垂脊、风铃叮当，筒瓦屋顶，玲珑剔透。塔尖为铁铸莲花座，座上铸葫芦式塔刹，直插云霄。2001年6月，国务院将该塔作为曹氏家族墓群的附属建筑公布为全国重点文物保护单位。

（孙甜甜）

【新四军第四师司令部旧址】位于涡阳县新兴镇，占地3000平方米，是安徽省重点文物保护单位，爱国主义教育基地。1939年9月初，彭雪枫带领新四军游击支队来到新兴集，开创以新兴集为中心的豫晚苏边抗日根据地。1940年2月，游击支队改番号为新四军六支队；6月又与黄克诚领导的八路军二纵队合编为八路军第四纵队；1941年新四军组建后改番号为新四军第四师，同年彭雪枫率新四军四师转移到津浦路东。四师在新兴集期间，司令部直属机关有政治部、锄奸部、民运部、参谋部、军法处、副官处、供给处、拂晓剧团、拂晓报社等十多个部门。四师司令部旧址为砖木结构的四合院，分东西两个院子，有房34间，现已辟为新四军第四师纪念馆，军委原副主席张震为纪念馆题写馆名。纪念馆内有刘少奇、彭雪枫旧居，彭雪枫德政碑，陈列有各种图片和革命文物等。1981年，被省政府公布为省级重点文物保护单位。

（孙甜甜）

【张乐行故居】位于涡阳县张老家村，是捻军首领张乐行的诞生地。故居属清式四合院，院内松柏掩映，有合瓦瓦房16间，其中前排堂屋5间，后客厅5间，东西厢房各3间。客厅重梁起架，雕梁画栋，明柱走廊，花格门窗，建筑雄伟。故居内存有张氏大宗谱、张氏小宗图、张慰祖墓碑及张敏行墓碑等。1981年，被安徽省人民政府公布为全省重点文物保护单位。

（孙甜甜）

【捻军会盟旧址】捻军会盟旧址，位于涡阳县城西关大桥北侧，西环路西侧。原名山西会馆，是山西旅游商人集资所建，整体建筑雄伟、庄肃。捻军起义时，曾会盟于此。中华人民共和国成立后，命名为捻军会盟旧址。1981年，被安徽省人民政府公布为省级重点文物保护单位。

（孙甜甜）

【天静宫】国家AAAA级旅游景区、省级重点文物保护单位。又称太清宫，位于涡阳县城北郑店村。太清宫始建于东汉延熹八年（165），始称老子庙。因桓帝梦见老子降于殿廷，乃颁旨在老子故里建庙立祠，祀奉老子，并命陈相边韶撰《老子铭》碑。李唐王朝，以老子为始祖，尊此庙为祖庙。唐武德三年（620）、贞观六年（632）、乾封元年（666）、光宅元年（684），曾相继于此营建宫阙殿宇，金碧辉煌，宏伟壮丽，不逊于帝王之都。天宝二年（743）钦封此宫为太清宫。唐末毁于兵火，几成废墟。北宋大中祥符七年（1014）至天禧二年（1018）间奉敕重建，规模比唐时还大。元世祖之后，道教再度兴盛，此宫得以新建，并根据道教教义易名为天静宫。明崇祯年间（1628—1644）和清康熙八年（1669）均进行过装修。历史上的太清宫规模宏大，占地三千亩，食业数千人，被道教界誉为中华道观之最。现在的太清宫是20世纪90年代由海外华人捐资在原址上重建的，其主要建筑按宋代规制建设。老君殿、三清殿、灵官殿、天师殿、重阳殿、吕祖殿、老祖殿、元辰殿、财神殿、慈航殿、道士舍、迎仙桥、钟楼、鼓楼、两庑、长廊、山门及门前广场等工程告竣，各殿神像及宗教设施齐备。东岳庙已修复开放。1998年，被安徽省人民政府公布为省级重点文物保护单位。

（孙甜甜）

【北平城遗址】省级重点文物保护单位。位于涡阳县曹市镇北3千米，是汉朝“山桑城”故址，东汉末封文钦为山桑侯。当地俗称“北平城”“红粟城”，《水经注》及刘志存《涡阳县志》均有记载。又因城址土呈红色，当地人遂以“红城子”呼之。2004年，被安徽省人民政府公布为省级重点文物保护单位。

（孙甜甜）

【庄子祠】北宋元丰元年（1078），蒙城县令王竞始建庄子祠，苏轼为记：“庄子蒙人也，尝为蒙漆园吏。没千余岁而蒙未有祠之者，县令、秘书丞王竞始作祠，求文以为记……”。此祠堂建于涡河北岸漆园故址，主要建筑有逍遥堂、梦蝶楼、观鱼台等。每年祭祀，从未间断，至明朝天顺年间（1457—1464）被洪水淹没。《庄子祠堂记》收在《苏东坡全集》中。

明万历八年（1580），知县吴一鸾于县城东关重建。重建的庄子祠堂规模宏大，颇为壮观。有逍遥堂、梦蝶楼、卷篷各3间，道舍3间，鱼池桥1座。左为梦蝶楼，右为观鱼台。逍遥堂居中，堂中塑庄周像，每年春秋祭祀。明崇祯五年（1632），知县李时芳重修逍遥堂，增建五笑亭，辟池为庄子濠上观鱼园，并新撰《新修庄子祠记》，刻碑立于祠内。门前立丈余高的石碑，镌刻“庄周故里”4个大字。

现存庄子祠是蒙城县政府在宋代庄子祠旧址上新建的，总占地面积3.47公顷，总建筑面积1086平方米，全祠由祠堂建筑群与万树园两部分组成。主要建筑有大三门、影壁、山门、逍遥堂、古衡门，濮池、五笑亭、观台、观鱼桥、梦蝶楼、南华经阁、东西碑廊、道舍、客舍等。

（孙甜甜）

【古井酒文化博览园】国家AAAA级旅游景区。位于亳州古井镇，为仿明清宫廷建筑，园区景点达40余处，包括“华夏白酒第一馆”——古井酒文化博物馆、地下万吨酒库、醉酒屋、古井园、酒神广场等，其中两口千年古井及明清窖池群、明清酿酒作坊遗址为国家重点文物保护单位。安徽十大行业馆之一，连同古井酒厂、魏井、宋井，被国家旅游局命名为“工业旅游示范点”。

（孙甜甜）

【蒙城文庙】省级重点文物保护单位。又名孔庙，始建于元至元二十一年(1284)。是封建时代祭孔、演礼和办学的地方。文庙院长54.54米，宽37.45米，分布面积2042平方米。文庙自前而后依次为大成门和大成殿。大成门又名戟门，面阔五间，是通向大成殿的过道门。大成门东连名宦祠，西接乡贤祠。大成殿，原名先师殿，是文庙的主体建筑。殿阔5间，进深3间，为歇山顶抬梁式建筑。东西庑各7间，为灰色筒瓦覆顶。2008年，文物部门对文庙再次进行维修，增添文庙文化内涵，塑孔子及四配圣像，立碑悬匾，添置香炉，增设至圣堂、崇教堂、才俊堂、国学堂，目前文庙成为“探询古文化，接受传统教育”的教育基地，已向游人开放。

（孙甜甜）

图69 蒙城文庙(胡晓瑞 摄)

【伍奢冢遗址】省级重点文物保护单位。伍奢冢遗址位于利辛县孙庙乡庙李村东北，为新石器时代至汉代遗址。遗址呈谷堆形，占地3万平方米，因伍奢冢在此而得名。冢上文化堆积层为38米，冢下为18米(河堤剖面)，冢南100米处有土城墙遗址，东西长140米，基宽3米，高出地面半米许，城墙北侧发现有古井，锅灶遗迹等。20世纪60年代，曾发现有石斧、骨针、陶网坠、红烧土等。1980年后，地面采集大量文物标本，经专家鉴定，为大汶口文化晚期遗物。其上层夹杂着东周至汉代遗物。该处具有重要的保护价值和学术研究价值。2004年，被安徽省人民政府公布为省级重点文物保护单位。

（孙甜甜）

【亳州市博物馆】国家AAAA级旅游景区，爱国主义教育基地。位于亳州市谯城区芍花路209号，馆名由1963年时任中国科学院院长的郭沫若先生题写。亳州市博物馆为仿汉城堡式建筑，在原三国揽胜宫基础上改建而成，占地2.5万平方米，建筑面积5200平方米，总投资1500万元。室内陈列面积2800平方米，文物库房建筑面积1200平方米，馆藏文物2071件套。

亳州博物馆陈列的主题为“穿越五千年——亳州文化寻源”，按照历史发展的脉络，展示亳州博大精深的文化魅力和多姿多彩的文物形态。展厅由序厅、涡河文明、商汤都亳、道源圣地、汉魏风骨、天下望州、亳商市井、近代和当代亳州8个部分组成，共展出文物700余件套。

亳州博物馆集声、光、电等现代传媒技术为一体，采用文字、图片、实物、动画、沙盘等多种表现手法，再现了亳州千年文明的历史画卷，成为展示亳州历史文化名城的标志性建筑。

（孙甜甜）

【亳州北关历史街区】又称北关老街。亳州物华天宝，春秋时为楚、宋、鲁等国的物产重要交流地，唐宋时为南北贸易的货物集散地，明清达到鼎盛，成为苏鲁豫皖商品集散地之一，被誉为“南北通衢，中州锁钥”。清光绪年间(1875—1908)，亳州有大小街道146条，其中北关商业区街道57条，大多以行业命名，一街一市，如：花子街、白布大街、牛市、驴市等。这里汇聚全国10多个省和地区的33家商业会馆，其中湖广会馆、河南会馆、山陕会馆(花戏楼)、江宁会馆等规模最大，功能也较齐全。到清末民初，这一区域有大小钱庄33家，各类商店、栈、号、行、庄近千家，被称为“小南京”。现在的亳州老街主要指北门口以北，涡河以南的老街区，保存古街近20条，街貌依旧，建筑典雅，是研究明清中原商贸文化不可多得的实物资料。

（孙甜甜）

【蒙城板桥战斗纪念馆暨雪枫公园】板桥战斗纪念馆暨雪枫公园位于蒙城县板桥镇，是国家AAA级旅游景区。纪念馆为纪念八路军第四纵队在淮北板桥集抗击日伪军进攻的战斗而建。新四军在战斗中击落敌机的照片陈设在四师纪念馆，当年被击落的飞机就陈列在板桥雪枫公园内。2007年在遗址上建起板桥雪枫公园，公园紧邻河面，水陆面积约40公顷，公园内有板桥战斗纪念碑一座，周围长廊短亭，绿水环绕，是休闲度假的好去处。

（孙甜甜）

【陈抟庙】国家AAA级旅游景区。又名希夷故里，位于谯城区城南宋塘河西岸陈家营村。是道家著名人物陈抟的出生地，陈抟庙始建于宋，后历代维修，保留至今。2007年市政府斥资重建，在各殿内围绕着陈抟及道家文化进行布展，2009年1月对游客开放。陈抟庙占地5000平方米，有山门、碑亭、三教殿、老祖殿、图南堂、扶摇堂和希夷睡洞等建筑组成，殿内陈列内容是以陈抟生平、学术成就及其对中国文化、哲学思想和道教贡献为主题，展示恢宏的涡水道家文化，弘扬中华文化精神。

（孙甜甜）

【白鹭洲国家级水利风景区】国家AAA级旅游景区，国家级水利风景区。位于利辛县阚疃镇。由茨淮新河、利阚新河、白洋沟、月牙河和利阚新河公路桥、永幸河公路桥等水利工程设施以及几条水系围合而成的3个岛屿共同组成。岛屿上水杉参天挺立，四季松柏常青，环岛有护坡、沙滩，四周水面宽阔，水质优良，清澈见底。景区总占地面积120 公顷，其中陆地面积80公顷，水面40公顷。2009年8月，被水利部正式批准为国家级水利风景区，12月被评为国家AAA级旅游景区。

（孙甜甜）

【尚汤温泉】尚汤温泉位于亳州市西北角涡河与洪河两河相汇处，是亳州市第一个利用锶温泉独特的理疗价值，并结合亳州中医药养生文化特色，打造的休闲养生旅游项目。

尚汤温泉泉水取自于地下2300米，出水温度达60度，日出水量1600立方米。亳州尚汤温泉地热水中富含益于人体保健的多种化学组分。依据理疗热矿水水质标准（GB/T11615-2010），郑店子温泉为氟、偏硅酸理疗热矿水，其中锶含量16～24毫克/升，是国内罕见的高矿化度、富含益于人体保健化学组分的锶医疗热矿水。专家认为，亳州郑店子温泉长期使用对人体心血管软化、骨骼的生长和钙化、神经传导和酶系统代谢等方面有理疗保健辅助效果。

尚汤温泉规划总占地4公顷，总投资约1.6亿元，一期开放温泉汤池42个，其中包括集团汤院1座，树屋3座、温泉汤院3座、温泉木屋6座、汤亭4座，泡池结合亳州养生中药资源设有花草美容区、中药养生区、森林浴、天体温泉、石板浴、儿童嬉水区等项目。配套有1200个更衣柜、可容纳300多人的休息大厅、自助餐、SPA、鱼疗、健身等项目，设计日最大接待量可达2000人。根据规划设计，全面建成后的尚汤温泉将成为区域内体量最大、规格最高、功能全面的综合温泉休闲度假区。

（孙甜甜）

图70 尚汤温泉（市文化旅游局 供图）

财政　税收　金融

财 政

【概况】2017年，亳州市财政总收入完成171亿元，为预算的105.3%，同比增收23.6亿元，增长16%，财政收入排名全省第十位，财政总收入增幅排名全省第三位。其中，地方财政收入完成94.6亿元，为预算的102.5%，同比增收7.5亿元，增长8.6%；中央收入完成75.4亿元，为预算的109.1%，同比增收15.8亿元，增长26.6%；国有资本经营预算收入完成0.9亿元，为预算的113.7%，同比增收0.2亿元，增长32.8%。全市税收收入完成147.7亿元，同比增长16.5%，其中：地方税收收入73.2亿元，同比增长8.6%；中央税收收入74.5亿元，同比增长25.5%。分部门情况：国税部门完成98.9亿元，为预算的104.8%，同比增长36.4%；地税部门完成53.6亿元（含非税收入4.7亿元），为预算的106.2%，同比下降8.1%；财政部门完成18.5亿元，为预算的105.7%，同比增长11.7%（剔除营改增因素，国税部门同口径增幅为22.9%，地税部门同口径增幅为14.5%）。分级次情况：涡阳县完成20.9亿元，为预算的105.3%，增长15.7%；蒙城县完成28.3亿元，为预算的105.9%，增长16.5%；利辛县完成20亿元，为预算的103.7%，增长16.3%；谯城区完成36亿元，为预算的104.9%，增长15.2%；亳芜产业园完成2.2亿元，为预算的110.4%，增长10.4%；开发区完成14.1亿元，为预算的121.8%，增长33.7%；市本级完成49.5亿元，为预算的101.9%，增长12.4%。

财政支出完成325亿元，为预算的148.9%，增长16.5%。分级次看，涡阳县完成64.3亿元，为预算的151.2%，增长16.4%；蒙城县完成61.3亿元，为预算的186.7%，增长16.9%；利辛县完成63.9亿元，为预算的150.9%，增长17.3%；谯城区完成71.9亿元，为预算的158.5%，增长15%；亳芜产业园完成2.4亿元，为预算的128%，增长6.4%；开发区完成3.2亿元，为预算的162.8%，增长19.9%；市本级完成58亿元，为预算的113%，增长18.5%。

本年度，市财政局获省人社厅、省财政厅授予的2013—2017年度全省财政系统先进集体、中国财政科学研究院颁发的全国财政科研宣传工作特别奖，政府性债务管理、乡镇财政资金监管绩效评价在省厅考核中均名列第一，其他12项工作均被省厅评为先进。招商引资工作获全市优秀等次。

（宋德良）

【财政收入管理】2017年，亳州市坚持综合治税、依法征收，规范非税收入征管，强化收入预期管理，财政收入质量稳定，财政实力增强。

财政收入规模扩大：全市财政总收入完成171亿元，同比增收23.6亿元，增长16%，同比提高2.8个百分点。全市财政收入总量居全省第十位，较上年提升两个位次；增幅居全省第三位，超过全省平均水平4.9个百分点。其中，税收收入完成147.7亿元，占财政总收入比重86.4%，较上年提高0.4个百分点，居全省第三位。

主体税种贡献提高。全市主体税种收入完成107.4亿元，同比增收15.6亿元，增长17%，拉动财政收入增长10.6个百分点，拉动税收收入增长12.3个百分点，总量占比62.8%，同比提高0.5个百分点。小税种收入完成40.4亿元，同比增收5.4亿元，增长15.3%，拉动财政收入增长3.6个百分点，拉动税收收入增长4.2个百分点。全市15个税种12增3降，按增量居前5位的分别是增值税、企业所得税、车辆购置税、消费税、土地增值税。分税种情况如下：

增值税完成67.9亿元，同比增收18.8亿元，增长38.3%，累计增收占全市税收收入增量79.8%。主要是房地产业增收5.4亿元，建筑业增收4.4亿元，批发零售业增收3.4亿元，金融业增收2.1亿元，煤炭开采和洗选业增收1.5亿元，酒制造业增收0.9亿元，汽车制造业增收0.5亿元，租赁和商务服务业增收0.5亿元，医药制造业增收0.4亿元，废弃资源综合利用业增收0.3亿元。

企业所得税完成20.3亿元，同比增收5.8亿元，增长39.9%，累计增收占全市税收收入增量24.5%。主要是金融业增收2.7亿元，房地产业增收2.7亿元，酒制造业增收1亿元，电力热力燃气及水的生产和供应业增收0.4

亿元。另外，批发和零售业减收0.9亿元，建筑业减收0.2亿元。

车辆购置税完成8.6亿元，同比增收2.1亿元，增长32.3%，累计增收占全市税收收入增量9.6%。主要是个人购买车辆引起其他行业增收1.4亿元，交通运输、仓储和邮政业增收0.6亿元。

消费税完成14.1亿元，同比增收1.9亿元，增长15.2%，累计增收占全市税收收入增量8.5%。主要是酒制造业增收1.6亿元，汽车制造业增收0.3亿元。

土地增值税完成4.3亿元，同比增收1.5亿元，增长52.8%。累计增收占全市税收收入增量6.8%。主要是房地产业增收1.5亿元。

个人所得税、城市维护建设税、契税、车船税、资源税、印花税、房产税分别增收0.8亿元、0.6亿元、0.4亿元、0.3亿元、0.3亿元、0.3亿元、0.2亿元，分别增长25.4%、15%、4.3%、27.3%、83%、30.5%、17.8%，以上7个税种收入增量占税收总收入增量的14.3%。

城镇土地使用税完成4.5亿元，同比减收0.1亿元，下降3.1%。

耕地占用税完成2.5亿元，同比减收0.2亿元，下降7.9%。

营业税完成0.9亿元，同比减收11.7亿元，下降93%。主要是受营改增影响。

六大行业税收增加。2017年，亳州市税收收入贡献较多的8个重点行业依次是：房地产业、金融业、酒制造业、批发和零售业、采煤业、医药制造业、交通运输仓储和邮政业、建筑业，共实现税收124.8亿元，占税收收入的81.7%，同比增收16.7亿元，增长15.5%，拉动税收收入增长12.8个百分点。其中，批发和零售业、房地产业、酒制造业、医药制造业、采矿业、金融业6个行业税收同比增收20.3亿元，带动税收收入增长15.5个百分点，建筑业同比减收2.5亿元，下降17.7%。交通运输仓储和邮政业同比减收1亿元，下降9.4%。具体如下：

房地产业实现税收34.9亿元，占税收收入比重22.8%，增收8.1亿元，增长30%，增量占全市税收增量的36.8%。主要是该行业增值税增收5.4亿元，企业所得税增收2.7亿元，契税增收1.9亿元，土地增值税增收1.5亿元，个人所得税增收0.3亿元。另外，该行业营业税受营改增影响减收3.9亿元。

批发和零售业实现税收26.2亿元，占税收收入比重17.2%，增收2.3亿元，增长9.5%，增量占全市税收增量的10.4%。主要是该行业增值税增收3.4亿元，城镇土地使用税增收0.3亿元，城市维护建设税增收0.2亿元。另外，该行业企业所得税减收0.9亿元，个人所得税减收0.7亿元。

酒制造业实现税收17.6亿元，占税收收入比重11.5%，增收3.6亿元，增长25.9%，增量占全市税收增量的16.5%。主要是该行业消费税增收1.6亿元，企业所得税增收1亿元，增值税增收0.9亿元。

金融业实现税收13亿元，占税收收入比重8.5%，增收3.8亿元，增长41.4%，增量占全市税收增量的17.4%。主要是该行业企业所得税增收2.7亿元，增值税增收2.1亿元，个人所得税增收0.4亿元。另外，该行业营业税减收2.1亿元。

医药制造业实现税收6.9亿元，占税收收入比重4.5%，增收0.6亿元，增长10.1%，增量占全市税收增量的2.9%。主要是该行业增值税增收0.4亿元。

煤炭开采和洗选业实现税收4.6亿元，占税收收入比重3%，增收1.9亿元，增长68.3%，增量占全市税收增量的8.5%。主要是该行业增值税增收1.5亿元，资源税增收0.2亿元。

建筑业实现税收11.8亿元，占税收收入比重7.7%，减收2.5亿元，下降17.7%。主要是该行业营业税减收5.1亿元，契税减收1.7亿元，企业所得税减收0.2亿元。另外，该行业增值税增收4.4亿元。

交通运输仓储和邮政业实现税收9.8亿元，占税收收入比重6.4%，减收1亿元，下降9.4%。主要是该行业增值税减收1.8亿元，另外，车辆购置税增收0.6亿元，企业所得税增收0.2亿元，三产税收增加。亳州市三大产业实现税收152.8亿元（含省级分成5.1亿元），其中：第二产业实现税收53.8亿元，同比增收6.6亿元，增长14.1%，拉动税收收入增长5.1个百分点；第三产业实现税收98.7亿元，同比增收15.2亿元，增长18.2%，拉动税收收入增长11.6个百分点。全市三大产业税收占比为0.2∶35.2∶64.6，与上年同期的0.1∶36.1∶63.8相比，三产税收占比提高0.8个百分点。第三产业税收占税收收入增量的69.4%。其中，房地产业完成34.9亿元，增长30%，同比提高11.7个百分点；金融业完成13亿元，增长41.4%，同比提高35.1个百分点。

四大税源企业税收三增一减。古井酒厂实现税收23.1亿元，占税收总收入的15.1%，同比增收4亿元，增长20.9%，同比提高17.1个百分点。主要是消费税增收1.7亿元，增值税增收1.2亿元，企业所得税增收1亿元，城市维护建设税增收0.2亿元。高炉酒厂实现税收0.9亿元，占税收总收入的0.6%，同比减收0.3亿元，下降24%，同比回落33.7个百分点。主要是企业所得税减收0.2亿元。许疃煤矿实现税收2.1亿元，占税收总收入的1.4%，同比增收1亿元，增长96%，同比增长123.4个百分点。主要是增值税增收1亿元。涡阳煤矿实现税收2.4亿元，占税收总收入的1.6%，同比增收0.8亿元，增长47.7%，同比提高36个百分点。主要是增值税增收0.5亿元，资源税增收0.1亿元。

（宋德良）

【财政支出管理】2017年，亳州市压减一般性支出预算2353万元，超额完成省政府要求压缩5%目标。统筹政府性基金、国有资本经营预算与一般公共预算，将每项政府性基金结转规模超过该项基金当年收入30%部分和全部国有资本经营预算收入调入一般公共预算，用于增强财政保障能力。财政支出完成325亿元，为预算的148.9%，增长16.5%。民生支出完成282.3亿元，增长16.4%，占财政总支出的86.9%。按支出功能科目分类，增量居前5位的分别是城乡社区支出、医疗卫生与计划生育支出、教育支出、一般公共服务支出、国土海洋气象等支出。具体如下：

城乡社区支出完成44.5亿元，增支25.7亿元，增长137.5%。主要是城乡社区公共设施增支12.6亿元，城乡社区管理事务增支2.2亿元。

医疗卫生与计划生育支出完成44.3亿元，增支10.1亿元，增长29.3%。主要是财政对基本医疗保险基金的补助增支25.4亿元，其他医疗卫生与计划生育支出增支1.2亿元，医疗卫生与计划生育管理事务增支1.1亿元；医疗救助减支17亿元，计划生育事务减支0.8亿元。

教育支出完成58.5亿元，增支7.4亿元，增长14.5%。主要是普通教育增支6.2亿元，教育费附加安排的支出增支0.2亿元。

一般公共服务支出完成23.3亿元，增支4.6亿元，增长24.6%。主要是政府办公厅（室）及相关机构事务增支2.4亿元，财政事务增支0.5亿元，组织事务增支0.3亿元。

国土海洋气象等支出完成5.3亿元，增支4.3亿元，增长436.7%。主要是国土资源事务增支4.4亿元。

社会保障和就业、科学技术、公共安全、债务付息及发行费用、住房保障、国防、粮油物资储备等支出分别增长6.1%、100.7%、26.6%、46.4%、-0.2%、44.3%、-0.2%。

七类支出下降：

交通运输支出完成9.1亿元，减支6.9亿元，下降43%。主要是公路水路运输减支4.3亿元，车辆购置税支出减支2.7亿元。

商业服务业支出完成1.8亿元，减支3.3亿元，下降64.4%。主要是商业流通事务减支2.7亿元。

资源勘探信息等支出完成1.5亿元，减支2亿元，下降56.2%。主要是支持中小企业发展和管理支出减支1.9亿元。

节能环保支出完成9亿元，减支2亿元，下降19.5%。主要是自然生态保护减支3.7亿元。

农林水支出完成40.9亿元，减支0.8亿元，下降1.9%。主要是农村综合改革减支3.1亿元。

文化体育与传媒支出完成1.9亿元，减支299万元，下降1.5%。主要是文化支出减支0.2亿元。

金融支出完成0.3亿元，减支15万元，下降0.4%。

（宋德良）

【服务经济社会发展】2017年，亳州市落实减税降费政策，推进营改增改革，落实减免企业和个体工商户增值税、企业所得税等22亿元。落实取消、缓征行政事业性收费政策，为企业减负1亿元。落实财政扶持经济发展政策，整合安排工业发展、创业扶持、科技创新、商贸发展等专项扶持资金1.5亿元，其中，工业发展专项资金2400万元，用于支持工业发展;创业扶持专项资金1500万元,用于支持亳州老乡返乡创业创新;商贸发展专项资金2574万元,用于支持商贸流通企业发展;科技专项资金1995万元,用于支持科技创新。创新财政投入方式,每年安排产业引导基金3000万元,主要用于引导社会资本向初创期、成长期中小微企业投资,促进经济结构调整和产业升级。继续采取"借转补"和事后奖补办法,支持促进实体经济发展;落实社会力量办医、办学、办养老机构补助政策,支持社会力量办事业;落地PPP项目10个,投资总额105亿元。落实市政府《着力缓解中小微企业融资难融资贵问题的意见》,支持解决续贷过桥资金3.7亿元、周转贷款61亿元,帮助1557户中小微企业贷款融资。支持完善城市公共服务设施。公共设施、环境卫生等城乡社区支出44.3亿元,同比增长136.4%,促进了城乡面貌改善。扶贫支出14.6亿元,同比增长1.1倍,改善贫困地区生产和生活条件,提高贫困人口生活质量和综合素质,支持促进贫困地区发展经济和社会事业。投入旅游产业、中药等制造业、中小企业发展资金1.9亿元,扶持经济发展。安排教育、科技、文化、社会保障、医疗卫生支出152亿元,同比增长17.3%,促进社会事业协同发展。

（宋德良）

【财政重点改革】2017年,《亳州市市以下财政事权与支出责任划分改革实施方案的通知》出台,明确财政事权与支出责任。出台《市级财政专项资金管理实施细则》,落实资金管理主体责任。深化预算执行管理改革,制定《市级预算执行考核办法》。清理各类重点支出与财政收支增幅、生产总值等指标挂钩事项。加强全口径预算管理,推进"开门办预算"。首次在政府门户网站设立部门预算公开统一平台,集中按时公开政府、部门预决算和"三公"经费信息。率先在全省完成县级国库集中支付电子化改革试点。改革绩效管理,对扶贫、民生工程等2283个预算项目进行绩效评价,涉及资金28亿元,评价结果与预算安排挂钩。改革政府购买服务,印发《关于做好事业单位政府购买服务改革工作的通知》,推进财政供给方式转变。改革政府性债务管理,出台《亳州市政府性债务风险应急处置预案》,加强政府性债务风险应急处置。改革国有企业,完善市属企业负责人经营业绩考核办法,推动古井集团所属8家四级子公司压减管理层级,推进建安集团战略转型和资产重组。

（宋德良）

【国有资产监管】2017年,亳州市通过资源分类整合,组建新的建安集团和城建发展控股集团、文化旅游控股集团、交通投资控股集团;支持保安公司成功在"新三板"(全国中小企业股份转让系统)挂牌;支持安徽古井酒店员工持股试点;出台《关于印发〈市属企业功能界定与分类方案〉的通知》,推动企业结构调整和转型发展。出台《亳州市人民政府办公室关于印发亳州市市属企业负责人经营业绩考核办法的通知》,加强市属企业负责人经营业绩考核。出台《关于印发〈亳州市市属企业负责人薪酬管理办法〉的通知》,完善市属企业负责人激励约束机制。出台《关于建立市属企业全面风险管理工作定期报告制度的通知》,加强市属企业风险管控。出台《关于印发〈亳州市市属企业担保管理暂行办法〉的通知》《关于加强市属企业担保管理有关事项的意见》,规范市属企业担保行为。加强国有资本收益收缴,国有资本经营预算收入完成8097万元,为预算的103.6%,其中,建安集团完成5020万元,为预算的100%;古井集团完成3077万元,为预算的109.9%。加强行政事业单位国有资产监管,开展地方政府性债务投资项目资产清查和市级国有资产核实,规范资产处置审批和收益管理,收缴资产出租收益594万元、资产处置收益2178万元。

（宋德良）

【民生支出保障】2017年,亳州市民生支出完成282亿元,同比增长16.3%,占财政支出的86.8%。其中民生工程支出144.4亿元,同比增长15.2%,支持实施32项民生工程。落实惠农政策,全市财政部门通过"一卡通"打卡发放惠农补贴29.9亿元,较上年增加0.4亿元,人均受益549元;投入1.72亿元开展政策性农业保险,兑现理赔1.02亿元。支持城乡统筹发展,筹集2.6亿元,实施村级公益事业"一事一议"财政奖补项目917个。

落实1.1亿元，实施农业综合开发项目，支持改造中低产田5600公顷。落实4.06亿元，用于秸秆禁烧和综合利用。投入3亿元，支持美丽乡村建设和农村环境整治“三大革命”，促进农村生产生活条件改善。

全市32项民生工程计划投入资金141.5亿元，累计落实资金149.4亿元，资金落实率105.6%，支出资金144.2亿元，资金支出率101.9%。全面完成年度目标任务，其中，15项工程提前一个季度完成任务，13项工程超额完成年度任务。

（宋德良）

图71　市国税局、市地税局联合举办“民营企业共话税收”交流活动（市地税局　供图）

税　收

·国家税收·

【概况】2017年，亳州市国税系统组织税收收入100.5亿元，同比增长36.9%，增收27.1亿元，其中地方级收入完成37.9亿元，同比增长50.4%，增收12.7亿元，收入总量位居全省第九位；办理各类减免税13.1亿元，同比增长19%；办理出口退税2.21亿元。

开展“业务大比武”活动，“征收管理类”和“税务稽查类”首次纳入全市职工职业技能大赛。与市妇联、市地税局联合开展主题为“巾帼心向党　扬帆新征程　喜迎十九大”的“杰出女税官”评选活动。开展“最美亳州国税人”评选活动。

本年度，亳州市国税局获第五届全国文明单位，市国税局与谯城区国税局、蒙城县国税局、涡阳县国税局、利辛县国税局均获安徽省第十一届文明单位。市国税局被评为2016年度市直机关效能建设优秀单位，被推荐为安徽省职工职业道德标兵候选单位，货物和劳务税科获“安徽省工人先锋号”称号，机关党委被授予“全省第四批学习型党组织建设工作示范点”和“市直基层党组织标准化建设示范单位”，5人获市“五一劳动奖章”。蒙城县国税局获全省先进集体、全省职工职业道德建设标兵单位、2017年全省“法治税务示范基地”称号，复审保留“全国文明单位”称号。蒙城县国税局办税服务厅、利辛县国税局阚疃分局办税服务室获2017年度“全省国税系统纳税服务示范单位”。

（杨宇航）

【税收改革】2017年，亳州市国税系统制定三批“放管服”改革措施及系统优化清单，明确措施要点、责任单位、落实层级、完成时间和落实措施。第一批改革措施及系统优化清单完成。推进国税、地税征管体制改革，建成亳州国地税联合办税服务厅，实现“一窗一人一机”统办国地税业务。在其他大厅和办税室互设窗口17个，互派人员21人，实现进一家门、办两家事。制订年度合作计划，定期召开联席会议，联合开展国地税合作情况督查调研。12名国地税干部交流挂职。国地税涉税信息采集共享51.4万条。《国地税合作规范3.0版》确定的年度37项基本合作事项，落实35项，未落实2项（省局层面合作事项）。开展营改增政策辅导，印制营改增政策宣传资料7000余份，培训税务人员627人次，培训营改增纳税人3061户次，增值税一般纳税人参训率100%。

（杨宇航）

【依法治税】2017年，亳州市国税局完成“规范税收执法三年规划”。开展“法治税务示范基地”创建。规范税务行政裁量行为和税务行政审批，梳理公开审批保留项目。核查新办企业，多维度识别出口退税风险，推进案例式、解剖式、教学式评估核查，遏制骗税风险，开展补充预警分析4期。开展交通运输业、废旧物资行业、纺织行业、花茶行业和医疗器械经营行业专项整治，打击发票违法犯罪力度，查处发票违法企业208户、非法发票5882份。稽查查补入库税款210万元；开展风险应对2501户次，入库税款5311.07万元，入库滞纳金182.83万元。

（杨宇航）

【税收便民服务】2017年，亳州市国税局全面落实税收优惠政策，重点落实国务院新出台的各项减税政策，强化宣传培训，加强减税效应跟踪分析。开展便民办税春风行动，组织“税宣进园区”“税字亳州”及纳税人课堂等宣传培训活动。优化大企业个性化纳税服务，改造升级市国税局办税服务厅，建成24小时自助办税厅5个，配置自助办税终端36台，推行发票网上申领、邮政配送，设立82个邮政代开发票点。56项主体业务的微信、APP移动办税初步推开。简并申报缴税次数，梳理“最多跑一次”业务清单，实现327个涉税事项只跑一次、242个涉税业务网上直接办结、588种纸质资料免于报送。受理即办比例提高到70.1%。

建立市级涉税信息综合处理平台，利用第三方涉税信息增加税收5739万元。推广使用“会易通”软件，开展“互联网+税务党建平台”软件开发准备工作，探索利用手机开展党建学习教育。实现出口退税“电子退库”，国税局和国库双方直接传输电子数据，人工差错减少，纳税人往返时间节省，退税效率提高。无纸化管理范围扩大到二类出口企业，认定无纸化管理出口企业36户。

在5个办税厅和17个办税室安装65个内网罐装式POS机，在代开发票方面实现“一窗一人一机单系统”统办国地税业务全覆盖，被《安徽新闻联播》《亳州新闻》等媒体报道。

▲“一窗一人一机单系统”：一个窗口设置一台电脑主机，安装一个金三系统，在代开发票时，通过进入国税或地税金三系统，征收增值税后，系统自动带出随征的地方税费，国地税费缴清后，完成发票代开。

（杨宇航）

2017年亳州市国税入库排名前50位企业

表8

名 单	位次	名 单	位次
安徽古井贡酒股份有限公司	1	安徽省烟草公司亳州市公司蒙城县营销部	26
安徽省烟草公司亳州市公司	2	安徽省烟草公司亳州市公司涡阳县营销部	27
亳州古井销售有限公司	3	涡阳县宇通再生资源回收有限公司	28
亳州药都农村商业银行股份有限公司	4	徽商银行股份有限公司亳州分行	29
淮北矿业股份有限公司许疃煤矿	5	亳州万达广场投资有限公司	30
安徽江淮安驰汽车有限公司	6	亳州古井置业发展有限责任公司	31
亳州根元再生资源有限公司	7	亳州粤诚置业有限公司	32
安徽省亳州煤业有限公司袁店二井煤矿	8	亳州市正和铝业有限公司	33
安徽淮中再生资源回收有限公司	9	安徽中烟工业有限责任公司	34
安徽利辛农村商业银行股份有限公司	10	安徽源和堂药业股份有限公司	35
亳州碧桂园九州房地产开发有限公司	11	国网安徽省电力公司亳州供电公司	36
安徽双轮酒业有限责任公司	12	安徽坤润房地产开发有限公司	37
亳州根宝废旧物资回收有限公司	13	亳州恒大置业有限公司	38
安徽蒙城农村商业银行股份有限公司	14	安徽绿徽置业有限公司	39
安徽珍宝岛医药药材贸易有限公司	15	亳州市融资担保有限责任公司	40
中煤新集利辛发电有限公司	16	亳州华仑国际文化投资有限公司	41

表续 8

名　单	位次	名　单	位次
安徽涡阳农村商业银行股份有限公司	17	蒙城县恒圣地产有限公司	42
亳州市报废车辆回收有限责任公司	18	信义光伏产业（安徽）控股有限公司	43
安徽广印堂中药股份有限公司	19	亳州龙利再生资源回收有限公司	44
安徽济人药业有限公司	20	安徽省顺兴物流有限公司	45
蒙城县名邦置业有限公司	21	中国建设银行股份有限公司亳州市分行	46
涡阳县碧桂园房地产开发有限公司	22	安徽兴发房地产开发有限公司	47
淮北矿业股份有限公司涡北选煤厂	23	合肥建工集团有限公司	48
淮北矿业股份有限公司涡北煤矿	24	亳州九洲方圆中药材电子商务有限公司	49
安徽省烟草公司亳州市公司利辛县营销部	25	康美（亳州）世纪国药中药有限公司	50

（市委政策研究室）

·地方税收·

【概况】2017 年，亳州市地税局组织入库各项税费收入 83.91 亿元，同比增收 2.24 亿元，增长 2.7%。其中，地方税累计入库 52.26亿元，同比减收 5.19亿元，下降 9%（按可比口径增长 14%）；入库基金(费) 31.65 亿元，同比增收 7.43 亿元，增长 30.7%。从全省看，地方税收入总额位居第十位，增幅居第四位，同比上升两个位次。成立服务五大发展行动计划领导小组和 5 个专项小组，制订关于发挥地税职能服务五大发展行动计划的实施意见。落实税收优惠政策，落实社保费降率政策，降低企业发展成本，助推地方经济健康发展，助力经济转型，减免地方各税 8.21 亿元、社保费及政府性基金 1.9 亿元。

本年度，市地税局机关 10 个基层党支部被评为全省地税系统“示范党支部”，18 个党支部达到基层党组织建设标准化建设标准。党建工作受到省委组织部表扬，“五微一体”党员教育经验被国家税务总局推广；市地税局通过第五届“全国文明单位”复审，市局及下辖 4 个县（区）局均被评为第十一届“安徽省文明单位”；15 名工作人员因在“营改增”工作中表现突出受到市政府通报表彰，2 人立个人二等功；市地税局获第十一届“安徽省青年志愿者优秀组织奖”，被确定为“全省法律进机关示范点”“全省地税系统法制税务基地”等。

（高　婕）

图 72　2017 年，全省第一张“互联网＋自助办税终端”社保费凭证开出(市地税局　供图)

【税收改革】2017 年，市地税局推进国地税合作，下发《关于持续深入推进国税地税合作的意见》和《2017 年国税地税年度合作计划》。推进联合办税。实现国地税联合委托邮政代开代征；联合办理设立登记 9369 户，联合办理变更登记 39758 户，协同办理注销登记 1941 户；共建联合办税厅 6 个、互相派驻办税厅 14 个；联合采集财务报表 13716 份；国税代地税累计征收地方税费 4768 万元，地税代国税累计征收增值税 4578.74 万元；共同认定非正常户 1087 户，联合对 30 户发布欠税公告。联合国税部门开展单管户核实工作，完成数据核查23832条，国、地税交换数据13705条，截至年底，地税单管户仅剩450户，占总户数比不到1%，国、地税登记信息更趋一致。联合开展“民营企业共话税收”交流会、纳税信用专题宣传等12项特色税收宣传活动。联合建设“亳州税务”微信公众平台，对公众平台进行功能升级，拓展涉税公告、政策咨询、微信办税等功能，进一步为纳税人办税提供便捷服务，推送信息290期，1300余条，受众14万余人次。

做好环保税专题调研和开征前的准备工作，从环境监察部门接收605户排污企业基本信息，初步识别环保税纳税人323户。强化资源税改革后续管理，组织入库资源税6127万元，同比增收2779万元，增长83%。落实“多证合一、一照一码”改革，对21587户非“多证合一”税务登记证号进行存量代码转换。落实“放管服”，精简事前审批，完善事中事后监管。依托政府网上办事平台，对涉及多个行政部门的税务事项进行流程整合，梳理出55项事项，一次上网即可办结。

▲“多证合一、一照一码”：是政府简政放权的重要举措，是商事管理方面的重大改革。指企业登记时依次申请，分别由工商部门核发工商营业执照、质监部门核发组织机构代码证、税务部门核发税务登记证，改为一次申请，由工商部门核发一个加载法人和其他组织统一社会信用代码营业执照的登记制度。简化了企业登记注册手续，由原来的多个证变成一个营业执照和一个统一社会信用代码。

（高　婕）

【纳税服务】2017年，市地税局落实纳税服务规范，扩大区域通办，由原来的5大类32项扩大到所有业务，省内通办业务由3大类12项扩围到6大类53项，深化落实前置办税、预约办税等举措。规范简并办税事项，简并127项办税流程，免报免填纸质办税资料228种，减少办税环节约62%，减少纳税人上门次数约67%。建立“12366”专家团队，增强热线解答准确性和权威性，接听热线电话862个，对业务问题和投诉均及时回复、处理。受理政务直通车转办件90件，政企直通车6件，“我家亳州”受理件2件，办结率与回访率100%，满意率99%。开展纳税信用等级评定工作，利用纳税信用等级信息推行“税融通”业务，全市金融机构根据纳税信用等级信息共为547户纳税人发放信用贷款11.35亿元。推进网上办税、自助办税和手机APP办税，截至年底移动办税系统注册企业16764户，占全市总企业数的74.86%；部署终端设备20台，终端应用面覆盖全市，缴纳成功率92.43%，较上年提高9.17个百分点。

（高　婕）

【税收法治宣传】2017年，市地税局印发《亳州市地税局法治宣传教育第七个五年规划》《重点普法目录》和《2017年税收法治宣传教育计划》，明确重点普法内容和相关工作要求。组建亳州地税“七五”普法志愿者队伍，宣传税收法律法规知识。参加“江淮普法行”和“12·4”宪法宣传日活动，参加“万名公民旁听庭审”专场活动和模拟法庭庭审活动，开展“落实放管服 助力企业发展”主题税收宣传徒步普法活动。开展“法律六进”工作，设立税收法治宣传教育展厅，税法宣传进企业、进社区、进学校等。定期发布税法宣传、工作宣传等信息。开展各类政民互动7次，召开新闻发布会3次。

（高　婕）

【“互联网＋自助办税终端”】2016年9月，亳州市地税局开发上线“自助办税终端”。该项目开发之初基于税务系统内网运行，布点受税务系统网络限制，只能设置于全市各级地税机关。为进一步提高自助办税终端使用效率，让纳税人获得更好的使用体验，市地税局探索将互联网与自助办税终端有效对接，打破自助办税终端只能依赖税务系统内网的局限，使终端布点更加灵活，纳税人的选择面更广，2017年11月，开出全省第一张“互联网＋自助办税终端”社保费完税证明。12月，在蒙城县社保局布点。全市部署终端设备20台，纳税人可以不受时间、地点限制，全天候、高效率办理涉税业务。全年纳税人利用终端开具个人所得税完税证明数占该业务开具总数的87.21%，开具纳税证明数占该业务开具总数的52.66%，缴纳自然人社保费数占该业务总数的8.64%，开具完税凭证数占该业务开具总数的63.97%。

（高　婕）

2017 年亳州市地税入库排名前 50 位企业

表 9

名　单	位次	名　单	位次
安徽古井贡酒股份有限公司	1	亳州碧桂园德源房地产开发有限公司	26
亳州古井销售有限公司	2	蒙城县城市发展投资控股集团有限公司	27
亳州市谯城区会计结算中心	3	蒙城宝业投资有限公司	28
亳州万达广场投资有限公司	4	安徽邦泰置业有限公司	29
亳州芜湖投资开发有限责任公司	5	涡阳县邦泰广顺置业有限责任公司	30
中铁置业亳州投资发展有限公司	6	利辛县春蕾农业发展有限责任公司	31
亳州鸣华房地产有限公司	7	利辛县莱弗置业有限公司	32
安徽乐行城市建设集团有限公司	8	亳州三巽置业有限公司	33
蒙城县名邦置业有限公司	9	安徽利辛农村商业银行股份有限公司	34
亳州华鸣房地产开发有限公司	10	安徽古井房地产集团有限责任公司	35
蒙城皖新文化产业投资有限公司	11	亳州市天铸恒基房地产开发有限公司	36
蒙城县中梁铭筑置业有限公司	12	亳州建投房地产开发有限公司	37
康美（亳州）华佗国际中药城有限公司	13	亳州药都农村商业银行股份有限公司	38
安徽坤润房地产开发有限公司	14	亳州华仑国际文化投资有限公司	39
安徽文德金利置业有限公司	15	安徽古井集团有限责任公司	40
蒙城县新农村建设综合开发有限公司	16	涡阳县龙庭伟业房地产开发有限公司	41
蒙城县碧桂园房地产开发有限公司	17	蒙城县鸿业立蒙房地产开发有限责任公司	42
涡阳县名邦置业有限公司	18	亳州三巽城南置业有限公司	43
蒙城县徽创房地产开发有限公司	19	亳州市谯城区交通建设投资有限责任公司	44
亳州金大地置业有限公司	20	安徽兴发房地产开发有限公司	45
亳州粤诚置业有限公司	21	顺泰置业（亳州）有限公司	46
亳州润宇房地产开发有限公司	22	亳州宜居综合开发有限公司	47
亳州远大房地产开发有限公司	23	蒙城县恒圣地产有限公司	48
亳州古井置业发展有限责任公司	24	安徽万紫千红置业有限公司	49
亳州九洲方圆中药材电子商务有限公司	25	安徽涡阳农村商业银行股份有限公司	50

（市委政策研究室）

金　融

·中国人民银行亳州市中心支行·

【概况】2017 年，亳州市社会融资规模增量 355.97 亿元，比上年少 61.46 亿元，金融机构人民币贷款强劲投放，委托贷款等银行表外业务萎缩，企业债券融资占比下降。2017 年 12 月末，亳州市金融机构人民币各项存款余额 1843.36 亿元，同比增长 15.94%，增速较年初下降 10.23 个百分点。各项存款增速居全省第三位，高出全省平均水平 4.31 个百分点。亳州市金融机构人民币各项贷款余额 1337.22 亿元，同比增长 29.01%，增速较年初下降 3.28 个百分点。各项贷款增速居全省第二位，高出全省水平 14.76 个百分点。

（孙　肃）

【金融支持小微企业】中国人民银行亳州市中心支行立足地方经济发展现状和产业结构特点，鼓励引导金融机构加大对小微企业信贷资金供给和产品服务创新。2017 年年末，亳州市小微企业人民币贷款余额 310 亿元，同比增长 34.12%，较全市贷款平均增速高 5.11 个百分点。发挥亳州市市场利率定价自律机制作用，通过稳定存款利率定价、维护利率市场秩序、引导利率定价预期，促进银行机构合理确定资产端报价，政策利率传导环境得到优化，有力引导信贷成本下行。2017 年 12 月，全市金融机构小微企业贷款加权平均利率 6.11%，同比下降 67 个基点。推动应收账款融资，建设银行亳州市分行与古井汇信集团签订“链易融”业务合作协议，拓宽古井集团上下游企业融资渠道。2017 年，亳州市实现应收账款融资服务平台新增成交金额 69.71 亿元，推动一条中药特色产业融资供应链加入平台。

（孙　肃）

【金融精准扶贫】2017 年，中国人民银行亳州市中心支行以扶贫小额信贷政策扩面覆盖、精准到户资金有效投入为阶段性目标，大力推动金融扶贫政策与产业扶贫政策融合，深入开展金融精准扶贫政策宣传，为脱贫攻坚提供强有力的金融支撑。2017 年年末，亳州市金融精准扶贫贷款余额 160.4 亿元，同比增长 304.36%；扶贫小额信贷余额 11.86 亿元，较年初增加 10.84 亿元。牵头出台《亳州市深入推进扶贫小额信贷工作实施意见》《亳州市 2017 年扶贫小额信贷工作实施方案》等文件。加大扶贫再贷款政策工具运用，2017 年累计发放扶贫再贷款 5.11 亿元，支持贫困地区金融机构加大金融扶贫信贷投放，满足合理金融需求。组织对亳州市镇村两级干部开展金融精准扶贫政策培训，实现 92 个乡镇全覆盖，累计培训 39 场，受训人数 1 万余人。编制小额扶贫信贷“明白卡”，让贫困户懂政策、用政策、享政策。

【农村承包土地的经营权抵押贷款试点】2017 年，中国人民银行亳州市中心支行推进农村承包土地的经营权抵押贷款试点提质增效，在中期评估中总分位列全省试点县首位。延展试点贷款覆盖广度，2017 年 12 月末，涡阳县农村承包土地的经营权抵押贷款余额 3.4 亿元，较年初增加 1.85 亿元；不良余额 48 万元，不良率 0.14%。2017 年累计发放试点贷款 3.79 亿元，支持农业主体 6367 户。贷款到期续贷率达到 80%，受益主体普遍反映良好。

（孙　肃）

【金融监督管理】2017 年，中国人民银行亳州市中心支行强化“两管理两综合”，为 9 家新设银行机构办理了加入金融综合管理与服务体系业务。落实重大事项报告制度，全年收到金融机构重大事项报告 99 件，上报 2 件。客观公正完成 2016 年度综合评价工作。全年开展 3 次综合执法检查、18 次专项执法检查、4 次外汇业务核查，实施行政处罚 9 次，处罚金额共 157.16 万元。统筹推进贸易投资便利化和防范跨境资本流动风险，加强真实性合规性审核，严厉打击外汇违规违法行为，组织开展了打击“逃骗汇、非法套汇”专项行动，通过约见谈话、专项检查、合规性检查等措施，规范外汇市场秩序，维护外汇市场稳定。

（孙　肃）

【普惠金融】2017 年，中国人民银行亳州市中心支行推动银行机构优化支付服务，亳州市农民工银行卡特色服务清算交易笔数和清算交易金额居全省第一。推进金融 IC 卡惠民工程建设，全市金融 IC 卡发卡量稳步增加，受理环境进一步改善，在公共交通、园区、图书馆、医院等领域的应用进一步拓宽。加强商业银行全额清分管理，流通中人民币整洁度不断提升。大力推进硬币自循环，优化小面额人民币主办银行、主办网点布局，加大小面额现金兑换力度，满足了社会需要。推动国库信息化建设，在全省率先实现市、县、乡镇三级财政支出无纸化，实现非税收入电子化、入库和出口退税电子化，促进了地方公共服务能力提升。扩大“国债服务之星”评比和“送国债服务下乡”活动，国债服务水平进一步提高，县域国债销售占比保持全省前列。

（孙　肃）

【中小微企业信用体系和农村信用体系建设】2017 年，中国人民银行亳州市中心支行牵头出台《2017 年亳州市中小微企业信用体系和农村信用体系建设实施方案》，充分利用亳州市智慧城市建设成果，打造了亳州市农村和中小微企业信用信息共享平台“互联网 + 大数据”新模式。平台于 2017 年 8 月 15 日正式上线运行，共采集了 122 万户农户及 39510 家中小微企业的信用信息，在全省率先实现了辖区农户和中小微企业信用信息采集率“双百”的目标。平台采用市县一体、农村和中小微企业信用信息平台统一的“四合一”模式，具备个人及企业信用信用查询，以及信用评级等功能。到2017年末，平台使用机构17家，开通查询用户131个，累计查询11677笔，为金融机构信贷审批提供了有力的决策支撑。

（孙　肃）

【金融知识进课堂】2017年，中国人民银行亳州市中心支行构建宣传教育机制，推进金融知识进国民教育体系。联合教育部门开展“金融知识进课堂”工作，推进金融知识普及纳入国民教育体系建设。人民银行利辛县支行与利辛县教育局联合印发《关于开展“金融知识进课堂”工作的通知》，明确职责分工，形成教育部门、人民银行、中学、金融机构多方联动、协同推进的工作机制。2017年11月金融知识课程已在试点学校——利辛县高级中学顺利开班，人民银行利辛县支行对利辛县高级中学400余名教师开展金融知识辅导培训，达到以点带面的效果。

（孙　肃）

【亳州市银行业金融机构支付业务知识竞赛】2017年11月10日，中国人民银行亳州市中心支行举办以“央行支付，普惠民生”为主题的全市银行业金融机构支付业务知识竞赛，全市10家银行机构36人参加比赛。比赛始终围绕熟悉支付业务规章制度、强化提升支付业务水平。最终，亳州药都农村商业银行获得团体一等奖，中国农业发展银行亳州市分行和安徽谯城湖商村镇银行获得团体二等奖，中国农业银行亳州分行、中国建设银行亳州市分行、交通银行亳州分行获得团体三等奖。

（孙　肃）

【风险处置应急预案演练】2017年9月26日，中国人民银行亳州市中心支行针对新修订的《亳州市银行业法人金融机构重大流动性风险处置应急预案》开展桌面推演。人民银行各县支行、全市银行业法人金融机构参加桌面推演。桌面推演分为风险发生、机构自救、外部救助、善后处置4个部分。风险发生指介绍模拟的风险事件；机构自救指风险发生后机构自救情况，包括调拨超额准备金、同业拆借、系统内拆借和处置高流动性资产等；外部救助包括事发机构在采取自救措施和向地方政府救助后仍不能有效控制事态发展的情况下，向人民银行申请动用存款准备金及使用紧急再贷款。善后处置指挤提事件得到控制后对应急处置过程及结果进行总结与评估等。

（孙　肃）

【钱币收藏展暨钱币研讨会】2017年9月30日至10月5日，亳州市钱币学会在颜语艺术馆组织举办亳州市钱币收藏展暨钱币研讨会。亳州市钱币收藏展暨钱币研讨会举行。亳州市人大常委会秘书长刘伟、亳州市钱币学会会长徐绍文、亳州市文联副主席张凤海等各界领导出席开幕式。参展钱币包括历代古钱币、民国钱币和中华人民共和国成立后发行的各套人民币、纪念币等，共3000余品种，吸引数千游客参观。来自各地的钱币收藏家，为亳州市钱币收藏和保护提出建议。

（孙　肃）

·中国银行业监督管理委员会亳州监管分局·

【概况】截至2017年12月末，亳州市银行业金融机构包括1家政策性银行、5家大型商业银行、1家邮政储蓄银行、1家城市商业银行、4家农村商业银行、4家村镇银行，共有营业网点441个，从业人员5700人。2017年，全市银行业整体呈现稳健运行态势，资产负债规模持续扩张，存贷款余额保持快速增长，经营效益稳中有升，银行业金融和机构风险抵补能力稳定，资产拨备较为充足，整体风险可控。

（鞠铮芳）

【普惠金融发展】2017年，中国银行业监督管理委员会亳州监管分局聚焦小微、三农、扶贫等普惠金融领域，推动5家大型银行建立普惠金融事业部，药都农商行作为全省农金机构普惠金融事业部制改革试点单位率先挂牌。推进“村村通”工程，实现基础金融服务行政村全覆盖，推广“拎包银行”服务模式，打通金融服务“最后一步路”，提升金融服务可获得性和便捷度。开展专题督导、现场督察和监管约谈，推进涉农贷款持续增长，小微企业贷款实现“三个不低于”目标，扶贫小额贷款17.44亿元，较年初翻三番。

（鞠铮芳）

【服务重大发展战略】2017年，中国银行业监督管理委员会亳州监管分局引导银行回归本源、突出主业，立足本地、深耕细作。围绕“振兴皖北”“省级交汇区域中心”“三百工程”“亳州文化旅游年”等部署，引导银行业金融机构支持基础设施建设、民生工程等重大工程，新增信贷支持300.8亿元，推进产城一体PPP项目、专项建设基金工作，为全市经济社会发展提供充足资金。至12月末，各项贷款余额增速28.99%，位居全省第二位。存贷比72.56%，新增存贷比118.71%，均创历史新高。

（鞠铮芳）

【银行业改革创新】2017年，中国银行业监督管理委员会亳州监管分局引导法人机构坚持“四做四不”，强化股权管理和股东行为监管，持续完善公司治理体系。推进药都农商行主板挂牌上市工作，方案获银监会备案通过、安徽银监局批复同意，法人机构累计发行金融债9亿元，增资扩股3.75亿元，法人机构质量建设稳步推进。鼓励和支持法人机构依托大数据、物联网、云计算等新科技，推出“金农易贷”“信贷工厂”等创新产品，“金农易贷”获评“全国农村金融十佳品牌创新产品”，涡阳县“金土地”农地经营权抵押贷款试点推进工作位居全省前列，银行业创新活力增强。

（鞠铮芳）

【银行业风险防控】2017年，中国银行业监督管理委员会亳州监管分局以防范风险、发现风险、提示风险、处置风险为主线，坚持问题导向和长效机制相结合，围绕信用风险、操作风险、流动性风险、交叉金融业务风险、声誉风险等突出问题，开展信用风险专项排查、同业业务专项排查、企业互联互保专项排查、地方政府债务摸排以及“三套利”“三违反”“四不当”、市场乱象整治等专项治理，强化银行业风险防控，确保不发生系统性风险。至12月末，全市银行业不良贷款率1.31%，资产质量位居全省第二位。同业、交叉和表外业务全线收缩，同业理财较年初减少37.22亿元、表外业务较年初减少90.76亿元，资金脱实向虚势头得到遏制，银行业风险合规经营意识加强。

（鞠铮芳）

【监管能力建设】2017年，中国银行业监督管理委员会亳州监管分局修订完善行政许可实施细则，开展市场准入工作后评估，强化法律审查，规范监管权力运行，审核受理48项行政许可事项，依法否决3项。完善非现场监管联席会议制度，建立完善大额贷款、隐性融资平台、股东行为等多项台账，发挥非现场监管风险预警功能。集中监管资源，推广应用EAST，开展现场检查26项，查出问题363个，责令机构内部问责52人，对6家机构依法依规启动行政处罚。

（鞠铮芳）

·中国农业发展银行亳州市分行·

【概况】2017年，中国农业发展银行亳州市分行围绕服务实体经济和支持“三农”发展，履行农业政策性银行职能，加大支农力度，贷款投放增量和信贷规模总量继续保持较高水平，发挥政策性银行逆周期调节作用。

年末，各项贷款余额238.3亿元，比年初增长49.7亿元，增幅26.4%；对公日均存款108.8亿元，比年初增加20.9亿元，增幅23.8%。继续保持“零不良”，客户结构和贷款质量改善。

（张　弛）

【支持粮食收购】2017年，中国农业发展银行亳州市分行坚持“四个提前”谋划夏收，即提前安排部署、提前摸底调研、提前落实预案、提前备好资金；“五个落实”促多方共赢，即落实收购工作责任、落实“四个共同”责任、落实惠农便农措施、落实收购中的扶贫措施、落实服务管理措施；多措并举保资金供应，确保资金不断档。累计审批各类收购贷款40余亿元，投放收购贷款24.4亿元，收购小麦10亿千克，其中最低收购价贷款23.2亿元，收购小麦9.35亿千克，确保收购不出问题。

（张　弛）

【支持精准脱贫】2017年，中国农业发展银行亳州市分行重点支持产业扶贫和基础设施扶贫，运用扶贫过桥、扶贫批发产品，突出农村公路、棚改、人居环境、土地流转、流通体系建设等领域，加快项目申报和贷款投放。累计投放精准扶贫贷款87.3亿元，精准扶贫贷款余额140亿元，累计直接或间接带动脱贫人口36万人。

（张　弛）

【支持农村基础设施建设】2017年，中国农业发展银行亳州市分行抓住“奋力走在皖北振兴前列”机遇，深化政银企合作，支持一批政策支撑力强、支农扶贫效果好、社会关注度高的基础设施项目。累计营销项目19个，申请贷款金额85亿元，实际审批项目13个，审批贷款金额59亿元；全年向亳芜园区还原小区项目、谯城区涡北新城项目、涡阳县棚户区改造项目、蒙城县农村道路畅通工程、利辛县美丽乡村项目等投放贷款65.9亿元。

（张　弛）

【创新信贷支持模式】2017年，中国农业发展银行亳州市分行开创新的信贷支农模式。通过1.5亿元农村土地规模经营扶贫贷款，支持蒙城县辖内7家现代农业产业联合体、101家新型农业经营主体利用农村土地发展规模化生产经营，系全国农发行系统首创；通过1亿元扶贫过桥贷款支持利辛金鸡扶贫计划工程过渡性资金需求，是全省农业发展银行首笔此类业务。

（张　弛）

·中国工商银行股份有限公司亳州分行·

【概况】2017年，中国工商银行股份有限公司亳州分行下辖涡阳、蒙城、利辛3个县支行和城区10个二级支行，拥有18个营业网点，在全省率先实现网点智能设备全覆盖，拥有49个自助银行，布设128台自助ATM设备，从业人员392人。

图73　2017年，大学生金融创意大赛报名现场（市工商银行　供图）

本年度，中国工商银行股份有限公司亳州分行在全省系统内考核始终保持前三位，获总行文明单位、安徽省第11届文明单位，获人民银行评价A类行、全市效能建设考核优秀单位；开展“大行工匠”和“党员先锋示范岗”评选活动。魏武支行张亚光、谯陵支行胡建福两位被列为省行级“大行工匠”候选人。

（陈　述）

【经营业绩】本外币各项贷款累计投放34.31亿元，其中公司贷款累计投放14.12亿元，个人贷款累计投放18.51亿元，小微企业贷款累计投放1.68亿元。运用“我要贷款”平台，解决客户融资难问题，累计投放个人和小企业贷款共计3.97亿元；通过“税融通”业务发放贷款1.72亿元。本外币全部存款全年增加20.13亿元，其中储蓄存款增加7.65亿元，公司存款增加5.78亿元，机构存款增加5.7亿元，实现中间业务收入6195万元。资产质量稳步提升，贯彻资产质量管控各项工作要求，开展信贷专项治理、信贷基础强化年、“四严”主题三项活动，细化落实资产质量调度会制度，加强“三库管理”，实现对资产质量的有效管控。全年累计清收转化不良资产1786万元，其中，现金清收不良贷款213万元、转化不良贷款1573万元。加强违约贷款管理，至年末违约贷款余额4072万元，不良贷款率0.47%。资产质量稳定，年末不良贷款控制在省行下达的目标之内。

（陈　述）

【经营转型】2017年，中国工商银行股份有限公司亳州分行推进大零售战略。加快融e联、融e购、融e行等互联网金融产品的营销拓展，净增融e行客户27029户、融e联客户40816户，融E购活跃商户4户，非金融商品交易985万元。服务能力提升，超时等候客户占比、窗口开工率等多项指标，全省领先；资产业务创新能力增强，首次形成公司信贷业务市场规划，“药商贷”批量化营销方案获省行审批通过，进行源头信息把握和重点项目营销，设立普惠金融事业部，强化“自上而下”的小微企业客户发展规划和分类营销。

（陈 述）

【风险管理】2017年，中国工商银行股份有限公司亳州分行深化“从人到事、以事找人”风险排查机制，开展“学规定、守纪律、防风险、保安全、促发展”学习教育活动，强化员工异常行为动态排查。开展内控合规“执行强化年”主题活动，推进合规文化理念宣导落地。持续开展“十大领域和关键环节”、重要风险点的专项治理和“三违反”“三套利”“四不当”“市场乱象”专项治理。运营改革不断完善和推进，网点运营风险分级管理全省领先，严格落实全辖各级机构安全生产主体责任，强化检查整改，实现安全运营。

（陈 述）

·中国农业银行股份有限公司亳州分行·

【概况】2017年，中国农业银行股份有限公司亳州分行（以下简称“农行亳州分行”）完成城区5个直属单位与谯城支行合并的机构改革工作；选拔调整完成各县区支行纪委书记专职专岗配备，加强纪委书记队伍建设；推进县域青年英才开发工程，选拔8名县域初级青年英才充实到县域支行营业网点；从合同制柜员中，选拔15名优秀人才充实到客户经理、运营主管等岗位。坚持稳中求进总基调，创新金融产品和服务，完善三农体系建设，强化信贷投放、普惠金融，支持优质客户和重点项目，提升服务三农实体经济的质量和水平。

联合谯城支行与区扶贫办对接，开展光伏扶贫小额信贷。累计投放227户，金额1135万元，带动贫困户年均增收3000元；利辛县支行发放的利辛城市基础设施道路桥梁建设贷款间接帮扶贫困户3304人。在村商店设置助农取款点，为当地合作社发放支农贷款。

截至2017年年末，全行本外币各项存款时点余额197.91亿元，较年初增加18.39亿元。各项贷款时点余额86.65亿元，较年初增加24.51亿元，增幅38.56%。不良贷款909.73万元，不良率0.10%，其中法人不良贷款余额为零。全行营业收入5.3亿元，实现拨备前利润3.48亿元。

（赵 淼）

【服务实体经济】2017年，农行亳州分行建立项目营销机制。联合合肥分行拜访水安集团，运作涡阳黑臭水体PPP项目；联合合肥分行拜访省交通航务公司，运作交通航务公司在蒙城中标的文教及客运枢纽站建设PPP项目；运作上海中铁集团在亳投资的房地产开发项目；对接金地建投、民生证券，成功运作金地建投15亿元PPN项目；参与城建集团道东3号项目、文旅集团温泉项目等重大项目的营销工作；跟踪市地下管廊、餐厨垃圾等十二重点PPP项目的进展情况，涡阳光大生物质发电项目等。截至年底，全行对公贷款余额33.26亿元，比上年净增2.98亿元。把握市场机遇，结合国家为“去库存”出台一系列房地产优惠政策，推广“农民安家贷”产品，拓展优质个人住房贷款楼盘，坚持一手房、二手房并重策略，持续提高市场份额，持续推进“随薪贷”“房抵贷”“家装贷”等重点产品批量营销，扩大“网捷贷”、个人理财自助质押贷款等线上产品覆盖面。全行个人贷款余额45.8亿元，较年初增加18亿元。

（赵 淼）

【“三农”金融服务】2017年，农行亳州分行贯彻中央农村工作会议精神，进一步丰富县域行动计划内涵，把中央1号文件的精神和打赢脱贫攻坚战的部署，落实到三农金融服务各项工作之中，提升县域“三农”业务贡献度。

县域项目营销 紧跟省行信贷政策导向，及时跟进县域道路治理、水系治理等项目，投放的项目有：发放涡阳县南部新区西片区新型城镇化二期项目贷款2.2亿元、利辛县中小河流综合治理一期工程项目贷款3000万元、利辛县城市基础设施道路桥梁建设项目贷款2700万元、谯城区县乡道路畅通工程贷款2.55亿元、亳州市谯城区华佗广场二期棚户区改造项目贷款1000万元、蒙城县自来水厂三水厂建设项目贷款5000万元。储备优质县域项目：亳州市道东片区汤庄棚户区改造项目19亿元，蒙城县自来水厂三水厂建设项目1.1亿元，涡阳县全域旅游项目一期工程2.8亿元，利辛县2017年度棚户区改造项目5亿元。

强化优质客户合作　对“三农”条线客户开展营销，对存量优质客户开展营销，为同仁堂(亳州)办理新增贷款2000万元，为安徽广印堂制药有限公司办理新增贷款800万元，为安徽省东昕食品有限公司办理新增贷款2000万元，为安徽同辉香料有限公司办理新增贷款2000万元，重点营销同仁堂上游供货商，并开展供应链融资业务，成功营销其上游药材供货商户，并发放金担通贷款2300万元。开展公私业务联动，把零售业务产品向法人客户进行渗透，向华佗国药重点营销推荐E农管家、掌银外拓、信用卡等业务，向同仁堂重点营销推荐信用卡、代发工资业务、供应商融资等业务，向华佗国药、济人药业、沪谯药业等客户营销贵金属、团险等产品。

营销新型农业经营主体　下发全市家庭农场、专业合作社清单，各县（区）支行在围绕国家级专业合作社、省示范家庭农场、2016年全市20家“先进家庭农场”摸排走访的基础上，建立245户的客户储备库。截至12月末，农户贷款余额13577万元，较年初上升3870万元，支持家庭农场、专业大户321户，金额12207万元。依托“金担通”支持农户20户，余额3819万元；开办“农担通”业务，支持农户55户，余额2310万元；利用保证保险模式支持农户78户，贷款余额1600万元；采取政府增信方式支持农户58户，余额2190万元。

（赵　森）

【互联网金融服务】2017年，农行亳州分行围绕互联网金融服务三农“一号工程”，营销农银e管家业务，推进“金穗惠农通”与农银e管家业务融合工作，推进水电、天然气、花费代理收费业务，做好“惠农e贷”产品调研和创新工作。坚持网点营销主阵地，推广弹屏发卡、超级柜台、OCRM系统等线下、线上信用卡优质客户渗透率。推进传统业务转型升级。推进保险代理业务转型，向期缴型寿险和财产保险转型，营销银团贷款、短融、中期票据、产业基金等产品，加快金融同业债券交易代理、理财产品等业务。国际业务实现历史突破，实现外汇业务收入165万元。优化同业业务经营平台，以同业理财为抓手，联动辖区内同业客户专户理财、金融市场、投行、资管等综合营销，提升客户综合贡献。

（赵　森）

·中国银行亳州分行·

【概况】2017年，中国银行亳州分行智能柜台正式上线，缓解排队时间长、窗口少的问题，提升广大市民的用户体验；参与各类金融知识宣传活动，普及金融安全知识常识。参与支付结算账户使用安全宣传、电子智能服务推广宣传、防范电信网络诈骗宣传、金融知识进校园等各类宣传活动21场次，印制发放宣传折页和宣传资料22000张。开展网点形象提升工作，在营业网点统一配备取杯器、便民雨伞、便民纸杯、老花镜等，设置中行温暖角，配备急救包、急救药品等物品，方便市民。

本外币各项存款余额160.64亿元，较年初新增19.25亿元，增长率14%。人民币各项存款余额158.7亿元，较年初新增18.44亿元，余额占有率24.77%，四行排名第二，新增占有率23.06%，四行排名第三。其中人民币公司存款余额81.34亿元，较年初新增15.17亿元，余额占有率31.46%，新增市场占有率29.23%，均排名当地四行第二位，新增量在中国银行安徽省分行中排名第二位；涡阳支行、利辛支行和蒙城支行公司存款余额市场份额持续保持四行首位。

本外币各项贷款余额100.12亿元，较年初新增18.63亿元，贷款余额首次破百亿。其中人民币个人贷款（含银行卡）余额74.83亿元，较年初新增13.06亿元，余额占有率28.2%，四行排名第二；人民币公司贷款(含贴现）余额25.11亿元，较年初新增5.46亿元，新增占有率36.94%，四行排名第一。亳州分行自成立以来首笔PPP项目和绿色信贷投放落地，获安徽省分行2017年“公司金融先进单位”称号。

本年度，中国银行亳州分行实现净收入48897万元，同比上升13.12%，超额完成4448万元。实现净利润25880万元，同比增长7.57%，完成基本目标的112.66%，获中国银行安徽省分行2017年利润目标双卓越贡献奖。不良贷款余额2960万元，不良贷款率0.3%，公司、中小企业条线继续保持无不良，资产质量继续保持较好水平，完成安徽省分行全年表内、表外不良资产清收化解任务，获省分行2017年“不良清收先进单位”称号。

（康　婷）

【业务发展】2017年，中国银行亳州分行为安徽古井集团有限责任公司投放贷款1.5亿元；支持市火力发电产业的发展，累计为中煤新集电厂发放7.46亿元贷款；该行第一笔PPP项目1.87亿蒙城县主城区污水厂网一体化项目落地并成功投放，支持市环境综合治理；落地首笔绿色信贷项目，为亳州国祯生物质热电有限公司发放项目贷款1.5亿元。对济人药业、永刚饮片、协和成饮片等一批实体经济贷款投放。

缓解小微企业融资难融资贵问题。亳州分行与亳州市创智金融服务有限公司签订转贷基金合作协议。叙做13笔过桥资金贷款，金额合计3800万元。借助政府创新信贷平台和产品，该行“我要贷款”平台累放贷款2.2亿元，目标完成率220%；税融通业务累放贷款1.21亿元，目标完成率121%；借助该行自主创新信贷产品“中药健康贷”，为市小微企业等提供信贷支持，发放41户“中药健康贷”，贷款合计14340万元。

小微企业贷款实现“三个不低于”。亳州分行小微企业贷款余额25.26亿元，增速24.49%，高出全部贷款平均增速（22.49%）两个百分点；小微企业贷款户数2694户，较同期增加83户；小微企业申贷率93.69%，较同期增加20.98%，小微企业贷款实现“三个不低于”。

为市涉药进出口企业提供优质的跨境结算服务，为市进出口实体经济提供专业的贸易融资业务。进出口三项业务合计办理1618笔，共计金额13903.12万美元。为企业推出出口商业发票贴现业务，提供融资、应收账款催收、销售分户账管理等服务。

（康　婷）

【风险管理】2017年，中国银行亳州分行组织开展“管理人员基层一日体验”“主任、经理内控合规大讲堂”等活动。举办内控合规大讲堂10期，组织业务条线主管到基层开展体验活动12人次。建立“内控红牌”和“个人中高端客户金融资产对账”两项机制，加强对落后机构的现场指导力度，帮助落后网点和人员尽快提升业务水平。

组织开展“警示案例教育年”“令行禁止、筑牢防线”“夯实双基·内控案防履职强化年”等主题活动。学习各种案例通报、风险提示及法规制度300余次，围绕10个案例组织开展大讨论；组织重要岗位人员参观警示教育基地；纪委书记在党课上对全体党员进行廉洁从业谈话。

改进反洗钱工作。制定并实施《亳州分行反洗钱可疑交易甄别劳动竞赛活动方案》，自行设计反洗钱知识竞答交互式问卷，通过微信方式开展宣传活动，参与人次6000人次以上。

（康　婷）

·中国建设银行股份有限公司亳州市分行·

【概况】2017年，中国建设银行股份有限公司亳州市分行一般性存款134.82亿元，增长67%；各项贷款123.29亿元；系统内KPI考核从第11位跃升至第四位；等级行从第14位最高提升至第七位；综合考评从第14位跃升至第四位，成功迈入A类行队伍。

信用卡客户达66031户，较2014年年底增幅达93%；2017年信用卡分期交易额新增6.04亿元，较2014年增幅达1707%。信用卡分期业务实现“由四进一”跨越，继续保持同业领先优势。

资产业务下沉经营带动小企业业务向“小额化、集约化、标准化”转型发展，“信贷工厂”支撑作用凸显。实现小企业信贷客户406户，较2014年新增281户，其中500万元以下客户占比提升30%。小企业信贷余额11.24亿元，较2014年新增2.87亿元，增幅34.29%。其中，大数据产品贷款余额较2015年增幅达484%。创新推出大数据“七贷一透”、劝耕贷、“小微快贷”业务，小企业贷款结构不断优化。KPI考核持续挺进全省前列，多次获市政府及银监分局支持小企业发展先进集体及个人。

近3年来，上线古井集团专属资金结算网络系统、建安集团虚拟现金池产品系统，联动办理白酒文化消费信托，连续3年获得省行创新课题奖。办理全省首单“善融财富安徽一号”创新理财产品，“票据池”业务实现零突破。亳州师专、亳州职业技术学院“银校通”项目及亳州市人民医院“银医通”项目成功上线;“链易融”和代办工商注册登记等落地。

本年度,中国建设银行股份有限公司亳州市分行一般性存款连续两年以21%的增长速度,稳居同业第一。各项贷款余额及新增均位列同业第一。存贷款市场占比分别突破20%、30%,同业竞争力显著增强。实现存款、贷款、中收、利润等16项主要经营指标的同业第一,存款、贷款及个人有效客户等增速指标的16项系统第一。员工获65项集体及个人奖项。年度综合考评位列全省第四位,首次登顶A类行。

（薛　敏）

【营销拓展】2017年,中国建设银行股份有限公司亳州市分行对公账户总量新增至9253户,对公账户当年新增连续3年保持同业第一。一年来,个人有效客户折算后总量新增至70.56万户,客户增速始终保持在系统最前列。从单一地提供存取款结算服务到为客户制定分期、理财、融资等综合金融服务方案,服务客户的能力不断提升。

（薛　敏）

【风险管理】中国建设银行股份有限公司亳州市分行在2016年度信用风险管理评价考核中,获考核评价A档,全省综合得分排名第一位。获二级分行授信审批能力评价考核和信用风险评价A档,连续4年获省分行“风险管理”奖。2017年,不良贷款额3290万元,位列系统第二;不良率0.27%,较年初下降0.02个百分点。内控评价指标位列全省第四,稳居A档。连续两年外汇管理获“A类行”称号。

（薛　敏）

·交通银行股份有限公司亳州分行·

【概况】截至2017年末,交通银行亳州分行全辖共有营业部、康美支行、天润支行(普惠型网点)3家营业网点,光明西路、希夷大道、古井剧院、三曹路4家离行自助区,在编员工47人。

人民币各项存款日均余额28.66亿元,较年初增长13.4亿元,增幅87.82%,人民币各项存款时点余额27.65亿元,较年初增长7.79亿元,增幅39.22%,其中对公存款时点余额22.49亿元,较年初增加7.62亿元,增幅51.24%;日均存款余额23.24亿元,较年初增加12.45亿元,增幅115.38%。2017年获省分行“低成本核心负债优胜奖”。人民币各项贷款日均余额29.37亿元,较年初增长17.54亿元,增幅148.27%,人民币各项贷款时点余额33.5亿元,较年初增长16.70亿元,增幅达99.40%。其中公司贷款余额21.38亿元,较年初增长10.40亿元,增幅94.78%。经营利润年度计划完成率134.23%,经济利润年度计划完成率164.94%,综合绩效考核排名居全省第三位。

（邓越磊）

【房贷和商圈业务】2017年,交通银行亳州分行召开4次房贷业务专题推进会,提高房贷一次性审批通过率,优化授信审批流程,加快房贷资金落地,截至2017年年末,个人住房按揭贷款余额9.88亿元,增幅117.14%,个人住房按揭贷款投放1211笔,投放金额5.87亿元。坚持做大规模,将商圈业务打造成亮点和旗帜,紧跟药材商圈,扫门扫户,逐户摸排,年末商圈贷款余额1.5亿元,较年初增加1.09亿元,增幅269.61%,获省分行“最佳商圈营销拓展奖”。

（邓越磊）

【合规管理】2017年,交通银行亳州分行部署推动“新五大领域”深化治理、“员工失范行为监督年”“长剑2017”案防特别行动等,落实“四不当”“三套利”“三违反”“银行业市场乱象”等专项治理。加强统筹协调,深入自查和整改,及时弥补管理缺陷、化解风险隐患,突出员工行为规范动态化排查,加强对新行员行为规范要求的传导,查找存在的疏漏与不足,发现问题“即知即改”,确保员工行为“时时合规”、业务发展“环环合规”。按照“员工失范行为监督年”活动要求,对全行员工重点开展“违规套现”“违规担保”等摸底排查,根据排查的实际情况对11位员工开展谈心谈话,进行风险提示。

（邓越磊）

·徽商银行亳州分行·

【概况】徽商银行于2009年入驻亳州,2012年12月,正式升格为亳州分行。徽商银行亳州分行坚持“与市场同行、与客户共赢”的经营理念，秉承“亲和、高效、专业”的服务理念，实现金融网点在亳州市、县(区)的全覆盖，各项业务全面拓展，成长为服务地方经济社会发展的主流银行，“地方银行”“中小企业银行”“市民银行”的品牌形象形成。截至2017年年末，徽商银行亳州分行有12家机构网点，员工201人。

截至2017年年底，徽商银行亳州分行资产总额111.68亿元，较年初增长23.41亿元，增幅26.52%；存款总额107.33亿元，较上年增长21.74亿元，增幅25.4%；贷款总额64.97亿元，较上年增长21.78亿元，增幅50.42%；贷款不良率0.69%。

（孙冬冬）

【金融创新】2017年，徽商银行亳州分行与亳州市文化旅游局对接，3月16日，“亳州旅游卡”首发仪式举行。“亳州旅游卡”以亳州著名景点花戏楼为卡面，集借记卡金融功能与旅游卡旅游管理功能于一体，是徽商银行亳州分行为推广亳州文化旅游年而量身定制的嵌入亳州文化旅游元素的特色金融产品。

（孙冬冬）

【风险管理】2017年，徽商银行亳州分行注重加强“基础业务、基层网点、基层员工”管理工作，坚持“组织到位、排查到位、整改到位、问责到位”，将风险管控与业务发展同安排、同布置，防范各类风险案件，全年未发生案件和重大责任事故。

（孙冬冬）

【网点建设】2017年，徽商银行亳州分行继续推进机构网点建设，新开业亳州万达支行和建安北路支行两家机构，延伸服务半径和范围，更好地服务市政、市企、市民。

（孙冬冬）

·中国邮政储蓄银行亳州市分行·

【概况】2017年，中国邮政储蓄银行亳州市分行个人储蓄存款新增2.68亿元，信用卡发卡26500张，发展电子银行58642户，代理保险销量2.88亿元，理财产品销量29.05亿元，代理基金销量7358万元，国债销量1569万元。2017年，累计发放零售类贷款61.82亿元，较上年新增15.79亿元。

不良贷款率0.3%，持续保持资产质量在全省领先地位。

本年度，邮储银行亳州市分行获第八届市文明单位称号；员工自导自演微电影《打击洗钱诈骗，维护社会稳定》获全国法治动漫微电影三等奖；在省分行跨年度劳动竞赛中获超半奖项；站前路支行获2017年全国“巾帼文明岗”；涡阳、蒙城、利辛3县支行综合实力全部进入全省20强县支行行列。

（蒋 冲）

【服务实体经济】2017年，邮储银行亳州市分行加大信贷对实体经济支持力度。投放各项贷款超过88亿元，贷款余额100.76亿元，较上年新增37.87亿元，增幅60.22%。向地方城市建设和重点项目投放资金19.16亿元，净增17.04亿元，增幅263.14%。

（蒋 冲）

【风险管理】2017年，邮储银行亳州市分行落实风险合规进党委工作要求，坚持问题导向，探索构建“四位一体”风险管理模式，创新风控手段，化解影响发展风险隐患。2017年不良贷款率0.30%，持续保持资产质量全省领先地位。开展“内控优化年”活动，推进合规检查升级转型，防范案件风险。

（蒋 冲）

【信贷服务“三农”】2017年，邮储银行亳州市分行加大涉农投入，至年底，涉农贷款余额54.53亿元，比年初增加7.27亿元，增幅15.37%。累计投放家庭农场(专业大户)贷款2020笔，金额3.78亿元。累计发放再就业小额贷款1.57亿元，净增9594万元。

（蒋 冲）

【助力“小微”企业】截至2017年年底，邮储银行亳州市分行累计发放小微企业贷款金额42.54亿元，累计发放户数6304户，余额25.90亿元，缓解小微企业经营资金短缺困难。

【金融创新产品】2017年，邮储银行亳州市分行深化三农金融事业部改革，优化产品流程，拓宽涉农和小微金融服务领域。创新开办农批市场纯信用流水贷和同仁堂“药贷通”业务，解决农商和药商融资难题。

（蒋 冲）

·亳州药都农村商业银行·

【概况】2017年，亳州药都农村商业银行(以下简称“药都银行”)开展基层党支部标准化建设活动，强化支农支小支微定位，抓好业务发展和普惠金融；加强产品创新、提升服务水平、强化绩效考核、增强客户体验；主板上市工作获安徽银监局批复，通过安徽证监局辅导验收。截至年底，药都银行营业网点52个，离行式自助网点107个，金融服务室273个，服务网点遍布城乡，基本覆盖全区村委会(居委会)，满足居民需求。

2017年年末，药都银行负债规模415.7亿元，其中各项存款余额301.12亿元，较年初增长55.54亿元，增幅22.62%。存款存量及增量均位居省农金系统第三位和第二位，市级商业银行均居第一位。资产规模445.7亿元，其中各项贷款余额241.07亿元，较年初增长43.2亿元，增幅21.83%。贷款存量及增量均位居省农金系统第二位，市级商业银行第一位和第二位。盈利能力进一步提升。1—12月，药都银行实现各项收入24.17亿元，同比增长3.29亿元，增幅15.78%；实现利润总额8.92亿元，增长1.44亿元，增幅19.25%；上缴税收3.48亿元，成为谯城区第一纳税大户。

本年度，药都银行获“中国服务县域经济领军银行”“全国标杆银行”“全国农村金融十佳科技创新银行”“2017年中国金融机构金牌榜年度十佳农商银行转型案例”、省级“文明单位”等称号。

（张　利）

【金融创新】2017年，药都银行加强金融创新，优化、推广“金农易贷”项目，该项目申请用户突破25万户，被第七届“农信银杯”评为“全国农村金融十佳品牌创新产品”，被金融电子化杂志社评为“普惠金融创新中小银行”，受到社会各界关注。在“金农易贷”的基础上，该行推出另一快贷产品“信贷工厂”，该项目在以往信贷产品的基础上，结合大数据应用，实现信贷产品准入、授信评级、利率定价、贷后风控等5个自动化，与“金农易贷”相辅相成。截至年底，该项目“商家乐”贷款授信2717笔、金额18.03亿元；“税融通”贷款授信7笔，金额1240万元；“小微乐”贷款授信18笔，金额2880万元。

（张　利）

【普惠金融】2017年，药都银行推进金融扶贫攻坚。按照“政府推荐企业、银行选择企业、企业选择贫困户、贫困户选择企业、镇村参与协调”原则，发挥金融杠杆作用，为贫困户脱贫致富注入资金；与市、区两级政府对接，做好“四送一服”双千工程企业问题清单梳理、解答工作；加大对贫困村、贫困户的帮扶、走访、慰问力度与频度。截至12月末，药都银行共发放扶贫小额信贷9574户42353.6万元。普惠便捷支付打通“最后一千米”。践行服务“三农”发展战略，推进普惠金融，提前实现自助银行“村村通”和手机银行“户户通”目标；深化市政府智慧支付项目合作，实现“网上办事大厅”、公积金在线提取、“我家亳州”APP公共事业缴费、网上学费缴纳等线上支付。截至12月末，药都银行签约手机银行用户57.11万户，签约短信提醒65.98万户、个人网银9.17万户、企业网银5380户；布放ATM346台，发展“金农信e付”商户40962户，交易笔数548.7万笔，金额8.7亿元，发展户数、交易笔数及金额均位居全省83家农商行第一位；电子银行业务交易替代率82.31%。

（张　利）

·国元农业保险股份有限公司亳州中心支公司·

【概况】2017年，国元农业保险股份有限公司亳州中心支公司设立经保险监管批准的市级公司1家，县级支公司4家(三县一区)，乡镇营销服务部2家；正式员工140人，其中，70%以上人员从事农业保险。按照省政府“尽可能减少农民因灾损失、尽可能减少农民负担”要求，立足本职，服务三农，防范农业风险、促进农业生产。

利用《走进农家》《行风热线》等地方媒体，宣传农业保险、新农合大病保险、传统商业保险等重点业务，做客《行风热线》3期。协助市农险办编写印发《亳州市政策性农业保险工作简报》12期。开展“3·15”消费者权益保护日、“7·8”全国保险公众宣传日、“防范打击非法集资宣传月”等专题宣传活动。散发宣传资料5000余份；张贴宣传挂画20份；悬挂宣传横幅20条；展出宣传图板10余次。

本年度，公司实现总保费收入3.62亿元，保费规模在公司系统内全省排名第三。政策性种植业保险，承保午、秋二季作物面积86.13万公顷，保险覆盖面在91%以上。

（宋 词）

【推进农业保险】2017年，国元农业保险股份有限公司亳州中心支公司协同地方政府推进政策性农业保险，连续多年在省政府对亳州市政策性农业保险年度“民生工程”考核中位列第一方阵；创新开展“保险+期货”试点，亳州市是全省二家试点地市之一；政策性农业保险承保险种全覆盖；开展地方特色农产品保险。

（宋 词）

【创新产品服务】2017年，国元农业保险股份有限公司亳州中心支公司继续开展贷款保证业务，帮助市727余家新型农业经营主体解决3.62亿元的贷款，有效缓解融资难、融资贵的问题。该业务是市政府年度重点工作责任目标，公司为责任单位。工作做法连续3年被市政府写入年初政府工作报告，并作为专项名词解释。抽调专人常年在市政府“我要贷款网上平台”客服值班，通过“我要贷款”平台解决贷款1亿多元，是全市唯一一家参与该网上平台的保险公司。

（宋 词）

【助力脱贫攻坚】2017年，国元农业保险股份有限公司亳州中心支公司开展养殖托管，助力脱贫。全国首创能繁母猪养殖托管扶贫做法，获市委、市政府肯定及中央媒体关注。

贷款融资，助力脱贫。全国首创无担保、无抵押“532”贷款保证保险业务，解决企业贷款难，此举为企业“输血供氧”，助力企业发展，带动有劳动能力贫困户就业，助力脱贫。

“带资入企”扶贫，帮助无劳动能力贫困户通过年终企业分红，助力脱贫。光伏建站，助力脱贫。农业保险，助力脱贫。减免建档立卡户自缴保费的50%，金额约81.2万元。人力资源，助力脱贫。选派人员组成扶贫工作队，坚持工作日在岗，帮助脱贫。防灾减损，助力脱贫。

（宋 词）

·中国人民财产保险股份有限公司亳州市分公司·

【概况】2017年，中国人民财产保险股份有限公司亳州市分公司围绕地方经济发展、民生工程、脱贫攻坚、政府职能转型，拓展新的服务领域。提供支农支小融资服务，创新保险资金直接融资，解决农户“融资难、融资贵”问题，助推亳州脱贫攻坚战略；开办中药材仓储保险，提高药商风险防控能力，助力亳州药业经济发展；扩大粮食作物补充型保险覆盖面，提高农户应对自然风险能力；继续承办利辛新农合大病保险项目，通过一站式结报平台和信息自助平台，提高服务质量和效率。

2017年，全市系统实现保费收入82639万元，同比增长29.11%；业务规模名列全省系统第六位，较2016年上升一位。全年上缴税收总额8535万元，其中，代扣代缴4202万元；全险种综合成本率94.02%，高于行业3个百分点。业务规模、纳税额和赔付总额均居亳州产险行业首位。

（李 浩）

【规范管理服务】2017年，中国人民财产保险股份有限公司亳州市分公司启动车辆年审窗口，落实“微信理赔”举措，开展“余杭模式”，创新服务形式，增强消费者服务体验；坚持“目标导向，过程管控”，实行全员绩效考核，坚持依法合规经营。

（李 浩）

·中国人寿财产保险股份有限公司亳州市中心支公司·

【概况】2017年，中国人寿财产保险股份有限公司亳州市中心支公司辖蒙城、利辛、涡阳、谯城支公司，公司现设部门17个，现有员工200人。开展“3·15”消费者权益保护日宣传、“星光守护进校园、进社区、进农村”“随心出行 国寿相伴假期护航行动”“反洗钱户外宣传”等活动，开展“国寿天使公益行走进贫困小学”“保险与爱同行 共建美好安徽赠交警岗亭伞”“7.8千米扶贫公益跑”等公益项目。实现保费收入2.79亿元，承担各类财产风险责任505.86亿元，上缴利税2467余万元，处理各类赔案16610件。位于亳州保险市场18家保险机构第四位。销售网络遍布城乡、线上线下，服务覆盖各个领域。

本年度，中国人寿财产保险股份有限公司亳州市中心支公司获2017年度保险机构支持地方经济发展先进单位二等奖。

（高闪闪）

【反洗钱宣传活动】2017年11月10日，中国人寿财险亳州市中心支公司开展以“打击洗钱犯罪、维护金融秩序”为主题的反洗钱宣传活动。在谯城区中国石油开业现场设立咨询服务台，分发宣传资料，讲解反洗钱知识，介绍反洗钱危害，提升公众对洗钱和恐怖融资危害的认识。

（高闪闪）

·中国人寿保险股份有限公司亳州分公司·

【概况】2017年，中国人寿保险股份有限公司亳州分公司亳州分公司业务总保费收入10.7亿元，同比增长11.09%，首次突破10亿元大关；寿险新单完成3.97亿元；期交新单2.19亿元，同比增长3.62%，其中，10年期交1.53亿元，同比增长8.89%；首年标准保费1.13亿元，同比增长8.9%；短险保费4552万元，同比增长16.48%。

（宋嘉豪）

【全市保险工作会议】2017年2月15日，中国人寿保险股份有限公司亳州分公司亳州分公司召开全市保险工作会议。会议总结上年工作，部署2017年重点工作。会议期间，分公司个险、银保、团险和运营条线组织条线专业会议，就2017年工作进行专项讨论和工作部署。会议邀请宿州公司经理邢春廷作经验分享。会议对2016年度全市先进集体和个人进行表彰。各展业单位主要负责人和市公司部门负责人签订党风廉政建设责任书。

（宋嘉豪）

【服务质量监督员聘任暨交流座谈会】2017年3月14日，中国人寿保险股份有限公司亳州分公司亳州分公司召开“3·15”行风监督员座谈会。会议邀请来自社会各界的监督员参加。分公司客户服务部汇报全市系统近年来客户服务工作和保险消费者权益保护工作，对在客户服务工作中遇到的问题进行解释。公司将定期召开行风监督员座谈会，听取大家对公司客户服务工作的感受和评价，收集意见和建议。各位监督员结合自身的工作经验和行业特点，就中国人寿如何改善服务质量、如何加强企业软实力建设、如何实现精准保险服务、如何发挥社会责任和担当等问题进行交流和讨论。

（宋嘉豪）

·中国平安财产保险股份有限公司亳州中心支公司·

【概况】中国平安财产保险股份有限公司亳州中心支公司遵循“专业·价值”的经营理念，在实现公司价值的同时为客户创造价值。经营业务范围涵盖车险、财产险、工程险、货运险、责任险及意外健康险等一切法定产险业务及国际再保险业务，近年开发推出电话营销专用车险、环境污染责任险、理财宝家庭投资型保险、境外旅行意外伤害保险等险种。2017年，中国平安财产保险股份有限公司亳州中心支公司经营的险种达200余个。实现保费收入61687.68万元，实现理赔赔款支出25457万元，上缴税收6901.28万元。

（陈绘绘）

【理赔服务】2017年，中国平安财产保险股份有限公司亳州中心支公司理赔推出一系列新举措：电话直赔、视频报案、AI智能定损、合作医院、安徽车主俱乐部、年检代办、非道路事故救援、最爱星期五、极速查勘等。

推出服务新举措：“快、易、免”服务全面升级，省心调节服务得到落实。快：简单快赔服务——先赔付，再修车，后期提供发票，对于所有车物案件，在合作维修厂维修均可以享受该快赔服务。易：上门代收索赔资料——万元以下，纯车损案件，由上门收取索赔资料，足不出户，轻易理赔；免：是指免费提供7×24小时百千米道路救援服务，免费送油、送水、接电；省心调解服务：伤人案件提供贴心在线服务、省心调解服务，在合作的交警部门设立调解点，专业人员介入人伤提前调解，让客户安心理赔。

（陈绘绘）

交通　邮政　通信

交 通

·概 述·

【概况】2017年，亳州市完成固定资产投资29.2亿元，改扩建国省干线公路82.5千米，实施路面改善89.4千米，修建农村公路2143千米。公路综合运输量增速5.2，位列全省第二。公路海事财政管理纳入市级财政预算体系，改变省下划基数多年不变的状况，实现人财物地方管理。国省干线公路建设完成投资11.5亿元，占考核任务指标的135.5%，国省干线公路综合服务能力稳中有升。建安路涡河隧道主体工程基本完工；汤王大道涡河隧道完成一期围堰施工。实现交通与旅游融合发展，打造特色旅游公路近230千米；完成市委、市政府安排的郑店子旅游区韩桥建设。注销危运企业1家，注销、转出危运车辆240台，实现异地经营车辆备案率100%。全市剩余危运企业2家，占全省(265家)0.75%，全市剩余危运车辆219台，占全省(1.48万辆)1.47%。整合系统内投诉热线，成立12328投诉服务中心；协调增开全省第一个旅游特快专列T7788/T7787于12月28日开通，亳州到合肥的乘车时间缩短近1个小时。

2017年，亳州市开展非法码头专项整治，交通项目工地抑尘，国省干线公路、农村道路路面保洁及标志标识完善，超限超载车辆治理及超限检测站管理等，完成环保工作任务。

图74 2017年12月，韩桥项目建设(市公路局 供图)

投资近12亿元，完成农村公路畅通工程2143千米、14座危桥改造工程及427.1千米生命安全防护工程，提前实现全市286个建档立卡贫困村中较大自然村全部通硬化路的目标，打通"断头路"1000余条，改善群众出行条件。实现全市农村道路畅通工程5798千米"三年任务两年完成"的目标，在全省工作考核中位于前列。全省（北方片区）交通扶贫暨"四好农村路"示范县创建工作现场会在亳州召开。

本年度，谯城区获全省第一批"四好农村路"创建示范县；利辛县获全省城乡道路客运一体化AAAA级示范县；亳州公交5路女子车队获"全省交通运输行业文明示范窗口"称号。市交通运输局获"2017年度市长热线办理工作先进单位"称号；在全市"微型党课"比赛中获三等奖。

（王玉侠）

【重点项目建设】2017年，亳州市续建国省干线公路项目3个：国道105亳州段一级公路改建工程(古井产业园至泗许高速出入口段）项目，完成西侧道路主体工程；省道255蒙城段(县道032许凤路）改建工程、省道444蒙城段(县道034蒙阚路）改建工程，完成交工验收。新开工6个：省道339线利辛段改建工程(阜展路)，完工；国道329张村至太和段路面改善工程，完成主体工程；国道237蒙城段、国道329蒙城西段路面改善工程，完工；省道338利辛段(县道049蒙张路）改建工程开工建设；国道344谯城段改建工程，纳入谯城区PPP项目库，完成资格预审，在进行社会资本招标。涡河高等级航道项目开工建设。亳蒙高速项目，工可文本、各项专题和"PPP项目一方案两报告"推进。亳州北公交客运枢纽站主体完工，蒙城客运枢纽站项目西部城乡公交换乘点开工建设；推进一批公交首末站和公交站台建设。

（王玉侠）

【行业监管】2017年，亳州市加大工程建设项目督查力度，开展综合督查12次，专项督查30余次，抽查项目280余项次；交工检测跟踪检查110余项次，合计850余千米。加强营运市场管理，维护正常营运秩序。处罚结案违章车辆案件310件，其中“黑头车”10辆、班线客运车辆34辆、出租车22辆、货车7辆、三轮车219辆。推进非法码头整治，规范岸线管理。堵疏结合整治非法码头，全市整治码头和堆场202家，其中蒙城县74家，涡阳县72家，利辛县24家，谯城区32家。扎实推进政务服务工作，营造良好的为民服务环境。网上办事大厅受理33006件，“12328”咨询投诉电话受理8039件、网上咨询投诉受理6914件，均按时办结。

（王玉侠）

【道路环境维护】2017年，亳州市在国省干线公路制止违章建筑物53间计1080平方米，拆除违章建筑物300平方米，拆除非交通标志1493块，清理摊点312处、堆积物923处计13660平方米，治理非法经营沙石料厂69处，骑路逢集113次，组织安全评价10起，办理行政许可6件。及时修复破损，稳定路况，保障道路畅通，完成小修养护投资约740万元。完成养护工程投资2443万元。其中，完成大中修项目7个，维修桥梁18座，实施安保工程项目6个。全面实施路肩培护，完善附属设施。

（王玉侠）

【运输安全保障】2017年，亳州市完成普通国省道和县乡公路交叉路口“安全五小工程”建设任务，设置道口标桩、标志牌、减速带(震荡线)、凸面镜、爆闪灯，投入资金2088.6万元。持续推进安全隐患排查整治工作，检查并整改安全隐患1033处，整改率达到100%，落实整改资金203.45万元；完成市政府挂牌督办安全隐患整改17处，省、市两级道路交通安全工作联席会议督办隐患整治26处。抓好危险化学品道路运输专项整治工作，对原亳州永大物流公司的254辆危运车辆，转出222台，注销8台，强制报废5台。持续推进渡运安全提升工程，优化辖区渡口布局，完成6道渡口撤并工作；改造提升渡口基础设施，完成5道渡口安全提升工程；加强渡口安全监管信息化建设，将辖区32道渡口远程监控终端延伸至涉渡乡镇。

（王玉侠）

【合肥—亳州旅游特快专列开通】2017年12月28日下午，合肥至亳州一对列车T7788/T7787正式开通，经淮南、京九线运行。该专列从合肥站出发的时间为7时30分，11时7分到达亳州，沿途经过淮南、阜阳站；亳州站发车时间为15时16分，到达合肥的时间为18时53分，亳州到合肥的乘车时间缩短为3个多小时。新专列为双层车型，乘坐更舒适，视野更开阔，感受更好。未来亳州将围绕此专列打造旅游主题体验车厢，车载影视，亳州特色美食车厢、特色商品车厢等一系列特色体验服务，借此吸引更多省城生活圈的游客到亳州观光旅游。

（王玉侠）

【全省示范县创建现场会在亳州召开】2017年12月26—27日，全省(北方片区)交通扶贫暨“四好农村路”示范县创建工作现场会在亳州召开。会议的主要任务是，落实全国“四好农村路”养护现场会工作部署，推进“四好农村路”建设，推动农村公路转型发展。与会人员到谯城区孙口新村、大周花海大世界服务区、润耕天下假日农场、万亩菊花大世界和林拥城进行实地观摩，参观亳州市“四好农村路”建设成果；会议传达副省长张曙光的批示精神，亳州市、六安市、定远县、舒城县、肥西县等市县分别作交流发言。会议对谯城区、舒城县、临泉县、肥西县4个2017年安徽省“四好农村路”示范县进行授牌，江宗法作总结讲话。

各市交通运输局负责人、业务部门负责人、农村公路管理机构及道路运输管理机构负责人，安徽省“四好农村路”示范县(舒城县、肥西县、临泉县、谯城区)及定远县交通运输局负责人，省厅相关处室、厅直有关单位负责人参加会议。

（王玉侠）

【亳州公交八处首末站建设】2017年，亳州市推进公交基础设施建设，拟建八处公交首末站，目前杜仲路、老君大道、建安路3处公交首末站正在建设，4#还原小区、5#还原小区、鲜活中药城、华佗中医院、城北驾校公交首末站正在开展前期工作。公交首末站的建设将进一步完善公交设施和网络，方便市民出行。

（石冬冬）

【亳州公交最美服务之星——张飞】2017年，亳州公交联手联通公司举办亳州市首届公交公司服务之星评比大赛，驾驶员张飞以最高票数荣登榜首。作为一名共产党员，张飞始终以高标准要求自己，坚持为人民办实事、办好事。因其优质的公交服务，还被评为亳州公交2017年度最佳服务之星，并于2017年成功当选亳州市第四届市人大代表。

（李东海）

【公交IC卡实现网上办理】2017年3月，亳州公交IC卡全部实现网上办理，全省尚属首例，并通过免费邮寄的方式，使市民足不出户就可办理公交IC卡。

（洪培恒）

·公　路·

【概况】2017年，市公路管理局推进工程建设，强化公路管养。公路部门基本支出和职业年金真正纳入市级财政预算体系，改变省下划基数多年不变的现状，真正实现人财物地方管理。

建安路涡河隧道主体工程基本完工；汤王大道涡河隧道完成一期围堰施工；完成郑店子旅游区韩桥建设。

本年度，市直属分局被评为全国交通运输行业文化建设卓越单位；市局机关和直属分局被安徽省文明委命名为第十一届安徽省文明单位；涡阳分局获市第八届文明单位；市直属分局被授予“爱心单位”称号；邵辉获全市项目建设和园区发展工作优秀个人。

（时　金）

【国省干线公路建设】亳州境内有国道5条，省道18条。2017年，国省干线公路建设完成投资11.5亿元，占考核任务指标的135.5%，改扩建国省干线公路82.5千米，实施路面改善89.4千米，国道105线一级公路（古井产业园至泗许高速出入口段）改建工程新建段完成并开放交通；国省干线公路省道444蒙阚路、省道255许凤路、国道237蒙城段国道339线利辛段、国道329利辛段、省道338利辛段、省道236颜张路、国道344谯城段等建设全部完成年度目标任务。

（时　金）

【公路养护能力建设】2017年，亳州市累计完成沥青碎石修补沥青路面病害2.1万平方米，路面铣刨摊铺1.8万平方米；路肩整修25.8万米，级配碎石填补重要县道4600平方米，沥青贯入式修补830平方米；沥青路面水稳挖补坑槽4200平方米；沥青路面罩面2.6万平方米，更换示警桩、道口桩1826根，维修排水沟439米，累计完成小修投资约740万元，完成养护大中修工程和生命防护工程投资8000余万元，创历史新高。

（时　金）

【路域环境优化】2017年，亳州市集中整治穿集镇路段“脏、乱、差”现象，对建筑控制区及公路用地内各类违法行为进行查处，开展非公路标志牌专项整治行动，累计共制止违章建筑物53间计1080平方米，拆除违章建筑物300平方米，拆除非交通标志1493块，清理摊点312处、堆积物923处计13660平方米，治理非法经营砂石料厂69处，骑路逢集113处，组织安全评价10起，办理行政许可7件。市路政管理示范路段创建活动，通过省公路局路域环境督察2次，受到省公路局的肯定，在全省路政管理工

图75　公路建设（牛友好　摄）

作会议上作典型经验发言。

（时　金）

【公路治超】2017年，亳州市实现非现场执法模式，投入3000万元，建成21套56个车道动态称重系统，处理车辆101辆，罚款42万元，在全省处于前列。严查超限车辆，严格落实“一超四罚”，开展部门、区域联合治超，精检车辆126.9万辆，查处超限车辆8134辆（罚款3万元的445辆），罚款2948万元，卸载货物6.8万吨，吊销从业资格证273本，车辆营运证273本，查处非法改装车辆40辆，驾驶证记分1200分，行政拘留7人次。在全省治超工作考核中处于第一方阵。

2017年，亳州市7个固定超限检测站共精检货运车辆125.7万辆，查处超限运输车辆7333辆，其中，75吨以上及超限率100%以上车辆227辆，卸载货物4.04万吨，罚款1640.34万元。其中国道311温集治超站精检货运车辆41.74万辆，位居全省前列；省道307大杨治超站查处超限运输车辆2547辆，位居全省前列；省道305蒙城治超站处罚3万元以上超载车辆65辆，位居全市前列。自7月15日实施非现场执法起，截至12月31日，处理货运车辆超限运输行为101起，罚款42万元。

（王玉侠　时　金）

【公路安全管理】2017年，亳州市开展安全运输隐患排查治理活动，排查出一般安全隐患234项，整改234项，整改率100%；完成省、市、县挂牌安全隐患整改12处。其中省级1处、市级2处、县级9处；完成市安联办督办的公路安全隐患整改工作8项，共投入安全隐患整改资金260余万元。完成“安全五小工程”建设工作。在全市国省干线公路、重要县道、交叉路口等路段增设道口警示桩1.1万根、标志牌2001块、减速带5.2万平方米、凸面镜86块、爆闪灯1604个，完成投资986万元。

（时　金）

【建安隧道建设】建安隧道工程起于建安路与白果树街交口南侧，下穿人民路、涡河，终于汤陵路南侧，路线全长1280米，其中，暗埋段长660米，敞开段长360米，道路顺接段长260米。隧道标准断面宽度27.9米，双向四车道加非机动车道，机动车道设计时速为50千米／小时，概算总投资约4.66亿元。项目于2016年9月正式开工建设，施工单位为中铁十局集团有限公司，监理单位为山东万泰工程咨询有限公司，第三方检测单位为山东省公路检测中心。至2017年年底，暗埋段箱体24节，完成16节；敞开段箱体26节，全部完成；配套及附属工程同步推进；累计完成工程投资约2.5亿元，占合同金额的80%。计划于2018年4月底主体工程完工，5月底试通车。

【汤王大道涡河隧道建设】汤王大道涡河隧道工程起于汤王大道与和平路交口处，下穿涡河、郑店子湿地公园、洪河，终于汤王大道与古泉路交口处，路线全长1345米，其中，暗埋段长882米，敞开段长359米，道路顺接段长104米。隧道标准断面宽度28.6米，双向六车道，设计时速60千米／小时，概算总投资约6.27亿元。项目于2017年4月18日开工建设，施工单位为中铁十八局集团有限公司，监理单位为安徽公路工程建设监理有限责任公司，第三方检测单位为山东省公路检测中心。截至年底，敞开段完成16节，暗埋段正在进行围护、止水帷幕施工；洪河、涡河段一期围堰完成，在进行围护、止水帷幕施工；累计完成工程投资约7000万元，占合同金额的18%。计划于2018年10月底前完成南北两岸岸上剩余节段箱体施工及两侧辅道路基施工；12月底前，完成涡河、洪河段一期22节箱体施工，并完成二期围堰、围护、止水结构施工；2019年建成通车。

（时　金）

·铁　路·

【概况】上海铁路局阜阳北站亳州站（以下简称”亳州火车站”）位于安徽省亳州市芍花路，北距京九铁路北京西站751千米，南距京九铁路深圳站1621千米，西距三洋铁路许昌站190千米，东距亳蚌铁路蚌埠站203千米。隶属于中国铁路上海局集团有限公司，现为二等站。上下行均为电气化区间，办理客货运业务。亳州站是京九铁路上较大客运站、始发站。始发合肥、上海、宁波、温州等多趟列车，通达全国70个重要城市中的50余个。

亳州火车站总占地面积

34799平方米，站房属于仿汉建筑，总建筑面积9574平方米．候车室包括上、下两层，总面积是4327平方米，可以容纳8000人。售票大厅面积为253平方米。2017年，有12个售票窗口及8台自动售取票机，列车速度达到160千米／小时，现经过亳州站火车约230列，现办客列车59列。截至2017年12月31日，车站实现安全生产3044天，完成运输收入2.17亿元，发送人数283.4万人。

（路贵贤）

【安全基础管理】2017年，亳州火车站完善规章制度。及时对相关规定进行修订完善，重新修订行车、客运等各岗位作业指导书，及时修订完善车站管理制度，并抓好落实。

增强安全风险控制能力。抓好日常业务知识学习，推进模块化教学，经常性地开展应急演练活动，不断提高职工的业务素质和应急处置能力。开展标准化班组、车间的创建，完善班组安全预想制度和岗位自控、作业互控、人机联控等制度，确保关键作业受控。

组织开展安全活动，提高职工安全意识，夯实车站安全基础。按照直属站的活动要求，开展安全大检查活动、劳动安全专项整治活动、调车专项整治活动等安全整治活动，结合每一次的活动重点，进行精心组织，务求实效。针对影响当前运输安全的薄弱环节，结合实际，进一步细化制定检查方案，明确检查重点，责任落实到人管理人员带着问题下现场，在发现问题、分析原因、制定措施、指导整改上下功夫，通过检查发现问题，整治消除隐患，强化安全源头控制。

（路贵贤）

【运输安全管理】2017年，亳州火车站加强旅客安全风险控制，确保春运、暑运及清明、端午、“五一”、中秋、“十一”假期期间的客运工作安全。在旅客运输中，亳州站的安全风险控制重点是售票、候车、进站、上车、出站环节。加强客流组织，促使旅客流动有序，控制拥挤、踩踏风险；加强计划管理，认真执行旅客列车超员率规定，严控列车超员。加强旅客乘降组织，照顾好重点旅客，防止幼童坠下站台造成伤害；加强危险品检查，防止火灾爆炸造成群死群伤；与阜阳利捷公司配合，抓好售货点检查管理，杜绝销售“三无”食品，预防旅客食物中毒。加强设备设施检查，重点做好广播、导向、电梯、消防器材等重点设备的检查，落实管、用、修制度，保证状态良好，确保设备使用安全可靠。

（路贵贤）

·航　运·

【概况】2017年，亳州市推进涡河航道整治工程，航道工程项目取得地质灾害评估、勘测定界、土地预审、规划选址、桥梁通航条件影响评价等文件批复；召开环境影响报告审查会、社会稳定风险分析报告评估会和工可咨询论证会；省发改委发文对工程可行性研究进行批复；省交通运输厅对工程初步设计进行批复；省港投公司对工程监理、施工进行招标，工程01标段（蒙城闸—入淮口段）开工建设；《亳州市涡河航道整治工程建设项目投资合作协议》《合资合同》通过市法制办合法性审查。

完成内河船型标准化拆解改造船舶任务。摸清底数，建立台账，测算资金需求，申报省补和市财政配套资金。完成拆解改造船舶593艘，其中拆解完工112艘，改造完工481艘。撤销客流量少的渡口，整合布局不合理渡口，促进渡口布局科学合理。完成6道渡口撤并工作。将渡口远程监控终端延伸至涉渡乡镇，为涉渡16个乡镇安装远程监控终端。组织茨淮新河航道维护工程公开招标等前期工作，经省港航局报省交通运输厅进入上级补助项目库。

推进涡河港口岸线规划调整，完成《亳州港总体规划（调整)》初稿编制并征求市直相关单位和县（区）政府意见；组织召开《亳州港总体规划（调整)》专家评审会；以市政府行文将《亳州港总体规划（调整)》上报省政府，经省政府评审会审查通过。推进无证经营码头专项整治行动，全市共整治无证经营码头202家。结合港口规划调整，启动大寺闸以东码头下移工程：通过港口规划调整将大寺闸以东港口岸线下移，无证码头全部拆除。

完成《亳州市船舶污染事故应急预案》《亳州市内河港口和船舶污染物接收、转运和处置设施建设方案》《亳州市防治船舶及其作业活动污染水域环境应急能力建设规划》《亳州市船舶污染物接收、转运、处置监管联单制度》《亳州市船舶污染物联合监管制度》等编制工作，按照建设方案完成25%建设任务，开展港口和船舶水污染防治工作。

本年度，市海事部门基本支出和项目支出真正纳入市级财政预算体系，市海事局被评为市第八届文明单位。

（孙立生）

【水上安全监管】2017年，亳州市海事局组织开展水上交通安全全面大检查，对“最低安全配员”“平安交通”“平安船舶”专项行动开展情况、渡口提升工程开展情况进行督察，督促企业、船舶和个人消除安全隐患。检查渡口渡船1081道次，查处渡口隐患81处，整改81处，限期整改35处，责令停渡6道，下达隐患整改通知书27份，责任落实通知书2份，通报乡镇政府70期。召开乡管员例会34次，举办乡（镇）长、乡管员安全培训4期，培训渡工4期98人次。检查普货码头629家次，检查航运企业90家次，检查运输船舶5519艘次，查处违章1142艘次，责令整改1044艘次，组织专项检查66次，排查整改隐患23处。对全市18家航运企业进行核查。加强重点时段、重点部位、重点水域安全监管，春运、汛期和节假日等重点时段水上交通安全有序、畅通。加大巡航频次，杜绝违章行为，早部署、早安排、早落实、早行动；坚持应急值班制度，确保突发事件应急处置及时有效，堵塞安全漏洞，保障人民群众安全便捷出行。管理通航秩序。与气象部门建立预警信息发布机制，实现信息共享；协调闸管部门做好船舶待闸应急处置工作，完善船舶滞留处置方案，划分进港待泊、过闸排号、过闸待泊3个控制区，同步控制、同步放行，实现待闸船舶有序通行，避免大批船舶滞留现象，保障辖区航道畅通。完成省道202线涡阳涡河大桥大中修工程、上海电气（蒙城）生物质发电项目厂外取水工程、亳州市汤王大道涡河隧道工程等通航安全评估报告审查及有关涉水工程航道影响评价工作。组织开展水上安全知识进校园活动，印制“渡运安全宣传手册”“水上交通安全流动学校宣传单”等宣传资料，组织观看水上交通事故警示教育纪录片，受教育学生6000人次。

（孙立生）

【行业管理】2017年，亳州市海事局超额完成内河船型标准化拆解改造任务，发放补助资金500余万元。调整运力结构，提升技术性能，促进节能减排工作。办理网上行政审批2000余件，及时受理按时办结。为2200名船员进行信息采集。为1600余艘船舶办理电子签证注册，共检验船舶1859艘。推进船员违法记分工作办理，办理船员违法记分74例。完成行政权力清单、公共服务清单、中介服务清单等五个清单的动态调整工作。组织执法人员培训，严格执法管理，开展行政处罚200余起。

（孙立生）

邮　政

【概况】2017年，亳州市邮政、快递企业（含总部直营分支机构）64家，涵盖EMS、顺丰、圆通、申通、中通、韵达等22个品牌；邮政普遍服务场所130处；全行业从业人员3500人。完成邮政业业务总量12.6亿元，居全省第六位，同比增长55.03%；业务收入8.46亿元，居全省第六位，同比增长31.46%；业务量、收增速均超出全省平均水平。其中，快递业务量完成3883.02万件，居全省第五位，同比增长42.25%，增速居全省第二位；业务收入完成4.04亿元，居全省第五位，同比增长42.37%，增速居全省第三位。全市实现“一个全覆盖”“三个百分百”：建设乡镇电商快递综合服务中心118处，实现乡镇全覆盖；建制村通邮率100%，县级城市党报当日见报率100%，邮政普遍服务新标准达标率100%。

本年度，市邮政管理局党建工作受到省邮政管理局表扬，两次在全省邮政管理系统作经验介绍；获“第八届亳州市文明单位”称号。亳州圆通负责人曹玉根获“安徽十大杰出经理人”称号；利辛韵达快递公司员工李义友勇救落水儿童、利辛顺丰快递员马向阳和利辛申通快递员张敬辉等拾金不昧的事迹，获社会好评。

（刘虎诚）

【行业服务能力建设】2017年，亳州现代中药产业园、谯城工业园区、利辛县工业园区、蒙城县电商孵化园等集聚效应初步显现，圆通速递皖北中心项目建成即将投入使用；分拣传送带、自动称重扫码一体机等科技设备逐步应用，干线运输和投递机动车辆达到400台，标准化投递三轮车近1000辆。行业服务地方经济作用显现，亳州市谯城区花草茶、脆桃，利辛县丝网纱门、挡风被等地方产品通过邮政快递行业寄递的比重提高，全市产品通过邮政、快递渠道出口额超过60亿元，邮政业拉动地方经济发展、带动农民增收的效应明显。

【行业监管】2017年，亳州市邮政管理局推进法治邮政建设。开展《中华人民共和国邮政法》等法律法规宣传，加强与县区政府对接，推动支持邮政业发展政策的落地实施。监督邮政服务。依法办理邮政普遍服务相关审批工作，全年共办理各类备案6件，开展邮政普遍服务检查542人次，检查邮政营业场所130处，实现邮政普遍服务场所检查全覆盖。开展党的十九大等重大题材邮票印制销售专项检查。出台办法规范邮政机要通信监督检查行为，开展“回头看”专项行动。确保机要通信全年安全无事故。开展各类普遍服务时限监测和满意度调查，完成1名特邀监督员的调整聘任工作。保障寄递渠道安全。完成春节、全国两会、“一带一路”高峰论坛、中国香港回归20周年庆祝活动、全运会、“金砖国家领导人会晤”、党的十九大、“双十一”旺季等重大活动期间的寄递渠道安全保障工作。下发整改通知书72份，开展行政约谈39次，实施行政处罚14起，停业整顿企业3家，关停网点92处，累计处罚金额42000元。

（刘虎诚）

【乡镇电商快递综合服务中心建设】2017年，亳州市邮政管理局按照“协会倡导、企业主导、政府指导”、企业“自愿合作，平等协商”原则，引导企业自建、共建乡镇电商快递综合服务中心，旨在改变乡镇快递末端网点服务能力不足、安全基础不牢、可持续发展能力弱的状况。

截至年底，谯城区建成27处，涡阳县建成32处，蒙城县建成34处，利辛县建成25处，全市共计建成118处乡镇电商快递综合服务中心，实现乡镇全覆盖。“四升一降”效果显现，即：服务三农能力提升、业务量收提升、网点安全上升、社会形象提升，运营成本降低。群众使用快递的满意度提高。综合服务中心建设工作得到省、市领导的肯定。

（刘虎诚）

图76　谯城区立德镇电商快递综合服务中心（张艺　摄）

【职业技能活动】2017年，市邮政管理局组织举办“诚信快递、你我同行”主题演讲比赛。市申通快递公司员工冀超超获一等奖；市邮政公司员工张慧、市圆通快递公司员工李芳获二等奖；市EMS公司员工杨永强、利辛县EMS公司员工杨丽萍、蒙城县申通快递公司员工檀娟娟获三等奖。联合市人社局、市总工会举办全市快递行业职业技能大赛。排名前六位的选手分别获大赛一、二、三等奖，被市人社局授予“亳州市青年岗位能手”称号，一等奖获得者徐文浩（申通快递）被市总工会授予“亳州市五一劳动奖章”称号。联合市总工会、市文明办、团市委、市快递协会启动“最美快递员”评选活动。利辛县申通快递服务有限公司员工马显兵等10人获亳州市“最美快递员”称号。

（刘虎诚）

通 信

【电信】2017年，中国电信亳州分公司率先在全省开展以店包区"营维合一"运营模式，推进"向上划小"，提升主动支撑意识和专业支撑水平，助力承包人创业致富，实现企业经营快速健康发展。响应政府"智慧城市"建设，整合各类资源深耕互联网+领域，打造平安城市、网上办事大厅电子政务外网、精准扶贫云平台等综合信息化项目，推动信息技术在亳州广泛应用，助力政府提升管理效能。推进全光网建设，2015—2017年，共新增光端口50万个以上，光端口占比和光端口占用率均居全省前列。4G网络采用多频段混合组网方式，高流量区域通过2.1G加深覆盖，农村区域通过800兆进行广覆盖，城市4G网络覆盖率行业领先。实现光纤和4G网络全面深度覆盖。

在越级投诉压降、装维等专项满意率提升、服务互联网推进等方面，聚焦客户痛点，实施场景化精细服务，加速互联网化转型，提升服务效能，运营能力、服务水平提升。两次获得省公司服务平稳运营奖。年收入同比增长10%以上。自5月17日开展"当日装、当日休、慢必赔"服务承诺起，当日故障当日修复率提升15%，当日安装率提升3.4%。

履行社会责任，完成中国（亳州）国际半程马拉松、全省实施"五大发展行动计划"视频交流调度会议、"华佗杯"全国药膳大赛、国际（亳州）中医药博览会等重大事项通信保障任务。

本年度，中国电信亳州分公司获安徽省第十一届文明单位、安徽省安全文化示范单位、亳州市2017年度安全生产工作先进单位、亳州市第一届诚信企业、亳州市2017年度市长热线办理工作先进单位等称号。

（段伟甲）

【移动】2017年，中国移动通信集团安徽有限公司亳州分公司（以下简称"亳州移动公司"）收入增长率排名全省第三位；行业收入份额排名全省第二位。客户整体满意度87.2%，领先度3.71%；宽带满意度84.7%，居全省第一位；网络满意度86%，居全省第二位。

开展4G+终端销售、流量不限量推广、宽带营销等活动，以裸机直降、集团购机更优惠和4G进集团等举措发展客户。全年销售4G终端47.2万部，其中4G+终端24.55万部；净增4G客户38万户，4G客户148万户。开展宽带提速，推广融合套餐，加快农村地区宽带建设，助力"美好乡村建设"，50兆及以上宽带客户占比排名全省第五位。

完成4G四期二阶段和4G五期宏站共707个站点的建设入网。开展"弱覆盖攻坚"专项整治活动，共完成116处弱覆盖区域整治，实现城区、乡（镇、街道）基本全覆盖，美好乡村、新农村等人口密集农村区域覆盖。解决信号弱覆盖区域594处，提升农村的广度覆盖和连续覆盖。开展"VoLTE精品网""i家行动""内容领先""传输大会战"等活动。

本年度，亳州移动公司被评为"全国文明单位"。网络部任凯旋、李晓东获"中国移动2017年应急技能大比武全国总决赛个人精英奖"。网络部网优班获集团公司"卓越班组"荣誉。《基于"A-P-P"协同式的循环精确营销体系》《极建A+社区化营销体系》获全省最佳实践贡献奖；《提高亳州宽带新区实装率》《提高存量4G客户活跃转化率》分

图77　2017年3月30日，4G+终端发布会（李晓波　摄）

别获全省QC一、二等奖。《光缆挂钩装卸装置最佳实践案例》获全省最佳实践二等奖。

（李晓波）

【联通】2017年，中国联合网络通信有限公司亳州市分公司聚焦重点区域与业务，全面打造经营增长极，聚焦4G网络建设，实现网络覆盖能力和质量双提升。创新服务机制，提升用户感知，持续开展“营业窗口感知提升”工作，针对服务质量整体情况进行分析通报，促进服务短板问题及时改进。推进精细化服务维系工作，提高维系效率。通过全渠道推进合约续约、单卡捆绑、换机、换网等系列工作开展，初步实现维系工作的提质、提效。

亳州市4G基站增加至1551个，4G站点总量达1555个，市区、县城4G覆盖水平提高，乡镇、高速、低等级交通干线及普铁、重点行政村实现4G全覆盖，行政村4G覆盖率达80%。建设本地网汇聚层构架，大颗粒和综合业务支撑能力提升。

本年度，公司获“2017通信行业优秀质量管理小组”称号；李燕获“安徽联通十佳员工”称号；赵腾飞获“安徽联通五佳业务助手”称号。

（孙瑞雪）

【无线电】2017年，亳州市新建1座无线电固定监测站，市区无线电信号监测精度和测向准度提高。市无线电管理处所有行政审批事项和公共服务事项落户亳州市网上办事大厅。网上办理行政许可15件，其中台站设置许可5件，台站延续许可5件，台站变更许可1件，呼号申请转报3件，呼号注销转报1件。新发执照2396个，换发执照1868个，行政审批网上办理率100%。

市无线电管理处组织开展日常监测及重点监测，结合“扫黄打非”、民航专用频率保护等工作开展监测，累计频谱监测总时长7000余小时。开展广播电视频谱使用评估专项活动。利用固定监测站采集30～3000（兆赫兹）监测数据，利用移动监测系统对三县一区建成区进行路测。完成数据采集，及时将数据上报省无线电监测站，开展数据分析、广播电视台站比对工作，编制亳州市广播电视频谱使用评估报告。

全面检查广播电视台站，逐一核验频率批准文件、电台执照、发射机设备型号等，对发射功率、占用频率和占用带宽等技术指标进行监测，共核查模拟电视24个、广播22个、地面数字电视35个，摸清全市辖区内广播电视台站设置使用情况，消除广播电视对航空频率存在的隐患。对亳州市境内的京九铁路开展GSM-R铁路通信系统路测工作，保障铁路无线电用频安全。

到3家运营商和铁塔公司，通报2016年公众移动通信频谱使用评估中发现的违规用频、台站数据不全、台站执照过期等问题，督促各通信运营商完成问题整改工作。对3家运营商的基站按照不同技术体制随机抽取156个基站，逐站进行检测。召开基站抽检结果反馈工作会议，向3家运营商反馈抽检结果，督促各运营商整改基站设备技术指标不合格等问题。

完成党的十九大、省、市“两会”、第三届中国（亳州）国际健身气功大赛等重大活动以及高考等重要考试的无线电安全保障任务。完成32次教育、人事、卫生等各类重要考试的无线电安全保障工作，出动无线电技术人员320人次，出动无线电监测和管制车辆80台次，压制作弊信号4个，有效防范打击利用无线电设备作弊行为。

在第六个世界无线电日、中国业余无线电节、“六五”世界环境日组织无线电宣传活动。在政务公开网上发布信息97条，向省经信委办公平台报送信息31条，国家无线电管理网6条。与市广播电视台合作，跟踪采访报道非法广播电视信号巡查活动。

与文旅、公安、运营商等单位合作，监测市境内非法无线电信号，查处非法无线电台（站）。查处5起非法电视台，1起“黑广播”，1起“伪基站”，1起手机信号放大器，将3个非法电视台信号源定位在河南省境内，函请河南省商丘市无线电管理局协助查处。

组织全市业余无线电爱好者开展新旧操作证换发，同时审核转报业余无线电呼号指配，办理设台申请。在5月5日“中国业余无线电节”上，组织无线电应急通信演练，来自三县一区和淮北市的80名无线电业余爱好者参加。

（张　耀）

经济监督管理

价格管理

【概况】2017 年，亳州市印发《中共亳州市委亳州市人民政府关于推进价格机制改革的实施意见》，完成按病种收费改革，在全市二级以上公立医院实施按病种收费（102 种）。落实国家、省调整非居民用天然气门站价格文件精神，两次调整市非居民用天然气价格。加强商品住宅销售价格备案管理，通过引入第三方对商品住宅成本和售价进行评估，落实一价清、一套一标、明码标价等制度，强化监督检查，打击价格欺诈、价外加价等违法行为，遏制商品房价格过快上涨势头。累计对 29 个开发项目 68 批次 20650 套住房进行新建商品住房价格备案。采用“双随机一公开”监管模式，开展旅游景点、教育收费专项检查和商品房销售价格联合检查，对市区范围的 9 家在售楼盘和 5 家二手房中介机构门店、2 个 AAAA 级景区、6 所学校进行检查，针对违法行为累计罚款 50 万元。开展涉企收费专项检查，涉及 28 个部门 84 个单位，发现涉嫌违规收费 21 项，整改规范金额 2050.9 万元。

【亳州智慧物价系统运行】2017 年，亳州市推进“互联网＋物价”信息化建设，在省内率先建成运行亳州智慧物价系统，以网页和手机 APP 为媒介发布最新价费政策和价格动态，通过“采价格、晒价格、比价格”力求达到“稳价格”，提升价格监管和服务的质量和水平。平台每天发布连锁超市近 4000 个品种的商品“价比三家”的最新价格，每天采集发布超市及农贸市场近百个品种的民生商品批发和零售价格，同时还可查看近百个药店 9214 个品种的医保药品价格，1566 个品种及规格的中药材价格信息，新售商品房备案价格等，网站访问量累计达 7 万次。做好价格监测和信息服务，在“亳州物价”微信平台发布“价比三家”民生价格信息 43 期、108 条，发布价格信息服务进农户 24 期，发布蔬菜批发市场价格 23 期，累计完成国家、省监测任务 527 个，报送价格监测数据 8476 项，上报数据 12722 条。

（张　凯）

审　计

【概况】2017 年，亳州市修订完善相关制度，印发《亳州市人民政府办公室关于进一步完善审计整改工作机制的实施意见》《中共亳州市委办公室 亳州市人民政府办公室关于坚持审计监督全覆盖健全完善审计工作机制的实施意见》《亳州市部门和单位内部管理领导干部经济责任审计实施办法（试行）的通知》等制度。修订出台《关于印发亳州市市级外勤经费管理办法的通知》等制度。

开展法治宣传。制定出台《亳州市审计局 2017 年法治宣传计划及重点》，明确法治宣传的目标和重点。落实“谁执法，谁普法”第一责任。利用亳州审计信息网、审计微信群、审计微博开展法治宣传活动。在亳州审计信息网宣传法律法规 7 篇，政策解读 20 余篇，政策法规 10 余篇，微信法治宣传每日不少于 2 条。在市区 15 路公交车上滚动播放审计法律法规宣传标语，法治宣传与审计业务相结合，审计项目实施到哪里，法治宣传就跟进到哪里。

完成审计项目 198 个，其中政府投资审计项目 163 个，审计查出违规资金 0.902 亿元，损失浪费金额 0.025 亿元，管理不规范金额 25.02 亿元。核减工程价款 1.81 亿元。促进整改落实资金 0.25 亿元。提交审计报告和信息 187 篇，提出审计建议 299 条，促进被审计单位制定整改措施 138 项，向纪检监察机关和有关部门移送案件线索 10 条。

（代鹏山　郭建国）

【重大政策落实审计】2017 年，亳州市审计局实施国家重大政策措施落实情况跟踪审计、扶贫资金跟踪审计、保障性安居工程跟踪审计。其中，国家重大政策措施落实情况跟踪审计涉及 8 个领域，10 个政府部门，3 个项目，财政资金 4.16 亿元，出具审计报告 4 篇。扶贫资金跟踪审计追缴资金 17.58 万元，问责处理 9 人次，提出审计建议 13 条。保障性安居工程跟踪审计查出管理不规范资金 4200 万元，对资金管理、资金使用效益、政策落实、工程建设管理等方面存在的问题提出审计意见和建议。通过政策落实审计揭示资金使用中违规、损失浪费、风险隐患等问题，推进重大政策的落实，促进政令畅通、分配公平和经济的持续健康发展，维护人民群众的合法权益。

（代鹏山　郭建国）

【财政审计】2017年，亳州市审计局以保障公共资金使用安全，提高财政资金使用效益为目标，实施对市本级2016年度预算执行和其他财政财务收支审计及市直部门公务支出和公款消费审计。其中，市本级2016年度预算执行和其他财政财务收支审计揭示预算编制管理、预算收入管理、预算资金管理、专项资金管理、地税征管等方面的问题，进一步促进政府预算编制管理制度及预算体系的完善，推动财政资金管理及税收征管更加规范。市直部门公务支出和公款消费审计涉及市民政局、市招商局等9个部门，查出违规金额34万元，促进被审计单位在资金管理、公务接待、人员编制管理等方面进一步规范。

（代鹏山　郭建国）

【经济责任审计】2017年，亳州市审计局审计县处级领导干部人24名，移送案件线索1起。通过对领导干部的经济责任审计提高领导干部履职能力，规范领导干部的经济行为，强化领导干部队伍建设，促进领导干部勤政廉政。

（代鹏山　郭建国）

【投资审计】2017年，亳州市审计局以加强建设项目管理，提高建设资金使用效益为目标，实施南部新区公园水系治理建设等重大工程跟踪审计、亳州市31条主次干道路灯改造等163个工程项目的投资审计，核减工程价款1.81亿元，审减率7.06%，提出合理化建议186条。

（代鹏山　郭建国）

【专项审计】2017年，亳州市实施公立医院债务甄别审计和市经济开发区2016年度拆迁安置资金和征迁经费专项审计。其中，公立医院债务甄别审计为政府进一步规范医疗市场秩序，加大对医疗单位的监管力度，完善医院贷款相关政策与管理，医院重大项目贷款的额度和标准提供重要参考。进一步规范公立医院的举债行为。市经济开发区2016年度拆迁安置资金和征迁经费审计重点征地拆迁专项资金管理使用情况，征地拆迁工作经费使用情况。此项目移送市检察院等有关单位案件线索9条，促进拆迁安置资金和征迁经费管理制度进一步完善，拆迁补偿方案进一步优化，维护人民群众的合法权益。

（代鹏山　郭建国）

【“审计技术创新年”活动】2017年，亳州市审计局统筹谋划，强化组织领导。成立“一把手”任组长、副局长任副组长、县区审计局局长和各科室（局、中心）负责人为成员的“审计技术创新年”活动领导小组，组织审计业务骨干成立数据审计分析小组和“审计技术方法创新”课题研究小组，统筹推进“审计技术创新年”活动。召开“审计技术创新年”专题会议3次，到外地审计机关交流学习1次。

明确责任，细化任务分解。制定《全市审计机关开展“审计技术创新年”实施方案》（亳审〔2017〕11号）、《亳州市审计机关开展“审计技术创新年”活动责任分解表》（亳审〔2017〕32号），对15项具体考核指标逐一分解责任到具体单位部门，明确具体责任人，细化任务要求，列明完成时限。

以推进“金审三期”建设为契机，争取财政资金150万元，专项用于信息化建设，用于审计技术创新。谋划审计数据中心及审计数据分析平台的建设，解决全市财政、社保、地税、公积金等审计数据的存储管理和应用。

通过审计技能专题培训、成立审计分析团队“传帮带”、每个审计项目至少配1名计算机审计人员、选派人员参加上级审计机关组织的计算机审计培训班等方式，提高审计人员的技术创新意识和能力。结合医保、地税、扶贫资金等审计项目，撰写审计案例6篇。

（代鹏山　郭建国）

工商行政管理

【概况】2017年，亳州市以工商登记注册便利化为主线，推进商事制度改革。新增市场主体67626户，增量居全省第三位。截至12月底，全市实有各类市场主体33.27万户，同比增长25.24%，总量居全省第三位，增幅居全省第二位。商事制度改革实施后，新增个体工商户13.67万户，新增私营企业4.55万家，私营企业增量为改革之前私营企业总量的2.9倍。亳州市被安徽省人民政府办公厅表彰为推动工商注册制度便利化工作及时到位、落实事中事后监管等相关政策社会反映好的市。

帮扶培育5件商标申报驰名商标，新增安徽省著名商标34件。全市新注册商标4956件，有效注册商标总数20356件，商标总量居全省第五位。

打假保优扶持白酒产业发展。查处公用企业经营中突出问题。强化广告监管，广告违法率为零。开展“两节”打假和无传销城市创建工作。亳州被认定为“安徽省无传销城市”。

受理咨询、投诉、举报共8699件，其中咨询8148件、投诉478件、举报73件，办结率100%，办理消费侵权案件176件。

本年度，市工商行政管理局被电子政务理事会评为“互联网+政务服务”先进单位。省工商局、省公安厅、省文明委、省综治办联合下发通报，认定亳州市为2016年度安徽省无传销城市。

（王晓宏）

【“多证合一、一照一码”】2017年，亳州市在全面实施企业、农民专业合作社“五证合一、一照一码”和个体工商户“两证整合”的基础上，将涉及信息采集、记载公示、管理备查类的登记事项整合到加载统一社会信用代码的营业执照上，形成“多证合一”营业执照。7月18日，《关于印发亳州市“多证合一”工作实施方案》出台，将27个涉企证照事项整合到营业执照上，实现“一表登记、一网通办、一窗核发”。相关信息汇集至国家企业信用信息公示系统和安徽部门协同监管平台，各相关职能部门可以登录该平台查阅领取企业登记基本信息。8月1日，市工商局为安徽豪门国药股份有限公司颁发首张“多证合一”营业执照。市场主体登记事项清单实行动态管理，9月，市工商局公布第二批“多证合一”整合事项目录清单。亳州市“多证合一”涵盖64个涉企登记事项。

（王晓宏）

【“双告知”】2017年，亳州市工商局依托市网上办事大厅协同监管平台，采取全流程网上告知相关审批部门和申请人，实现“双告知”智能推送。8月，组织安徽部门协同监管平台业务培训，解读平台如何使用、如何认领登记信息等操作流程。市政府成立市商事制度改革工作联席会议，常务副市长刘辉担任召集人，下设办公室负责联席会议日常工作，各成员单位选派专人为联络员，制定工作制度，运用协同监管平台，实现企业信息无障碍归集、共享，提高事中事后监管水平，确保“双告知”工作落到实处。

（王晓宏）

【企业群众办事“一次不跑”】2017年，亳州市登记机关依托亳州市网上办事大厅平台和安徽省全程电子化登记系统，实现“网上名称查询、网上申请、网上受理、网上审核”的电子化登记模式，实现工商业务140项网上办理，注册登记“零见面”，申请人“一次不跑”即可办理工商注册登记，以“数据跑腿”代替“群众奔波”，为公众提供便捷、高效的服务。5月15日，《中国消费者报》头版头条报道安徽战丰农业科技有限公司通过亳州市网上办事大厅办理登记注册的典型事例，推进“互联网+政务服务”。

（王晓宏）

【银行网点代办营业执照】2017年，在1241个免费代办网点基础上，市工商局与建设银行、药都银行合作，全市62个银行网点均可为申请人免费办理工商登记业务，银行网点介入商事登记，实现工商注册登记窗口前移，进一步节约企业办事时间和办事成本。工商部门借助银行成熟的服务体系和网络，延伸工商登记注册窗口服务，银行将代办工商注册登记服务作为银行传统业务的拓展，通过企业登记注册服务与营业网点的一体化，为企业提供“一揽子”金融服务，实现“政、企、银”三方共赢。

（王晓宏）

【商事制度改革新闻发布会】2017年10月10日，亳州市商事制度改革工作新闻发布会在市工商局五楼会议室举行。《安徽日报》《安徽法制》《安徽经济报》《市场星报》、中安在线、《安徽科技报》《江淮时报》《工商导报》《安徽商报》,《亳州晚报》、亳州广播电视台、亳州新闻网、亳州视听网、《亳州新报》等新闻媒体参加新闻发布会。市工商局对商事制度改革工作进行主体发布,并现场回答新闻媒体的提问。2017年,亳州市围绕商事制度改革重点工作,全面实施“全程电子化登记”“银行网点代办工商注册登记”“多证合一”“简易注销登记”4项改革。

(王晓宏)

【“双随机、一公开”监管】2017年,《亳州市全面推行双随机一公开监管工作实施方案》《亳州市市场监管“双随机、一公开”办法》《2017年度全市市场监管“双随机一公开”抽查活动方案》出台。全市各部门按照方案时间节点建立随机抽查“一单两库”,包括随机抽查事项2566项,检查对象76524户,执法检查人员4291名。启动联合抽查工作,市工商、质监、统计、人社、食药监5部门联合开展不定向抽查,检查范围包括直销违法行为、流通领域商品质量、拍卖活动经营资格、登记事项、广告违法行为、商标违法行为等12个类别。抽取全市8212户检查对象[企业2115户(含农民专业合作社)、个体工商户6097户]。11月底前,全市各执法机构全部完成抽查任务,联合检查坚持做到“一次抽查、全面体检、综合会诊”,抽查结果在检查结束20个工作日内全部进行公示。结果无问题企业1433户,未按规定公示64户,公示隐瞒真实情况218户,通过住所无法联系380户,不配合检查22户,其他情况44户。各部门根据各自职责范围内开展“双随机一公开”定向抽查工作,截至12月底,全市共有80余家单位利用安徽省事中事后综合监管系统进行“双随机、一公开”定向抽查,随机选取执法人员定向抽查,检查企业8401家。

(王晓宏)

【2016年度企业年报公示】亳州市2016年度应年报企业46020户,完成年报42213户,年报申报率91.73%,比2015年度提高2.55%。应年报个体工商户209203户,完成年报203880户,年报申报率97.46%,略高于2015年度(2015年度年报率97.03%)。外资企业应报119户,完成年报119户,年报申报率100%,全省排名第一位。应年报农民专业合作社13356户,完成年报12807户,年报申报率95.89%,全省排名第五位。未年报企业、农民专业合作社全部依法纳入经营异常名录,未年报个体工商户标注异常状态,并向社会公示。

(王晓宏)

【信用监管】2017年,亳州市推进涉企信息归集。制定《亳州市政府部门涉企信息统一归集公示与应用工作方案》,明确部门涉企信息归集职责、内容、方式及信息应用。推广使用安徽事中事后监管平台,为全市243个部门分配账号和密码,在省工商局支持下,工商业务系统和市数据中心实现数据共享,全市登记注册数据全量归集到市数据中心,实现无缝对接。在国家企业信用信息公示系统(安徽)和信用亳州平台公示行政许可信息318746条,行政处罚信息121条,“守重”企业160条,异常名录23736条,各部门通过市信用信息共享平台后台数据交换共向安徽协同监管平台推送行政许可和行政处罚信息11937条。

强化联合惩戒。出台《亳州市关于建立完善守信联合激励和失信联合惩戒制度加快推进社会诚信建设的实施方案》和《亳州市社会法人失信行为联合惩戒实施细则》,构建守信激励和失信惩戒案例公示报送机制,共搜集整理上报守信联合激励和失信惩戒典型案例29例。市工商局依法批量吊销企业217户,列入异常名录1070户,均通过企业信用信息公示系统向社会公示。被列入经营异常名录的企业在银行贷款、政府采购、工程招投标、国有土地出让、授予称号时,依法予以限制或者禁入。中城建第三工程局集团有限公司未按约定履行合同,信用较差,限制其在亳州市承揽工程。发挥“黑名单”库作用。将吊销营业执照未满三年及法院提供失信被执行人数据归于企业名下,在市场准入环节对相关失信自然人担任企业法定代表人、负责人、董事、监事及高管职务进行严格限制。

(王晓宏)

【助企融资】2017年,亳州市办理股权质押(211件128.47亿元)、动产抵押(228件14.79亿元)、商标权质押(17件3.9亿元），合计助企融资 147.16 亿元，同比增长 198%。其中“古井”商标单笔质押 2 亿元。与市金融办和药都银行联合推出“守合同重信用”企业增信融资模式，全市 275 户“守重”企业可在原贷款额度上，再追加授信 500 万元。

（王晓宏）

【商标品牌战略实施】2017 年，亳州市新申报驰名商标 5 件，分别是“恒盛”“华佗”“力源”“康勃”“九方佰花”，超额完成任务 2 件。目前，全市拥有驰名商标 8 件，即“古井及图”“古井贡”“高炉家”“药信”“金坛子”“芍花堂”“富亚”“广印堂”。新申请商标 12572 件，同比增长 85.18%，绝对量全省第五；新注册商标 4956 件，同比增长 48.87%，绝对量全省第四，全市有效商标总量 20356 件，全省第五。新增安徽省著名商标 34 件，全市安徽省著名商标 169 件。新增省级专业商标品牌基地 1 个，蒙城县为安徽省肉食加工专业商标品牌基地，截至年底，全市拥有省级专业商标品牌基地 4 个，即安徽省白酒酿造（亳州谯城区古井镇）专业商标品牌基地、安徽省中药药业（亳州经开区）专业商标品牌基地、安徽省丝网纱门（利辛县）专业商标品牌基地、安徽省肉食加工（蒙城县）专业商标品牌基地。新增马德里国际商标 4 个，全市拥有马德里国际商标 13 个。帮扶培育地理标志商标 3 件，分别是“蒙城黄花梨”“亳州菊花”“亳州丹皮”。“涡阳大豆”于 2017 年 6 月 7 日被国家商标局认定为地理标志商标，成为亳州市第一件地理标志商标，实现零的突破。商标权质押贷款 23 件、金额 4.608 亿元，贷款金额全省第一。

（王晓宏）

【亳州市首件地理标志商标】2017 年 6 月 7 日，国家工商总局商标局发布公告，涡阳县优质大豆产业协会申报的“涡阳大豆”商标获得批准，成为全市首件地理标志证明商标。“涡阳大豆”的特定品质和感观特征：涡阳大豆呈圆形和椭圆形、籽粒均匀、中等偏大，外表呈金黄色，色泽光亮润泽，皮薄且脐色浅褐色。内在品质特点：涡阳大豆具有蛋白质、异黄酮、不饱和脂肪酸、钙及 B 族维生素等有效营养成分含量较高，脂肪含量较低的特点，其中蛋白质含量高达 47.12%，特别适合加工豆制品，加工的豆浆口感香甜，泡制的豆芽脆嫩爽口。具有营养丰富，健脾宽中，润燥消水，清热解毒、益气的功效。地理标志证明商标是地区特色产品象征性“名片”，亳州市特色农产品资源丰富，地理标志证明商标有助于提升特色农业影响力，推进农业产业化进程，加快农业产业结构调整和农民增产增收。2017 年涡阳大豆最高销售价为 5.2 元 / 千克，当年涡阳县发展涡阳大豆专用品牌粮食生产基地 10.67 万公顷，其中订单生产 3 万公顷，亩产可在 200 千克以上。

（王晓宏）

【古井商标打假维权】2017 年，亳州市重点打击制售侵犯古井商标专用权和仿冒“年份原浆”产品包装装潢的“傍名牌”行为。制定白酒市场专项整治实施方案，召开白酒侵权仿冒专项整治会议，鼓励广大白酒企业争创商标品牌，依法合规经营。帮助古井开展维权行动，协助古井打假人员到无锡、运城、济源调查取证印制侵权包装材料和瓶体的案件资料；配合省内六安、安庆等 23 个市、县和省外湖南常德、河南商丘等 19 个县、市做好侵权协查工作。受理古井投诉举报，查处侵犯古井商标专用权案件 36 件，涉案金额 113 万元；查扣侵权白酒 2890 瓶；查处仿冒古井“年份原浆”包装装潢案件 442 件，涉案金额 123 万元；查扣仿冒白酒 29557 瓶，现场监督销毁 32180 瓶。实施商标帮扶行动，为古井集团提供近十年的“年份原浆”外观专利、商标使用保护的证据材料，帮扶古井申报马德里商标国际注册 3 件。

（王晓宏）

【非法经营成品油专项整治】2017 年 9 月 6 日至 11 月 30 日，亳州市开展依法整治非法经营成品油专项行动。成立以市长杜延安为组长，副市长侯化、曹振萍为副组长的专项行动领导小组，各有关部门为小组成员单位，对各县（区）实行责任包保。印制省直 7 部门联合通告 2500 余份，张贴在加油站点、乡镇街道、路段，印发《告成品油经营者一封信》。通过电视、报刊和互联网发布整治工作信息。以乡（镇、街道）为单位对辖区非法加油站点进行摸排，登记造册，建立一户一卡信息档案。向非法加油站点下达整改通知书,督促自行整改。市政府召开4次工作推进会,主要领导和分管领导带队深入各县区进行督察督办,现场解决整治工作进程中出现的问题。对无证无照、超范围经营汽油、证照不相符的非法加油站点制定具体的处置意见:由市场监管或商务部门查封关闭超范围经营非法加油点,现场监督抽空油罐内汽油后注满柴油,要求业主写出承诺书。由商务部门负责对无证无照经营站点现场抽空油罐内成品油,属地政府组织联合执法力量,拆除相关设施。

全市592个非法加油站点自行整改444个,查封关闭148个,完成非法加油站点整改查封100%。28辆非法流动车全部整改查封完毕。拆除加油机369台,采取注沙注水、注入混凝土处置储油罐383个,吊出储油罐459个,拆除非法加油站点罩棚411个。

(王晓宏)

【"两节"打假】2017年,亳州市开展元旦、春节打假专项整治行动,立案查处销售假冒伪劣商品案件631件,查扣商标侵权、仿冒茅台、五粮液、剑南春、泸州老窖、洋河、古井贡、高炉家、口子、牛栏山等白酒29860瓶,青岛啤酒24瓶,查扣假冒飘柔、潘婷、海飞丝、沙宣等洗发露1307瓶,假冒"舒肤佳"香皂1023块,假冒"汰渍"洗衣粉51袋,查扣假冒"南孚"电池980节,假冒"金皖宝"床垫198个,及饮料、棉衣、电器、食品制品等多种商品,总涉案金额184.39万元。

集中开展打击假冒伪劣和"傍名牌"专项行动,打击侵犯他人注册商标专用权和仿冒知名商品包装装潢违法行为,重点是服装、装潢装饰材料、白酒、葡萄酒、家用电器、箱包等。查办不正当竞争案件139件。4月、5月,连续查处2起销售假冒洗涤用品案,查扣"立白""蓝月亮""超能""汰渍""金纺""碧浪""奥妙"等1690多件,移交司法部门处理2件。

(王晓宏)

【"无传销城市"创建】2017年,亳州市以依递次开展无传销社区(村)创建工作为抓手,全面推行县区局包所、所报街道,街道包社区(村)工作模式,强化"两所一委一区"的基层摸排和打传作用,组织人员开展对传销违法行为的摸牌调查,发现传销行为及时进行打击,宣传发动群众检举揭发传销违法案件线索,营造全社会共同打击传销氛围,围堵遏制传销违法行为的发生。制定《亳州市打击传销集中攻坚专项行动工作方案》《皖剑——2017》《查处以招聘、介绍工作为名从事传销活动》《打击网络传销》专项整治方案,部署开展打击各类传销违法行为,打击"善心汇""幸福理财"传销行为,捣毁传销窝点,驱散传销案人员。开展预防传销、警惕传销进校园、进社区、进街道、进农村主题宣传活动。共印发宣传材料102700份,发布警示、提示23932条次,公安部门刑事立案3件,刑事拘留3人,工商部门立案查办传销案件1件,涉案金额133万元,移交司法部门处理1件。教育、遣返传销人员31人次。截至12月,市城区内的谯城区、经济开发区36个社区和280个行政村全部完成创建工作,创建达标率100%。

(王晓宏)

【公用企业经营突出问题查处】2017年,亳州市按照省工商局工作部署,加大对亳州公用企业摸排调查的力度,搜集整理供电、供水、供气、公共交通等行业信息,通过电视、互联网、报刊宣传整治公用企业限制竞争和垄断行为工作重点,接受人民群众的举报申诉,查处公用企业违法经营行为。立案查处公用企业不正当竞争案件2件,其中对蒙城县海特燃气公司罚没43.57万元。

(王晓宏)

【网络商品交易监管】2017年,亳州市开展2017网络市场监管专项行动,检查网站、网店2975个次,实地检查网站、网店经营者259个次,责令整改网站57个次,提请关闭网站67个次。及时处理网络消费投诉,共收到网络投诉举报338件,同级其他行政机关移送15件,均按法定期限处理和回复。查处网络交易违法案件35起,罚款52.5万余元。建立健全农村电商主体数据,已登记注册的农村电商亮照亮标率不低于80%。收集整理网络商品交易主体1780余户,亮照亮标率在85%以上。

(王晓宏)

【"红盾护农"】2017年,亳州市开展红盾护农行动。以规范农资市场为重点，以农资商品质量监测为手段，查处制售假冒伪劣农资商品的行为，落实各项监管措施，确保农资市场消费安全。开展春、秋季农资打假专项行动。立案查处农资案件122件。组织开展农资规范经营示范店创建活动，认定78家农资规范经营示范店。

（王晓宏）

【广告市场监管】2017年，亳州市支持广告业的发展，引导有潜力的广告企业参加广告交流活动，帮助广告企业以大带小、以强带弱、强强联合。对辖区内主要网站进行广告法律法规培训，检查网站383家次、广告793条次。监测各类广告128551条次。国家工商总局广告监管平台监测到亳州市媒体单位发布广告108673条次，查看处理率100%。办理广告案29件，罚没款23.85万元。

（王晓宏）

【商品质量监测】2017年，亳州市开展电器商品、电线电缆、汽车销售和汽车维修行业、电动自行车专项整治和红盾质量维权行动。结合专项整治组织抽检，利用抽检推动专项整治，组织流通领域商品质量抽样监测21次，抽检商品1373组，合格率为80.8%。对检测中发现的案源均及时进行查处。农资抽查检验1342组，成品油抽查检验337组。

（王晓宏）

【消费者投诉受理】2017年，亳州市受理咨询、投诉、举报共8699件，其中咨询8148件、投诉478件、举报73件，办结率100%，办理消费侵权案件176件。年底，市政府正进行服务热线整合，1315电话转入“12345”市长热线，实行“双号并存、归口办理”。计划自2018年1月1日起，“12315”消费者投诉举报将切割至“12345”市长热线服务平台。

（王晓宏）

【市消费者权益保护委员会成立】2017年3月9日，亳州市消费者权益保护委员会成立大会暨第一届全委会一次会议在市会务中心召开。会议听取亳州市工商局局长刘颖作的亳州市消费者协会第二届理事会工作报告，宣读亳州市人民政府关于亳州市消费者协会改制更名为亳州市消费者权益保护委员会的批复，选举产生市消保委第一届全委会。会议选举市人大常委会副主任解杰昂为亳州市消保委第一届全委会主任，市工商局局长刘颖为常务副主任，14个相关职能部门负责人为副主任，以及其他常务委员、委员，聘任亳州市消保委第一届全委会秘书长、副秘书长，审议通过《亳州市消费者权益保护委员会章程》。

（王晓宏）

中国驰名商标

表10

序号	商标名称	核定商品	注 册 人
1	古井贡	白酒	安徽古井贡酒股份有限公司
2	高炉家	白酒	安徽高炉酒厂
3	古井及图	白酒	安徽古井贡酒股份有限公司
4	药信	中药成药	安徽济人药业有限公司
5	芍花及图	中药成药	亳州市芍花堂药业有限公司
6	金坛子及图	白酒	安徽金口酒业有限公司
7	富亚及图	纱门纱窗	利辛县富亚纱网有限公司
8	广印堂	中药饮片	安徽广印堂中药股份有限公司

安徽省著名商标

表11

序号	商标名称	核定商品	注 册 人
1	古井贡年份原浆	白酒	安徽古井贡酒股份有限公司
2	天蕴皖	白酒	安徽天蕴皖酒业有限公司

表续 11

序号	商标名称	核定商品	注 册 人
3	盛海堂	中药饮片	安徽盛海棠中药饮片有限公司
4	三义堂及图	中药饮片	安徽三义堂中药饮片有限公司
5	贺林药业	中药饮片	安徽贺林中药饮片科技有限公司
6	亿中源	中药饮片	安徽亿源生物工程有限公司
7	儒商	肥料	安徽儒商化工有限公司
8	农满忆	肥料；腐殖质	安徽省农满忆农化有限公司
9	上上	酒（饮料）；烧酒	安徽上上酒业有限公司
10	南氟	金属阀门（非机器零件）；金属排水阱（伐）	安徽南氟化工设备有限公司
11	农施佳及图	农业肥料；肥料	安徽金辉肥业有限公司
12	恒锐及图	面粉；挂面	安徽省蒙城县恒瑞面粉有限公司
13	古井淡雅	白酒	安徽古井贡酒股份有限公司
14	源和堂及图	中药饮片	安徽源和堂药业股份有限公司
15	桃园	农业肥料；肥料	安徽云峰农业发展有限公司
16	蒙力及图	金属建筑材料	安徽省蒙城县蒙力高速冷轧有限公司
17	田牛及图	农药；肥料	亳州市百施乐生化有限责任公司
18	永刚	中药饮片	亳州市永刚饮片厂有限公司
19	唐坊	白酒	亳州市唐坊酒业有限公司
20	骄阳及图	非金属防昆虫纱门	安徽骄阳软门有限责任公司
21	洋轮及图	活性硅粉；车辆用轮胎	安徽省洋轮化工有限公司
22	药信	疏风解毒胶囊；蒲地蓝消炎片	安徽济人药业有限公司
23	陆野	水果催熟激素；预防小麦枯萎的化学制剂	安徽陆野农化有限责任公司
24	亳广及图	减肥茶	安徽广印堂制药有限公司
25	谓博	中药饮片	安徽省谓博药业有限公司
26	同润及图	肉；猪肉	安徽省东升食品有限公司
27	益方堂	茶叶代用品	安徽益方堂生物工程有限公司
28	康楼及图	蛋	亳州市康楼禽业有限公司
29	沪春堂	人用药、中药成药	安徽沪春堂中药饮片有限公司
30	亳州千草及图	人用药、医用营养品	亳州千草药业有限公司
31	惠隆	原料药	安徽惠隆中药饮片有限公司
32	浙皖	中药成药、人用药	安徽亳州浙皖中药饮片股份有限公司
33	五嶺	白酒	安徽五岭洞藏酒业有限公司
34	力源	开胃酒、酒（利口酒）	华佗国药（安徽）保健酒业有限公司
35	酒怪	烧酒、含酒精的液体	安徽酒怪酒业有限责任公司
36	于氏德霖	挂面、面粉	安徽于氏德霖食品科技有限公司
37	莱利威克	鞋	安徽盛丰服装鞋帽有限公司
38	远旺及图	肉、五香牛肉	安徽远旺清真食品有限责任公司
39	洋轮及图	车辆用轮胎	安徽省华洋橡胶有限公司
40	皖电天赢	配电箱（电）、高低压开关板	安徽天赢电气成套设备制造有限公司

表续 11

序号	商标名称	核定商品	注 册 人
41	品之都及图	谷类制品	安徽阳光药业有限公司
42	浩翔	动物育种、动物饲养	安徽浩翔农牧有限公司
43	五洲牛肉	牛肉、肉干	蒙城宏健食品有限公司
44	中皖金桥及图	种子	安徽金桥农业发展有限公司
45	兆鑫及图	拖车（车辆）、货车（车辆）	安徽兆鑫集团汽车有限公司
46	千堆雪及图	食用面粉、面条	安徽雪源面粉有限公司
47	有技及图	黄瓜、新鲜蔬菜	蒙城县有技蔬菜农民专业合作社
48	天地醉	白酒	安徽古井贡酒股份有限公司
49	铜关	含淀粉食物（粉皮）	亳州市铜关粉皮有限公司
50	亚珠及图	人造金刚石单晶	安徽亚珠金刚石股份有限公司
51	协和成	黄连饮片、白芍饮片	安徽协和成药业饮片有限公司
52	店小二	白酒	安徽井中集团店小二酿酒有限公司
53	绿采	肉、肉干	亳州市绿采食品有限责任公司
54	棒神	玉米、小麦种子	亳州市丰田农业科技开发有限公司
55	老贡	白酒	安徽省老贡酒业有限公司
56	高炉及图	白酒	安徽双轮酒业有限责任公司
57	正宇及图	食用面粉、面粉	安徽正宇面粉有限公司
58	双轮	白酒	安徽双轮酒业有限责任公司
59	徽及图	白酒	安徽双轮酒业有限责任公司
60	稼可富	农业肥料、肥料	安徽金禾肥业有限公司
61	三香	白酒	安徽皖家酒业有限公司
62	潔及图	食用面粉	蒙城县辰洁面粉有限责任公司
63	年份原浆	白酒	安徽古井贡酒股份有限公司
64	古井醇香	白酒	安徽古井贡酒股份有限公司
65	京皖及图	中药成药；原料药	亳州市京皖中药饮片厂
66	盖盛祥	广告；推销（替他人）	亳州市盖盛祥超市有限责任公司
67	公元	面包；糕点	亳州市法普瑞食品有限公司
68	睦仁堂及图	片剂；中药成药	亳州市永刚饮片厂有限公司
69	金坛窖及图	白酒	安徽金口酒业有限公司
70	百井坊	烧酒、酒（饮料）	安徽百井坊酒业有限公司
71	承慶堂	人用药	亳州正丰医药有限责任公司
72	柏荷堂	中药成药；人用药	天马（安徽）中药饮片科技有限公司
73	亿人安及图	抑菌洗手液	安徽亿人安股份有限公司
74	华祖堂	中药成药；原料药	安徽蜀中医药有限公司
75	亳花堂	原料药；中药成药	安徽精诚本草中药饮片有限公司
76	SUNGLIM 及图	中药材；中药饮片	亳州市盛林中药饮片有限公司
77	智扬建材及图	金属门，金属窗	安徽智扬门业有限公司
78	司特佳	化学肥料；植物生长调节剂	安徽云峰农业发展有限公司

表续 11

序号	商标名称	核定商品	注 册 人
79	大圣	铅笔；笔盒	蒙城县金元达制笔有限公司
80	皖名	肥料	安徽正大肥业有限公司
81	皖农及图	农业肥料；混合肥料	安徽沃其特肥业有限公司
82	中涡同丰	植物种子	安徽省同丰种业有限公司
83	豫隆及图	食用面粉；面粉	安徽正宇面粉有限公司
84	老师傅	面粉制品；谷类制品	安徽顶康食品有限公司
85	丰源中霸及图	专用货车（含罐式）；通用货车挂车	安徽丰源车业有限公司
86	牧洋及图	食用油脂；制食用脂肪用脂肪物	安徽牧洋油脂有限公司
87	文州东华及图	面粉；挂面	利辛县东华面粉有限责任公司
88	雅韻	烧酒；酒（饮料）	安徽雅韵皖酒业有限公司
89	博源	集装袋	利辛县宏达铝塑包装有限公司
90	力师傅	谷类制品	涡阳县孙一明小麦种植专业合作社
91	九方	中药成药、人用药	安徽九方制药有限公司
92	佳苑	金属门、窗	亳州市大宅门业有限责任公司
93	诺迪豊及图	小麦、玉米	安徽丰硕种业有限公司
94	张福顺	酱腌菜、脱水菜	安徽福顺食品有限公司
95	到家及图	面粉、挂面	安徽到家营养食品有限公司
96	天下第一井	食用酒精、烧酒	安徽省亳州华夏第一井酒厂
97	富亚及图	磁性软纱门、纱窗	利辛县富亚纱网有限公司
98	金皖及图	汽车、混凝土搅拌车	利辛县江淮扬天汽车有限公司
99	漆园	面粉、挂面	安徽省蒙城县恒瑞面粉有限公司
100	奇珍及图	原料药、中药成药	亳州市沪谯药业有限公司
101	徽皇及图	农业肥料、混合肥料	安徽徽皇肥业集团有限公司
102	曹皇	白酒	安徽玉井坊酿酒有限责任公司
103	老高炉	白酒	安徽双轮酒业有限责任公司
104	和谐及图	白酒	安徽双轮酒业有限责任公司
105	众口	方便面	亳州市汇丰食品有限公司
106	正益	牛肉、牛肘	安徽正益肉类食品有限责任公司
107	难得糊涂	白酒	亳州市板桥酒业有限责任公司
108	芍花及图	人用药、原料药	安徽省亳州市芍花堂药业有限公司
109	闯	白酒	安徽省亳州市古井镇闯王酒业有限责任公司
110	金不换及图	白酒	亳州市酒厂有限公司
111	恒盛	牛肉、牛肚	安徽恒盛实业有限责任公司
112	方敏及图	红枣姜茶；玫瑰花茶	安徽方敏医药科技有限公司
113	孟氏神医及图	茶叶代用品、茶饮料	安徽孟氏中药饮片有限公司
114	图形	人用药、药草	亳州市贡药饮片厂
115	徽亳英华及图	茶、茶饮料	安徽英华药业有限公司
116	一闻香	月饼、麻花	安徽一闻香清真食品有限公司

表续 11

序号	商标名称	核定商品	注 册 人
117	秦济堂	人参、医用减肥茶	安徽和济堂中药饮片有限公司
118	利玛康	茶饮料、咖啡饮料	安徽谓博中药股份有限公司
119	东方帝维	兽医用生物制剂、兽医用制剂	安徽东方帝维生物制品股份有限公司
120	亿人安	抑菌洗手液	安徽亿人安股份有限公司
121	QOLING 及图	替他人推销；药品零售或批发服务	安徽谯陵医药有限公司
122	伊法拉及图	电缆接头套、熔断器	安徽伊法拉电力科技有限公司
123	世茂堂及图	中药饮片	安徽世茂中药股份有限公司
124	英皇龙威	非医用营养液、非医用营养胶囊	安徽天马生物科技有限公司
125	ZWJC 及图	原料药、中药成药	安徽健诚中药饮片有限公司
126	瑞虎	氮肥、混合肥料	安徽瑞虎肥业有限公司
127	奥润德	肉、蛋	安徽恒盛实业有限责任公司
128	MX 莫听	针织服装	安徽京威纺织服饰有限公司
129	绿呵	纺织线和纱	安徽翰联纺织有限公司
130	王宝贵	死家禽、猎物（非活）	利辛县阚疃镇王宝贵板鸡店
131	雅韵皖	烧酒	安徽雅韵皖酒业有限公司
132	远旺及图	面包、糕点	安徽远旺清真食品有限责任公司
133	文飞	磁性软纱门、纱窗	利辛县飞亚强磁性软纱门有限公司
134	家	白酒	安徽双轮酒业有限责任公司
135	我爱我家	调味品、调味酱油	安徽爱家食品有限公司
136	津道圆	面粉、挂面	安徽正宇面粉有限公司
137	雉河农家	新鲜水果、新鲜蔬菜	涡阳县孙家蔬菜种植专业合作社
138	冬娜	肉冻、肉干	涡阳县秀芹养殖专业合作社
139	黑娃	加工过的花生、加工过的瓜子	安徽黑娃食品科技有限公司
140	图形	布	安徽省冠盛纺织科技有限公司
141	辉龙农家	农业肥料、肥料	安徽金辉肥业有限公司
142	金皖	农用机械	蒙城县育田机械有限公司
143	凯尊文化及图	组织表演（演出）、组织文化或教育展览	安徽凯尊文化传播有限公司
144	云云	谷种、植物种子	安徽云峰农业发展有限公司
145	戴霏尔	服装、婴儿全套装	蒙城县鑫磊服饰有限公司
146	春晖	车辆保养和维修、汽车清洗	安徽兆鑫集团汽车有限公司
147	红运	白酒	安徽古井贡酒股份有限公司
148	幽雅	白酒	安徽古井贡酒股份有限公司
149	青瓷潭	白酒	安徽青瓷潭酒业有限公司
150	皖粮	烧酒、葡萄酒	亳州市中粮酿酒有限责任公司
151	曹操贡及图	烧酒，酒	亳州市板桥酒业有限责任公司
152	华佗及图	药品	华佗国药股份有限公司
153	魏王及图	白酒	亳州市酒厂有限公司
154	小保姆	洗涤剂、洗衣粉	安徽井中集团小保姆日化有限公司

表续 11

序号	商标名称	核定商品	注 册 人
155	金坛子及图	白酒	安徽金口酒业有限公司
156	三曹图形	酒	亳州市三曹酒业有限责任公司
157	薛阁塔	中药成药、原料药	安徽德昌药业股份有限公司
158	和谐三宝及图	金属建筑结构、金属建筑材料	安徽三宝钢结构股份有限公司
159	康勃及图	农业肥料、肥料	安徽云峰农业发展有限公司
160	东昕	食用油、肉	安徽省东升食品有限公司
161	图形	车辆修理、车辆保养	安徽春雨汽车销售服务有限公司
162	张士奎及图	糖醋蒜	安徽张士奎食品有限公司
163	丰华源	面粉	涡阳县丰华面业有限公司
164	沃老大	农业肥料、肥料	安徽省东星农业有限公司
165	高炉家	白酒	安徽双轮酒业有限责任公司
166	双轮池	白酒	安徽双轮酒业有限责任公司
167	义门	苔干菜	安徽省义门苔干有限公司
168	金帆及图	小磨麻油	利辛县粮油食品商厦
169	心派及图	肉、肉干	安徽绿膳坊食品有限公司

2017 亳州市市场主体登记数据

表 12

		全市				市本级				谯城			
		内资	私营	个体	农合	内资	私营	个体	农合	内资	私营	个体	农合
期末实有	户数	4661	58826	253224	17126	1449	21001			55	6739	69346	6464
	同比增长率	9.57%	38.15%	18.95%	27.77%	15.18%	40.30%			44.74%	82.43%	18.62%	35.34%
	注册资金	738.76	2531.38	212.01	201.26	306.74	1459.46			34.87	112.57	68.52	64.19
	同比增长率	28.43%	36.12%	45.56%	38.24%	22.58%	34.08%			1.43%	58.42%	47.04%	35.74%
	从业人员	13932	335301	486655	17250	3493	15313			20	11336	131352	4283
	同比增长率	−1.48%	2.55%	22.19%	−0.55%	−2.21%	−0.68%			0.00%	43.20%	24.86%	−0.19%
本期登记	户数	485	17723	46054	3793	225	6750			17	3088	11484	1717
	同比增长率	25.32%	26.70%	9.76%	−12.78%	19.05%	24.17%			6.25%	27.81%	−9.78%	−16.41%
	注册资金	167.27	714.16	71.1	62.66	59.41	397.83			0.49	42.32	22.56	17.14
	同比增长率	15.87%	6.52%	28.25%	1.29%	18.92%	−2.63%			−98.11%	3.65%	10.86%	−18.15%
	从业人员	0	10768	100371	0	0	20			0	3464	27441	0
	同比增长率		−0.13%	11.05%	−100%		−89.30%				8.18%	−0.21%	

表续 12

	蒙城				利辛				涡阳			
	内资	私营	个体	农合	内资	私营	个体	农合	内资	私营	个体	农合
期末实有	1176	11523	67216	3603	1023	9285	48081	2944	945	10063	54274	4064
	6.81%	26.88%	9.20%	25.41%	5.79%	39.29%	35.38%	27.83%	7.02%	25.43%	16.88%	19.25%
	173.95	299.16	42.24	38.59	55.03	309.12	41.83	46.05	138.46	317.69	40.3	57.16
	34.36%	33.90%	34.05%	43.46%	19.94%	45.76%	61.19%	63.07%	60.70%	34.99%	39.69%	36.16%
	3990	25323	121193	2960	3606	27558	93762	5178	2820	255303	107070	4790
	−1.04%	10.85%	13.16%	0.00%	−0.61%	8.33%	35.13%	−0.42%	−2.29%	0.49%	17.26%	−1.34%
本期登记	88	2608	7897	731	65	2820	13225	648	84	2389	9656	690
	8.64%	25.38%	−2.03%	−25.41%	20.37%	43.73%	30.81%	64.05%	82.61%	17.22%	26.69%	−23.59%
	44.55	78.78	12.28	11.69	9.25	100.82	16.55	17.84	52.95	90.31	12.67	15.9
	−19.06%	9.05%	37.05%	−12.83%	17.68%	38.03%	37.80%	64.42%	869.78%	36.38%	63.06%	−2.33%
	0	2744	18494	0	0	2466	25833	0	0	2007	19359	0
		−10.94%	6.26%			25.69%	27.04%			−8.73%	27.98%	−100%

（表 10– 表 12 市委政策研究室）

统　计

【概况】2017 年，亳州市统计局编发《亳州市 2016 年国民经济和社会发展统计公报》《2016 年〈亳州市儿童发展纲要〉统计监测报告》《2016 年〈亳州市妇女发展纲要（2011—2020 年）〉统计监测报告》，编印《亳州统计年鉴（2017）》《数字亳州 2016》，发布反映全市国民经济和社会发展情况的统计数据。

起草《亳州市人民政府关于 2016 年工作目标任务完成情况的报告》《亳州市人民政府关于 2016 年度市对县（区）政府目标管理绩效考核结果的通报》《亳州市人民政府关于 2017 年政府目标管理绩效考核工作的通知》《亳州市人民政府办公室关于建立全市经济运行调度通报考核机制的通知》《亳州市人民政府办公室关于印发全市主要经济指标和环保指标目标完成情况考核奖惩办法（试行）的通知》《中共亳州市委办公室、亳州市人民政府办公室印发〈关于深化统计管理体制改革提高统计数据真实性的实施意见〉的通知》。

召开全市季度经济形势研判会议，分析当前经济形势，研判未来趋势，指出存在问题，提出解决办法。

对县（区）企业开展统计执法检查，检查企业 126 家，发现有问题企业 11 家，立案 4 家，结案 4 家。

国家统计局亳州调查队完成城乡住户一体化、居民消费价格、工业生产者价格等各项制度性调查任务，同时做好党风廉政、城镇规划建设管理第三方评估、网购用户专项调查以及农民工市民化进程动态监测等任务。

本年度，谯城区统计局副局长王树清被评为“全国统计系统先进工作者”，是全省统计局系统唯一获此荣者。国家统计局亳州调查队获评全省调查队系统综合评比先进单位。

（石东领
刘家初　修丽莎　邢良海）

【统计信息服务】2017 年，市统计局编撰统计分析材料 98 篇，获市委、市政府主要领导批示 12 次，其中 2 篇被《安徽省情省力》刊登，3 篇被《新亳州》刊登。向市委办、市政办报送统计信息 247 条，被采用 80 条，得分居市直单位前列。

国家统计局亳州调查队撰写工作信息 289 条，被总队采用 152 条；经济信息 336 条，被总队采用 125 条；调查分析 84 篇，被总队采用 59 篇。全年共有 33 篇信息和分析被国家局内网及中国信息报采用，其中有《构建防控网络　拓宽利用途径》《如何破解招工求职双难怪圈》《亳州市旅游扶贫情况调查报告》等。全年印发《亳州调查》32 期，《调查信息专报》31 期，截至 11 月

图 78　2017 年 9 月 20 日，亳州市统计改革与法治建设培训（市统计局　供图）

底报送市政办信息共计 187 条。与市统计局联合出刊《亳州统计月报》，每月一期，发布月度调查数据。

（石东领
刘家初　修丽莎　邢良海）

【统计改革与法治建设专题培训班】2017 年 9 月 19 日，全市统计改革与法治建设专题培训班开班，市长杜延安主持报告会并进行开班讲话，省统计局局长钱晓康作“统计改革与法治建设”专题讲座，讲述统计体制改革与法治建设两方面的内容，阐述当前统计工作面临的新形势、统计改革情况、统计法治建设在统计改革中的作用、近年来全省统计法治建设的主要成效、统计法治建设中存在的主要问题及当前统计法治建设的重点工作等内容。省统计局政法处处长张海涛作“统计法律法规相关知识”，国家统计局（北京）昌平调查队原队长于桂谦作“统计基础工作与统计职场素养”，市统计局副局长钱飞龙作“统计基础知识及统计实务”的报告。市直有关单位主要负责人、各县（区）政府分管统计负责人、各县（区）统计局及乡镇统计机构人员共计 300 余人参加报告会。

（石东领）

【全市经济运行情况新闻发布】2017 年 1 月 25 日，2016 年全市经济运行情况新闻发布会举行，向新闻媒体通报《2016 年全市经济运行情况》。2016 年，全市生产总值 1046.1 亿元，可比价增长 8.9%。其中，一产增加值 206.3 亿元，增长 3.1%；二产增加值 404.9 亿元，增长 9.2%；三产增加值 434.9 亿元，增长 11.5%。在 24 项主要经济指标中，亳州市多数指标增速进入全省第一方阵，其中，20 项指标增速居全省前八位，14 项指标增速居全省前五位。就新闻媒体关心的如何看待 GDP 增速超全省平均水平、2017 年全市整体经济形势分析、工业运行亮点等问题进行现场回答。《安徽日报》《安徽法制报》《安徽经济报》《市场星报》《安徽科技报》《江淮时报》《工商导报》《安徽商报》等市外主要新闻媒体驻亳州记者站以及亳州晚报社、亳州电视台、亳州广播电视台、中国亳州网、亳州视听网等本地新闻媒体的记者参加新闻发布会。

（石东领）

【民意调查热线升级】2017 年 11 月 17 日，亳州市社情民意调查中心电话调查系统建成并正式投入使用，热线号码为“12340”，该

图 79　2017 年 1 月 25 日，2016 年全市经济运行情况新闻发布会举行（市统计局　供图）

系统是计算机辅助电话调查系统，配置25部电话专线。自上线起，开展市政府目标管理绩效考核群众满意度调查、民生工程群众满意度调查、中小学教师无校籍管理改革满意度调查、农村承包土地经营权抵押贷款试点改革满意度调查、国地税联合办税改革满意度调查5项专项调查任务，累计调查样本23000个。

（石东领）

【城乡住户一体化调查】2017年，国家统计局亳州调查队召开住户调查培训会议9次，住户调查工作会议5次，完成全市住户样本轮换工作。住户调查对象和辅调员的补助标准从70元和250元分别提高到150元和500元。开展数据质量检查活动9次，其中县（区）互查3次，共抽查调查户482户，对4个县（区）分别开展一次“回头看”活动，检查各县（区）整改落实到位情况，将整改结果作为年终考核依据。建立9种必备台账和《数据评审台账》《培训资料台账》《数据评估分摊台账》等5种自备台账，实现农村居民可支配收入调查工作全流程“痕迹化”管理。重新印发《亳州市县区城乡居民收入评审办法》（亳调字〔2017〕16号）。

本年度，亳州市常住居民人均可支配收入17038元，同比增长9.8%，分别位居全省第14位和第二位。城镇常住居民人均可支配收入27246元，同比增长8.8%，分别位居全省第15位和第四位。农村常住居民人均可支配收入11591元，同比增长9.6%，分别位居全省第13位和第二位。

（刘家初　修丽莎　邢良海）

【居民消费价格调查】2017年，国家统计局亳州调查队印发《亳州队采价员考核管理办法》，把“三定一直”的消费价格调查原则摆在突出位置，从年初规格品、调查点的选择替换开始，到日常采价工作，都按照制度要求去落实。采取“跟采制”，采价时，队分管领导带队，一名消价科业务人员跟踪一名聘用的采价员一起采价。每月采价前为采价员制定好采价表，召开采价例会，对服装、鲜菜、鲜果等季节性商品的上下市时间等注意事项进行提醒。

图80　2017年，亳州市开展蔬菜价格调查（统计调查队　供图）

2017年1—12月，亳州市居民消费价格总水平同比上涨1.5%，商品零售价格总水平同比增长2.0%。

（刘家初　修丽莎　邢良海）

【工业生产价格调查】2017年，国家统计局亳州调查队完成国家统计局安徽调查总队每季度对规下工业的报表查询，与各县（区）统计局、园区管委会沟通联系，从2017年一季度开始，对各县（区）数据进行下算，对各企业报表进行反馈查询。另完成规下工业4次非目录企业核查，全年共添加22家非目录企业，催促县（区）统计局对非目录企业核查工作，比对核查结果。走访、调研、数据检查企业81家次，其中工价企业35家次，规下工业企业20家次，采购经理企业18家次，固投企业、工地8家次。

2017年1—12月，亳州市工业生产者出厂价格同比平均上涨4.3%，环比平均上涨4.1%，工业生产者购进价格同比平均上涨6.2%，环比平均上涨6.3%。

（刘家初　修丽莎　邢良海）

安全生产监督管理

【概况】2017年，市安全生产监督管理局以“百日除患铸安”行动为抓手，管控安全生产源头、排查治理隐患、开展安全专项整治、应急救援和培训教育等工作。

落实执法人员凡进必考、入职培训、持证上岗和定期轮训制度，组织160余名执法人员分9期参加省法制办和省安监局联合举办的执法资格培训班，全部通过考核取得执法资格证。组织人员参加10期全国安全监管干部网络学院视频执法培训、考试。参加政风行分热线和“政务沟通零距离”活动，解答群众投诉咨询。办理投诉举报案件，对省局、市委市政府交办的30余件举报、信访事项及民众举报投诉涉及安全生产的问题均进行核查处理，办理结果及时上报和反馈举报投诉人，处理结案率100%。

本年度，亳州市发生各类生产安全事故140起，死亡94人，伤109人，实现事故起数、死亡人数和受伤人数三下降，分别同比下降53.8%、29.3%和58.6%。无较大以上生产安全事故，全市安全生产总体形势平稳向好。

（朱怀锋）

【《中共中央、国务院关于推进安全生产领域改革发展的意见》宣传贯彻】《中共中央、国务院关于推进安全生产领域改革发展的意见》印发后，市委常委会听取《改革意见》的解读；组织中心组理论学习，集体收听收看国家安监总局负责人关于安全生产领域改革发展意见的辅导报告。市政府安委办下发通知，要求全市各级各部门通过多种形式学习宣传，邀请国家安监总局监管二司司长官山月到亳州讲解中共中央、国务院《关于推进安全生产领域改革发展的意见》。《中共安徽省委安徽省人民政府关于安全生产领域改革发展的实施意见》出台后，市政府第38次常务会进行集体学习，提出贯彻意见。市安全生产管理局代拟《中共亳州市委、亳州市人民政府关于推进安全生产领域改革发展的实施意见》，从健全安全生产责任体系、深化安全监管体制改革、推进依法治安、建立安全生产防控体系和加强基础保障能力等方面提出具体改革举措。

（朱怀锋）

【安全生产责任落实】2017年，市委常委会三次听取安全生产工作情况汇报，研究《安全生产“十三五”规划》和安全生产领域改革事宜，解决安全生产重大问题。市政府召开4次安委会全体成员会议，市政府常务会6次会议专题听取市安全生产工作汇报，研究部署全市安全生产工作。市长杜延安和市政府其他负责人履行“一岗双责”，定期带队检查安全生产工作。市政府修订下发《亳州市安全生产工作考核办法》，设立100万元奖励资金，用于对先进单位的奖励。按照安全生产目标管理考核细则，对县区和市政府安全委会成员单位2016年工作进行考核。加强安全生产目标考核，注重考核结果运用，将安全生产纳入效能考评内容，建立安全生产与机关绩效考核和干部提拔任用挂钩制度，落实安全生产“一票否决”制度。

（朱怀锋）

【安全生产教育培训】2017年，市安全生产监督管理局组织开展“安全生产月”活动。开展安全生产宣传，谋划“6·16”咨询日、“安全生产大讲堂”等10余项安全宣传教育活动。组织全市企业安全管理人员及全市监管人员业务专题培训11余场次，1600余人参加培训。开展特种作业人员培训12期，1200余人取得特种作业操作证。开展第一个《中华人民共和国安全生产法》宣传周活动。通过媒体宣传等多种形式，开展《安全生产法》学习活动、安全生产法咨询日活动、安全生产执法自查活动和《安全生产法》警示教育活动。

（朱怀锋）

【安全生产专项整治】2017年，亳州市安全生产监督管理局组织开展危险化学品安全综合治理、烟花爆竹“打非”、粉尘涉爆、涉氨制冷、有限空间作业条件确认等专项整治工作。市公安交警部门开展“守护平安”“亮尾、降速、防疲劳”“城区交通秩序”“重点交通违法行为集中夜查”等专项行动，全面强化道路交通执法管理；公安消防机构牵头开展电气火灾隐患整治专项行动；市经信委开展煤矿超层越界开采、瓦斯治理和水害防治、机电运输系统安全专项整治活动；市国土资源开展涡北煤矿塌陷区综合治理，督促“先搬后采”措施的落实和塌陷区村庄的搬迁安置；市住建委开展特种作业人员、脚手架、防坍塌、防高处坠落、起重设备安拆等专项治理活动；市工商局牵头，完成非法经营成品油行为依法整治任务；市交通运输局牵头，完成危险化学品道路运输专项整治任务；市发改委牵头，完成油气输送管道安全专项整治。共排查安全隐患12137处，整改12100处，整改率99.69%；对其中179处重大隐患实施市政府挂牌督办，将整改任务细化分解到县区和相关部门，明确属地、企业、领导、主管部门和协管部门的治理责任，落实“问题、责任、整改”3个清单，179处重大隐患全部完成整改任务，按期解除挂牌督办。

（朱怀锋）

【安全生产执法检查】2017年，亳州市安全生产监督管理局开展4次执法检查，共检查企业182家，发现隐患964项。加大安全生产执法检查力度，现场处理、行政强制、行政处罚等执法措施的次数同比增加10%，行政处罚案件10件，罚款7.5万元，占总检查次数的比例超过5%。制定实施执法信息公开制度，落实“四个一律”执法措施，全市曝光重大隐患179项，关停违法违规企业2家，取缔18家，采取停电措施16家，移交司法机关处理6起。

（朱怀锋）

【安全生产事故调查】2017年，亳州市安全生产监督管理局严格事故调查处理和信息报告，对涡阳县“2·20”较大道路交通事故以及市经开区发生的4起一般事故牵头进行调查。按照省局要求，完成谯城区华佗镇“2016.10.31”较大火灾事故和谯城经开区五得利面粉“2016.12.18”蒸汽管道泄漏事故的结案。对县区发生的影响较大的事故，按照挂牌、审查、解除程序进行挂牌督办。建立完善生产安全事故统计联网直报制度，落实工矿商贸、道路运输及其他行业领域的事故信息归口统计、联网直报责任，真实、准确、完整、及时统计生产安全事故信息，直报率100%。

（朱怀锋）

【“百日除患铸安”专项行动】2017年，《亳州人民政府安全生产委员会关于开展“百日除患铸安”大检查行动的通知》印发，成立由市长杜延安任组长，市委常委、副市长李军任副组长的领导小组，对各县（区）大检查工作开展情况进行督导。杜延安5次召开市政府常务会议，1次市政府安委会，3次督查，多次赴县区调研。李军召开3次调度会议，3次实地督察，对“百日除患铸安”大检查工作进行督察调度。8月底，市政府安委办组织5个县级领导带队的督察组，对县（区）进行督察。10月10日起，市政府安委会组织副市长带队的4个督导组，对各县（区）大检查工作开展情况进行督导。全市6000余家企业完成自查自改工作，排查重大安全隐患65项，全部整改完成。关闭取缔企业29家，责令停产整顿企业53家，暂扣吊销证照9家，行政处罚316.6万元。通过亳州电视台、《亳州晚报》等媒体公开集中曝光40余家单位近50处重大安全隐患，曝光9人，约谈中央省驻亳企业6家，纳入联合惩戒企业2家。

（朱怀锋）

【职业健康监管】2017年，亳州市开展水泥企业、新型建材企业职业健康专项治理，督促企业依法进行职业病危害项目申报，开展职业病危害因素定期检测，组织接触职业病危害因素的劳动者进行职业健康检查，加强技术改造，提升职业健康防护水平。加强建设项目职业病防护设施“三同时”和职业卫生技术服务机构监督检查力度，对165个建设项目“三同时”进行检查；加大违规违法行为的处罚力度，对18家违反职业病防治法律法规的企业进行处罚，罚款23.4万元。推进安全生产与职业健康一体化监管执法，印发《亳州市安全生产与职业健康一体化监管执法实施方案》，明确工矿商贸、建筑施工、民爆行业领域职业健康监管职责，开展安全生产与职业健康一体化监管执法，提高职业健康监管实效。

（朱怀锋）

质量技术监督管理

【概况】2017年，亳州市质量技术监督局下辖1个开发区局；3个直属事业单位：市计量检查测试所、市产品质量监督检验所、稽查支队；局机关内设12个部门：办公室、政治处、机关党委、纪检监察室、计划财务科、政策法规宣传科、质量管理科、标准化科、计量科、科技和认证评审科、产品质量监督科、特种设备安全监察科。

完成质量安全管理，质量基础工作和质量提升任务，受理"12345"市长热线（"12365"举报投诉热线）查处55起，回复群众满意率100%。

（张　靖）

【质量安全工作】2017年，亳州市质量技术监督局排查涉及安全生产企业719家，发现安全隐患177处，立案查处4家。举办特种设备作业人员培训班11期，培训人员695人。2017年检验锅炉、检验容器等10689台，管道30余千米。

开展"质监利剑"行动专项整治。全市共出动执法人员208次，检查企业36家。开展消费品市场专项整治。出动执法人员30人次，发放宣传单200份，宣传学生人次1000人次。开展春、秋季农资打假专项治理行动。全市质监（市场监管系统）共出动执法人员381人次，检查农资生产企业43家，抽取样品77组，发放宣传单1105份，农资打假下乡进村59个，农资打假下乡入户177家。开展对建材（地条钢）企业的打击力度。端掉利辛1个地条钢加工企业，没收其生产"地条钢"（钢坯）6吨、螺纹钢4吨。彻底消除"地条钢"生产安全隐患。开展车用汽柴油专项整治。未发现生产劣质成品油的站点，加大对加油机作弊行为的检查力度，共检定加油机809台件，检查加油机720枪，没有发现加油机计量违法行为。

（张　靖）

【质量基础工作】2017年，亳州市质量技术监督局完成35家诚信计量示范单位的创建。检定各类计量器具66987台（件）。创建3个服务标准化试点单位和2个AAA级、4个AA级标准化良好行为单位，发布标准7个，市财政落实标准化项目奖励300万元。全市有4个国家地理标志保护产品，"亳菊"地理标志产品进入国家质检总局的公示。对全市212家企业进行产品质量监督抽查，抽查产品549批次，合格512批次，产品合格率93.3%，比上年提高1.5个百分点；共抽查定量包装商品360批次，抽查企业171家，其中净含量和标注均不合格为2批次，净含量不合格为20批次，综合不合格批次为22批次，抽查合格率为93.8%。对全市重点消费品开展监督抽查，抽查消费品160组，合格160组，合格率为100%。

（张　靖）

【质量提升工作】2017年，亳州市质量技术监督局完成《亳州市人民政府质量奖管理办法》的修订工作。强化对名牌产品的培育，8个产品获安徽名牌产品的称号，49个产品获安徽省名牌产品称号，1家企业获安徽省政府质量奖。将质量工作考核纳入市政府对县（区）政府考核内容，推进质量强市、质量强县活动。开展质量品牌推进示范年活动，组织"亳州市质量品牌升级示范推进年进企业活动——走进安徽广印堂中药股份有限公司"。完善亳州市质量品牌升级工程推进小组的职责，加强政府层面对质量工作的组织领导和统筹协调。

（张　靖）

【国家中药材产品质量监督检验中心建成】2017年，国家中药材产品质量监督检验中心（安徽）建成。该中心是国家质检总局2014年9月19日批准、在亳州市产品质量监督检验所基础上筹建的国家级质检中心，市政府划拨建设用地10000平方米，支持建设资金6800万元，历时近三年，总建筑面积12000平方米，中心拥有国际一流的检验设备103台（套、件），先后通过中国认可委的资质认定和国家检验检疫总局的机构验收，可开展中药材产品检验595种，参数41个。中心内设3个管理部门（业务室、办公室、质量技术部），2个检测室（中药材仪器分析室、中药材理化检测室）。人员18名，其中正高级工程师（教授）2名，高级工程师4名，工程师（执业药师）7名。

（张　靖）

食品药品监督管理

【概况】2017年，亳州市食品药品监督管理局组织开展省级食品药品安全城市创建工作。市及县区在原食品安全委员会基础上，成立食品药品安全委员会。

受理网上办事3553件，办结3533件，正常未办结20件。梳理权责清单、规范性文件，调整后保留权责清单499项。对2009—2017年的规范性文件进行全部清理，保留8项、废止13项。

制定药品技术转让、仿制药质量和疗效一致性评价等扶持政策。培训企业“药品上市许可持有人制度”。指导服务企业申请中药配方颗粒试点研究项目，5家企业获批配方颗粒试点研究。

指导药品生产企业新申请和换发GMP证书，提前介入，按照GMP要求，帮助企业整改，一次性GMP认证通过率提高；建立政府招商引资食品企业绿色通道，提供专业技术指导，帮扶企业尽快取证投产。

市食品药品检验中心购置食品检测仪器设备，推进扩项资质认证工作，已具备食品、药品、保健食品等六大类478个项目参数的检验能力。推动食品安全民生工程建设，43家基层所检验室和食品批发（农贸）市场快检室建成并投入使用，上传监测信息13.5万余条。

计划监督抽检3345批次，较上年的2158批次增长55%。抽样检验工作全部完成。发布抽检信息公告30期。完成药品检验2241批次，其中，药品日常监督检验1877批次、基本药物和高风险药品检验254批次、委托检验110批次。医疗器械抽检25批。上报药品不良反应报告5587例；上报医疗器械不良事件病例报告391例；上报化妆品不良反应病例125例。

立案查处“三品一械”一般程序案件1138件，其中食品类590件、药品类492件、医疗器械类55件、保健食品1件、罚款690余万元；办理较大及以上案件17件，其中移交案件（含联合办案）11件；受理市级食品药品投诉举报2891件。

本年度，亳州市有食品生产获证企业920家，食品小作坊334家，食品流通获证企业19800家，餐饮服务获证单位4705家；中药材专业市场1个，药业生产获证企业174家，药品经营获证企业1798家，医疗器械生产经营企业471家，市本级稽查队员9人；受理投诉举报2891件；收到药品不合格报告书1485份，核查处置量约占全省总数80%；市本级稽查部门收到外地协查函987件，来人协查56批186人次。

（于　畅）

【食品监督管理】2017年，亳州市在食品生产环节，根据日常监管重点品种确定桶装水、白酒、代用茶等作为飞行检查重点品种。共飞行检查生产企业101家，小作坊35家，责令整改26家，移交立案查处8家。开展桶装饮用水专项整治，检查企业35家，责令整改19家，责令停产7家，不予许可23家。

在食品流通环节，开展查处销售非法进口乳制品、冷冻肉经营行为排查等专项行动，开展农村食品安全专项治理。共检查食品经营户22030户次，检查市场399个次；立案查处各类食品经营违法案件211起，罚款156.3万余元。监督抽检食品（含食用农产品）1650批次，抽检品种涵盖肉制品、婴幼儿配方奶粉、大桶水、蔬菜、水果等，其中，合格1635批次，合格率99.1%。

在食品消费环节，组织市县区联动开展学校校园及周边食品安全专项整治，共检查学校食堂1457家次，责令整改512家，立案查处3家。检查周边餐饮单位1024家，责令整改483家。开展养老服务机构食堂、旅游景区景点周边及农家乐餐饮服务食品安全等专项整治，检查养老服务机构163家，对61家养老服务机构食堂管理人员进行培训，检查旅游景区景点周边及农家乐餐饮单位735家，责令整改199家。推动“明厨亮灶”工程，全市学校食堂全部完成“明厨亮灶”工程建设。

▲飞行检查：即事先不通知被检查企业而对其实施快速的现场检查。

（于　畅）

【药械监督管理】2017年，亳州市在药品生产环节按照“风险分级+双随机一公开”开展飞行检查工作，共飞行检查药品生产企业73家，收回GMP证书4家。配合国家总局飞行检查10家，配合省局飞行检查27家企业。开展中成药、中药饮片生产企业、物料控制、白矾饮片等专项检查。约谈风险企业17家。

在药品流通环节，开展药品零售企业、个体诊所药品质量安全集中整治，对随机抽取的35家药品批发企业、28家零售连锁企业进行飞行检查。移交稽查立案查处 3 家，责令整改 22 家。集中整治活动检查药店诊所 1018 家，责令整改 155 家，立案 45 起。

在医疗器械生产经营环节，开展角膜隐形眼镜、无菌和植入性医疗器械、避孕套等专项检查。共出动执法检查人员 978 人次，检查生产经营企业 485 家次、使用单位 189 家次，责令改正 54 家，立案处罚 26 家，罚款 46.9 万元。

对康美中药材专业市场开展 4 次中药材市场专项整治突击检查，开展中药材展厅、打击硫黄过度熏蒸中药材、中药材苍术等专项整治和抽检，共检查中药材经营摊位 28091 家次，中药材固定经营门店 2516 家次。检查中药材展厅 9 家，固定门店备案登记 421 家。抽检中药材 1028 批次，其中评价性抽检 46 批次。

对重点区域的中药材初加工环节违法违规行为进行整治。捣毁窝点 51 处，拆毁非法加工器械 55 台，现场扣押原药材 4961 千克。

（于　畅）

【"风险分级 + 双随机一公开"监管模式】 2017 年，亳州市食品药品监督管理局参照上年度监督检查、抽样检测、投诉举报和案件办理情况，将监管对象分为一般、中等、较高和高 4 个风险等级，根据风险分级情况原则上每年监督检查不少于 1 次、2 次、3 次、4 次，完成食品药品风险首次分级。省委办《安徽信息》第 116 期、省政府《政务要情》第 125 期，均刊登市食品药品风险分级管理的措施和成效。结合中央、省、市政府工作要求，出台"双随机、一公开"监管工作实施方案，制定食品药品生产经营各环节的监管细则，推行"风险分级 + 双随机一公开"监管模式，优化配置监管资源，促进执法监管科学化、公正化。

（于　畅）

【"明厨亮灶"工程建设】 2017 年，亳州市开展"明厨亮灶"工程建设。对辖区符合改造条件的餐饮单位进行登记造册，根据硬件、软件及从业人员情况，制定具体措施，监管人员指导餐饮单位。以辖区各类学校食堂为重点推广单位，扩大"明厨亮灶"覆盖面。落实视频技术、透明展示、阳光公示，达到"明厨亮灶"的要求，使餐饮单位"后厨"成为可视、可感、可知的"透明厨房"。开展食品安全宣传周、食品安全"五进"等活动，组织代表委员、新闻媒体、普通市民走进各学校食堂、集中供餐单位，让消费者直观地看到厨房的环境卫生状况和凉菜加工、切配烹饪、面点制作等各食品操作场所的工作状况，在"亳州发布""亳州食药监"等微信公众号上现场直播，让消费者了解餐饮单位的食品安全状况，对餐饮服务单位的规范操作、安全意识进行监督。将曾经的"厨房重地"由"闲人免进"变成"阳光透明"，让食品安全人人看得见。自 2015 年 4 月起，全市推进餐饮服务单位"明厨亮灶"工程，至 2017 年年底，全市有 1021 家餐饮单位基本实现"明厨亮灶"，其中学校食堂全部完成"明厨亮灶"建设。

（于　畅）

【黑木耳非法添加行为专项整治】 2017 年，按照省食品药品监督管理局部署，亳州市食品药品监督管理局结合涡阳县发现黑木耳非法添加行为的实际情况，要求涡阳县开展专项整治，消除食品安全隐患。组织督察组到涡阳进行现场指导和督察督办。涡阳县委、县政府成立领导小组，召开县、乡（镇、街道）、行政村（社居）三级动员大会，对重点乡镇实行网格化管理，巡查社区（村）1510 个，巡查户数 35212 户次，查办涉及黑木耳非法添加的案件 6 起，移交公安机关 1 起，行政处罚 5 起。

（于　畅）

公共资源交易监督管理

【概况】 2017 年度，《亳州市人民政府办公室关于印发公共资源交易信息公开目录的通知》出台，信息范围全覆盖、过程全公开，打造公开透明的公共资源交易环境。四大板块交易项目的审批、交易、履约及其变更、信用奖惩、违法违规处罚等信息实现实时公开，一网覆盖。

市公共资源交易平台共完成公共资源交易项目 3739 个，成交金额 508.31 亿元，节资（增值）金额 74.5 亿元。其中完成建设工程项目 1333 个，预算金额 185.64 亿元，成交金额 166.59 亿元，节资率 10.26%；政府采购项目 1983 个，预算金额 171.77 亿元，成交金额 165.21 亿元，节资率 3.82%；产权交易项目 153 个，起始金额 1466 万元，成交金额2630万元，增值率79.45%；国土出让项目269个，起始金额123.65亿元，成交金额172.42亿元，增值率39.44%。市本级实现工程项目一次性招标成功率90%，采购项目一次性招标成功率85%。从交易金额看，工程建设项目占比32.77%，政府采购项目占比32.5%，国土（产权）交易项目占比33.92%。

（李斐然）

【规范管理】2017年，亳州市开展公共资源交易规范性文件清理，对涉及市场主体经济活动的现行政策措施进行梳理，共清理规范性文件（制度）和合同38个，其中废止9个，保留29个。着眼统一制度规则，印发《亳州市国有资金投资建设项目招标投标实施办法》《亳州市政府采购货物和服务实施办法》等规范性文件，市直单位及各县（区）统一执行。研究制定电子化交易示范文本，规范电子招标文件编制工作，共修改及新编38个示范文本，全市所有电子招投标项目，使用统一的示范文本。

（李斐然）

【风险防控】2017年，亳州市运用数据分析等方式，开展交易风险评估，进行4次公共资源交易数据分析，筛选非经济投标、协调投标等问题线索5宗。加强信用体系建设，研究制定《亳州市公共资源交易信用管理办法（试行）》，建立诚信档案，明确信用信息记录和归集、公开与共享、信用激励与失信惩戒等事项，规范市场主体行为。建立事中事后监管机制，完善监管手段。受理、转办质疑与投诉事项65件，累计对21家违规投标企业作出不予退还投标保证金处理（共571万元），对33家投标企业记入不良记录，对5家企业限制一定期限内参与亳州市公共资源交易活动资格。严把专家入库质量关，提升评审质量。研究出台《亳州市公共资源交易监督管理局廉政风险点目录》，全面排查廉政风险点，建立内部防控制度，筑牢反腐倡廉制度防线。

（李斐然）

【公共资源交易平台建设】2017年，亳州市完善公共资源交易平台系统，实施“一网、三系统、四库、三服务”工程（一网指公共资源交易监管网，三系统指电子服务系统、电子监管系统、电子交易系统，四库指专家库、诚信库、信用库、项目信息库，三服务指市场主体共享服务、统一身份认证服务、大数据分析服务）。按照省统一部署，完成省、市、县三级平台系统间的信息共享、运行管理、业务协同等工作，完善平台功能。实现工程建设项目招标投标、政府采购、国有土地使用权出让、国有产权交易四大类项目电子化交易，探索农村集体产权、水权、林权等资源进场交易。规范高效的市县一体化交易平台建成，电子交易、服务标准、监管智能的目标基本实现。创新政府采购方式，推进药都电子商城推广应用建设，苏宁、晨光、史泰博等8家知名电商和200余家本地供应商进驻，完成交易项目2966个，成交金额2664万元。

全面推开实行公共资源交易项目网上登记，搭建便捷服务平台。公共资源交易项目网上申报系统上线运行。实现公共资源交易项目网上登记630个。优化岗位设置、加强内部控制，实现业务咨询、项目登记、场地安排、公告发布、交易保障、成交公告、合同公开、资料归档、数据统计、档案查询等全过程的标准化服务。

（李斐然）

城乡建设与管理

城乡规划

【概况】2017年，亳州市召开38次市政府规划审批暨市规划委员会全体成员会议，共审议522个会议议题。编制建设用地地块控规96个，出具建设用地规划设计条件92个，开展建筑单体施工图审查53个批次，完成定位放线图复核53批次、公示牌小样复核签字53批次。组织召开局业务会36次，初审规划设计方案300余个，召开专家评审会41次，出具专家意见书119份，组织召开项目规划方案调整听证会5次；做好网上办事大厅工作，截至2017年12月底，共发放“建设用地规划许可证”317件；“建设工程规划许可证”363件，独立审核办理506件。完成《亳州市域空间综合规划》人大报备及《永久性绿带试点》省住建厅专家评审，研究通过中心城区西南片区单元整合规划、北部新城单元整合规划、老城区及道东片区单元整合规划、高铁站片区综合规划、亳州市中心城区空间特色研究规划。完成市域空间综合规划、市展览馆非加固区域布展施工、11条道路（水段）夜景亮化设计招标和中心城区公共服务设施综合规划、国道105（凤尾沟—亳芜大道）交通组织及景观绿化施工图设计等14项工作。编制完成市全域旅游规划，与市文旅局进行对接，配合文旅部门进行规划设计的前期工作。编制市域空间综合规划，确定城市发展边界，做好城市规划与土地利用总体规划及各专项规划的衔接。加快教育、文化、体育、卫生以及其他公共服务设施规划编制，促进公共资源均等化配置。完成市域空间综合规划；完成31项专项规划的编制，市区单元规划编制，公共服务设施规划，统筹各专项规划。完成11条路段河段夜景亮化工程。完成展览馆、行政中心等重要节点的亮化工作。协调各县（区）完成2个特色小镇规划建设工作。

（刘　俊）

【亳州市空间规划（2017—2030年）编制完成】2017年，亳州市城乡规划局组织编制《亳州市空间规划（2017—2030年）》（以下简称《规划》）。《规划》编制先后历经现场调研、驻点编制工作、征求部门意见、向省住建厅对接汇报、公示等环节，通过省住建厅组织的专家评审，通过亳州市政府规划审批暨市规委会2017年第36次全体成员会议。《规划》严格依据《安徽省市县空间规划编制标准》，与《亳州市土地利用总体规划》《安徽省生态红线划定方案》《亳州市国民经济和社会发展第十三个五年规划纲要》等规划进行无缝衔接，对城镇开发边界、永久性基本农田边界、生态保护红线“三线”进行划定，提出管控措施。对规划实施进行引导，对市区重大项目进行落实。是亳州市实施空间管理、合理配置空间资源、优化城乡空间布局、统筹基础设施和公共服务设施的基本依据。其中，中心城区城镇开发边界面积218平方千米，为长远发展提供空间支撑。

（刘　俊）

【规划管理】2017年，亳州市城乡规划局共协助市政府组织召开38次市规委会，审议项目500余个；按照权力清单推行网上大厅办事，100%按时办结；简化工业项目方案审批流程，做到“2个3天”（受理3天、批复3天）；建立规划设计方案及施工图报批系统。中心城区亮化工程初现成效。完成市展览馆布展工作。开展亳州市城乡规划督察员派驻工作。完成蒙城、涡阳两县城乡规划督察员派驻工作，为进一步加强城乡规划的执行提供制度保障。亳州市空间规划通过省住建厅组织的专家评审。空间规划在市域及市区2个层次范围内整合城乡规划、国土、环保3部门约束性指标，对城镇开发边界、永久基本农田保护线、生态保护红线进行划定，建立空间管控指标体系。永久性城市绿带试点获省住建厅批复同意。组织编制《永久性城市绿带试点规划》，对中心城区周边永久性城市绿带的保护、开发和管理进行规定。亳州市被列为全省11个省级绿色生态城市综合试点创建市之一。开展省级绿色生态城市综合试点创建工作。组织编制《亳州市省级绿色生态城市综合试点创建实施方案》，建立亳州市绿色生态城市建设指标体系自评表。实施方案通过省住建厅组织的专家评审。开展城市设计城市双修试点申报工作。开展城市设计城市双修试点城市和示范项目申报工作，上报陵西湖水系景观工

图 81 2017 年，亳州北关历史街区新貌（市文化旅游局 供图）

程、北关历史街区保护与利用2个示范项目，蒙城县开展城市设计城市双修试点县工作。城市设计城市双修试点城市和示范项目通过省住建厅组织的专家评审。确定高铁站方案。对高铁站规划设计方案经过多轮专家论证、专题讨论、征求意见、集体研究，优化设计，确定高铁站站房及站前广场规划设计方案。全面开展第三方服务工作。组织开展方案及施工图复核、日照分析复核、规划核实复核、项目用地红线图出具等第三方服务工作。通过市公管局建立统一的第三方服务库，入库单位41家。通过第三方服务，强化规划管理质量，提高规划管理水平。

（刘　俊）

【推进"四个点问题"解决】2017年，亳州市城乡规划局围绕市委"四个点问题"清单，全力推进各类问题的解决。组织政风行风热线上线两轮，解决群众关切问题近20个；开展精准扶贫，组织扶贫慰问100余人次；落实政企直通车办理，协调解决企业困难10个；组织建设工程第三方验线31个，第三方竣工核实67件，通过竣工规划验收40家，规划巡查共计200余次，下发各类整改督办通知26批次，查处各类违法建设函告执法部门24起。按照要求开展快速路新闻发布、门户网站、政务公开等工作。按照要求办理公文1690件、市领导批示件236件。落实市领导安排任务61项、政府工作问题清单任务11项。落实办理市人大议案、政协提案32件。网上办事大厅办结506件，网上办理率100%，群众满意率100%。办理市长热线、网友留言400余件，被评为2017年度网友留言办理先进单位，1人被评为市长热线办理先进个人。

（刘　俊）

住房和城乡建设

【概况】2017年，亳州市城管体制改革平稳过渡，市园林局、市公用事业处整建制划转到城管执法局。办理人民网留言16件，办结率100%。办理市长热市长热线1611件，办结率100%，满意率99.5%。开展行风热线上线5次，办理行风热线问题160件，办理结果均为满意；受理并办结政企直通车五个平台任务共计27件。

（李翠飞）

【市区重点项目建设】2017年度，市住建委承担的重点工程共112项，完工72项，在建设40项，完成投资约26亿元。其中，市政道路桥梁项目共81项（新建项目共32个、续建项目共49个），老城区打通8条"断头路"，新城区道路项目共74个，主体完工项目64个；安置还原小区共9个20868套，丁家坑小区工程（现月亮湾小区）、安置还原小区H区工程（现南湖家园）、安置还原小区F区工程（现文采家园）、安置还原小区C区工程（现文化小区）4个安置还原小区全面建成并安置还原，安置还原小区A区西扩、G区宋汤河西岸刘庄棚户区等正在有序实施；公用事业项目6个，已完工2个，养生大道至市污水处理厂污水管网工程、市污水处理厂中水回用一期管道工程均已于8月底完工；公园绿化项目共4个，包括文化公园、龙凤新河景观带工程（杜仲路至凤尾沟）、城区亮化工程（三个标段）、丁家坑护岸改造工程，全部完成。其他项目共12个，完工4个，亳州市展览馆、学院附中、精神病院福利中心养老服务中心工程建

图 82　安置还原小区——文化小区（亳州经济开发区　供图）

成；中药科技学校二期工程基本完工。

（李翠飞）

【住房改造】2017 年，亳州市完成农村危房改造 30443 户，超额完成省厅下达的年度任务。新增棚户区改造目标任务 28854 套（其中货币化安置 19760 套、实物安置 9094 套），基本建成目标任务 28812 套。新增棚户区改造开工 28926 套（货币化安置 20427 套、实物安置 8499 套），开工率 100.25%；基本建成已完成 30043 套（货币化安置 20427 套、续建项目 9616 套），基本建成率 104.27%。省政府下达 5 个 22.43 万平方米老旧小区改造任务，全部完成。

（李翠飞）

【黑臭水体治理】2017 年，省对亳州市考核的主城区 11 条黑臭水体治理工作目标为，开工率 80%，竣工率 60%。至年底，11 处黑臭水体治理全部开工，竣工 7 处，完成省对市考核的目标任务。

（李翠飞）

【农村厕所改造】2017 年，省建设厅下达亳州市农村改厕任务 5.61 万户（谯城区 1.5 万户、涡阳县 1.45 万户、蒙城县 1.27 万户、利辛县 1.39 万户）。市委、市政府按照《一体化推进农村垃圾污水厕所专项整治加快改善农村人居环境实施方案》（皖办发〔2017〕27 号）的要求，制定年度完成 10 万自然户农村改厕的目标，共完成 10.2526 万自然户农村改厕。改厕工作完成量居全省第一位。10 月 24 日，全省农村危房改造暨农村“三大革命”现场会在亳州市召开，省住建厅对亳州市实施危房改造与农村环境改善有机结合，开展农村“三大革命”的进度提出表扬，对亳州市改厕的做法给予肯定。12 月 1 日，中央电视台对亳州市改厕工作做法和进度进行专题报道。

（李翠飞）

【建筑市场管理】2017 年，亳州市创建省级建筑施工安全生产标准化工地 12 项、市级建筑施工安全生产标化工地（小区）63 项，创建标化工地（小区）总建筑面积 467.65 万平方米（总共单体 337 栋，总造价 84 亿元）。亳州市所有在建工程建立农民工业余学校（截至 2017 年有 308 所），4 万余人参加农民工安全生产“三级教育”培训。6—9 月，市、县（区）两级安全监督员按照《亳州市住建委“安全生产月”和“安全生产走基层”活动方案》要求，到各个项目部开展警示教育活动，向农民工宣传教育建筑施工安全知识、法律法规及典型案例警示 46 场，累计培训约 4700 人。对管理人员开展相关培训工作，举办 2 期建筑施工安全专题培训，计培训约 600 人；5 期特殊工种人员培训班，计培训约 2000 人；2 期建筑施工安全生产“三类人员”培训班，计培训约 1800 人。

组织开展 4 次综合安全大检查、5 次专项治理活动。全市共下发整改通知单 499 份，停工通知单 194 份，排查主要安全隐患 5664 处，对 45 家施工企业、36 家监理企业进行通报批评。总计罚款 136 万元，给予 11 家施工企业不良记录。

集中整治全市 29 家有资质的预拌商品混凝土企业，其中，合格 28 家（待搬迁 1 家、停产 4 家），不合格 1 家，拆除全市无资质预拌商品混凝土搅拌站。扶持本地建筑业发展，本地建筑施工企业共有 293 家，较上年同期增加 69 家。

对全市在建 239 个工程项目（含市政）开展 4160 个次检查（含县区累计检查），下发整改通知书 623 份，停工整改通知书 439 份，对 67 个施工项目的施工监理、单位和项目经理、项目总监通报批评，对 62 个项目进行处罚，共处罚 189 万元。在建工程扬尘治理达标率 100%。

下发《关于推进亳州市建设领域农民工实名制登记及工资支付监管信息化平台上线的通知》（亳人社发〔2017〕47 号），要求全市范围内建设工程领域项目全部纳入监管平台。截至年底，全市所有在建项目包括新开工项目全面完成平台上线。

与市人社局联合发文，处理有拖欠行为企业 18 家；其中清出亳州市建筑市场 2 家，严重不良行为记录 2 家，一般不良行为记录 4 家，通报批评 10 家。对 9 名恶意拖欠工人工资的班（组）长、包工头列入黑名单，清出亳州市建筑市场。

（李翠飞）

图 83　亳州城市景色（李兴田　摄）

城市管理

【概况】2017 年，亳州市城市管理行政执法局围绕城管执法体制改革、"五车"管理、"两治三改"、文明城市和园林城市创建等活动，开展市容管理和城市基础设施管养维护。完成机构、人员调整，撤销执法监督科，设立政工科，将督察大队变更为督察支队，市公用事业管理处、市园林管理局整建制划入亳州市城市管理行政执法局。

完成行政处罚权、行政审批受理和审核权的下放。调整体制改革涉及的管理权、处罚权共计 33 项；31 项申请事项全部编制实施清单；取消大型户外广告审批、门头店招审批、城区内饲养家禽家畜审批事项 3 项，整合不规范行政审批 4 项。纳入网上办理的 21 项行政审批和公共服务事项，重新优化编制办事指南、办事流程。

本年度，城区排水设施 PPP 项目开标；城南地表水厂工程开工建设。

▲"两治三改"：治理违法建设、违法用地，改造城镇棚户区、城中村、危房及老旧小区。

"五车"：清扫车、洒水车、生活垃圾运输车、商砼车、渣土车。

（王纪福）

【城管体制改革】2017 年 3 月，亳州市委、市政府启动《中共亳州市委亳州市人民政府关于深入推进城市执法体制改革改进城市管理工作的实施方案》的起草工作。3 月 27 日，市政府常务会议审议通过。4 月 18 日，该《方案》经市全面深化体制改革领导小组会议审议通过，4 月 28 日，经市委常委会审议通过。5 月 2 日，市公用事业管理处、市园林管理局整建制划入亳州市城市管理行政执法局。5 月 17 日，《中共亳州市委亳州市人民政府关于深入推进城市执法体制改革改进城市管理工作的实施方案》印发实施。6 月 15 日，市政府办公室印发《亳州市城市管理行政执法局主要职责内设机构和人员编制规定的通知》。7 月 5 日，亳州市城市管理行政执法局机关完成换装。7 月 25 日，市编办审核通过市城管执法局动态调整后的权力清单。按照中央、省城市执法体制改革文件精神要求，完成机构综合设置、职责框定、权力清单动态调整和住建领域相关处罚权的集中行使。

（王纪福）

【市容管理】2017 年，亳州市城市管理行政执法局组织城区道路环卫保洁每月召开一次环卫保洁例会，每月督察两次。城区公用垃圾桶每月清洗一次。制订专项整治方案，每月现场督查一次，共发现问题 70 余项，全部完成整改。城市生活垃圾无害化处理率99.97%。清理“牛皮癣”12999处。取缔占道经营摊点12797个，规范临街门店超门面经营、占道经营26466处；取缔占道废品收购4306处；办理市长热线1669件，办结率100%，满意率97.87%。发违法建设督办单12个，发函4份。督促拆除“两河”区域违法建设52200平方米，拆除谯城区道东违法建设10000平方米，拆除城市建成区违法建设22600平方米。开展校园周边、农贸市场周边环境专项整治行动26次；查处农贸市场及周边占道经营摊点1623个。

完成曹操公园等公园、游园的提升改造，城区60段主干道路段树木修剪约7000株，4处单位拆墙透绿工程，新增绿化1.9万平方米。5个园林绿化PPP项目完成立项公示，开展可研、环评等前期工作。

（王纪福）

【城市基础设施建设】2017年，亳州市完成文帝路、光明东路、人民东路雨污分流改造项目。采用“小修机制”，投资1450万元，快速维护市政基础设施，其中，修复破损沥青路面27021平方米，修复破损砼路面12455平方米，修复破损人行道路面71255平方米，修复破损路侧石、树围石总长767米，增设下水管道2087米，维修更换检查井637套，雨水井篦子1426套，机械疏通排水管道5190米，维修更换花岗岩大理石青石面砖21188平方米，沥青、砼路面灌缝375846米。实施城区排水管道清淤工程，总长约234830米、检查井5152座、雨水井9791座；整改城区道路积水易涝点8处，增加排水管道350米。

完成污水管网清淤208千米（除新兴路），清理检查井4200座。完成宋汤河沿岸污水截流井维修改造工程，修建D400～D1500污水管网约260米，各种检查井、工作井、接收井24座，闸门井6座。实施芍花路、光明路、木兰路泵站泵池除臭设备安装项目和工业园区泵站进水管道改线维修工程。

主干道及小街巷路灯运行维护和监管，共管辖67条主次干道及小街背巷的路灯，路灯共计42192盏，其中LED路灯27900盏、高压钠灯4332盏、金卤灯1124盏、无极灯7476盏，中杆灯1360盏。路灯控制箱376台，路灯变压器194台。2017年，共完成2000盏路灯、22余台路灯专用变压器、5000米路灯电缆、30台控制箱的维修更换工作。完成市区3个办事处25个社区小街巷路灯改造，共改造新建小街巷路灯13000盏，完成魏武大道、希夷大道等24条主干道路路灯节能改造。

城市供水管理。全年制水总量3930.50万吨。投资635万元，完成中国香港步行街、仙翁路、团结路、汤王大道等9条路供水管网新建项目。完成水表改造工程，对城区范围内9882块水表、3.6万支加密阀进行更换改造。为城区未用上自来水的92户贫困户安装自来水。

开展汽车加气站安全生产综合整治行动、燃气燃烧器具安装维修专项整治行动、管道天然气安全运营专项督察等专项行动，液化石油气智能钢瓶的推广，全市液化石油气专项整治行动，规范全市天然气、液化石油气经营市场。全年安全生产零事故。

（王纪福）

【“数字城管”】2017年，亳州市数字城管指挥中心扁平化指挥模式运行平稳，系统稳定，事部件确权和网格公管理清晰，办案流程顺畅，利用视频监控采集核查案件效果显著。视频采集案件量比上年增加26倍。视频核查案件，平均每核查一个案件只需5分钟，工作效率提高5倍。扁平化运行模式得到住建部专家的高度认可、表扬和推广。在安徽省住建系统大会上专题介绍运行经验。

系统平台监管“五车”，记录未按时间运行车辆1482次，清扫保洁时限不足281次，通报27辆违规运输车辆，发现渣土抛洒情况7次，在市区范围内共停工违规建筑工地39家，查处非法作业黑头车458台次，现场纠正违法行为881台次，处置五车污染路面问题200次，处罚40余万元。通过数字城管和市大数据平台融合，实现数据资源共享共用，每天发现、派遣和督办的城市管理问题2000件，其中涉及环境保护类问题约占26.6%。实时监控市区公园、广场等噪声污染高发区域，对生活噪音进行动态监测和精准管理。上报案件62万件，监督员上报596582件，公众举报登记21411件，立案数612812件，结案593310件。结案率96.8%。

（王纪福）

图 84 2017 年 3 月 7 日，亳州市垃圾焚烧发电厂并网发电成功。（王超亚 摄）

【垃圾焚烧发电厂并网发电】2017 年 3 月 6 日，垃圾焚烧发电厂点火试运行，3 月 7 日 12 时 47 分实现并网发电。亳州市生活垃圾焚烧发电厂项目位于谯城区十河镇卞铺村，采取 BOT 模式，由北京桑德集团负责建设，总投资 4.2 亿元，日处理城市生活垃圾 600 吨，年发电量 9600 万千瓦时。发电机组电力除供项目自用外，其余电力并网销售。并网发电后，亳州市主城区及周边乡镇范围内，生活垃圾将得到无害化、减量化、资源化处理和利用。生活垃圾焚烧发电厂的在线环保监测系统能每天 24 小时对烟气和液化氢、二氧化硫、一氧化碳等烟气的动态指标实施监测和监控，防止二次污染。

（王纪福）

【餐厨废弃物处理项目开工建设】2017 年 12 月 26 日，亳州市餐厨废弃物处理项目开工建设。该项目是省、市重点工程项目，位于亳州市谯城区十河镇卞铺行政村。项目占地 3.3 万平方米，设计处理规模 200 吨 / 天，分为两期建设，一期建设规模 100 吨 / 天，二期建设规模 100 吨 / 天，计划 2019 年项目建设完成并投入使用。建设餐厨废弃物处理项目旨在减少甲烷温室气体排放，节能减排，推进城市环境卫生、基础设施提升。

（王纪福）

房地产管理

【概况】2017 年，亳州市房地产管理局深化行政审批改革，全面梳理权责清单，取消市房产局权力清单 44 项、公共服务清单 4 项。取消房屋交易手续费和白蚁防治费等 2 项收费，减轻企业和群众负担。实现房产交易登记“一窗式”办理，原来需到 9 个窗口交 38 份材料，缩减为一个窗口、一次办理，解决房产交易与不动产登记环节多、办事繁难题。预售许可、预售监管资金拨付、住宅维修金使用实现网上办理、流程优化。市委改革办以《交易平台一体化，服务效能双提升》为题对改革纪实进行专刊宣传。

全市房地产开发投资 321.6 亿元，同比增长 39%，投资增幅全省排名第三位。商品房累计供应 657.12 万平方米，同比增长 59.26%。商品房销售面积 671.85 万平方米，同比增长 20.06%，其中住宅销售 536.58 万平方米，同比增长 19.75%；非住宅销售 135.27 万平方米，同比增长 21.33%。存量房成交面积 51.63 万平方米，同比增长 24.29%，房地产市场继续保持平稳发展态势。中心城区房屋拆除施工安全和扬尘防控合格率 100%；白蚁防治安全施药率 100%。

本年度，市房地产管理局机关党委和 4 个支部基层党组织标准化建设全部验收达标，局机关党委被评为全市先进基层党组织。局机关被评为书香机关示范单位、第八届全市精神文明创建先进单位。

（陈 伟）

【房地产执法】2017 年，亳州市严厉打击炒房、捂盘惜售、哄抬房价等违法违规行为，持续开展房产项目和中介市场巡查整治，净化房地产市场环境。累计巡查 16 轮；联合市物价局、市工商局等部门开展联合执法 6 次，下达责令整改通知书 23 份，约谈项目负责人 30 余人次。健全市场每月巡查制度、企业约谈制度，新建房地产市场联合执法等制度，全方位督查房地产市场运行情况，及时对涉嫌违规违法企业进行约谈、督促整改。完善依法决策机制，加快法治建设，严格落实重大事项合法性审查工作，完善权力清单等清单运行监管机制，制定行政权力事中事后监管细则63项，行政处罚自由裁量权基准134项，进一步严格执法程序，规范执法行为，保障法律法规正确实施。

（陈　伟）

【房屋征收】2017年，亳州市推进“购房票”政策落实，满足被征收人对住房的差别化需求，自主选择更宜居商品住房，进一步提升城市化水平，推动全市房地产市场持续稳定健康发展。市经济开发区和亳芜现代产业园区共征收房屋169.92万平方米，其中国有土地上面积38.72万平方米，货币化率100%，集体土地上面积131.2万平方米，货币化率96.7%，两区综合货币化率97.32%。

（陈　伟）

【物业管理】2017年，亳州市持续开展物业提升活动，组织主城区100余名物业企业负责人观摩省优物管项目，听取物业服务专题讲座；开展优秀物业项目评选，评选出19家优秀物业管理项目，以点带面，增强全市物业企业服务意识和创建优秀物业管理项目的能力。每两月对市区小区定期开展物业暗访，分新建、还原、老旧小区三类进行评分排名、通报曝光，责令服务不到位的物企限期整改，维护小区宜业宜居环境。开展联合执法进小区活动，联合城管执法局、办事处，拆除违章建设14处，制止私搭乱建等违法行为，提高小区业主守法意识、规范小区管理秩序。

（陈　伟）

国土资源管理

【概况】2017年，亳州市划定永久基本农田51.34万公顷；建成高标准农田5.33万公顷；报批各类建设用地3273公顷；通过开展土地复垦整治，新增耕地2247公顷；全市共出让建设用地1932公顷，收取土地出让金263.83亿元。

（张启业）

【土地综合整治】2017年，亳州市贯彻落实中央4号文件精神，强化耕地资源保护，完成永久基本农田划定工作，共划定永久基本农田51.34万公顷，超额完成省厅下达的51.26万公顷任务。验收补充耕地2247公顷，超额完成省厅下达的1333公顷任务。建成高标准农田5.33万公顷，国土部门承担的4.72万公顷高标准农田建设任务完成。完成2016年实施的增减挂钩项目1046公顷和工矿废弃地复垦项目499公顷的验收工作；完成2017年实施的增减挂钩项目组卷上报47个批次1200公顷和工矿废弃地复垦项目组卷上报15个批次334公顷。

（张启业）

【建设用地报批】2017年，亳州市在全省率先完成市、县（区）、乡镇三级土地利用总体规划调整完善工作，保障重点项目建设。制定用地计划，优化用地结构，加大建设用地报批力度，全市共组卷上报各类建设用地140批次，面积3272公顷，其中市本级上报32个批次，面积807公顷。保障全市重点工程、招商引资、民生工程等重大项目用地需求。

（张启业）

【土地市场建设】2017年，亳州市编制土地收储和出让计划，坚持市场导向，加强房地产用地市场管控，促进房地产市场平稳健康发展，为城市建设提供土地和资金“双重保障”。出让建设用地424宗，面积1932公顷，收取土地出让金263.83亿元。其中市本级173宗，面积779.87公顷，收取土地出让金94.09亿元。

（张启业）

【土地卫片执法检查】2017年，亳州市召开土地卫片执法检查警示约谈会议，推进违法用地整改力度。对卫片执法检查发现的297宗违法用地，立案查处275宗，罚款810万元，没收和拆除建筑物47.55万平方米，全市整改后违法用地比率2.56%。

（张启业）

【矿产资源管理】2017年，亳州市完成第三轮矿产资源规划编制并获批实施；结合中央环保督察，完成涡阳县龙山和东山以及蒙城县双锁山矿山生态环境治理；开展地质灾害防治工作，全年未发生一起地质灾害事故。

（张启业）

【不动产统一登记】2017年，亳州市各级不动产登记机构运用“互联网+不动产”新模式，优化办事流程，缩短办事时限，按照省政府提出的创优“四最”营商环境要求，市本级作出不动产登记5个工作日内办结的承诺。共颁发不动产登记证书80102本、证明85279份。其中，市本级颁发不动产登记证书37884本、证明40378份。

（张启业）

【土地利用总体规划调整完善】按照国土资源部和省国土资源厅要求，市国土局于2015年启动市、县、乡级土地利用总体规划调整完善工作。2016年年底，编制完成《亳州市土地利用总体规划（2006—2020年）调整方案》，通过市发改委、城乡规划局、交通运输局、水务局、环保局等相关部门专家的审查。根据审查意见，市国土局对《亳州市土地利用总体规划（2006—2020年）调整方案》进行修改完善，2017年11月27日，获省国土资源厅批准实施；三县一区土地利用总体规划（2006—2020年）调整方案一并获省国土资源厅批准实施；12月22日，全市乡级土地利用总体规划调整完善方案获省国土资源厅备案批复。

（张启业）

【村级土地利用规划编制】2017年3月，亳州市向省国土资源厅请求批准亳州试点编制村土地利用规划；4月，启动亳药花海项目区涉及的大周村等18个村村级规划编制工作；年底，谯城区十八里镇侯桥村等13个村和十河镇大周村等5个村土地利用规划（2016—2020年）获批实施，解决了亳药花海项目用地需求，为全面开展村级土地利用规划起到示范和引领作用。

（张启业）

图85 2017年，涡阳湿地一角（市林业局 供图）

【采煤塌陷区村庄搬迁和综合治理】2017年，亳州市有煤矿企业5家。其中，在生产的矿井3家，分别是涡阳县涡北煤矿、袁店二矿和蒙城县许疃煤矿。已形成的采煤塌陷区主要分布在蒙城县和涡阳县，总面积1427公顷，其中农用地面积约1327公顷，耕地面积约993公顷。在建矿井2家，分别是利辛县板集煤矿和涡阳县信湖煤矿。市国土资源局对2009年起采煤塌陷区村庄搬迁安置计划进行排查和检查，函告涡阳县政府加大对涡北煤矿采煤塌陷区杨池、鲁庄搬迁安置力度，确保采煤塌陷区村民及时搬迁避让，组织搬迁约560户1900余人。向省国土资源厅申请安置新村用地104.29公顷，向省财政厅申请“以奖代补”资金412.8万元。

（张启业）

【地面沉降控制区范围划定】2017年，亳州市开展地面沉降控制区范围划定工作，6月，经公开招标，确定安徽省地质环境监测总站为项目编制承担单位，中标价格115万元。12月，项目单位提交的《亳州市地面沉降控制区范围划定工作报告》通过省厅组织的专家评审，12月底，市政府发文公布实施。报告显示，全市地面沉降控制区范围分三级，其中一级控制区总面积448.52平方千米，二级控制区总面积192.86平方千米，三级控制区总面积7506.97平方千米。

（张启业）

水资源管理

【概况】2017年，亳州市用水总量为10.32亿立方米，万元GDP用水量比2015年的110.5立方米/万元下降17%，万元工业增加值用水量比2015年的63.6立方米/万元下降11.9%，重要江河湖泊水功能区水质达标率88.9%，超额完成省政府下达的控制指标。开展纪念“3·22”世界水日、水法宣传等活动，营造节约保护水资源的社会氛围。

农村饮水安全巩固提升工程超额完成省下达市2017年度解决11.759万人的饮水不安全问题，全市三县一区从国开行贷款6.4亿元作为补充建设资金，共计解决农村居民58.39万人饮水问题。全市560万农村居民用上自来水，占农村总人口的94.5%，其中19.4万建档立卡贫困户和1.56万户低保、五保户全部吃上“安全水”。

开展节水型载体建设工作，市委党校、安徽瑞能热电有限公司等8家单位、企业被命名为市级节水型单位、企业；古井贡酒股份有限公司等2户企业被命名为第三批“安徽省节水型企业”；推进多家企业进行节水技术改造。出台《亳州市地下水限采区与超采区治理方案》，各县也分别制定城区自备井整治方案，制订2015—2020年整治工作计划。全市封闭自备井56眼，压采地下水开采总量约265万立方米。按照中央环保督查组反馈意见要求，开展入河排污口的全面摸查工作，共排查出319个入河排污口，并制定整治实施方案。已完成登记建档、树立标识牌、资料上传等工作，对列入2017年任务清单的152个入河排污口全面完成整改任务。

（王胜杰）

【供水】2017年年底，市自来水公司共有直径100毫米以上主干供水管网780余千米，自来水用户16万户。供水服务区域覆盖涡南岸北、新老城区，包括涡北区域、涡南老城区、市经济开发区、亳芜产业园区和谯城区经济开发区。亳州市城区实行阶梯水价，三级基本水价分别为每立方米2.10元、3.00元、5.60元。亳州市自来水公司委托亳州市区内药都银行代收水费，开通“我家亳州”APP、中国电信翼支付、支付宝缴费和收费网点二维码扫描缴费等，让用户足不出户即可缴纳水费。

（市自来水公司）

【制水】2017年，亳州市制水公司公司下辖一水厂、三水厂、涡北水厂、应急加压泵站4个水厂。承担亳州城区居民生产、生活用水供应。负责取水制水、水质检测、水源地综合保护与管理、新建水厂服务与管理等业务。

设计日供水能力14万吨，实际日供水能力12万吨，水源地井区共55处，深、浅井共103眼，采用深、浅井混合取水，浅井80-150米，深井350-400米，出厂水压保持在0.27-0.35MPa。制水工艺流程均为：水源地→沉砂池→二氧化氯消毒→清水池→二级泵房→市政管网。

开展“小水滴”志愿者进社区服务活动，进行节水宣传、用水常识、便民维修服务、水质检测等活动。组织参与“世界水日”“节水宣传周”活动。

本年度，刘海军获全国住建系统劳动模范；田梦获亳州市三八红旗手称号，朱叶获亳州市巾帼建功标兵称号；汤泉水质检测有限责任公司获亳州市青年文明号、巾帼文明岗称号；制水公司获亳州市2017年度市级文明单位称号。

（李明田）

【水质检测】2017年，亳州市汤泉水质检测有限责任公司投入使用，总投资1700余万，配置检测设备。具备106项水质全分析能力。检测人员14人，其中中级工程师2人，助理工程师4人，

图86 制水设施（市制水公司 供图）

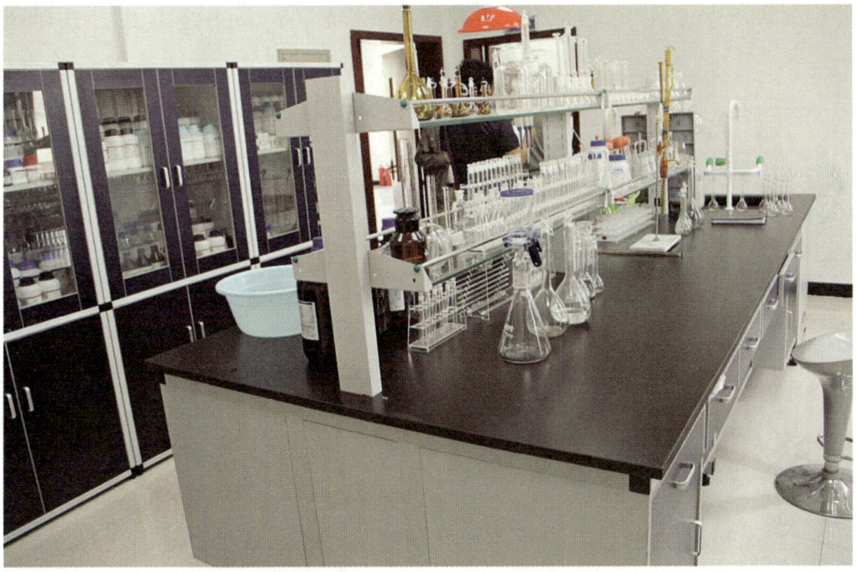

图 87 水质检测室(市制水公司 供图)

技术人员8人。从源水、出厂水到管网末梢水，建立一整套水质检测制度，实行日检10项、月检42项、半年一次106项的水质检测制度，检测结果在公司网站进行公示，并联合水厂、卫计委、环保局、疾控中心对水质进行监测，确保出厂水质符合国家饮用水标准。2017年12月份，通过121项检测资质认证，公司的检测范围涵盖水质、食品、环境和公共卫生，能够进行106项水质全分析。

(李明田)

【供水调度能力建设】2017年，亳州市制水公司对调度系统进行升级改造，建成新的综合智能生产调度管理平台。该管理平台由市政府投资，制水公司负责前期设计筹备、安装建设及后期投入使用维护管理。改造后的生产调度管理平台，实现对下辖三个水厂、一个泵站所有厂区和下属水源井区等重要供水单位和生产数据全方位的监测、管理和市区供水整体智能化调度。借助该系统，供水调度中心可远程监测各供水单元的实时生产数据和设备运行参数，查看重要生产部位的监控视频，对水泵等智能化设备进行远程控制。

(李明田)

【地表水厂开工建设】2017年12月22日，亳州市城南水厂正式开工建设。工程位于亳芜产业园区，月季路以南、亳芜大道以北、魏武大道以东、建安路以西，总投资4.6亿，设计日供水能力20万吨，建设内容主要包括厂区建设、取水泵站、输水管网和供电线路架设等。计划工期两年。工旨在衔接“引江济淮入亳”，保护地下水资源，解决城市生产生活用水问题。

(李明田)

美丽乡村建设

【概况】2017年，亳州市推进31个省级中心村、43个乡镇政府驻地建成区、52个市、县自主建设中心村项目，设置镇级有害垃圾回收点81个、村级有害垃圾回收点1057个、回收有害垃圾1257吨，集中清理陈年垃圾5.8万吨，启动污水处理设施项目建设150个，完成农村改厕10.2526万户。

2017年2月，亳州市2015年度省级中心村建设通过省级考核验收，亳州市在全省综合排名居第四位；2017年9月，2016

图 88 2017年4月2日，乡村旅游文化节(小涧镇政府办公室 供图)

图89　收获（张越　摄）

年度52个省级中心村、37个乡镇政府驻地建成区、43个市县自主建设中心村通过省级考核验收。2017年度31个省级中心村、43个乡镇政府驻地建成区、52个市县自主建设中心村项目建设推进中，市级安排专项资金6900万元，完成总工程量的75%以上。出台《亳州市2017年度美丽乡村建设考核验收奖惩办法》，一月一督察，一月一调度。

（朱德文）

【农村清洁工程】2017年，亳州市修改《亳州市2017年度农村清洁工程考核奖惩办法（试行）》，聘请第三方测评机构，实行一月一督察，一月一通报，全年测评12次，共清理农村生活垃圾26万吨。2017年3月，以市委、市政府两办名义出台《亳州市农村垃分类处理的改革方案》。以“农民可接受、财力可承受、面上可推广、长期可持续”为衡量标准，实行有害垃圾按“农户—保洁员—村回收点—镇收集点—专业处置公司”、无害垃圾按“农户—保洁员—垃圾卫生填埋（堆肥）”的流程处置，实施农村垃圾分类处理工作。市、县两级财政拨付专项资金3000万元，设置镇级有害垃圾回收点81个、村级有害垃圾回收点1057个、回收有害垃圾1257吨。

（朱德文）

【农村环境“三大革命”】2017年，亳州市全面推进农村环境“三大革命”。陈年垃圾集中清理。全区域覆盖、全范围实施“清理陈年垃圾、整治乱堆乱放、清理残垣断壁、清理乱摆摊点、落实垃圾分类、健全工作机制”六大专项整治行动，全面完成各项整治任务，集中清理陈年垃圾5.8万吨，9月30日前通过省级验收。全面推进“不见垃圾桶，垃圾不落地”试点。为减少农村生活垃圾运转频次和二次染污，按照“农户定时投放、保洁员定时上门收集、保洁员分类处理”的模式，统一配备垃圾分类收集车、统一要求不摆放垃圾收集容器、统一设定垃圾收集时间、统一播放垃圾收集歌曲，在全市各县（区）各选择1个乡镇开展“不见垃圾桶·垃圾不落地”试点。开展“共建整洁庭院·助力脱贫攻坚”活动。按照“院内净、卧室净、厨房净、厕所净、个人卫生净和院内摆放规范”的“五净一规范”标准，开展“共建整洁庭院·助力脱贫攻坚”活动，对建档立卡的贫困户家庭环境进行全面整治。印发《关于开展“共建整洁庭院·助力脱贫攻坚”专项活动的通知》。配合市住建部门做好乡镇政府驻地建成区污水处理设施建设和农村改厕工作。2017年，启动污水处理设施项目建设150个，包括乡镇政府驻地建成区污水处理站52个和省级中心村污水处理站98个，其中，建成乡镇驻地污水处理站23个，省级中心村污水处理站72个，其余均为在建项目。全年完成农村改厕10.2526万户。

（朱德文）

教育

概　述

【概况】2017年，亳州市教育局加强基层学校党建工作，培训学校书记、校长220余人。落实全面从严治党责任，组织开展党的十九大精神大学习、大宣传、大培训、大调研、大落实活动，推进基层党组织标准化建设，探索“互联网＋党建”模式，创新党建活动载体。表彰优秀共产党员27人、优秀党务工作者7人和先进基层党组织6个。选派4名党员干部驻村开展结对帮扶工作，376名党员干部定点帮扶贫困户。组织党员干部为全市89个乡镇和民办学校举办教育扶贫政策讲座50余场。开展市直教育系统微型党课评选活动，组织优秀选手参加市直工委微党课巡讲活动。开展十九大精神进校园、进班级、进课堂活动，专题培训、宣讲报告会等14次，参加人员5000余人次。

出台实施《亳州市教育局关于在全市中小学校实施精细化管理的意见》。开展2016年度县区党政领导干部履行教育职责督导考核，组织对县区教育局2016年度重点工作目标任务管理督导考核，对市直学校实施2016年度效能考核。聘任第二届市级督学70名，开展全市中等职业学校办学水平、校长履行职责情况、校园安全、“全面改薄”（全面改善贫困地区义务教育薄弱学校基本办学条件）、规范办学行为5项专项督导。

按照《亳州市三类城市语言文字达标创建评估方案》，对涡阳、利辛、蒙城3县开展三类城市语言文字达标创建工作督察整改，进行市级初评，3县通过省级评估认定。在全市各学校开展第二十届推普周活动、语言文字示范校创建、普通话培训与测试活动。亳州市教师进修学校普通话测试站完成升级改造。亳州幼师普通话测试中心投入使用。

本年度，国家级贫困县利辛县投入20余亿元改善办学条件，提前一年完成全国义务教育发展基本均衡县创建任务，通过国家评估验收，创造了“利辛速度”；谯城区创建全国义务教育发展基本均衡区通过国家复评，积累了“谯城经验”。全市该项创建工作实现县区全覆盖。亳州市被教育部认定为全国第二批义务教育教师队伍“县（区）管校聘”管理体制改革示范区；在2017年全市改革成果第三方评估中，教师无校籍管理改革工作获优秀等次。教育扶贫攻坚年度考核位居全省第一位，全省教育扶贫工作现场会在亳州召开。教育民生工程年度考核位居全省第一位。义务教育经费机制工作在全省年度考核中获满分。教育系统落实五大发展理念工作在年度考核中获全省优秀等次。

（张秀礼）

【教育民生工程】2017年，亳州市实施义保经费保障机制，拨付义保经费5.43亿元，拨付率101%，为702679名城乡义务教育阶段学生免除学杂费，提供国家课程教科书；为24414名义务教育阶段家庭经济困难寄宿生补助生活费。投入资金1.41亿元，实施689个农村中小学校舍维修改造项目，建设面积44.24万平方米，所有维改项目全部完工，投资完成率100%。打卡发放中职国家助学金1381.7万元，资助学生1.5万人。拨付中职免学费资金6310.8万元，惠及3.3万名中职学生。发放普通高中国家助学金3227.2万元，资助学生2.5万人。拨付免除学杂费资金646.3万元，资助学生6226

图90　2017年，谯城区义务均衡教育通过国家验收（王长江　摄）

人。拨付营养餐膳食补助资金 1.048 亿元，惠及 13.1 万名农村义务教育学生。

（张秀礼）

【教育扶贫】2017 年，亳州市逐户逐生走访调查，精准摸排学生信息，足额发放资助资金，严格督察考核问责，建立国家和地方政府双重覆盖的学生资助政策体系，并将建档立卡贫困家庭学生资助政策向非建档立卡低保家庭学生移植。共发放各类资助资金 4.18 亿元，资助学生 29.25 万人次，实现学段全覆盖、对象无遗漏、标准最高档、项目可叠加、结果全告知，确保无一名学生因贫失学。改善贫困村办学条件，实现贫困村小学提升和学前教育资源全覆盖、贫困家庭义务教育阶段学生和“三残”儿童 100% 入学。

（张秀礼）

【师资队伍建设】2017 年，亳州市推进中小学（幼儿园）教师无校籍管理改革。建立“一个中心管理、一套机制推进、一套体系保障、一把尺子交流”的工作机制，完善县（区）域内校长教师定期交流轮岗制度，交流轮岗校长 317 人、教师 3060 人，实现符合交流条件学校全覆盖。

实施乡村教师支持计划。公开招聘乡村教师 2204 名，定向培养乡村教师 379 名，遴选 197 名城区学校骨干教师到乡村支教，培训 10020 名乡村教师。

加强师德师风建设。开展“药都最美教师”评选活动，推出 10 位“药都最美教师”和 10 名“药都最美教师”提名奖，表彰优秀教师 300 人；落实亳州市中小学教师职业行为“三要、十不准”，查处侵害学生、有偿补课等发生在群众身边的“四风”问题和违规违纪行为。

制订“163”名师工程实施计划。分年度实施，计划到 2020 年培养 1000 名市级教坛新星、600 名市级学科带头人、300 名药都名师。

（张秀礼）

【素质教育】2017 年，亳州市加强学生德育工作，推进国学经典教育和书香校园建设，举办“传承国学　圆梦中华”电视知识大奖赛、学习领悟践行《中小学生守则》演讲比赛等活动。开展“优秀德育工作者”“千名传承中华美德少年”评选活动。亳州市特教学校、利辛县实验小学德育案例获“全国中小学德育工作优秀案例”，蒙城县仁和路小学被授予“全国文明校园”称号。亳州幼师和亳州学院附小南校三义路校区被教育部评为第二批全国中小学优秀文化艺术传承学校。

（张秀礼）

【教育信息化建设】2017 年，亳州市加强教育信息化建设，投入资金 1.9 亿元，购置班班通“电子白板”设备 3623 套、师生电脑 17969 台，新建录播室 117 套、智慧课堂 7 间、数字实验室 8 套、机器人教室 1 套、3D 打印室 1 套。全市九年义务教育学校“电子白板”覆盖率、校园网建有率、宽带网络接入率均 100%。全市九年义务教育学校“电子白板”覆盖率、校园网建有率、宽带网络接入率均 100%。亳州市教育信息化工作在全省 16 个地市各项维度的综合指数为 51.59，全省排名第二位。

（张秀礼）

【教育科研】2017 年，亳州市健全教研机制，推进学生综合素质评价，健全高中教学工作会议制度，组织普通高中质量检测 2 次、义务教育质量监测 4 次，实现质量监测学段全覆盖。打造教育

图 91　学校信息化教育课堂（市教育局　供图）

发展共同体，以“优质、共享、均衡、共进”为主题，采取“一托X”的模式，组建校际合作联盟35个，让优质学校与薄弱学校结对发展，解决学校发展不充分、不均衡问题，推动城乡义务教育一体化发展，以校际大联盟推动教育教学质量大提升，让人民群众共享教育发展成果。加强市级统筹，召开全市教育质量提升会议，出台教育质量提升实施意见，引导中小学校树立以质量为核心的教育发展观，把工作重心转移到加强教学管理、提升教育质量上。开展全市乡村教师教学信息化竞赛活动，全市乡村教师通过安徽省基础教育资源应用平台共上传作品10485件，教师参与率位居全省第三位，亳州市教育局获“优秀组织”奖。

开展“一师一优课、一课一名师”和“微课”评选活动，共晒课31363节，晒课教师27064人，参与率73%，获“省优”作品452节。在全省开展的微课评选中，上传作品10407件，位居全省第二位，参与率全省第一，推荐647节作品参加省级评审，获“省优”作品414节。开展2017年省、市级课题立项申报工作，省级课题立项4项，市级课题立项280项。分批开展市级课题结题验收活动，共验收省级课题15项、市级课题54项。

（张秀礼）

【“全面改薄”】2017年，亳州市推进薄弱学校改造工程，投入资金1.78亿元，为284所薄弱学校实施406个校舍建设类项目，建设校舍117570平方米、运动场541938平方米；投入资金6496.58万元，为346所学校购置生活设施2432台（件、套）、图书282089册、数字资源8GB、课桌凳4240单人套、计算机教学仪器及其他设备28143台（件、套）。

（张秀礼）

【平安校园建设】2017年，亳州市加强校园安全管理，定期开展校园安全检查，督查发现、责令整改校内安全隐患364处、校外安全隐患799处。全市各学校共配备专兼职保安5231人、安保器材4937套、18839件，开展安全教育专题教育活动6940场次、应急演练5844场次，评选市级安全文明校园54所。

（张秀礼）

【政务公开】2017年，亳州市教育局在全市第一个完成网站集约化建设任务。编辑《亳州晚报·教育周刊》36期，刊发稿件407条。加强政务微博管理，发布博文6528条，粉丝过万人。推出亳州市教育局微信公众号，发布教育官方微信1186条，关注粉丝25000人。市教育局网站通过72个二、三级栏目，共发布信息1170条；教育重点领域9个子栏目，供发布信息402条，主动公开信息1572条。市教育局网站全年发布各类信息6668条，较上年增长18%。在省教育厅网站发布信息1013条，年发稿总量和首页显示数均位居全省第一位，发稿总量在全省223家发稿单位中跻身前十；在“中安教育网”发稿875条。

（张秀礼）

学前教育

【概况】2017年，亳州市新建、改扩建幼儿园41所，扩充学位5150个；认定普惠性民办幼儿园179所、市级一类幼儿园86所。出台实施第三期学前教育三年行动计划，构建“广覆盖、保基本、有质量”的学前教育公共服务体系。实施中心城区中小学幼儿园布点规划，新建、改扩建公办幼儿园6所。

全市共有各类幼儿园718所，较上年的687所增加31所；公办园249所，民办园469所，其中普惠性民办园188所。在园幼儿206192人，较上年的200423人增加5769人。学前教育三年毛入园率91.98%。共有学前教育教职工11921人，其中专任教师8426人。幼儿园校园占地面积213272平方米，校舍建筑面积887631平方米，各类图书912982册。

（张秀礼）

【补充公办幼儿园教师】2017年，亳州市建立公办幼儿教师补充机制，全市共招聘、引进专任幼儿教师630人。市经开区秋季面向社会公开招聘幼儿园专任教师103人，全部补充到公办幼儿园教学岗位。谯城区出台《公办幼儿园购买服务管理暂行办法》和《关于2017年公办幼儿园编外教师聘用与管理工作的通知》，招聘公办幼儿园编外教师246人。利辛县秋季面向社会公开招聘入编幼儿园专任教师99人,引进县外在编在岗幼儿教师12人,全部补充到公办幼儿园教学岗位,充实了农村学前教育师资力量。蒙城县采取政府购买服务等方式面向社会公开招聘幼儿教师148人,努力满足学前教育发展的需要。涡阳县引进22名在外涡阳籍教师从事幼儿教育工作。

(张秀礼)

【优化幼儿看护点】2017年,亳州市幼儿看护点数由331所减少至319所(A类B类),减少12所,C类看护点已全部取缔。截至2017年,谯城区共撤销无证办园机构和看护点68所,看护点升格成幼儿园24所;蒙城县有幼儿看护点96个,比2016年减少6个,C类看护点已全部取缔;利辛县有A、B类看护点28所,较上年度减少4所,C类看护点全部取缔;涡阳县有看护点92所,其中A类20所,B类72所。

(张秀礼)

【普惠性民办园认定】截至2017年年底,亳州市共认定普惠性民办幼儿园223所,占民办园总数的47.5%。市经开区年内认定普惠性民办园3所,覆盖幼儿565人。谯城区现有42所普惠性民办园,其中2017年认定25所;共拨付646万元普惠性民办园的扶持和奖励资金,改善和提高了普惠性幼儿园的保教条件。利辛县年内认定普惠性民办园85所,覆盖幼儿23739人,普惠性幼儿园覆盖率达到79%;共发放普惠性民办园奖补资金136万元。蒙城县现有普惠性民办园65所,较上年新增18所;共安排300万元作为扶持普惠性民办园发展奖补资金,为更多幼儿提供普惠性教育。涡阳县利用中央专项资金840万元建设普惠性幼儿园,并采取政府减免租金、以奖代补、委派公办教师等方式,引导和支持民办幼儿园提供普惠性服务,2017年有民办普惠性园45所,较上年增加26所。

(张秀礼)

【小区配套园建设】2017年,亳州市经开区审批设立糖果幼儿园、观澜天下幼儿园、紫荆花园幼儿园、园丁幼儿园等小区配套幼儿园。谯城区根据《亳州市中心城区中小学、幼儿园布点专项规划》,要求新建小区幼儿园要与新建小区“同步规划、同步建设、同步交付”;3#、4#还原小区和古泉路小区配套幼儿园由区政府移交给区教育局使用后,区教育局对这3所幼儿园投入近300万元,用于玩教具及各种配套设施的添置。利辛县已对建设世纪阳光、文德玉墅、碧桂园等小区配套幼儿园进行规划。蒙城县南部新区新建小区已配套建成幼儿园15所,其中3所公办、4所公建民营,8所为民营;县政府承诺2018年全部办成公办园或普惠性民办园。涡阳县由政府新建安置小区内附设幼儿园共7所,由开发商承建的小区内附设幼儿园6所。

(张秀礼)

【市级一类园认定】2017年,亳州市教育局于3月份启动市级一类幼儿园评估和复评工作,对全市45所新申报的幼儿园和41所复评的市级一类幼儿园逐一进行实地考察验收,共有36所新申报幼儿园通过评估认定,41所原市级一类幼儿园通过复评认定。通过开展幼儿园等级认定工作,进一步规范办园行为,提升办园质量,提高科学保教水平,激励更多幼儿园朝优质方向发展。

(张秀礼)

义务教育

【概况】2017年,亳州市投入资金38.2亿元新建中小学41所,改扩建中小学852所,扩充学位9.9万个。其中,中心城区新建中小学17所,改扩建中小学12所,扩充学位7.1万个,让更多适龄儿童就近接受公平优质的义务教育。出台《关于建立城区中小学联盟促进义务教育优质均衡发展的指导意见》,采取“五统一”的模式建设教育发展联盟,打造教育发展共同体。完成186所村小提升工程建设任务,实现村小提升全覆盖,为期5年的千所村小提升工程圆满收官,全市共有1046所村小通过提升项目改善办学条件。完善义务教育招生制度,严格执行“划片、就近、免试”入学政策,实行网上报名录取。该项改革探索走在全省前列,受到省教育厅的认可。亳州市被教育部认定为“全国第二批义务教育教师队伍‘县管校聘’管理体制改革示范区”,利辛县创建义务教育发展基本均衡县通过国家评估验收,谯城区创建义

图 92 小学生接受国学经典教育（市教育局 供图）

务教育发展基本均衡区通过国家复评。

全市共有各类小学 1100 所，在校生 513833 人，较上年的 496914 人增加 16919 人；小学学龄人口入学率 100%。有小学教职工 27470 人，其中专任教师 26445 人。专任教师中本科及以上学历的 12711 人，专科学历的 13540 人；拥有中级职称的 9704 人，中高及以上职称的 462 人。小学校园占地面积 12329292 平方米，校舍建筑面积 3289928 平方米，拥有各类图书 8644052 册，各类计算机 52373 台，固定资产总值 339952 万元。

全市共有各类初中 264 所，在校生 218471 人，较上年的 203652 人增加 14819 人；初中学龄人口入学率 100%。有教职工 16011 人，其中专任教师 14119 人；专任教师中本科及以上学历的 11934 人，专科学历的 2185 人；拥有中级职称的 4951 人，中高及以上职称的 2036 人。初中校园占地面积 8161029 平方米，校舍建筑面积 2831937 平方米，拥有各类图书 6542482 册，各类计算机 29776 台，固定资产总值 305780 万元。

（张秀礼）

【网上报名招生】2017 年，亳州市改革义务教育阶段招生工作，自秋季学期义务教育阶段学校起始年级招生按照“免试就近入学”的原则，采用“网上报名”方式进行。市及县区教育局均成立义务教育招生工作领导小组，经过早期开展辖区生源摸底、方案意见征求审定、操作系统研发、外出考察学习、精心组织宣传等方式，及时向社会公布网上报名招生方案和动态，增强服务意识、强化招生责任、严把招生程序、化解招生压力、平稳新生入学。全市网上共报名 138600 人，其中，市经开区 8647 人、谯城区 35153 人、利辛县 31970 人、蒙城县 23038 人、涡阳县 39792 人。此项招生改革推进了公共服务事项网上办事工作，促进了阳光招生。网上报名需提供相关符合报名条件的材料和信息，且报名系统与公安和房产信息对接，具有信息筛选和甄别真伪的功能，进一步规范了招生行为。

（张秀礼）

【千所村小提升工程收官】2017 年，亳州市教育局建立双月报制度，通过数据比对，时时监管；加强过程性督导，完成 3 次督导，督导提升项目学校数不低于年度提升总数的三分之二；完善季度现场推进会制度，搭建相互学习、相互借鉴、相互促进的平台；逐校进行评估验收，确保所有项目学校都达到提升标准。全市共有 186 所学校通过验收，标志着全市为期 5 年的千所村小提升工程圆满收官。通过 5 年努力，全市共有 1046 所村小通过提升项目创建，改善了办学条件，加强了校园文化建设。

（张秀礼）

【义务教育均衡发展】亳州市在 2014 年涡阳和蒙城两县、2016 年谯城区成功创建全国义务教育发展基本均衡县的基础上，市委、市政府主要领导靠前指挥，现场调度，分管负责人协调，市教育局加强业务指导，县区党委政府倾力而为，形成强大的工作合力。9 月份，利辛县通过义务教育发展基本均衡县国家督导验收，谯城区义务教育发展基本均衡区通过国家复评，分别形成推进义务教育均衡发展的“利辛速度”和“谯城经验”。至此，全市4个县区创建全国义务教育发展基本均衡县(区)实现全覆盖。

(张秀礼)

特殊教育

【概况】2017年，亳州市实施第二期《特殊教育提升计划(2017—2020年)》，加强特殊教育学校优质教育服务管理工作。改善特殊教育办学条件，开工建设规模600人，占地面积5公顷的亳州特教学校新校区，完成教学楼和宿舍楼主体工程。

全市共有特教学校4所。有特殊教育学生3868人，其中特殊教育学校在校生1520人，普通中小学随班就读2214人，普通中小学送教上门134人。有特殊教育教职工156人，其中专任教师144人；专任教师中本科及以上学历的99人，专科学历的41人；拥有中级职称的41人，中高及以上职称的33人。特殊教育校园占地面积47388平方米，校舍建筑面积23081平方米，拥有各类图书20000余册。

(张秀礼)

【亳州市特殊教育学校】2017年，亳州市特殊教育学校探索送教新模式，对177名送教学生统一安排，教师分组，学生分班，每班指定一位班主任和数名送教老师，以保证教学进度。组织开展“春游——赏桃花”活动、“爱家乡　游亳州　赏芍花　”研学旅行活动。让孩子们走进大自然欣赏美好风光，观赏鲜花，享受生活的美好，增进热爱家乡的美好情感。

组织全体教师赴宁波特教中心、宁波达敏学校、陕西师范大学、西安盲哑学校等进行业务培训。

组织教师开展创新课堂大赛，在亳州市举行的特教教师课堂教学大赛中获一等奖2名，二等奖1名。在亳州市教科研成果评选中，4人次获得一等奖，6人次获二等奖，8人次获三等奖。在安徽省优秀论文比赛中，1人获一等奖，2人获二等奖，2人获三等奖。《抓习惯养成　促盲生发展》获全国优秀德育案例。由赵庆春、周凤荣主持的省级课题“手语对提升聋生数学素养重要作用的研究”成功结题。

为亳州市残疾人联合会、法律援助中心、公检法等单位提供手语翻译58人次，并为亳州电视台《一周要闻回顾》节目进行同步手语翻译。

配合亳州市教育局和亳州市残疾人联合会、亳州电视台举办“推进残疾预防，健康成就小康”为主题的助残日活动。

完成培智部康复器材项目的采购工作，项目购价约62万，包括20套智能型沟通认知平板、4套智力测试仪等14项康复器材及辅助设备。

新校区开工奠基。总占地面积5公顷，可容纳近600名视障、听障、智障的适龄残疾儿童就读。其中盲生10个班120人、聋生12个班144人、培智生40个班320人。校区内规划建筑单体包括教学楼、宿舍楼、技能培训楼、语言康复中心、食堂、多功能报告厅及风雨操场，配套建设体育活动场、绿化、停车场、给排水系统、暖通空调、供电系统、弱电系统、消防系统等。年底，2栋教学楼及1栋宿舍楼单体封顶。

在政府公开网上发布信息238条，被省教育厅采用的有106条，位居安徽省特教学校之首。学校联合亳州电视台举行第27次全国助残日活动。

本年度，亳州市特殊教育学校被评为效能建设良好单位，获亳州市校园五禽戏交流比赛集体三等奖、亳州市第九届素质教育开放周活动方案设计一等奖、亳州市第九届素质教育开放周优秀组织奖。亳州市特殊教育学校聋生部学生芮幸福在全国特邀创意统计图表大赛中获得一等奖，学校共获得一等奖1名，三等奖4名，优秀奖2名。

(薛蔚然)

普通高中教育

【概况】2017年，亳州市推进普通高中课程改革，扩充普通高中资源，实施综合素质评价，完善高中教学工作会议制度，组织普通高中质量检测2次，开展高中教学视导2次，设立教研基地44个。完善普通高中招生制度，将省示范高中80%的招生指标定向分配到初中学校。举办以“提高教学管理水平　提升教学质量”为主题的全市普通高中教学视导专家培训班，9所省示范高中学校各学科骨干教师、市教科所全体教研员共100余人参加培训。

图 93　2017 年 8 月 24 日，新生入校（贾同义　摄）

组织高中数学、物理、化学、生物、信息学奥林匹克竞赛市级初赛及全市第一届创新作文和数学竞赛，共有 6386 名学生参与。

全市共有普通高中 24 所。在校生 82629 人，较上年的 79808 人增加 2821 人。有普通高中教职工 5634 人，其中专任教师 4975 人；专任教师中本科及以上学历的 4975 人，拥有中级职称的 1552 人，中高及以上职称的 1631 人。普通高中校园占地面积 2258035 平方米，校舍建筑面积 1484400 平方米，拥有各类图书 1477804 册，各类计算机 10420 台，固定资产总值 185280 万元。

（张秀礼）

·亳州市第一中学·

【概况】2017 年，亳州市第一中学实行精细化管理。行政班子捋顺职责职能；年级实行年级主任负责制和学生校长助理团管理制。每年级学校选定年级主任，直接对校长负责，加强对年级的管理。每班选一名学生担任校长助理，校长定期召开校长助理团会议，听取学生意见建议。结合实际制定、健全、完善学校教育教学的各项管理考核制度。确立学校"管理立体化"的管理理念。通过教职工会议、校报、宣传橱窗、校务公开栏、网站、家长委员会等多种途径，及时向教师、家长和社会公开学校学期工作计划、收费项目、收费标准、评优评先、师生获奖等内容，增加、学校管理的透明度。

与南京大学、合肥工业大学签约，建立亳州一中优质生源基地。2017 年高考，秦文慧获市文科状元，全省第 18 名，被北京大学录取；纪理想获市第二名，全省第 99 名。全省文科前 100 名，本校有 2 人；全省文科前 200 名，本校有 6 人。全市文理科前 10 名，本校均有 8 人。时诗晴被北京大学录取。600 分以上 82 人，一本达线 938 人，较上年增加 122 人；本科达线 1767 人。高二刘畅被中科大少年班录取。另有多名艺体生被录取到北京体育大学等重点高校。

实行"走出去、请进来"战略，分批组织各年级教师、相关学科骨干教师、班主任到庐江中学、淮北一中、海头中学、临川一中等校学习，多次组织教师参加省级学术研讨会。聘请安徽农业大学教授、江西金太阳名校研究院院长柏成刚等省内外高考命题专家、学科研究专家十多人到校讲学，并针对本校学有专长教有特色的骨干教师、骨干班主任等实际，开展校本培训。校内专家不定期为学生举办各种培训：校长谢启平为全体学生上好开学第一课，教科所主任王继峰分别为 3 个年级学生做心理疏导讲座，教务处主任张海副举办"弘扬国学经典　传承传统文化"道德讲堂，教师王丽霞为科技创新社学生开展创新讲座。

本年度，亳州市第一中学获评第十一届安徽省文明单位、优秀传统项目学校、亳州市书香校园特色学校、安徽省中小学智慧学校师范学校、中华优秀传统文化教育基地学校、亳州市 2017 年度教育工作先进单位、亳州市市直学校效能建设优秀单位、亳州市精细化管理示范校、亳州市学雷锋志愿服务先进集体。

（高　剑）

【教科研究】2017 年，亳州市第一中学成立课程发展研究中心，制定教科研制度，倡导教师加强理论学习，合作研究共享教育智慧。组织骨干教师自主命题审核，建立自己的试题库，编写校本资料。树立“三年一盘棋、全校一盘棋”意识，瞄准“四点”即知识点、考点、核心考点和学生的弱点，抓“规范”，向“错误”要分数，转变观念和方法。发动全年级课任教师，及时捕捉高考信息，追踪课改命题动态，发挥集体智慧，自主编拟适合本校实际学情的原创性训练测验试题，使复习备考取得实效。完善学科组的各项规章制度，提高学科组活动质量，开展学科教研工作，推进省市两级课题研究，学校共结题一项市级课题和两项省级课题，另有两项市级课题立项。

（高 剑）

【素质教育】2017年，亳州市第一中学开展课外活动和素质教育活动，创建健康活泼、和谐奋发的校园文化氛围。开展综合素质评价工作，制定《亳州一中学生综合素质评价工作实施方案》，邀请市教育局基础教育科人员做专题讲座。坚持每天两跑操，上好每周两节体育课，增强学生的身体素质。开展团课培训，业余党校培训，提高学生的政治觉悟。成立校园广播站、青年志愿者协会、摄影社、绘音社、羽毛球、篮球、足球爱好者协会等社团17个，锻炼学生的交往能力，组织能力，发展特长。赵天昊、李莎莎等5位学生被评为亳州市2017年“传承中华美德少年”。青年志愿者开展“12·4”宪法日暨全国法制宣传日教育活动、“预防未成年人年犯罪”法制教育活动。深化爱国主义教育。规范每周一的升旗仪式，做到学期有计划，周周有主题。发挥校园广播站、黑板报、宣传橱窗等阵地的宣传作用，对学生进行“五爱”教育。以重大节日，重要人物和重要纪念日为契机，结合学校的传统活动，开展体育、文化和科普活动，培养学生的个性特长，推进校园文化建设。抓养成教育。从《中学生守则》《中学生日常行为规范》入手，把基础文明行为养成教育抓实、抓细、抓持久。开展学生日常行为规范评比工作，做到日查、周评、月评。组织行规检查小组，不定期下班检查，并督促整改。加强校内文明监督岗的作用，改变和规范部分学生的不良行为，培养学生讲文明，守纪律的良好习惯。安排和组织主题教育月活动。通过观看录像、召开主题班会等形式，对学生进行爱国教育、感恩教育、品德教育、拼搏精神教育等主题教育活动，将学校主题教育月活动落到实处。以“四节”活动为抓手，即读书节、科技节、体育节、艺术节，开展课外活动和素质教育活动。夏翌晨、梅喜庆等10位学生在第五届“夏青杯”朗诵大赛上获得佳绩，杜乐乐、古家旺分别获亳州市第九届素质教育周演讲比赛一等奖和三等奖。

（高 剑）

【课堂教学】2017年，亳州市第一中学提出打造“高效课堂”的目标和要求，要求教师上课要高效，学生学习要高效。开展集体备课活动，全体教师要做到“细备课、精备课”，“备教材、备教法、备学生、备反馈”，各备课组组织结对拜师活动，开展互听课、评课、观摩教学活动，加强交流，相互借鉴，帮助教师提高专业化素养，同时实行“推门听课”制度，一周一上报，一月一总结。开展“十佳教师”评选活动，激励有为、促进工作。实行智慧化课堂教学，鼓励提倡教师合理利用现代化教育技术手段，提高课堂教学效率。2位教师获全国“同课异构”大赛一等奖，多人次获省市级教学大赛奖项。建立“亳州一中学生学业水平成长档案”，对学生的学情会诊情况进行普查，结果下发到各年级组。加强常规教学管理，实施班级“教师日志”管理，强化对日常教学活动的监督，以综合教学检查、专项问卷调查等形式，进行教师测评，作为年终教师考核的依据，发现问题及时反馈，限期整改与提高。重视班级常规管理，开好尖子生会、临界生会、班干部会等。完善落实各项管理制度，包括学生出、入班制度，会议制度，资料、试卷征订制度，班主任值班制度。

（高 剑）

【学生心理辅导】2017年，亳州市第一中学心理辅导中心暨亳州市心理辅导中心，建筑面积近500平方米，硬软件设施达到全省一流水平。该中心受到市委宣传部、市文明办的重视，亳州市心理辅导中心在此挂牌。学校创造个别心理辅导、心理辅导专题报告会、心理班会、心理专栏、校本课程心理健康课、班级心理委员制等多种服务方式，学校心理健康教育的三级工作体系经建立。培养专兼职心理辅导老师和班级心理委员，采取预约制，完成心理辅导工作，特别是高三学生的心理辅导工作，及时探讨案例和认真做好记录。

【科技创新】2017年，亳州市第一中学在亳州市第七届青少年科技创新大赛中，师生共获一等奖8项；二等奖20项；三等奖18项。在省科技创新大赛中，获省一等奖1项，省二等奖2项，省三等奖2项。在2017年第十八届全国中小学电脑制作活动中，获国家级一等奖两项，国家级三等奖一项。教师黄志山带领10名学生参加全国青少年高校科学营，学生宋卓的文章《厦大那七天》被评为安徽省青少年高校科学营优秀文章。

（高　剑）

【学科大赛】2017年，亳州市第一中学建立自主招生考试中心，开展学科竞赛、名校自主招生等相关工作。高三（4）班学生郭昱获第31届中国化学奥林匹克竞赛（决赛）铜牌，邓英杰、赵天昊获全国中学生生物学联赛省二等奖、国家级三等奖。在全国中学生英语能力竞赛中，5人获全国一等奖，17人获全国二等奖，21人获全国三等奖，9人获省一等奖，34人获省二等奖，44人获省三等奖，学校获此次大赛的最佳组织奖。在第十届全国数理化能力竞赛中，学校8人获一等奖，18人获二等奖，36人获二等奖。在第十六届全国英语创新大赛中，学校1人获全国二等奖，2人获全国三等奖，3人获华东赛区一等奖，5人获华东赛区二等奖，2人获华东赛区三等奖。在第十九届“语文报杯”全国中学生作文大赛中，学校1人获国家级三等奖，2人获省级一等奖，8人获省级二等奖，11人获省级三等奖。学校获中国学科竞赛500强高中全国最佳校长奖、全国最佳学校奖，学校自主招生考试中心副主任鲍光炎获全国优秀竞赛教练员奖。

（高　剑）

【校园文化建设】2017年，亳州市第一中学启动校园文化建设活动，打造优美典雅、厚重古朴的校园文化硬件环境，以雅致优美、催人奋进的氛围感染人、教育人。进行楼层文化建设，在主教学楼和求真楼楼道、卫生间、办公室等场所设立励志文明宣传标语，培养学生勤学向上、重德尚美的精神品质。《耕耘》报开设专栏，解读国学经典，引导学生学习经典继承优良传统。校园文明环境创建从公德教育入手，培养学生的卫生意识。完善并严格执行检查与考核制度。每周定时进行仪容仪表检查、班级卫生检查、寝室环境检查。

（高　剑）

【校园安全管理】2017年，亳州市第一中学加强校园安全工作，创建平安和谐校园。完善学校安全管理体制。重视未成年人的身心健康，加强校园安全保卫工作，提高师生安全意识，创建“平安和谐校园”。坚持经常性安全教育和法制教育，加强学生防火、防电、防盗、防溺水、防交通事故、防自然灾害等安全事故教育，提高师生安全意识。开展“12·4”法制宣传活动、文明上网共筑校园网络安全活动、火灾逃生演练等活动。建立责任追究制，确立学校安全校长是第一责任人，班级安全班主任是第一责任人，课堂安全任课教师是第一责任人。加强值班、门卫的管理，协调各有关部门、整治校园周边环境。成立家长委员会，建立学生成长档案，为学生健康成长群策群力。班主任通过校讯通、电话、约谈等方式，与每位学生家长保持联系，与后进生家长保持

图94　2017年，高三成人礼（马加泰　摄）

经常性联系。加强对周边环境的综合治理，营造社会育人环境。发挥校外辅导点、学校家长委员会、德育基地作用，开展综合实践活动。

（高　剑）

【高三工作】2017年，亳州市第一中学把毕业班工作作为全校工作的重中之重，纳入常规教学检查范围，及时全面了解掌握该年级教学、复习、备考的实际动态，并适时指导调控。规范高三年级的备课活动及教师的课堂教学行为。从各轮复习的具体时间及内容进度，集体与单独的教学设计撰写，单元卷、综合卷及模拟卷的合理搭配使用，到周考科目的周期性安排及月考试卷讲析的重难点确定，年级办均作统一规定与明确要求。月考成绩分析会进一步细化，各学科备课组长为中心发言人，对该科本次月考检测的目的、试卷特点、学生得分情况、存在问题等，从考试测量学的角度，作出全面细致的分析说明，提出下次月考的预期目标。召开高三全体教师会、高三学生表彰会、高三学生家长会等，对教师提目标、给任务、振精神；对学生树信心、立壮志、鼓干劲；对家长做沟通、提要求、达共识；为高三教学备考过程适时注入精神能量，提供方法指导。

（高　剑）

职业教育

图95　2017年12月26日，亳州市职业教育联盟成立（市职业技术学院　供图）

【概况】2017年，亳州市完成亳州幼师二期工程，开工建设亳州中药科技学校二期工程，完成主体建筑。成立亳州职业教育联盟和亳州现代化制造业职教联盟，实施职业教育质量提升工程，制定《亳州市中职学校布局调整规划》，深化职业教育办学模式改革。推进中职教育质量提升工程，2017年亳州市中职学校质量提升工程项目建设省级评估通过率居全省前列。《人民日报》《安徽日报》和“安徽教育网”集中报道亳州市职业教育发展成果。

组织开展职业教育“三赛”。组织开展全市中等职业学校技能大赛，全市有14所中职学校1600余名学生参加比赛；组织全市中等职业学校信息化教学大赛，遴选优秀选手参加全省比赛；亳州幼师教师周蓓蓓获全省信息化教学大赛一等奖，代表安徽参加全国比赛；组队参加全省中职学生技能大赛，获69个奖项，为近年最好成绩。在第十三届全国中等职业学校“文明风采”竞赛活动中，亳州市共报送178件参赛作品，91件获省级奖项、24件获国家奖项。

推进服务外包企业人力资源库建设，完成入库3万人目标任务，安排2320名中职学生到服务外包企业顶岗实习，提升职业教育服务亳州经济社会发展的能力。推进现代学徒制试点，建立健全现代学徒制管理制度。共有近800名师生参与试点，实现企业、学校和学生的三方共赢。

全市共有中等职业学校26所，其中普通中专7所，成人中专8所，职业高中11所，在校生73374人；全市高中阶段毛入学率93.29%。有中职学校教职工3357人，其中专任教师3155人；专任教师中本科及以上学历的3155人；拥有中级职称的1307人，副高及以上职称的592人。全市中职学校校园占地面积2418753平方米，校舍建筑面积1469447平方米，拥有各类图书2423839册，各类计算机14506台，固定资产总值150176万元。

（张秀礼）

【亳州幼儿师范学校】2017年，亳州幼儿师范学校占地面积22.87公顷，建筑面积10.5万平方米。有电脑1100台，数码钢琴480架，钢琴431架，古筝100架及扬琴、二胡等民族乐器。纸质图书22万册、电子图书20万册。教职工236人，其中在职在编163人，高级讲师55人，“双师型”教师44人，研究生及在读研究生57人，市级名师20人；附属幼儿园2所，校外实习、实训基地48个。

计划招生1000人（五年制大专600人，三年制中专400人），实际录取1189人。大专录取分数线比往年提高60分，中专提高80分。设有五年制学前教育大专和三年制学前教育中专两个办学层次，有教学班81个，在校生4041人。与淮北师范大学联合举办继续教育专科、本科函授教学班，在籍函授生1500余人。

成立礼仪社、推普社、茶艺社、汉服社、跆拳道等34学生社团，开展各项社团活动；组织民族乐队、铜管乐队；成立民乐、管乐、合唱、等20余个兴趣小组，丰富学生生活。

组织师生参加市药博会、市二届运动会、市芍花会、市文化旅游年开幕式表演。参加市第五届道德模范颁奖典礼、主持人进社区、走进书香村居、职业教育活动周活动、安徽省“谁是舞王”广场舞民间争霸赛并获得全省第二名。参加省市级体育竞赛；举办亳州幼师第二届体育文化节；开展校园足球兴趣小组、校园女子足球联赛；参加亳州市中学生女子足球比赛获第二名。开展中华优秀传统文化论坛、学校语言艺术大奖赛，经典诗文诵读比赛、亳州幼师形象大使选拔赛、每年一度的毕业生汇报演出、每两周一次的周末大舞台等活动。

举办2017届大中专毕业生供需洽谈会暨毕业生美术手工作品展；来自北京、上海、广东、浙江等省市的360余家用人单位为770余名毕业生提供3000余就业岗位。岗位与毕业生比值约为4∶1，平均每人可选取4个岗位。举办“第二届体育文化节”活动。人民网、新华网等媒体关注和报道。

图96　2017年，亳州幼儿师范学校体育文化节开幕式（李卫华　供图）

本年度，亳州幼儿师范学校被教育部命名为“国防教育特色学校”“全国青少年校园足球特色学校”“全国中小学中华优秀文化艺术传承学校”。在全国中等职业学校德育课“创新杯”教师信息化教学说课大赛中，教师高杉获说课大赛三等奖；在全国职业院校信息化教学大赛中，教师周蓓蓓获省级一等奖、国家级二等奖。古筝兴趣小组的学生王亚如在全省技能大赛中获弹拨乐赛项的一等奖第一名；学生朱雨梦获安徽省第一届“校园读书创作”活动中职生组特等奖。2014级幼师中专班国家教师资格证考试，通过率80.32%，超出全省平均通过率40个百分点，是全国同类学校教师资格证国考成绩最好的学校。

（李卫华）

【亳州工业学校】2017年，亳州工业学校与亳州市旅游学校实行一校两牌。该校加入亳州市职业教育联盟，与全市中高职学校实行合作、共享优质职教资源；与安徽国防科技职业学院合作开办“3+2”五年制汽车、工业机器人等联合培养协议；与合肥美菱集团、深圳天发教育集团合作共建工业机器人专业和师资培训工作。亳州市现代化制造业职业教育集团在亳州工业学校正式成立。

学校占地面积8.4公顷。开设有工业机器人、汽修、航空服务、会计、电子商务等18个专业，在校生3000余人，教职工130余人。2017年度招生1129人，实现连续两年突破1000人目标。2014级学生实习就业薪资、环境以及对口就业率提高。

实行“产教结合、校企合作”办学模式。与中联重机（亳州）有限公司、芜湖奇瑞汽车有限公司等20余家企业实行校企合作，与大众、荣威、福特等品牌汽车4S店联合办学共建校外实训基地，基本实现“一专业一基地”“一专业一企业”的实习、实训教学目标。

投入2000万元用于基础设施和实训设备建设。机械加工中心、400米标准化塑胶田径运动场、标准化塑胶篮球场、羽毛球场、网球场建成并投入使用；综合教学楼、宿舍楼建成并投入使用；污水管道与市政管道对接，解决污水出水问题；新建电子商务实训室2座、会计实训室2座；改扩建会计实训室4座、电子商务实训室1座、创业培训实训室4座、录播教室1座；激光加工实训设备3套、数控车床3台、汽车实训设备20余套。

举办第二届“百裕杯”服装设计与模特大赛展示服装专业学生的专业素养和学校礼仪队员的综合素质；在魏武广场举办亳州市第三届职业教育活动周，展示职业教育的办学成果；校团委举办4次周末大舞台，激发学生创造力；举办2017年秋季田径运动会，参加师生500余人；五禽戏表演队参加亳州市首届校园五禽戏会演比赛获三等奖。

本年度，学生吴汉获科技创新大赛安徽省皖新传媒一等奖，

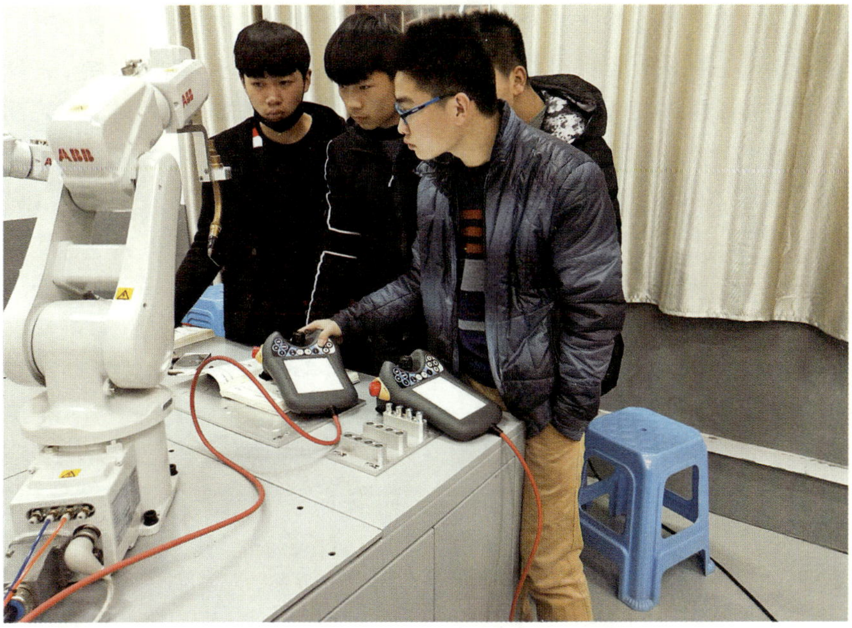

图97　学生实习（亳州工业学校　供图）

并选派参加以色列游学之旅系列活动，获由团中央、全国学联授予的“全国最美中学生”称号；王梦想入围第46届世界技能大赛省级选拔赛集训队。教师郑辉参加安徽省电子商务技能大赛获一等奖，贾金凤、田辉等教师的20余篇论文获省级奖。学校获“安徽省德育工作先进单位”“安徽省农民工培训基地”“亳州市文明单位”等称号。

（李富强）

【亳州中药科技学校】2017年，亳州中药科技学校与华唐教育集团共建信息客服专业，建成商教一体化、120席位的信息客服实训室2座；与京东集团合作共建安徽农村电商运营基地；与西锐公司共建3D打印专业，建成3D打印实训室一座；与四川泛美教育集团（西南航空职业技术学校）共建高铁空乘专业；投入中药检测设备与安徽百萃金方药业合作共建中药检测中心一座；与亳州市残联联合建设6000平方米的康复中心作为康复技术和护理专业的学生实习、实训基地。

承担企业在职员工培训、就业创业技能培训、扶贫脱贫培训等培训7398人次、职业技能鉴定6000人次。学校是盲人医疗保健按摩规范化实训基地、安徽省家庭服务职业培训示范基地、亳州市和谯城区就业技能培训基地、亳州市人力资源和社会保障局指定的职业技能鉴定站、谯城区安全培训中心、市住房和城乡建设委员会建筑特种作业人员培训机构、住房和城乡建设行业技能人员职业培训机构。

发放中职国家助学金224.62万元，资助学生1653人；补发2016年秋和2017年春建档立卡学生国家助学金4万元，资助学生36人。为6825名学生免除学费，免除资金1606万元。发放校内资助资金71万元，资助学生1945人次；为330名建档

立卡、城市低保、非建档立卡农村低保家庭学生及孤残学生免除书本费、住宿费、实训材料费、校服费等一切费用，完全实现零费用入学，免除资金27万元。与市扶贫局、市民政局进行数据核查和学校摸排、走访调查，为479名贫困家庭学生发放79万元。为318名学生办理就学扶助贷款，发放贷款资金52万元。

完成6个市级课题申报；在信息化大赛中获5个省级奖项、24个市级奖项，在优质课大赛中获1个省级奖项、5个市级奖项，在教学软件比赛中获1个省级奖项、8个市级奖项，在论文评选中获6个省级奖项、11个市级奖项。郑永跃名师工作坊主编规划1本国家级教材《生理学基础》。

与亳州市药业行业协会合作举办2017年“华佗杯”全国中医药知识电视大赛。承担安徽省职业院校技能大赛中职组医药卫生类技大赛中职组医药卫生类护理和中药传统技能两项赛事。在合肥亚明艺术馆举办师生书画展暨职业教育成果展，为期7天。展览内容包括马骥省级名师工作坊、夏军会名师工作坊、陈光辉名师工作坊等近200幅中华书画艺术作品；黄乾省级名师工作坊香囊、大山楂丸、六味地黄丸等中药传统工艺制作；郑永跃省级名师工作坊传统中医按摩、针灸推拿、拔火罐、艾灸等技艺展示；非遗文化“华佗五禽戏”展演，同时展出的还有校企合作成果200余种产品。承办2017年亳州市中等职业学校技能大赛。

组织开展职业成果展、科技活动周、校园文化艺术节、十九大宣传教育、环保创意大赛、国学经典比赛、五禽戏比赛、篮球比赛、拔河比赛、羽毛球比赛、乒乓球比赛、书画大赛、校园主持人大赛、各类演讲征文比赛、微电影制作大赛、书法比赛、舞蹈比赛等活动。参加文明风采大赛，获国家级奖项1个、省级奖项67个；学校男子篮球队在亳州市第三届中学生篮球比赛中获第四名、优秀组织奖；学校羽毛球队参加省人社系统暨技工院校羽毛球赛获学生女子单打第三名、男子单打进入八强，获体育道德风尚奖。在全市优秀志愿者服务颁奖礼暨2017全市优秀青少年文艺会演决赛中学校选送节目《共圆中国梦》获一等奖。“不忘初心一谱写新篇”2017年安徽省人社系统暨技工院校文化建设成果展演中展演的《华佗五禽戏》节目获三等奖。

本年度，亳州中药科技学校在广西南宁举行的全国“天堰杯”中医护理大赛上获2银3铜；在河南洛阳举行的“华唐杯”全国职业院校客户信息服务技能大赛上获1金3铜；在2017年安徽省职业院校技能大赛中职组中药传统技能和护理技能大赛上，获5金6银3铜；在全国中医药知识电视大赛上，学校参赛团队获第一名。2名教师获市级优秀教师；1名教师获市级优秀班主任；1名教师获市级“德育先进工作者”称号；引进硕士研究生2名。王晓磊和张振付两位老师在安徽省首届中小学大课间体育活动视频作品评选中获三等奖。

（万　琼）

民办教育

【概况】2017年，亳州市开展民办学校专项清理整顿，对民办教

图98　亳州中药科技学校学生在2017年“天堰杯”中医护理技能大赛上获奖。（万琼　供图）

育进行督导考核，规范民办学校办学行为。支持民办教育发展，修订《社会力量办学财政补助方案》，落实补助资金1000万元，鼓励支持社会力量到亳州投资办学。组织88名民办学校校长赴华东师范大学研修学习，提升依法办学治校水平。

全市共有民办学校596所，在校生301836人，教职工20192人（专任教师14836人）。其中，中等职业教育学校4所，在校生12568人，教职工525人（专任教师497人）；基础教育592所，在校生289268人，教职工19667人（专任教师14339人）。

（张秀礼）

【亳州市民办教育协会成立】2017年5月24日，亳州市教育局召开市民办教育协会成立暨2017年民办教育工作会议。会议审议通过市民办教育协会章程、选举办法和财务管理办法，选举产生了协会理事会理事、第一届会长、副会长、秘书长、副秘书长。8月20日，市民办教育协会联合亳州电大共同举办清华大学幼教信息化课题研究成果专题讲座，200名民办幼儿园园长聆听讲座。

（张秀礼）

【民办学校规范管理意见出台】2017年12月20日，亳州市教育局印发《关于进一步加强民办学校规范管理意见的通知》，对规范民办学校办学行为提出明确要求。该《意见》共12条，以加强党对民办教育的领导为方向，以促进民办教育健康发展为目标，加强民办学校规范管理，对目前社会上普遍关注的民办学校招生、财务管理、安全管理、教学课程设置与课时安排、教师招聘等问题进行规范。

（张秀礼）

【民办学校管理者培训】2017年6月25日，亳州市教育局在各县区推荐的基础上，组织81名民办中小学校长启程赴上海华东师范大学教育部中学校长培训中心，接受为期一周的集中高级研修学习；研修期间，组织参训校长现场参观考察上海新世纪双语学校和上海进才外国语中学2所民办学校，了解民办学校品牌建设和办学策略。11月23日至24日，市教育局在亳州电大培训中心举办2017年民办幼儿园园长培训班，各县区和市经开区160名民办园（看护点）园长参加培训。本次集中培训的主题是“幼儿园精细化管理与团队建设”，旨在进一步提升全市学前教育发展水平，培养造就一支政治强、业务精、素质高的民办幼儿园园长队伍。

（张秀礼）

高等教育

·概　述·

【概况】2017年，亳州市共有高等教育学校3所，在校生23437人，教职工990人（专任教师860人）。其中，普通高等教育学校2所（亳州学院、亳州职业技术学院），在校生11234人，教职工850人（专任教师775人）。成人高等教育学校（亳州电大）1所，在籍学员12203人，教职工140人（专任教师85人）。

（张秀礼）

【亳州市职业教育联盟成立】2017年12月26日，亳州市职业教育联盟成立大会召开。该联盟由关心和支持亳州市职业教育事业发展的院校、行业组织、企事业单位、政府部门以及其他有意合作的社会团体组建而成，旨在通过“政府主导、市局统筹、亳职引领、校企合作、校校联通”等形式，推进校企合作、工学结合，实现资源共享，形成整体优势，推动全市职业教育规模化、集团化。亳州职业技术学院为亳州市职业教育联盟主任单位。

（张　珺）

【药都大学生第二届汉字听写大会】2017年12月11日，药都大学生第二届汉字听写大会在亳州学院图书馆报告厅举行。亳州学院、亳州职业技术学院联合主办。亳州学院和亳州职业技术学院各3支队伍参赛。亳州学院三支代表队包揽团体赛前三名；亳州学院许梦露、马晴晴、刘雅静获个人赛前三名。

（张　婧）

·亳州学院·

【概况】亳州学院始于1909年创办的蒙城师资讲习所，1952年设置蒙城师范学校，2002年3月经教育部批准，升格为亳州师范高等专科学校。2016年5月，升格为亳州学院。2017年12月，亳

图 99　2017 年，亳州学院学生运动会开幕式（徐玉松　供图）

州学院领导班子正式组建。

学院占地面积 61.67 公顷，建筑面积 25.3 万平方米。图书馆纸质藏书 70 万余册，中外期刊 839 种，电子图书约 62 万册，中外文数据库 23 个。学院以“善学善教，育己育人”为校训，坚持“地方性、应用型、特色化”办学定位，坚持“转型发展、开放发展、创新发展、服务发展”战略，全面深化教育教学改革，走内涵式建设道路。立足亳州，面向安徽，辐射全国，以教育类、中药学类、食品科学与工程类、文化旅游类专业为特色，加大校企合作，推动产教融合，培养生产管理服务一线的高水平技术技能型人才和应用型人才。

组织全体师生学习宣传贯彻党的十九大精神。组建以学院党委负责人为团长、中层领导干部代表、思政课教师骨干为成员的党的十九大精神宣讲团，成立以学生会主席为团长、以学生骨干为团员的党的十九大精神学生报告团，向师生宣讲党的十九大精神；组织师生参加省、市党的十九大精神专题报告会 10 余场次，受众近万人次；举行学习贯彻党的十九大精神第一期集中轮训班，中层干部及各基层党支部书记 70 余人参加。

推进基层党组织标准化建设，完善 23 个党支部基础建设；建设党员活动室、远程教育站点及大组工网接入和应用；成立 23 个“微信党支部”，依托“共产党员”“安徽先锋网”“亳州组工”公众号和“微信党支部”，实现党员教育全覆盖；根据亳州市基层党建工作季度“对标巡诊”整改要求，实行“挂图作战”、精准施策、销号管理，落实整改措施 17 条。举办基层党支部书记培训班，开展集中培训 14 次。举办两期党校培训班，840 名学员结业，发展党员 83 名。开展先进基层党组织、优秀共产党员、优秀党务工作者评选表彰活动。

承办安徽省高等学校师范生教学技能比赛、安徽省高等院校教师教育合作委员会年会、安徽省第十七届生命科学学院院长协作工作年会等。

本年度，亳州学院学生获国家级三等奖 1 个，优秀奖 4 个；省级集体一等奖 1 个，个人项目一等奖 20 个，二等奖 19 个，三等奖 56 个。

（张　婧）

【学科专业建设】 2017 年，亳州学院调整学科专业结构，基本完成由单一师范学科向多学科应用型高校的转型，初步形成基础学科与应用学科交叉融合、多学科协调发展的学科专业体系；结合亳州“中华药都”“农业产粮大市”“历史文化名城”的特色，发挥中药、酿酒、文化旅游、教育等重点优势学科支撑地方主导产业作用。建立教学质量监控体系，增加教学投资 800 余万元，用于采购图书期刊、教学仪器设备。新增制药工程、生物工程、电子信息工程、经济与金融、运动康复、汉语言文学 6 个本科专业。

（张　婧）

【师资队伍建设】 2017 年，亳州学院加大师资队伍建设和结构转型，通过教师到企业挂职、单科进修，引进专兼职企业专业技术人员等方式，建设双师型师资队伍，加大高层次人才队伍建设。引进博士生 2 人，副教授 1 人，高级工程师 2 人，紧缺专业中药师 1 人，硕士研究生 26 人。柔性引进退休教授、副教授 5 人。晋升教授 2 人、副教授 5 人、中级职称 7 人。专任教师 389 人，其中正高级 34 人、副高级 102 人，高级职称占比 35%。一批优秀教师获省内学科（专业）拔尖人才、战略性新兴产业技术领军人才等称号。

（张　婧）

【教学科研】2017年，亳州学院共立项建设各类“教学改革与教学质量建设项目”70余项，引进泛雅网络教学资源建设平台，为学生提供200余门优质MOOC学习课程。以亳州学院大讲堂为平台增进学术交流，举办20余场校级层面学术活动，邀请省内外专家学者到亳讲学交流，报告人为3名国际专家、1位长江学者。学院有省级科研项目立项22项，市级项目22项，院内项目51项。出版专著（含编著）10余本，发表各级各类教科研论文186篇，申请专利10项。

（张　婧）

【人才培养】2017年，亳州学院引导师生践行社会主义核心价值观，实行全员全过程全方位育人。举办学院“第一届书香校园读书月活动”，开展品读经典图书作品展，举办“读者与人生”专题讲座，组织“读者之星”评选和图书漂流等活动；开展校园科技文化节、社团文化节和宿舍文化节；以雷锋月、“五四”青年节、国庆节、烈士纪念日、国家公祭日等重要节日，开展党史国情、革命传统、形势政策等宣传教育活动，打造校园文化活动品牌，以文化人，提高大学生综合素质。首次设立省级大学生创新创业计划训练项目13项。举办2017年全国大学生英语竞赛初赛、亳州市第二届汉字听写大赛等赛事，以赛促教、以赛促学、以赛促改。

（张　婧）

【招生就业】2017年，亳州学院计划招生2701人（含五年制定向追加计划1个），其中本科计划900人，高中起点专科计划1500人，初中起点专科计划300人；实际录取2680人，其中本科900人，高中起点专科录取1479名，初中起点五年制专科录取301人。总录取率99.2%，同比高出0.2个百分点，实现招生、录取连续十连增。就业率97%，毕业生总数1898人。

（张　婧）

【校企合作】2017年，亳州学院新增12家校企深度合作单位，为学生实习就业、开展产学研合作、合作办学、资源共享等搭建平台。古井集团、华佗药业、济人药业等知名企业为学院长期合作办学单位。推进国际合作办学与交流，新增美国斯蒂文森理工学院、菲律宾宾德拉萨大学、远东大学等国际合作项目。学院与北京佳澳教育集团和合作开办计算机应用技术专业（专科）“甲骨文（Oracle）软件订单班”，与安徽大学合作共建“安徽省农业生态大数据工程实验室—亳州实验室”，与泰国博仁大学东盟学院签署“国际教育交流备忘录”和“本硕国际教育合作协议书”，推进浙江中医药大学同等学力申硕学习班亳州教学试点工作。

（张　婧）

【地方文化传承】2017年，亳州学院依托亳州国家级历史文化名城的丰厚历史文化资源，推进地方文化事业、文化产业发展，实施文化育人工程，推进“亳文化”进课堂、进教材、进头脑“三进”工作。聘请五禽戏、二夹弦、剪纸等国家非物质文化遗产传承人担任校内兼职教师，把“亳文化”元素融入校园景观建设，提升校园文化品位。承办第九届淮河文化研讨会，120余名专家参会，以“淮河文化传统与文化自信”为主题共同探讨淮河文化、亳文化的内涵、地位和功能；组织专家参与2017年中国·亳州老庄思想与协调发展学术论坛，并作主题发言，推广“亳文化”；院领导张立驰担任安徽省亳文化研究会副会长，进一步推动学院亳文化研究工作。

（张　婧）

·亳州职业技术学院·

【概况】2017年，亳州职业技术学院开设有药学院、医护系、管理学系、智能工程系、信息工程系、建筑工程系、基础教学部、思想政治理论课教学研究部和继续教育学院9个二级教学单位，共41个专业，有国家级职业技能鉴定站、安徽省中医药科学院亳州中医药研究所、五禽戏大师工作室，国家创新发展行动计划10项，国家级实训基地2个，省级实训示范中心10个。

各类全日制在校生7500人，其中中医药特色和大健康产业链相关专业学生数占全院学生总数的70%。学院是安徽省唯一一所与安徽中医药大学联合举办本科教育的高职院校，本科生毕业率、医学学士学位授予率、就业率均100%，考研录取率

30% 以上；与沈阳药科大学、蚌埠医学院、合肥工业大学开展本科层次函授教育和自学考试，在籍学生 2749 人，年均培训社会各级各类人才 10000 余人次。

引导学生自我教育、自我管理、自我服务。表彰省级、院级优秀毕业生 135 名，市级、院级先进集体 12 个，省、市、院级优秀学生干部、三好学生、优秀团干和团员 1131 名。各类奖、助、贷、减、补惠及学生共 4780 人，资金累计 920.319 万元。亳州籍毕业生每人补贴学费 2000 元，本年度共发放 395 人，合计 79 万元。

承办亳州市 2018 年文化旅游年启动仪式及开幕式、亳州市扶贫工作启动会及文化宣传、市运动会开幕式、安徽省“文艺扶贫携手小康”惠民演出、“徽风皖韵进高校”、安徽省话剧院“不忘初心，共筑中国梦”主题慰问演出等活动。

本年度，亳州职业技术学院获省级“文明单位”称号。在全省教育系统发布信息 580 篇，综合排名位居高职院校第一名。在全国各类职业技能竞赛中，智能电梯装配与维护技能大赛获国家级二等奖 1 项，“医用电子仪器维修技术”专业技能大赛获国家级二等奖 4 项，中药技能大赛获国家级三等奖 1 项；其他各类比赛获省级各类竞赛一等奖 2 项，二等奖 13 项，三等奖 15 项，其中中药标本囊括省级一、二、三等奖，为全省唯一获得一等奖的高职院校。根据中国高等教育学会高校竞赛评估与管理体系研究专家组发布的《中国高校创新人才培养暨学科竞赛评估结果》，学院在全国 1388 所普通高职院校竞赛评估中获第 286 名，列全省高职院校第 17 位。

（张　珺）

【专业与课程建设】2017 年，亳州职业技术学院优化调整专业 10 余个，新申报的网络营销、汽车智能技术专业实现招生。首批放开院级内涵建设项目的申报工作，共遴选出 107 项院级教学研究类和课程建设类项目。继续推进课程改革，学院“中药四六级”考试、“护理技能大赛”以及“针灸推拿大赛”正式启动。

（张　珺）

【师资队伍建设】2017 年，亳州职业技术学院提拔任用正科级干部 6 名、副科级干部 10 名，调整干部 9 名，聘任干部 1 名。首次自主组织开展职称评审工作，评聘高级人才 10 名、中级人才 15 名；公开招聘紧缺专业人才 8 名；外聘中国香港浸会大学赵中振、浙江中医药大学李范珠、江西中医药大学龚千锋等 12 名为学院兼职教授。认定双师型教师 28 名；派出 150 余名教师、辅导员参加国内访学、“国培省培”骨干教师、双师素质教师、企业顶岗和浙江大学集中学习等专题培训。推荐申报安徽省学术和技术带头人（后备人选）4 人；获批市学术和技术带头人 10 人；获批第四批市政府特殊津贴 2 人；推荐申报 2018 年高校优秀人才培育项目 4 人；组织结题人才项目 3 项；学院被认定为“高校毕业生就业见习基地”，接收见习生 17 人。学院人才工作获安徽省委组织部奖补资金 10 万元。

截至年底，学院有教职工 347 人，其中教授、主任中药师等正高级职称 8 人，副教授、副研究员、副主任医师等副高级职称 74 人，享受市政府津贴教授 6 名；省级教学名师 2 人，省级专业带头人 3 人，省级教坛新秀 6 人，省级双师型教师 96 人，市级专业技术拔尖人才 1 人，市级学术和技术带头人 19 人，硕士学位及以上教师 166 人。

（张　珺）

【教学科研】2017 年，亳州职业技术学院组织科研项目申报工作，获批安徽省教育厅人文社会科学重点项目 4 项，省教育厅自然科学重点项目 10 项，皖北科技创新团队 1 项；获批安徽省职业与成人教育学会 2017 年度教育科研规划课题 7 项；获亳州市科技成果奖二、三等奖各 1 项；组织申报国家人文社科一般项目 3 项、省哲学社会科学规划项目 5 项、亳州市社科联项目 6 项。公开发表论文 260 余篇，编著教材 14 本，专利 11 项，专著 1 项。

（张　珺）

【继续教育】2017 年，亳州职业技术学院申报并获批安徽工会“金牌蓝领”培训示范基地。学历教育方面，申报 9 个专业的函授专科专业，2017 年，共计录取成人高考新生 2010 人，自学考试新生 110 人。开展各类职业技能鉴定 5845 人次，组织全省交通运输持证执法人员资格认证考试等 6429 人次。开展市药业企业专项工种、亳州市亿源药业等各类培训3289人次。

（张　珺）

【校企合作与实训基地建设】2017年，亳州职业技术学院与亳州市内外大中型企业开展人才培养、科学研究等相关交流与合作，与安徽古井集团、安徽天源迪科、中古旅游发展有限公司、万达嘉华酒店、鑫泰药业等12家市内外企业签订校企合作协议，校企合作到校经费62万元。推进实训基地建设，与济人医药集团申报立项安徽省校企合作示范基地1项，并依此为基础立项中药学专业省级实训基地1项。完成实验实训建设项目24项，验收并付款20项共计279万元。

（张　珺）

【中医中药文化传承】2017年，亳州职业技术学院承办“华佗杯”全国中医药知识电视大赛；承办全国中药特色技术传承人才培训；开展亳州市药业行业重大调研课题4项。承担全国中药特色技术传承人才培训。参加世界中医药大会第三届夏季峰会、第二届中药质量标志物高峰论坛、第四届中国医药学创新与发展高层论坛等高水平学术会议。探索国际合作交流，与新加坡南洋理工大学、马来西亚中医师暨针灸联合总会开展中医药学习交流活动，与泰国博仁大学签署合作协议。

（张　珺）

【就业创新创业】2017年，亳州职业技术学院合计招生2600人，其中三年制大专1679人，五年制招生428人，中药学本科60

图100　2017年6月15日，亳州市第十二届青年人才招聘会暨亳州职业技术学院校园双选会（张珺　供图）

人，五年制转段433人。开展创业模拟实训10期，培训学员1050人，网络创业培训4期，培训学员150人；创业意识1期，培训学员300人。获亳州市创新创业大赛金奖2项，第三届安徽省“互联网+”大学生创新创业大赛铜奖1项；第十二届安徽省大学生职业规划设计大赛暨大学生创业大赛大学生规划之星银奖1项、大学生创客之星银奖1项，“最佳组织奖”1项。2017年毕业生2221人，就业2196人，就业率为98.87%。

（张　珺）

【数字化与校园安全建设】2017年，亳州职业技术学院成立网络安全与信息化领导小组，组建部门信息网络管理员队伍，明确各部门的信息网络管理员职责。加强与运营商的合作，由联通公司投资近700万元进行数字化校园各类项目建设。完成学校主干网络管道建设与优化、校园无线网的建设及有线网融合，为学生上网新开通1G网络专线，校园信息化基础建设初步完成。推进平安校园建设，全院新布置监控点616个，完成校园车辆出入信息化管理，开通道闸系统，对主要场所实现24小时监控全覆盖。

（张　珺）

·安徽广播电视大学亳州分校·

【概况】2017年，安徽广播电视大学亳州分校（以下简称“亳州电大”）有编制21个，实有教职工54人，聘用28人，其中，本科以上学历36人，硕士3人，高级职称7人，中级职称17人。学校占地3.4万平方米，建筑面积2.3万余平方米，拥有教学楼、培训楼、学生宿舍楼和食堂。有200人多功能会议室2个，100人多功能会议室2个，多媒体教室12个，计算机机房9个，联网计算机500余台。

亳州电大有本科专业13个、专科专业16个，各级各类在校生合计1.3万余人，其中校本部5000余人，招生规模和在校生规模连续多年位居全省前列。举办

图 101　亳州电视大学（孙能顺　供图）

“中药材及饮片的鉴别与检验高研班”；举办全市教育系统党建工作培训班、全市教育经费精细化管理年暨中小学财务管理培训班、全市学校安全管理人员培训班、全市教研骨干培训班等，培训人数 1558 人次；承办全省电大系统 2017 年招生工作会议；面向社会举办创业培训、创业意识培训、模拟实训、网络创业培训 30 余期，参训人员 1363 人次。协助组织、教育、人社、财政、卫生等部门组织各类考试，年均近 2 万人次。开设“计算机应用基础”精品课程的现场教学。

本年度，亳州电大获“2016 年度市直学校效能建设良好单位”，连续第七年获全省电大“办学先进单位”。

（孙能顺）

【创业大讲堂】2017 年，由市人社局、市财政局主办，亳州电大承办的创业大讲堂在亳州电大开讲。第一次创业大讲堂邀请安徽财经大学新徽商研究中心副主任、创业企业家王唤明主讲，主题为市场营销专题；第二次创业大讲堂，是亳州市创业大讲堂开讲后的第六讲，邀请安徽大学管理学院教授段华洽主讲，主题是人力资源管理。第三次创业大讲堂是第七讲，邀请安徽行政学院倪良新教授主讲，主题为“卓越管理者角色认知”。每次均有全市中小企业家及创业培训学员 200 余人参加。

（孙能顺）

【“地方特色资源的课程化开发”课题结题】2017 年 4 月 8 日，由陈秀锦、方中华老师主持的课题“地方特色资源的课程化开发”经市教育局教科所专家组鉴定，同意结题。此课题研究历时两年半，课题组成员通过查阅文献、调查研究、交流借鉴等方式探寻依托电大开放教育平台进行地方特色课程的开发与构建途径。

（孙能顺）

【中药材及饮片的鉴别与检验高研班】2017 年 7 月 14—16 日，亳州电大举行中药材及饮片的鉴别与检验高研班。来自全省各地的近百名药企参训人员接受培训。安徽中医药大学、安徽食品药品检验研究院、亳州市药检所有关专家和教授为参训学院作专题讲座。研修的主要内容涵盖中药显微鉴别进展，中药饮片规格等级研究，中药饮片生产企业质量控制实验室管理，菊花、川贝母的性状鉴别和质量分析，国家评价性抽验发现的质量问题分析，亳州中药材专业市场中药材质量及流通现状等。

（孙能顺）

【学士学位授予暨 2016 年度优秀毕业生颁奖仪式】2017 年 11 月 17 日，亳州电大学士学位发放仪式暨 2016 年度优秀毕业生颁奖仪式在西会议室举行，亳州电大校长张向东，副校长王学杰、张立峰，校长助理宋敏出席，分别向 20 余位学士学位获得者颁发学位证书，向 4 位 2016 年度优秀毕业生获得者颁发荣誉证书。

（孙能顺）

【奖学金发放仪式】2017 年 12 月 28 日，亳州电大在西会议室举行“2016 年度奖学金暨优秀毕业生奖金发放仪式”。2016 年度获国家开放大学优秀毕业生 1 名，省校优秀毕业生 3 名，获国开放大学奖学金 12 名，“希望的田野”奖学金 1 名，省校奖学金 7 名。

（孙能顺）

科　技

概　述

【概况】2017年，亳州市健全完善科技政策，在战略层面加强对科技创新的谋划，践行五大发展理念，以科技创新为主线，着力实现高层次人才引进、高水平创新平台和高新技术企业培育的突破。出台《亳州市科技创新工作三年行动计划》《亳州市支持科技创新若干政策》《亳州市关于加强支撑体系建设，促进创新驱动发展的实施意见》《“十三五”亳州市知识产权保护和运用规划》《亳州市支持科技创新若干政策实施细则》《亳州市扶持高层次科技人才团队创新创业实施细则》等系列促进科技创新政策，构成“1+3+2”覆盖科技创新全链条的政策体系。

全市新认定高新技术企业20家，高新技术企业总数达到54家；

图102　亳州市首获安徽省科技奖一等奖（郭学彬　摄）

1—12月，全市高新技术产业增加值同比增长15.3%，居全省第九位，综合考核位次有望进入前8位；核发2016年度企业研究开发费用税前加计扣除额17269.97万元，较上年增长345.47%。核发2016年度企业研究开发费用税前加计扣除额17269.97万元，较上年增长345.47%。

（郭学彬）

【产学研协同创新】2017年，亳州市科技局开展“送政策进园进企”活动和“四送一服”双千工程集中活动，送政策进园区、进企业，召开各层次政策宣讲会，宣传解读政策，扩大政策知晓面，帮助企业理思路、解难题，推动科技创新政策的落实。

征集科技项目，帮助企业组织凝练项目、修改完善申报材料，申报国家“十三五”科技重大专项2项，九方制药公司申报的“中药一类新药注射用牡荆素”1～3期临床研究和安徽济人药业有限公司联合中日友好医院等单位共同申报的“基于中医典籍的肺系病经典名方清金化痰汤的新药研发”分别获中央财政支持320万元和823万元。组织企业开展2017年度支持科技创新若干政策兑现补助申请，获批2017年省级重点研发项目7项，资金205万元；农业科技扶贫项目15项，资金256.4万元；农业科技创新资金项目15项，资金469万元；中央引导地方资金项目（科技特派员工作站）4项，资金60万元；省科技重大专项6项，资金2220万元。开展科技奖评审和推荐工作，评定市科技奖一等奖6项、二等奖13项、三等奖26项。科技项目管理与引导，对亳州市企业承担的近三个年度的30个未结题验收的项目，通过网上填报和书面报送方式进行省级科技计划在研项目年度执行情况检查工作。

（郭学彬）

【创新平台建设】2017年，亳州市构筑以企业为创新主体、以高校、科研院所为技术依托的产学研合作创新机制，鼓励企业与高校院所共建产业技术平台，促进科技成果转化。与江南大学、天津药物研究院、合工大智能制造研究院、上海中医药大学4家大学院所共建亳州离岸孵化中心，在全省率先探索“政产学研用”科技创新合作新模式，实现“离岸研发—综合孵化—本土产业化”的协同创新发展格局，4家离岸孵化中心签署横向产学研合作协议27项。

推进创新平台建设，飞翔、绿能、泓森槐联合创业3家星创天地通过科技部备案；协和成药业等3家院士工作站挂牌成立，通过省厅备案，济人等3家院士工作站在省绩效评价中取得优秀和良好等次；向科技部推荐安徽浩翔农牧有限公司等10家单位申报2017年度国家科技特派员工作站；火炬计划中药特色产业基地通过科技部验收；推进古井集团申报国家级技术创新中心、协和成药业申报省级重点实验室建设；上海中医药大学与济人共建的全市首家“中药制剂关键技术应用与新药研发联合实验室”正式成立。亳州青年众创空间、筑梦空间共两家众创空间入选国家

图 103　2017 年 9 月 10 日，芍花堂国药院士工作站成立（郭学彬　摄）

众创空间备案名单，实现亳州市国家级众创空间“零”的突破。

（郭学彬）

【创新主体培育】2017 年，亳州市启动市级高层次科技人才团队申报工作，设置市级专项扶持资金 2000 万元，亳州市新健康科技有限公司获批省扶持高层次科技人才团队创新创业项目。加强高新技术企业培育，重点对 2017 年度第一批、第二批拟申报高新技术企业进行摸排，县（区）上报“三期”培育企业 295 家，其中成熟期 60 家、成长期 83 家、初创期 152 家；开展高新技术企业认定工作，10 家企业通过 2017 年第一批高新企业认定，组织 27 家企业申报第二批高新技术企业，10 家企业通过 2017 年第二批高新企业认定，全市拥有高新技术企业 54 家。落实高新技术企业奖励政策，兑现 2016 年高新技术企业市级奖补资金 720 万元。做好 R&D 经费统计工作，市科技局会同市统计局、市经信委，联合组织召开全市科技统计年报培训工作会议，对具体工作人员进行培训。2016 年度亳州市全社会研究与试验发展经费 4.92 亿元，比上年度增长 1.52 亿元，增幅 20%，增幅居全省第四位。

（郭学彬）

【知识产权保护】2017 年，亳州市引进专利代理机构 5 家，修订完善《亳州市专利资助和奖励资金管理暂行办法》，提高资助标准，扩大奖励范围。申请发明专利 1648 件，完成率 103%，居全省第六位，同比增长 17.3%；获授权发明专利 275 件，完成率 152.8%，居全省第一位，同比增长 66.7%；拥有发明专利有效量 846 件，完成率 122.6%，居全省第一位，同比增长 54.4%。专利质押贷款金额 4176 万元。专利行政执法办案量 159 件，任务完成率 227.1%，居全省第一位。安徽古井贡酒股份有限公司、华佗国药股份有限公司、安徽源和堂药业股份有限公司入选国家知识产权示范企业和优势企业；安徽谯城经济开发区通过第二批安徽省知识产权示范培育园区验收，为亳州市首家省级知识产权示范园区。

（郭学彬）

气　象

【概况】2017 年，亳州市连续 5 年

图 104　2017 年，亳州市重点工业企业科技研发培训（郭学彬　摄）

图 105　亳州民航机场气象站(马魁侠　供图)

将“建设 8 个气象防灾减灾标准化乡镇和 8 个示范村”列入市农业农村重点工作。截至年底，全市建成 40 个气象防灾减灾标准化乡镇、40 个示范村、8 个示范社区。安装户外全彩屏 20 块、电子显示屏 98 块、触摸屏 96 个、农村大喇叭 258 个、科普宣传栏 192 套，为综合信息服务站配置计算机 164 台、打印机 148 台，气象科普宣传栏覆盖全市所有已建成美丽乡村。

建立防雷安全监管联席会议制度，完成建筑物防雷装置设计审核和竣工验收审批。防雷安全纳入政府重大安全隐患挂牌督办平台管理，完成 8 项防雷重大隐患的挂牌督办。全市向社会公布 445 家防雷安全重点单位，制定下发重点单位防雷安全监督检查清单。撤销亳州市防雷中心，成立亳州市气象灾害防御技术中心，完成机构、人员、职能调整。

动态调整权力清单、公共服务清单，制定权力实施清单。年内有 10 人取得执法资格，配备执法记录仪等专业装备。更新社会监管“一单两库”，开展“双随机”执法，执法检查 51 家单位，下发《限期责令整改通知书》41 份，督促整改隐患 137 处。

市气象局 24 小时综合预报质量 62%，位列全省第四位，其中 24 小时晴雨 91.2%，位列全省第一位;24 小时高温质量 88.1%，位列全省第三位。发布寒潮、暴雨(雪)、强对流、雾霾等 6 类预警信号 84 次，预警准确率 100%，平均预警时效 3.4 小时，其中强对流预警时效平均提前 36 分钟。制作各类服务材料 228 期，编发预报预警短信 586 条。

本年度，市气象局成功申报省级科研项目 2 项，市局自立项目 5 项。《亳州暴雨环流分型及潜势预报研究》获市科学技术二等奖。年内发表论文 17 篇，其中交流 9 篇，3 篇获优秀论文。获全省气象防灾减灾绩效考核第三名、2017 年度全省气象部门创新工作奖、市科学技术二等奖、全省气象现代化考评第四名，市、县气象局均被表彰为第十一届安徽省文明单位，其中涡阳县气象局被表彰为第五届全国文明单位。1 名信息员获中国气象局表彰奖励，蒙城岳坊镇、利辛县江集镇被认定为第五批全国标准化气象灾害防御乡镇，7 个乡镇被认定为全国标准化气象灾害防御乡镇，全省占比 14%，居全省第一。在第十届安徽省气象行业职业技能竞赛中，1 人获“强对流天气临近预报”单项一等奖。在首届安徽省气象部门微课件作品大赛中，市局共有 4 个课件获奖，在 14 件获奖作品中占比近 30%。

(马魁侠)

【人工增雨】2017 年，亳州市全面启动人影标准化县和标准化作业点建设，构建“流动作业 + 固定作业”人影地面作业体系，其中利辛、涡阳县通过首批省级人影标准化县认定。与市、县安监部门合作，探索建立人影安全管理机制，试点建设人影实景监控指挥系统。全市开展增雨、增雪、改善空气质量等人工影响天气作业54轮次。

（马魁侠）

【气象预警信息发布】2017年，亳州市推进突发事件预警信息发布系统向乡镇延伸，在岳坊、小涧、江集、义门、陈大、赵桥6个乡镇安装乡镇突发事件预警信息发布平台，制定乡镇突发事件预警信息传播工作制度和预警信息处置流程，规范乡镇预警信息传播。市、县构编制委员会发文批复成立突发事件预警信息发布中心，挂靠市、县气象台。通过国家突发事件预警信息发布系统发布预警信号89期，其中气象灾害预警84期，重污染天气预警5期。通过"我家亳州"APP、政府网站、门户网站、微博、微信公众号等新型媒体实时发布预报预警信息。

（马魁侠）

【气象重点工程建设】亳州市科普公园是皖北首个集气象监测预报预警、科普教育、游览休闲为一体的主题文化公园。2017年，防灾减灾中心和雷达塔楼主体、外装修、景观绿化及室外配套工程通过验收，内装修和雷达基础施工，整体完工后将对外开放。亳州市防灾减灾科普馆是融合气象、科技、地震、人防、消防5个防灾减灾主题元素进行设计建设，设计施工一体化招标完成，项目正在推进建设中。

亳州市科普公园、涡阳县气象科普馆、利辛县气象局被省科协认定为省级科普教育基地，涡阳县气象科普馆、涡阳西阳郭寨社区被省气象局认定为省级气象科普教育基地。

（马魁侠）

【气象综合观测网络建设】2017年，完成24套自动气象站的升级改造，新建8套自动土壤水分监测站、1套大田实景观测系统和1套畜牧养殖监测系统。截至年底，全市建成97套多要素自动站、25套城市雨量站、11套乡镇单雨量站、20套农田小气候仪、11套高速公路气象站、14套自动土壤墒情监测站、10套大气电场仪、4套卫星数据接收站、4套GPS/MET水汽通量观测站、4个双套运行的国家站、2套车载移动气象站、1套市移动校准系统，气象灾害监测平均站间距6.1千米。全市气象探测设备运行稳定，气象数据传输及时率99.88%、数据可用率99.99%。

（马魁侠）

【气象科普宣传】2017年，市气象局在主流媒体发表气象科普宣传稿件60余篇。开展世界气象日、防灾减灾日、安全生产宣传月、科普日、法治宣传日等大型气象科普宣传活动8次，举办科普宣传讲座13次，科普讲座收听人数1000余人，发放科普宣传资料5万余份。联合市科协、教育局开展全市中学生科普竞赛活动，选派4名学生参加省级决赛，2人获得二等奖、2人获得三等奖，并获得优胜队奖和优秀组织奖。两件作品获得全省"聚农杯"气象科普作品创作大赛优秀奖，市气象局获得优秀组织奖。

（马魁侠）

【年度重大气候事件】2017年，亳州市秋季遭遇长连阴雨，秋涝严重。秋季(9—11月)全市平均降水量411毫米，为有完整气象资料(1966年)以来同期最高，其中9月24日至10月18日出现长连阴雨天气，全市平均降水量280毫米，较常年同期异常偏多4.1倍，为历史同期最多。其间，全市平均雨日17天，为历史同期最多。此次连阴雨天气正值全市秋收秋种关键时期，导致土壤过湿，不利于秋收作物收获晾晒，影响秋收进度，同时播种期比往年推迟15天左右。

有完整气象资料以来最强暖冬，平均温度创新高。全市平均气温16.2℃，较常年偏高1.3℃，为有完整气象资料（1966年）以来最高。2017年冬季全市平均气温4.6℃，为2000年以来最强暖冬，有完整气象资料以来第二高，仅次于1999年（4.7℃）。

夏季高温干旱。夏季多高温天气，其中5月27日—6月2日、7月3—5日、7月18—27日、8月4—7日出现4段较集中的高温天气，全市平均高温日数为19.3天（谯城、涡阳最多，均为21天），较常年（历史全市平均16.6天）偏多2.7天。极端最高气温39.5℃（出现在7月27日的蒙城）。夏季降水持续偏少，大部分地区出现轻到中旱。

夏季强对流时有发生，但灾害损失偏轻　雷雨大风、冰雹等强对流主要出现在7—8月，其中7月4—6日、7月15日、8月1—2日、8月7日出现较强强对流天气，但造成损失较往年明显偏轻。造成损失较往年偏轻。

（马魁侠）

图 106　亳州市气象科普公园(马魁侠　供图)

文　化

概 述

【概况】2017年，亳州市完善公共文化服务体系，打造群众文化活动品牌，开展文化民生工程，培育践行社会主义核心价值观，传承弘扬优秀传统文化，编制完成《亳州市关于加快构建现代公共文化服务体系的实施方案》《亳州市"十三五"文化改革发展规划》《亳州市未出列贫困村综合文化服务中心建设实施方案》，启动45个贫困村综合文化服务中心建设，完成5个省级乡(镇、社区)综合文化服务中心和7个农民文化乐园建设任务。推动市级"三馆一院"和县级"两馆一场"建成、达标、升级，全年送戏进万村演出2592场，送戏到敬老院300场。

（张怡然　段少如）

【文艺创作】2017年，亳州市开展"群星奖"评选活动，组织全市演艺团体和文艺工作者深入基层，深入生活，创作出《满门忠烈》《老娘》《责任》《桃花村》《鉴与剑》《马镇长扶贫记》《教育扶贫》等一批反映中国优秀传统文化和时代精神的戏曲、曲艺作品，推出舞蹈《棒鼓娃》《苔乡美、苔乡情》《暖暖的麦田》，歌曲《照相》《四季锣》等一批优秀群众文艺作品，其中《桃花村》入选安徽省戏曲创作孵化计划，公益微电影《芍药花开》获2017美丽乡村国际微电影艺术节最佳故事片奖。

（张怡然　段少如）

【文化活动】2017年，亳州市组织开展"迎新年　唱大戏""民舞展演"等系列群众文化活动800余场次，举办"2017年药市开市民俗民舞展演活动""荷香满亳州——2017年暑期青春季系列文化旅游活动""中国(亳州)第三届二夹弦戏曲艺术精品剧目展演""2017年亳州市文化旅游年暨唢呐大赛"等20余项大型活动。组织12个文艺宣传小分队，到县(区)、乡镇、农村开展扶贫巡演、十九大精神宣传等文化惠民工程，其中市文化旅游局组织扶贫文艺宣传大型演出20场，宣传十九大文艺巡演大型演出6场。参与省厅组织的稀有剧种展演、小戏优秀剧目会演、中青年戏曲演员展演等活动。举办"美丽亳州——摄影作品展""亳州印社全国第三届篆刻精品展""喜迎十九大，翰墨歌盛世——亳州市中国画学会邀请展""庆祝国庆喜迎十九大药都书画作品展"等10余项展览活动。每周六、日在亳州魏武广场、南湖公园广场、花戏楼广场开展城市广场公益演出活动，各县(区)同步开展，演出430场次。

（张怡然　段少如）

图107　社戏(李浩　摄)

【文化项目建设】2017年，亳州市运兵道抢险加固工程、八角台遗址公园、观音山汉墓遗址公园等项目建成并对外开放。完成魏武祠展陈提升、博物馆环境提升扩建、江宁会馆环境扩容提升、民俗博物馆建设、曹操东观稼台遗址公园、姜桂题公馆复建和北关历史街区旅游精品线路建设项目前期工作，北关历史街区旅游精品线路建设项目完成白布大街、爬子巷、南京巷、兴隆巷和羊市街立面整治工作。

（张怡然　段少如）

【非物质文化遗产保护】2017年，亳州市开展《安徽省非物质文化遗产条例》宣传，市级第六批非物质文化遗产代表性项目名录经市政府常务会议研究通过并予以下发。8月12日，联合万达嘉华酒店举办第二届全市非遗技艺大展活动，完成省级第五批非遗项目推荐工作。筹划并完成华佗五禽戏走进中国台湾开展交流活动，扩大亳文化的影响力。

（张怡然 段少如）

新闻出版

【概况】2017年，亳州市新闻出版局完成中共十九大等系列重大主题的宣传报道，全市广播电视播出机构在中央电视台发稿共89条。全民阅读活动中五个家庭获“书香之家”称号，全市农家书屋更新图书11.6万册、报纸期刊6300册。农村公益电影放映15588场，广播“村村通”工程全市覆盖率100%。举办2017年亳州市广播电视新技术培训班，邀请国内广播电视技术专家到亳州授课，培训市、县技术分管负责人和技术骨干70人。组织开展广播电视技术能手竞赛，选拔推荐2名选手参加2017年全省广播电视技术能手竞赛，1名选手获“全省技术能手”称号。

（张珊珊）

【精品申报创优】2017年，亳州市新闻出版局组织开展2016—2017年度广播电视公益广告扶持项目申报工作，申报电视类优秀作品3件。亳州市广播电视台《人生不能重来》获省级广播电视公益广告扶持项目二类电视作品。举办市广播电视新闻奖、文艺奖、播音主持奖和论文论著奖评选工作，23件作品获得省级奖项。组织开展广播电视节目技术作品评选工作，市文化旅游局获“2017年安徽省广播电视节目技术质量奖组织奖”，全市1个作品获“金鹿奖”一等奖，3个作品获“金鹿奖”三等奖，6人获“金鹿奖”播出技术奖，2个作品获“金帆奖”新闻三等奖。

（张珊珊）

【全民阅读活动】2017年，亳州市文化旅游局自筹资金建设3个图书基层阅读点，开展“4·23”世界读书日系列活动和2017年国家及省级“书香之家”推荐工作，李莉、张红军、丁怀伟、王凤山、刘利颖5个家庭获全省“书香之家”称号。参加省局组织的读书电视大奖赛，开展“2017十佳书香之乡（镇、街道）”“2017十佳阅读推广活动”等评选工作，亳州市双沟镇获全省“2017十佳书香之乡（镇、街道）”称号，亳州市妇联——“陆利敏老师经典诵读推广”获全省“2017十佳阅读推广活动”。

（张珊珊）

【农家书屋管理】2017年，亳州市为1299个农家书屋更新图书11.6万册，更新报纸、期刊6300册，实际采购资金258.268万元。开展深化农家书屋延伸服务活动。开展2017年“我的书屋·我的梦”读书征文活动，推荐小学组、中学组52余篇优秀作品。11篇征文获2016年度全国“我的书屋·我的梦”优秀作品奖。

（张珊珊）

【公益电影放映】2017年，亳州市放映农村公益电影15588场。组织开展送电影进乡村、中小学生爱国主义教育影片和红色电影展映等系列公益活动。利辛县新农村数字电影发行放映有限公司获“2016年安徽省农村电影放映优秀基层单位”。

（张珊珊）

广播电视

【概况】2017年，亳州市广播电视台坚持正确的舆论导向，坚持团结稳定鼓劲、正面宣传为主，学习贯彻党的十九大精神和市委市政府中心工作，精心策划，创新形式，为亳州市“深入践行五大发展理念 奋力走在皖北振兴前列”营造昂扬奋进的舆论氛围。对外宣传注重讲好亳州故事，数量、质量同步提升，稳居全省第一方阵。创优工作持续发力，继续保持在全省的优势地位。

组织推出美丽乡村MV大赛展演、相约春天草莓节、第五届五马桃花节、芍花养生文化旅游节、最美教师评选活动、药博会开幕式文化展演等系列大型活动。举办第二届“红木家具展”和“皮草节”等活动，盘活广告存量。走进农家肥销售与去年基本持平。举办第十届车博会，“主持人进社区”“农民春节大联欢”“瓜王大赛”等活动，吸引观众参与互动。

推进传统媒体向融媒体转型。药都时空微信公众号稳居全省微信影响力排行榜（媒体类）

前三位。掌上亳州APP内容不断充实，用户数稳定增长，多元传播矩阵初步成型。

推进经营转型。由单一广告经营向多元产业发展转型，探索“广电+”经营新模式。产业经营收入占总收入比重超过18%。经营收入较上年增长10.03%。优化服务巩固老客户、开发新客户。“药都时空公众号”和掌上亳州APP粉丝量增加，商家合作势头呈集聚增长态势，2017年1—11月经营收入与2016年收入基本持平。开发政务资源，专题制作和微电影拍摄，共制作专题、微电影等作品近40部，收入同比增长15%。

本年度，市广播电视台社教专题《爱的力量》获安徽电视新闻奖一等奖，《诚信赢得发展实干成就梦想》获安徽电视文艺奖一等奖，《我是传奇——乔翔宇的草根“英雄梦”》获安徽广播文艺奖、安徽广播与播音主持奖一等奖，主持人张军、翟丽娜参与制作的《法治第一线》获安徽电视播音与主持作品一等奖，《药都时空》栏目获2016年“新闻名专栏”和“年度名牌栏目”。创优工作继续保持全省前列。

（夏丽丽）

【新闻宣传】2017年，市广播电视台做好十九大会前、会中、会后的宣传报道，推出“喜迎十九大”“牢记总书记嘱托”“砥砺奋进的五年”等重点策划报道和“十九大精神在江淮”“十九大精神与我们这一行”等专栏，对党的十九大精神进行全方位宣传。围绕市委、市政府中心工作不断创新宣传方式，推出“新春走基层 新年‘馨’体验”“新春走基层 记者看民生”“脱贫攻坚在行动”“潮涌药都——全面深化改革进行时”“民生印记”等51组系列报道，从经济、文化、社会等各个角度反映全市取得的成绩和变化。

对省、市两会、2017年文化旅游年、药博会等重大活动进行全方位、多维度报道。市两会期间，《亳州新闻联播》推出“干出今彩”特别策划。药博会期间，推出“喜迎药博会”“打造世界中医药之都”“行走药市”等系列报道和专题报道。

在《亳州新闻联播》《药都时空》等栏目开设“假日我在岗”“身边好人”等专栏，形成固定板块，对节假日坚守工作岗位的劳动者，身边的“亳州好人”“安徽好人”“中国好人”等进行不间断报道，传递正能量，全面展示全市各行各业敬业爱岗、奉献创新的事迹。

成立专门小组进行公益宣传片的创意与制作，促进公益宣传片创意制作水平提升。推出好人系列、新乡贤系列、32项民生工程、爱心送考等公益宣传片，电视公益广告播出7071分钟，广播公益广告播出16402分钟，播出公益广告占广告总量比例超过5%。

《沟通——政务零距离》栏目暗访曝光的相关问题共125件，其中119件得到反馈解决。《政风行风热线》“市长有约”特别直播节目开播，现场为群众答疑释惑，解决问题。《药都时空》节目发挥关注民生、联系群众的优势，加强监督报道，推进问题的解决。

电视方面在《安徽新闻联播》发稿536条，在全省地市台排名第四；央视发稿66条，其中在《新闻联播》发稿6条。广播方面，在省台新闻综合广播各新闻栏目发稿330多篇，其中在《全省新闻联播》发稿119篇，在中央人民广播电台“中国之声”频率新闻栏目中发稿近30篇。继续保持和巩固外宣工作全省第一方阵的优势地位。

（夏丽丽）

【全媒体传播矩阵形成】2017年，市广播电视台深度整合电视新闻资源，重构新闻采编流程，制定全媒体新闻选题策划制度。巩固和提升“药都时空”微信公众号和“掌上亳州”新闻客户端两大传播平台。其中，“药都时空”微信公众号实现全新改版升级，由一天一次推送提速为一天两次推送，内容更具时效性，形式更为贴近百姓生活。

市两会期间，“药都时空”微信公众号利用自身传播优势，创新报道方式，推出“是谁这么厉害？一首歌把亳州的2016年给唱了个遍！”，采用说唱的形式，总结2016年亳州所取得的成绩，取得良好传播效果。4月下旬到5月上旬，亳州万亩芍花盛开，“药都时空”微信公众号创作MV《ban喽手机出去遛遛》、定格动画《两朵芍花的爱情》等视频作品，点击量在20万次以上。“掌上亳州”新闻客户端对央视直播芍花盛开实况进行事前预告、事中转播、事后重播，大量用户转发，点击量为11.8万次，其中《【视频】今天央视直播亳州万亩芍花盛开景象》单条点击量92000余次。

截至年底，“掌上亳州”新闻客户端总用户数8.1万人，“药都时空”微信公众号用户总数21万人，亳州广播电视台官方微博总用户数15万人。“药都时空”微信公众号持续保持全省媒体类公号前三名；获“2016—2017年度城市广播电视融合创新最具影响力微信公众号”。“掌上亳州”新闻客户端获“2016—2017年度全国城市广播电视媒体融合创新最具品牌影响力APP”。

（夏丽丽）

【基础设施建设】2017年8月9日，亳州广电中心举行工程开工奠基仪式。截至年底，广电中心完成桩基础施工的95%，广电工艺设计招标、项目景观设计及附属项目设计阶段有序推进。订制安装电视发射机1台，完成网站网络安全等级保护测评，更新安装四组高清非编，《政风行风热线》“市长有约”全媒体直播平台建成，完成设备安装。安装无线地面数字电视发射系统，覆盖半径达30千米；扩大电视信号覆盖，3个电视频道信号全部进入电信和联通IPTV网、移动OTT网，再加上地面数字电视开通以及有线数字网用户，新增用户近22万人；投入资金完善广播发射天馈系统，无线广播信号有效覆盖半径增加到120千米；谯城区镇乡应急广播全部开通，三县应急广播系统大部建成，新增农村受众30万人。

（夏丽丽）

亳州晚报社

【概况】2017年，亳州晚报社利用《亳州晚报》《亳州新报》、中国亳州网、亳州发布、《亳州晚报》微信公众号、《亳州晚报》官方微博等载体开展宣传工作。围绕重要会议、重大事件、重要节日和主题内容开展宣传报道。完成党的十九大会议、市两会、经济工作调度会、药博会、文化旅游年等重要会议宣传报道。做好“两学一做”“讲看齐　见行动”学习教育活动、社会主义核心价值观、五大发展行动计划、民生工程、脱贫攻坚、环保督察等重大主题的宣传报道。开设《砥砺奋进的五年》《五大发展见行动 皖北振兴走前列》《脱贫攻坚在行动》《厚德亳州　好人好评》《2017亳州文化旅游年·我们一起游亳州》《环保督察在行动》等专题专栏30余个，报道全市经济社会文化等建设发展。

本年度，新闻报道被上级媒体刊用、转载报道160篇，其中在中央级媒体发稿逾20篇，在《安徽日报》发稿逾40篇。在“安徽新闻奖”“安徽经济好新闻奖”“安徽日报报业集团新闻奖”“五大发展‘瞰’安徽无人机航拍大赛”中，共有12篇稿件分别获得一、二、三等奖。

（詹秀秀）

【网站宣传】2017年，中国亳州网上发布10余万条新闻报道，制作《2017年亳州市“两会”》《新春走基层——春节特别报道》《春行皖北——中国亳州网特别报道》《五大发展见行动　皖北振兴走前列》《环保监督在行动》《辛勤耕耘收获金色大地——亳州午收一线报道》《庆祝中国香港回归20周年》《砥砺奋进的五年——以优异的成绩迎接党的十九大》《新时代　新使命　新征程》等20余个重大主题的网络专题，全面宣传亳州社会各方面取得的成就，为迎接十九大的胜利召开和宣传贯彻落实党的十九大精神营造良好网络氛围。组织和制作以宣扬社会主义核心价值观和中国传统文化的系列网络专题和互动活动。《争做中国好网民网络征文》《寻找“亳州好网民”网络公益组》、“摄影家看社区矫正”摄影大赛、“全市首届‘十大法治人物’暨首届‘十大法治事件’评选活动”等10余次系列线下活动并制作网络宣传专题。

在春节、清明节、端午节、中秋节等中国传统节日前期分别制作《亳州年味——中国亳州网特别策划》《网络中国节——清明节》《网络中国节——粽香情浓端午节》《网络中国节——七夕节》《网络中国节——中秋节》《网络中国节——重阳》等反映中国传统节日的网络专题。对传统节日的意义、地方特色、习俗文化、民间传说等方面进行诠释与解读。

（詹秀秀）

【新媒体宣传】2017年，亳州晚报社新媒体部负责维护亳州发布政务两微、亳州晚报社微信的日常运营和信息编辑发布工作。推出“图说亳州新闻摄影秀大赛”“十九大知识在线微测试”等线上互动活动，制作“2017向您报告！致爱亳州的每个人”“亳州老乡 请您回家”“十九大•5年看变化”“新时代中国特色社会主义亳州篇章实践路径”等一批H5作品(即利用html5制作出来的页面，适用于手机等移动媒体)。组织网友走进万亩芍花海、亳州学院、亳州城市展览馆、北部新城，开展线下活动，扩大“亳州发布”的影响力。

截至年底，亳州发布微信粉丝5.2万余人，年阅读总数347万次，累计点赞数约3万次，传播力超过全国92.74%的公众号；亳州发布微博粉丝近十万人，共发布博文9327条，单条微博阅读量万人次以上的有300余条，被转发955万余次，评论7296次。

亳州晚报社微信粉丝近10万人，年阅读总数累计981万次，累计点赞7万多次，传播力超过全国97.46的公众号，2条稿件的单条阅读量突破10万次。亳州晚报社新媒体部被评为亳州市优秀青年志愿者组织；亳州发布获安徽最具影响力政务号、全市政务微博微信综合考评一等奖；亳州晚报社微信获全市政务微信综合考评特等奖、亳州晚报社微博获全市综合考评二等奖。

（詹秀秀）

【党的十九大宣传】2017年，亳州晚报社紧贴市委、市政府中心工作，以喜迎十九大为主题，推出《砥砺奋进的五年》系列报道，围绕五大发展行动计划，推出《五年奋进，崛起内陆开放新高地》《走在前列新跨越》等七篇重磅深度稿件；推出“砥砺奋进的五年 县区特刊”，共计20个整版，为十九大的胜利召开营造舆论氛围。十九大召开期间，迅速准确及时转载权威媒体稿件，刊发相关报道近30个整版。十九大召开后，开展宣传贯彻十九大相关报道工作，《十九大精神在江淮》《新时代新气象新作为》等栏目有序推进。中国亳州网设计制作《青春喜迎十九大 》《将改革进行到底》《砥砺奋进的五年——以优异的成绩迎接党的十九大》《中国共产党第十九次全国代表大会特别报道》《新时代 新使命 新征程》《十九大精神在江淮》等网络专题，设计制作的“十九大精神学习在线测试”系统为全市干部群众学习十九大精神提供便利平台。

（詹秀秀）

【脱贫攻坚宣传】2017年，在脱贫攻坚宣传工作中，亳州晚报社做到“两结合，两推进”，与迎接以及宣传贯彻党的十九大结合起来，与全市中心工作报道结合起来，向一线基层的鲜活事例推进，向网站及“两微一端”新媒体报道推进，以《脱贫攻坚在行动》为主栏目，推出《扶贫日记》《脱贫故事》《走进扶贫第一线》《扶贫惠政全解读》《脱贫攻坚在行动——推进 八大工程 决胜全面小康》等子专栏，刊发逾百篇稿件。在2016年度的安徽新闻奖评选中，《亳州晚报》的《张各村扶贫纪事》系列报道获安徽新闻奖一等奖。《扶贫日记》获省委宣传部新闻阅评好评。

（詹秀秀）

【五大发展行动计划宣传】2017年，亳州晚报社围绕“深入践行五大发展理念，奋力走在皖北振兴前列”，聚焦五大发展行动计划，推出“五大发展见行动 皖北振兴走前列”专栏，刊发《济人药业：创新引领中药“智造”》《地“通”水“活”，补齐“看不见”的城市短板》等14篇整版主题稿件。

（詹秀秀）

【药博会宣传】在2017年药博会宣传报道工作中，《亳州晚报》按照热烈、喜庆、隆重和正面宣传为主的方针，从会前开设“走近药博会”“寄语药博会”专栏，会中开办“相约药博会”专版和会后以“打造‘世界中医药之都’迈出新步伐”为题进行盘点，全方位、多角度地向世人展现药博会的盛况，完成宣传报道任务，弘扬中药文化，树立药都新形象。

【新媒体采编手段改善】2017年，亳州晚报社建成媒体云平台，平台可实现“PC网站+手机网站+手机客户端+微博+微信”多终端一体化的全媒体发布，促进报社实现以新媒体为主导的媒体融合发展。在元旦、高考、药博会、国际健身气功五禽戏交流比赛、“12·4”宪法宣传日等期间，应用无人机航拍、H5、VRVR(即虚拟现实技术)等新技术进行图片、视频、全景等形式报道。

（詹秀秀）

地方志

【概况】2017年，亳州市地方志工作者按照《亳州市地方志事业发展规划（2016—2020年）》规定，秉持“修志问道，直笔著史”的方志人精神，本着“留下堪存堪鉴之记述”的使命，开展地情资料搜集整理、如实记录中国特色社会主义革命、建设取得的伟大成就；编修和开发利用地方志。

三县一区均编纂出版地方综合年鉴；编辑整理各地大事记月刊，编纂全年大事记合订本。如实记载各地发生的大事、要事、新事、特事，内容涵盖社会、经济、政治、文教等各方面成就，为年鉴编纂积累珍贵资料，同时为社会各界提供资料参考。利辛史志办编辑《利辛志苑》宣传利辛地情文化。

市地方志编纂办公室（以下简称“市志办”）指导编纂《古井贡酒志》，被列入《安徽省志》出版，是第一部编入省志系列的酒志，也是安徽省志系列的第一部企业志。市志办和涡阳县地方志办公室共同指导编纂的《华环烟草志》出版面世，是中国烟草行业烟叶复烤类企业第一部志书。两部志书的出版均填补了行业空白。协助《古井贡酒志》申报中国名酒志，配合《黄鹤楼酒志》启动编纂工作。《阚疃镇志》《城父镇志》《解甲集村志》均已完成20～30万字的初稿，《阚疃镇志》和《解甲集村志》搜集700余张图片。

完成《安徽省志·市县概览》亳州部分和《安徽年鉴（2017）》亳州部分的编纂任务。指导县（区）做好年鉴编纂出版规范化工作，加强对已开展乡镇志、行业志编纂单位的业务指导，队伍培训和规范管理。协调各县（区），启动第二批乡镇志编纂。

市志办利用现有办公场所，打造图书馆、资料室。购置多组书架，对资料进行整理和存放，改变多年来大量书籍资料无处安放的局面。图书室面积280余平方米，藏书2000余册，具有收藏、阅览、展示、业务交流等多种功能。购置近万元的图书资料，加大与兄弟市县业务部门的交流力度，充实完善图书室。

加强信息化建设。市史志办利用“亳州史志”微博，宣传史志工作动态。在2017年度全市政务新媒体综合考评中，“亳州史志”微博获二等奖。2017年，谯城区志办在全市史志系统中，率先开通“谯城记忆”微信订阅号。市史志办开通“亳州史志”微信订阅号，为弘扬亳州优秀传统文化，宣传亳州史志工作动态创建新平台。

图108　2017年9月19日，《安徽省志·古井贡酒志》发行（桑雅　摄）

为泰安市拍摄唐高宗封禅大典影像片提供资料；为谯城洺流子酒等企业和个人查询提供有关资料。涡阳县志办配合县农委、市场局等单位，开展涡阳大豆地理标志产品称号申报工作，从志书、年鉴等地情资料中查找相关资料，完善申报条件。10月，国家工商总局正式批准“涡阳大豆”为国家地理标志产品称号。蒙城县志办为县政协公众号“漆园古今”提供资料，并参与编辑一期内容；配合陈亢课题组收集整理有关资料。谯城区志办实施地方志展示工程，参与市区历史文化名城保护和开发利用工作，并开展地情书进机关、进社区活动，宣传地方志工作。

本年度，在全省年鉴编纂出版质量评比中，《亳州年鉴（2016卷）》获综合二等奖和框架设计专项奖。《谯城年鉴》《涡阳年鉴》获综合二等奖；《谯城年鉴》获框架设计专项奖；《涡阳年鉴》获出版印刷专项奖。

（孙　静）

【综合年鉴编纂】编纂综合年鉴是《地方志工作条例》赋予志办的一项工作职责。《亳州年鉴》自2002年创刊，已连续编纂出

图 109　2017 年，亳州市综合年鉴编纂工作座谈会（李之平　摄）

版 16 部，《利辛年鉴》自 2008 年起连续编印 8 部；《蒙城年鉴》自 2013 年创刊，连续出版 5 部；《涡阳年鉴》还清年鉴断档三年的旧账，自 2012 年创刊连续出版 6 部；《谯城年鉴》2015 年创刊，连续出版 3 部；《利辛年鉴（2017）》首次实现公开出版。全市三县一区均完成一年一鉴、公开出版任务，亳州成为全省唯一一个实现“两全”目标（市、县两级综合年鉴全部做到一年一鉴、公开出版）的地级市。方志出版社总编辑于伟平到亳州指导年鉴编纂工作，召开全市年鉴编纂座谈会，推动全市综合年鉴质量提升。

（孙　静）

【旧志整理】 亳州市存世的旧志有《亳州志》《蒙城县志》《涡阳县志》等 10 余部。内容丰富、资料翔实，真实地反映当时亳州各地的政治、经济、文化、社会等状况，是研究亳州乃至整个皖北地区历史文化和社会变迁的第一手资料。2015 年起，市地方志办公室将旧志整理作为一项系统工程有序推进。先后点校出版清光绪《亳州志》、清乾隆三年（1738 年）《亳州志》；影印出版清乾隆三十九年（1774 年）《亳州志》。2017 年，市地方志办公室组织专业人员对清顺治《亳州志》、明嘉靖《亳州志》进行点校。其中，清顺治《亳州志》12 月底出版面世。嘉靖《亳州志》完成 50% 的点校任务。民国《涡阳县志》点校整理完毕，计划进入招投标和印刷出版程序。

（孙　静）

【《亳州市地方志事业发展规划（2016—2020 年）》出台】 2017 年，市史志办按照《安徽省人民政府办公厅关于印发安徽省地方志事业发展规划（2016-2020 年）的通知》（皖政办〔2016〕70 号）要求，起草《亳州市地方志事业发展规划（2016—2020 年）》（以下简称《规划》），参照中指办和省志办五年规划内容，结合市方志工作实际，在充分征求各县区地方志办公室和市直有关部门意见的基础上，形成初稿，经市政府审核批准后，作为市政府规范性文件，以市政府办公室名义印发全市各县区政府、市政府各部门和各直属机构执行，同时，在亳州史志网和亳州政务公开网全文发布。这是自 2000 年地级亳州成立起，市政府第一次出台关于地方志工作的规划性文件，对 2016—2020 年全市地方志事业发展做出顶层设计。《规划》主要内容分为指导思想与基本原则、总体目标与主要任务、保障措施、加强组织领导 4 个部分，涵盖综合年鉴编纂、志书编纂、旧志整理、方志馆建设等 10 个方面的主要工作，是今后五年亳州市地方志工作指导性文件，为各地谋划事业发展指明方向。该《规划》被市政府纳入 2017 年出台的重要文件，成为市政府督查的重要事项。

（孙　静）

【《亳州年鉴（2017）》编纂出版】 2017 年年初，市史志办组织召开全市年鉴撰稿人培训会议，邀请专家授课，市直各单位及各县（区）编纂人员 140 余人参加培训；编纂期间加强编辑与供稿者之间的交流探讨，保证稿件的质量。在年鉴框架设计、内容体例上，调整 7 个类目和 7 个分目，使类目和分目在表达上进一步准确，在归属上进一步合理。全卷设 32 个类目，171 个分目，1191 个条目。总计 71.5 万字。从形式上看，排列整齐规范，从内容上看，既有“面”上的概况，又有“点”上的常规工作进展情况和大事、要事、特事、新事工作情况。正文基本上做到不收录大话、空话、套话，力求文字简洁、平白、朴实、精练，有效信息量

图 110 《亳州年鉴(2017)》撰稿人培训会(李之平　摄)

增加。公共彩页凸显公益性，设置“药都亳州”“酒乡亳州”“数字亳州”“亳州要事”4 个栏目，简洁明了，突出亳州地方特色和亳州年度特色。创新出版形式。《亳州年鉴(2017)》全新改版，首次采用全彩印刷，内文使用随文插图，正文收录部门图片 99 幅，栏目图片 32 幅，注重全书内容和形式的协调统一。《亳州年鉴(2017)》由方志出版社出版发行，审校期间，中国地方志指导小组秘书长冀祥德亲自对年鉴进行终审把关，年鉴编纂的整体质量大幅提升。

(孙　静)

【顺治《亳州志》点校整理出版】 2017 年，市志办组织专业人员点校整理《亳州志》，并对原书中缺页、模糊页内容，专程到南京大学图书馆进行校勘查补。年底完成点校整理出版，该书约 20 万字，由方志出版社出版。

清顺治《亳州志》是清顺治十三年（1656）江南凤阳府亳州知州刘泽溥主修编纂。全书共四卷。《卷一》分郡代纪、版舆图、郡县表、帝王表、秩官表、科贡表、建置、田赋考、土产九类。《卷二》分古迹考、学校、典礼、兵卫、材胥、商纪、魏纪、秩官列传八类。《卷三》分人物列传、忠义传、孝友传、节烈传、方外传、外传六类。《卷四》为艺文，集诗、文 80 余首（篇）。

清顺治《亳州志》的点校整理出版，将为世人提供宝贵的亳州地情资料和历史借鉴，为亳州市的文化建设和经济社会发展产生积极和深远的影响。

(孙　静)

档案

【概况】 2017 年，亳州市档案局举办建安集团专题档案培训班，讲解企业文书档案、科技档案、财务档案、特殊载体档案等。指导古井集团古井产业园项目档案收集、整理、归档。为安徽济人药业举办民营企业档案培训。组织有关单位对市公路局的 105 涡河大桥、古井产业园等重大建设项目档案进行验收，指导市国祯生物质热电厂、市公路局南扩一路绕城快速项目档案工作，提前介入涡河隧道项目工程。出台《亳州市公共资源交易项目档案管理办法》，规范公共资源交易档案管理。指导环保督察档案工作。

编制《亳州市“十三五”档案事业发展规划》，经市委、市政府同意，与市发展改革委员会联合印发实施。制订公共服务清单和中介服务清单，规范权力运行、事前事中事后权力监督和责任追究。

对 35 家市直档案单位开展档案安全执法检查，对存在突出问题的单位下发整改通知书，纳入重点监督指导单位库，作为市档案局重点监管单位，检查、督促整改。

举办市直单位档案移交进馆培训，到拟移交单位进行指导，接收市政协、市审计局等 10 家市直单位的文书档案和照片档案等。对基础设施较好、设备较齐全、档案科学化管理水平较高的单位加大指导力度，组织专题指导和定向服务。市地税局等 23 家单位的档案工作通过省级档案工作目标管理认定。

完成 1 万余份文书档案数字化扫描工作。启动数字档案馆项目建设，投入 155.6 万元专项资金用于建设数字档案馆项目，完成公开招标工作。

(潘小华)

【脱贫攻坚档案管理】2017年，亳州市档案局全面推进全市村级精准扶贫档案工作规范化、标准化。邀请省档案局标准化建设处副处长王晓源到亳州就精准扶贫档案专题授课，对全市800余名村级精准扶贫干部进行培训。选择赵桥乡卢张庄村和魏岗镇高楼村开展精准扶贫档案试点工作，市、区两级档案部门多次上门指导，手把手教学，逐项解决档案工作中存在的问题，打造示范的亮点。市委书记汪一光带领各县（区）委书记，各乡镇（街道）党委（党工委）书记，市、县（区）扶贫办（局）负责人，档案局局长等，集中前往谯城区魏岗镇高楼村，观摩考察脱贫攻坚档案管理工作，为在全市推广积累经验。在精准扶贫档案工作推广阶段，市档案局联合市扶贫局分别在利辛县、蒙城县、涡阳县和谯城区举办村级精准扶贫档案管理业务专题培训班，各县区扶贫局、档案局业务人员，承担扶贫任务的县直单位扶贫档案员，各乡镇扶贫工作负责人、扶贫办主任，各驻村工作队副队长，各村扶贫档案员共2000余人参加培训。确保精准扶贫档案真实准确、标准规范，经得起扶贫工作检查、考核，经得起历史的检验，为顺利完成2017年村级精准扶贫评估验收工作奠定基础。

（潘小华）

图111　2017年5月27日，亳州市重大档案培训（刘麟子　摄）

【重大建设项目档案培训】2017年5月27日，亳州市档案局举办全市重大工程建设项目档案管理培训。旨在依法规范全市重大建设项目档案验收工作，确保重大建设项目档案完整、准确、系统、安全。各县（区）档案局分管领导和业务指导人员、各县（区）发改委分管领导和科室负责人、市级重大建设项目建设单位项目负责人及档案人员近140人参加此次培训。

会议邀请省档案局标准化建设处调研员尤正节授课。培训内容涉及《重大建设项目档案验收办法》《安徽省重大建设项目档案验收标准》、国家重大建设项目文件归档要求与档案整理规范（DA/T28-2002）等。对提升全市重大建设项目档案管理员业务水平，加强重大建设项目档案登记、收集、整理归档、验收工作起到推动作用，对下一步做好全市重大建设项目档案具有重要指导意义。

（潘小华）

医疗卫生　计划生育

医疗卫生

【概况】2017年，亳州市委、市政府下发《关于进一步加强和改进卫生与健康工作的实施意见》，对全市今后几年的卫生与健康工作进行全面部署。市委、市政府召开全市卫生与健康大会，传达全国、全省卫生与健康大会精神，安排部署全市卫生与健康工作任务。市政府下发《关于印发贯彻落实“健康安徽2030”规划纲要工作方案的通知》，并结合《“健康安徽2030”规划纲要》要求，以市委、市政府名义下发17个规划和规范性文件，推进“健康亳州”建设。

本年度，市智慧医疗项目主要工程基本落地，三大基础数据库、市县全民健康信息平台、提升医疗服务能力的分级诊疗系统、加强政府监管的综合监管平台、增强群众获得感的便民服务平台初步建成，市智慧医疗项目在“全国基层卫生信息化应用创新大赛”中被国家卫生计生委基层卫生司评为优秀奖。国家区域卫生信息互联互通标准化四级甲等评测（目前地市级通过的最高等级）通过实验室测评和专家文审。

（李　路）

【综合医疗改革】2017年，亳州市政府印发深化医药卫生体制综合改革试点重点工作任务和18个配套文件，建立医改任务完成情况“双纳入”制度（纳入全面深化改革绩效考核、纳入政府目标管理绩效考核），市委书记汪一光、市长杜延安多次听取医改工作汇报，多次召开工作调度会，推进工作。实行“月通报、季督查、年考核”制度，每月监测医改重点任务核心指标完成情况，医改核心指标全部超额完成省医改年度目标。

分级诊疗。全市10家二级及以上公立医院与省内外三级医院建立22个医联体，所有县区实现县域医共体改革全覆盖，制定出台《亳州市人民政府办公室关于贯彻落实全面推进县域医疗共同体建设的实施意见》。蒙城县、利辛县申报省卫计委开展的紧密型（托管）县域医共体试点等5项机制创新试点县工作。全市医共体建设多项指标良好，县域外就诊率较上年同期下降0.8%，蒙城县、谯城区、利辛县县域内就诊率均在85%以上，其中蒙城县、谯城区县域内就诊率90%。

公立医院改革。市政府下发《亳州市推进公立医院薪酬制度改革实施办法的通知》；亳州市人民医院、谯城区华佗中医院、蒙城县中医院、利辛县中医院、利辛县二院5家医院开展公立医院编制周转池试点工作；利辛县中医院、华佗中医院开展县级公立医院成本核算试点工作；市人民医院建立总会计师制；在全市二级以上公立医院实施102个病种按病种收费，规范公立医疗机构医疗收费行为。

全民医保体系建立。推进城乡居民基本医疗保险“六统一”（统一覆盖范围、统一筹资政策、统一保障待遇、统一医保目录、统一定点管理、统一基金管理），全市新农合实际参合550.68万人，比上年增加10.33万人，按照统计年鉴乡村人口统计，全市参合率106.87%，参合住院率12.08%，大病保险实现全覆盖。新农合补偿人次1348万人，受益率244.75%，住院实际补偿比70.92%；大病保险患者报销11.06万人次，报销2.14亿元。改革医保支付方式，完善医保付费总额控制，实行“临床路径+按病种付费”制度改革，控制医疗费用不合理增长，全市住院患者按病种付费执行率63.9%（县级医院66.47%、市医院51.5%），超全省平均水平。

药品改革。全面取消公立医院药品、耗材加成，全面落实药品耗材集中网采制度和基本药物制度，落实药品高值耗材流通领域“两票制”工作。继续推行临床路径+按病种付费、重点监控药品管理、53种疾病门诊不输液“负面清单”、15种剖宫产手术“正面清单”、21种辅助用药不纳入临床路径表单等措施，严控药品耗材占比，控制医疗费用不合理增长。全市县级以上医院药占比、耗材占比分别为27.36%、8.9%，同比下降4.3%、1.88%，住院次均费用、住院药品次均费用同比下降4.07%、19.84%。

医疗服务监管。成立1个市级质控中心、25个专业质控中心，全年各质控中心对公立医院、民营医院共开展药事、院感、血液透析、护理、临床路径等方面的督查32次，举办各类专业培训班10余期。对全市二级以上公立医疗机构进行季度考核，建立以公益性为核心、医疗质量为重点的绩效考核指标体系，考核结果与县（区）卫生年度目标考核挂钩。开发群众就医满意度评价信息系统，在全市二级以上医疗机构每季度开展一次满意度调查，调查结果进行排名并向社会公开，排名靠后的进行约谈，倒逼医院提升服务水平。

（李　路）

【公共卫生和应急工作】2017年，亳州市共实施五大项48小项基本公共卫生服务，5项卫生计生民生工程提前2个月完成目标任务，全部进入全省第一方阵。城乡居民健康档案电子建档人数433.77万人；适龄儿童22剂次免疫规划疫苗接种率95%，建卡率98.9%；65岁以上老年人、高血压患者、Ⅱ型糖尿病患者规范管理率分别是77.31%、52%、41.47%；登记在册的重性精神疾病患者规范管理率94.24%。完成婚前健康检查12.2万人，婚检率97.7%，疾病检出率10.88%；农村孕产妇分娩补助5.36万人，补助金额1607.4万元。确认计划生育特别扶助对象855人，发放扶助金332.472万元。

建立健全卫生应急队伍28个，卫生应急物资储备年投入累计60.5万元。举行3次市级综合演练，举办各类应急培训班18个，共培训2116人；与市总工会联合开展卫生应急技能竞赛，为获胜者申报市级“五一劳动奖章”。处置2起H7N9禽流感疫情和2起霍乱疫情，全力救治患者，2例H7N9禽流感患者成功治愈，国家卫生计生委通报表扬。市紧急医学救援中心共出诊20510次，完成重大公务活动安全保障应急任务42次。

市精神病医院收回市级独立管理，政府全额保障投入，设置事业编制205个，招录72人。自5月1日独立运营起，精神病医院门诊共计18739人次，累计住院1028人次、出院952人次。

（李　路）

【妇幼保健工作】2017年，亳州市完善妇幼计生服务机构“三化”建设，开展妇幼健康优质服务示范工程创建工作(利辛县获“全国妇幼健康优质服务示范县”称号)；强化出生缺陷综合干预“三级预防”，规范产前筛查，提高筛查率，扩大新生儿疾病筛查病种，启动新生儿遗传代谢病串联质谱筛查工作；推进市妇幼保健计划生育服务中心项目建设进度。全市孕产妇系统管理率为88.23%，7岁以下儿童健康管理率90.05%，达到全省平均水平；2017年全市孕产妇死亡率为10.99/10万，5岁以下儿童死亡率4.79‰，低于全国和全省平均水平。2017年完成免费婚前医学检查13.56万人，婚检率97.7%，疾病检出率10.7%；完成农村孕产妇分娩补助6.45万人，补助金额1933.3万元，剖宫产率控制在33%左右；免费孕前优生健康检查5.98万人，孕前优生健康检查覆盖率达80%以上；全市免费发放叶酸23.1万瓶，新增服用人数5.3万人，目标人群叶酸服用率达到90%以上；继续为所有孕产妇提供免费的艾滋病、梅毒和乙肝检测服务，全市孕产妇艾滋病、梅毒、乙肝检测率超过99%以上，检出HIV阳性孕产妇6例，梅毒阳性孕产妇129例，乙肝表面抗原阳性孕产妇2320例，并为所有阳性孕产妇及所生婴儿提供规范的预防母婴传播服务；继续免费开展农村妇女“两癌”筛查工作，完成宫颈癌筛查6.29万人，完成乳腺癌筛查1.59万人，“两癌”筛查覆盖贫困人群3.3万人，占筛查总数42%。

（李　路）

【中医药建设】2017年，市政府制定《亳州市贯彻落实中医药发展战略规划纲要（2016—2030年）实施方案》。市政府安排100万元、各县区政府安排50万元中医药专项资金用于中医事业发展，市政府追加拨付华佗中医院2亿元新院建设资金，华佗中医院新院投入使用，蒙城县中医院新院即将投入使用。

市政府召开“四名”（名院、名科、名医、名药）工程通报会，市政协组织“四名”工程调研，召开“四名”工程对口协商会，对“四名”工程进行全面部署。全市4家县级公立中医医院全部开展新院建设，总占地面积从3.67公顷增加到32.67公顷，建筑面积从12.5万平方米增加到30万平方米，床位从1940张增加到4200张。利辛县人民医院创成“全国综合医院中医药工作示范单位”。华佗中医院脑病科等11个专科被省中医药管理局确定为省“十三五”中医重点专科（专病）。开展“十三五”首批市级中医重点专科（专病）评选工作，蒙

图 112　卫生服务（陈显锋　摄）

城县中医院心病科等6个科室入选。在华佗中医院设立“唐祖宣国医大师工作室”“徐经世国医大师工作室”，在利辛县人民医院设立“吕景山国医大师工作室”。

市政府出台《亳州市基层中医药服务能力提升工程“十三五”行动计划实施方案》，按照省、市财政重点扶持，县（区）级财政全面保障，基层单位自行配套的原则，多方筹集资金，配套人员，全市89个乡镇卫生院、13个社区卫生服务中心全部建成中医馆，设置标准化中医科、中药房，所有社区卫生服务站、85%以上的村卫生室具有中医药服务能力。

创建全国基层中医药工作先进单位。出台《亳州市人民政府办公室关于印发亳州市创建全国基层中医药工作先进单位实施方案的通知》，各县区均制定创建方案。6月，涡阳县、蒙城县、利辛县通过省级评审；12月，国家中医药管理局专家组对三县创建工作进行考评，均获好评。

中医健康产业发展。出台《亳州市人民政府办公室关于印发亳州市加快推进医疗卫生与养老服务相结合的通知》《2017年社会养老服务体系建设实施办法》，全市二级以上医疗机构均通过新、改、扩、转等方式建设老年专科和康复医院，设置老年病区和老年病科，市及县区共创建10家医养结合专门机构，新增老年护理床位1180张。

（李　路）

【医疗卫生服务】2017年，亳州市抓好“预约诊疗、日间手术、优质护理”等项重点工作，所有二级以上医院均开展优质护理服务，市医院开展10种日间手术，6家县级医院开展远程医疗。全市二级以上医院临床路径实施比例72.6%（市人民医院46.97%、县级医院79.99%），前三季度获全省临床路径管理工作第一名，在省医政医管工作会议上做经验介绍。临床重点专科建设，6所县级以上医院获16个市级临床重点专科建设项目，市人民医院创成省级特色专科、培育专科4个。组织无偿献血3.2万人次，保障临床用血需求。实施住院医师和全科医师规范化培训制度，培训学员178人。新批准设立二级医院8家。

开展大型医院巡查，加强行业综合监管，在全市医疗机构开展感染管理、抗菌药物、涉医违法犯罪、医疗废物处置、安全检查、优质护理服务等专项督导整治，抗菌药物和辅助药物不合理使用得到控制。谯城区大杨镇卫生院、蒙城县双涧卫生院、利辛县胡集镇卫生院3所中心卫生院创成二级医院，29所乡镇卫生院申报群众满意乡镇卫生院并通过市级复核，涡阳县涡北社区卫生服务中心获“全国优质服务示范社区卫生服务中心”称号。

（李　路）

【健康脱贫】2017年，亳州市开展贫困人口免费健康体检，实现贫困人口健康检查全覆盖。加快慢性病鉴定发证工作，采取简化程序、“零材料”鉴定、送证上门等措施，对行动不便的持证人员实行送药上门服务，全市新发贫困人口慢病证57004个，累计发证92139个。增补贫困人口用药品种，市卫生计生委统计乡、村两级慢病患者短缺受限药品品种，综合施策解决用药受限问题。解决城市低保人员和精神病患者重点人群综合医保问题，将城市低保人员全部纳入医疗兜底保障，并在“一站式”结算系统中进行属性标识。对全市精神障碍患者进行排查、免费救助救治，市、县（区）财政每年设立200万元专项救助资金用于医疗和生活救助。186.2万人次贫困人口享受“两免两降五提高一兜底一补充”政策，“一站式”即时结算医药总费用9.96亿元，总报补9.03亿元，贫困人口住院费用实际补偿比例在92.99%以上，慢性病门诊费用（含特殊慢性病）“180”补偿比例在96.46%以上。全市9种大病专项救治患者2987人，已救治2966人，救治率99.3%。贫困人口家庭医生签约服务率100%。

（李　路）

计划生育

【概况】2017年，亳州市稳妥实施全面两孩政策。进一步宣传全面两孩政策，准确把握新老政策的衔接，提高群众对现行计划生育政策的知晓率。深化计划生育服务管理改革，对依法生育两个以内子女的实行生育登记、网上办理，全市共办理生育服务登记卡102446件、生育证3356件。

确认奖励扶助对象39144人（其中扩面26783人），发放奖扶资金3448.136万元；确认特扶对象855人，除按国家规定每人每月340元标准发放外，对失独家庭每人每月增加1000元，共发放332.472万元。

免费婚前检查13.77万人，婚检率97.43%，疾病检出率12.35%；新生儿疾病筛查7.35万人，筛查率98.29%。53380人接受免费孕前优生健康检查，其中筛查出具有出生风险因素的5126人，出生缺陷风险发生率降低。

立案“两非”案件42件（其中大案34件，一般案件8件），6人被判处有期徒刑，3人缓刑，28人被吊销执业医师和助理执业医师资格证，5家医疗机构被吊销执业许可证。

建立相关部门信息平台信息共享制度，推动计划生育信息与孕产妇保健、住院分娩、出生医学证明、儿童预防接种、新型农村合作医疗等信息共享，加强与公安、人社、民政、教育等部门信息协作。通过“亳州市智慧医疗工程”项目建设，提升基层卫生计划生育信息化水平，实现妇幼信息系统数据与计划生育信息共享。

本年度，亳州市人口综合工作在全省16个市中位居第七位。全市无一县区被纳入省重点帮助或单项预警，其中蒙城县在全省35个一类县中位居第六名，获省政府表彰。

（李　路）

【流动人口服务管理】2017年，亳州市强化流动人口区域协作。蒙城县、涡阳县分别在河北省霸州市、江苏省常州市成立市级区域协作站2个。全市已建成流动人口区域协作站31个，基本覆盖流出人口较集中的地区。全面启动均等化服务，落实预防接种属地化管理，加大“城市生活e站”建设。全市已建高标准“城市生活e站”31个，其中12个通过省级验收。

（李　路）

【计划生育服务管理】2017年，市委、市政府出台《关于实施全面两孩政策改革完善计划生育服务管理的实施意见》，推进两孩政策落地。全市出生人口97675人，其中二孩53904人，全市出生人口性别比111.56，出生人口政策符合率90.34%，自然增长率9.01‰，完成市下达的控制在9.5‰以内的目标，出生人口变动趋势在预测之内。

全面落实生育登记服务制度，简化办证手续，对依法生育两个以内子女的实施“一次登记全程服务”工作机制，共办理各类证件111237件。出台《亳州市深化卫生计生均等化服务做好儿童预防接种网格化管理工作方案》，全面落实预防接种属地化管理，网格内0～6岁儿童建卡率、网格与部门信息互通率均为100%，免疫规划疫苗接种率在95%以上。

（李　路）

图 113　亳州市近几年卫生机构床位数及增长

图 114　亳州市近几年医生人数及增长

体　育

概述

【概况】2017年，亳州市本级有体育社会组织83个，其中协会37个，俱乐部46个，新增社会体育组织16个。社会体育指导员队伍新发展1698人，总计有9769人。组织开展国民体质监测工作，全市完成监测样本3900个；推广五禽戏，赴捷克、波兰等国家和中国台湾地区展演五禽戏，被国际气联授予“国际健身气功五禽戏之都”称号。

本年度，市体育局被国家体育总局表彰为“全国群众体育工作先进单位”。

（李　新）

【群众体育】2017年，亳州市投资5000万元建成并使用10个室外标准化游泳池；投入1.2亿元，建设市体育公园，9月对外开放；采用PPP模式推进的20个社区文体中心已经和华体集团牵头的联合体签订协议，计划2018年建成投入使用；各县区均启动“15分钟健身圈”工程，中心城区社区公共体育设施建设完成五期建设任务，在公用地块、闲置用地上建设篮球、羽毛球、乒乓球、门球、气排球、网球、五人制足球场等300余片场地；在小区内外安装600余套健身路径，配置323副乒乓球台；在机关企事业单位建设32家室内健身俱乐部；在城区建成健身步道、自行车骑行道252千米。省“万千百”农村行动计划任务全部落实，建成3个县级全民健身广场、14个乡镇级全民健身广场，实现村级农体工程全覆盖；省“511”城市行动计划建成17个社区体育俱乐部、81个全民健身苑、854个晨晚练点，配套城市公共体育设施。

（李　新）

【青少年体育】2017年，亳州市共注册运动员628人。举办全省青少年武术散打、武术套路、跆拳道、乒乓球、篮球、足球6项亳州市青少年锦标赛。选派教练员、运动员402人参加14个项目的省青少年锦标赛，获金牌31枚，银牌21枚，铜牌41枚。

【体育产业】2017年，市政府颁布《亳州市人民政府办公室关于加快发展健身休闲产业的实施意见》，到2025年，全市基本形成布局合理、功能完善、门类齐全的健身休闲产业发展格局，健身休闲产业总规模80亿元以上。林拥城内建立马术训练基地、汽车露营地和烧烤营地，成为市体育产业的新亮点。体育彩票中心方面，截至12月31日，销售体育彩票3.2467亿元，进入全省前列。

（李　新）

【市体育公园正式开放】2017年9月26日，由城建集团投资建设的亳州市首个体育主题公园——亳州市体育公园正式对外开放。市体育公园项目位于亳州市杜仲路北侧、凤尾沟南侧、嵇康路东侧、龙凤新河西侧，总占地面积约9.2万平方米，总建筑面积约3.1万平方米，其中地下停车场约为3万平方米，约有1030个机动车停车位。项目有3个主大门出入口，分别为南大门1处，西门2处；项目有3个地下停车库出入口，位于杜仲路1处，嵇康路2处。项目内共计9处地下车库人行出入口、1处地下室电梯人行出入口。项目内设1座观景塔、1座空中栈桥、1个休闲吧、3个售卖部、3个公共卫生间以及体育娱乐场地。体育公园由若干个室外场地组成，室外

图115　2017年，市体育公园足球场（李金　供图）

场地包括室外游泳池1个、五人制足球场3个、篮球场8个、网球场2个、门球场4个、排球场2个、羽毛球场4个、乒乓球台16个、健身步道等。游泳戏水面积1399平方米；绿地面积58369平方米；园路面积8118平方米，硬质广场面积6798平方米，各类体育场地面积16204平方米，地上建筑总面积1069平方米，地下建筑面积30000平方米。球场除五人制足球场、网球场收费外，其余均免费对外开放。

（李　新）

图117　2017年12月10日，江淮万人骑行大赛（亳州站）开赛（张延林　摄）

赛事

【概况】2017年是亳州市文化旅游年，市体育局承接13项活动，开展综合性群体活动60余项次，县级体育部门组织的大型群体活动90余项次，直接参加活动的群众30万人次以上。充分调动社会办体育的积极性，组织举办一系列体育竞赛、体育交流、展示活动300余次，活动人数超过12万人次。举办“全意航空杯”2017年中国·亳州首届热气球嘉年华、“家侨杯”“美好亳州舞起来”全国广场舞邀请赛、安徽省“谁是舞王”广场舞民间争霸赛、2017年全国钻石篮球联赛安徽赛区亳州分赛区暨亳州市篮球联赛选拔赛、“三月三”风筝邀请赛和“大美亳州·青春毅行”徒步邀请赛、2017年安徽省青少年武术套路锦标赛、安徽省青少年跆拳道锦标赛、亳州市消夏游泳邀请赛、中国（亳州）半程马拉松赛事、“亳州论剑”国际武术大会、第三届健身气功博览会暨国际健身气功五禽戏交流比赛和“环江淮”健康安徽骑行大赛等省级国家级赛事，县承办省级以上体育竞赛覆盖率100%，市、县综合性运动会覆盖率100%。亳州市运动员代表安徽省参加第十三届全运会，亳州籍运动员共摘得3枚银牌。

（李　新）

【2017年环江淮万人骑行大赛总决赛】2017年12月10日，“健康安徽”2017年环江淮万人骑行大赛总决赛在亳州鸣枪开赛，来自全国各地的1216名选手到亳州参加比赛。

2017年环江淮万人骑行大赛于2017年3月开始，亳州站是收官之战，也是系列赛事中规模最大的一站比赛。本站比赛共设置6个组别，分别为男子公路组、男子

图116　2017年，安徽省广场舞民间争霸赛在亳州举办（张延林　摄）

山地精英组、男子山地中老年组、男子山地大众组、女子山地精英组、女子山地大众组。亳州站全程约30千米的赛道均为柏油马路，骑手们从林拥城中穿行而过，在竞赛的同时体验“城市绿肺”的清新生态。本次比赛奖牌融合五禽戏、芍药花等亳州元素，具纪念价值。

（李　新）

【15分钟健身圈】2017年，亳州市利用中心城区公共绿地空闲地、街头巷尾闲置地以及小区内外边角地，根据属地居民要求，因地制宜、见缝插针建设公共体育场地，安装健身器材，不断满足市民公共健身需求，共完成三期建设任务，建设篮球场、羽毛球场、乒乓球等场地170片，在小区内外和学校安装326套健身器材。

（李　新）

【五禽戏交流比赛】2017年9月5日，第三届中国（亳州）国际健身气功博览会暨2017年国际健身气功五禽戏交流比赛在安徽省亳州市恒大运动中心开幕式召开。来自中国、俄罗斯、泰国、马来西亚、印度尼西亚、巴基斯坦、也门、阿富汗等21个国家和中国台湾地区的近200名健身气功爱好者参加比赛，比赛内容包括易筋经普及功法、五禽戏普及功法。开幕现场，国际气联授予亳州市“国际健身气功五禽戏之都”匾牌。

（李　新）

【中国（亳州）国际半程马拉松大赛】2017年10月29日上午，2017年中国（亳州）国际半程马拉松在林拥城鸣枪开跑，来自法国、美国、埃塞俄比亚、肯尼亚等5个国家的外籍选手和来自全国20个省、自治区、直辖市的国内选手约8000名选手参赛。2017年中国（亳州）国际半程马拉松由中国田径协会、省体育局、市政府主办，共设置半程马拉松、短程马拉松和亲子马拉松3个项目，体现全民参与、传播能量的马拉松精神。这次赛事是中国田径协会参与主办的A1类赛事，半程马拉松的成绩可计入中国田径协会、国际田联的马拉松及相关运动的成绩排名，可以申报中国马拉松及相关运动大众选手登记。赛前，大赛组委会开展大洪拳、晰扬掌、六合八法、舞狮、花车巡游、花样跳绳、千人华佗五禽戏等文化展演活动，力求体育与文化的融合，展现亳州魅力。

（李　新）

图118　亳州体育场（市文化旅游局　供图）

社会事务管理

人力资源管理

【概况】2017年，亳州市推进省人社厅下达的145项重点工作，在人事人才、就业创业、收入分配、劳动关系等方面，解决人社事业各环节的矛盾和问题。

制定出台《关于贯彻安徽省“十三五”行政机关公务员培训纲要实施意见》，开展各类培训；出台《亳州市人民政府办公室关于落实支持技工大建设若干政策的实施意见》《亳州市人民政府关于促进当前和今后一段时期就业创业工作的通知》，进一步促进全市就业创业工作。

承办第五届苏鲁豫皖劳动保障监察区域协作座谈会。就进一步加强四省劳动保障监察联动协作机制建设进行探讨和交流，开展合作。

本年度，市人社局获“全国互联网+政务服务先进单位”“全省人力资源和社会保障系统先进集体”“第二届全省就业工作先进集体”“全省城乡居保统计工作先进单位”“全省人事考试优秀单位”等称号。实施共享发展行动，在年终考核中位居全省前列。

（李　冰　王振芳）

【人事人才】2017年，亳州市新增省级博士后科研工作站1家，中医药类项目研究位居全省前列。承接城镇居民可支配性收入增长工作，年内增长超过8.8%，增速位居全省第四位，并在全省共享工作调度会上做典型经验介绍。涡阳县龙山学区中心学校王辛辛、利辛县种子管理站潘刚被列为安徽省学术和技术带头人后备人选，熊良钟等10人被确定为省第六批战略性新兴产业技术领军人才人选。北京同仁堂（亳州）有限公司获批为省级博士后科研工作站。组织开展第二届市学术技术带头人评选工作，78人入选，选拔确定舒生虎等15人为全市第三届名中医人选。在全省率先开通人事考试手机APP服务平台、搭建事业单位招聘考试平台、建成使用标准化考试基地、使用异地面试考官，实现“安全考试、规范考试、公平考试、和谐考试、满意考试”目标。

完成中央、省、市下达各类专业技术资格考试、公务员录用考试、事业单位公开招聘考试及相关选拔性考试81项，考试科目91个，参考考生6.35万人次。实现“安全考试、规范考试、公平考试、和谐考试、满意考试”目标。利用“互联网+人事考试”数据平台，在全省率先开通人事考试手机APP服务平台、搭建事业单位招聘考试平台、建成标准化考试基地使用统一标准化考场、使用100%异地面试考官、建立健全人事考试领导体制和机制以及多方协调应急处理机制，率先实施市纪委，两代表一委员，市委、市政府督察室，市效能办及考试工作领导小组成员单位共同监督的新模式，率先推出人事考试安全管理前移新举措、实现使用社保卡在网上顺利完成报名缴费、实现面试评分系统在面试工作中的运用、利用“互联网+亳州政务平台”建设人事考试指挥系统平台，满足考生个性化服务需求，实现便民服务。

推进标准化考点考场建设，提升人事考试的承载力和风险防控能力。截至年底，亳州市有标准化考试基地2个、电子化考试基地1个，标准化人事考试保密室2个、标准化考点6个，标准化笔试考场376个、20组考场面试评分系统，实现全程监控录像，封闭管理。新建基地保密室1个，新配备考场屏蔽仪160个，身份证识别仪10个，监考大师10个，手持式金属探测器207个，作弊克30个，时钟170个，应急发电设备1台，无线监测车2台。

培训新录用公务员290名，培训新任科级干部100名，专门业务培训累计1000余人次。承办“皖北地区脱贫攻坚能力提升专题培训班”，培训120名基层扶贫公务员。依托安徽干部教育培训实现亳州市行政机关公务员在职培训全覆盖。

开展市直单位及个人记功奖励工作，给予3家单位记集体二等功一次、13名个人二等功记一次、1家单位记集体三等功一次、1名个人记三等功一次。通报表扬24家单位。

推进公立医院薪酬制度改革。各县（区）每月报送进展情况。各级卫计部门于每年2月底前将上年公立医院收入分配情况和负责人薪酬水平报同级人社部门、财政部门备案。

（李　冰　王振芳）

【就业促进】2017年，亳州市开展以“促进转移就业，助力脱贫攻坚”为主题的“春风行动”。活动期间，市、县（区）人力资源市场共举办招聘会58场，免费发放岗位信息宣传单、各类政策法规宣传资料80000份，免费提供服务人数52317人，实现就地就近就业12957人，转移就业37682人，提供劳动维权服务和法律援助人数1106人。举办“2017年亳州—芜湖结对合作企业用工新春招聘会”，芜湖市22家知名企业提供3725个岗位。

举办“2017年亳州市服务外包企业专场招聘会”，亳州市6家服务外包企业参加招聘会，提供就业岗位650个。建成具有35799人的服务外包产业实名制人力资源库。

举办3期创业大讲堂，参加人数共计600多人。每期选定不同的主题，邀请国内知名的专家、教授授课，免费为创业者解答在创办及管理企业中所面临的问题。

建立就业扶持工程目标责任机制，强化公益性岗位开发管理，开发就业见习岗位。开发公益性岗位3648个，完成目标任务的121.6%，拨付资金1157.4万元；开发就业见习岗位3986个，完成目标任务的398.6%，到岗1662人，人员到岗率166.2%，拨付资金1018.56万元。推进亳州市网上办事大厅和安徽省阳光就业平台对接，共有45项事项完成对接。

截至年底，全市城镇新增就业6.33万人，新增农村转移就业13.02万人，登记失业率控制在2.88%以内。建成35799人的服务外包产业实名制人力资源库。

图119 2017年，亳州市就业“春风行动”（韩天宇 摄）

推进技能强市建设，全面提升劳动者素质，开展职业培训13.02万人，开展职业技能鉴定3.1万人次，新增技师260人，新增高级工4142人，技能人才总量实现三连增。制定《亳州市2017年就业脱贫工程实施方案》，实现“精准识别”，实行农村贫困劳动者动态管理服务。创新开展汽车驾驶技能脱贫培训，技能脱贫培训5669人。针对贫困劳动者就业能力不全面、就业距离不宜远、多数不能全日制工作等特点，各县区在乡（镇、街道）和行政村（社区）开发保洁、保绿、保安、护林、护路等公共服务岗位，让贫困人员“用双手养活自己”，开发各类公共服务岗位26105个，认定就业扶贫基地265家，首批建设30家就业扶贫驿站。

（李 冰 王振芳）

【劳动关系处理】2017年，亳州市实施劳动人事争议仲裁院标准化建设，推进仲裁信息化建设，全面实现劳动人事争议调解仲裁案件系统办案，结案率99.3%。全市开设农民工工资专户321个，通过专户发放工资13.7亿元。推进农民工实名制登记及工资支付监管信息化平台建设，彻底解决建筑领域用工实名登记和工资按月支付问题。全市260个在建项目完成平台上线，实名登记25122人，194个农民工工资专户纳入平台监管，累计入账20579万元，通过平台发放农民工工资2276.5万元（5434人次）。

加强仲裁院标准化建设。旨在推进劳动人事争议仲裁工作的规范化、标准化、专业化、信息化、数字化，维护劳动人事关系和谐与稳定，促进经济和社会发展，助力数字亳州建设。截至年底，市仲裁院、涡阳、蒙城、谯城完成仲裁院标准化建设（超额完成年初计划3家的目标任务）。

（李 ·冰 王振芳）

社会保障

【概况】2017年，亳州市出台《亳

图 120　工伤保险政策宣传（杨海龙　摄）

州市人民政府办公室关于印发亳州市失业保险市级统筹实施意见的通知》，进一步完善社会保障体系，提高失业保险统筹层次。

开展城乡居民养老保险“质量提升年”活动。旨在提标、调档、强服务，适当提高基础养老金标准、提高人均缴费水平。开展被征地农民社会保障调研工作。召开全市被征地农民养老保险工作会议，要求市国土局、市人社局、市财政局、亳州经开区、亳芜产业园区和各县区政府加大基金清欠力度，做好基金风险防控工作，安排谯城区被征地农民身份认定问题。

社保征缴任务全面超额完成，全民参保登记计划实现全覆盖，社保卡拓展应用超过 100 项，社会保障卡缴费和领取待遇应用目录平均开通率 99%，通过全国社保卡二代卡应用示范城市的验收，获批为全国 38 个社会保障卡综合应用示范基地之一。正式实现跨省异地就医直接结算功能，亳州市人民医院等 9 家基本医疗保险定点医疗机构接入跨省异地就医结算系统。凡持有社会保障卡的城镇职工医保和城镇居民医保参保人员，均可享受跨省异地就医直接结算待遇。全市异地就医结算 2332 人次，医疗费用总额 4660.9 万元，统筹基金支付 2335.9 万元，医疗救助支付 499.6 万元。

亳州市劳动人事争议调解仲裁办案系统全部上线运行，亳州市市县两级劳动人事争议仲裁院受理的劳动人事争议案件真正实现系统办案。

完成异地就医结算信息系统各项业务前期测试和系统改造工作，6 月 1 日，接入省异地就医结算信息系统，正式实现跨省就医结算功能。7 月 24 日，亳州市首例跨省异地就医参保患者在湖北华中科技大学同济医学院附属同济医院成功结算。

（李　冰　王振芳）

【全民参保登记】全民参保计划是中央深化改革领导小组督办内容。2014 年 5 月，国家人社部印发《人力资源社会保障部关于实施“全民参保登记计划”的通知》（人社部发〔2014〕40 号），决定于 2014 年至 2017 年在全国范围实施为期 4 年的全民参保登记计划。亳州市成立全民参保登记工作专项工作领导小组，明确市社保局为全民参保登记工作的牵头单位。召开工作推进会、研讨会，指导方案制定，部署全民参保登记工作。广泛宣传，将城乡各项社会保险参保信息进行比对，组织并全面铺开入户调查登记，精准掌握应保未保数，引导动员居民依法参加社会保险。截至年底，全民参保比对入库率 100%，参保登记覆盖率 100%。实现社会保险全覆盖。

（李　冰　王振芳）

【机关事业养老保险改革】2017 年，亳州市按照“稳妥实施、先易后难、分批实施”的原则，根据序时进度推进机关事业单位养老保险改革。8 月 10 日，市人社局在市地税局开出机关事业单位养老保险费征缴第一票，共计 164664.38 元。市机关事业单位养老保险“并轨”正式落地，机关事业单位养老保险参保登记工作正式开始。截至年底，全市机关事业单位养老保险参保率在 85% 以上，完成社会保险三项重点工作中关于机关事业单位养老保险的经办目标任务。

（李　冰　王振芳）

【农民工工资支付监管】2017 年，亳州市推进农民工实名制登记及工资支付监管信息化平台建设，旨在彻底解决建筑领域用工实名登记和工资按月支付问题。监管平台功能涵盖实名登记、考勤管理、项目库、农民工工资专户、银行代发工资、实时预警、动态监控和综合查询等核心业务。8月底完成平台搭建,9月上旬在全市推广应用。截至年底,全市81个在建项目完成平台上线,实名登记16737人,117个农民工工资专户纳入平台监管,专户累计入账10307万元,通过平台发放农民工工资1197.6万元(3140人次)。

(李　冰　王振芳)

【"诊疗一卡通"项目实施】2017年7月,亳州市社会保障卡"诊疗一卡通"平台正式上线,将社保服务、医疗服务、金融服务融为一体,实现社保卡、就诊卡、金融卡功能"三卡合一",涵盖预约挂号、智能导诊、诊室缴费、查询处方、查询报告、打印报告、自助缴费、消费记录、住院结算的"九大功能",方便参保群众看病就医。"社保诊疗一卡通"项目是落实市加快推进"互联网+"行动的重要举措,是亳州市"互联网+人社"的一项重点工程,工程的实施落地有助于亳州智慧医疗建设,有利于提高医院运行效率,便民利民,同时实现银医互联互通,优化就医流程,缩短群众就医时间,改善就医体验,提高群众满意度。

(李　冰　王振芳)

【亳州市被确定为全国社会保障卡综合应用示范基地】2017年,亳州市筹备人社部全国社保卡二代卡试点城市的验收工作并向人社部申报三代卡试点城市。根据社保卡"一卡多用、全国通用"的建设目标,以102项应用目录为抓手,借鉴第一批示范基地工作经验,结合市社保卡建设实际情况,制定具体任务目标。截至年底,人力资源和社会保障部对申报的第二批社会保障卡批试点示范地区进行综合评审,亳州市被确定为全国38个社会保障卡综合应用示范基地之一。

(李　冰　王振芳)

民　政

【概况】2017年,亳州市开展"药都慈善,关爱抗战老兵"、企业军转干部特困救助等活动,走访慰问部队官兵和重点优抚对象,协助市委办筹备并在皖北烈士陵园举行烈士公祭活动。完成省级双拥模范城检查验收。

接收退役士兵2210人,其中自主就业2162人,符合安置条件选择政府安置工作48人,全部由市政府提供就业岗位。发放一次性自主就业补助金4832万元、自谋职业金118.36万元。加大退役士兵培训力度,1728人完成培训,完成率128.96%,培训合格率100%。

对义务兵家庭优待金标准进一步提高,达到上年度全体居民人均消费性支出的100%。全市共发放优待金(含立功受奖奖励)7392.6万元,优待义务兵家庭4519户,优待优抚对象4138户。

召开全市第二次全国地名普查推进会,举办全市地名普查培训班。地名普查工作顺利通过省级验收,平均得分98.8分,位列全省第三。完成淮南亳州段界线和涡阳蒙城段界线联检工作。完成国家标准地名词典编纂工作。

《亳州市"十三五"社会工作专业人才队伍建设规划》出台,对在亳州市报名参加并通过社会工作者职业水平考试的考生给予一次性补助,亳州市取得全

图121　2017年10月30日,全省儿童福利工作现场会在利辛县召开(姜永　摄)

国社会工作者职业水平证书的社会工作专业人才达153人。积极培育发展专业社工机构，成立10家社工机构。扎实开展志愿者和志愿团体注册登记工作，截至2017年年底，志愿者注册登记人数达60.1万人，占居民常住人口的11.9%。

创新福彩运营管理模式、中福在线公益宣传模式，在全国福彩系统第二届创新竞赛中分别获得综合管理类、宣传营销类三等奖。加大福彩发行公益宣传力度，全年销售福彩3.26亿元，为福利事业发展提供更多的公益金。

建立特困人员护理补贴制度，对生活半自理的特困供养人员按每人每月不低于200元、完全不能自理的不低于300元的标准发放护理补贴，为2171名失能五保老人发放护理补贴989.61万元。对一级、二级且需要长期照护的重度残疾人，每人每月给予60元护理补贴，为53240名重度残疾人发放护理补贴3621.31万元。发放困难残疾人生活补贴74132人，发放4656.89万元。

建立农村留守儿童关爱保护工作部门联席会议制度。开展受委托监护人监护能力评估，签订委托监护责任确认书。把事实无人抚养儿童（困境儿童）纳入孤儿保障范围，保障孤儿3726名，发放资金3359.4万元。开展“合力监护、相伴成长”关爱保护专项行动，组织开展农村留守儿童排查工作，留守儿童季度更新数据97001人。对18岁以上有学习意愿的孤儿免费进行驾驶培训。开展孤儿回归家庭工作，办理收养和家庭寄养68名，涉外送养20名。

本年度，市民政局机关党委通过基层党组织标准化建设达标验收；被市委、市政府授予“集体二等功”；在全省民政工作综合评估中被评为优秀；彩票销售工作在全省福彩综合管理评比工作中获全省第一。

（张亮亮）

【低保工作】2017年，亳州市出台《亳州市人民政府办公室转发市民政局等6部门关于做好农村最低生活保障制度与扶贫开发政策有效衔接实施方案的通知》，做好与农村扶贫开发工作衔接。城市低保标准提高到528元／人·月，较上年提高10%，累计保障城市低保对象16.3万人次，支出6911.3万元，月人均补助425元。农村低保标准提高到4310元／人·年，较上年提高36.8%，累计保障农村低保对象101.1万人次，支出2.88亿元，月人均补助285元，实现农村低保标准、农村“五保”分散供养财政补助标准和扶贫标准“三线合一”。出台《亳州市因病支出型贫困居民最低生活保障工作实施办法》，11182名因病支出型贫困人口纳入低保保障范围。出台《亳州市成年无业重度残疾人纳入最低生活保障实施办法》，全力推进成年无业重度残疾人纳入最低生活保障工作。按照“两该两不该”要求，对新发生的贫困家庭主动摸排、快速办理，确保家庭困难且符合低保条件的一户不漏全部纳入保障范围，全年新进城乡低保对象25075人，退出32926人。

（张亮亮）

【救助工作】2017年，亳州市在医疗救助方面，修订《城乡医疗救助实施办法》，重点救助对象救助比例不低于70%，年封顶线提高到2万元。出台《亳州市特困人员、低保对象医疗兜底保障实施办法》，将未纳入建档立卡范围的特困人员、城乡低保对象纳入医疗兜底保障范围，享受“351”医疗兜底保障政策。全年救助54.1万人次，支出1.73亿元。特困人员供养方面，“五保”分散供养财政补助标准提高到每人每年4310元，集中供养财政补助标准提高到每人每年5310元，全年保障29708人，支出1.43亿元。临时救助方面，出台《亳州市临时救助工作操作规程》，进一步规范临时救助审核审批工作，全年救助4944人次，支出1420万元，次均救助2872元，有效缓解城乡困难群众突发性、紧迫性、临时性生活困难。救灾救济方面，制定《冬春期间灾民生活救助方案》，下拨中央和省级冬春生活救助资金2240万元，发放救济款2323.6万元、棉衣被6000床（件），灾区13.4万困难群众基本生活得到有效救助。流浪救助方面，组织开展“夏季送清凉”和“寒冬送温暖活动”活动，救助5849人次，支出1139.4万元。

（张亮亮）

【养老服务】2017年，《亳州市养老服务业发展“十三五”规划》《亳州市养老服务设施布点专项规划》编制。新增社会办养老机构床位1003张、社区养老服务设施8所。建设农村居家养老服务中心101家，服务老人约7824人。市精神病人福利中心、市养老服务中心先后投入使用。市财政补贴各县区250万元，启动三县福利中心养护院和谯城区救助站建设。扎实开展养老服务质量建设活动，出台《亳州市养老院服务质量建设2017年专项行动方案》，开通全国养老机构业务管理系统。推进敬老院转型升级，完成敬老院公建民营转型升级25所。开展社区居家养老服务，建成社区居家养老服务中心150个。搭建社区居家养老服务平台，成立药都居家养老服务中心和涡阳县居家养老服务平台，开通“12349”服务热线。

（张亮亮）

【社会组织管理】2017年，亳州市出台《市委办公室、市政府办公室关于改革社会组织管理制度促进社会组织健康有序发展的实施意见》，加大社会组织培育力度。截至2017年年底，全市共有社会组织1770家，比上年底增加223家，增长14.4%。社会组织年检率达80.2%。推进社会组织评估，完成市本级10家社会组织评估。开展社会组织年检，参检率达80.2%。建立信息公开制度，将社会组织纳入社会监督范围和社会诚信管理体系。发展社区枢纽型社会组织，出台《关于加强社区社会组织建设的意见》，成立17家枢纽型社会组织联合会。推进社会组织评估，全面完成社会组织统一社会信用代码赋码工作。

（张亮亮）

【社区建设】2017年，亳州市推进农村社区建设试点，召开全市农村社区建设工作会议，城乡社区达标率达到76%以上。加强乡镇政府服务能力建设，出台《中共亳州市委 亳州市人民政府关于加强乡镇政府服务能力建设的实施方案》。全面推进社区公共服务信息化建设，实现居民办事“一网通办”。开展社区减负，制定社区印章使用范围清单。印发《关于进一步加强农村社区建设试点工作的实施意见》《加强城乡社区协商工作实施方案》，选择162个村、社区开展城乡社区协商试点，初步构建了多元共治的社区治理新格局，社区自治功能进一步增强。

（张亮亮）

民族宗教

【概况】亳州市是全省民族宗教工作大市，全市少数民族人口8万余人，“五大宗教”（道教、佛教、天主教、基督教、伊斯兰教）俱全。2017年，市政府常务会议3次听取民族宗教工作汇报。专题贯彻学习全省宗教工作会议、全省民族宗教工作领导小组会议精神；研究《亳州市“十三五”促进少数民族和民族聚居地区加快发展实施方案》《亳州市关于加强和改进新形势下宗教工作的实施意见》起草及贯彻落实情况。建立健全市、县（区）民委委员单位和民族宗教工作领导小组成员单位联席长效机制。召开全市民族宗教工作领导小组暨市民委委员会议，明确19个市直单位对口帮扶20个民族村，落实民委委员单位对口帮扶制度。以市委、市政府名义出台《亳州市“十三五”促进少数民族和民族聚居地区加快发展实施方案》《亳州市关于加强和改进新形势下宗教工作的实施意见》。

会同教育部门对市民族中小学重新进行认定；挖掘市少数民族传统武术项目，组建“查拳协会”和“晰扬掌”培育基地；加强清真食品监督管理；强化少数民族流动人口管理和服务工作，在城区社区设立“少数民族外来人口服务站”2处。

开展2次宗教活动场所安全工作大检查；做好佛教腊八节、基督教新年庆典期间等重大宗教群体活动安全稳定工作；启动民族宗教领域规范创建工作。完成涡阳县、蒙城县基督教三自爱国运动委员会换届工作；开展基督教传道员认定备案工作，认定备案传道员126名；做好重要节点和十九大期间民族宗教领域应急值守和矛盾纠纷排查工作，全市民族宗教领域和谐稳定。

本年度，白衣律院、薛阁基督教堂等6处宗教活动场所被评为省级践行社会主义核心价值观示范点。

（蒋运涛）

【民族村（社区）精准化扶持】2017年，亳州市分三批次524万元（第一批次294万元、第二批次44万元、第三批次186万元），

图 122 民族村产业扶贫调研(蒋运涛 供图)

统筹落实市级少数民族发展资金 200 万元，合计落实建设项目 42 个。对省明确的 7 个建档立卡民族贫困村和 3 个省民族宗教领导小组确定的贫困村，按照每村不低于 20 万元标准进行帮扶。谯城区牛集镇蒋楼民族村落实扶持资金 170 万元，建成占地 3000 平方米、10 棚蘑菇养殖温室大棚，该村形成黄牛育肥、山羊养殖、鸡饲养、鸭饲养、中药材种植、蚯蚓饲养、蔬菜种植、清真小食品加工 8 类绿色循环经济实体；涡阳县义门镇武举民族村投入 120 万元，建成占地 2000 平方米、6 棚蘑菇养殖温室大棚；谯城区古城镇张桥民族村形成 4 公顷水面莲藕种植等。以蒋楼民族村产业扶贫项目为代表的 5 个民族村成为当地特色产业模式示范基地，带动近 300 余户贫困户脱贫。

（蒋运涛）

【民族团结进步工作】 2017 年，亳州市推进民族团结进步工作，培育国家级创建示范单位 1 处，省级创建活动示范单位 3 处。开展民族团结进步“六进”和“民族团结进步宣传月”活动，推进“建设伟大祖国、建设美丽家乡”主题教育和践行社会主义核心价值观活动，会同市电视台拍摄 4 集《喜迎十九大、民族共繁荣》团结进步宣传纪录片，在亳州电视台黄金栏目、主要网络媒体等进行连续播放。

（蒋运涛）

【民族宗教工作“四支队伍”培训】 按照《亳州市民族宗教工作“四支队伍”2017—2021 年培训规划》，2017 年，亳州市组织举办 3 期专题培训班，通过三轮集中培训，对全市重点宗教活动场所教职人员、民族上层人士、县（区）宗教工作干部、乡镇分管干部全部培训，累计培训人员 360 人次。

（蒋运涛）

【宗教领域“三项基本制度”落实】 2017 年，亳州市全面实行宗教活动场所工作周志、重大事项报告和宗教教职人员年终述职考核考评工作，采取“月调度、季督查、年总结”的方式，推进各项制度落地生根，解决宗教教职人员“懒、散、乱”和宗教活动场所“重大事项无备案、无记录、无传承”问题，提升基层宗教领域规范化、法治化和制度化管理水平。

（蒋运涛）

【《宗教事务条例》培训】 2017 年 11 月 16—17 日，亳州市举办新修订国务院《宗教事务条例》专题培训班，各县区民族宗教局全体干部、宗教团体班子成员及重点宗教活动场所负责人共计 100 余人参加培训。培训会介绍《宗教事务条例》新修订的部分内容，要求各宗教领域树立法律意识，依法开展宗教活动，坚持爱国爱教、正信正行，在宗教界培育和践行社会主义核心价值观，为全市宗教和睦做出贡献。

（蒋运涛）

园区建设

亳州经济开发区

【概况】2017年，亳州经济开发区实现地区生产总值64.6亿元，增长13.1%；规模工业增加值增长16.6%；战略性新兴产业产值增长33.2%；高新技术产业增加值增长18.8%；社会消费品零售总额18.9亿元，增长11.4%；固定资产投资198.7亿元，增长24.2%，其中，工业投资50.3亿元，增长17.9%；全部财政收入14.1亿元，增长33.7%；进出口总额10844万美元，增长17.8%；利用外商直接投资8382万美元，增长28.3%。

组建23支扶贫工作队，选派28名干部离岗专司扶贫，开展“两册一审”和“四个互查”，核准“关爱户”306户540人，落实医疗、教育、就业等各项扶贫政策，动员全区党员、干部、企业等力量参与帮扶。新增被征地农民养老保险参保8549人，累计参保39826人，发放养老金2613.54万元；完成城乡居民养老保险参保续保32934人，发放养老金1786.08万元；完成新农合参合73133人，收缴参合金903.05万元；组织2765人参加就业技能培训；排查化解信访问题117件；收缴146家企业农民工工资保证金4500余万元。

本年度，亳州经开区总工会成立，至年底，共发展会员918人，25家非公企业建立工会组织。康美（亳州）华佗国际中药城有限公司党委成立，是亳州经济开发区党工委批准的第一个在非公有制经济组织中成立的基层党委。亳州经济开发区管委会获全市招商引资先进载体单位一等奖。

（李　祥）

【土地征收】2017年，亳州经济开发区全年整村征收村庄32个，征收土地1467公顷、拆除房屋105.8万平方米，完成京九铁路以东“2号地块”“3号地块”村庄征迁和清表工作。其中，京九铁路以东“2号地块”征收村庄20个，拆除房屋44.6万平方米；京九铁路以东“3号地块”征收村庄12个，拆除房屋61.2万平方米。

（李　祥）

【招商引资】2017年，亳州经济开发区共签约项目150个，总投资352.7亿元，其中亿元以上项目70个，亿元以上工业项目63个；利用市外内资232亿元，增长24%；新入库亿元以上利用省外资金项目47个。

（李　祥）

【项目建设】2017年，亳州经济开发区土地摘牌112宗，规划占地面积491.67公顷；新开工建设项目101个，其中工业项目75个，亿元以上工业项目31个；在建项目实现投产30个。办理企业动产抵押贷款8790万元；小微企业续贷过桥资金扶持企业138家次，周转贷款4.66亿元；“现代中药及健康产业亳州专版”挂牌企业28家，专精特新版挂牌企业1家。新增高新技术企业4家、战略性新兴产业企业14家、规模以上工业企业23家、限上商贸企业10家，孵化进出口实绩企业3家。

（李　祥）

【市容管理】2017年，亳州经济开发区按照道路保洁“55888”常态化管理模式，抽查考核测评点3.73万个，合格率96.55%；数字城管自查案件3万余个，按时结案率100%；推进农村清洁工程，全市12次考评12次得分第一；深化“113”控违拆违机制，拆除违法建筑217处。中央及省环保督察交办问题13件整改完毕，中央环保督察反馈意见涉及12个问题整改完成；开展“蓝天保卫战”，检查建筑工地360余次，排查餐饮服务单位476家，淘汰燃煤小锅炉70家，查处违规渣土运输车辆154起；落实河长制，辖区5条河流确定河长。

▲55888：道路地面灰尘每平方米不多于5克；路面垃圾停留时间不超过5分钟；10平方米绿化带内垃圾不多于8个；机械化作业不少于8小时/天；人工保洁两班倒各8小时工作制。

113：村干部第一时间上报，城管执法人员一小时内拆违，第三方全方位、全天候考评。

（李　祥）

【安置小区选房】南湖家园安置小区建设启动于2014年，用地面积5.88万平方米，建筑面积20.7万平方米，为2010—2016年拆迁户提供安置还原房1471套。经前期现场查验、货币回购、模拟分房等准备工作，2017年1月，南湖家园安置小区现场选房，选房涉及5个自然村，分5个批

图 123 2017 年，亳州经开区总工会成立（李祥 供图）

次分房 1471 套 13.7 万平方米。

文采家园安置小区建设启动于 2014 年，用地面积 12.8 万平方米，建筑面积 36.2 万平方米，为 2009—2016 年拆迁户提供安置还原房 2608 套。经前期现场查验、货币回购、模拟分房等准备工作，2017 年 5 月，文采家园安置小区现场选房，选房涉及 40 个自然村，分 40 个批次分房 2600 套 24.9 万平方米。

文化小区安置小区建设启动于 2012 年，用地面积 27.15 万平方米，建筑面积 54.9 万平方米，为 2009—2014 年拆迁户提供安置还原房 3825 套。经前期现场查验、货币回购、模拟分房等准备工作，2017 年 1 月，文化小区安置小区现场选房，选房涉及 16 个自然村，分 16 个批次分房 3585 套 37.9 万平方米。

（李 祥）

【学校建设】 2017 年 7 月 28 日，亳州学院附属学校全面建成。亳州学院附属学校位于希夷大道和养生大道交叉口，是一所九年一贯制公办学校，占地面积 7.67 公顷，建筑面积 61400 平方米，总投资 7 亿元，建设教学班 120 个，可供 5600 余名学生就读。于 2016 年 5 月动工建设，由中铁建筑有限公司设计，中铁建工集团负责承建，委托上海智达监理有限公司负责监理。小学部已于 2016 年 9 月投入使用。

2017 年 7 月 20 日，亳州市第一小学动建。该项目位于希夷大道和百合路交叉口，总投资 5.9 元，占地面积 4 公顷，地上建筑面积 2.1 万平方米，配套建设 250 米环形跑道运动场 1 个、6000 平方米综合体育训练馆 1 个，建设教学班 48 个，可供 2000 名学生就读。计划 2018 年秋季投入使用，首批招收一年级新生 360 名。

7 月 20 日，亳州市第三十一中学动建。该项目位于希夷大道和银杏路交叉口，是亳州市 2017 年重点工程建设项目，占地面积 10 公顷，总建筑面积 9.5 万平方米，其中地下建筑面积 2 万平方米，配套建设报告厅、400 米环形跑道、6000 平方米综合体育训练馆，建设教学班 84 个，可供 3000 名寄宿生就读，计划 2018 年秋季建成招生。

7 月 20 日，亳州市第三十二中学动建。该项目位于亳州经济开发区京九铁路以东，西至老君大道，东至文星路，南至蔷薇路，北至莲花路，占地面积 10.47 公顷，总建筑面积 9.5 万平方米，地下建筑面积 1.5 万平方米，主要建设教学楼、图书馆、实验楼、综合楼、科技馆、体操馆、报告厅、宿舍楼、食堂、体育训练馆等，规划

图 124 2017 年，亳州市第三十一中学建设（李祥 供图）

图 125　2017 年，北教李清真寺建设（李祥　供图）

初中教学班 48 个，高中教学班 54 个，计划 2018 年秋季投入使用。

（李　祥）

【亳州食品产业园实现“全填满”】亳州食品产业园位于 105 国道以西，古井大道以东，张河以南，茴香路以北，占地面积 166.67 公顷，按照“产业聚集新区、特色产业示范区、产业链配套综合区”的定位，重点发展食品加工业（粮油食品、畜产品、健康养生食品、酒类及饮料、果蔬加工等），配套建设标准化原料生产、产品加工、仓储、物流配送产业体系，形成带动食品产业上下游发展的全产业链。截至 2017 年年底，亳州食品产业园共入驻项目 48 个，其中工业项目 46 个，开工建设项目 36 个，建成项目 10 个，实现项目“全填满”。

（李　祥）

【北教李清真寺、任寨基督教堂项目开工】2017 年 2 月 20 日，亳州经济开发区北教李清真寺项目开工。该项目位于银杏路和仙翁路交叉口，占地面积 3466.66 平方米，总建筑面积 979.8 平方米，总投资 350 万元。主建筑 2 层，设有礼拜堂、水房、阿訇房等。项目由安徽丹华规划建筑设计有限公司设计，陕西建工机械施工集团有限公司施工，安徽欣安工程建设项目管理有限公司负责监理。

亳州经济开发区任寨基督教堂项目开工。该项目位于亳菊路和沿铁西路交叉口，占地面积 2780 平方米，总建筑面积 752 平方米，总投资 260 万元。主建筑两层，一层设有礼拜堂、卫生间，二层设有宿舍、办公室等。项目由安徽丹华规划建筑设计有限公司设计，河北鸿翔建工集团有限责任公司施工，安徽欣安工程建设项目管理有限公司负责监理。

（李　祥）

亳州芜湖现代产业园区

【概况】亳州芜湖现代产业园区是 2012 年 1 月经安徽省政府批准设立的省级开发区，由亳州、芜湖两市合作共建，实行财税独立、封闭管理的运营体制。园区规划面积 34 平方千米，起步区 8 平方千米。以“装备制造、节能环保、食品医药”为主导产业，同时发展现代服务业、服务外包产业，力求错位发展，打造特色产业集群，按照高起点规划、高水平建设、高强度投入、高效益产出要求建设。

2017 年，起步区三横六纵主干支次路网全部建成。完成道路绿化、供水、强电下地、弱电管网建设。3 万平方米科技孵化楼投入使用，24 万平方米人才公寓、5 万平方米邻里中心建成启用。垃圾中转站、公交首末站、110 千伏变电站、张河景观（含观光车道）、汤王大道街头公园建成投入使用，软件大厦、星级酒店竣工，派出所、消防站主体工程完成，标准化厂房一期、二期入驻企业 16 家，三期封顶。以中联重科亳州工业园为代表的装备制造业、以海创新型节能建材项目为龙头的节能环保产业发展壮大；民生医药、东昕食品等医药食品企业，亚夏汽车文化广场、中国物流园区、皖新供应链等现代服务业入驻；信义玻璃、亿丰伟业、鑫泰钻石等战略性新兴产业、天源迪科呼叫中心等服务外包产业落户。有 21 家“五上企业”，其中规模以上工业企业 16 家，限额以上商业企业 3 家。

完成固定资产投资 39.9 亿元，其中工业项目固定资产投资 28.6 亿元。财政收入实现 2.2 亿元，同比增长 10.5%；园区新

图 126 园区科技孵化楼（朱凤军 供图）

签约亿元以上工业项目 39 个；新建亿元以上省外项目 19 个；引进市外内资 82.8 亿元；实际利用资外资金 52.2 亿元。针对问题项目展开督促和清退工作，清理收回闲置低效用地 3 宗，面积 12.33 公顷，涉及 3 个项目。

本年度，在列入全市比对的 11 项指标中，亳芜现代产业园区固定资产投资、工业投资、规模工业增加值等 5 项指标增速居全市第一位。在 2017 年度全市招商引资目标管理考核中，亳芜现代产业园区位居第三。

（朱凤军）

【基础设施建设】2017 年，亳州芜湖现代产业园区魏武大道、合欢路、茴香路、月季南路 4 条道路工程竣工验收；张河二期（合欢路—105 国道）河道整治及景观绿化工程竣工验收；张河一期观光车道改造项目施工完成；林拥城南外环示范段（105 国道—京九铁路）绿化工程竣工验收。亳芜大道、古井大道全线贯通，汤王大道以东、铁路以西的五纵四横计 9 条道路建设基本完工，弱电、燃气管道等配套设施同步建设，具备大规模企业入驻条件。起步区竣工道路的弱电管道、燃气管道全部完成。人才公寓、邻里中心、公交首末站、110 千伏变电站投入使用，软件大厦即将投入使用。

【招商引资】2017 年，亳州芜湖现代产业园区共签约项目 47 个，总投资 103.2 亿元；工业项目 33 个，总投资 78.6 亿元，服务类项目 14 个（服务外包项目 8 个）。其中 10 亿元以上项目 4 个，分别是绿叶制药、罗浮山国药、药王谷物流、浪潮大数据产业园；5 亿～10 亿元以上项目 4 个，分别是汉盛物流、信义光伏、康桥生物、永康五金产业园；亿元以上项目 30 个，在谈项目 24 个。获批“安徽省服务外包产业示范区”，签约落户天源迪科等企业 10 家，签约座席 7100 个，其中投入运营 3 家。

（朱凤军）

【项目建设】2017 年，亳州芜湖现代产业园区纳入省市重点调度推进项目共 34 个，其中续建项目 10 个、计划新开工项目 24 个，在建项目 46 个，项目总投资 178 亿元，其中新开工工业和物流项目 34 个。

（朱凤军）

【财政金融】2017 年，亳州芜湖现代产业园区与市国税局合作

图 127 2017 年，标准化厂房三期工程建设（朱凤军 供图）

成立园区纳税服务办公室。共兑现各类扶持资金 19750.78 万元，兑现财政专项指标资金 706.6 万元，支付配套财政专项资金 724 万元。帮助安徽鑫泰药业有限公司、安徽天马生物科技有限公司在安徽省股权托管交易中心挂牌；帮助天马（安徽）国药科技股份有限公司，实现首次股权融资 1000 万元。

（朱风军）

【服务外包项目】2017 年，亳州芜湖现代产业园区签约天源迪科、众智电子、安徽锦山、易得人力资源、三酉电子、安徽安泰、星冥科技等 10 家服务外包企业，签约座席总数 7100 席，其中投入运营或开工装修项目 5 个，计 3500 席。

（朱风军）

图 128　2017 年，民生药业项目建设（朱风军　供图）

县（区）

谯城区

【概况】2017年，亳州市谯城区辖22个乡镇和3个街道，面积2226平方千米，人口163.8万人。实现地区生产总值335.9亿元，同比增长9.3%；规模以上工业完成增加值同比增长10.9%；战略性新兴产业产值同比增长23.5%；高新技术产业增加值同比增长12.7%；实现社会消费品零售总额179.5亿元，同比增长11.9%；完成固定资产投资239.6亿元，同比增长27.1%；完成财政收入36.0亿元，同比增长15.2%；完成外贸进出口总额29182万美元，同比增长48.0%；城镇常住居民人均可支配收入29630元，同比增长8.9%；农村常住居民人均可支配收入12873元，同比增长9.5%。

粮食总产12.35亿千克。中药材标准化种植面积1.47万公顷，设施蔬菜面积2.33万公顷。畜禽养殖规模化率85%。新增市级以上现代农业示范园7家、示范专业合作社20家、家庭农场20家、蔬菜标准园7家，获批“三品一标”认证产品44个。新增“放心粮油示范店”15家，主食厨房配送中心1个、直营店7家。区级农产品质量安全检测站投入使用。全面推进农机作业托管服务，主要农作物耕种收综合机械化率91%。55家规模以上食品工业企业实现产值115.6亿元，增长12.1%。

新增规模工业企业32家，总数247家，完成现价产值300亿元、增长15%。年产值超亿元企业发展到75家，其中超10亿元企业4家。实施各类工业项目165个，完成工业投资85亿元，增长10.8%。挂牌出让工业用地37宗297.4公顷，分别是上年的1.3倍、5.6倍。支持中小微企业发展，培育“小巨人”企业20家、成长性小企业40家、小微企业75家。纳入省统计范围的97家战新企业实现产值225亿元、增长15%。推进现代中医药集聚发展基地建设，签约药业工业项目26个，总投资92.3亿元，其中落户美誉医药集团等全国知名医药企业6家，总数20家。现代中药产业实现产值250亿元、增长15%。通过GMP认证中医药企业85家。2个中成药品种进入国家医保目录。全省新批6家配方颗粒生产试点企业，其中5家在谯城区。3家药业企业入选2016年度中华民族医药百强。新一代信息技术、节能环保、新能源、新材料等产业同步发展。

图129 谯城区一角（市委办公室 供图）

建立区级电子商务进农村公共服务中心和电子商务物流配送中心，建设村级服务网点580家，实现电子商务进农村全覆盖。净增限上商贸流通企业39家，核准备案服务业项目46个，总投资120亿元。加快大行广场等重点商贸流通项目建设。开展文化旅游年活动，打造亳药花海休闲观光大世界，完成花戏楼名吃街亮化改造，加快推进北关历史街区整治、观音寺生态旅游文化园等重点项目，皖北红色旅游基地建设基本完成，乡村旅游节庆活动不断丰富，到谯城旅游观光人数大幅增长。发展普惠金融，实现金融服务室行政村全覆盖。创新金融业务，累计为企业周转贷款78.6亿元。

投入40.5亿元，完成31项民生工程年度目标任务。完成保障性安居工程建设任务3994套、公租房建设任务7816套。基本实现农村安全饮水全覆盖。发放低保、养老、医保等社会保障救助资金17亿元。全面开展农村敬老院医养结合工作，试点失能“五保”老人集中供养，农村“五保”集中供养能力78%。新增城镇就业14107人，转移农村劳动力24602人，城镇登记失业率控制在4.2%以内。义务教育均衡发展通过国家复评验收。财政性教育投入17.3亿元，增长11.6%。新建、改扩建城区幼儿园、小学13所，完成50所村级小学提升工程。亳州六中、十一中、二十中开工建设。招聘、选调、引进教师599人。深化医疗体制改革，华佗中医院与省中医院建立医联体。家庭医生签约服务覆盖43.8万余人。乡镇卫生院、社区卫生服务中心实现“国医堂”“中医馆”全覆盖。

以现代中医药产业为重点，突出招大引强，突出工业招商，新签约项目67个，合同总投资335.2亿元，其中总投资55亿元的新城·吾悦广场、总投资36.8亿元的中青健康大数据产业园等亿元以上项目45个。到位市外内资404.1亿元，增长19.9%。完善项目推进机制。列入五大发展项目库项目144个，总投资605.4亿元。51个省重点调度项目完成投资110亿元，增长25.5%；101个市重点调度项目完成投资142.5亿元，增长17.8%；144个区重点项目完成投资167.8亿元，增长15.8%。总投资58亿元的长白山制药中医药产业园等32个亿元以上项目开工建设，总投资20亿元的九洲方圆制药等28个亿元以上项目竣工或投产。

实施城建重点征迁项目78个，完成征地321.3公顷，拆除房屋79万平方米。熟皮坑治理等28个项目完成征迁任务。5号、6号、7号、8号、9号还原小区基本具备交付条件。打通汤王大道、人民西路等11条断头路。完成振谯路等13条道路建设，续建亳菊路等17条道路。北一环下穿商合杭高铁立交工程竣工。加快海绵城市建设，综合整治地下管廊，高标准打造陵西湖景观带。完成东风沟及11条道路景观绿化，东风公园、临漳公园建设有序推进。新华北路老旧小区改造、立面改造项目全面完成，改造主干道路门店招牌1100余处。改造老城区小街巷73条，新建、改扩建中心城区公厕77个。整合优化城市管理基本网格，做到责任全覆盖、管理零缝隙。累计处置数字城管案件44万余件，结案率99%。绿化养护及道路清扫保洁PPP项目有序实施，委托第三方测评公司实行道路保洁社会化考评。拆除城乡违法建设36万平方米，立案查处土地违法案件22起。破解土地瓶颈制约，供地435.1公顷。2016年度，9个集镇建成区和3个省级中心村建设任务全部完成并通过省级验收。古井药王村田园综合体项目获国家财政立项。投资6175万元，实施“一事一议”项目182个。投资5.6亿元，完成高标准基本农田建设1.01万公顷、农田水利项目建设1666.7公顷，疏浚大中小沟276条，新建、除险加固涵闸26座。引江济淮谯城段加快推进。永久基本农田划定工作通过省级验收。投资4亿元，建设农村公路625千米，提前完成“十三五”畅通工程建设任务。

打造投资创业高地，推动谯城经开区创建国家级经济开发区。完成规模以上工业总产值220亿元，增长18.9%；固定资产投资90亿元，增长16.5%；进出口总额26000万美元，增长21%；税收收入14亿元，增长20%。实现就业5.5万人。汽车产业园环道、创七路等道路竣工通车，完成总长82.5千米的“八纵十六横”路网贯通工程和总长15千米的雨污水管网清淤工程。三期热力管网初步具备供气条件。食品产业园入园企业22家，实现产值26亿元。

本年度，谯城区获2016—2017年度全省农建“江淮杯”竞赛评比一等奖；被评为全省第一批“四好农村路”创建示范县。药都农商行入选第七届中国农村金融品牌价值榜，“金农易贷”获“全国农村金融十佳品牌创新产品”称号。十河芍花养生小镇入围首批省级特色小镇。“亳丹皮”获国家农产品地理标志登记认证，亳白芍种植标准化示范区被列为第九批国家农业标准化示范项目。

（薛　峰）

【谯城区成为全省首批4个拟脱贫县（区）之一】2017年，谯城区整合涉农资金，安排扶贫资金11亿元。精准扶贫大数据服务中心建成并投入使用。221家单位11652人参与扶贫帮扶，58个贫困村实现扶贫工作队和帮扶责任人全覆盖。实施脱贫攻坚“十二大工程”。五马镇芍花村光伏集中电站和518座村级光伏扶贫电站实现并网发电。实现居家就业6729人。3.5万人次贫困人口享受“两免、两降、五提高、一兜底”政策，在全省率先开通“180”补充医保，实行“351”

住院综合医疗保障财政兜底。区级发放建档立卡贫困家庭子女各类教育资助资金1602.5万元，受益学生1.6万人次。开展金融精准扶贫，发放小额贷款4.4亿元。发放林业产业扶贫生态补偿资金5300万元。58个贫困村特色产业和建档立卡贫困户安全饮水、改厕、危房改造实现全覆盖。对照国家脱贫标准，全年拟出列贫困村20个，脱贫12344户21396人。谯城区成为全省首批4个拟脱贫县(区)之一。

（薛　峰）

【小洪河闸建设完工】小洪河闸位于魏岗镇崔庄村和华佗镇大王村交界处的小洪河上，工程等别为三等，共9孔，单孔净宽8米，流量为728.3立方米/秒。2016年4月28日开工建设，概算总投资约5000万元，2017年8月20日完工并通过验收。小洪闸建设工程可提高古井镇、魏岗镇、牛集镇和华佗镇等乡镇的地下水位，新增库容1000万立方米，改善谯城区西北部生态环境和当地群众生活环境，解决该地区水少、水污染的问题。

（薛　峰）

【济人药业疏风解毒胶囊质量标准提升项目获省科学技术奖一等奖】2017年，济人药业“中药大品种疏风解毒胶囊二次开发的系统研究及应用项目”获省科学技术奖一等奖，实现建市以来零的突破。“中药大品种疏风解毒胶囊二次开发的系统研究及应用项目”基于中医药理论，采用多种现代科学技术方法，对疏风解毒胶囊进行系统研究。

（薛　峰）

涡阳县

【概况】2017年，涡阳县实现地区生产总值276.9亿元，增长9.3%；财政收入20.9亿元，增长15.7%；固定资产投资218.8亿元，增长24.8%；规模工业增加值79.86亿元，增长10.9%；社会消费品零售总额126.1亿元，增长12%；城镇居民和农村居民人均可支配收入分别是24257元和10850元，分别增长8.7%、9.6%。

粮食总产142.6万吨，实现农产品加工产值160亿元，增长14%。市级以上产业化龙头企业、示范农民合作社、农业产业化联合体分别发展到123家、116家和25家，正宇面粉连续5年蝉联全国小麦粉加工企业“50强”。八大经果林面积2666.67公顷，比上年新增1333,33公顷。百亩以上土地流转面积3.47万公顷。“涡阳大豆”获批国家地理标志产品。规模养殖比重82.6%。主要农作物机械化率在91%以上，被农业部评为主要农作物全程机械化示范县。治理高标准农田1.78万公顷，新增耕地233.33公顷，新建修复机井7650眼，新建加固涵闸6764座，疏浚大中沟42条。

实现工业总产值310亿元，增长13.1%；工业化率37.2%，比上年提高1.9个百分点。光机电、绿色装配式建筑、现代中药和绿色食品、循环经济科技4个百亿元产业初具规模，新增入驻亿元以上企业16家。战略性新兴产业、高新技术产业，分别实现产值42亿元、54.3亿元，均增长30%，增幅居全市第一。智能制造、数控机床、高端印刷、绿色新材料等一批新技术企业建成投产。民营经济发展被省委、省政府通报表彰。新增规上工业企业30家、高新技术企业4家。

新增限上商贸企业30家，总数213家；实现限上消费品零售额41.5亿元，增长17%。中农批

图130　涡阳南部新区(潘子丰　摄)

综合市场一期建成运营，建筑面积47万平方米的上海月星环球港城市综合体将开工建设，青牛广场、凤凰假日酒店、天河金街等项目进展有序。县级电商服务中心、物流配送中心和566个村级电商服务网点运营良好，实现368个行政村电商全覆盖，线上交易额7.7亿元。金融业运行稳健，银企签约36.9亿元，金融机构贷款余额162亿元，增长32.2%；贷存比44.8%，同比提高4.8个百分点。

编制完成57平方千米的“一区六镇”产业发展规划。县经开区实现工业产值70亿元，财政收入5.8亿元；在全省162个省级开发区综合实力评比中位居全市第一名、全省第37名。建设西阳高新现代产业集群专业镇道路、管网、标准厂房等项目。启动建设循环经济科技产业集聚区和楚店、龙马、义门等产业集群专业镇基础设施。改造提升县经开区电力设施，建设县经开区发展要素中心、工业邻里中心、污水处理厂等项目。

实施重点项目202个，总投资512.6亿元，同比增加224亿元。工业投资90亿元，增长23.7%。78个省、市重点项目新增投资170亿元，占年度投资计划的190%。新开工亿元以上项目41个，30个亿元以上项目竣工。开展3次重大项目集中开工活动，开工项目44个，总投资220亿元，其中亿元以上工业项目24个。盛鸿科技、申杰电子、申鑫铸锭等10个工业项目当年开工、当年投产。

围绕破解制约涡阳发展的体制机制问题，实施170余项改革任务。土地、规划、投融资、大建设、征迁安置等工作机制顺畅。推进“放管服”、商事制度、公共资源交易、行政管理执法、医疗卫生体制、教育体制等改革。完成户籍制度改革、供销社改革年度任务。国有林场改革工作受到省林业厅好评。“营改增”“多证合一”“一照一码”全面实施，新增私营企业2050家、个体工商户1.1万户。农村承包土地经营权抵押累计发放贷款3.5亿元，居全省首批试点县第一位。乐行集团完成转型发展，募集7亿元企业债。投资29亿元的黑臭水体治理PPP项目建设进展顺利，并入选国家PPP项目库。推进全国农民工返乡创业试点县建设，开展“涡阳老乡，请您回家”活动，2280人返乡创业。

推进城南新区建设，开工建设项目151个，建成项目69个，完成投资100亿元。路网建设、基础配套、公益项目、城区活水等“六大工程”基本建成，新建改建城市道路15条30千米，“五馆三中心”主体工程即将竣工，德园公园即将开园，“十一纵八横三河”路网水系贯通。征迁安置完成整村搬迁25个，拆迁面积110万平方米，在建安置小区16个、建筑面积165万平方米。老城区完成棚户区改造5263套，启动历史文化街区保护提升项目。完成房地产投资54.3亿元，销售商品住宅面积120万平方米。实施美丽乡村与特色旅游“双推进”示范工程，高炉镇单集中心村获评第五届全国文明村镇，10个镇驻地建成区整治、20个省级美丽乡村示范村通过省级验收，新兴红色小镇、义门千年古镇、曹市辉山红色村落特色彰显。

中央环保督察35个环境信访问题、省环保下沉督察16个问题，全部整改到位。完成加油站点地下油罐双层罐改造70家，取缔非法加油站点172处。清理“六场一站”544家，开展建筑工地、燃煤锅炉、餐饮油烟等十大专项整治行动。

投入资金14.25亿元，推进脱贫攻坚“十大工程”。实施产业扶贫项目7.61万个，惠及368个村和3万个贫困家庭。投资7.8亿元的117.48兆瓦光伏扶贫电站并网发电，368个行政村村均增加集体收入5万元，1.76万个贫困家庭户均增收3000元。投资1.2亿元与温氏集团合作共建156个养殖小区，覆盖78个贫困村6240户贫困家庭。累计发放贫困户扶贫小额贷款2.9亿元。实施教育扶贫、健康扶贫、就业扶贫，资助建档立卡贫困家庭学生19109人，贫困人口报销医疗费用1.04亿元，提供贫困家庭就业岗位10486个。完成贫困家庭危房改造8223户1.42万贫困人口迁新居。

投入54.6亿元用于民生事业，占全部财政支出88.4%，比上年增长12%。投入29.56亿元，全面完成31项民生工程。新增城镇就业人员1.95万人，转移农村劳动力1.88万人，城镇登记失业率低于4%。城市低保标准提高10%，农村“五保”集中供养财政补助标准提高28%，农村“五保”分散供养财政补助标准、低保标准由3150元提高到4310

元。完成农村道路畅通工程960千米。解决农村12万人安全饮水问题。城乡居民社会养老保险参保78万人，发放养老金5.92亿元。落实城乡居民医疗保险补偿资金8.87亿元、大病保险补偿资金4260万元。完成92所农村学校“改薄”、50所“村小提升”工程和第二个学前教育三年行动计划，城区45台标准化校车投入运营。

（杨 健）

【“涡阳大豆”获批国家地理标志证明商标】2017年7月，“涡阳大豆”获批国家地理标志证明商标证书。

涡阳县气候温和，雨量适中，雨热同步，光照充足，无霜期较长，光、热资源比较丰富且昼夜温差较大。气温、光照、降雨的变化特征和涡阳大豆的生长特性相契合。涡阳大豆种植历史悠久。涡阳大豆产区土壤由早期河流淤积而成，为砂礓黑土，富含钾、钼成分，耕性好，保水保肥能力强，适宜豆科种植生长。

“涡阳大豆”品质好，是豆类农产品深加工的良好原材料，特别适合加工豆芽、豆浆等豆制品。加工的豆浆口感香甜，泡制的豆芽脆嫩爽口，具有营养丰富，健脾宽中，润燥消水，清热解毒、益气的功效。

涡阳县加强对高蛋白大豆新品种的引进和改良工作，自主培育出皖豆12、皖豆14、涡豆5号、涡豆6号大豆品种，筛选出适宜本地种植的高蛋白大豆品种8个。制定《涡阳县高蛋白大豆栽培技术规程》，普及推广适时早播、宽行播种，提倡增施大豆配方肥等绿色增效种植技术。

2017年，涡阳县在马店集镇魏庄村建立高蛋白大豆科技示范基地66.67公顷，以马店集镇、龙山镇、青町镇、石弓镇、丹城镇为中心建立优质大豆专用品牌粮食生产基地3333.33公顷。

（杨 健）

【涡阳道源国家湿地公园通过国家验收】2018年年初，国家林业局正式公布2017年国家湿地公园验收结果，位于涡阳县的安徽道源国家湿地公园正式通过验收。

道源国家湿地公园位于涡阳县县城西北部涡河与武家河交汇处，规划总面积849.12公顷，湿地面积360.47公顷。湿地类型丰富，包括河流湿地、湖泊湿地、沼泽湿地、人工湿地等。其中，最主要的湿地类型为采煤塌陷地发育形成的近自然的湖泊湿地，以及涡河、武家河等河流湿地。

道源湿地公园生物多样性丰富。园内维管植物83科211属266种；野生鱼类资源5目11科34种；哺乳类动物5目8科14种；爬行动物3目3科5种；两栖动物1目3科7种；鸟类16目39科119种，其中，国家二级以上保护鸟类16种。湿地公园分为湿地保育区、恢复重建区、宣教展示区、合理利用区和管理服务区，实行分区管理。

（杨 健）

【2017年中国国际徽商大会涡阳县招商专场暨产业发展高峰论坛】2017年5月16日，“第十届中国中部投资贸易博览会和2017年中国国际徽商大会涡阳县招商专场暨产业发展高峰论坛”在合肥市举行。活动以“践行五大发展，把握转型机遇，实现涡阳崛起”为主题，就“积极承接高新技术产业转移，全力打造涡阳开放开发新高地”，就推进绿

图131 2017年，涡阳道源湿地通过国家验收（市林业局 供图）

色装备式建筑产业、循环经济产业，发展现代中药产业和大力实施“互联网+”发展战略等问题开展研讨。

专场活动现场，与会客商参观涡阳经济发展展板、观看涡阳县城市形象宣传片。来自省内外的客商和嘉宾共300余人参加高峰论坛。

涡阳县委副书记、县长熊国洪，鸿路集团董事长、安徽钢结构协会主席商晓波，华清集团董事长、中国表面处理（电镀）园区产业联盟副主席、安徽表面处理工程技术研究中心主任、安徽表面处理工程协会会长刘万青，中科院博士、安徽丰润生物公司董事长陈勇，一下科技董事长韩坤等专家学者和徽商领军人物出席论坛并分别发表“积极承接高新技术产业转移，全力打造涡阳开放开发新高地”“绿色装备式建筑产业现状和发展前景”“精心打造涡阳循环经济产业园的方法路径”“如何大力发展现代中药产业”“大力实施‘互联网+’发展战略，不断推动涡阳‘双创’工作迈上新台阶”等演讲。

活动中，涡阳县推介主导产业、多式联运中心及现代物流、双创中心“创客”服务、空港产业园、农业产业化、特色小镇等重点招商项目。签约“中国建材集团泰山公司——新型建材项目”“安徽鸿路钢构（集团）有限公司——高新（阳港）产业园”“江苏申轩智能电子科技有限公司——CNC（数控机床）加工项目”“炫一下（北京）科技有限公司——涡阳云计算中心项目”等15个重大合作项目，投资总额100亿元。

（杨　健）

蒙城县

【概况】2017年，蒙城县辖17个乡镇（街道）、1个省级经济开发区，人口137.5万人。实现地区生产总值271.7亿元，同比增长9.2%。实现工业总产值225亿元，增长21.1%；完成固定资产投资217.2亿元，增长15.6%。财政收入28.28亿元，增长16.5%。城镇和农村常住居民人均可支配收入分别为27260元、11901元，分别增长8.8%、9.7%，城乡居民人均收入倍差进一步缩小；城镇登记失业率3.9%；物价总体保持稳定。

土地流转面积7.8万公顷。培育现代农业产业化联合体5个，发展省级示范家庭农场5个、省级示范合作社2个；新增无公害农产品产地认定7个，新增无公害农产品、绿色食品认证15个。种植经济类作物4.73万公顷，占土地确权面积的32.8%；全县规模养殖比重83.2%。规模以上农产品加工产业完成产值84.9亿元，增长17.5%。规划建设漆园、辛集现代农业示范园、农产品电商园。

三大主导产业完成工业总产值148亿元，增长16%，占全县工业总产值的66%。其中，汽车及农机装备制造产业实现产值31亿元；食品制造及农副产品加工产业实现产值91亿元，增长18%；新型建材及智能家居产业实现产值26亿元，增长23%。高新技术产业增加值增长8.6%；新增战略性新兴产业企业6家，完成战略性新兴产业产值7.8亿元，增长30.4%。

开发区98家规模工业企业完成产值115.6亿元，增长22.5%，占全县的51%；实现规模工业增加值28.5亿元，增长12.1%，占全县的52.8%；三大主导产业实现产值92.4亿元，占全县主导产业产值的62%。开发区新落地亿元以上项目22个，其中10亿元以上工业项目3个，5亿元以上工业项目4个，计划总

图132　蒙城城市新区（蒙城县政办　供图）

投资102.7亿元。

服务业实现增加值112.3亿元，同比增长10.9%。限额以上商贸企业总数185家，实现营业收入36亿元，增长18%，实现利润总额4亿元，增长20%。围绕打造区域物流中心，加快物流园区和物流配套设施建设，鼓励物流企业退城入园，广运物流园入驻物流企业70家。全县物流行业从业人数超10万人，大中型货运汽车超6万台，实现增加值超10亿元，年纳税总额2.5亿元。农村电子商务物流配送中心投入运营，农村电商服务网点及农村物流配送体系实现县、乡、村全覆盖。电商从业人员1.1万人。电商产业园入驻企业61家，年交易额突破6亿元，增长17.8%。

建设智慧城市三大中心，完成城区23条总长69千米的道排清淤工作。铺设及改造供水管网50千米，第三自来水厂建成试运营，日供水能力增加8.5万吨，满足居民用水需求。完成丽都花园、干鲜果大市场等老旧小区升级改造。实施庄子大道、安驰大道等绿化提升项目，新建街头绿地20万平方米，城市建成区420万平方米的水系绿化实现市场化管养。日常监管梦蝶湖公园、逍遥公园、鲲鹏公园、万佛塔公园。推进美丽乡村建设，完成7个乡镇政府驻地建成区整治，建成1个省级美丽乡村，编制完成9个乡镇政府驻地建成区整治和21个美丽乡村规划方案。吕望布艺绣花小镇进入市级特色小镇培育储备库。农村危房改造4863户。实施农村“六网”改造提升工程，建设农村污水管网和小型生态处理设施。开展农村污水、垃圾、厕所“三大革命”。

发展产业扶贫项目户2.9万户。落实林业产业扶贫5000公顷。建成光伏扶贫电站360个，实现60个“村户联建”贫困村村集体收入6万元，13759个“户户联建”贫困户增收2000元，2200个“户贷企用”贫困户增收3000元。举办乡村文化旅游节，为贫困户增收136.8万元。安置建档立卡贫困人员就业3279人。40162名贫困人口享受到综合医疗保障政策。实施建档立卡子女就学资助15371人，发放补助资金2696万元。扶贫小额信贷授信5592户，发放扶贫小额贷款2.6亿元。完成18个贫困村22个电网改造任务。

城镇新增就业1.32万人，农村转移劳动力2.56万人，就业技能培训4517人。城镇职工养老保险参保人数4.8万人、失业保险参保人数3.5万人、职工医疗保险参保人数4.4万人、生育保险参保人数3.1万人、工伤保险参保人数4.3万人。完成31项民生工程，投入民生工程资金36.9亿元，增长29.4%。常住居民人均可支配收入16970元，增长9.5%。新开工棚户区改造住房10760套。

（乔春林　王丽娜）

【中国好人第一县】截至2017年年底，蒙城县累计上榜“中国好人”45人，高出全国县级平均数10倍，成为“中国好人”第一县。“好人蒙城、君子之乡”成为蒙城的“名片”。蒙城县多次获全省文明县城荣誉，省、市、县文明单位层出不穷。在县民政部门注册的公益团体多达十余个，组织开展志愿服务活动，全年参与活动人数6万余人次。蒙城县有“蒙城好人网”向社会宣传好人好事；建有蒙城好人馆，免费向社会开放。蒙城县已连续8年举办“感动蒙城”道模范评选，从见义勇为、孝老爱亲、助人为乐、诚实守信等方面对当年表现突出的好人好事进行表彰。每月评选10余名“蒙城好人”，推报为上一级好人候选人，全年评选出“蒙城

图133　2017年9月20日，安徽省道德模范与身边好人现场交流活动暨第五届亳州市道德模范颁奖典礼在蒙城县举行。（市文明办　供图）

好人”120人，入选“中国好人”4人、“安徽好人”4人、“亳州好人”19人。

（乔春林　王丽娜）

【蒙城经济开发区被评为全省第五批新型工业化产业示范基地】 2017年，蒙城经济开发区被评为全省“产城一体化”试点园区和全省第五批新型工业化产业示范基地。

蒙城经济开发区建成面积15平方千米，基础设施覆盖面积20平方千米。开发区各类企业260家（含汽车销售企业），累计实现经营销售收入160.3亿元，同比增长24.8%；其中2000万元以上的规模工业企业98家，累计实现规模以上工业总产值111.8亿元，同比增长20.7%；规模工业增加值增长12.3%左右；累计实现税收8.5亿元，增长29.8%。开发区基本形成汽车及机械加工制造、农副产品加工、建材及智能家居制造业三大主导产业。其中，以江淮汽车集团投资13.6亿元的年产15万辆微车项目为代表的汽车及机械加工制造企业有19家；以雨润宏健五洲牛肉制品项目、东升食品、强英食品公司为代表的农副产品加工企业有28家；以上元新型家居、金福瑞家具、灵感科技为代表的建材及智能家居企业有36家。2017年，三大主导业实现规模工业总产值98亿元，占全区工业总产值的88%。

本年度，全省开发区开展土地集约利用评价工作，在产城融合发展型开发区排序中，蒙城经济开发区位居第六名。在全省开发区综合考核工作中，蒙城经济开发区位居全市首位、全省第26名，进入全省前30强，受到省政府表彰。

（乔春林　王丽娜）

利辛县

【概况】 2017年，利辛县辖23个乡镇361个村（居）委会，辖区面积2004.5平方千米，人口167.9万人。实现地区生产总值215.1亿元，同比增长8.7%；固定资产投资153亿元，增长11.5%；财政收入20亿元，增长16.3%；规模工业增加值增长12.1%；高新技术产业增加值增长14.5%；社会消费品零售总额105.7亿元，增长11.8%；金融机构年末各项存款余额344.4亿元，贷款余额190.3亿元；城镇常住居民人均可支配收入26679元，农村常住居民人均可支配收入10740元，分别增长8.5%和9.6%。

粮食总产120万吨。培育家庭农场907家，扶持农民专业合作社2391家，创建国家级示范社4家、省级示范农场16家。农村承包土地确权登记颁证工作全部完成，流转（托管）土地5.67公顷。秸秆禁烧实现重点时段监测“零火点”目标，秸秆综合利用率89.8%。改造提升种养结合示范场17个，规模养殖比重83%。小型水利工程改造提升、淮干一般堤防加固等水利重点工程全部完工。

启动县经开区体制改革，完善“一区三园”功能，经开区入驻企业166家，其中新投产22家。出台支持工业经济发展实施意见，设立工业发展专项资金5000万元，做大做强食品加工、丝网服饰、汽车改装及零部件加工等优势产业，发展壮大光伏发电、电子信息、生物医药等战略性新兴产业。完成技改投资17.5亿元，增长243.1%，新增规模工业企业29家，规模企业总计206家，其中高新技术企业8家、省“专精特新”企业13家。翰联纺织被认定为国家“两化”融合示范企业，浩翔农牧被批准为农业部猪肉质量安全控制重点实验

图134　利辛县城市建设（房付韬　供图）

室建设企业和国家级星创天地。

第三产业增加值完成77.4亿元，同比增长10%。新增限额以上商贸企业33家、进出口实绩企业10家，实现村级电子商务服务网点全覆盖，成功创建国家级电子商务进农村综合示范县。依托水资源优势，推进“一带两区”和“一河三镇四村”乡村旅游示范点建设。开展利辛嘉年华文化体育旅游年活动，旅游热度提升。创建省级四星级农家乐2个，国家AAAA级和AAA级旅游景区各1个，利辛县阚泽湿地公园被批准为省级湿地公园。

实施“地净、路畅、水活、天蓝、林拥城”工程，推进小城大美建设。启动县城市政设施及公共服务设施综合规划、县域乡村建设规划、经开区控制性规划等规划编制工作，编制完成2017年省级美丽乡村示范点建设规划。抓建设，投入2.3亿元，实施城市道路、污水处理、地下综合管廊等6类85项城市建设工程，新建续建城市道路6平方千米，完成小街背巷路面硬化4.5万平方米、城区绿化45万平方米，建设绿道10.5平方千米，建设公园广场5个。新建续建住宅小区27个，实施棚户区改造1578套（户），分配公租房3115套。建设省级重点中心村70个，市、县级中心村22个，整治改造旧村庄示范点346个。新建改造农村道路1153.7平方千米，提前完成2016—2018年度目标任务，被评为全省第一批城乡道路客运一体化示范县。实施“互联网+城市”行动计划、“四创一建”推进工程。

引进内资336亿元，利用外商直接投资1.53亿美元，同比分别增长12.6%和9%，新建续建项目194个；新签约千福鑫精密电子、杰达纺织等项目44个，其中，亿元以上项目28个、工业项目25个。实施省重点考核项目40个、市重点考核项目66个，分别完成投资81.50亿元和102.6亿元，信义光伏、嘉利织造等一批省、市重点项目建成投产，建设生活垃圾焚烧发电、伯希和户外装备等亿元以上项目。建设PPP项目。

财政收入首次突破20亿元，增长16.3%。争取上级资金46.09亿元。新增贷款34.81亿元，累计落实企业担保贷款7.58亿元。实施土地复垦整理项目127个，增减挂钩城乡建设用地200公顷，复垦利用工矿废弃地66.67公顷，新增耕地133.33公顷。规范完善土地征迁、储备机制，制定出台优化项目建设环境实施方案，推进存量闲置建设用地集中清理处置专项行动。征收土地280公顷，拆迁17万平方米，制止违法用地和违法建设238宗，立案查处24宗，拆除违建1.57万平方米。深化“放管服”改革和商事制度改革，实现企业登记全程电子化。畅通“政企直通车”微信服务平台，累计办结问题260个；推进“四送一服”双千工程，帮助企业解决困难86个。网上办事大厅累计受理群众申办事项112.91万件，办结99.32万件，满意率99.99%；“12345”县长热线服务平台累计受理群众诉求2.98万件，办结率100%。整治强买强卖、强揽工程、恶意阻工等违法行为，优化发展环境。

投入37.84亿元，全面完成32项民生工程年度任务。改造提升农村敬老院食堂46所，新增社会养老床位200张。开展就业技能培训3025人次，新增就业9600人。新农合受益补偿437.40万人次，支出补偿资金8.49亿元。全国基层中医药先进县创建工作通过省级初评验收，阚疃、王人中心卫生院获国家级“群众满意的乡镇卫生院”称号。利辛被国家评估认定义务教育发展基本均衡县，受到市委市政府通报嘉奖；利辛的“控辍保学”工作经验在教育部新闻发布会上交流推广。建设村级综合文化服务中心示范点和贫困村综合文化服务中心各7个，完成“送戏进万村”演出692场、农村电影放映4230场。抓好“平安利辛”“法治利辛”建设，连续6届保持“全省平安县”荣誉；开展“百日除患铸安”专项行动，全面做好隐患排查和问题整改工作。

对中央环保督察交办的40件问题全部整改销号，反馈的18件问题全部落实整改措施并销号11件；拆除或关闭混凝土搅拌站24家，关闭或搬迁禁养区内畜禽养殖场（户）168家，拆除非法经营加油站点141家，改造加油站点91家、地下油罐254个。农村“三大革命”、推进农村清洁工程，完成农村厕所改造2万户。县乡村三级“河长制”全面推行。阜蒙河城区段、车辙沟南段等4条黑臭水体完成治理，西淝河断面水质保持在三类。推进千万亩森林增长工程和高标准农田防护林建设工程，创建省级湿地公园1处，省级森林城镇10个、森林村庄43个。发展绿色能源，光伏发电规模达到202.6兆瓦，生物质电厂开工建设。

本年度，利辛县获“中国最美乡村旅游目的地”称号；被评为第四届安徽省文明县城、全省第一批城乡道路客运一体化示范县，连续3年被评为全省美丽乡村建设先进县；被评为全省人工影响天气标准化县，成功创建省级农产品质量安全县。永兴镇诸王村被评为全国改善农村人居环境示范村，程家集镇赵桥村被评为全国文明村镇。

（房付韬）

【精准扶贫】2017年，利辛县落实各类脱贫措施，实现34039户68256人脱贫，8个贫困村出列，年度脱贫攻坚工作通过省第三方监测评估。围绕“一过线、两不愁、三保障”，累计投入18.19亿元，实施到村项目1228个，到户项目14.65万个。“人脱贫”方面：实施产业扶贫。推广“四带一自”产业扶贫模式，建设存栏240万只德青源蛋鸡产业链项目，带动8000人年均增收3000元；帮助强英鸭业在全县90个贫困村建设90个肉鸭扶贫养殖小区，引进正大集团建设100万头安全可追溯猪源产业链项目；鼓励全县农民专业合作社参与扶贫济困，带动贫困户1.2万余户；家庭农场、种养大户带动2246户。实施林业扶贫，引导贫困户自主种植苗木，县财政给予每亩每年1000元的生态林补贴，连续补贴10年。落实扶贫生态林种植面积6.8万平方千米，其中已整地4.73万平方千米、栽种1.94万平方千米。实施就业扶贫。开发公共服务性岗位1.4万个，每人每月获劳务补助600元。组织县经开区企业到村开办“扶贫车间”，建成“扶贫工厂”9个，打造就业扶贫驿站4个。实施光伏扶贫。建设户用光伏电站1.25万座、村级光伏电站930座，覆盖贫困户4.6万户，户均收入3000元以上，村均集体收入40万元以上。实施金融扶贫。推行“自贷自用自还”模式，累计发放扶贫小额贷款1.45万户6.89亿元。“村出列”方面：高标准完成8个贫困村出列任务，解决90个贫困村安全饮水问题，完成贫困村电网改造工作，建设农村道路畅通工程270平方千米，光纤到村、网上办事大厅代办点覆盖所有村。“三保障”方面：实施教育扶贫，推进“寒门圆梦”计划，资助贫困学生1.77万名，资金2508.89万元。实施健康扶贫，在全面落实省扶贫政策基础上，实现“两突破、两优先”，全年累计补偿11.44万人次，补偿基金支出3.70亿元。实施易地扶贫搬迁和危房改造，全面完成1404户易地扶贫搬迁和1.18万户危房改造任务。体制机制更加完善。健全帮扶机制，实现驻村工作队、单位包村、干部包户、扶贫档案员4个全覆盖，全县有1.42万人与贫困户结成对子，90个贫困村均有企业帮扶。健全防逆机制，围绕“一增一减一提高”，杜绝返贫现象的发生。健全考核机制，开展扶贫领域“懒政怠政、不作为慢作为”专项整治行动，问责县乡村干部60余名。

（房付韬）

【“控辍保学”工作在教育部作经验介绍】2017年9月5日，国务院办公厅印发的《关于进一步加强控辍保学提高义务教育巩固水平的通知》对外公布，教育部召开“控辍保学”工作新闻发布会就文件相关问题回答记者提问。利辛县是此次发布会唯一的县级单位代表，就近年来控流保学工作的具体做法、取得的成绩

图135　2017年，利辛县均衡教育成果（房付韬　供图）

及典型经验在大会上进行介绍。

完善义务教育管理体制，落实县乡两级政府职责。在教育管理体制上整合理顺。按照安徽省教育厅、亳州市教育局统一部署，利辛县委、县政府先后出台《乡镇人民政府和县政府有关部门教育工作职责》《利辛县进一步深化义务教育管理体制改革　完善农村学区管理实施方案》等文件，对原县管农村中学与乡镇初中进行整合，统一纳入学区中心学校管理，强化乡镇政府对属地学校的管理。在落实管理职责上强化考核。2009年、2014年，出台利辛县"教育振兴工程"第一个和第二个五年计划，每年对乡镇政府履行教育职责情况进行考核评比，将"控辍保学"作为对乡镇政府履行教育职责考核的重点内容。在"控辍保学"措施上"双线"推进。政府部门建立"县长、乡镇长、村长"三级包保网络，从政府、社会层面做好义务教育政策宣传和返校就读保障工作；教育部门建立"局长、校长、师长"三级包保网络，利用学籍管理系统为每一名具有辍学倾向的学生明确包保责任人，做好家长的思想工作和学生的课外辅导。

提升农村学校办学水平，保障贫困家庭子女就学。改善农村办学条件。2011—2017年，利辛县利用校舍安全工程、中小学校舍维修改造项目和"全面改薄"等项目建设资金，连续5年实施"村级小学提升工程"，改善农村中小学办学条件。2017年投资近13.8亿元，新征教育用地137.6公顷，规划建设校舍49.6万平方米、运动场65.7万平方米，大力推进义务教育发展基本均衡县创建工作。全县学生外流数量明显减少，义务教育在校生数由2012年的17.2万人，提高到2017年的19.5万人。为中小学配备电子白板等教育信息化教学设备。全县中小学宽带网络接入、"班班通"设备实现全覆盖。安徽基础教育资源网、"在线课堂"等信息化优质资源在农村中小学普遍应用。在全县学校推行精细化管理和特色学校创建工作，实行"网格化"管理，提升农村学校管理水平。开展体育艺术"2+1"、校园足球等文体活动，发展学生特长。实施"寒门圆梦"精准扶贫助学计划，构建从学前教育到高等教育全覆盖的困难家庭学生资助体系。全面落实义务教育"两免一补"和农村学校学生营养改善计划，免除相关费用，为每位建档立卡贫困家庭子女每年补助800元生活费，按小学1000元、初中1250的标准补助寄宿生生活费；对孤儿、残疾学生、经济困难残疾家庭学生和因家庭成员患重大疾病或意外事故造成特别困难的在校学生，按照每生每年500～2000元不等的标准扶助，确保每一名学生不因家庭贫困而辍学。

改革教师管理体制，稳定农村教师队伍。利辛县从2015年就推行教师"无校籍管理"改革，成立教师管理服务中心，校长、教师实现定期交流轮岗，激活师资队伍活力。补充年轻教师充实师资队伍。通过省级统考、引进人才、"特岗计划"等途径，逐年加大教师补充力度。2017年，全县共补充义务教育阶段教师771名。提高乡村教师待遇，稳定农村教师队伍。利辛县从2013年始落实乡村教师生活补助，从2015年始发放乡镇教师工作补助，最偏远学校教师每月可以多领取各类补贴1170元。加大教师周转宿舍建设力度，2017年，新建农村教师周转宿舍772套，乡村教师生活条件改善，为"控辍保学"工作奠定师资基础。

（房付韬）

标准建制镇

谯城区古井镇

【概况】2017年，古井镇总面积118平方千米，耕地面积7533公顷。辖13个村委会，160个自然村，常住人口8.2万人。集镇规划区18平方千米，建成区8平方千米，镇区常住人口3.6万人。是中国老八大名酒之一古井贡酒产地。

改善基础设施，加大招商引资力度，培育工业经济新的增长点。与安徽路网集团合作，投资8000万元，建设古井电子创业园；投资4.85亿元的LNG项目落地；乐酒家园项目土地完成流转和拆迁，开始施工建设。上技改项目36家，固定资产投资8.2亿元；招商引资项目23家，实际到位资金11.3亿元；增加规模以上工业企业6家。实现财政收入1.635亿元。

开展农村环境综合治理和垃圾分类工作。投入509万元用于垃圾保洁、分拣、清运、处理，优先保障环卫基础设施建设和环卫人员经费，配备村级环卫专干，设有害垃圾回收站、建筑垃圾填埋点，13个村级有害垃圾回收点、167个无害化垃圾填埋点，安装安全警示标志和标牌。收集有害垃圾5万千克，无害化垃圾填埋坑使用率100%；在市、区农村清洁工程检查综合排名中，3次月评比进入前5名。

按照“一收入、两不愁、三保障”的标准，对全镇建档立卡贫困户，反复核实信息，确保国办信息表、扶贫手册和贫困户实际情况相一致。对2017年拟脱贫贫困户，制定精准帮扶措施，落实帮扶资金739.3万元。全镇种植扶贫23户，落实种植补贴10万元；养殖扶贫20户，落实养殖补贴11万元；光伏扶贫354户，落实户用光伏收益92万元；金融扶贫141户（其中自用11户），小额信贷贴息收益30万元；危房改造206户，落实补贴388万元；贫困户农饮水补贴787户，每户补贴60元；镇财政落实贫困户日托看管服务721户，每户1200元。林业扶贫885户1440人，享受林业扶贫政策，打卡发放林业种植补贴117万元。2017年度拟脱贫的256户466人通过第三方评估，据评估人员反馈，评估的精准识别率、脱贫率和满意度均为100%。

图136　古井镇玉泉广场（怀会志　摄）

落实人口与计划生育目标管理责任制。信息化建设零误差，孕前优生健康检查341例，完成妇幼类基本公共卫生服务以及儿童计划免疫工作。

坚持领导班子成员接访制度，完善矛盾纠纷排查工作机制和各项工作制度，发挥人民调解委员会和大调解中心的作用，使问题解决在基层。全镇排查纠纷396起，成功调处390起，调处成功率98%；接待初信初访22起，化解21起，化解率95%。

全镇323户农村“五保”集中供养64户，分散供养259户，发放资金145.6万元；对全镇432户农村低保户，发放低保资金271.6万元；对全镇29户困难家庭实施医疗救助，发放资金7.2万元；对全镇13名孤儿，按每月每人900元打卡发放，发放资金14万元；对全镇364名重度残疾人发放资金26.2万元；对246户建档立卡贫困户实施危房改造，补助资金474.4万元；投资28.5万元对敬老院升级改造。新农合筹资任务完成95%；投资500余万元新建高楼小学和幼儿园，古井中心中学升学率位居全区农村中学前列。

（怀会志）

【特色小镇建设】2017年，古井

镇聘请中国建筑设计院编制古井镇15平方千米的特色小镇概念性规划和3平方千米的核心区城市设计规划，通过专家评审和区规委会审批。按照规划，古井镇与中古旅游公司就特色小镇建设达成投资协议，按照PPP项目模式建设，总投资30亿元，建设期限5年，获谯城区政府批准。聘请济南市政工程设计院设计《古井镇城市绿地系统专项规划（2015—2030）》。完成古井镇美丽集镇文化提升专项规划设计。投资1000万元完成小康路、减王路、晨野路、辉煌大道的雨污水管网改造工程；完成人民路施工图设计、造价，进行招标；投资1.4亿元的小康路工程和安徽路网集团对接，按照PPP项目模式进行建设；投资126.6万元的古井大道绿化工程，投资115.9万元的街道路灯亮化工程，投资59.7万元交通安全设施工程，投资384.3万元的古井大道立面改造工程，投资649万元的小洪河绿化工程，投资1343.3万元的鸿雁沟、小鸿雁沟、大鸿雁沟、单家沟绿化工程，投资95.6万元玉泉工程改造工程全部完工；在省政府对谯城区美丽乡村建设集镇建成区考核中作为推荐单位代表区进行迎检。

（怀会志）

【美丽乡村建设】2017年，高楼美丽新村通过省级验收。后老家美丽新村是全市美丽新村建设示范点，新村规划建设486户，拆迁改造前刘、后刘、毛店、减吴4个自然村，按照新村建设“四自”方针和“高起点规划、高标准建设”的要求，开工建设260户，前刘、后刘旧村拆迁60户。赵楼村获全省“文明村镇”。

（怀会志）

【观光田园建设】2017年，古井镇围绕中华酒谷建设，发展观光休闲旅游农业。流转土地80公顷投资1亿元的集吃住玩和体验为一体的“乐酒家园”项目签约规划建设；青岛日电光伏电厂的种植核心观光游览区建成；药王村成功申报国家级“田园综合体”，由华东建筑设计研究院有限公司安徽分公司设计，预计投资12.33亿元，按照“一心、两轴、双蝶、两翼、多点”为构架，打造出“以药为引，以蝶为线，九酝陈酿，醉心田园”的风情之乡，力争将药王田园综合体打造成为中部地区最具有领先水准和示范性的观光体验田园综合体，建成国内最具特色的药、酒、农耕文化体验园区和特色循环现代农业示范基地，树立安徽省乡村康养新标杆。

（怀会志）

【土地增减挂钩及基本农田治理】2017年，谯城区政府下达古井镇增减挂钩项目任务42公顷，完成项目测绘入库71.27公顷，完成组卷43.67公顷。各个拆旧项目区在拆迁和复垦。林地复垦17公顷，净增耕地16公顷，6月，市国土资源局组织验收。古井镇国土所联合镇行政执法队每天动态巡查，查处违法占地、违法建房6处，要求自拆2户，强制拆除4处，面积近2300平方米。门庄村高标准基本农田建设项目面积440公顷，投资660万元，完成桥涵、机井、疏浚工程。

（怀会志）

谯城区双沟镇

【概况】2017年，双沟镇总面积180平方千米，耕地面积11666.67公顷，辖18个村委会，人口9.7万人。财政收入1212万元。居民人均可支配年收入12590元。完成招商引资项目7个。续建项目7个，新建项目5个。小麦高产创建1333.33公顷，玉米高产创建666.67公顷；林地面积3066.67公顷；果树、花卉、油用牡丹等超过666.67公顷。孟大村实施千亿斤粮食增产现代农业项目。玉启农机专业合作社被省农委命名为“全省农机示范合作社”。三官万亩核桃产业示范区推广“林套药”“林套菜”“林套瓜”模式；刘庄邹李村成为亳州市藏红花种植基地；闫庄、邹李等村朝天椒等成为农民收入支柱产业；扶持家庭农场、采摘园近百家，蔬菜面积、优质水果、名优花卉面积超过666.67公顷。

实施镇村公路建设项目28个;2016年38千米畅通工程通过验收。美丽集镇建设投资8000余万元，完成105国道镇区内辅道及和谐路、人行道、雨污水、绿化、供水修建提升改造工程，和谐路、紫秋南路道路出新工程，沿街店招立面改造、镇文化综合服务楼新建及广场改造。完成污水处理厂后期征地、三通

图 137　双沟镇民间艺术大班会(李兴田　摄)

及一期工程建设，建设5000吨处理能力的二期污水处理厂。天然气城镇管网工程开工建设。纳入储备项目区23个地块，面积76.33公顷，拆旧复垦，等待验收；审批农村农民建房260户，土地复垦增加耕地面积80公顷。

全镇有贫困户2853户，贫困人口5693人。2017年脱贫1201户，2626人。产业扶贫1236户2569人。危房改造237户。36座187.2千瓦的光伏电站，全部并网发电，覆盖帮扶贫困户1080户。实现教育扶贫政策全覆盖。王各、任小庙两个贫困村出列。“失能五保老人集中护理中心”投入使用，实行医疗、护理、养老一体化。

镇卫生院和市人民医院建立“医共体”帮扶关系，家庭医生签约服务12335人次，贫困户全覆盖。宣传婚育新风，救助计生贫困母亲15户，发放民生工程奖扶资金120余万元。对辖区18家药店、110户食品店进行每月一次的全覆盖检查，对11家学校食堂、4家企业和敬老院食堂现场指导并全部通过验收达标；办结经营劣药案件10件，发展个体工商户670户，农民专业合作社12家。网上办事受理26083件，办结22422件。养老保险缴费人数35001人；完成生存认证老人1.2万人；补缴和完善养老保险个人信息31067人；维护贫困人员就业创业脱贫系统。开展禽流感防治和重大动物疫病防控服务。

受理矛盾纠纷436件，化解434件，调处率99.54%，摸排三级以上精神病障碍患者134人。开展法制宣传12场次，发放法制宣传资料2万份，为70人次提供56件法律援助。排查出矛盾纠纷案件17件，全部办结。

责令停产整改3个窑厂，处罚整改2家污染养猪场，拆除1家混凝土搅拌站；办理环保投诉热线45件；依法拆除黑心棉小作坊3家，关闭小化工作坊1家，完成黄标车淘汰38辆，整顿7家建材销售商。午秋两季秸秆禁烧实现禁烧零火点。建设无害垃圾填埋点160余处，改建有害垃圾收购点18处，扩建中转站1个，境内交通主次干道沿线、河流沿线和街道沿线暴露垃圾清除。在105国道两侧和商合杭高铁两侧栽种绿化树种红森槐、大叶女贞、桂花树64公顷，王阁村获省级“森林村庄”称号。依法取缔4家煤矸石、碎石加工厂，2家非法经营成品油代售点，3家无证零售烟花爆竹代售点。

全镇村村通广播全部正常使用，创新广播播出内容。开展移风易俗工作，发出移风易俗倡议书，召开群众动员会，绘制移风易俗文化墙，2人负责新闻报道。双沟剧团、红脸王剧团获“全省百佳”，戏剧惠民演出突破500场次；农民广场舞在市区大赛获奖；全镇曲艺工作者在省、市、区大赛中多次获奖；依托四关五会打造“中国民间文化艺术之乡”。

本年度，双沟镇被评为“安徽省十佳书香镇”“安徽省森林城镇”。双沟剧团、红脸王剧团获“全省百佳”；农民广场舞在市区大赛获奖；全镇曲艺工作者在省、市、区大赛中获奖。

（申从珊）

【书香村居建设】2017年，双沟镇开展书香村居建设。建设书香文化大院，成立书香文艺演出队，文艺演出50余场次，在全区书香文艺会演中获创作奖、组织奖、演出奖。在主要道路都设置书香文化墙1000余平方米，放映红色电影100余场次，开展群众广场舞等活动60余次，发表书香村居工作稿件50余件。开展乡贤模范评比工作，对18人进行表彰，在文化广场设立乡贤榜供群众参观学习。被评为“安徽省十佳书香镇”。

（申从珊）

【双沟镇第一届文学艺术界联合会】2017年8月18日，亳州市谯城区双沟镇举行第一届文学艺术界联合会成立大会，是亳州市第一家乡镇文学艺术界联合会。有摄影家协会、作家协会、曲艺家协会、戏剧家协会、音乐舞蹈协会、民间艺术家协会、书法家协会7家协会，会员868人。会议确定聘请8名名誉主席，选举1名主席，3名副主席，正、副秘书长，31名委员，通过《双沟镇文联章程》。文联成立旨在发挥组织、协调、联络、服务文艺工作者的作用，增强凝聚力和号召力，发展文艺事业。

（申从珊）

涡阳县城关街道办事处

【概况】涡阳县城关街道办事处是全国重点建设小城镇，安徽省文明县城。历史悠久，人文景观较多。境内有捻军会盟旧址、凤凰亭、华祖庙、英公祠、城隍庙、马玉昆帅府、马玉昆公馆、天主堂等省、市、县级重点文物保护单位多处，旅游资源丰富。2017年，城关街道办事处辖区面积17.68平方千米，总人口13.6万人。

完成财税收入1.63亿元。完成招商引资机动车配件厂投资0.8亿元，佳宏挂车厂投资0.36亿元，已审批落地；和风涡阳包河与武家河风电场项目（总投资10亿元）已经发改委审查。

拆除违法建筑2200平方米，实现违建零增长目标。对青年路、郝庄菜市、康宁路、三里庄菜市、卫生巷等街道加大清理力度，确保无店外经营和流动摊点，搭台演出整治工作步入正轨。

完成城乡居民临时救助50余人次，城乡低保医疗救助90余人次。发放重度残疾人护理补贴372人，7万余元；农村低保每月打卡发放7950元；优抚对象112人，共计发放70余万元。全面清理整顿城乡低保，清退城市低保987余户、1351人，共有农村低保16户、24人；城市低保471户、672人。帮助群众网上办理日常事务5060件。

处理来信来访365件，排查矛盾纠纷189件，化解信访积案22件，引导信访诉讼维权4人，砂轮厂、猪毛厂、都市花园等企业项目遗留问题处理有序推进。

本年度，涡阳县城关街道办事处被评为全省信访维稳工作先进集体。清洁工程检查、文明指数测评、“三线三边”检查在全县排名第一。

（城关镇街道办事处党政办公室）

【重点项目建设】2017年，涡阳县城关街道办事处协调都市花园、天鹅湾、百合苑三个城建遗留项目建设，推进和完善用地、规划、施工等相关手续，督促施工方加快项目建设。截至2017年年底，天鹅湾主体工程完工，用地方面的“四证合一”完成，工程规划许可正在办理；完成都市花园规划审批设计的面积测绘工作，国土部门对其超容积率部分进行土地评估；完成百合苑小区综合验收，即可交房，小区外接强电正在施工。推进新建项目建设，完成顺河路征迁，征地9.55公顷，采伐树木2万余棵、迁移坟墓136座，征迁房屋15000平方米。向阳路拓宽项目，完成征地1.29公顷，迁移坟墓135座，骨灰盒87个，发放补偿款230万元，向阳路老城区段进行拓宽施工。新城安置小区完成木材市场搬迁，加油站搬迁工作有序进行，征收集体土地0.89公顷，收储国有土地2.67余亩。乐行宾馆安置房建设开工建设。“六闸一站”征地项目，完成土地征收、地面附属物清缴，施工有序进行。大社区服务中心建设完成钻探工作，在进行深度设计。

（城关镇街道办事处党政办公室）

涡阳县高炉镇

【概况】高炉镇是千年古镇、皖北名镇、酿酒之乡，全国小城镇建设重点镇、安徽省优秀旅游乡镇。2017年，高炉镇辖15个村（居）委会，辖区面积120.7平方千米，耕地面积7400公顷，林地1066.67公顷，人口7.5万人。

全镇有规模养殖场43家，各类专业合作社84家，省级1家，市级6家。大呼、代集两村实施高标准农田建设。修建大、中沟涵管桥209座，新打机井100眼，机电井房100座，固定喷灌100座，清淤沟渠1.94千米，水沟清

图 138　高炉镇污水处理厂（高炉镇　供图）

淤 87.16 千米，新建拦水溢流坝 2 座，购置太阳能杀虫灯 100 盏，栽植田间林网 17000 株。抓好特色种养业和农业产业化经营扶贫工作，开展农业产业帮扶，促进贫困群众稳定增收。高炉镇安庆菇源食用菌有限公司和农家女兔肉专业合作社吸纳贫困户 60 余户，实施进厂参与，年终分红，每人不低于 6000 元。植树造林 271.67 公顷，实现增彩、增绿、增果，修建水泥路 16.57 千米，植树造林 1.4 万株，开挖土方 12 万立方米，项目实施后实现旱能浇、涝能排。新购置大中型农业机械 127 台，喷灌机械 386 部。有大型联合收割机 412 台，大中型拖拉机 165 台，配套机具 420 台套，总动力 51450 千瓦。

推进徽酒集团、如一淀粉、宏伟印务、鑫聚源管业等企业实施新的技改项目，提升市场竞争力。为本地的企业牵线搭桥引技术、引资金，利用本地白酒产业优势，开展和外地白酒企业的合作。开展招商引资和全民创业，有规模工业 14 家。完善园区配套设施建设，建成高炉污水处理厂，日处理污水 8000 吨，提高工业废水处理能力。引进道源工艺品有限公司工艺品加工等项目，总投资 2000 余万元。

坚持规划先行原则，挖掘“涡河文化”和“酒文化”，按照县委、县政府统一规划部署，突出特色，规划实施“1234”工程。申报一个省级中心村，两个市、县自主建设中心村，推动美丽集镇建设，迎宾大道、高炉大桥改造升级，绿化、美化街面、路网；拆除多处违法建设、私搭乱建，集镇面貌改善。

农村清洁工程推向市场化运作。落实农村垃圾分类措施，对无害垃圾进行卫生填埋处理；有害垃圾采取收集、有偿回收、转运的办法予以处理。建立三级有害垃圾分类处理设施，每自然村建立无害垃圾填埋坑，每行政村建立有害垃圾回收点，依托原垃圾中转站建立有害垃圾中转站。每 300 人有一个保洁员，每村配一个有害垃圾回收员，配备两个有害垃圾收储员。建立“农户分类、保洁员收集、镇村转运、县处理”的垃圾回收转运机制及有害垃圾长效管理机制。推进农村垃圾污水厕所专项整治“三大革命”。

实施农村道路畅通工程，修建道路 51.258 千米，加宽道路 9.46 千米。加快自来水到户工程建设，赵沃自来水厂约铺设自来水管道 33.1 千米，覆盖四零居委会和赵沃、杨楼、杨大、杨瓦房、陆杨等村，解决 4837 户 2 万余人安全饮水问题。累计发放“五保”生活补助 103.35 万元、农村低保救助金 142.25 万元、残疾人救助资金 58.33 万元。

（高炉镇党政办公室）

【单集林场并入高炉镇】2017 年 7 月，涡阳县撤销单集林场，成立涡阳县国有林场。该林场为正科级事业单位，管理使用 661.47 公顷国有林地。涡阳单集林场所辖的单集居委会和天齐、晁湖、五爱、柴楼四个村委会整建制并入高炉镇。

单集林场并入高炉镇后，高炉镇辖四零、单集 2 个居委会，大刘、杨楼、赵沃、邵桥、代集、大呼、杨大、陆杨、杨瓦房、天齐、晁湖、五爱、柴楼 13 个村委会，172 个自然村、251 个村民组，人口 8 万人，辖区面积 125.8 平方千米，可耕地面积 7866.67 公顷。

（高炉镇党政办公室）

涡阳县义门镇

【概况】2017 年，义门镇辖 16 个村委会，5 个居委会，人口 9 万人，其中

图 139 义门清真（义门镇 供图）

回族1.6万人，镇区人口2.2万人。

获批安徽省“千年古镇地名文化遗产”，申报“安徽省优秀旅游示范镇”通过验收；获批成立“古镇文化研究会”，成立“老子书院义门分院”；举办“源和堂杯首届全国象棋公开赛”；新建团结村文体广场、民族小广场；开展文化遗产“棒鼓舞”、五禽戏等群众性活动，全镇新增配套农民体育健身器材9套，村村农民均可享用到健身器材的标准；开展民间口述文化传承记录，文化遗产“棒鼓舞”、五禽戏等群众性活动有序开展，协助省、市电视台制作特产介绍、旅游推介、特色餐饮、古建记录等专题节目，展现古镇风土人情、历史人文。

固定资产投资3.8亿元，同比增长9%；财政收入1476.1万元；人均纯收入10800元，同比增长8.9%。引导产业规划，加大招商引资、园区建设和企业技术改造。规上工业总产值18.5亿元，引进义门堂农业有限公司，引资3.5亿元。实现工业总产值25亿元，规模工业增加值8.9亿元，同比增长分别是15%和16%。

完成145千米道路建设。完成义门镇畅通工程总长度39千米。建设“一事一议”项目14个。建成区10个项目完成整体设计，部分项目开工建设；义门古镇建设核心区建设项目完成设计规划，示范点建设开工；省道307线义门段项目升级改造工程、真源南路立面改造示范段、真源大道入口牌坊建设开工建设；义周路、义张路、义花路、义沙路约6千米综合改造实施；真源南路水、路、电、气、信五网建设及主辅路面铺设基本完工，绿化、美化、亮化三同步进入施工阶段；清真寺陈列馆工程竣工验收；污水处理厂主体工程竣工，配套管网施工建设。

开展两次扶贫对象动态调整，共整户新增346户856人，户内补录645人；整户清退375户770人，户内清退178人；返贫5户；脱贫591户1452人，菜园、民族、李园三村达出列条件，村、户全部通过省第三方评估。建设到村基础设施项目，投资农饮水工程、小农水工程、较大自然村畅通工程95.1万元、高标准农田治理、村级综合文化服务中心、贫困村发展集体经济专项资金等项目资金8481.57万元。发展村集体经济项目，民族发展资金投入204万元，在义门镇七里桥建设28座香菇大棚；投资160万元，分别在杨楼、武举建成两座温氏养猪舍，菜园等4个贫困村年集体收入16万元；投资2961.9万元，建成4059.05千瓦光伏电站，并网发电。发动社会力量助力扶贫，源和堂药业捐赠49万元，为菜园、武举村建设村集体光伏电站，年底两村获收益0.9万元；源和堂药业种植藏红花分红89户贫困户共受益22.25万元。“三保障”危房改造331户受益金额726.8万元；教育帮扶1799人次受益金额194.4万元；“351”“180”健康医疗服务7206人次808.28万元，基金支付704.35万元，个人自付103.92万元，自付药费12.8%；就业劳动技能培训33人享受培训补贴3万元，午季禁烧巡逻员440人，报酬13.2万元。落实“五保”供养429人；农村低保699户1511人，对建档立卡贫困户整户施保129户406人；城镇低保305户374人；残疾人护理补贴396户，残疾人生活补贴1142人，精神病人药费补贴154人。依法拆除非法加油站5个，取缔黏土轮窑厂1座，非法沙石场6处，搅拌站3处，非法塑料加工厂2处，查处环境举报投诉10起。清洁卫生实行企业化管理，镇村环境卫生改善。

（义门镇党政办公室）

【获批“安徽省优秀旅游示范镇”】2017年，义门镇被批准为“安徽省优秀旅游示范镇”。

义门镇古时曾设“真源县衙”，汉代孝子韩伯俞故里，捻军起义主战场。境内庙宇林立，五大宗教包容共存，造就重孝道、重仁义的淳朴厚重民风，形成独特的地方文化。有省级非物质文化遗产“棒鼓舞”、市级非物质文化遗产“大班会”“苔干加工技艺”等；义门镇有独特的地方饮食文化，传统饮食继承药食同源法则，注重医养结合，多数菜肴佐以中药材。“义门熏牛肉”因其独到的腌制方法美味难掩，享誉全国，“清真羊肉汤”被评为亳州市十大知名美食。

名胜众多，旅游资源丰富。拥有省级文物保护单位清真寺和市、县级文物保护单位7处。

（义门镇党政办公室）

蒙城县城关街道办事处

图140 城关镇街道办事处广场舞（城关镇街道办事处 供图）

【概况】2017年，蒙城县城关街道办事处面积13.7平方千米，人口11.4万人，辖15个社区、110个居民组。

培育规模工业企业1家，累计完成总产值6.5亿元；新增小微企业483家；新增个体工商户1861户；培育个转企企业9家。财政收入1.66亿元。招商引资3.08亿元。谋划储备项目17个，规模28.03亿元。

推进老城区改造，开展土地房屋征收，启动李庵桥危桥改建项目，拆除房屋26户3040平方米；投资4亿元的涡河景观带一期工程基本完成征地拆迁，总征收面积16万平方米，1300户，老旧企业10家；启动永青小区房屋征收项目，总征收面积5万平方米。拆除违法建设311起，共计2.1万平方米。实施老城区基础设施提升改造工程。投资1500万元，完成下水道清淤16600米，绿化4000平方米，道排138条，建造小广场40个，新建（改建）及维修公厕29座，安装路灯192盏，完成8个老旧小区基础设施改造。

开展矛盾纠纷排查200余次，办理市长热线823件、县信访局转办信件48件。开展百日除患铸安专项整治，组织督查检查345单位次，下发整改指令书80份，消除一般隐患585处、较重大隐患221处，隐患整改率100%，整改县挂牌督办隐患6处，全年未发生安全生产事故。开展“政协委员进社区”活动，协商解决居民反映的热点、难点和焦点问题。

推进城乡居民社会养老保险工作。参保居民12914人，收缴保费222.43万元，新增就业5300人。全面兑现33项民生工程优惠政策，开展“扶贫政策进城”，618户1135人低保人群享受扶贫政策。临时救助128户47.51万元，发放残疾人护理补贴714人、困难生活救助666人、精神病药费救助168人。为联盟学校拨付10万元教师节表彰经费。抓好公共卫生服务和疾病防控，促进公共卫生服务均等化，完成计划生育基础工作。网上办事大厅办结事项3万余件，满意率100%。

推行网格化管理模式，提升文明创建水平，开展社区志愿服务，组建107支志愿者服务队伍，开展志愿服务广场活动180余次；开设道德讲堂12期，举办书香村居宣讲会180余场次；新入选“亳州好人”3人、“蒙城好人”21人、“社区身边好人”333人。

开展“全民参与·环保风暴”活动，解决一批环保问题。推进“河长制”，设立街道社区两级河长21人，制作河长公示牌47块，整治非法码头1处和非法堆场4处，整治入河排污口18个；拆除水产养殖禁养区围网36.67公顷，网箱983个，拆除规模养殖场2家。秸秆禁烧实现卫星监测“零火点”目标。

本年度，蒙城县城关街道办事处获“全国文明村镇”“全国创建无邪教示范街道”“省创建无邪教示范乡镇”“省卫生社区”“亳州市社区群众活动十大品牌”“全市十佳乡镇团委”等称号。

（王笑云 杨 飞）

【小区物业管理】2017年，蒙城县城关街道办事处有成型居民小区41个，其中有物业管理的小区16个，无物业管理的小区25个。蒙城县城关街道办事处因地制宜，分类施策，针对城区居民小区现状，对有物业小区要求物业管理企业报备完善自身物业管理资质，实施专业化管理，对无物业小区督促所在社区居委会主动介入，邀请县主管部门专业指导。8月，25个无物业管理的小区全部成立业主委员会，实施专业化管理，基本消除城区无物业管理的小区无序管理状态。结合实际，出台并实施《居民小区物业化管理“1234”工作法》，被县政府评为乡镇综合工作优秀奖。按照属地管理属事解决的工作要求，建立以城关街道办事处、社区居委会为主，以县主管部门、小区物业相互配合、条块结合的工作机制，明确责任，规范管理，共同营造城市居民小区祥和安宁和谐的生活环境。

（王笑云 杨 飞）

蒙城县小涧镇

【概况】2017年，蒙城县小涧镇面积117平方千米，耕地7333.33公顷，人口6.7万人，辖3个居民委员会、11个村民委员会，共178个自然庄，272个村民小组。

新增家庭农场15家，农业专业合作社14家；流转土地2000公顷，土地流转率27%。完成植树造林206.67公顷。新增赵塘、双楼、狼山万头养猪场3座；新建粮食烘干塔1座；打造灵山药材种植、齐山洋葱种植示范片。开展农田水利建设，规划6万余亩水利治理项目，涉及8个村，3个村开工建设，其中小涧社区黄柏村农田水利治理项目基本完工。

打造齐山村、小涧社区、新太平村3个“可复制”“可推广”的基层党组织标准化建设示范点。落实党建“网格化”管理，实现“党建+”社会治理全覆盖。

开展脱贫攻坚活动。487户1186人脱贫。新建村级光伏电站，建成投产18座，总投资2340万元；投入752余万元完成3个贫困村10.46千米13个道路改造项目；全面实施自来水入户工程，解决农村居民饮水安全问题；完成420户危房改造，补助资金907.5万元；教育资助补助资金87.85万元，惠及614名学生；发放村级专项扶贫资金94.5万元；财政专项资金参股分红投入380万元，村集体增收38万元；安排公益性岗位127个。结合扶贫产业发展，对符合特色种养业扶持标准的449名贫困户，发放扶贫资金约75万元。

排查矛盾纠纷65起，调解65起，化解信访积案4起。在重点时间节点开展安全生产和食药品安全大排查，开展交通安全、烟花爆竹、建筑安全、危化品、校园安全等重点领域专项整治。完成计划生育年度工作任务。14个村居家养老服务中心投入使用，接待就餐老人2万人次。开展身边好人、道德模范系列评选活动。

推进集镇建成区改造和尖山

图141 小涧镇美丽乡村建设（小涧镇政府办公室 供图）

图 142　2017 年,小涧镇双锁山改造(小涧镇政府办公室　供图)

美丽乡村建设工作,建成区改造完成征地 2 公顷,地下污水管网修建近 6 千米。日处理 1000 吨的污水处理厂主体建成。建成区道路硬化基本完成。推进农村“三大革命”,实行日常保洁市场化运作。开展陈年垃圾清理专项行动,清理各类陈年垃圾 1149 吨。建立垃圾分类处理体系,实行有害垃圾有偿回收。推进厕所改造,优先安排贫困户改厕工作。推进“四山”治理,投入 570 万元完成双锁山治理,消除边坡安全隐患,修建道路 3 千米,栽种树木 3000 棵。

(李良阳)

【双锁山风景区建设】双锁山,又名齐山,县级历史文化名胜保护区,位于小涧镇境内,西南东北向,全长 2100 米,海拔 76 米,面积 1.8 平方千米。双锁山矿山地质环境治理工程项目,2017 年 3 月开工, 11 月竣工。项目总投资 572 万元,治理面积约 79.6 公顷。重点治理采石坑、坑壁、遗留荒坡及周边环境。2017 年年底,按照“一心、一带、两区、一轴、十三片区”景观绿化总体规划,小涧镇对景区进行全面绿化,打造双锁山风景区。栽植红枫、垂柳、榉树、桃树、冬枣、紫薇、樱花、桂花、国槐等 26 个树种 3 万余棵。盘活闲置资产,发展双锁山休闲农庄 1 家,集餐饮、住宿、垂钓、采摘、观光于一体。建设景区停车场、旅游厕所、路灯等配套设施项目。申报省级文化旅游休闲农庄。

(李良阳)

蒙城县双涧镇

【概况】2017 年,蒙城县双涧镇总面积 145 平方千米,耕地面积 9600 公顷,人口 90942 人。下辖 23 个行政村、4 个集市、284 个自然庄、308 个村民小组。

实现社会生产总值 22.16 亿元,招商引资 5.7 亿元,完成经济工作任务,同比增幅 14.2%;实现固定资产投资 5.48 亿元,完成序时进度,其中工业投资 3.712 亿元,工业技改完成 1.4 亿元,工业增加值实现 2.95 亿,同比增幅 11%;税收完成 3151 万元,平均增速在 40% 左右。

23 个行政村(社区)推选出 67 个联合党支部,67 个联合党支部书记,133 个支部委员。推选出双涧镇红白喜事理事会暨村务监督委员会成员 90 余名。构建“基层党建网格化 +”工作机制。

推荐入党积极分子 107 人,发展党员 21 名,其中高中及以上学历党员 14 名。新建非公企业党组织 3 个,派驻党建指导员 5 名,实现非公企业党的组织和党的工作全覆盖。

342 户 891 人脱贫,104 人自然减贫,出列贫困村有 2 个,分别是马洼村和王湾村。

公开招聘 23 名健康扶贫档案员,配合镇中心卫生院开展全镇 23 个村(居)的健康扶贫工作。

申报扶贫项目个数 10 个,申报资金 6672.54 万元,审批项目 10 个,审批资金 6672.54 万元;实施项目 10 个,拨付到位资金 4949.35 万元。

拥有农机合作社和农机大户 40 余家,实现乡镇农机合作组织全覆盖。

实施农技人员包村联户制度,每个农技人员包 10 个示范户,辐射带动 20 个农户,全镇共指导种养殖及农机服务示范户 130 户,辐射带动 2600 户,指导服务农业新型经营主体 120 家;培训各类农民共计 800 余人次,全镇 9346.67 公顷小麦平均亩产 526 千克(其中优质品牌粮 3333.33 公顷)总产 7374.52 吨。

新增土地流转面积373.33公顷，新增合作社和家庭农场32家，结构调整面积达到3466.67公顷，打造一批新型现代农业经营主体。龙泉现代农业发展有限公司流转土地133.33公顷，重点发展朝天椒等露地蔬菜种植。禾兴蔬菜流转土地100公顷，建立出口蔬菜种植基地。广志保健品依托产品深加工，建立阜西村玫瑰花、魏圩、曹店等村金银花、王湾村决明子等种植基地；庄子农业依托东岳、郭湾、王湾等贫困村产业发展，建立333.33公顷的优质品牌粮和南瓜生产基地；建设白杨333.33公顷杜仲育苗基地。

省级中心村曹店、魏圩美丽乡村建设通过省级验收；启动白杨林场场部集镇建成区整治、三李省级中心村建设、李寨市级中心村建设；省批复双涧集镇建成区整治、老集省级中心村；三李美丽乡村和白杨林场集镇建成区改造通过省级验收。

建立镇、村、庄三级舆情网格管理模式，解决矛盾纠纷。

本年度，双涧镇被市委授予“全市先进基层党组织”称号；被评为全县综合考评第三名，全县农业发展第一名。

（唐海南）

【党建网格化+】2017年，双涧镇依托“乡镇党委—村级党组织—联合支部—党小组—党员”五级党建网络，按自然村或村民组相近原则，1000～1500人为单元设立党建网格，网格内代表从党员、村民组长、致富能手、返乡创业能人、转业军人、文明户、返乡大学生和热心家乡事务的乡贤中产生。按照“两推荐、一考察、一评议”程序，在党员、群众代表中推荐先进分子担任网格员，在网格员中推荐联合支部和村务监督委员会成员，村两委成员任网格长兼党小组长，党员网格员、群众代表网格员联系贫困户和普通农户，随同党小组参加组织活动，在一线服务群众，构建“基层党建网格化+”工作机制。

依托党建网格，构建立体扶贫体系，精准扶贫。343户901人标注脱贫，104人自然减贫，出列贫困村有2个。依托党建网格，建立镇、村、庄三级舆情网格管理模式，合力解决突出矛盾纠纷，全镇维稳形势向好，群众的安全感和满意度提升。以党建网格为依托，实施农机全托管，服务大包干。探索基层农村以服务外包为纽带的邦联式农业集约化经营模式。党建文书探索和民生工程、农业农村、工业经济、信访维稳、环境保护等重点工作，按照网格逐级落实，层次分明，管理有序。

（唐海南）

利辛县城关镇

【概况】2017年，利辛县城关镇辖5个办事处，共15个社区和20个村，面积122平方千米，耕地面积6266.67公顷，户籍人口16万余人，常住人口24万余人。人均可支配收入24589元，农村人均可支配收入9799元；固定资产投资3200万元。房屋征收面积17万平方米，征收土地280公顷。

落实光伏扶贫补助2208户3312人；产业带动务工139户；落实“公益岗位”505人；动员464对夫妇主动汇寄赡养费97.09万元；落实教育帮扶资金48.05万元，惠及321个贫困户家庭；购置各类家具463套；安

图143 2017年，城关镇党委在和谐社区开展警示教育（城关镇办公室 供图）

装移动公厕290座；解决困难饮水565户；改造危房290户。全镇1253位帮扶责任人帮助贫困户实现微心愿2587个；完成生态林流转665.25公顷，虚拟带动3800户。3930名贫困人口和一个拟出列贫困村全部通过省第三方评估验收。

完成新农保、新农合工作、卫计工作、"五保"供养、拥军优抚、网上办事、工青妇联等工作目标任务。午秋两季实现"零"火点的秸秆禁烧目标，秸秆还田率在98%以上。

15个城市社区与57个驻区单位结成共建，开展结对帮扶。

交付三巽一号院、文德艺墅、文德一号院及碧桂园的出让地块，确保八中、十中、七小、佛镇等14所学校的开工建设和改扩建工作。启动李郢、王前桥、杨小庄、刘竹元、刘本庄等棚户区改造工作，完成棚改1575套，金水湾项目进入扫尾阶段。安置聂庄、桥口、东寨及李张庄约2000余人。从三巽一号院、文德艺墅、文德一号院回购安置房源共计8.6万平方米，金水湾19万平方米房源即将交付安置。筹集资金5400万元，修铺贫困村道路28.26千米，修铺撤并村公路24.50千米。

筹集资金3000万元，打造武杨楼、武寨、吕桥3个美丽新村建设，硬化道路14千米，整治沟河12千米，整治水塘11面，安装路灯380盏，新建活动广场1.8万平方米。到美丽乡村建设通过省级验收。

查处刑事案件496起，治安案件596起，调处各类民事纠纷392起，案件结案率和矛盾调处成功率96%。排查安全隐患79项，整改79项，全镇范围内没有发生较大的安全事故。制止违建23处，总面积3700平方米；拆除违法建设26处，10310平方米，保护耕地1.03公顷。

完善35个村级办公议事、党员活动、教育培训、便民服务等功能，推进党组织标准化建设。打造向阳、和谐、振兴、文州综合示范点。创建向阳社区"两网三化一平台"、和谐社区"爱心家缘"、振兴社区"帮忙团"以及文州社区"夕阳红演出队"等特色品牌，涌现出一批"党员服务站""爱心家缘""服务E站""心灵驿站""太极助健康"等群众活动或志愿服务特色品牌。全镇35个村、社区党组织标准化建设验收达标25个。

本年度，城关镇和谐社区分别被省综治委和省消防委授予"综治维稳信访工作站省级示范""安徽省消防安全公益性宣传教育示范社区"称号。

（刘晴晴）

【教育均衡工作通过国检验收】2017年，城关镇教育均衡工作通过国检验收。完成中心学区、城南小学、五小、七小、八中、十中等40公顷的征收清表工作。改建功能室5038平方米，硬化校园道路10000平方米，添置图书54555册，购置计算机901台，音体美器材679件，新修操场2.2万平方米。

（刘晴晴）

利辛县阚疃镇

【概况】2017年，阚疃镇辖22个村（社区）委会（9个社区居委会、13个村委会），256个自然庄，总人口10.6万人，其中镇区人口4.51万人。辖区面积116平方千米，其中镇区面积7.5平方千米。完成财税收入2980万元。建立网上办事代办点23个，共申请办理16250件，正常办结15150件。

小麦种植面积5856.8公顷，药材58公顷。玉米种植面积

图144　镇西社区美丽乡村（阚疃镇政府办公室　供图）

3326.67公顷,大豆1986.67公顷,水稻733.33公顷。成片造林117.33公顷,完善农田林网33.33公顷,建设绿色长廊6千米。开展各类技能培训及新型农民培训20余次2300余人。实施政策性农业保险,小麦承保金额323010元,玉米水稻承保金额327860元;新建农产品检测站1个。新增耕地180公顷,拆除窑厂1座,完成工矿废弃地复垦6.67公顷,土地增减挂项目4公顷;拆除违法建设违法占地12处。

新建光伏电站50个,光伏电站虚拟到1726户,打卡发放收益619.2375万元;新建强英鸭业养殖小区5个;就业扶贫公益性岗位工资380.1万元,农机耕种补贴142.09万元;雨露计划职业教育补助及贫困大学生救助共计49.15万元,学前教育至高中教育的贫困家庭在校生教育扶贫补助166.05万元;实施易地扶贫搬迁96户243人,总投资1336.5万元,危房改造600余户;金融扶贫光伏贷款816户共计贷款4080万元用于光伏电站建设。贫困村新建文化广场1个,新建公厕5座。1854户3899人通过省第三方评估验收,重点贫困村宋圩村实现“村出列”目标。

完成15个村级党组织及10个镇直党支部的标准化建设。

新农保参保人数43310人,新农合参保人数90062人。清理沟渠36条,大塘25面,打机井66眼,修涵管桥25座,平板桥52座,修水泥路34条16.7千米,植树9445株;落实信访工作责任制,开展矛盾纠纷排查化解工作,排查矛盾纠纷105起,化解105起。组织民兵参与秸秆禁烧工作;完成镇西社区、新河社区交通安全村建设。

排查安全隐患46处,下达整治通知书46份,责令整改隐患46项,整改完成率100%;落实奖特扶对象65对,兑现奖励资金76960元;兑现独生子女奖励资金154280元。

拆除集镇私搭乱建、店外店棚282处34656平方米。清理店外经营、占道经营、店外堆放、占道堆放49处;清理占道堆放砖瓦砂石等建筑材料18处;清理乱贴乱画“牛皮癣”小广告235处;清理乱设落地灯箱广告49处;设置围栏护栏600米;划设临时停车位400个,规范车辆停放。开展沟塘清淤整治1个,填平坑洼26处。招标采购苗木163万元,新栽苗木16410棵,绿化美化30000平方米。新栽片林30.87公顷,建设环镇林带3682米。新修道路6条3000米,修建排水管道6条3000米;新建改造村室、卫生室960平方米;新建改造群众健身广场1个2000平方米;安装路灯50盏。

本年度,镇西社区被列为亳州市交通安全村示范点。

(王启林)

【美丽乡村建设通过省考核验收】2017年,阚疃镇重点打造美丽集镇、政府驻地中心村,完善镇辖2016年度省级中心村张湾社区、大桥社区的各项功能建设及基础、公共服务设施建设。改造人民运动广场、公路沟清淤、人民路改造提升及绿化、老街道改造等26项美丽集镇公共设施和基础设施建设,完成绿化、美化、硬化、亮化等五化标准,通过省美丽乡村考核验收。

(王启林)

图 145 桃花节(市文化旅游局 供图)

人　物

2017年中国好人榜亳州人物

【孝老爱亲好人】

李荣芳

李荣芳，女，1953年8月出生，蒙城县立仓镇张长营村前梁自然庄人。

李荣芳结婚8年后，丈夫因病去世。她不肯改嫁，30多年来独自拉扯一双儿女长大，悉心照顾卧床多年的婆婆和年迈多病的公公。

2017年1月，李荣芳被评为孝老爱亲类“中国好人”。

刘士英

刘士英，女，生于1947年12月，利辛县巩店镇张寨村人。

18年来，刘士英像对待亲生儿子一般，照顾不会说话、瘫痪在床多年的继子生活。同时，悉心照料婆婆十余年，直到老人去世。

2017年2月，刘士英被评为孝老爱亲类“中国好人”。

李玲利

李玲利，女，1987年7月出生，现居住在蒙城县乐土镇乔圩村。

李玲利在面对突遭横祸瘫痪在床的男友，不躲避，不退缩，十余年来，用心守护坚贞爱情。

2017年6月，李伶俐被评为孝老爱亲类“中国好人”。

（市文明办）

刘 勇

刘勇，男，1968年9月生，蒙城县辛集乡辛集社区居民，下岗职工。

2001年，刘勇的妻子汪莉突患多发性“脑梗死”，昏迷48天，醒来后，因神经严重受损造成偏瘫，不能下地走路。自此，刘勇克服常人难以想象的困难，寻医问诊，起早贪黑，悉心照顾妻子。2017年，汪莉病情再次加重，昏迷在重症监护室20天，刘勇毅然举债为妻治疗。

2017年9月，刘勇被评为孝老爱亲类“中国好人”。

（市文明办）

【见义勇为好人】

陆青山

陆青山，男，生于1975年12月，利辛县中疃镇中疃村陆弯庄人。

2015年7月12日上午10点左右，陆青山发现5名儿童落水，不顾自己的老寒腿，毅然跳进河里冒死营救。

2017年3月，陆青山被评为见义勇为类“中国好人”。

赵亮亮

赵亮亮，男，生于1981年7月，2016年12月从广西某部队（四级士官）退伍转业。

赵亮亮在部队服役16年，立三等功1次，获“优秀士兵”1次、“优秀士官”2次，被部队嘉奖6次。服役期间，曾两次参加抗洪抢险，参加湖南耒阳山林大火扑救。2010年回家探亲期间，在涡河岸边救起一名男婴。2017年2月，在涡河岸边再一次面对落水的婴儿，三入涡河，勇救婴儿，并及时采取急救措施，挽救了落水婴儿的生命。

2017年7月，赵亮亮被评为见义勇为类“中国好人”。

（市文明办）

【敬业奉献好人】

王爱民

王爱民，男，1946年4月生，亳州市涡阳县石弓镇西关村村民，退伍军人。

多年前，王爱民在村东南的山坡上发现一处无人问津的烈士墓。因自己的父亲曾是红军，王爱民对烈士有一种特殊的感情，他开始默默地守护这处烈士墓，这一守候就是20多年。2014年年底，此处烈士遗骸迁移至涡阳县烈士陵园。烈士有了归宿，王爱民说他也算了却一桩心事。

2017年4月，王爱民被评为敬业奉献类“中国好人”。

朱晓丽

朱晓丽，女，1977年10月出生，中共党员，利辛县公安局桥南派出所所长。

从警20年来，朱晓丽几乎没享受过一个完整的节假日、星期天。她所在的原辖区中疃镇属于全国艾滋病重点帮扶乡镇，工作艰辛、风险大，但她从来没有惧怕，全心全意投入到工作中。曾立个人一等功1次，被安徽省公安厅评为“十大爱民模范”；2014年7月被评为全国第二届“关爱明天、普法先行”青少年普法活动先进个人；2015年被中央文明委授予全国未成年思想道德建设先进个人（全国公安系统唯一获得者）；2017年5月被公安部评为“全国优秀人民警察”称号，并受到习近平等党和国家领导人的接见。

2017 年 8 月，朱晓丽被评为敬业奉献类“中国好人”。

张 萍

张萍，女，1970 年 10 月出生，蒙城县第二人民医院护士。

1992 年毕业后，张萍被分配到县第二人民医院儿科从事护理工作。25 年来，她一直坚守在护理事业一线。即使身患癌症，也依然不肯放弃自己心爱的职业。2016 年，张萍获评亳州市“十佳护士”、蒙城县第八届“感动蒙城道德模范”。

2017 年 12 月，张萍被评为敬业奉献类“中国好人”。

（市文明办）

【助人为乐好人】

李炳倩 信 玲

李炳倩，男，1964 年 6 月生；信玲，女，1965 年 1 月生；谯城区花戏楼办事处居民。

李炳倩、信玲夫妇在亳州二中西校区校门口卖豆浆，修自行车。夫妇二人在一个多月时间里，为 2500 余名高三学生每人送一杯热豆浆。曾资助多位贫困学生。他们给学生修自行车只收成本钱。

2017 年 5 月，李炳倩、信玲夫妇被评为助人为乐类“中国好人”。

刘文贵 杨秀荣

刘文贵，男，1929 年 8 月生，中共党员，利辛县商务局退休干部。杨秀荣，女，1933 年 4 月生，中共党员，利辛县糖酒公司退休干部。

建党 96 周年前夕，刘文贵、杨秀荣夫妇把平时省吃俭用积攒下来的 10 万元钱，一半通过组织部门以特殊党费的形式，助力脱贫攻坚；另一半则以普通市民身份，以扶贫款的形式捐献给扶贫部门。他和老伴立下遗嘱——死后不开追悼会，移风易俗，骨灰撒到西淝河里。他们经常教育子女，要对党常怀感恩之心。

2017 年 11 月，刘文贵、杨秀荣夫妇被评为助人为乐类“中国好人”。

（市文明办）

【诚实守信好人】

宁 亮

宁亮，男，汉族，亳州人，现居海南省儋州市那大镇新居村，从事废品收购。

2017 年 7 月 31 日，宁亮的妻子在儋州市第三人民医院旁的一个垃圾桶中捡拾丢弃的纸箱。箱内有价值近 3 万元的 10 条铂金项链，面对诱惑，他们没有动心，主动报警，最终将项链归还给失主。

2017 年 10 月，宁亮被评为诚实守信类“中国好人”。

（市文明办）

2017 年安徽好人榜亳州人物

【敬业奉献好人】

张海虹

张海虹，女，汉族，44 岁，中共党员，市检察院职务犯罪预防处处长。从事预防职务犯罪工作始，张海虹主动高点定位，创新创优，多项工作在亳州乃至全省领先。她在担任市检察院反渎局副局长期间，亳州市的反渎工作创下了连续 3 年全省业务考评第一的成绩，被省检察院记集体二等功。

2016 年，张海虹被评为“安徽省十佳女检察官”“安徽省三八红旗手”“亳州好人”，并当选为安徽省第十届党代表。

2017 年 1 月，张海虹被评为敬业奉献类“安徽好人”。

梅 建

梅建，男，1978 年 9 月生，涡阳县社会（儿童）福利中心负责人。2018 年 1 月 6 日晚，梅建冒雪送一名患急性阑尾炎孤儿前往蚌埠市接受救治。在将孩子安全送达医院后，因放心不下福利中心的其他孩子，连夜返回涡阳。梅建从蚌埠返程途经怀远县时，遭遇车祸，梅建右胸骨折，断骨刺入内脏引起内出血，导致急性休克，当即昏迷。救援人员赶到现场时，梅建已无生命迹象，因公殉职，年仅 39 岁。

梅建被评为 2017 年度敬业奉献类“安徽好人”。

（市文明办）

【孝老爱亲好人】

蔡广远

蔡广远，男，1945 年 7 月生，谯城区彭马社区谢园村居民。

蔡广远 40 多岁时，妻子突患疾病，成为植物人瘫痪在床。从此，蔡广远承担起照顾爱人吃喝拉撒一切生活起居，已坚持 26 年。

2017年2月，蔡广远被评为孝老爱亲类“安徽好人”。

（市文明办）

【见义勇为好人】

胡建门　卢庆庆

胡建门，男，1982年7月生；卢庆庆，男，1989年2月出生。两人均为谯城区人，市演艺公司乐队成员。

2017年3月17日下午3点多，在谯城区观堂镇双合村，一位老人骑着电动三轮车掉进河里，情况十分危急。正在附近进行送文化下乡演出的胡建门、卢庆庆2人立即停止演出，跳进水里，在众人的帮助下，救出老人家。

2017年4月，胡建门、卢庆庆被评为见义勇为类“安徽好人”。

楚俊清

楚俊清，男，1967年10月生，蒙城县三义镇楚楼村大楚庄村民。

2017年11月8日，楚俊清下村卖馍时，骑车行至利辛县望疃镇辛沟村曹西路口，发现南北路西侧水沟里有数人落水，他立即丢掉馍车，迅速跑到落水地点，顺着陡峭的沟沿迅速将水中的3名幼童救上岸，又与赶来的村民一起将另一名幼童和孕妇拉上岸。

2017年11月，楚俊清被评为见义勇为类“安徽好人”。

贾石帅

贾石帅，男，1991年生，利辛人。

2017年12月27日下午5时许，利辛县阚疃镇56岁的李芳骑着电动三轮车带着孙子和孙女回家。由于匆忙停车时没有拔钥匙，调皮的孙子拧开钥匙就加速，车载着两个孩子瞬间扎进路边深水里。

正在划船逮鱼的贾石帅听到喊声，顾不得脱掉鞋子和棉衣就扎进水里，抓住一个孩子高高举过头顶往岸边游，岸边几个村民把孩子接下来。贾石帅再次扎进深水里去救另一个孩子，他把孩子高举过头顶，便拼尽气力往岸边游去，当岸边接应的村民把孩子接下后，他已无力气爬上岸，岸边村民手拉手一起把救人英雄拉上岸。

2017年12月，贾石帅被评为见义勇为类“安徽好人”。

（市文明办）

【助人为乐好人】

刘良太

刘良太，男，利辛县巩店镇刘寨村农民。

刘良太的儿子刘文军遭遇车祸离世，刘良太和家人商量后把儿子的器官捐献出来，挽救了4个人的生命。

2017年4月，刘良太被评为助人为乐类“安徽好人”。

何兴让

何兴让，男，1944年1月生，蒙城县小辛集乡城西村人。

何兴让2004年退休后，发挥余热，乐于助人。他捐助的贫困大学生有20余人。在老弱病残、贫困群众的家中，在社区敬老院等需要帮助的人员和场所，总能经常见到何兴让和爱心志愿者的身影。

在他的带动下，蒙城爱心志愿者团队经常自发参与值文明岗、义务指挥交通等社会公益活动，并使社会公益活动常态化。

2017年7月，何兴让被评为助人为乐类“安徽好人”。

王启发

王启发，男，1966年3月生，亳州金铎公证处公证员。

他仅是一名普通的公证员，靠工资吃饭，却力所能及地帮助别人，经常一次性拿出5000元、10000元帮助他人。

2017年8月，王启发被评为助人为乐类“安徽好人”。

（市文明办）

【诚实守信好人】

李兰英

李兰英，女，1952年4月生，涡阳县城西镇八里桥行政村八里桥自然村人，环卫工人。

2017年10月11日，李兰英打扫卫生时，发现路边有个蓝色塑料袋，内装有7万元人民币。她把钱款保管好，一边打扫着卫生，一边等着失主。在雨中苦等失主数小时后，她把7万元现金物归原主。

2017年10月，李兰英被评为诚实守信类“安徽好人”。

（市文明办）

2017年获评安徽省“月评十佳”志愿者典型

【个人典型】

王双喜

亳州市谯城区青年志愿者协会会长王双喜，共青团亳州市第四届团代会团代表、市少工委委员。曾荣获安徽省十佳志愿服务典型人物、安徽省向上向善崇义友善好青年、安徽省最美志愿者、安徽省最美家庭等称号。在志愿服务的公益道路上，王双喜自成立谯城区青年志愿者协会以来，不间断地组织开展志愿服务活动，先后带领他的团队一起捐款捐物400多万元，组织和参与志愿服务活动近9600小时，无私地把爱心的种子播撒进药都这方热土。大家都亲切地称他为“社会爱心活动家”

2017年3月，王双喜被评为安徽省“月评十佳”志愿服务个人典型。

尚成明

亳州市利辛县鸿福老年公寓负责人尚成明，弃商返乡创办鸿福老年公寓，为老人们提供优质贴心的“家庭式”养老服务。当过老板，初尝成功的滋味，掘得人生第一桶金后，尚成明没有在名利场继续沉浮，转而投身夕阳事业。创办鸿福老年公寓以后，原本干净时尚的尚成明，学会了给老人修脚，理发，平时口袋里装个指甲刀，看谁的指甲长了就给修剪一下，这已经成了习惯。同时积极投身公益事业，捐资助学、扶贫济困，用大爱之心诠释人间真情。

2017年4月，尚成明被评为安徽省“月评十佳”志愿服务个人典型。

孟文超

亳州市谯城区退伍军人孟文超，从彻夜寻找离家小女孩，到冒险拯救跳楼男子，每次遇到突发事件，孟文超总是在第一时间冲在最前面。面对他人的答谢，他总是笑着说，这是我应该做的。数十年如一日，这位已近不惑之年的退伍军人，时常穿梭于爱心送考、抚慰孤寡老人、扶贫济困、抢险救援等公益活动中，用自己的言行播撒一片阳光。

2017年5月，孟文超被评为安徽省“月评十佳”志愿服务个人典型。

（市文明办）

【集体典型】

亳州市拥军协会

亳州市药都拥军协会，由社会各阶层自愿从事拥军优属工作的爱心人士组成，以服务军人、服务部队、支持部队建设、支持国防建设为宗旨。协会积极推动基层双拥工作，培育社会拥军典型，推动双拥共建和军民融合式发展。自2015年成立以来，经常组织志愿者前往消防队、武警支队、光荣院、敬老院等地，看望慰问官兵、抗战老兵、留守儿童等。协会先后共送出慰问金约10万元和价值约20万元的洗衣机等慰问品，慰问困难优抚对象近200人。

2017年7月，亳州市拥军协会被评为安徽省“月评十佳”志愿服务集体典型。

涡阳县蓝天救援队

涡阳县蓝天救援队以“在灾难面前，竭尽所能地挽救生命”为宗旨，积极开展各种救援服务。共参与打捞40多次，帮助公安机关打捞证据20多次。开展防溺水宣传教育活动10多次，为约8000多名师生和家长进行防溺水知识普及。

2017年8月，涡阳县蓝天救援队被评为安徽省“月评十佳”志愿服务集体典型。

谯城区青年志愿者协会

谯城区青年志愿者协会自成立以来，多次开展徒步普法行、徒步环保行、春运便民服务、爱心送考、扶贫济困等活动，截至目前，为多个农村留守儿童捐资捐物价值20余万元，实施“情暖童心·微爱圆梦”项目，共筹集价值超100万元的棉被、书包、文具盒等学习用具和生活用品。开展9场跳蚤市场义卖活动，筹集10多万元的物资和1.1万元善款，全部捐给留守儿童。

2017年10月，谯城区青年志愿者协会被评为安徽省“月评十佳”志愿服务集体典型。

（市文明办）

【项目典型】

“一个人的美发师”阳光助残公益项目

“一个人的美发师”阳光助残公益项目成立于2015年12月2日，致力于为行动不便的残疾人士和孤寡老人免费美发。采用“互联网＋公益”的模式，坚守“政府搭台，协会唱戏，企业助力，人人公益，扶残助残”的理念，项目开展以来举办活动200多场，出动志愿者3000多次，服务群众10000多人。

2017年6月，该项目被评为安徽省“月评十佳”志愿服务项目典型。

蒙城乐生“关爱留守儿童、圆梦微心愿”志愿服务项目

该项目主要针对留守儿童、贫困学生、孤儿、残疾儿童实行“圆梦微心愿”关爱行动，2016年帮助82名蒙城特校聋哑学生圆梦成功，2017年共为700余名留守儿童圆梦成功，每月开展圆梦活动、亲子游戏互动，共捐赠资金18万元，发放圆梦物品近10万元。参与人数达1000余人次，让孩子们身心健康成长、自信乐观生活！

2017年12月，该项目被评为安徽省“月评十佳”志愿服务项目典型。

（市文明办）

2017年亳州好人榜

表13

序号	姓名	性别	籍贯	职业	荣誉类别	主要事迹
1	祝传领	男	利辛县	农民	见义勇为	外出务工勇救轻生女子
2	赵亮亮	男	涡阳县	退伍军人	见义勇为	退伍军人三入涡河勇救婴儿
3	胡建门	男	谯城区	乐队师傅	见义勇为	送戏下乡遇村民落水 挺身施救践行好风气
4	卢庆庆	男	谯城区	乐队师傅	见义勇为	送戏下乡遇村民落水 挺身施救践行好风气
5	李　广	男	涡阳县	农民	见义勇为	勇斗歹徒 涡阳好男儿感动津门
6	张　飞	男	涡阳县	外卖员	见义勇为	外卖小哥勇救轻生女子
7	康　勇	男	谯城区	员工	见义勇为	62岁老人倒地 小伙儿人工呼吸急救
8	王　玥	女	谯城区	教师	见义勇为	医者仁心 高铁上救助受伤老人
9	楚俊清	男	蒙城县	农民	见义勇为	五旬“馍哥”勇救落水孕妇和儿童
10	李守向	男	涡阳县	农民	见义勇为	女子赌气投河 热心小伙奋力相救
11	李兵雪	男	利辛县	厨师	见义勇为	勇救落水儿童
12	袁同进	男	利辛县	农民	孝老爱亲	照顾瘫痪母亲17载带着母亲去打工
13	王九京	男	蒙城县	农民	孝老爱亲	上门女婿5年照顾瘫痪岳丈视如生父
14	蔡广远	男	谯城区	农民	孝老爱亲	不离不弃26年悉心照顾瘫痪病妻
15	李丹丹	女	谯城区	农民	孝老爱亲	悉心照顾瘫痪公公
16	史　丽	女	蒙城县	学生	孝老爱亲	小小年龄自立自强撑起残破的家
17	王金才	男	涡阳县	农民	孝老爱亲	15年如一日不离不弃照顾瘫痪妻子
18	戴琳琳	女	蒙城县	农民	孝老爱亲	含辛茹苦 用坚守承诺撑起一片天
19	张文英	女	涡阳县	农民	孝老爱亲	20年如一日照顾耄耋老人
20	王素侠	女	涡阳县	农民	孝老爱亲	聋哑妻子26年如一日 精心照料残疾丈夫
21	张朝英	女	利辛县	农民	孝老爱亲	精心照顾重病婆哥 真情演绎人间大爱
22	胡红侠	女	蒙城县	无	孝老爱亲	一心守护家人 孝老爱亲用爱传递
23	王传荣	女	利辛县	农民	孝老爱亲	任劳任怨30年 情满五代人
24	韩　涛	男	涡阳县	农民	孝老爱亲	六旬老人与妻长期分居 只为照顾父母和女儿
25	施小利	女	蒙城县	农民	孝老爱亲	诠释孝老爱亲传统美德
26	朱继侠	女	蒙城县	个体户	孝老爱亲	用爱支撑一个家
27	李秀芳	女	蒙城县	农民	孝老爱亲	好媳妇信守承诺 24年悉心照顾百岁老人
28	王汉朝	男	利辛县	农民	孝老爱亲	不弃不离精心照料卧病在床的母亲
29	颜廷芳	男	谯城区	农民	孝老爱亲	38年青丝转白发悉心照料病残儿
30	马连英	女	谯城区	农民	孝老爱亲	38年青丝转白发悉心照料病残儿
31	王显敬	男	涡阳县	农民	孝老爱亲	一家6口5人残疾 80岁老人撑起一个家

表续 13

序号	姓名	性别	籍贯	职业	荣誉类别	主要事迹
32	刘书萍	女	涡阳县	农民	孝老爱亲	68 岁母亲抱瘫痪儿子上下床 24 年
33	赵永霞	女	蒙城县	个体户	孝老爱亲	孝心儿媳十余年悉心照顾患病公婆
34	戴文华	男	蒙城县	农民	诚实守信	万元钱包还失主
35	张　敏	女	蒙城县	工人	诚实守信	拾金不昧传递正能量 书写公交人生篇章
36	孙朋生	男	涡阳县	出租车司机	诚实守信	拾金不昧 遇急情连闯红灯勇救婴儿
37	张云雷	男	谯城区	交警	诚实守信	拾金不昧暖人心
38	马洪连	男	涡阳县	环卫工	诚实守信	拾金不昧 做好事已成习惯
39	宁　亮	男	涡阳县	废品收购	诚实守信	海南捡到 10 条铂金项链归还 亳人不薄捐赠奖金彰显大义
40	李兰英	女	涡阳县	环卫工	诚实守信	六旬环卫工捡七万现金 雨中等待失主两小时
41	张　凯	男	涡阳县	公务员	敬业奉献	退役老兵不改军人本色 20 年如一日坚守河道
42	贾良臣	男	谯城区	警察	敬业奉献	爱岗敬业助人为乐 9 年如一日
43	李效璞	男	利辛县	教师	敬业奉献	我是老师 眼里只有学生
44	杨　侠	女	蒙城县	教师	敬业奉献	16 年扎根农村教育 身患重病不忘初心
45	王洪飞	男	利辛县	公安	敬业奉献	为民捐躯的忠诚卫士
46	张　萍	女	蒙城县	护士	敬业奉献	身患癌症仍坚守岗位
47	刘　虎	男	利辛县	选派干部	敬业奉献	扎根基层 一辆自行车走遍贫困村每一寸土地
48	赵继红	女	蒙城县	公务员	敬业奉献	扶贫帮困女汉子 情系千家贴心人
49	董思记	男	蒙城县	教师	敬业奉献	耕耘杏坛育桃李 援疆和田铸师魂
50	李文焕	女	涡阳县	退休干部	敬业奉献	生前清正廉洁 逝后捐献遗体
51	郑宝贵	男	谯城区	公务员	敬业奉献	好民警忠诚履职 热心为民
52	武继刚	男	利辛县	农民	助人为乐	授人以渔“果树王”传技共富结硕果
53	王双喜	男	谯城区	个体户	助人为乐	公益人双喜助人无数
54	刘良太	男	利辛县	农民	助人为乐	车祸遇难捐献器官挽救 4 人生命
55	何兴让	男	蒙城县	退休干部	助人为乐	好干部 20 余年扶困助学 “退休零存款”传递爱心
56	刘文贵	男	利辛县	退休干部	助人为乐	耄耋老党员情系扶贫攻坚
57	杨秀荣	女	利辛县	退休干部	助人为乐	耄耋老党员情系扶贫攻坚
58	马存浩	男	蒙城县	企业家	助人为乐	捐资 30 余万元造福家乡
59	徐数数	男	蒙城县	农民	助人为乐	旅途中扶危助困义字当头 小帅哥凡人善举更显风采
60	牛　峰	男	利辛县	医生	助人为乐	大美道德风范 树最美乡村医生形象
61	付　超	男	蒙城县	个体户	助人为乐	爱心理发师情系公益 3 年为 150 余名孤寡老人义务理发
62	刘　辉	男	谯城区	职工	助人为乐	汇小善成大爱

（市文明办）

“安康杯”竞赛亳州市获奖名单

先进集体

表 14

单位	荣誉称号	授奖单位
安徽古井集团有限责任公司	全国“安康杯”优胜单位	中华全国总工会，中国应急办
亳州建工有限公司创客空间项目部	全国“安康杯”优胜班组	中华全国总工会，中国应急办

表续 14

单位	荣誉称号	授奖单位
国网安徽省电力有限公司亳州供电公司	安徽省“安康杯”优胜单位	安徽省“安康杯”组委会，安徽省总工会
亳州建工有限公司	安徽省“安康杯”优胜单位	安徽省“安康杯”组委会，安徽省总工会
安徽一山物业服务有限公司	安徽省“安康杯”优胜单位	安徽省“安康杯”组委会，安徽省总工会
安徽古井贡酒股份有限公司成品二部三车间 2 班	安徽省“安康杯”优胜班组	安徽省“安康杯”组委会，安徽省总工会
亳州市安全生产监督管理局	安徽省“安康杯”优秀组织单位	安徽省“安康杯”组委会，安徽省总工会

先进个人

表 15

姓名	荣誉称号	授奖单位
张学峰	全国“安康杯”先进个人	中华全国总工会，中国应急办
张中智	安徽省“安康杯”先进个人	安徽省“安康杯”组委会，安徽省总工会
武效强	安徽省“安康杯”先进个人	安徽省“安康杯”组委会，安徽省总工会
邵　磊	安徽省“安康杯”优秀企业家	安徽省“安康杯”组委会，安徽省总工会

（市总工会）

劳动竞赛亳州市获奖名单

先进集体

表 16

单位	荣誉称号	授奖单位
国网安徽省电力有限公司亳州供电公司	安徽省工人先锋号	安徽省劳动竞赛委员会、安徽省总工会
安徽丰源车业有限公司	安徽省工人先锋号	安徽省劳动竞赛委员会、安徽省总工会
蒙城县漆园酒店管理有限公司	安徽省工人先锋号	安徽省劳动竞赛委员会、安徽省总工会
中国邮政储蓄银行股份有限公司亳州市分行	安徽省劳动竞赛先进集体	安徽省劳动竞赛委员会、安徽省总工会
安徽春雨汽车集团	安徽省劳动竞赛先进集体	安徽省劳动竞赛委员会、安徽省总工会
安徽双轮酒业有限责任公司	安徽省劳动竞赛先进集体	安徽省劳动竞赛委员会、安徽省总工会

先进个人

表 17

姓名	荣誉称号	授奖单位
唐　超	全国五一劳动奖章	中华全国总工会
张　博	安徽省劳动竞赛先进个人	安徽省劳动竞赛委员会、安徽省总工会
范园园	安徽省劳动竞赛先进个人	安徽省劳动竞赛委员会、安徽省总工会
莫亚伟	省五一劳动奖章	安徽省劳动竞赛委员会、安徽省总工会

（市总工会）

附　录

亳州市2017年国民经济和社会发展统计公报[1]

一、综合

初步核算，全年生产总值(GDP)[2]1149.8亿元，按可比价格计算，比上年增长9.2%。分产业看，第一产业增加值209.8亿元，增长4.5%；第二产业增加值474.3亿元，增长9.7%；第三产业增加值499.9亿元，增长11%。三次产业结构由上年的19.7∶38.7∶41.6调整为17.7∶40.1∶42.2，其中工业增加值占GDP比重为33.3%。人均GDP为23051元，比上年增加2440元。

2017年全市生产总值及其增长速度

表18　　单位：亿元

指　标	绝对数	比上年增长(%)
指　标	绝对数	比上年增长(%)
生产总值	1149.8	9.2
第一产业	209.8	4.5
第二产业	474.3	9.7
工业	394.0	10.0
建筑业	80.5	8.4
第三产业	499.9	11.0
交通运输、仓储和邮政业	38.5	3.8
批发和零售业	83.0	5.9
住宿和餐饮业	22.3	7.7
金融业	59.1	15.4
房地产业	62.4	6.9
营利性服务业	112.1	21.3
非营利性服务业	108.8	8.6

年末全市户籍人口650.8万人，比上年增加3.9万人；常住人口516.9万人，城镇化率39.8%，较上年提高1.5个百分点；全年出生人口12.4万人，人口出生率为19.1‰；死亡人口8.1万人，死亡率为12.4‰；人口自然增长率6.7‰。

2017年全市居民消费价格比上年涨跌幅度

表19　　单位：%

指　标	比上年涨跌幅度
居民消费价格	1.5
其中：食品	−1.5
居住	2.4
衣着	1.5
生活用品及服务	1.6
医疗保健	3.9
交通和通信	0.2
教育文化和娱乐	3.5
其他用品和服务	0.7

全年居民消费价格比上年上涨1.5%，其中食品价格下降1.5%。商品零售价格上涨2%。工业生产者出厂价格上涨4.3%，工业生产者购进价格上涨6.2%。

全年城镇新增就业6.3万人，比上年增长1.1%，下岗失业人员再就业5973人。年末城镇登记失业率2.88%，开发各类公共服务岗位26105个。

二、农业

全年粮食作物种植面积900.1千公顷，比上年扩大9.8千公顷，其中优质专用小麦面积415.1千公顷，扩大3.1千公顷。油料种植面积9.6千公顷，减少2.2千公顷。棉花种植面积4.6千公顷，减少1.4千公顷。蔬菜种植面积105.2千公顷，扩大2.3千公顷。中药材种植面积57.2千公顷，扩大0.7千公顷。

全年粮食产量483.4万吨，比上年增产9.5万吨，增长2%。其中，夏粮331.6万吨，增产2.8万吨，增长0.9%；秋粮151.8万吨，增产6.7万吨，增长4.6%。油料产量5万吨，下降1.7%。棉花产量0.7万吨，下降22.2%。蔬菜产量326.7万吨，增长5%。

全年共完成育苗面积1.9万亩，四旁植树785.3万株，人工造林面积8.8万亩，林木绿化率23%，较上年提升0.4个百分点。

年末全市生猪存栏162.1万头，比上年增长2.7%；全年生猪出栏309.6万头，增长1.4%。肉类总产量33万吨，增长1%，

2017 年全市主要农产品产量

表 20　　单位：万吨

产品名称	绝对数	比上年增长(%)
粮食	483.4	2.0
油料	5.0	−1.7
#花生	4.5	−1.0
油菜籽	0.2	−11.8
棉花	0.7	−22.2
烤烟	0.1	−37.9
药材	28.5	3.5
蔬菜	326.7	5.0
园林水果	6.6	−2.6

其中猪牛羊肉产量 29 万吨，增长 1.1%。禽蛋产量 7.3 万吨，增长 2.8%。牛奶产量 2 万吨，增长 2.2%。水产品产量 6 万吨，增长 3.4%。

年末全市农业机械总动力 993.3 万千瓦，比上年增长 0.8%。加强农产品质量安全监管体系建设，新增省级蔬菜标准园 5 个，畜禽养殖示范场 3 个、水产养殖健康示范场 1 个，新增无公害农产品、绿色食品原料基地 46 个、农业“三品一标”认证企业 50 家、获证产品 90 个，亳丹皮、涡阳大豆获批农业部农产品地理标志等级保护。农田有效灌溉面积 486.7 千公顷，新增 22 千公顷；新增节水灌溉面积 4.3 千公顷。

年末市级以上农业龙头企业达 543 家，较上年新增 30 家，其中国家级 4 家，省级 50 家。全市新建农民专业合作社省级示范点（社）10 个，年末拥有农民专业合作组织 16597 个，合作组织成员 103.2 万人。创建现代农业产业化联合体 80 家，其中省级 32 家

全市改造县乡公路 456 千米，建成农村饮水安全工程规模水厂 241 处，解决 542.3 万农村居民饮水安全问题。

2017 年全市规模以上工业增加值

表 21　　单位：亿元

指　标	绝对数	比上年增长（%）
规模工业增加值		10.4
其中：轻工业		8.8
重工业		13.2
其中：国有企业		6.7
集体企业		29.6
股份合作企业		26.2
股份制企业		10.7
外商及港澳台商投资企业		10.8
其他企业		−4.9
其中：国有及国有控股企业		14.4
其中：大中型工业企业		7.8

2017 年全市主要工业产品产量

表 22

产品名称	单 位	绝对数	比上年增长（%）
小麦粉	万吨		−6.3
鲜、冷藏肉	万吨		6.4
方便面	吨		−20
白酒	千升		−8.1
纱	吨		−4.8
人造板	万立方米		5.0
精制食用植物油	万吨		14.3
机制纸及纸板	吨		134.1
塑料制品	吨		50.0
水泥	万吨		−7.0
商品混凝土	万立方米		27.2
砖	万块		−48.5
石墨及碳素制品	吨		35.8
服装	万件		5.1
改装汽车	辆		28.6
光电子器件	万只		533.4
电光源	万只		0.4

三、工业和建筑业

2017 年年末，全市规模以上工业企业达 1032 户，比上年净增 101 户。全年规模以上工业企业[3]实现增加值比上年增长 10.4%，其中轻、重工业分别增长 8.8% 和 13.2%。股份制企业和外商及港澳台商投资企业生产增长较快，增幅分别比规模工业高 0.3 个百分点和 0.4 个百

分点。

全市33个工业行业中，23个保持增长，其中增速超过全市平均水平的13个。煤炭开采和洗选业增长10.6%，农副食品加工业增长1.4%，酒、饮料和精制茶制造业增长8.2%，医药制造业增长15.9%，制造业增长7.7%，五大主导行业对全市规模以上工业增长贡献率达89.3%。高新技术产业增长15.3%，高新技术企业增长14.5%。战略性新兴产业产值增长27.1%；农产品加工产值增长15.2%；高新技术产业产值增长15.3%。

规模以上工业统计的主要产品产量中，精制食用植物油增长14.3%、鲜、冷藏肉增长6.4%、商品混凝土增长27.2%、服装增长5.1%、改装汽车增长28.6%。

全市规模以上工业企业经济效益综合指数286.5%，比上年提高15.6个百分点。企业主营业务收入增长11.5%；利税增长27.5%，其中利润增长28.7%。农副食品加工业，食品制造业，酒、饮料和精茶制造业，化学原料及化学制品制造业，医药制造业，金属制品业，非金属矿物制品业，木材加工和木、竹、藤、棕、草制品业，计算机、通信和其他电子设备制造，电力、热力生产和供应业，煤炭开采和洗选业，汽车制造业，纺织服装、服饰业等13个行业利润均超亿元。

全年全社会建筑业增加值80.5亿元，比上年增长16.6%。房屋建筑施工面积767.6万平方米，比上年增加380.7万平方米；房屋竣工面积337.8万平方米，比上年增加99.6万平方米。

2017年全市行业固定资产投资额及增长速度

表23　　单位：亿元

行　　业	绝对数	比上年增长（%）
农、林、牧、渔业	25.3	−2.3
采矿业	9.1	−34.4
制造业	318.9	32.8
农副食品加工业	26.7	1.3
酒、饮料和精制茶制造业	7.2	−35.6
医药制造业	91.4	52.4
非金属矿物制品业	38.8	100.5
汽车制造业	5.7	−45.0
电力、燃气及水的生产和供应业	61.3	−18.4
交通运输、仓储和邮政业	63.5	6.5
信息传输、软件和信息技术服务业	6.2	1010.5
批发和零售业	2.6	−45.0
住宿和餐饮业	5.3	1380.9
房地产业	388.6	22.4
教育	28.0	32.5
卫生和社会工作	12.1	46.1
文化、体育和娱乐业	15.2	99.0

四、固定资产投资

2017年，亳州市固定资产投资[4]1067.2亿元，比上年增长22%。其中，工业技术改造投资136.3亿元，增长19.2%；民间投资724.2亿元，增长28.5%。分产业看，第一产业投资下降2.3%，第二产业投资增长18.4%，第三产业投资增长25.4%。分行业看，工业投资增长18.3%，其中制造业投资增长32.8%。

全年房地产开发投资321.6亿元，比上年增长39%。商品房销售面积580.3万平方米，增长40.7%；商品房销售额336.2亿元，增长74.2%。全年开工建设城镇保障性安居工程住房28926套（户），基本建成29662套（户）。

全年共实施重点项目542个、完成投资780亿元，其中亿元以上项目382个，比上年增加87个。新开工亿元以上项目204个，增加77个；亿元以上在建工业项目153个，增加24个，其中新开工亿元以上工业项目82个，增加27个。亳州学院附属学校、市养老服务中心、市安置还原小区F区、市经开区如金现代服装产业基地、保和堂道地中药材加工、亳芜现代产业园区国祯生物质热电联产、谯城区九洲方圆制药、华佗国药新厂、司尔特水溶性复合肥生产、蒙城县和利辛县强英鸭屠宰加工、上海电气蒙城生物质发电等一批亿元项目建成投产、投用；市体育馆、汤王大道和建安路涡河隧道工程、亳州新发地农产品批发市场及冷链物流、市经开区外经钻石广场、神农谷中药电商物流城、蒙城职教园区等一批亿元项目加快建设；市特教学校新校区、亳州地下综合管廊工程、亳药花海大世界、亳州广电中心、市经开区景龙药业、桂林中南药业中药生产、碧桂园·平侯府、亳芜现代产业园区长白山制药、民生药业产业园、汉盛中成药生产、谯城区长白山制药中医药产业园、涡阳县绿色生态建筑生产中心、蒙城县民和杭萧钢结构住宅、利辛县莱科手机触摸屏生产等一批亿元项目开工建设。

五、国内贸易

2017 年，亳州市社会消费品零售总额 550.7 亿元，比上年增长 11.9%。按经营地统计，城镇消费品零售额 412.3 亿元，增长 11.8%；乡村消费品零售额 138.4 亿元，增长 12.2%。按消费形态统计，商品零售额 488.6 亿元，增长 11.9%；餐饮收入 62.1 亿元，增长 12.3%。按单位规模分，限额以上单位零售额 217.7 亿元，增长 16.9%；限额以下单位零售额 333 亿元，增长 8.2%。

限额以上企业商品零售额中，吃、穿、用类商品零售额分别比上年增长 18.4%、15.1% 和 17.4%。其中，粮油类增长 15.3%，肉禽蛋类增长 17.8%，服装类增长 15%，化妆品类增长 13.2%，日用品类增长 25.6%，中西药品类增长 6.2%，家用电器和音像器材类增长 16%，石油及制品类增长 17.9%，汽车类增长 19.2%。

六、对外经济和旅游

2017 年，亳州市进出口总额 6.6 亿美元，比上年增长 27.8%。其中，出口 6 亿美元，增长 30.5%；进口 0.6 亿美元，增长 6.3%。从出口经营主体看，生产型企业出口增长 30.1%，贸易型企业出口增长 33.5%。从出口商品看，中药材、机电产品和高新技术产品出口分别增长 28.9%、30.8% 和 14.2%。

2017 年全市出口主要分类及地区分布

表 24　　单位：万美元

指　标	绝对数	比上年增长（%）
出口额	60233	30.5
其中：中药材	23039	28.9
其中：机电产品	6640	30.8
其中：高新技术产品	2063	14.2
其中：一般贸易	54210	29.8
加工贸易	6023	37.9
其中：马来西亚	2620	5.2
韩国	6429	-15.9
美国	6431	22.6
其中：对亚洲	43036	32.1
对欧洲	5707	48.7
对北美洲	7212	23.6
对非洲	1992	-14.6
对拉丁美洲	1294	16.9
对大洋洲	657	46.5

全年新批外商投资企业 13 家，比上年增加 9 家；合同利用外商直接投资 7.5 亿美元，增长 768.8%；实际利用外商直接投资 7.8 亿美元，增长 8%。

全年入境旅游人数 7.9 万人次，比上年增长 89%；国内游客 2278.7 万人次，增长 28.3%。旅游总收入 171.6 亿元，增长 30.2%。其中，旅游外汇收入 1762.8 万美元，下降 22.8%；国内旅游收入 170.5 亿元，增长 30.8%。年末全市共有国家 AAAA 级旅游景点（区）7 处，星级酒店 16 家，旅行社 22 家。

七、交通和邮电

2017 年，亳州市交通运输、仓储和邮政业增加值 38.5 亿元，比上年增长 3.8%。全年公路旅客运输量 4034 万人，下降 23.3%，公路和水运货物运输量 34000 万吨，增长 11.2%；公路旅客运输周转量 33.1 亿人千米，下降 20.8%，公路和水运货物运输周转量 932 亿吨千米，增长 6.8%。全年港口货物吞吐量 1067 万吨，下降 19.6%。

年末全市民用汽车拥有量 42.7 万辆，比上年增长 19.4%，其中私人汽车 36.4 万辆，增长 20.7%。轿车拥有量 17.3 万辆，增长 27.6%，其中私人轿车 16.6 万辆，增长 28.4%。全市城区年末公交营运车辆 919 辆，出租车营运车辆 3005 辆。

全年邮电业务总量[5] 45.8 亿元。其中，电信业务总量 37.3

亿元；邮政业务总量8.5亿元。年末本地固定电话交换机总容量16.3万门，比上年减少2.9万门。本地固定电话用户21.6万户；移动电话用户387.9万户。年末基础电信运营企业计算机互联网宽带接入用户89.4万户，增加35.8万户。

八、财政、金融和保险业

2017年，亳州市财政收入171亿元，比上年增长16%，其中地方财政收入94.6亿元，增长8.6%。全部财政收入中，增值税增长41.8%，营业税下降93%，企业所得税增长39.9%。财政支出325亿元，增长16.7%，民生支出完成282.1亿元，同比增长16.3%，较上年提高14.3个百分点，占财政支出的比重86.8%。其中，科学技术支出增长100%，教育支出增长14.5%，医疗卫生支出增长29.2%，农林水支出下降1.9%，社会保障与就业支出增长6%，城市社区事务支出增长138%。全年民生工程累计投入144.2亿元，增长14.6%。

年末全市金融机构各项存款余额（人民币口径，下同）1843.4亿元，比上年末增加123.3亿元，增长15.9%。其中，单位存款余额696.1亿元，增长21.5%；住户存款余额1122.3亿元，增长11.5%。金融机构各项贷款余额1337.2亿元，比上年末增加300.7亿元，增长29%。其中，短期贷款655.6亿元，增长19%；中长期贷款673.1亿元，增长40.3%，中长期贷款中个人消费贷款296.2亿元，增长41%。

年末全市共有8家证券公司营业部，开户股民（含基金）总数6.6万个，比上年增长22.6%。全市共有保险公司35家，其中，财产保险公司18家，人寿保险公司17家。全年保险业保费总收入71.5亿元，增长31.6%。其中，财产险业务保费收入27.8亿元，增长39%；人身险业务保费收入43.7亿元，增长21.4%。赔款和给付26.3亿元，增长23%。其中，财产险业务赔款和给付支出13.9亿元，增长34.8%；人身险业务赔款和给付支出12.4亿元，增长12%。

2017年末全市金融机构人民币各项存贷款余额及增长速度

表25

指　标	年末数（亿元）	比上年末增长（%）
各项存款余额	1843.4	15.9
其中：单位存款余额	696.1	21.5
住户存款余额	1122.3	11.5
各项贷款余额	1337.2	29.0
其中：短期贷款余额	655.6	19.0
中长期贷款余额	673.1	40.3
#个人消费贷款	296.2	41.0

九、教育和科学技术

2017年年末，亳州市普通高校2所，在校学生1.1万人。各类中等职业学校（不含技工学校）26所，在校生7.3万人。普通高中24所，在校生8.3万人，高中阶段毛入学率93.3%，比上年上升0.3个百分点。普通初中264所，在校生21.9万人，初中阶段适龄人口入学率100%。小学1100所，在校生51.4万人，小学学龄儿童入学率100%。各级各类成人学校毕业生1.3万人。全面实施免费义务教育，受益学生73.4万人。

2017年全市各类教育发展情况

表26　　单位：万人

指标	招生数	在校生数	毕业生数
普通高等教育	0.4	1.1	0.4
中等职业教育	2.7	7.3	2.9
普通高中	2.9	8.3	2.6
普通初中	7.8	21.9	6.1
小学	8.5	51.4	7.7
特殊教育	0.05	0.4	0.01

年末全市有各类专业技术人员[6]5.2万人，比上年增长1.1%。有省级以上工程研究中心20家，新增省级博士后科研工作站1家，全市新认定高新技术企业20家，全社会研发经费增长20%。全年受理专利申请3750件，授权专利1310件。全年共取得省部级以上科技成果7项。全年主要科技成果有：市公路管理局牵头制定安徽省地方标准“沥青砂处治水泥路面裂缝技术实施指南”、安徽瑞福祥食品有限公司牵头完成的“小麦蛋白组织化关键技术研究与产业化示范”项目等。

全年开展食品质量监督抽检3355批次，工业产品质量监督定期抽查549批次，工业产品抽查合格率93.3%。年末全市共有系统内县以上产品质量检验机构43个，法定计量技术机构8个。

全年强制检定计量器具67100台(件)。制定、修订地方标准8项。年末全市有国家地理标志产品4个,中国驰名商标8个,安徽省著名商标169个,新增安徽名牌产品8个。年末全市有各类气象台站4个,自动观测点133个。

十、文化、卫生和体育

2017年年末,亳州市共有专业艺术表演团体197个,文化馆5个,公共图书馆5个,博物馆5个,乡镇综合文化站89个,省级文化产业示范园区1个,省级文化产业示范基地3个。全国重点文物保护单位7处,省级重点文物保护单位38处,市级重点文物保护单位45处。国家级非物质文化遗产名录3项,省级名录38项,市级名录111项。广播电台1座,中波发射台和转播台1座,广播人口覆盖率100%。电视台4座,有线电视用户8万户,电视综合人口覆盖率100%。全年出版报纸2种,各级档案馆5个,馆藏档案资料67.2万卷(件、册),库馆总建筑面积3.4万平方米。

年末全市有卫生机构1722个,其中医院62个,卫生院92个,社区卫生服务中心(站)107个,妇幼保健院(所、站)5个,疾病预防控制中心5个。卫生技术人员17193人,其中执业(助理)医师6397人,注册护士7068人。医院、卫生院实有床位数19246张。全年诊疗2028.6万人次。村卫生室1274个,乡村医生和卫生员5495人,农村有医疗点的村占总村数的100%。参加新型农村合作医疗的农业人口550.7万人,参合率106.8%。

年末全市有体育场地1238个,其中体育场14个,体育馆1座。全年在国际和国内的重大比赛中,亳州市运动健儿获33枚金牌、22枚银牌和42枚铜牌。“全民健身”系列主题活动蓬勃开展,开展全民健身项目151项次,全民健身运动参加人数148万人,全年举办百人以上群众体育活动139次。国民体质监测工作完成监测样本3900个;市本级成立体育社会组织83个;社会体育指导员队有9769人。

十一、城镇和美丽乡村建设

2017年,亳州市实施城建重点项目236个、完工110个,完成投资65亿元;其中,市中心城区实施112个、完工72个,完成投资26亿元。建成高铁片区地下综合管廊3千米,完成海绵城市试点项目3个、黑臭水体治理项目22处。建成棚户区改造住房30043套,改造老城区主次干道雨污分流管网13.2千米、老旧小区22.4万平方米,新建、改建市中心城区环保公厕76个。城市日供水综合能力15.2万吨,自来水普及率99%。液化气年家庭用量0.2万吨,用气人口42万人,城市气化率96.5%。年末园林绿地面积1697公顷,建成区绿化覆盖率27.2%,人均公共绿地面积8.5平方米。

全年全市新农村建设规划31处,规划面积586.9万平方米,竣工面积365.1万平方米,搬迁农户4665户。全年市级美丽乡村财政专项投入33425万元,省级中心村编制建设项目416个,乡镇政府驻地建成区编制建设项目841个。推进农村环境“三大革命”、农村清洁工程、农村垃圾分类处理、集镇集市管理,清理生活垃圾26万吨,集中清理陈年垃圾5.8万吨,完成改厕任务10.3万户,建成污水处理设施95个。

十二、人民生活和社会保障

2017年,亳州市城镇常住居民人均可支配收入27246元,比上年增长8.8%。人均消费性支出18093元,增长8.7%。其中,食品烟酒支出增长10.4%,衣着下降9.1%,居住增长9.2%,教育文化娱乐服务增长22%。城镇常住居民恩格尔系数[7]为30.8%,比上年提升0.5个百分点。年末城镇常住居民人均住房建筑面积51平方米,比上年增加1平方米。

全年农村常住居民人均可支配收入11591元,比上年增长9.6%。人均生活消费支出9841元,增长9.2%。其中,食品烟酒支出增长10.2%,衣着下降16.2%,居住下降0.5%,交通通信增长81%。农村常住居民恩格尔系数为35.1%,比上年提升0.3个百分点。年末农村常住居民人均住房建筑面积53平方米,比上年增加3平方米。

年末全市参加城镇职工基本养老保险24.3万人、城镇职工基本医疗保险24.5万人,参加失业保险15.7万人。全市参加工伤、生育保险人数分别为23万人和18.7万人。社保征缴全面超额完成,全民参保登记计划全覆盖。被征地农民养老保险制度全面推进,年末被征地农民参保人数15.2万人。全市城乡低保水平提升，全年发放低保金2.9亿元，城镇低保年末保障0.7万人，农村低保年末保障8.6万人。

年末全市有各类收养性社会福利单位床位2.8万张，收养各类人员1.5万人。城镇建立各种社区服务设施626个，乡镇、街道及县（市、区）级社区服务中心89个，综合性社区服务站79个。全年销售社会福利彩票3.3亿元，筹集公益金3390万元。

十三、资源、环境和安全生产

2017年，亳州市批准建设用地2615.8公顷，建设占用耕地1576.4公顷，出让国有土地使用权1798.2公顷。补充耕地2231.2公顷，基本农田保护面积51.3万公顷。

全市已发现各类矿产9种，已探明储量的矿产6种，煤炭储量达50.6亿吨。

全市人均水资源558立方米。总用水量10.3亿立方米，人均用水量199.7立方米。年平均气温16.2℃；年日照总时数2098.7小时。年平均降水量1016.4毫米。

年末全市共有市、县级环境监测站5个。监测的5个城区中，城市空气质量全部达到二级标准。全市有1个国家级生态示范区、4个国家级生态乡镇、13个省级生态镇、30个省级生态村、12个市级生态镇、94个市级生态村。

在涡河共设置的3个监测断面，涡河亳州、义门大桥、岳坊大桥水质类别为四类，水质较上年明显改善。境内西淝河断面水质为三类，水质较上年有明显改善。

全年市区环境空气质量优良天数为206天。市区空气质量达标率56.5%，集中式饮用水水源地水质达标率100%。区域环境噪声平均值55分贝，交通噪声平均值67.4分贝。建成烟尘控制区1个，面积169平方千米。建成环境噪声污染达标区面积41.3平方千米。

全年共发生各类生产安全伤亡事故140起，死亡94人，按可比口径，分别同比下降53.8%和29.3%。其中，道路交通安全事故死亡71人，建筑事故死亡13人，工商贸其他事故死亡3人，燃油零售业事故死亡3人，信息传输和信息技术服务业事故死亡2人，危险化学品事故死亡1人。全市亿元GDP生产安全事故死亡人数为0.08人。

注：

[1] 本公报数据为初步统计数。部分数据因四舍五入的原因，存在着与分项合计不等的情况。

[2] 生产总值及各产业增加值绝对数按现价计算，增长速度按可比价格计算。

[3] 规模以上工业统计范围为年主营业务收入2000万元及以上的企业。

[4] 固定资产投资统计范围为计划总投资500万元以上项目及房地产。

[5] 邮电业务总量按2010年不变价格计算。

[6] 各类专业技术人员不含企业人员。

[7] 恩格尔系数是指居民食品消费支出占全部消费性支出的比重。

（市统计局）

亳州市五大发展行动计划(修订版)(摘要)

一、总体思路

(一)指导思想。

全面贯彻党的十九大精神,以习近平新时代中国特色社会主义思想为指导,深入贯彻落实习近平总书记视察安徽重要讲话精神,坚持稳中求进、优中求快、奋发有为工作总基调,按照高质量发展的要求,统筹推进"五位一体"总体布局和协调推进"四个全面"战略布局,以"深入践行五大发展理念,奋力走在皖北振兴前列"为总要求,以供给侧结构性改革为主线,推动质量变革、效率变革、动力变革,决胜全面建成小康社会,加快建设现代化五大发展美好亳州。

(二)奋斗目标。

1. 到2020年,与全省全国同步全面建成小康社会。

统筹推进经济建设、政治建设、文化建设、社会建设、生态文明建设,坚定实施科教兴市战略、人才强市战略、创新驱动发展战略、乡村振兴战略、区域协调发展战略、可持续发展战略、军民融合发展战略,突出抓重点、补短板、强弱项,坚决打好防范化解重大风险、精准脱贫、污染防治攻坚战,努力完成"十三五"规划各项任务,努力打造新兴工业强市、现代农业强市、文化旅游强市、新型智慧城市、健康养生城市。

——创新能力明显提升。科技进步对经济增长的贡献率大幅提升,战略性新兴产业产值占规模工业总产值比重达到35%以上,高新技术产业增加值占规模工业增加值的比重达到35%以上,主导产业支撑力显著增强,新产品、新技术、新业态、新模式不断涌现。全面深化改革各项举措加快落地,重点领域和关键环节改革取得决定性成果,体制机制更加完善,改革红利加速释放。人才高地建设取得突破性进展,育才引才用才工作成效明显,高层次、高技能人才加速集聚,各类人才创新创业热情空前高涨。

——协调发展成效凸显。城乡基础设施体系日趋完善,城乡一体化步伐加快,精神文明建设扎实推进,军民融合深度发展成效明显,争创全国文明城市、国家卫生城市、全国未成年人思想道德建设工作先进城市。户籍人口城镇化率明显提高,百万人口大城市基本建成,县域经济竞相发展,美丽乡村、美丽集镇建设领先皖北、走在全省前列,区域发展协调性显著增强,城乡居民收入差距进一步缩小。

——生态环境持续优化。生态文明制度体系基本确立,"地净、路畅、水活、天蓝、林拥城"工程取得显著成效,绿化覆盖率达到36%,环境空气质量优良率达到省政府目标任务要求,涡河出境水质达到Ⅳ类,消除主城区黑臭水体。能源和水资源消耗、建设用地、碳排放总量和强度得到有效控制,主要污

染物达标排放,全社会绿色、低碳生产方式和生活方式进一步养成。成功创建国家园林城市、国家环保模范城市。

——开放层次实现跃升。积极融入国家"三大战略",大通道大平台大通关建设取得关键突破,对外开放瓶颈基本破除,贸易和投资便利化程度明显提高,全面开放新格局基本形成,对外贸易主体不断壮大,进出口贸易更加活跃,招商引资提质增效,力争外贸进出口总额年均增长10%以上、利用市外内资年均增长15%左右、利用外商直接投资年均增长5%左右。

——民生保障更加有力。民生投入逐年增加,民生工作持续推进。全面打赢脱贫攻坚战,如期实现现行标准下农村贫困人口全部脱贫、贫困村全部出列、

贫困县区全部摘帽。社会托底保障水平显著提高，基本公共服务均等化水平达到全省平均水平，劳动年龄人口受教育年限不断提高，全生命周期的卫生与健康服务能力逐年提升，社会保障实现法定人群全覆盖。更加崇法、善治、公正的法治亳州和更加稳定、和谐、有序的平安亳州建设取得明显成效。

2. 到2035年，与全省全国同步基本实现社会主义现代化。

区域创新能力显著增强，综合实力进一步提升，人均地区生产总值和城乡居民人均可支配收入高于全省平均水平，基本建成新兴工业强市、现代农业强市、文化旅游强市、新型智慧城市、健康养生城市，基本建成现代化亳州，使亳州市成为创新创业集聚区、美丽安徽先行区、内陆开放新高地、皖北发展排头兵。

3. 到21世纪中叶，与全省全国同步实现社会主义现代化。

形成现代化经济体系、现代化城市、现代化农业农村、现代化公共服务体系、现代化治理体系和治理能力，基本实现人民共同富裕，建成现代化美丽亳州。

（三）重大战略。

根据党的十九大提出的新思想、新论断、新举措，统筹推进经济建设、政治建设、文化建设、社会建设、生态文明建设，紧扣亳州实际，坚定实施好七大战略。

1. 科教兴市战略。全面落实科学技术是第一生产力的思想，坚持教育为本，不断完善适应现代化建设需要的区域科技创新体系和现代教育体系，增强自主科技创新能力，提高人民科学文化素质，努力塑造更多依靠科技创新、更多发挥先发优势的引领型发展，为全市经济社会发展提供持久强劲动力。

2. 人才强市战略。坚持把人才作为支撑发展的第一资源，持续推进人才发展体制和机制创新，构建现代化的人才发展治理体系，努力把亳州市建设成为人才辈出、人才向往、人才汇聚、人尽其才的人才高地，为建设现代化亳州提供充足的人才保障和智力支撑。

3. 创新驱动发展战略。坚持把创新作为引领发展的第一动力，以科技创新为核心带动全面创新，以体制机制改革激发创新活力，以高效率的区域创新体系支撑高水平的创新型城市建设，系统推进全面创新改革试验，在核心技术和关键共性技术领域取得重大突破，实现创新能力新提升、发展动力新转换、产业迈向中高端。

4. 乡村振兴战略。科学编制乡村振兴规划。健全城乡融合发展体制机制，清除阻碍要素下乡各种障碍。推进农业供给侧结构性改革，坚持质量兴农、绿色兴农，农业政策从增产导向转向提质导向。加快构建现代农业产业体系、生产体系、经营体系，培育新型农业经营主体，加强和创新农村社会治理，不断提高农民获得感幸福感，为推进“四化同步”、城乡一体化和全面建成小康社会奠定坚实基础。

5. 区域协调发展战略。围绕“省际交汇区域中心城市”定位，立足各县区比较优势，坚持整体推进、重点突破、彰显特色，构建中心城区、县城和小城镇协调发展的城镇格局，实现区域联动、城乡互动，拓展区域发展新空间，开创区域发展新局面。

6. 可持续发展战略。坚持人口资源环境相均衡、经济社会生态效益相统一，把生态文明建设融入经济社会发展各方面和全过程，优化国土空间开发格局，加大自然生态系统和环境保护力度，全面促进资源节约，积极转变发展方式，推动形成绿色生产、绿色生活和绿色消费新模式，促进经济发展和生态文明相辅相成、人与自然和谐共生。

7. 军民融合发展战略。抢抓国家军民融合发展战略机遇，立足亳州市战略地位和资源禀赋，完善军民融合发展组织管理体系、工作运行体系和政策制度体系，大力促进要素互融共用，在重点领域打造一批军民融合龙头工程、精品工程，提升创新驱动发展能力，助推全面建成小康社会，实现强军和建设现代化亳州相统一、互促进。

二、实施创新发展行动，培育经济增长新动能

把创新摆在发展全局的核心位置，以供给侧结构性改革为主线，以“三重一创”建设为抓手，加快科技创新、产业创新、企业创新、产品创新、市场创新，大力推动大众创业万众创新，提高全要素生产率，为建设现代化经济体系提供强力支撑。

1. 扎实推进供给侧结构性改革。深化要素市场化配置改

革，重点在“破”“立”“降”上下功夫。大力破除无效供给，推动化解过剩产能；大力培育新动能，强化科技创新，推动传统产业优化升级，培育一批具有创新能力的排头兵企业，积极推进军民融合深度发展；创优“四最”营商环境，积极开展“四送一服”双千工程，大力降低实体经济成本，降低制度性交易成本，继续清理涉企收费，加大对乱收费的查处和整治力度，进一步降低用能、物流等成本。

2. 强力推进“三重一创”建设。依托创新链提升产业链，把创新发展真正落实到产业发展上，做大总量、做优增量、提升质量，驱动产业全面转型升级。建设重大新兴产业基地。以龙头企业为引领，以集聚发展为路径，在做大做强现代中药产业集聚发展基地的同时，着力在节能环保、新一代信息技术、新能源、新材料、高端装备制造、新能源汽车、数字创意等领域培育一批新的增长点，高水平规划、高标准建设、高强度推进，努力打造一批产业集群。建设重大新兴产业工程。在现代中药、动物疫苗等具有一定基础和较强优势的领域，聚焦产业链关键环节，强化龙头企业引领，建设一批重大新兴产业工程，推进核心项目产业化及推广应用，为重大新兴产业基地建设提供有力支撑。实施重大新兴产业专项。在新一代信息技术、现代中药等领域，实施一批重大新兴产业专项，突破关系长远发展的核心技术，尽快实现产业化，抢占科技创新和产业发展的制高点。构建创新型现代化产业体系。围绕打造“世界中医药之都”，大力发展现代中医药产业。实施“369”提升计划，提升产业层次，促进产业转型，奋力冲刺“三个千亿”目标。推进食品制造产业创新发展。突出“安全、健康、生态、养生”理念，稳定粮食生产，主攻粮食、蔬果、畜禽等农产品加工转化，大力招引国内外知名食品企业落地，加快建设食品产业园区，延伸农业产业链、价值链，形成布局合理、技术先进、特色鲜明的食品产业体系。坚持把文化旅游产业作为全市经济发展的重要增长极，认真落实省、市《关于将旅游业培育成为重要支柱产业的意见》，实施旅游强市“五个一批”工程，大力发展全域旅游，以国家中医药健康旅游示范区和“一带一路”国家健康旅游目的地建设为抓手，加快建设林拥城、亳药花海休闲观光大世界、中华药博园等一批重大旅游项目，把文化旅游业培育成为亳州市的重要支柱产业，全面打造亳州文化旅游品牌。到2020年全市接待游客总人数和旅游业总收入比2015年翻两番。推进金融服务业创新发展。围绕促进产业转型发展，丰富金融业态，创新金融产品，拓展融资渠道，提高存贷比，推动各类金融资源更多向创新型企业起步成长的前端延伸，向最具创业创新活力的中小微企业倾斜，使金融和资本更好地对接服务创新成果转化全过程、企业生命全周期、产业形成全链条。推进现代物流产业创新发展。加快建设高铁片区现代物流园，大力发展冷链、中药材和中成药、农产品和农资等专业物流，到2020年力争现代物流业增加值达到70亿元，A级以上物流企业达到10家以上。大力发展服务外包产业，引进一批数据处理中心、呼叫中心项目。积极发展互联网经济。建成电子商务产业园和特色产业电子商务孵化基地，支持酒类、中药材专业市场发展电子商务，到2020年电子商务年交易额达200亿元；统筹大数据、云计算、物联网产业布局发展，积极发展平台经济、分享经济，培育新的经济增长点。坚持品牌发展战略。实施质量品牌升级工程，支持企业参与国际标准、国家标准、行业标准建设，推进质量标杆和领先企业示范行动，打造全国全省驰名的“亳州品牌”，培育品牌集群。深入推进军民融合发展，打造一批军民融合发展示范企业。

3. 大力推进创新平台建设。强化园区在创新发展中的引领带动作用。推动园区资源优化组合、要素相互融合、功能有效复合，着力打造开放协同、内生共赢、充满活力、富有特色的创新园区。推动企业与高校院所对接合作。组建技术研发转移中心，支持骨干企业建立研发机构。谋划建立主导产业研究院和核心企业研发机构创新联盟。围绕产业链部署创新链、围绕创新链完善资金链，强化科技同经济、创新成果同产业、创新项目同现实生产力、研发人员创新劳动同利益收入“四个对接”。全力推进双创基地、孵化器、创业园等平台建设。着力打造一批众创空间，构建“众创空间—创业苗圃—孵化器—加速器—产业基地”阶梯形孵化体系。积极参加“江淮双创汇”活动。完善创业辅导、政策服务、孵化培育、创业融资、知识产权质押等一体化的创新创业综合服务体系，打造“药都双创汇”品牌。

4. 大力推进创新主体培育。强化企业自主创新主体地位和主导作用，深入实施高新技术企业和“专精特新”中小企业培育行动，引导创新要素向企业集聚，加快培育创新型企业，努力形成以创新型领军企业为龙头、科技型上市培育企业为骨干、高新技术企业为主体的创新型企业集群。鼓励企业增加研发投入，加强技术攻关和新产品开发，创造和拥有一批核心技术、高端产品，提升核心竞争力，使企业成为研发投入主体、创新活动主体和创新成果应用主体。加强企业公司制改造，加快处置企业“两证”不全等历史遗留问题，切实增强企业的资本实力和资产实度。积极推进青年学子创业，着力抓好“亳州老乡，请您回家”活动，大力扶持民营企业“二次创业”、创新发展、做大做强，力争到2020年万人拥有民营企业数、个体工商户数比2015年分别增长1倍和60%以上。

5. 加快建设人才强市。加快培养引进创新人才。围绕打造“世界中医药之都”“三重一创”、工业强市等重大任务，加快引才“绿色通道”建设，采取柔性引进、项目引进、专项资助引进等方式，培养造就一批战略科技人才、科技领军人才、青年科技人才和高水平创新团队。妥善解决高层次人才医疗、配偶安置、子女入学等实际问题。积极对接“江淮英才工程”和“卓越人才培养工程”，争取更多的本土创新人才进入榜单。实施“药都英才工程”，加大对平台引进高层次人才的资助奖补力度，充分发挥用人单位主体作用。深化人才发展体制机制改革。建立以科研能力和创新成果为导向的科技人才评价机制，放宽急需紧缺人才职业资格准入，推进水平类职业资格评价市场化。促进创新创业人才双向流动，允许高校等事业单位科研人员依法依规到科技创新型企业适度兼职兼薪，吸引有创新实践经验的企业家和企业科研人才到高校兼职。激发和保护企业家精神。培育和加强创新文化建设，营造鼓励创新、宽容失败的社会氛围。实施“511”企业家培育计划，鼓励更多社会主体投身创新创业，在实践中培养造就一批具有全球战略眼光、市场开拓精神和社会责任感的优秀企业家。开展大规模职业技能培训，建设知识型、技能型、创新型劳动者大军，推动亳州市由“民工大市”向“技工大市”转变。

6. 大力推进创新政策落地见效。建立科技投入稳定增长机制，实施科技创新券制度，设立创新引导基金，重点支持“三重一创”工程项目建设、“专精特新”企业培育、创新人才和团队引进及现代中药、食品制造等产业前沿技术、共性技术和核心技术研发。到2020年，力争全社会研究和试验发展投入增加到12亿元。落实鼓励中药产业发展的兼并重组、购买批号、技术转让、研发培育等优惠政策，充分发挥政策的集成和叠加效应。鼓励企业、高校、中介组织成立专攻技术集成、熟化、转移的机构，积极发展研发设计、中试熟化、创业孵化、检验检测认证等科技服务，培养专业化的技术经纪人队伍。建立健全资本和金融创新体系，支持发展科技银行、科技保险、科技小贷、科技担保和科技融资租赁等多种形式的金融专营机构，争取投贷联动试点，鼓励科技企业上市挂牌、再融资和并购重组，大力发展天使基金、风险投资、产业发展基金和其他股权投资，建立健全更好服务实体经济和产业创新的综合金融服务体系。落实好省市激励自主创新的优惠政策，鼓励高新技术企业将享受到的所得税减免部分用于研发活动，引导激励更多企业加大研发投入。抓好促进科技资源共享政策落实，鼓励企业、高校和科研机构共享重大科研基础设施和大型科学仪器。实施市级科技项目管理改革，强化财政科技资金的导向作用，50%以上的财政科技资金用于后补助及奖励。每年对接发达地区最新创新政策，动态调整亳州市创新政策。

7. 加强基础设施网络建设。全面推进铁路、公路、水运、航空、油（气）管网、电网、物流等基础设施建设，构建无缝对接、互联高效的现代化基础设施网络。构建现代化铁路交通体系。围绕融入国家高铁大通道，全面完成商合杭高铁亳州段建设，助推亳蚌、徐阜城际铁路开工建设，积极推动皖北地区城市“一小时通勤圈”建设。完善公路网络。以完善路网布局、扩大覆盖范围、提升通行能力为重点，构建布局合理、安全便捷、内通外联的高等级公路网和农村公路网。建设现代化水利和高等级航道，建成引江济淮亳州段和涡河航道治理等一批重大水利项目；整合港口、岸线资源，大力发展现代航运服务；强化河湖和水利工程管理，形成科学规范、运行高效的水利管理体制机制。开工建设亳州机场。加快推进电网建设。建成城乡统筹、安全可靠、经济高效、与小康社会相适应的现代配电网，加快建设500千伏站点，优化完善220千伏站点，实现主要乡镇35千伏及以上站点全覆盖。加快推进油（气）管线建设，建成太和至谯城天然气管道工程，实现中心城区、主要工业园区双管道供气，在三县县城推广实施管道天然气，加快推进成品油管道建设。进一步完善信息基础设施，大幅提升城乡宽带接入能力。加快推进物流通道建设。加快建设高铁枢纽站、亳州机场、涡河航道港口等交通枢纽站场和物流园区，积极构建创新、高效、绿色的现代化物流体系。

8. 创新体制机制。以完善产权制度和要素市场化配置为重点，深化经济体制重点领域改革，使市场在资源配置中起决定性作用。完善现代产权制度。加大对非公有财产的司法保护力度，依法妥善处理各类企业特别是民营企业经营过程中存在的不规范问题，健全政府守信践诺机制。完善国有资产管理体制。加快国有经济结构调整、战略性重组，促进国有资产保值增值，防止国有资产流失。深化国企改革。加快混合所有制改革步伐，支持古井集团、建安集团、城建集团、交控集团和文旅集团等支柱型国有企业做大做强，培育在全省、全国较具竞争力和影响力的知名企业。深化商事制度改革。全面实施市场准入负面清单制度和公平竞争审查制度，逐步清理废除妨碍统一市场和公平竞争的各种规定和做法。深入推进“多证合一”“先照后证”改革，进一步完善企业登记全程电子化。深化投融资体制改革。深入推进PPP模式，鼓励社会资本参与基础设施、公共服务领域项目建设和运营。完善招投标体制机制，加强标后监管。深化财税体制改革。转变财政支持产业发展方式，健全投资引导基金体系。深化金融体制改革。大力发展普惠金融、科技金融和绿色金融，增强金融服务实体经济能力。推进企业对接多层次资本市场，健全地方金融监管体系，优化金融生态环境，守住不发生系统性金融风险的底线。深化机构和行政体制改革。转变政府职能，深化简政放权，推动权力清单、责任清单、公共服务清单、中介服务清单和行政收费清单的持续优化和完善，进一步推动“五个清单”落地生效。创新监管方式，增强政府公信力和执行力，建设人民满意的服务型政府。深化事业单位改革。强化公益属性，推进政事分开、事企分开、管办分离。加快转变政府职能。最大限度减少政府对资源的直接配置和对微观经济活动的直接干预，大力推广“互联网+政务服务”模式，持续推动网上办事大厅升级，积极推进“四送一服”双千工程，加快创优“四最”营商环境。

三、实施协调发展行动，构建统筹联动新格局

坚持分类指导、区域协同，按照主体功能定位，建立科学有效的区域协调发展新机制，推动区域协调联动发展。统筹兼顾不同区域、城市与农村、经济社会发展与生态环境保护、物质文明与精神文明等，正确处理发展中的重大关系，推进城乡一体化，增强发展的整体性和协调性。

1. 构建协调发展城镇格局。加快推进新型城镇化，以中心城区和三县县城为主体，推动市、县和特色镇协调发展。构建“一核一轴三极”的城镇空间格局。发挥亳州主城区地理区位和资源禀赋优势，强化省际交汇区域中心城市定位，以新型智慧城市建设为统领，强化中心城区辐射带动作用。依托主城区、涡阳和蒙城县城，以及涡河沿线重点开发建制镇，加快形成沿涡河增长轴线。围绕人口就地就近城镇化，突出城市特质，高标准规划建设三县县城。加快建设百万人口省际交汇区域中心城市。坚持“一尊重五统筹”原则，围绕“省际交汇区域中心城市”定位，落实“四创一建”要求，全面提升城市能级。强化规划引领。推进“多规合一”，注重产城融合，优化城市空间布局、功能布局和产业布局，强化城市设计和特色塑造，提升城市空间合理性、平面协调性、功能完善性、风貌整体性、文脉延续性。提升建设水平。加

快完善公共服务设施，大力开展“两治三改”，积极推进新型智慧城市建设、海绵城市建设，持续治理交通拥堵，不断完善城市功能和承载能力。提升治理水平。实施城市环境治理三年行动计划，完善数字化城管平台功能，深化城市管理综合执法改革，推动城市管理重心下移，不断完善城市管理和服务，彻底改变粗放型管理方式，让人民群众在城市生活得更方便、更舒心、更美好。到2020年实现城市文明社区全覆盖。加快县城提质扩容，推进“改镇设办”，增强集聚能力，建成承载人口、吸纳就业的重要承接地。支持符合条件的县撤县设市。实施以县城为重点的城市“双修”，培育建设集约高效、宜居适度的现代化城市。推进小城镇建设。统筹生产、生活、生态空间布局，增强小城镇产业发展、公共服务、吸纳就业、人口集聚功能。积极创建一批市级特色小镇，成功申报一批省级特色小镇。加快农业转移人口市民化。增强农民带资进城能力、城镇购房能力、就业创业能力，完善农业转移人口社会保障体系，保障随迁子女平等接受教育权利。

2. 大力推进乡村振兴战略。按照产业兴旺、生态宜居、乡风文明、治理有效、生活富裕的总要求，推进农业农村现代化，加快建设现代农业强市。深化农村综合改革。巩固和完善农村基本经营制度，扎实推进承包地“三权”分置。保持土地承包关系稳定并长久不变，第二轮土地承包到期后再延长30年。完善农村集体产权制度改革，保障农民财产权益，壮大集体经济。全面推进“三变”改革，增加农民财产性收入。推进农业供给侧结构性改革。坚持质量兴农、绿色兴农，农业政策从增产导向转向提质导向。加快推进农业农村现代化，构建现代农业产业体系、生产体系、经营体系，促进一二三产业融合发展。发展多种形式适度规模经营，培育新型农业经营主体。加强农村基础设施建设，推进水利“一规四补”。加快美丽乡村建设。围绕“生态宜居村庄美、兴业富民生活美、文明和谐乡风美”的建设目标，以改善农村人居环境为重点，深入推进集镇建设、中心村建设和自然村环境整治，实施农村垃圾、污水、厕所专项整治“三大革命”。加快农村路网、水网、电网、气网、广电网、互联网“六网”改造提升，加快农村污水管网建设，推进基础设施和公共服务向农村延伸。科学编制美丽乡村规划，加强历史文化名镇名村、古镇和传统村落保护，深度挖掘生态、文化、旅游等功能，着力培育休闲养生、农事体验、文化创意等新型业态，打造美丽乡村“升级版”，确保亳州市美丽乡村建设始终走在全省前列，力争到2020年实现中心村建设和自然村环境整治全覆盖。充分发挥优秀文化和革命文化的作用，推进移风易俗，发挥新乡贤引领作用，推进农村文明进步。夯实农村基层基础。健全自治、法治、德治相结合的农村治理体系，培养造就一支懂农业、爱农村、爱农民的“三农”工作队伍。

3. 加快发展县域经济。重点支持快速通道、标准厂房、美丽乡村、农田水利等基础设施和园区建设。支持金融机构网点向县区下沉，发展面向“三农”和中小微企业的金融业务，加大县区信贷投入。完善县域经济发展考评体系，支持三县一区依托资源优势，培育主导产业，加强错位竞争，实现特色发展，形成布局优化、各具特色的县域经济板块，奋力在全省县域经济发展中争先进位。到2020年，县域经济总量突破1300亿元，力争有1个县区进入全省十强县。

四、实施绿色发展行动，建设生态宜居新家园

牢固树立绿水青山就是金山银山的理念，像对待生命一样对待生态环境。实行最严格的生态环境保护制度，形成绿色发展方式和生活方式，围绕“地净、路畅、水活、天蓝、林拥城”目标，积极融入淮河生态经济带建设，坚定不移走生态优先、绿色发展之路，建设人与自然和谐共处的美丽家园。

1. 大力推进绿色低碳循环发展。建立健全绿色产业体系。推动市场导向的绿色技术创新，发展绿色金融，采取节能环保技术改造提升传统产业，培育壮大节能环保、清洁生产、清洁能源等绿色产业。推动能源生产和消费革命。积极发展新能源、节能环保产业，大力推广资源节约、替代和循环利用技术，发展光伏发电等可再生能源和清洁能源，优化能源结构，建设清洁低碳、安全高效的现代能源体系，推进国家新能源示范城市创建。推进

资源全面节约和循环利用。严格实施能源消耗、水资源消耗、建设用地总量和强度“双控”制度，健全资源有偿使用制度。实施循环发展引领计划，完善秸秆禁烧和综合利用机制，推进工业固体废弃物、建筑垃圾、生活垃圾、餐厨废弃物资源化利用。鼓励绿色消费。开展创建节约型机关、绿色家庭、绿色学校、绿色企业和绿色出行等行动，优先发展公共交通，鼓励使用低碳交通工具，进一步提高城乡公交覆盖率和城市公交分担率，到 2020 年，市区新增公交线路 12 条以上，新增新能源公交车 400 辆以上、改造候车设施 600 个以上，新建公交首末站 8 个以上，市区公交分担率比“十二五”末提高 6 个百分点。坚持最严格的节约集约用水用地制度。严控开采深层地下水，鼓励使用浅层地下水。开展违规用地和闲置土地清理整顿，推进城镇低效用地再开发、工矿废弃地复垦和采煤塌陷区综合治理，提高土地利用率。到 2020 年，确保顺利完成省下达亳州市的能源、水资源、土地等节约集约利用目标任务。

2. 打好污染防治攻坚战。以提高环境质量为核心，统筹运用污染治理、总量减排、结构优化、生态保护等方式，建立健全环境治理体系，持续抓好中央和省环保督查问题整改，大力实施环境保护“五个一”专项行动，着力解决突出环境问题。持续实施大气污染防治行动。坚持全民共治、源头防治，实行排污许可制度，严格落实“减排、压煤、降尘、治车、禁烧（燃）”等综合治理措施，打赢蓝天保卫战。加快水污染防治。深入实施“水十条”，严格落实“河长制”，实施流域环境综合治理，着力开展清水行动，抓好“好水”保护和“差水”治理，打好城市黑臭水体歼灭战，强化地下水污染防控，深入开展河道整治，全过程保障饮用水安全。进一步加强水资源保护、水生态修复、水环境治理，改善河湖生态环境。强化土壤污染管控和修复。全面实施“土十条”，深入开展土壤污染状况详查，推进土壤污染治理与修复工作。加强农业面源污染防治，推广农药集中配送及农药废弃包装物回收，逐步改善土地环境质量。加强固体废弃物和垃圾处置。持续开展农村环境治理和农村清洁工程，健全城乡生活垃圾收集转运体系。到 2020 年，农村和城镇生活垃圾分类减量处理覆盖率分别达到 80% 和 40% 以上，城市和县区建成区生活污水集中处理率达到 95% 以上，乡镇生活污水集中处理率达到 45%。完善环境保护责任体系。强化排污者责任，健全环保信用评价、信息强制性披露和严惩重罚制度，建立跨界、跨流域环境污染及突发环境事件联防联控机制。加大环境保护重点领域执法检查，严厉打击环境违法行为。持续开展环境保护督查，健全环保督查及突出环境问题整改工作机制，深化市级领导包保突出环境问题整改工作制度。开展领导干部自然资源离任常态化审计，严格执行生态环境损害责任终身追究制。构建政府为主导、企业为主体、社会组织和公众共同参与的环境治理体系。

3. 加强生态建设。严格落实“林长制”，启动大规模国土绿化行动，实施城乡增绿工程，推进园林城市和森林城市、森林城镇、森林村庄创建，加强森林长廊示范工程建设，建设绿道、绿带，不断提高城乡居民绿色感受度。实施湿地保护与恢复工程，实行湿地资源总量管理，加强郑店子湿地公园、西淝河湿地公园、道源湿地公园、北淝河湿地公园等规划建设管理。到 2020 年，全市创建国家级湿地公园 4 处以上、省级湿地公园（自然保护小区）8 处以上。

五、实施开放发展行动，拓展经济发展新空间

充分发挥亳州市地处中原、南襟江淮、承东接西的区位优势，主动融入国家“三大战略”和省对外开放总体布局，全方位扩大对内对外开放，发展开放型经济。坚持“引进来”与“走出去”并重，在更大范围集聚要素资源，在更广领域开展合作，着力提升对外开放水平，打造内陆开放新高地。

1. 高水平推进招商引资。积极承接产业转移。紧盯珠三角、长三角等经济发达地区，重点关注意向企业发展动态，实行高位招商。完善招商引资政策。支持三县一区在法定权限内，进一步完善招商引资优惠政策，大力招引投资总量大、产业关联度高、牵动性强的重大项目，补齐、壮大、拓展创新型现代产业链条。创新招商引资方式。依托亳州驻各地商会和联谊会，大力开展精准招商，驻点招商、借会招

商、以商招商、委托招商，注重引进龙头型旗舰型企业。进一步提升与央企、知名民企、外企合作水平，吸引世界500强和国内行业100强企业来亳投资。优化经济发展环境。落实帮办服务制度，用足用好“政企直通车”微信服务平台，深入开展“四送一服”双千工程活动，着力创优“四最”营商环境，在全市上下形成“围绕企业转、跟着项目跑”的浓厚氛围。

2. 完善提升国际交流与合作平台。依托园区和重大展会活动，打造一批具有较强影响力和承载力的投资促进、贸易合作平台。加快开发区改革创新发展。坚持创新驱动、集群发展、绿色集约、产城融合、示范带动，加速开发区产业结构优化，大力培育战略性新兴产业、先进制造业和现代服务业等，推动园区转型升级，支持谯城经济开发区等省级开发区升格为国家级开发区。探索开发区“飞地经济”合作模式，与发达省市共建合作园区。充分发挥中国（亳州）中药材交易中心的辐射带动作用，努力打造世界一流、线上线下融合的中医药物流大平台。发挥出口基地聚集作用，巩固提升国家级现代中药外贸转型升级示范基地和谯城区出口中药材质量安全示范区建设成果，打造“世界中医药之都”。积极引进重大赛事活动，精心筹办论坛展会，着力打造药博会等品牌，搭建投资促进、贸易合作、对外开放的重要平台。积极融入淮河生态经济带建设，加强与苏鲁豫皖交汇地区、中原经济区和淮海经济区城市的交流合作，力争在交通、产业发展和生态保护等领域取得实质性突破。积极推进友好城市建设。深化科技、教育、文化、旅游等领域国际交流合作，全方位打造亳州对外开放新形象。

3. 加快创新外贸发展方式。实施外贸主体培育壮大工程。健全外贸企业孵化培育机制，支持现代中药、食品制造等优势产业参与国际产业分工，深度融入全球产业链、价值链和物流链，加快培育出口企业集群。依托“一带一路”建设，引导有条件的企业在境外建立销售服务网络、展销机构，拓展海外市场。鼓励企业开展境外商标注册、产品国际认证、境外专利申请。积极培育跨境电子商务、市场采购贸易等外贸新业态新模式，支持亳州中药材专业市场申报市场采购贸易试点。推动加工贸易创新发展，加快发展服务贸易，引进一批服务外包龙头企业和中小型服务外包企业，简化会展、演艺、节庆、赛事等通关审批程序。全面落实鼓励进口的相关政策措施，发挥进口对推动企业技术改造和产业转型升级的促进作用，重点扩大先进技术装备、关键零部件进口。

4. 推动贸易和投资便利化。积极推动海关正式机构设立，全面推进口岸“单一窗口”建设，积极参与长江经济带区域通关和检验检疫一体化改革，完善大通关建设协作机制，实行关检合作“一次申报、一次查验、一次放行”，实现口岸监管部门之间信息互换、监管互认、执法互助，提高通关和检验检疫监管效率，优化通关、报检、退税、外汇等管理服务方式。提升国际贸易便利化水平。实行外商投资准入前国民待遇加负面清单管理制度，扩大服务业对外开放，施行“有限许可+全面报告”的准入制度。发挥亳州中药材技术贸易措施研究评议基地作用，创造良好外部环境，促进亳州市现代中药产业持续健康发展。

5. 深度参与“一带一路”建设。加强与“一带一路”沿线国家和地区在产业技术、能源资源等领域开展国际交流合作，推动企业、产品、技术和服务引进来、走出去。创新对外投资方式。支持有能力、有条件的企业积极稳妥在境外投资建厂、承揽工程和建立销售服务网络，加快培育国际经济合作和竞争新优势。

六、实施共享发展行动，增进人民生活新福祉

始终把人民利益摆在至高无上的地位，按照人人尽责、人人享有的要求，坚守底线，突出重点，完善制度，引导预期，持续推进民生工作，加强和创新社会管理，深入推进精准扶贫，持续加大社会事业和民生投入，让全市人民共享经济发展成果，让发展更有温度、让幸福更有质感。

1. 优先发展教育事业。全面贯彻党的教育方针，落实立德树人根本任务，深化教育改革，办好人民满意的教育。全面普及基础教育。实施第三期学前教育行动计划，扩大公办幼儿园资源，扶持发展普惠性幼儿园。新建、扩建幼儿园139所，普惠性幼儿园覆盖面达到70%，学前三

年毛入园率达到93%以上，解决好婴幼儿照护和儿童早期教育服务问题。推动城乡义务教育一体化发展。实施义务教育学校标准化建设和“改薄工程”，初中升学率保持在98%以上，实现县域内义务教育基本均衡。推进高中教育多样化、特色化发展，开展省级示范高中和优秀省级示范高中创建工作，全面普及高中阶段教育，2020年高中阶段毛入学率达到92%以上。着力解决中小学生课外负担重、“择校热”“大班额”等突出问题。完善特殊教育保障机制。建成亳州市特殊教育学校新校区，“三残”儿童少年入学率保持在93%以上。实现高等教育内涵式发展。推进高校产学研用一体建设，提高办学质量和育人水平。支持亳州学院建成“皖北一流，全省知名”的高等学府；筹建亳州中医药大学，吸引国际国内知名中医药大学在亳设立校区。大力发展现代职业教育。完善职业教育和培训体系，深化产教融合、校企合作。加快高技能人才实训基地建设，支持和规范社会力量兴办教育。持续建设“双师型”教育队伍，广泛开展“名师带徒”行动。加快建设学习型社会。办好继续教育和网络教育，健全终身教育体系。加强教师队伍建设。更加重视师德师风，培养高素质教师队伍，建好建强乡村教师队伍，推广和完善教师编制“周转池”制度，全面推行中小学教师“无校籍管理”和“县管校聘”制度，优化教师资源结构和配置。

2. 提高就业质量和人民收入水平。坚持就业优先战略和积极就业政策，注重解决结构性就业矛盾，解决好性别歧视、身份歧视问题，创造更多就业岗位，实现更高质量和更充分就业，推动居民收入持续较快增长。完善公共就业创业服务体系。大规模开展职业技能培训，打造创业服务云平台、创业创新竞赛服务平台，开展就业扶持计划和返乡创业、青年创业、巾帼创业、自强创业扶持计划，充分调动各类人群就业创业积极性。加强重点群体就业保障。深化“四进四扶”工作机制，深入实施高校毕业生就业创业促进计划、新生代农民工职业技能提升计划，促进退役军人等群体多渠道就业创业。健全就业援助制度，确保零就业家庭、最低生活保障家庭动态“清零”。构建和谐劳动关系。完善政府、工会、企业共同参与的协商协调机制，维护职工合法权益。提高城乡居民收入。实施七大群体激励计划，拓宽城乡居民劳动收入和财产性收入渠道。健全工资水平决定、正常增长和支付保障机制，健全工资指导线制度和最低工资增长机制。履行好政府再分配调节职能，缩小收入分配差距。“十三五”时期，全市新增城镇就业14万人以上，城镇登记失业率控制在4.2%以内，新增转移农村劳动力35万人以上。到2020年，常住居民人均可支配收入达到22000元，年均增长9%。

3. 加强社会保障体系建设。按照兜底线、织密网、建机制的要求，全面建成覆盖全民、城乡统筹、权责清晰、保障适度、可持续发展的多层次社会保障体系。深化社会保障制度改革。实施全民参保计划，确保待遇水平稳步提高。完善基本养老保险制度，全面建立机关事业单位养老保险制度和职业年金制度，积极发展企业年金。整合城镇居民基本医疗保险和新型农村合作医疗，全面实施城乡居民大病保险制度，力争到2020年基本医疗保险政策范围内住院费用支付比例稳定在75%左右。继续解决好“看病难、看病贵”问题，鼓励社会资金进入养老、医疗等领域。统筹城乡社会救助体系。完善最低生活保障、社会救助、社会福利、慈善事业、优抚安置等制度。健全农村留守儿童和妇女、老年人关爱服务体系。加大城乡低保、特困人员救助力度，持续完善养老、优抚、助残、救孤、济困等制度，大力发展慈善事业，构建社会托底保障体系。加强住房保障体系建设。加快建立多主体供应、多渠道保障、租购并举的住房制度；完成城市棚户区、城中村和老旧小区整治任务，加大农村危房改造力度，让人民群众住有所居。

4. 大力实施脱贫攻坚工程。坚持“六个精准”“五个一批”“六看六确保”“四个全覆盖”和“七句话”工作要求，以脱贫攻坚统揽经济社会发展全局。扎实抓好产业、金融、健康、教育等脱贫攻坚八大工程，下足“绣花”功夫，确保如期完成脱贫攻坚任务。坚持因地制宜、因户施策，为贫困村和贫困户量身定制扶贫措施，真正做到一村一策、一户一计，切实提高扶贫脱贫工作针对性、实效性。科学划分“四个清单”，加强分类动态化管理，建立返贫预警机制，完善巩固脱贫的后续计划和保障措施。完善脱贫攻坚责任体系，严格落实党政一把手负总责的扶贫开发工作责任制，制定市县乡村四级责任清单，实行严格的考核制度，压实各级党委政府责任。完善“单位包村、干部包户”制度，广泛动员社会力量帮扶，确保每个贫困村和扶贫任务较重的非贫困村都有帮扶单位，每个贫困户都有帮扶联系人。认真落实贫困县考核、约束、退出机制，严格执行扶贫对象退出标准和程序，确保脱贫结果真实可信、脱贫成效经得起检验。建立建档立卡贫困人口大数据库，实现与公安、民政、人社等部门信息数据的互联互通、共享共用，以建档立卡贫困人口数据信息为统一口径，打造贫困户享受各项政策红利的“绿色通道”。

5. 加快推进文化强市建设。坚持中国特色社会主义文化发展道路，坚持“两为”方向和“双百”方针，坚持创造性转化、创新性发展，坚定文化自信。认真学习贯彻习近平总书记在会见全国精神文明表彰大会代表时的重要讲话精神，大力弘扬“红船”精神和红色文化。深入开展“践行核心价值，打造亳州好人”活动，完善道德模范和身边好人帮扶礼遇制度，“十三五”时期，力争每年入选“安徽好人”不少于8名，入选“中国好人”不少于6名，继续保持亳州市“安徽好人”“中国好人”在全省领先势头。深化中国特色社会主义和中国梦宣传教育，持续实施公民道德建设工程，深化群众性精神文明创建活动，积极争创全国文明城市。推进诚信建设和志愿服务制度化。到2020年全市注册志愿者人口达到城市人口的10%，其中常态化参加活动志愿者不少于70%。弘扬科学精神，普及科技知识，提高全民科学文化素质。加快文化改革发展。健全现代文化产业体系和市场体系，创新生产经营机制，抓好重大文化项目建设，培育骨干文化企业，激发文化创新活力，全面提升文化产品和服务供给能力。构建现代公共文化服务体系。统筹城乡公共文化设施布局，丰富文化产品供给，开展文化惠民“菜单式”“订单式”服务，打通公共文化服务“最后一千米”，切实保障人民群众基本文化权益。大力推进基层文化辅导员队伍建设，充分发挥文化辅导员在群众文化活动中的引领作用。加强文化遗产保护利用。推动传统媒体和新兴媒体融合发展，打造一批新型主流媒体，讲好亳州故事，传播亳州声音，不断提升亳州文化品牌影响力。

6. 推进健康亳州建设。深化医药卫生体制改革，促进健康服务协调发展，打造健康养生城市。深化医疗、医保、医药“三医联动”，完善分级诊疗政策制度，大力推进医共体、医联体建设，打造30分钟基层医疗服务圈，努力为人民群众提供全生命周期的卫生与健康服务。到2020年基本建立分级诊疗制度，基本公共卫生服务达到全省平均水平，主要健康指标达到或超过全省平均水平，争创国家卫生城市。加快发展健康服务业。鼓励支持社会办医，推动“互联网+健康医疗”发展，积极发展健康保险、康体养生、健身休闲等新业态。加快发展中医药事业。大力实施名院名科名医名药“四名”工程，积极弘扬中医药文化。推动全民健身和全民健康深度融合。大力实施全民健身行动促进工程，加强群众建设活动场地和设施建设，持续开展全面健身教育，倡导健康文明生活方式，深入开展爱国卫生运动。促进人口均衡发展。推动居家养老、社区养老、机构养老衔接发展。围绕养生保健、休闲旅游、健康饮食等领域，打造一批知名度高、吸引力强的养老养生服务品牌，加快建设健康养生城市。到2020年，建成40个城市居家养老服务站点、100个农村社区养老服务站点，实现50%以上的养老机构从业人员持证上岗。

7. 加快平安亳州建设。完善社会矛盾预防化解机制。坚持领导干部接访、“三位一体”包保和信访积案挂牌督办等行之有效工作制度，推进市县乡村四级综治服务中心建设，打造共建共治共享的社会治理新格局。完善社会稳定风险评估制度，深入推进重大不稳定问题清单制度，从源头上预防和减少社会矛盾。全面推进社会服务管理信息化，依托全方位、立体化、信息化社会治安防控体系平台建设，大力提升创建平安县（区）、平安乡镇（街道）、平安村（社区）、平安单位的科技信息化水平，积极开展社会治安群防群治工作，严密防范和依法打击各类违法犯罪活动，着力整治突出治安问题，不断提高人民群众的安全感和满意度。完善城乡社区（村）管理服务体系，强化社会组织自治功能，提高自治水平。贯彻落实总体国家安全观，加强国家安全工作。加强互联网安全管理，全面提升依法管网能力和网络突发事件处置能力。深入开展法治亳州建设，推进科学立法、严格执法、公正司法、全民守法。按照“党政同责、一岗双责、齐抓共管、失职追责”的要求，严格落实安全生产责任制，深入开展安全生产隐患排查治理、重点行业专项整治和安全生产宣传教育活动，推动全市安全生产状况持续向好。深入实施食品药品“智慧监管”工程，建设食品药品网上监管系统，建立食品药品质量追溯平台，健全农产品质量安全全过程监管体系。深入开展信用亳州建设，推进信用信息互联互通和交换共享。全面加强综合防灾减灾救灾能力和应急体系建设，建设涡阳县救灾物资储备库，提高区域性救灾物资储备能力，力争到2020年50%以上社区达到国家减灾标准。

七、保障措施

坚定不移实施五大发展行动计划，是深入贯彻落实党的十九大精神、牢固树立并积极践行新发展理念的重大战略举措，必须摆上突出位置，进一步加强领导、创新机制、强化举措，确保力量到位、措施到位、责任到位、落实到位，推动解决“四个点问题”，确保市委市政府决策部署落地生根、开花结果。

1. 加强组织领导。市五大发展行动计划领导小组加强统筹协调和战略谋划，研究审议重大问题，定期召开工作推进会、视频交流调度会，指导县区及各部门开展工作。领导小组办公室承担日常工作。各专项小组具体负责推进实施专项发展行动。各县区各部门要强化协同联动，制定年度工作要点，做到可操作、可考核、可追责，同步实施五大发展行动聚力工程，充分调动各民主党派、工商联、无党派人士参与五大发展行动的积极性，广泛凝聚各方智慧和力量。

2. 强化项目保障。加大重大产业和基础设施项目谋划建设力度，动态更新五大发展重点项目库，持续谋划推进一批打基础、补短板、促升级、增动能的重大项目，形成开工一批、建设一批、竣工一批、储备一批的年度项目滚动机制。全面推进投资项目审批“一站式”网上运行和并联审批，探索开展投资项目区域评价、多评合一。优化土地资源配置，完善建设用地供应方式，对市五大发展行动计划重点项目，可依法提供“绿色通道”等审批便利。进一步激发民间投资潜力，积极拓展多层次、多元化的融资渠道。深入实施“四督四保”制度和“五项机制”，深化重大项目政策支持和要素保障，形成更多实物工作量，更好发挥投资对优化供给结构的关键性作用。

3. 优化发展环境。按照“三个区分开来”的要求，建立激励机制和容错纠错机制，旗帜鲜明为敢于担当、踏实做事、不谋私利的干部撑腰鼓劲。完善产权保护制度和政企沟通机制，构建亲清新型政商关系，激发和保护企业家精神，充分调动各方面特别是企业家、创新人才和各级干部的积极性、主动性、创造性。巩固扩大“四送一服”双千工程活动成果，常态化服务实体经济，构建全省审批事项最少、办事效率最高、投资环境最优、市场主体和人民群众获得感最强的城市，让各类市场主体在亳州大地能够创业愉快、兴业愉快、发展愉快、生活愉快，营造稳定、公平、透明、可预期的营商环境。

4. 狠抓任务落实。各县区各部门要紧紧围绕贯彻落实党的十九大精神和五大发展行动计划，深入开展大学习、大宣讲、大培训、大调研、大落实，提高适应新时代中国特色社会主义发展要求的能力，增强改革创新本领、科学发展本领，狠抓落实本领。大力弘扬“三严三实”作风，坚持问题导向、目标导向、服务导向、务实导向，以项目化手段、工程化措施、清单化管理，推进行动计划全面落地。各专项推进小组按照实化、细化、量化、具体化，可比较、可检验、可考核的要求，列出任务清单，明确路线图、时间表。各县区各部门主要负责人是本地区本部门实施五大发展行动计划的第一责任人，对责任事项的落实负总责，要亲自谋划、亲自指挥、亲自推进。市、县（区）宣传部门要牢牢掌握意识形态工作领导权，积极做好舆论引导和政策解读等工作，全方位多角度宣传推广各县区各部门推进五大发展的生动实践和典型经验，充分激发和调动全市上下践行新发展理念的主动性、积极性和创造性。

5. 严格督查考核。认真实施“三查三单”制度，坚持日常督查与定期督查、重点督查相结合，加强对工作推进、任务落实、规范管理、发展成效的跟踪检查、督促督办。建立“五大发展见行动”巡回观摩制度，以全市经济工作督查调度会议为载体，全面审视行动计划落地见效情况。建立严格的奖惩制度、通报制度和约谈制度，完善信息发布机制，激励先进，鞭策后进。把推动五大发展行动计划落实情况纳入对各县区各部门年度综合考核，用好考核结果，建立奖惩问责机制，注重在实施五大发展行动计划中发现干部、评价干部、选拔干部。

（市委政策研究室）

图 146　2017 年，药博会歌舞表演（张延林　摄）

索 引

本索引采取主题分析索引法，按索引词首字汉语拼音字母顺序排列，同声同韵字按声调、同音字按笔画顺序排列，若首字相同则按第二字音序排列，依次类推。索引词后的阿拉伯数字表示该词所在页码，数字后的英文字母 a、b、c 分别表示该页文字的左、中、右栏。

A

B

C

D

F

G

H

J

K

L

M

N

P

Q

R

S

T

W

X

Y

Z